Die Prophezeiung, auf die sich der Titel des Buches bezieht, wird Napoleon I. zugeschrieben. Der Kaiser soll sie 1816 gemacht haben, nachdem er den Reisebericht Lord Macartneys, des ersten Botschafters des englischen Königs in China, gelesen hatte (dieser Bericht wird im folgenden oft zitiert werden); oder aber anläßlich des Besuchs von Lord Amherst — Lord Macartneys unglücklichem Nachfolger —, der sich nach seiner Rückkehr von Peking auf St. Helena aufhielt. Lenin übernahm die Voraussage in seinem letzten Text *Lieber weniger, aber besser*, den er am 2. März 1923 diktierte.

ALAIN PEYREFITTE

# WENN SICH CHINA ERHEBT...

## ...ERZITTERT DIE WELT

Mit 28 Abbildungen und 3 Karten

PAUL ZSOLNAY VERLAG
WIEN   HAMBURG

Berechtigte Übersetzung von
Zita Maria Störck und Margarete Venjakob

*Anmerkung:* Wir sind uns der Schwierigkeit des Transkriptionsproblems und der Unvollkommenheit unserer Lösungsversuche in der deutschen Ausgabe bewußt. Natürlich hätten wir einheitlich die englische Transkription verwenden können; aber beispielsweise bei den Namen bekannter Persönlichkeiten und bei geographischen Begriffen ist die eingedeutschte Schreibweise des Transkriptionssystems nach Wade weitaus geläufiger, so daß wir sie beibehalten wollten, um den Leser nicht zu verwirren.

Alle Rechte vorbehalten
© Paul Zsolnay Verlag Gesellschaft m. b. H., Wien/Hamburg 1974
Originaltitel: Quand la Chine s'éveillera . . . © Librairie Arthème Fayard 1973
Bildnachweis: Sämtliche Fotos Magnum Marc Riboud, Paris
Umschlag und Einband: Werner Sramek
Umschlagfoto: Magnum Marc Riboud, Paris
Gesamtherstellung: Wiener Verlag, Wien
Printed in Austria
ISBN 3 552 02628 2

Meinen Reisegefährten,
ohne die dieses Buch nicht zustande gekommen wäre,
meiner Frau,
ohne die es nicht zu Ende gebracht worden wäre.

Danken möchte ich
den chinesischen Behörden, die uns alle erdenkliche Hilfe angedeihen ließen, in erster Linie Seiner Exzellenz, Ministerpräsident Tschu En-lai, ferner Präsident Kuo Mo-jo, Außenminister Tschi Peng-fei und Botschafter Huang Tschen, sowie allen Chinesen — Arbeitern, Bauern, Soldaten, Intellektuellen, Funktionären, Studenten, Schülern, Rotgardisten —, mit denen wir aufschlußreiche Gespräche führten,
dem französischen Botschafter in Peking, Etienne Manac'h, und seinen Mitarbeitern, den Botschaftssekretären und Chinaspezialisten, die uns begleiteten,
dem französischen Generalkonsul in Hongkong, Gérard de la Villèsbrunne, dem ich wertvolle Kontakte verdanke, und den Verwaltungsbeamten, die Gesprächsprotokolle und ein genaues Reisetagebuch führten,
den Journalisten, deren geschulter Blick vieles sah: Jean Carlier, Maurice Delarue, Jean-François Kahn, Georges Menant, André Pavolini, Jean-Claude Turjmann, Bernard Volker; und ganz besonders Robert Guillain (es war seit 1937 seine sechste China-Reise), Max Olivier-Lacamp und Marc Riboud, die interessante Vergleiche mit ihren früheren China-Reisen ziehen konnten,
den Sinologen, vor allem Lucien Bianco, Professor für chinesische Geschichte an der »Ecole Pratique des Hautes Etudes«, Jacques Guillermaz, Direktor des »Centre de Documentation sur la Chine contemporaine aux Hautes Etudes«, und meinem langjährigen Freund Robert Ruhlmann, Professor für Chinesisch am »Institut national des Langues et Civilisations Orientales«,
und einigen treuen Freunden, die mir mit ihren Ratschlägen halfen.

ALAIN PEYREFITTE

# Vorwort zur deutschen Ausgabe

China ist für die Deutschen nicht unbekannt — seit langem sind sie fasziniert von diesem Land —, doch es ist ihnen auch nicht wirklich bekannt, jedenfalls nicht besser als irgendeinem anderen westlichen Volk. Aus diesen beiden widersprüchlichen Gründen wird den deutschen Leser dieses Buch — halb Reportage, halb Studie — vielleicht interessieren.

Ein geschichtliches Band verknüpft Deutsche und Chinesen, ohne daß dadurch das Verständnis für die jeweilige andere Mentalität bei den beiden Völkern besonders zugenommen hätte. Das Deutschland des 18. Jahrhunderts liebte seine Chinoiserien. Am Ende des 19. Jahrhunderts holte es sich, wie die anderen großen Nationen Europas, seinen Teil an »Konzessionen« und »Einflußzonen« in diesem Land am Rande des Abgrunds. Wie die anderen Nationen schickte es seine Missionare hin, seine Ingenieure und Kaufleute. Es nährte seine eigenen Träume von China und verursachte den Chinesen Alpträume. Und war es nicht Kaiser Wilhelm II., der bei der Inspektion der Truppen, die unter dem Kommando des Feldmarschalls von Waldersee nach Peking fahren sollten, eines der wirksamsten und trügerischsten Schlagworte prägte, die es jemals gab, nämlich den Slogan von der »Gelben Gefahr«?

Das größte Mißverständnis äußert sich aber wohl darin, daß in China das bärtige Antlitz Karl Marx', des Revolutionärs aus Trier, auf so vielen offiziellen Abbildungen neben dem glatten Gesicht Maos aufscheint, während in Deutschland zahlreiche Linksgerichtete ihren anarchistischen Juckreiz unter Anrufung Mao Tse-tungs ausleben. Marx glaubte niemals an die Eignung der Bauern zur Revolution, Maos Glauben an deren revolutionäre Tugend blieb hingegen stets unerschütterlich. Und Mao lehnt die Linken ab, die sich auf ihn berufen. Aber was soll's? Mythen nehmen ihren eigenen Weg.

Die vorliegende Studie versucht, nicht den Weg des Mythos, sondern den der Wahrheit einzuschlagen. Und wenn es stimmt, daß die Deutschen ein Volk sind, das stets sich selbst sucht, dann werden sie vielleicht erkennen, daß das chinesische Experiment das bemerkenswerteste Abenteuer des kollektiven Willens und Schöpfergeistes ist, das es jemals in der Geschichte der Menschheit gegeben hat.

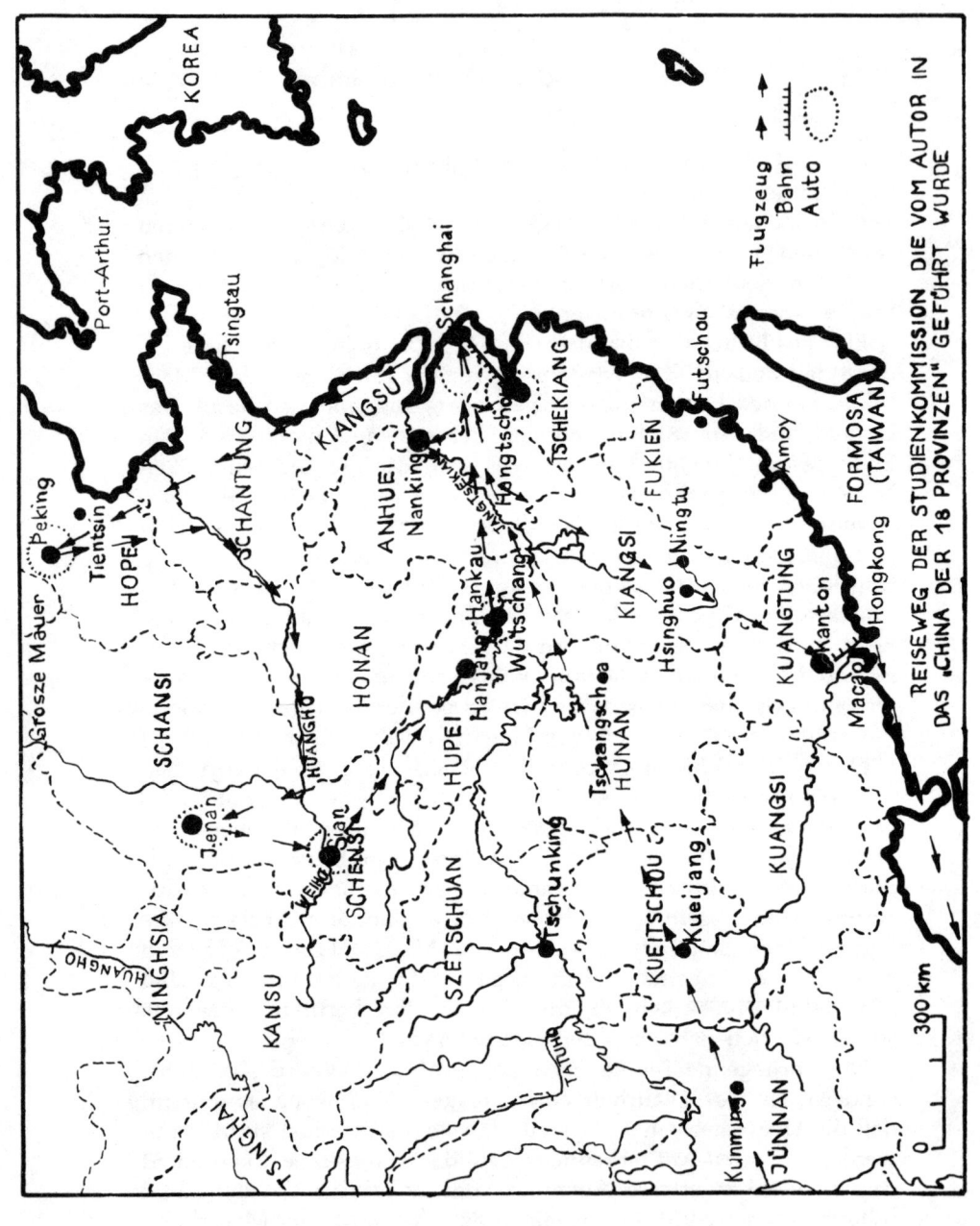

REISEWEG DER STUDIENKOMMISSION DIE VOM AUTOR IN
DAS „CHINA DER 18 PROVINZEN" GEFÜHRT WURDE

# Einleitung

## MODELL, MODE, METHODE

Einige Tage vor meiner Abreise in die Volksrepublik China versicherte mir der Vorsitzende der Studenten der Technischen Hochschule von Westberlin voll Begeisterung: »Meine Kameraden und ich sind nicht hier, um zu studieren, sondern um die Revolution durchzuführen. Wir werden nicht auseinandergehen, bevor wir nicht die sozialistische Gesellschaft begründet haben.« — »Was ist eine sozialistische Gesellschaft?« — »Eine wirklich egalitäre Gesellschaft, in der die Klassen verschwunden sind, in der die Menschen nicht für sich selber, sondern für die anderen leben, nicht für den Profit, sondern für die Gerechtigkeit.« Mein Freund Fritz Stern* fragte: »Hat eine solche Gesellschaft je existiert?« — »Wir haben erkannt, daß das sowjetische Modell gescheitert ist. Aber die Gesellschaft, die wir wollen, existiert ... in China. Wir wollen das chinesische Modell an Deutschland anpassen.«

»Chinesisches Modell«: diesen und ähnliche Ausdrücke hörte ich von Studentenführern, Assistenten und sogar von Professoren in Bremen, Hamburg und Stuttgart. Wir hatten sie schon in Frankreich gehört, nun hörten wir sie in Deutschland. Handelte es sich bei diesem M o d e l l nicht eher um eine M o d e ?

Die chinesische »Mode« ist ein Rätsel. Zuviel Geheimnistuerei entmutigt die Neugier, ein bißchen weniger stachelt sie an. Während der Kulturrevolution, als dieses Land in einem Fieberrausch lag, erfuhr man zu wenig, als daß man sich dafür wirklich interessieren hätte können, oder man verdrängte alles, was von dort kam. Als China nach fünf Jahren der Zurückgezogenheit wieder einige Visa ausstellte und den Dialog mit dem Westen aufnahm, brachte man ihm eine Vorliebe entgegen, wie seinerzeit Rußland nach dem Tod Stalins. Auf meiner Rückreise, die ich kurz unterbrach, um als Tourist einen Abstecher nach Jerusalem zu machen, fragten mich israelische Journalisten während der Besichtigung der Höhlen von Qûmran: Habe mein Aufenthalt in China bedeutet, daß ich Geheimverhandlungen über die Wiederaufnahme der diplomatischen Beziehungen zwischen Tel Aviv und Peking

* Professor für Geschichte der Philosophie an der Columbia University.[1]

9

führte? In Orly erwartete mich eine Menschenmenge: War ich vieleicht der Überbringer einer Botschaft des Vorsitzenden Mao an Präsident Pompidou?

Schon Marco Polo in seiner berühmten Reisebeschreibung berichtete uns von diesem einmaligen Phänomen: von der Vermischung zweier Zivilisationen; von höchster Raffinesse die eine, die andere brutal und wild; die eine duftet nach Jasmin, die andere riecht nach dem Mist der tatarischen Pferde. Und gerade dort, wo Marco Polos Bericht am unglaublichsten klingt, beteuert der Verfasser: »Als dies geschah, war Messire Polo dabei.« Er versichert uns, daß er nur einen kleinen Teil berichtet von alldem, was zu erzählen gewesen wäre. Man setzte ihm zu, er möge doch zugeben, gelogen zu haben, aber bis zu seinem Tod zog er nichts zurück. Niemand wollte glauben, daß auf der anderen Seite der Erde ein Volk leben könnte, das so verschieden war von den anderen Völkern. Sind wir heute eher bereit, dies zuzugeben?

In den folgenden Jahrhunderten versuchte der Westen, seine Angst vor dem Unbekannten auf andere Art zu bekämpfen: Man fesselte den Drachen, indem man Tee trank, Lack-Paravents importierte, Porzellan imitierte* und Mandarine in langen Gewändern und Sänften an die Wände malte. Der Mensch versuchte, sich mit Hilfe harmloser Attribute, durch Parodien oder Karikaturen, mit dem Gegenstand seiner Angst vertraut zu machen. Die »Gelbe Gefahr« auf Modetorheiten zu reduzieren, ist nichts anderes als ein Versöhnungsritus. Während der Französischen Revolution amüsierten sich die Kinder der Aristokraten, indem sie Puppenspielen zusahen, bei denen Marionetten am Schafott geköpft wurden. Dieses China — größer als Europa und zweimal so dicht bevölkert, so rückständig, daß ein großer Teil seiner Bevölkerung sich mit einer Schale Reis im Tag begnügt, aber fortschrittlich genug, um Kernwaffen zu besitzen — übt immer noch die gleiche furchterregende Faszination aus wie früher. Die Vernarrtheit in Chinoiserien, wenn sie heutzutage auch politischer Art sind, dient weiterhin als Mittel, das Ungeheuer zu beschwichtigen. Das chinesische Modell als Modeobjekt wird zu einem reduzierten Modell, reduziert auf den engen Rahmen unserer Intelligenz und Vorstellungskraft — eine exotische Miniatur, die jedoch unserer Umwelt angepaßt ist. Wenn man auf China den Begriff »Modell« anwendet, spielt man mit beiden Bedeutungen des Wortes: Modell als Schema der Analyse und als Vorbild. In China selbst aber werden diese beiden Bedeutungen miteinander verbunden.

* »Le modèle chinois« von Sèvres, das »chinesische Muster« von Meißen.

China ist ein System und will ein System sein. Wenn ein Modell im wissenschaftlichen Sinn »die vereinfachte, aber vollständige Darstellung der charakteristischen Haupteigenschaften einer Gesellschaft«[2] ist, dann hat nie eine Gesellschaft hartnäckiger versucht, sich ihrer Vorstellung von sich selbst anzugleichen, als die chinesische. Aus dem Modell wird eine Vision. Es ist nicht eine Erklärung a p o s t e r i o r i, sondern ein Handlungsprinzip a p r i o r i. Das Regime Maos strebt danach, einen präzisen Mechanismus zu konstruieren, dessen Einzelteile sich gegenseitig unterstützen und ergänzen und von einer gemeinsamen Energie vorangetrieben werden: vom revolutionären Plan.

China ist bestrebt, das Modell, das es sich gegeben hat, zu realisieren, und deshalb wird es ganz natürlich selbst zum Modell, zum Prototyp. Die Menschen wurden von starken Persönlichkeiten, die ihr Schicksal in die Hand nahmen, immer angezogen. Die Anziehungskraft wird verzehnfacht, wenn diese Einstellung, die Bejahung der Autonomie, zur Lebensregel eines ganzen Volkes wird. Erfahrung und Reflexion sollen im vorliegenden Buch mithelfen, dieses Modell, das eine ganze Gesellschaft formt, zu analysieren, es auseinanderzunehmen wie eine Uhr, und die organisatorische Idee, die jedes Detail bestimmt, herauszuarbeiten. Dieser Bericht möchte begreiflich machen, wie die älteste Zivilisation der Erde sich in unserer turbulenten Gegenwart bemüht, die jüngste zu werden.

Die russische Revolution ist nach wie vor die wesentlichste Folge des Ersten Weltkriegs, die chinesische die des Zweiten. Diese beiden Gesellschaftsprojekte sind ganz bestimmt die zwei bedeutendsten geschichtlichen Phänomene des 20. Jahrhunderts. Stellen die erste chinesische Revolution, die ihren Höhepunkt 1949 erreichte, und die zweite, die Kulturrevolution, das Beben dar, das von der Reaktion der nicht integrierten traditionellen Kräfte verursacht worden war, oder kündigen sie die Weltrevolution an? Sind diese Ereignisse eine Hoffnung für alle unterdrückten und geknechteten Völker, oder krankhafte, krampfhafte Erschütterungen? Wird die Dritte Welt aus ihnen Kraft schöpfen, oder drücken sie nichts anderes aus als den Chauvinismus einer Weltmacht? Welche Chancen besitzt dieses Modell im Vergleich zum russischen Modell, das zwar schon veraltet, aber noch immer imposant ist?

Meine Studienreise dauerte einen Sommer; ich kann mich also keineswegs als »Pekinologe«, geschweige denn als Sinologe bezeichnen. Woher dann meine Vermessenheit, über ein Land zu

schreiben, das ich so wenig kenne? Es kommt nicht oft vor, daß
man sagen kann: »Wenn ich das und das nicht gesehen hätte,
würde ich es nicht glauben.« Aber genau das widerfuhr mir in
China. Ich fühlte mich gedrängt, die Dinge, die ich gesehen hatte,
zu bezeugen. Man muß sich an Ort und Stelle begeben, um ermessen zu können, wie kurzsichtig die westliche Öffentlichkeit ist;
und es handelt sich dabei um eine Kurzsichtigkeit, die sich aus
Vorurteilen, ideologischen Leidenschaften und hauptsächlich aus
Ignoranz zusammensetzt: sie schwankt zwischen Angst und Begeisterung und schließt jedes halbwegs neutrale Urteil aus. Die
meisten Autoren, die seit 1949 Bücher über China geschrieben
haben, begnügen sich mit summarischen Schlüssen, sie entpuppen
sich entweder als entzückte Anbeter oder als nörgelnde Touristen.
Selbst die besten Werke über dieses Thema enthalten so manches,
was Verwunderung erregt. Hierin liegt eine Falle, und es ist wichtig, nicht hineinzugeraten. Manche Reisende entdecken in China
die Ideen wieder, die sie bereits von zu Hause mitgebracht haben.
Andere, denen es nicht möglich war, ihre eigenen Chimären zu
verwirklichen, versuchen, von einem Traum über ein unwirkliches
Land zu berichten. Diese »Chinoiserie des Geistes« hat — seit
Voltaire und Leibniz — China zu einem spanischen Dorf gemacht.
Man braucht sehr viel Festigkeit, um den Phantasmagorien zu
entgehen und bei der Realität zu bleiben.

»Ein Frosch, der in einem Brunnen saß, behauptete, daß der
Himmel so groß wie der Brunnen sei . . . Man muß die Gesamtheit
sehen, nicht nur einen Teil.«[3] Nichts kann die unmittelbare Erfahrung ersetzen.

»Will man den Geschmack der Birne kennenlernen«, sagt
wiederum Mao*, »dann muß man sie verändern, muß sie zer-
kauen.«[4]

Die Erfahrung verändert das Subjekt ebenso wie das Objekt.
Als ich, der Abendländer, sozusagen wieder auf meinen Planeten
zurückgekehrt war und durch die in der Augusthitze brütenden
Straßen Hongkongs ging, fühlte ich mich plötzlich wie ein Fremder.
Hongkong war v e r ä n d e r t. Mehr als früher störte mich der
Kontrast zwischen dem Luxus in den Schaufenstern und den
fordernden Händen der jugendlichen Bettler, zwischen den hoch-
ragenden Wolkenkratzern und dem Elend der Familien, die in

---

* Die Chinesen nennen ihn respektvoll den »Vorsitzenden Mao Tse-tung«,
oder hie und da, unter Parteimitgliedern, »den Genossen Mao Tse-tung«.
Aus Bequemlichkeitsgründen wollen wir den einfachen Namen, der üblicherweise verwendet wird, gebrauchen.

Sampans oder Weißblechhütten zusammengepfercht leben, zwischen den Klöstern und den Prostituierten. Auch China war für mich v e r ä n d e r t. Es war keine abstrakte Idee mehr, die ich mir aufgrund der Berichte seiner Verleumder und Beweihräucherer gemacht hatte; es erschien mir zwar immer noch geheimnisvoll, aber es war mir vertrauter geworden. Hatte ich mich selbst nicht auch v e r ä n d e r t? Es gibt vielleicht kein Land, in dem man sich so fremd fühlt, das einen so wandelt wie dieses. Ein Freund aus Schanghai[5] hatte einmal zu Teilhard de Chardin gesagt: »Schreiben Sie munter über China, wenn Sie sich nur nicht zu lang im Lande aufgehalten haben. Später würden Sie Ihre Feder zerbrechen, weil Sie nicht mehr fähig wären, so rätselhafte und schwer faßbare Menschen zu verstehen, deren Werte nicht die unseren sind.«*

Wieweit ist unser Bericht gültig, wo sind die Grenzen dieser Gültigkeit? Wir haben eine lange und schöne Reise gemacht, wir sind großartig empfangen worden — und ich verhehle mir die euphorisierende Wirkung dieses Empfangs in keiner Weise. Sechstausend Kilometer im Sonderflugzeug, im Salonwagen und in Limousinen zurückzulegen, als verwöhnte Gäste bedeutender Gastgeber — das ist fast zuviel, und es ist doch nicht genug.

Von den achtzehn Provinzen Chinas besuchten wir sechs. Wir hielten uns in zwei der drei autonomen Städte auf, nämlich in Peking und Schanghai, und verzichteten auf den Besuch von Tientsin (obwohl man bereit war, uns auch dorthin zu führen), weil wir Jenan sehen wollten. Dazu kamen fünf andere Städte mit mehr als einer Million Einwohner: Sian, das lange Zeit die Hauptstadt der Kaiser gewesen war, Wuhan, ein großes Zentrum der Schwerindustrie; Hangtschou, Stadt der Leichtindustrie und der Seidenwebereien, umgeben von Seen, Gärten und Pagoden; Nanking, mit seiner großen Brücke über den Jangtse, deren Erbauung zu einer Herausforderung an Rußland, das Ausland und das Schicksal wurde; Kanton, bekannt durch seine Küche, seinen Jasmintee, seine alle zwei Jahre stattfindende internationale Messe und seine Erinnerungen an die Revolution — vom Aufstand von 1911 an bis zu dem Bruch, der im Jahr 1927 das Signal zum Ausbruch des Bürgerkriegs gab.

Wir führten zahllose, manchmal hochinteressante Gespräche.

* In der Tat hielten sich die Reisenden, die nach 1949 in China waren und die die lebhaftesten Schilderungen lieferten — Simone de Beauvoir, Nikos Kazantzakis, Edgar Faure, Alberto Moravia, Tibor Mende, Klaus Mehnert oder Maria Antonietta Macchiocchi —, alle nur kurz in China auf, höchstens einige Wochen oder auch weniger.

Ministerpräsident Tschu En-lai gewährte mir drei Unterredungen. Ich führte noch andere mit dem Schriftsteller Kuo Mo-jo, Präsident der Akademie der Wissenschaften und Stellvertretender Präsident des Ständigen Komitees des Nationalen Volkskongresses; ferner mit Außenminister Tschi Peng-fei* und dem stellvertretenden Minister für Außenhandel Li Tschiang, einem engen Mitarbeiter des Ministerpräsidenten.

Wir trafen mit einer ziemlich großen Zahl hoher Beamter, Lehrer — vom Universitätsprofessor bis zum Dorfschullehrer —, Forscher, Astronomen, Archäologen, Physiker, Chemiker, Biologen, Ärzte, Chirurgen, Journalisten, Ingenieure, Techniker, Agronomen, Schauspieler, Tänzer, Künstler, Gewerkschaftler und Leiter von Volkskommunen zusammen. Es gab Arbeitssitzungen und Essen an kleinen Tischen mit den Führern der Revolutionskomitees der Städte und Provinzen. Sie wurden von uns ziemlich direkt befragt, und fast alle standen uns bereitwillig Rede und Antwort. Man wird einwenden, daß der Einsatz von Dolmetschern unsere Erfahrung der Unmittelbarkeit beraubt hätte. Aber was hätten wir ohne sie tun sollen? Sie drängten sich nicht auf, wir brauchten sie. Wir hörten mit ihren Ohren, wir sprachen durch ihren Mund, ohne sie wären wir taubstumm gewesen. Aber immerhin sahen wir mit unseren Augen und kontrollierten unsere Eindrücke mit dem Verstand und dem Gefühl. Die Dolmetscher beeinträchtigten unsere Bewegungsfreiheit nicht.**

Wir gingen allein aus, sobald uns das Programm eine Ruhepause gönnte, allerdings nicht ohne uns vorher die Telefonnummer und den Namen unseres Hotels in Mandarinschriftzeichen aufschreiben zu lassen. Kann man sagen, daß unsere Begleiter uns mit einer Art mobilen Bambusvorhang umgaben? (Ihre Zuvorkommenheit war überwältigend.) Geben wir zu, daß dies weitgehend zutrifft. Ihre Fähigkeit, auf unseren Blickwinkel Einfluß zu nehmen, war ebenso groß wie ihr Feingefühl, und daran fehlte es ihnen nicht.

Ein sehr großer Teil dessen, was in China vor sich geht und was die Chinesen denken, blieb uns verborgen. Unsere Gruppe hat in

* Zur Zeit unseres Besuches trug er den Titel eines »interimistischen« Außenministers, obwohl er diese Funktion bereits seit einem Jahr ausübte. Er ersetzte den schwerkranken Marschall Tschen Ji, der den Amtstitel noch trug. Tschi Peng-fei wurde nach dem Tod Tschen Jis in seinem Amt bestätigt.
** Ganz im Gegenteil, sie tragen dazu bei; Leute aus dem Westen, die Chinesisch sprechen oder von ihren eigenen Dolmetschern begleitet werden, sind einer viel schärferen Bewachung unterworfen.

Wirklichkeit nicht drei Volkskommunen besichtigt, sondern drei
»Brigaden«, das heißt drei Dörfer, die zu Volkskommunen gehören (die Kommunen selbst sind so groß wie die Hälfte eines
französischen Arrondissements). Alle westlichen Besucher, die in
Peking leben oder im Lauf dieser letzten Jahre durch China reisten,
haben insgesamt nur einige Dutzend verschiedener Brigaden besichtigt, denn man zeigt den Fremden oft dieselben. Dabei existieren in China 750.000 Brigaden. Sind Verallgemeinerungen
gerechtfertigt? Auf jeden Fall ist dabei größte Vorsicht geboten.
Wenn irgendein japanischer Journalist versichert, daß die Erträge
der Reisernte in China nicht hoch sind oder daß es in diesem Land
keine Rinder- und Schweinezucht mehr gibt, dann können wir
bestätigen, daß dies falsch ist. Wenn er aber behauptet, daß man
Millionen Chinesen in Konzentrationslager deportiert hat, wie
sollte man ihm widersprechen? So unbedeutend ist das Sichtbare
in China im Verhältnis zum Unsichtbaren ...

Wie ist die Situation in Szetschuan, in Jünnan, in Sinkiang, in
Tibet, wohin seit langer Zeit kein Fremder mehr den Fuß gesetzt
hat? Warum wurden in den Jahren 1968 und 1970 Hunderte von
toten Chinesen an den Strand von Kowloon geschwemmt? Man
kann nur Hypothesen aufstellen. Was wirklich geschieht, entzieht
sich unserer Kenntnis.

Das heißt: Niemand ist sich der Lückenhaftigkeit dieses Buches
mehr bewußt als ich. Wir haben zwar eine Unmenge Informationen gesammelt, diese Informationen jedoch sind bruchstückhaft.
Und nur ein kleiner Teil der Notizen über die Diskussionen und
Arbeitssitzungen (sie umfassen an die tausend Blätter) wird hier
verwendet; einerseits aus Vorsicht, anderseits aus der Notwendigkeit, sich zu bescheiden. Die internationalen Beziehungen Chinas
oder sein Kampf um die Macht — Themen, denen bereits viele
Studien gewidmet wurden — werden hier nur gestreift. Ferner
wäre jeder Versuch, eine Synthese zu erstellen, vermessen; nur
mit allergrößter Bescheidenheit und Vorsicht könnte man wagen,
etwas Derartiges zu formulieren. Wir wollen die folgende —
neben anderen ebenso möglichen — vorlegen: Nur die Verbindung
verschiedener Blickwinkel, so parteiisch sie auch sein mögen, kann
das Wissen über eine so wenig bekannte Materie fördern.

In zwei Fällen durchbricht die Spontaneität das rigorose Konzept
der Organisatoren: die Arbeitssitzung und das Gespräch unter
vier Augen. Es bieten sich so manche Gelegenheiten, die Konversation in echte Diskussion zu verwandeln. Mahlzeiten, kleine

Gespräche bei einer Tasse Tee oder im Auto, im Zug, im Schiff oder im Flugzeug, oft mehrmals am Tag, werden bisweilen zu echte Quellen der Information. Wenn wir in einem Betrieb oder zu einem Bankett kommen, stehen die örtlichen Führer in einer Reihe und begrüßen uns mit einem zeremoniellen Händedruck; langsam jedoch verwandelt sich die Formalität in Spontaneität. Das Eis bricht bei Round-Table-Gesprächen und während langer Reisen. Der Besucher aus dem Westen kann, wenn nur seine Neugier wach bleibt, von einem Direktor, einem Intellektuellen, einem Arbeiter, einem Bauern vieles erfahren: über seine Vergangenheit, die Erlebnisse unter dem alten Regime, seinen Beitrag zur Revolution, seine Meinung über die Linke, seine Familienverhältnisse. Wenn man mit einem Chinesen Reis und Tee teilt, entsteht ein Band, das nicht so schnell zerreißt.

So zäh die chinesische und kommunistische Manie der Geheimnistuerei auch ist, auf die Dauer kommt sie doch nicht gegen die unwiderlegbare Erfahrung der Sinne — und der Gruppe — auf. Das Wort Lincolns über die Lüge gilt auch für das Geheimnis: Man kann jemandem alles verheimlichen; man kann gewisse Dinge vor jedermann verbergen; aber man kann nicht allen alles verheimlichen. Es ist nicht notwendig, Dolmetscher und Begleiter betrunken zu machen, um Tatsachen zu bemerken.

Als Potemkin Katharina II. durch Rußland begleitete, ließ er bekanntlich entlang der Reiseroute sonntäglich gekleidete Bauern vor den Attrappen schmucker Häuschen tanzen. Die Zarin staunte über das Glück ihrer Völker. Sie war nicht sehr neugierig; sie verließ nie ihre Karosse, und zwischen den einzelnen Etappen mußte sie ja schließlich auch schlafen. Die Chinesen wie die Russen sind wahrscheinlich versucht, ebenfalls potemkinsche Methoden anzuwenden. Kann man aber zwanzig hellwache Beobachter ununterbrochen hinters Licht führen? Wie soll man auf einer Strecke von sechstausend Kilometern die Dörfer, die Straßen, das Land tarnen?

Kein einziges Mal wurde versucht, das Schauspiel, das sich zufällig vor unseren Augen abspielte, zu verschleiern. Man hinderte uns nicht daran, unangesagt Häuser zu betreten. Man hielt uns nicht von dichtbevölkerten Gegenden und Armenvierteln fern. Aber vor allem versuchte man nie, die Bestandsaufnahme zu stören, die zu einer Studienreise gehört. Zweimal zehn Beobachter sehen notwendigerweise mehr als ein einziger. Die Informationen werden stückweise eingesammelt und sofort zusammengesetzt, und dadurch gewinnen die Dinge, die man auf den Spruchbändern liest oder bei Vorträgen hört, an Deutlichkeit. Wenn die Vielzahl von Standpunkten etwas Positives ist, dann wirkt sie sich in diesem Staat, in dem eine einzige offizielle Wahrheit jede Pluralität auslöscht, besonders günstig aus.

Einige von uns kannten das Land seit langem oder hatten schon unter dem alten Regime dort gelebt. Mehrere wurden Zeugen der Kulturrevolution. Von denen, die zum ersten Mal chinesischen Boden betraten, entdeckte der eine Asien und zugleich die kommunistische Welt; ein anderer, der die kommunistischen Länder schon kannte, war noch nie in Asien gewesen; ein dritter, der Asien bereits besucht hatte, war noch nie in die kommunistische Welt gereist. Die verschiedenen Reaktionen werden zu einer dialektischen Konstante. Nicht nur, weil die Delegation ihre Beobachtungen zusammentrug, sondern auch deshalb, weil jeder von uns so verschieden war, weil unsere Erfahrungen einander ergänzten und unsere Überzeugungen hart aufeinanderprallten.* Die Kontrolle und Abstimmung der Eindrücke der Gruppe, selbst beim kleinsten Detail, ist eine Garantie für intellektuelle Strenge. »Haben Sie bemerkt, daß es keine Hunde gibt?« fragte einer von uns. »Sicherlich hat man sie während einer Hungersnot gegessen.« Wir fragten nach, und es stellte sich heraus, daß man die Hunde aus hygienischen Gründen systematisch vertilgt hatte.

Bei der Suche nach einem ausgewogenen Urteil ist das Zurückgreifen auf die Vergangenheit nicht weniger nützlich als die Gruppendynamik. In Wuhan, in Nanking und Kanton versammelten sich Tausende von Männern und Frauen, alte und junge, um auf der Straße zu schlafen. Sie blockierten die Gehwege, ergossen sich auf die Fahrbahn und ließen nur einen engen Durchgang zwischen den endlosen Bettenreihen; es sah aus wie in einem riesigen Freiluftschlafzimmer. Sieht man derlei in Kalkutta, weiß man, was das bedeutet: es sind Obdachlose. In China hat jeder seinen festen Wohnsitz, gleichgültig, ob es sich dabei um ein Wohnkollektiv handelt, einen Schlafsaal für unverheiratete Frauen und Männer oder ein karges Zimmer für Verheiratete, mit Gemeinschaftstoilette und Küche für mehrere Familien. Warum tragen diese Leute also ihre Betten hinunter auf die Straße? Wir stellten die verschiedensten Hypothesen auf. Vielleicht weil ihr Haus unbequem ist? Weil sie erst seit kurzem Stadtbewohner

---

* Es versteht sich von selbst, daß meine Eindrücke und Meinungen rein persönlicher Natur sind. Nur der offizielle Bericht der Mission, der in Gemeinschaftsarbeit entstanden ist, kann als Maßstab für die Gefühle der Delegation, die ich geleitet habe, dienen.

sind und die ländliche Gewohnheit, unter freiem Himmel zu schlafen, nicht aufgeben wollen? Weil sie in der Masse Geborgenheit suchen? Weil die Partei sie auf diese Weise ermuntert, nach Brüderlichkeit zu streben? Weil Mao es so befohlen hat? Als ich zurückkam, las ich den Reisebericht einer Delegation, die Lord Macartney* im Jahr 1793 nach China geführt hatte. Er berichtet, daß die Einwohner der Städte und Dörfer während der Sommernächte Matten auf dem Boden ausbreiteten, um im Freien zu schlafen, und sich der eine an den anderen schmiegte wie die Tiere einer Herde. Mit dieser Gewohnheit hat also die Revolution nichts zu tun — sie ist auf die sommerlichen Temperaturen zurückzuführen, die sich von Jahrhundert zu Jahrhundert nicht ändern.

Wie soll man Kontinuität und Veränderung auseinanderhalten, wenn nicht durch dauernde Bezugnahme auf die Geschichte? Wie kann man Erfolge oder Mißerfolge abschätzen, wenn man nicht die Resultate mit der vorangegangenen Situation vergleicht? Wie soll man etwas objektiv betrachten, wenn man zugleich nicht auch mit den Augen anderer schaut? Die Berichte, die man vor einer Studienreise liest, stimulieren die Neugier, während umgekehrt die gesammelten Erfahrungen nach der Rückkehr ein gründliches Studium und den Dialog mit den Fachleuten fruchtbar machen.


Diese einleitenden Bemerkungen sollen gewisse Feststellungen in diesem Buch erhellen und erklären.

Zunächst ist die h i s t o r i s c h e Relativität zu beachten. Das heutige China wird erst verständlich, wenn man es aus der Perspektive des alten China betrachtet. Der Reisende stellt fest, daß die Lebensmittel und Textilien streng rationiert sind. Vergleicht er diese Situation mit der unserer Konsumgesellschaft, wird er vielleicht zu dem Schluß kommen, daß es nicht der Mühe wert war, einem Volk so lange Zeit eine Diktatur aufzuzwingen, wenn das Resultat so kläglich ist. Zieht er den Vergleich aber mit dem China von 1949, dann erkennt er, daß ein hoher Prozentsatz des Volkes,

---

* Dieser — heute leider kaum mehr auffindbare — Bericht wird in den Büchern, die dem China von gestern oder heute gewidmet sind, selten zitiert. Er besteht aus zwölf Bänden, fünf davon verdanken wir Sir George Staunton, der Botschafter war, die weiteren sieben John Barrow, dem Privatsekretär des Botschafters. Durch einen Zufall fand ich diesen Bericht vor zwanzig Jahren in einem Antiquariat in Krakau. Je mehr ich mich damit befasse, desto überzeugter bin ich, daß er ebenso nützlich ist für die Kenntnis des heutigen China, wie Tocquevilles »De la Démocratie en Amérique«, das die Vereinigten Staaten von 1831 beschreibt, für die Kenntnis der Vereinigten Staaten von heute.

das damals bettelarm und unterernährt war, heute ein anständiges Existenzminimum erreicht hat. Die Reiseeindrücke müssen fortwährend mit den Lehren der Geschichte und denen der marxistischen Ideologie konfrontiert werden; geschähe dies nicht, dann würden sie dem Leser ebensowenig zu sagen haben wie Photographien ohne Bildlegende. Der direkte Bericht und der Blick in die Vergangenheit werden einander in den folgenden Kapiteln immer wieder ergänzen.

Aus dieser ständigen Gegenüberstellung von direkter Beobachtung und geschichtlicher Reflexion erwächst die zweite Feststellung, nämlich die der e t h n o l o g i s c h e n  Relativität. Sicherlich geben die Beschreibungen Marco Polos und des Père du Halde*, noch mehr die des Père Huc und besonders die Macartneys — wie Tocquevilles Werk über Amerika — die unveränderlichen Gegebenheiten Chinas, das Wesen seiner Zivilisation und die einmalige Prägung seiner Kultur wider. Man bemerkt, daß den Regimes von Peking und Washington das zugeschrieben wurde, was eigentlich charakteristisch für das chinesische und amerikanische V o l k ist. Viele politische, ökonomische oder soziologische Analysen des heutigen China haben die Tendenz, die ideologischen Faktoren über- und die ethnischen Determinanten unterzubewerten. Man soll natürlich den Anteil, den die marxistisch-leninistischen Schriften an der intellektuellen Formung der chinesischen Führer haben, anerkennen und Marx geben, was Marxens ist, aber anderseits dem ewigen China zugestehen, was ihm gehört. Die Wurzeln des chinesischen Modells sind nicht leicht zu erkennen, weil sie so tief liegen.

Und hier ist eine dritte Feststellung notwendig, die Relativität des U r t e i l s betreffend. Wie unrecht haben die Fremden, wenn sie alles, was ihnen erstaunlich erscheint, um jeden Preis nach ihren eigenen Normen erklären und werten wollen! Und wenn man nun, um die Chinesen zu begreifen, darauf verzichtet, das Unbekannte auf Bekanntes zu reduzieren, und versucht, sich in den anderen hineinzudenken? Hüten wir uns vor der »Europäozentrik« — und betrachten wir China mit den Augen eines Chinesen, soweit das für jemanden möglich ist, der kein Chinese ist. Vor allem aber sollten wir das maoistische Regime auf keinen Fall so beurteilen, als regiere es eine industrialisierte Gesellschaft.

Enthalten wir uns aber auch nicht jeglichen Urteils. Die Volks-

---

* Marco Polo beschreibt weniger die chinesische Welt als den mongolischen Eroberer, dem er dient und den er feiert; der Père du Halde sah China mit den Augen des Missionars, der sich nicht scheut, das, was er beobachtet, *ad maiorem Dei gloriam* zu verfälschen.

republik China ist — im großen und ganzen — mündig. Befreiung und Kulturrevolution sind vorbei. Es ist an der Zeit, Bilanz zu ziehen, so fragmentarisch unsere Informationen auch sein mögen. Jede Bilanz enthält positive und negative Aspekte. Manche Leute, vom Erfolg des Regimes geblendet, vergessen den Preis, der dafür bezahlt wurde. Andere, von der Höhe des Preises entsetzt, leugnen den Erfolg. Versuchen wir den Fallen, die uns der Geist des Systems stellt, auszuweichen. Der erste Teil dieses Buches enthüllt manche wenig bekannte Aspekte des chinesischen Sozialismus. Der zweite Teil zeigt »den neuen Menschen«, den die Revolution hervorbringen will. Der dritte beschreibt die erreichten Erfolge. Der vierte wägt den Preis, den diese Erfolge kosteten und noch immer kosten. Die Schlußfolgerung versucht folgende Frage zu beantworten: Bietet uns das neue China ein Modell, dem andere Länder nacheifern könnten? Man wundere sich nicht, wenn in den ersten drei Teilen, besonders im dritten, das Licht überwiegt, im vierten aber die Schatten vorherrschen (und im Schlußteil die Fragezeichen). Vielleicht erhält der Leser den Eindruck, der Autor falle von einem Extrem ins andere. Er möge aber bedenken, daß, wie General de Gaulle sagte, »in China die Dinge so weit gediehen waren, daß alles ausgeschlossen war, außer dem Extrem«.

Wie läßt sich die notwendige Unabhängigkeit des Beobachters, der seine kritische Einstellung und das Gefühl der Relativität bewahren will, mit der Liebenswürdigkeit vereinbaren, die man so aufmerksamen Gastgebern schuldet? Gewiß, wir waren Gäste der chinesischen Regierung; wir hätten diese Einladung nicht angenommen, hätten wir im vornhinein China gegenüber feindliche Gefühle gehegt. Wir trafen aber keinerlei Absprache, unser Urteil zu verschweigen oder zu ändern. Unsere Gastgeber gingen ein Risiko ein. Die einzige moralische Verpflichtung, die wir ihnen gegenüber zunächst auf uns nahmen, war, aufrichtig zu bleiben.

Im Laufe unserer Reise erwuchs uns eine neue Verpflichtung. Der Regierungsapparat mag einem Fremden zwar monolithisch und unantastbar erscheinen, aber es ist dennoch unmöglich, Wochen mit Chinesen aller Berufe und aller Schichten zu verbringen, ohne hie und da eine schwache Stelle in diesem Panzer zu entdecken, mit dem die offizielle Ideologie die Menschen umgibt; ohne ein Lächeln, eine zurückhaltende Antwort, einen Widerspruch, ein Schweigen zu bemerken, ohne einige vertrauliche Worte zu hören. Hier fängt der wichtigste Teil unserer Untersuchung an, hier liegt zugleich die heikelste unserer Pflichten.

Die Chinesen, selbst jene, die in der Verwaltung, in der Armee, in der Partei oder in den Revolutionskomitees arbeiten, sind nicht so hart, wie man sie sich vorstellt. Sie verbergen ein großes Quantum an Bescheidenheit, Güte, intellektueller Ehrlichkeit und Sympathie. Es ist ein Gebot der Vorsicht, sie nicht zu kompromittieren. Nach seiner Amerikareise machte Tocqueville seine Leser aufmerksam: »Ich muß den Leser bitten, daß er mir hierin aufs Wort glaubt ... Der Fremde erfährt oft am gastlichen Herd unter dem Siegel der Verschwiegenheit wichtige Wahrheiten, die er vielleicht der Freundschaft entlockt. Niemand fürchtet die Indiskretion des Gastes, da er ja wieder abreist. Ich habe jede dieser vertraulichen Mitteilungen sofort, nachdem ich sie empfangen hatte, eingetragen, aber sie werden meine Mappe niemals verlassen; ich will lieber dem Erfolg meines Berichtes schaden, als meinen Namen der Liste jener Reisenden anfügen, die für die empfangene großzügige Gastfreundschaft Verdruß und Peinlichkeit über den Gastgeber bringen.«[6] Und hier handelte es sich um ein Land, dessen Wesen der Liberalismus ist ...

Als mich Premierminister Tschu En-lai auf die Freitreppe des Volkspalastes hinausbegleitete, fragte ich ihn, ob ich seine Äußerungen als vertraulich betrachten sollte. Er lächelte: »Die Dinge entwickeln sich schnell ... Der vertrauliche Charakter eines Gesprächs bleibt selten länger als einige Monate erhalten.« Obwohl diese Frist schon lange überschritten ist, glaube ich mich noch immer nicht ermächtigt, alle seine Äußerungen wörtlich wiederzugeben. Noch verständlicher ist es, wenn ich die Identität meiner weniger berühmten Gesprächspartner — auch wenn sie sich mir nur für einen Augenblick eröffneten oder anvertrauten — nicht enthülle. »Die Dinge entwickeln sich schnell ...« Oder genauer gesagt: wenn sich auch die fundamentalen Gegebenheiten eines Volkes nur langsam ändern, so wechseln doch die Ereignisse, Gestalten und Tendenzen seines politischen Lebens schnell, besonders in einem Land, das aus einem tausendjährigen Schlaf erwacht.

Die Chinesen, seit jeher in einer ewigen Gegenwart immobilisiert, haben plötzlich das W e r d e n entdeckt. Die Hilfsquellen der Dialektik und die revolutionäre Planung haben sie gelehrt, sich in die immerwährende Bewegung einzufügen, um den Menschen und die Gesellschaft zu verändern. Sie führen eine permanente Revolution durch. Wie wichtig ist es, mit Anerkennung und Prognosen vorsichtig umzugehen! Alles, was wir über China schreiben, muß in Frage gestellt werden.

Unsere Ansicht über die Chinesen verändert sich mit ihnen. Auf jeden Fall darf der Westen nicht aufhören, sich mit ihnen zu befassen. Dieses Buch schmeichelt sich nicht, mehr zu sein als ein Versuch in dieser Richtung und eine Anregung für diejenigen, die jedes große Abenteuer der Menschheit mit Leidenschaft verfolgen, eine Anregung, sich selbst zu befragen.

ERSTER TEIL

# Wenig bekannte Aspekte des »chinesischen Wegs«

# 1

## Der Kult des Weisen, des Helden, des Heiligen

### 1

### Der allgegenwärtige Abwesende

Werden wir ihn sehen? Einstweilen sahen wir nur ihn. Er hatte sich für eine Zeitlang zurückgezogen, wie er es des öfteren zu tun pflegt.* Mehrere Monate bleibt er unsichtbar. Er hat, so sagt man, niemals mehr als vier Monate des Jahres in Peking verbracht. Zieht er sich von der Welt zurück, um zu meditieren? Empfindet er, wie die alten taoistischen Weisen, die sich noch in Höhlen verbergen, das Bedürfnis, sich an irgendeinem versteckten Ort der Mutter Erde zu regenerieren? Oder unternimmt er vielleicht nur Inspektions- und Besuchsreisen durch die Provinzen? Auf jeden Fall handelt es sich um eine eigene Methode zu leben und zu regieren.

Dieses regelmäßige Verschwinden erscheint den Chinesen, die man befragt, ganz natürlich. Sie glauben, es sei fruchtbar: Mao werde daraus verjüngt wieder hervortreten, um dem Volk neue Impulse zu geben. Jemand versicherte mir sogar, daß das gute Funktionieren des Regimes davon abhänge.

Ein Leiter des Revolutionskomitees der Provinz Kiangsu erzählte mir in diesem Zusammenhang die alte Legende vom Regenmacher. Die Einwohner einer von Dürre heimgesuchten Gegend kamen zu

* Während des Jahres 1970 trat Mao mehrmals in der Öffentlichkeit auf und unterhielt sich oft mit ausländischen Delegationen. 1971 zeigte er sich nur am 1. Mai, an der Seite von Prinz Sihanouk, wurde aber am 1. Oktober nicht gesehen. Nachdem er Maurice Couve de Murville im Oktober und Edgar Snow im Dezember 1970 empfangen hatte, hielt er im ganzen Jahr 1971 nur drei Audienzen ab, und zwar für Staatsoberhäupter: für den Präsidenten der Rumänischen Republik, den Ministerpräsidenten von Birma und den Kaiser von Äthiopien. Man hat ihn erst im Januar 1972, beim Begräbnis des Marschalls Tschen Ji wiedergesehen und im Februar bei einem kurzen Gespräch mit Präsident Nixon; später, nach einer neuerlichen Periode der Zurückgezogenheit, erschien er bei einigen wenigen Audienzen: er empfing den Premierminister von Ceylon (Juni), Maurice Schuman (Juli), den Ministerpräsidenten von Japan (September), von Nepal (November), die Führer Nordvietnams (Dezember), den Präsidenten von Zaire (Januar 1973).

einem Einsiedler und flehten ihn an, Regen zu machen. Er zog sich
drei Tage in einen Tempel zurück, »um in sich selbst Ordnung zu
schaffen«. Nach drei Tagen regnete es. Mao muß zuerst die Harmonie in sich selbst herstellen, damit die Harmonie in seinem
Volk entstehe.

Deshalb braucht er die Stille so notwendig. Er sucht und findet
darin jenen Zustand, den die traditionelle chinesische Weisheit
über alles schätzt und der den Toren der Verbotenen Stadt ihre
Namen gegeben hat: »Irdische Ruhe«, »Majestätischer Friede«,
»Himmlische Reinheit«, »Höchste Harmonie«. Eine Art magischer
Glaube? Eher handelt es sich wohl um die Intuition eines außerordentlich begnadeten Volksführers. Das Oberhaupt ist der Vermittler zwischen den Volksmassen und deren Zukunft, er sichert
das Gleichgewicht einer Gesellschaft, die unfähig wäre, es selbst
zu schaffen. Mao hält sich vom Weltgetriebe fern, um sein Volk
besser hören, den Ereignissen besser nachspüren zu können.

Die westlichen Beobachter können dies nicht begreifen. Sie
brauchen eine rationelle Erklärung dafür: eine politische Krise,
eine Krankheit oder den Tod. Maos periodische Abwesenheiten
rufen jedesmal die gleichen Gerüchte hervor. Kurz nach unserer
Rückkehr nach Frankreich versetzte der Entschluß, die Parade am
1. Oktober zu streichen, alle Botschaften und die Weltpresse in
Aufregung. Mitten in der Nacht bat mich der Herausgeber einer
großen Pariser Tageszeitung, ihm am Telephon hundert Zeilen
Kommentar zum Tod Maos zu diktieren; eine Agentur hatte diese
Nachricht verbreitet. Seit 1930 war Maos Tod schon oft verkündet
worden, und zwar »aus sicherer Quelle«.

Spürhunde mit feinen Nasen entgehen jedoch gewisse Indizien nicht. Zwar sind amerikanische Herzspezialisten in Peking
eingetroffen — glaubt man aber wirklich, daß die chinesische Führung »kapitalistische« Mediziner rufen würde, um Mao in seinen
letzten Stunden zu betreuen? Der Flugverkehr wurde drei Tage
lang unterbrochen — aber dieser Vorgang wiederholt sich von Zeit
zu Zeit aus unbekannten Gründen, und es gibt so wenige Flug-
verbindungen, daß eine solche Sperre den Verkehr keineswegs
lahmlegt. Mao-Porträts sollen in einigen Straßen Pekings entfernt worden sein — seit dem Ende der Kulturrevolution sind aber
schon viele Bilder verschwunden. Die chinesischen Soldaten wurden dringend aufgefordert, sich bei ihren Einheiten zu melden —
solche Maßnahmen werden jedoch oft ergriffen. Eine chinesische
Delegation, bestehend aus neun Persönlichkeiten, war zur selben
Zeit in Frankreich eingetroffen, und die Gäste trugen keine
Mao-Plaketten auf ihren Röcken — aber die Mitglieder der

chinesischen Botschaft in Paris hatten die ihren sehr wohl ange-
steckt.*

Bekanntlich verging nach dem Tod Stalins und Chruschtschows
einige Zeit, bis das russische Volk die Todesnachricht erfuhr. Das
ist eine chinesische Tradition, die die Russen übernommen hatten.
Der Gründer der Dynastie Chin, Schi Huang Ti, im 3. Jahrhundert vor Christus, starb während einer Inspektionsreise in der
Provinz ebenso geheim, wie er gelebt hatte: er führte die Staats-
geschäfte, indem er die meiste Zeit unsichtbar blieb. Man brachte
seinen Leichnam in den kaiserlichen Palast, und es sah aus, als
kehre er von der Reise zurück; damit der Geruch nicht den Leichnam verrate, umgab man den kaiserlichen Wagen mit Karren voll
Fischen. Die Todesnachricht wurde erst veröffentlicht, als man alle
Vorkehrungen für die Nachfolge getroffen hatte. Fünfzehn Jahrhunderte später starb Dschingis Khan, der Gründer der Dynastie
Yüan, während er in der Provinz Kansu, nahe bei Jenan, Krieg
führte. Obwohl er tot war, befriedete er weiterhin die Provinz:
vor der weißen Jurte blieb seine Lanze aufgepflanzt, und die hohen
Offiziere (nur sie durften sein Zelt betreten) gingen scheinbar
zum Befehlsempfang. Der Tod des Fürsten wurde erst nach dem
Sieg bekanntgegeben.

Wird die Tradition die Oberhand behalten? Geht man denn
nicht schon so weit, sich einzubilden, daß Mao schon lange tot ist
und bei seinen seltenen Audienzen durch einen Doppelgänger ersetzt wird? Es sei denn, er wäre politisch tot ... Höchstwahrscheinlich haben alle diese grotesken Annahmen einen gemeinsamen Ursprung: das Fehlen jeglicher Information. Diese Falsch-
meldungen vom Tode Maos versuchen vergeblich, sein Leben zu
enträtseln, von dem so wenig bekannt ist, weil Mao es teilweise
als Einsiedlerdasein führt. Während wir uns in China aufhielten,
war Mao journalistisch noch nicht »tot«, sondern nur »krank«. In
westlichen Kreisen Pekings und unter den »China Watchers« von
Hongkong erklärte man sich seine Abwesenheit durch strenge
ärztliche Vorschriften, die er angeblich zu befolgen hätte. Er sei
auf Erholung in seiner Residenz in Hangtschou, umgeben von
Ärzten und Krankenschwestern, könne nichts anderes als Gemüse
essen, unterziehe sich einer Kur mit dem Saft einer Pflanze, die
nur in Nordkorea zu finden sei, und anderes mehr. Dann wieder
behauptete man von ihm, er habe Tuberkulose oder die Parkin-
sonsche Krankheit oder ein anderes unheilbares Leiden. Am

* Man hat inzwischen erfahren, daß einige dieser Indizien mit dem
Verschwinden Lin Piaos und nicht demjenigen Maos zusammenhingen.

16. Juli 1966 aber schwamm er fünfzehn Kilometer den Jangtse hinunter.* Obwohl so oft verkündet wurde, daß sein Tod nahe bevorstehe oder daß er bereits gestorben sei — nunmehr fast ein halbes Jahrhundert, nachdem Tschiang Kai-schek einen Preis auf seinen Kopf ausgesetzt hatte —, steht er noch immer da wie ein Fels. Sein häufiges »Hinscheiden« hat ihn nicht gehindert, die Kontrolle über eine Revolution auszuüben, die nie ganz zum Stillstand gekommen ist.** Obwohl er an vielen Kämpfen teilgenommen hat und sogar gefangengenommen wurde, war er nie schwer krank oder verwundet. Seine Familie wurde von vielen Schicksalsschlägen getroffen, er selbst aber entkam heil allen Gefahren; man möchte fast sagen, er sei durch einen Zauber geschützt.

## Die Vervielfältigung der Porträts

Warum auch sollte Mao es nötig haben, sich in der Öffentlichkeit zu zeigen, wo er doch allgegenwärtig ist? Die Plakette mit seinem Bild ziert jede Brust. An allen Straßenkreuzungen, an den Mauern entlang der Straßen, in den Wohnungen, in die wir einen Blick warfen, ist sein Porträt zu sehen: entweder als Ölgemälde in lebhaften Farben, von irgendeinem verspäteten Makart gemalt, oder aus weißen und schwarzen Seidenfäden in einen Streifen Stoff gewebt (man hat uns die Fabrik in Hangtschou gezeigt, in der diese Bildnisse hergestellt werden) oder auf einem Wandteppich oder als große weiße Gipsstatue, als Standbild oder Büste. Man sieht ihn in der langen grauen Robe eines Lehrers, einem Seminaristen ähnlich, vor einer Menschenmenge in Kanton, die an seinen Lippen hängt; oder als Vorsitzenden, mit flatterndem Mantel, von einem Wolkennimbus umgeben oder von Blitzen gekrönt; und er ist stets an der Warze am Kinn und an seinem Blick zu erkennen.***

Vor der Kulturrevolution stellte man ihn oft im Kreise von sechs großen Chinesen dar, die zusammen mit ihm Mitglieder des

* Der Großteil der Beobachter gibt zu, daß Mao diese sportliche Leistung tatsächlich vollbracht habe, wenn er sich dabei auch von der Strömung habe treiben lassen; manche hingegen bestreiten es.
** Mao hat zugegeben, daß er während der Jahre vor der Kulturrevolution teilweise entmachtet worden war. Er gab ebenso zu verstehen, daß ihm die Leitung der Kulturrevolution zeitweise aus den Händen geglitten war (letztes Gespräch mit Edgar Snow, siehe weiter unten).
*** Uns, die wir aus dem Westen kamen, bedrückte, verfolgte diese Anhäufung von Porträts. Nach den Aussagen der in China lebenden Europäer aber wurden nun viel weniger Bilder aufgestellt. Diese Entwicklung hat sich inzwischen weiter verstärkt.

28

Ständigen Komitees des Politbüros der Partei waren. Seit der Kulturrevolution wird er nur noch allein abgebildet.* Früher verbreitete die offizielle Ikonographie im ganzen Land den Kult des Herrschers. Statuen und Teppiche füllten die öffentlichen Gebäude, wenn schon nicht mit seinem Gesicht (das war verboten), so doch wenigstens mit seinem Symbol, dem von Wolken umgebenen Drachen. Hie und da, aber selten, zeigten öffentliche Audienzen oder Empfänge von Freunden, daß der Kaiser noch lebte, im Gegensatz zu den Gerüchten von seinem Verschwinden.

Diese Riten waren nur noch Formen ohne Kraft. Mao bildete sie um und gab ihnen drei Dimensionen: die realistische Dimension — die des Weisen; die epische Dimension — die des Helden; und schließlich die mystische Dimension — die des Heiligen.

## 2

### Der Weise Bauer

Eine Sammlung bäuerlicher Weisheit: das sind die sämtlichen Werke Maos in erster Linie. Um zu erkennen, in welchem Maß Mao seinen erdverbundenen Realismus der chinesischen Revolution aufgepfropft hat, muß man zu den zwei Quellen seiner Moral und seines Handelns zurückkehren: nach Kanton und nach Jenan.

Das Institut der Bauernbewegung in Kanton ist in einem alten konfuzianischen Tempel untergebracht, der, wie der Kreuzgang eines Klosters, einen Garten mit exotischer Vegetation einfaßt. Erbaut unter der Ming-Dynastie, zerstört im Bürgerkrieg, wurden diese Gebäude in ihrer ursprünglichen Form wiederhergestellt. Das Regime war es sich wohl selbst schuldig, sie zu restaurieren, da es ihnen ja praktisch seine Errichtung verdankt. Von 1925 bis 1927 wurde dieses Institut, das 1923 am III. Parteikongreß von den chinesischen Kommunisten gegründet und von Sun Yat-sen unterstützt worden war, von Mao geleitet. Er rekrutierte hier 1926 während einer Studiensitzung 327 Kader, die vom Land stammten und wieder dorthin zurückkehren sollten: die erste Zelle, gewissermaßen der Sauerteig in der Masse der Bauern. Diese Aktivitäten überlebten jedoch den Bruch zwischen der Kuomintang

* Tschu En-lai wird nie zusammen mit Mao dargestellt. Dagegen sah man Lin Piao zwischen 1969 und 1971 manchmal an Maos Seite, einen kleinen Schritt hinter dem Vorsitzenden. Diese Porträts sind seit September 1971 völlig verschwunden. Man weiß, warum.

und den Kommunisten im Jahr 1927 nicht: eine vorübergehende Phase der Revolution, die aber von unseren Begleitern als die wesentlichste bezeichnet wurde. (Einige westliche Historiker glauben, daß Mao in Kanton nur eine geringfügige Rolle gespielt hat, wenn auch die chinesische Ikonographie das Gegenteil behauptet. Wie dem auch sei, die Jahre in Kanton waren anscheinend wichtig bei der Ausbildung der Doktrin Maos.)

Maos Zimmer: ein Bett ohne Kissen und Matratze, es ist nur eine auf Brettern ausgebreitete Matte; ein Stuhl, ein Schreibtisch aus nußfarben gebeiztem Weichholz. Ein Lehrsaal: Tisch und Stuhl, erhöht auf einem Katheder, die Pulte der Schüler brav darunter aufgereiht. Ein Mannschaftszimmer: Stockbetten. Man hat den Eindruck, sich in einem Biwak zu befinden, das erst gestern verlassen wurde; die Gewehre stehen in den Ständern, die Uniformen sind zusammengefaltet, die Sandalen in Reih und Glied aufgestellt und die Tornister aufgehängt. Jeden Morgen wurde mit dem Bajonett im Garten exerziert. Dann hörte man dem jungen Lehrer zu. Ein großes Ölgemälde zeigt seine Schüler, die gespannt seinen Worten lauschen (der tatsächliche Einfluß Maos scheint in Wirklichkeit doch geringer gewesen zu sein, als dargestellt wird). In dieser Atmosphäre von gespannter Aufmerksamkeit, körperlichem Training und Heißhunger nach einer Doktrin, vertiefte Mao seine Analyse der chinesischen Klassengesellschaft. Aus dieser Analyse ging seine nach wie vor gültige Leitidee hervor: »Die Bauern stellen achtzig bis neunzig Prozent der Bevölkerung dar. Das Bauernproblem ist also das Hauptproblem der chinesischen Revolution. Die Bauern bilden die wichtigste revolutionäre Kraft.«

Dieser in ein Museum umgewandelte Tempel versucht nicht nur, den Besuchern das Elend von einst und den Beginn der Revolution zu vermitteln, sondern es soll auch vor den Schulkindern, den Fabrikarbeitern und den Bauern der Volkskommunen, die man in geschlossenen Gruppen mit Führern hierherbringt, die Vergangenheit wiedererstehen lassen. Wer wußte denn damals von der Existenz einer Bauernbewegung, wer hatte zu jener Zeit von der Lehre Maos gehört? Dagegen haben, hält man sich an die Ausstellungsstücke des Museums von Kanton, die zwei Lieblingsschüler Sun Yat-sens, Tschiang Kai-schek und Wang Tsching-wei, die damals die Szene beherrschten (der eine von ihnen wurde ja bekanntlich zum Hauptgegner Maos), niemals existiert. Einzig Tschu En-lai, politischer Kommissar der Kadettenschule von Whampoo, taucht auf den Photographien der Aufstände auf — obwohl er in Wirklichkeit in der Kommune von Kanton keine wichtigere Rolle gespielt hat als Mao selbst. Man könnte glauben, daß in dieser Epoche, in der die meisten Revolutionäre, Kommunisten oder nicht, verkündeten, die Revolution werde nur vom städtischen Proletariat getragen, nur Mao existiert habe; und für Mao kamen nur die Bauern als Träger der Revolution in Frage.*

### Vom Bauernkind zum Bauernführer

Bis in welche Tiefen der kollektiven oder der persönlichen Existenz muß man vordringen, um die Quellen einer so elementaren Überzeugung zu entdecken? Mao ist gewissermaßen ein Sohn des Ackerbodens. Er wurde von den Legenden, der Moral, der Folklore seiner Heimat Hunan geprägt.

Nach den zehn Jahren im Südosten kommt er in den Nordosten, nach Jenan. Gelbe, von Höhlen durchsetzte Lößberge, Troglodytenbehausungen. Mao hatte zwischen Dezember 1936 und 1947 vier Wohnsitze, drei davon waren Höhlen. Jede von ihnen gleicht einer gewölbten, mit Kalk geweißten Zelle in einem Zisterzienserkloster. Man kann sie noch immer sehen, mit ihren einfachen Bauernmöbeln: Wohnstätten, tief in die fruchtbare Erde gegraben.

Unten das Feld, das er jeden Tag bestellte, wie ein Kartäuser seinen Garten, um sich in seine Aufgabe zu versenken. Er goß die Sojabohnen und jätete ein winziges Stückchen der chinesischen Erde, aus der er eines Tages Hunderte Blumen blühen lassen würde, um dann die giftigen Blüten auszureißen.

Er selbst erzählte humorvoll, daß seine Familie ein lebendiges Beispiel für den Klassenkampf geboten hätte**: Sein Vater, ein ehemaliger Soldat, aus dem wieder ein »armer Bauer« geworden war, hatte — Groschen für Groschen — eine kleine Geldsumme zu-

---

* Mao war nicht der erste, der diese vernünftige Idee gehabt hatte. Es scheint, daß die Geschichte im Dienst der Sache leicht retuschiert wurde. Die ersten kommunistischen Bauernbewegungen, die vom »Östlichen Fluß« (in Kwangtung), geführt von Peng Pei, gab es vor Maos Zeit.

** Die zeitgenössischen chinesischen Historiker bestreiten diesen Bericht, obwohl er von Edgar Snow 1936 bestätigt wurde. Der amerikanische Schriftsteller erzählt in »Roter Stern über China« haarklein, wie ihm Mao am Ende des »Langen Marsches« während vieler Nächte in seiner kleinen Zelle in Paoan von seiner Kindheit, seiner Jugend und seinen revolutionären Anfängen berichtete; wie er selbst bei Kerzenlicht Notizen machte, sie zusammenfaßte und dann Mao unterbreitete, der sie korrigierte und dann zurückgab: zehn verschämte, gefühlvolle Seiten, die einzig bekannte Autobiographie Maos. Wäre es denn denkbar, daß dieser Bericht gefälscht ist, wo Mao doch Edgar Snow von 1936 bis 1972 in treuer Freundschaft verbunden war (kein

sammengespart und wurde zum »mittleren Bauern«, dann zum »mittelreichen Bauern« und schließlich zum kleinen Gutsbesitzer mit einem Hektar Boden; er verlieh Geld zu Wucherzinsen, kaufte zur Erntezeit Weizen zu niedrigen Preisen und verkaufte das Getreide später, als es zu Teuerungen kam, zu Überpreisen. Kurz, er verkörperte die verschiedenen Aspekte der Tyrannei, die zu berauben, zu spekulieren und sich blinden Gehorsam zu verschaffen sucht. Gegen die väterliche Despotie bildeten der junge Mao, seine Mutter, sein Bruder und die Landarbeiter die Opposition. Die Mutter — Analphabetin, fromm und mitleidig — verteilte insgeheim Reis an die »armen Bauern«, die unter der Teuerung litten.

Mao ging sehr weit in seiner Revolte gegen den Vater; mit diesem verhaßten Bild verband er alles, was er später hassen sollte: die Klasse der »Grundbesitzer« und jene der »reichen Bauern«, der durch Betrug erzielte Profit, das Streben nach Profit, die Verachtung der Armen und den Verrat an der eigenen, armseligen Herkunft.

Er ist dreizehn Jahre alt, als ihn sein Vater vor Zeugen einen Nichtstuer schilt. Mao beschimpft ihn, flieht und droht, sich umzubringen; er läuft zum Ufer des Sees und macht Anstalten, sich hineinzustürzen. Seine Mutter folgt ihm mit flehentlicher Miene. Der Vater holt ihn ein und verlangt den Kotau: dreimal muß der Sohn mit der Stirn den Boden berühren, als Zeichen der Unterwerfung. Mao verhandelt mit dem Vater am Rande des Abgrundes; er will sich nur einmal niederwerfen und nur, wenn sein Vater ihm verspricht, ihn nicht zu schlagen. Aus diesem »Bürgerkrieg« zieht der Junge eine Lehre: wenn sich die Schwächeren unterwerfen, werden sie von den Stärkeren noch mehr geschlagen; wenn sie ihre Rechte öffentlich verteidigen und allem, auch dem Tod, trotzen, geben die Starken nach, werden zu Papiertigern ...

Psychoanalytisch gesehen liegt in dieser Episode das Vorbild

Ausländer und kaum ein Chinese können sich rühmen, mit ihm je so befreundet gewesen zu sein)? Wenn Snow einen literarischen Betrug begangen hätte — in einem Land, und auf einem Gebiet, in dem man so besorgt um die Exaktheit von Zitaten ist —, hätte ihn Mao dann bei jeder seiner Chinareisen empfangen? Hätte er ihm jedesmal so vertrauliche Dinge erzählt wie niemand sonst? Hätte er ihn bei der Parade am 1. Oktober 1970 auf den Tien An Men-Platz zu seiner Rechten sitzen lassen? Hätte er sich im Dezember desselben Jahres bei ihm entschuldigt, weil man ihm während der Kulturrevolution kein Visum ausstellte — »Es hat Böswillige gegeben, die Sie hindern wollten, zu kommen« —? Hätte er ihm wohl, als er im Sterben lag, seine Leibärzte in die Schweiz geschickt? Mit dieser Aufmerksamkeit, so scheint es uns, hat Mao seine Autobiographie auf chinesische Art signiert. Wir betrachten sie als authentisch und kommentieren Episoden, von denen jede einzelne psychologisch so interessant ist.

für die ambivalente — zugleich traditionalistische und revolutionäre — Haltung Maos, der inzwischen zum Oberhaupt der Nation geworden ist. Er bricht gewaltsam mit dem durch seinen Vater symbolisierten Aspekt der Vergangenheit — der Ausbeutung der Armen, der Schwachen, der Unwissenden —, aber nur, um sich mit dem durch seine Mutter symbolisierten Aspekt der Vergangenheit zu identifizieren: der Treue zur Heimaterde, die er zu erneuern sucht.

Dieser Familienkonflikt nährt den Haß des Jünglings gegen das feudale, patriarchalische System (und alles, was dieses System stützt) und seine Leidenschaft, den »armen Bauern« und den Frauen Chancengleichheit zu verschaffen sowie die Interessen der Niedrigen gegenüber den Mächtigen zu verteidigen.

Arm verläßt Mao sein Dorf. Er wird Hilfsbibliothekar in Peking, teilt ein kleines Zimmer mit sieben Kameraden, kann in der Nacht kaum atmen und muß seine Nachbarn rechts und links aufmerksam machen, wenn er sich umdrehen will. Sie alle haben im Winter nur einen Mantel, den sie abwechselnd tragen, wenn sie ausgehen wollen. Mao vergaß nie seine arme und bäuerliche Abstammung und den Treueschwur, den er ihr geleistet hatte. Die Bilder seiner Kindheit und seiner Jugend beherrschen sein Leben.

### Der Bauernführer und das marxistische Dogma

Von 1921 an ist Maos persönliches Schicksal mit dem der Partei verbunden, der Partei, in deren Mitte er endlich Freiheit, Gleichheit, Brüderlichkeit fand.

Bauernführer: Das wurde er gleichsam im ersten Anlauf, und das wird er auch bleiben. Von den vielen Schriften Maos ist ohne jeden Zweifel der Bericht über eine Untersuchung der Bauernbewegung in Hunan die bedeutendste. Er verfaßte ihn im Februar 1927 und empfahl darin dem Politbüro einen Wechsel der Strategie. Nur mit Arbeitern könne man die Revolution durchführen? Wenn dieses Dogma richtig sei, so legte er dar, müsse China auf die Revolution verzichten.

Er versuchte, den damaligen Parteisekretär Tschen Tu-hsiu zu überzeugen. Soeben war er von einer zweiunddreißigtägigen Reise in das Hunan seiner Kindheit zurückgekehrt. Er hatte gefühlt, daß die Bauern bereit waren, sich zu erheben, »wie ein gewaltiger Tornado, den keine Macht der Welt bezwingen kann«. Er zeigte, daß die armen Bauern 70 Prozent der ländlichen Bevölkerung ausmachen, die mittleren Bauern 20 Prozent, die reichen Bauern und Grundbesitzer 10 Prozent, und daß die kleinen Bauern die Führung übernehmen sollten, da ihre Gesinnung am revolutionärsten sei. Ohne die armen Bauern werde es keine Revolution geben. Ihnen habe es niemals an Sinn für die Revolution gefehlt.

Wenn es Mao auch nicht gelang, Tschen Tu-hsiu zu überzeugen, wurde er doch selber in dieser Gewißheit bestärkt. Er würde die Agrarrevolution verkörpern, deren Speerspitze die armen Bauern sein sollten. Dies war absolute Ketzerei in den Augen der orthodoxen Marxisten — ob sie nun Marx und Engels folgten, Lenin oder Trotzki*, Stalin oder Chruschtschow hießen, in deren Augen nur das Industrieproletariat die Avantgarde der Revolution bilden konnte.

Sicherlich gibt Mao die Notwendigkeit zu, mit dem Arbeiterproletariat zusammenzuarbeiten. Er verschmähte zum Beispiel die Hilfe eines Liu Schao-tschi nicht, der die Arbeiterorganisationen der chinesischen Städte kontrollierte; und wenn er sich in den sechziger Jahren auch gegen Liu stellte, so war er doch weit davon entfernt, ihm vorzuwerfen, daß er die Arbeiter zu sehr unterstützt habe; vielmehr beschuldigte er ihn, ihre wahren Interessen verraten zu haben. Aber für ihn stand immer die Bauernschaft im Vordergrund; in sie vor allem setzte er sein Vertrauen. Nach seiner Ansicht verstanden weder Stalin noch Borodin, dessen Gesandter in Kanton, etwas von den Bauern. Mao widersetzte sich dem Ansinnen der Sowjets, die kleinen chinesischen Grundbesitzer, die an ihrer Scholle hingen, wie die russischen Kulaken zu behandeln. Er war überzeugt, daß Moskau die chinesischen Kommunisten in ein Fiasko treiben würde, wenn es sie dazu drängte, die Städte zu erobern und dem Arbeiteraufstand zum Sieg zu verhelfen. Im November 1927 wurde Mao zum Häretiker gestempelt und aus dem Politbüro ausgeschlossen; im Juni 1930 wurden seine Ansichten neuerlich durch das Zentralkomitee verdammt. Der chinesische Kommunismus blieb ein gefügiges Werkzeug der Komintern, die ihn mit einer starren, entschlossenen, urbanen Strategie in blutige Niederlagen führte.

Wie kann man diese Einzelheiten vergessen, wenn man die chinesisch-sowjetischen Schwierigkeiten bedenkt?

Mao begann trotzdem mit dem Experiment einer radikalen

* Lenin glaubte sehr wohl an die Möglichkeit einer Bauernrevolte, doch meinte er, daß sie den Charakter einer »nationalrevolutionären« Revolution haben würde, und nicht den einer wahrhaft »sozialistischen und internationalistischen«. Trotzki stellte — wie Mao — fest, daß es für China keine andere Lösung gebe, als sich auf die Bauernschaft zu stützen; doch meinte er, wie Lenin, daß die Bauern »kleinbürgerlich« seien und daher niemals wahre Revolutionäre sein könnten.

Agrarlösung, und nach vielen Untersuchungen und Nachforschungen fand er den chinesischen Weg zur Revolution, das heißt, den »bäuerlichen« Weg. Wenn auch die »Republik Kiangsi«* bald vernichtet wurde, so bezog die Rote Armee ihre Begeisterung zum »Langen Marsch« doch von dorther.

Mao festigte seine Stellung im chinesischen Volk nur dadurch, daß er den Befehlen Stalins und seiner Emissäre, den Resolutionen der Komintern und der Linie der chinesischen kommunistischen Partei, die hartnäckig dem Kreml folgte, den Rücken kehrte. Von 1927 an weigerte er sich, seine Überzeugung aufzugeben, obwohl eine Gruppe von jungen Marxisten, die in Moskau geschult worden waren und die er ironisch »die achtundzwanzig Bolschewiken« nannte, die Leitung der Partei übernahmen. Er zweifelte nicht daran, gegenüber der Majorität recht zu haben. Er schwieg und wartete seine Stunde ab, so wie er es auch zwischen 1959 und 1965 tat: Im stillen bereitete er die Kulturrevolution vor, die den größeren Teil der Parteiführung, die ihm nicht mehr folgte, vernichtete. Heute verheimlicht man in den revolutionären Museen Chinas schamhaft diese erste Kaltstellung Maos. Man unterstreicht, daß er beim VI. Kongreß (Sommer 1928) ins Zentralkomitee gewählt und gleich nach der Errichtung der ersten chinesischen Sowjetrepublik (November 1931) zu deren Präsidenten ernannt wurde. Man verschweigt, daß er acht Jahre lang von den höheren Instanzen seiner Partei übergangen worden war. Man erwähnt die Umkehr nicht, die im Januar 1935 mitten im Langen Marsch in Tsunji stattfand. Damals erreichte Mao während einer Versammlung des Politbüros die Mehrheit, nachdem die blutige Niederlage der früheren Majorität festgestellt worden war. Will man die Massen glauben machen, daß die Partei Mao immerdar unterstützt, daß sich die rote Sonne nie verfinstert hatte? Ohne Zweifel. Die Diskretion bezüglich seiner Parteikarriere spiegelt jedoch auch den beharrlichen Widerwillen Maos gegen persönliche Polemiken mit anderen Kommunisten wider, sei es in China oder anderswo. Er hat Stalin niemals herausgefordert. Er hütete sich, das marxistisch-leninistische Dogma, an dem alle kommunistischen Parteien der Welt — trotz der Niederwerfung der Aufstände in den chinesischen Städten — weiterhin eisern festhielten,

* Mao taufte — wie stark auch seine Opposition gegen die Ansichten Moskaus gewesen sein mag (oder gerade deshalb, weil er diese Gegensätze kompensieren wollte) — seine erste Bauernrepublik, nämlich Kiangsi, »Sowjetrepublik«. Die Republik Kiangsi existierte drei Jahre (1931—1934). Vor ihrer Gründung verbrachte Mao nahezu vier Jahre in den Tschiang-Kan-Bergen, wo Kiangsi an Hunan grenzt.

zu bestreiten. Er übt eine alte chinesische Kunst aus, indem er sich so fortbewegt, daß er anscheinend geradeaus geht, in Wirklichkeit aber einen Bogen macht. Von dieser Kunst sagt Henri Michaux — nicht ohne Übertreibung: »Alles, was gerade ist, ist dem Chinesen unbehaglich und erweckt in ihm den peinlichen Eindruck, falsch zu sein.«[1]

Den Stalinisten zum Trotz setzte sich die chinesische Partei fast ausschließlich aus armen Bauern zusammen. Chruschtschow verschloß keineswegs die Augen vor dieser Abweichung. Sogar nach Maos Triumph verdammte er sie ohne Umschweife: »Als Maos siegreiche Revolutionsarmee sich Schanghai näherte, stoppte er den Marsch und lehnte es ab, die Stadt einzunehmen. Stalin fragte Mao: ›Warum haben Sie Schanghai nicht eingenommen?‹ ›Sechs Millionen Einwohner leben dort‹, antwortete Mao. ›Wenn wir die Stadt einnehmen, werden wir alle diese Leute ernähren müssen. Wo aber sollen wir die Lebensmittel dafür hernehmen?‹ Nun frage ich, ist das die Sprache eines Marxisten? Mao hat sich immer auf die Bauern verlassen und nicht auf die Arbeiterklasse ... Stalin hat Mao auch geziemend für diese Abweichung vom wahren Marxismus kritisiert. Aber es bleibt die Tatsache, daß Mao, der sich auf die Bauern verließ und die Arbeiterklasse ignorierte, den Sieg errang. Nicht etwa, daß dieser Sieg ein Wunder gewesen wäre, aber er gab der marxistischen Philosophie eine neue Wende, da er ohne das Proletariat errungen wurde.«[1a]

In dieser Hinsicht ganz und gar stalinistisch, erklärte Chruschtschow, Mao habe sich nicht an die Regeln gehalten. Das Proletariat sei die Arbeiterschaft. Eher möge die chinesische Revolution zugrunde gehen, als daß ein Prinzip aufgegeben werde.

### Der Alte vom Berg

Von allen Gleichnissen, in denen Mao die Weisheit der Bauern so hervorragend wiedergibt, zitieren die Chinesen am liebsten jenes des Alten vom Berg. Mao hatte es in Jenan vor der Parteischule erzählt. Es handelt sich um eine alte Legende, die er von dem Philosophen Lie-tsi übernommen hat, einem der Väter des Taoismus. Aber der Großteil der Chinesen scheint überzeugt, daß Mao ihr Urheber ist. Jü-Kung (»der einfältige Greis«) fühlte sich von einem Berg, der vor seinem Haus emporragte, belästigt. Er fing an, von seinen Kindern unterstützt, ihn mit Hacke und Schaufel abzutragen. Die Nachbarn lachten ihn aus. »Der Berg wird nicht wachsen«, entgegnete der Greis, »während wir, meine Kinder, meine Enkel und ich, nicht müde werden, ihn abzutragen.«

Mao wendet sich mit dieser Fabel an das chinesische Volk, das mit genügend Hartnäckigkeit die Plagen, von denen es heimgesucht wird, loswerden könnte. Für die Chinesen ist Mao der Weise, der Rückfälle wohl zu ertragen weiß, aber unablässig sein fernes Ziel verfolgt. Er selbst hat dieses Bild von sich entworfen. Obwohl er sich auf dem laufenden hält, verschwendet er seine Kraft nicht bei Routinearbeiten. Er trifft nicht — wenigstens scheint es so — die Entscheidungen, welche die Verwaltung dieses riesigen Landes erfordert. Er sieht alles aus der geschichtlichen Perspektive. In fünfzig Jahren des Kampfes und später der Macht trieb er unermüdlich die revolutionäre Veränderung Chinas voran, in der geraden Linie, die er vorgezeichnet hatte. Er kennt das Geheimnis der Geheimnisse — ein Bauerngeheimnis —, das darin besteht, fortzubestehen, so lange fortzubestehen, bis sich die Situation verändert, oder das langsame Reifen abzuwarten; dieses Reifen gibt denen recht, die das Unrecht begingen, zu früh recht zu haben. Sicherlich hat Mao über das chinesische Sprichwort meditiert: »Mit Geduld werden die Blätter des Maulbeerbaums zu einem seidenen Kleid.«

Durch ihn erhält der Marxismus-Leninismus nicht nur einen anderen Ton, sondern auch eine andere Natur. Er schreibt die marxistischen Schriften sozusagen mit einer konfuzianischen Feder nieder, in der Sprache eines kleinen Bauern aus Hunan.

Sein Stil erinnert den Europäer manchmal an romantische Utopien und manchmal an Elementarmoralismus; aber Mao wendet ihn deshalb an, weil er den Kontakt mit der chinesischen Erde wahren will. Seine Ideen, mit gesundem Menschenverstand formuliert, erwecken in der Seele des Volkes nur deshalb ein kollektives Echo, weil die Massen darin ihre eigenen Ideen wiedererkennen. Mao sammelt die dunklen Wünsche der Bauern und verleiht ihnen Ausdruck; er hatte vorausgeahnt, daß diese Wünsche die treibende Kraft bei der Neuordnung Chinas werden sollten.

Im tiefsten Schensi, mitten im Gebirge, befindet sich unterhalb der Schatzpagode (seit tausend Jahren thront sie wie ein Zuckerhut auf einer Bergspitze, und sie ist in China fast ebenso berühmt wie das Tor des Himmlischen Friedens) eine gigantische Kalligraphie Maos in goldenen Buchstaben auf rotem Grund. Sie besagt: »Den Geist der revolutionären Tradition entfalten, um noch größere Erfolge zu erzielen.« Weil Jenan während eines Jahrzehnts seine Höhlen und seinen kargen Boden einer Handvoll Vogelfreier zur Verfügung gestellt hatte, wurde es zum Wahrer dieser Tradition.

Die Annalen Maos aus dieser Zeit zwischen 1925 und 1947, die Jahre von Kanton und Jenan, sind die Annalen des chinesischen Kommunismus, aber ebenso die Annalen des ewigen China; sie vermitteln den Eindruck, als habe dieses Land nur dafür gelebt, die Vollendung in einem bodenständigen Kommunismus zu finden. Es handelt sich nicht um eine Theorie, die aus dem Ausland importiert und von oben autoritär aufgezwungen wurde; nein, sie ist das authentische Produkt eines Landes, einer Kultur, eines Volkes, auf das genaueste ausgearbeitet in einem Vierteljahrhundert tastender Versuche.

Aber zwischen der Zeit in Kanton und den Jahren von Jenan gab es den Langen Marsch.

## 3

### Der Held des Langen Marsches

In Jenan, im Herzen des Gebirges, hatten sich die Geretteten des Langen Marsches wieder zusammengefunden.

Seit dem Bruch mit der Kuomintang und der kommunistischen Partei von 1927 war Mao der Führer des Bauernaufstandes. Er hatte ihn nicht angezettelt, denn unterschwellig hatten die Unruhen bereits gegärt. Mao begnügte sich, die Revolte guerillamäßig zu organisieren. Seine Strategie, die er in seinem Artikel »Strategische Probleme des revolutionären Krieges in China« aufzeigt, kann man auf eine Formel bringen: Man muß die Landbevölkerung für die Partei gewinnen, um die Städte zu umzingeln.

### Eine Armee von Barfüßigen

Tschiang Kai-schek glaubte an die Städte, an die modernen Waffen, an die amerikanische Hilfe. Mao glaubte an die mit Piken bewaffneten Dorfbewohner, die niemand vertrauten, außer sich selbst. Da er selbst Bauer war, zweifelte er keinen Augenblick daran, daß eine Bauernarmee imstande sei, die Macht zu ergreifen. In diesem felsenfesten Glauben liegt das Geheimnis seines Sieges (sicherlich spielen dabei auch viele andere Faktoren mit: der Zweite Weltkrieg, die Niederlage Japans, die Besetzung der Mandschurei durch Rußland und anderes mehr. Sie wirkten sich aber nur deshalb so günstig für Mao aus, weil er geduldig seine Stunde abwartete). Gestützt auf eine Basis, die am Tag nach dem Zusammenbruch der Partei im Jahr 1927 nur aus einigen Hundert

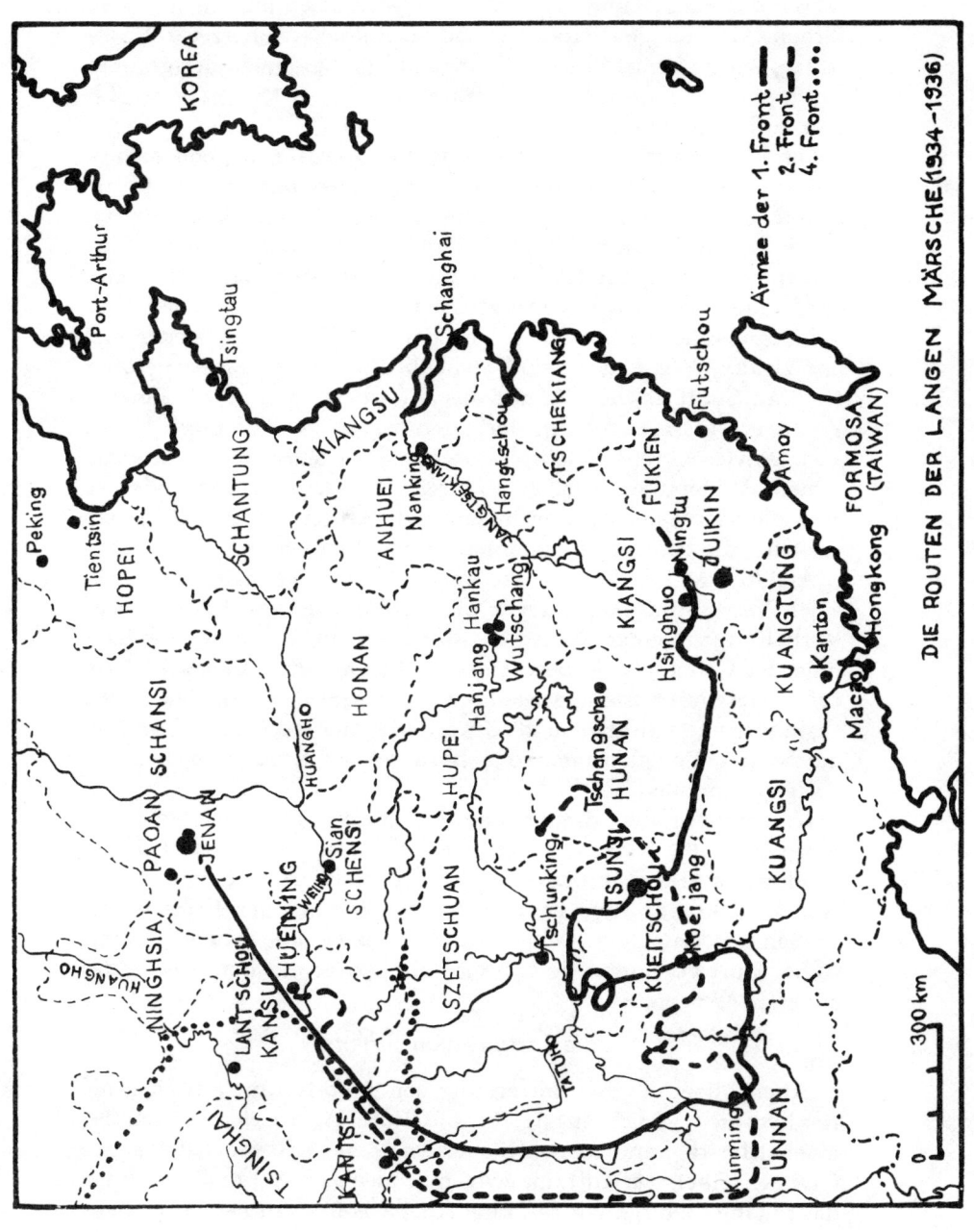

Bauern bestand, gewann Mao innerhalb von zweiundzwanzig Jahren das ganze Land für sich. Die Städte fielen ihm zu wie reife Birnen. Der Lange Marsch, zunächst ein unbarmherziger Rückschlag, wurde schließlich — auf lange Sicht — zu einem der größten Triumphe der Geschichte. Zur Bauernweisheit Maos gesellte sich nun auch Heroismus.

Die erste Revolte der Bauern, die Mao leitete, begann erfolgreich in der Provinz Kiangsi. In einem siebenjährigen Kampf arbeitete er die Taktik aus, die ihm schließlich den Sieg sicherte. Diese Taktik bestand darin, die Kräfte beim Angriff zu konzentrieren und sie beim Rückzug sofort zu zersplittern; den Feind durch einen Überraschungsangriff zu vernichten, sich selbst aber nie überraschen zu lassen. »Wenn der Feind vorrückt, ziehen wir uns zurück. Wenn der Feind stehenbleibt, um zu lagern, stören wir ihn. Sucht er dem Kampf auszuweichen, greifen wir ihn an. Wenn er sich zurückzieht, verfolgen wir ihn.« Auf diese Weise konnte Mao Streitkräften, die zehnmal so stark waren wie die seinen, Widerstand leisten. Während dieser Zeit begründet er auch die Macht der Bauern, indem er die Güter der Grundbesitzer verteilte, die bei seinem Herannahen geflohen waren.

Am Anfang des Jahres 1930 begann jedoch Tschiang Kai-schek einen Vernichtungskrieg gegen die Rote Armee von Kiangsi. Auf Vorhaltungen seiner deutschen Ratgeber hin, die unter der Leitung der Generäle von Seeckt und Falkenhausen standen, änderte der Generalissimus seine Methode. Er vermied Fallen, ließ einen Festungsring errichten und deportierte die von den Guerillas durchsetzte Bevölkerung. 1934 hatte er die Rote Armee in die Zange genommen.

Nun mußte der dramatische Entschluß gefaßt werden, die Sowjetrepublik Kiangsi aufzugeben, die Mao mit so viel Mühe errichtet hatte und in der er sich so fest etabliert zu haben schien. Am 16. Oktober 1934 begann die Rote Armee der I. Front den großen Rückzug, der sie in zwölf Monaten bis Schensi führen sollte. Dort vereinigte sie sich ein Jahr später mit den Resten der anderen Armeen.

### Die Festung von Schensi

Schensi liegt in einer Entfernung von 1500 Kilometern Fluglinie nordwestlich von Kiangsi; für die Rote Armee bedeutete dies einen Marsch von 12.000 Kilometern, dessen Route entlang der Grenzen Tibets verläuft, im ewigen Schnee versinkt und sich durch das Sikang-Gebirge windet. Eine Anabasis in chinesischen Dimensionen.

Mao suchte deshalb in Schensi Zuflucht, weil dieses unzugängliche Massiv für ihn ein sicheres Terrain war. Diese Provinz, die im ersten Jahrtausend vor Christus zum ersten Mal ins Licht der Geschichte trat, wurde zur Wiege und zum Zentrum der kaiserlichen Macht; dann, am Anfang des 17. Jahrhunderts, erlebte sie unter der Ming-Dynastie einen Aufstand der Leibeigenen. Sie konnte also bei der Revolte von 1911 an eine revolutionäre Tradition anknüpfen. Sie liegt im Herzen des alten China, weit entfernt von den Städten, vom Meer, von den Europäern und den Japanern, weit weg auch von den Industriezonen und dem internationalen Handel, von allen Gesellschaftsschichten, auf die sich Tschiang Kai-schek stützte; die Bevölkerung von Schensi war reif für die Revolution.*

Mao konnte keinen besseren Platz finden, um der Vernichtung zu entgehen, und keine bessere Basis, um das nationale Territorium zu erobern. Es genügte, sich in diese starke Festung zurückzuziehen. Das war nicht einfach.

Im Oktober 1934 setzte sich die Armee der I. Front, begleitet von Bauern, Frauen und Kindern — einige hunderttausend Seelen im ganzen — zu Fuß in Bewegung, das schwere Gepäck wurde auf Maultiere geladen. Ein allgemeines »Rette sich wer kann« nannte Mao es später und beschuldigte die »Achtundzwanzig Bolschewiken«, sie hätten »Mangel an Initiative und Beweglichkeit« gezeigt und seien vom »Abenteurertum zum militärischen Konservatismus« übergegangen. Bevor der Lange Marsch zum Heldenepos wurde, war er eine ungeordnete Flucht.**

Über Saumpfade, durch Dickicht, über Gebirgspässe, auf endlosen Umwegen (Kämpfe oder Flußüberquerungen machten sie notwendig), zogen die Roten Soldaten durch Gebiete, deren Bevölkerung gegen sie aufgehetzt war, von der aber dennoch ihr Überleben

* Während Mao 1927 in Hunan die »Bewegung der Herbsternte« organisierte, stellten Liu Tschi-tan und Kao Kang — der 1954 Selbstmord beging — die Bauernbewegung in Schensi auf.

** Nach dem Fall von Tsunji im Januar 1935 und nach der mysteriösen Versammlung des Politbüros an diesem Ort, erlangten Mao und seine Anhänger die Mehrheit in der Partei, nachdem sie acht Jahre lang in der Minderheit gewesen waren. Von da an änderte der Lange Marsch seinen Charakter. Aus einem Debakel verwandelte er sich in eine Reihe von wütenten Kämpfen. Die Rote Armee, vom Wunsch beflügelt, von Schensi aus die bäuerliche Sowjetrepublik Kiangsi wiederzuerrichten, riß die Initiative an sich. Damit waren die größten Schwierigkeiten beseitigt. Die Blockade wurde gebrochen; die Soldaten, die sich ihrer engeren Heimat nicht weiter verbunden fühlten, waren desertiert, nur die besten blieben zurück.

abhing. Sie marschieren und kämpfen Tag und Nacht. Sie manövrieren, diskutieren, überzeugen, wissen niemals, wo sie essen oder schlafen werden.

Der eigentliche Lange Marsch endete nach einem Jahr, am 20. Oktober 1935, als siebentausend Leute der Armee der I. Front, um ein Zehntel dezimiert, sich mit den Widerstandskämpfern von Schensi unter der Großen Mauer vereinigten. Die Reste der Armeen der II. und IV. Front beendeten ihren Langen Marsch erst im Oktober 1936. Von allen Armeen waren insgesamt bloß fünfundzwanzigtausend Mann übriggeblieben. Außerdem bestand der größere Teil aus Rekruten, die sich unterwegs den Truppen angeschlossen hatten. Die anderen? Im Kampf gefallen, verhungert, in der Kälte oder in Epidemien umgekommen, vor Erschöpfung zusammengebrochen, wenn sie nicht desertiert waren oder gefangengenommen wurden — »dahingeschmolzen im Nebel des Verschwindens«. Mao besingt diesen epischen Marsch in einem Gedicht:

»Der Himmel ist hoch, bleich sind die Wolken
die Wildgänse ziehen gegen Süden.
Wenn wir nicht die Große Mauer erreichen,
sind wir keine Männer.
Die Rote Armee fürchtet nicht die Härten eines
    Gewaltmarsches,
für sie sind tausend Berge, zehntausend Flüsse nichts als ein
    Spaziergang,
der letzte Engpaß ist bezwungen,
die Armee lächelt.«

### Ein geretteter Veteran

In Kanton begegneten wir einem Veteranen des Langen Marsches. Er ist heute Leiter des Revolutionskomitees der Provinz Kwangtung. Seine Äußerungen über diese heroische Epoche waren eher zurückhaltend, wie diejenigen des chinesischen Botschafters in Paris, des Generals Huang Tschen, der ebenfalls zu den wenigen Überlebenden zählt. Als ich ihn immer eindringlicher fragte, antwortete er einsilbig, widerstrebend: Ja, zwölftausend Kilometer, das ist ermüdend. Ja, wir hatten oft Hunger. Ja, in guten Zeiten hatten wir eine Tagesration Hirse, genug um auszuhalten, aber oft genug bekamen wir sie nicht. Ja, wir aßen dann auch Laub oder auch gekochte Leder- oder Gewehrriemen. Ja, wir litten solchen Durst, es kam oft vor, daß wir unseren Urin trinken mußten. Ja, viele Gerettete schleppten sich seither von Krankenhaus zu Krankenhaus. Ja, es gab Kinder und Jugendliche unter ihnen. Einer von ihnen trug eine kleine Eisenkiste auf den Schultern, die alles enthielt, was von den Archiven der Sowjetrepublik China übriggeblieben war. Ja, die Frauen bildeten eine Abteilung und erwiesen sich als mindestens ebenso widerstandsfähig wie die Männer.

Bis zu diesem Zeitpunkt redete hauptsächlich ich, stellte meine Fragen den Berichten entsprechend, die ich gelesen hatte, und bekam nur zurückhaltende Kommentare, als wäre ich in einen intimen Bereich vorgedrungen. Mein Gesprächspartner begnügte sich damit, meine Formulierungen zu wiederholen, mit »Ja« oder »Nein« zu antworten. Mit Hilfe der hervorragenden Speisen, die er mir mit seinen Stäbchen auf den Teller häufte, versuchte er, mich abzulenken und das Gespräch auf die Rezepte der Küche von Kanton zu bringen. Fürchtete er die Regel der Geheimhaltung zu verletzen, oberste Pflicht jedes Parteimitglieds, besonders aber der Funktionäre? Fürchtete er, daß sein Kollege vom Revolutionskomitee, oder der Dolmetsch, der neben uns saß, ihn beschuldigen würde, diese Pflicht verletzt zu haben? Oder wurde seine Bescheidenheit zu sehr auf die Probe gestellt? Hatte Mao nicht seinen Kampfgefährten gesagt, »ihr habt hervorragende Dienste geleistet, aber hütet euch vor jedem Eigendünkel; wenn ihr eitel werdet, seid ihr keine Helden mehr«?[2] Schon wollte ich es aufgeben, als er ohne vorherige Ankündigung zu einem Podium ging, um eine Rede vorzulesen, die genauso war wie die anderen, die wir jeden Tag seit unserer Ankunft zu hören bekommen hatten. Dann übergab er mir das Mikrophon. Als ich auf meinen Platz zurückkehrte, stand er auf, umarmte mich und erklärte mit Begeisterung: »Jetzt können uns tausend Berge und tausend Flüsse nicht mehr trennen!« Darauf brachte er ergriffen einen *kan-pei* auf mich aus.* Hatte ihn diese oder jene meiner Äußerungen gerührt? Oder war er einfach erleichtert, heute keine Rede mehr halten zu müssen? Jedenfalls erzählte er im weiteren Verlauf des Abends, ohne daß ich mich allzusehr einzuschalten brauchte: »Oft zerstörten wir die Brücken hinter uns mit Äxten, und die Bauern halfen uns dabei. Wir hatten zu wenig Sprengstoff, wir mußten sparen... Im Lauf des Marsches stellten wir selbst Zünder, Kleider, Papier, Waffen und Munition her. Mit einem Holzstempel druckten wir Geld. Wir statteten die Soldaten mit Ge-

---

* *Kan-pei:* Toast (wörtlich »trockenes Glas«). Meistens wird er mit *Maotai* zugetrunken, einem starken Reisschnaps.

wehrattrappen aus, um den Feind zu täuschen, denn wir hatten zuwenig Waffen. In einsamen Gegenden legten uns kriegerische Stämme, wie zum Beispiel die Lolos, Hinterhalte. Man hatte sie gegen uns aufgehetzt. Sie wußten nichts von der Politik der Gleichheit, zu der die Partei sich den nationalen Minderheiten gegenüber verpflichtet hatte.«

Zu dieser Erklärung wäre viel zu sagen. Zwischen den Lolos und den eigentlichen Chinesen Chinas, den Hans, hatte es seit Jahrhunderten Meinungsverschiedenheiten gegeben. Die Propaganda der Kuomintang war nicht nötig, um sie gegen die Rote Armee aufzubringen. Und was die Minderheitenpolitik der Partei anlangt . . .

»Welche Erlebnisse waren am furchtbarsten?«

»Viele meiner Kameraden versanken in den sumpfigen Steppen oder erfroren in den mehr als sechstausend Meter hohen Bergen. Einige von uns hatten sich geopfert, um die Truppen Tschiang Kai-scheks, die uns verfolgten, aufzuhalten, oder um sich der letzten Brücke über den Tatu-Fluß zu bemächtigen.«

Er schweigt. Dann fährt er langsam fort:

»Unsere Reihen lichteten sich täglich mehr. Die Menschen legten sich auf die Böschung, um zu sterben . . . Aber die Lebenden nahmen den Platz der Toten ein. Die Burschen der Provinz, durch die wir zogen, schlossen sich uns an. Die Hungersnot in den verarmten Gegenden leistete der Roten Armee die besten Zubringerdienste. Bei uns konnte man sie wenigstens ertragen, da man gemeinsam für eine Sache kämpfte. Nach jedem Zusammenstoß mit regulären Einheiten machten wir Gefangene. Wir behielten sie einige Tage. Dann boten wir ihnen an, ihnen die Freiheit zu schenken. Viele zogen es jedoch vor, sich uns anzuschließen. Die ›Gehirnwäsche‹ dauerte nicht lang, plötzlich verstanden sie, wofür sie kämpfen sollten.«*

Während er, übermannt von den Gefühlen, gegen die er zuerst angekämpft hatte, sprach, sah ich die Schaustücke des Museums von Jenan wieder vor mir. Eine Schüssel Hirse. Strohsandalen. Angenagte Säbelkoppeln. Die Waffen: manche waren der Kuomintang abgenommen worden, manche den Japanern, die unser Führer, beide zugleich beschimpfend, ständig zu verwechseln schien, als wären die beiden Feinde immer Komplicen geblieben; weitere improvisierte Waffen, Bauerngewehre, handgemachte

* Diese Methode — entgegen den Erklärungen meines Tischgenossen während des Langen Marsches anscheinend verhältnismäßig selten angewandt — wurde während der letzten Periode des Bürgerkriegs (1947—1949) häufig praktiziert.

Granaten, Waffenattrappen. Ein Volk in Waffen, ein Volk im Kampf. Der Sieg aber war in Reichweite, auch wenn die Kanone aus Holz war, weil die Soldaten Gewaltmärsche durchhielten, obwohl sie fast ebenso schlecht beschuht waren wie die stolzen Barfüßigen der Französischen Revolution.

Nach einem Jahr konnten die Überlebenden die Bilanz dieses Exodus ziehen. 368 Tage waren sie unterwegs. Es gab 235 Tages- und 18 Nachtmärsche. Mehr als die Hälfte der 100 Resttage wurde durch Scharmützel gestört, nur an 44 Tagen blieb es ruhig. Die täglichen Etappen betrugen durchschnittlich 40 Kilometer — unglaublich auf Strecken, die als die steilsten der Welt gelten. Und ein heroisches Überfallskommando soll während der Episode von Tatu sogar 120 Kilometer in 24 Stunden zurückgelegt haben. 18 Bergketten und 24 Wasserläufe wurden überwunden.

Der Lange Marsch stand am Beginn einer schweren Niederlage. In Kiangsi kam es zu einer strategischen Niederlage. Die Rote Armee entging nur knapp der Vernichtung. Die Taktik, die Mao zuerst für unüberwindlich gehalten hatte, wirkte nicht mehr. Der Rückzug, bei dem von hundert Mann, die ausgezogen waren, kaum sieben zurückkamen (und davon waren vielleicht fünf erst unterwegs angeworben worden), war fehlgeschlagen. Die Niederlage war aber auch eine politische, weil die Unterstützung der Massen die technische Unterlegenheit der Roten Armee nicht kompensieren konnte. Manche Historiker glauben sogar, daß die Unzufriedenheit eines Teiles der Bevölkerung, die die Sparmaßnahmen des von Mao gegründeten Sowjets als zu radikal empfand, nicht ganz schuldlos am Verlust von Kiangsi war. Aber Mao hielt lange genug aus, um diese Niederlage in einen Sieg zu verwandeln; in einen militärischen, denn die Rote Armee vermochte ihren Kern, ihre Moral, ihren Siegeswillen zu wahren; in einen strategischen, weil die Kommunisten durch die Besetzung dieses Landstrichs eine Schlüsselposition im Kampf gegen Japan eroberten. Von dort aus konnten sie der japanischen Armee bei deren Vormarsch nach Süden in die Flanke fallen. Schließlich wurde auch ein politischer Sieg daraus, weil es Mao in Jenan, diesem Kernland des »chinesischen« China, gelang, wieder die Initiative zu ergreifen, seine Doktrin zu vertiefen und sie lange genug anzuwenden, um zu beweisen, daß sie zum Erfolg führen könne.

Sicherlich muß man den Mythos, der die Erinnerung an den Langen Marsch verklärt, in Rechnung ziehen. Diese Wanderung hatte ohne Zweifel mehr klägliche als epische Seiten, besonders in den ersten Monaten. Nur Mao konnte sich das Geständnis erlauben, daß der Lange Marsch mit einem fürchterlichen Durcheinander begonnen hatte. Die Episode der Brücke über den Fluß Tatu, die heute von der revolutionären Choreographie und Ikonographie verherrlicht wird, war nur ein kleines Gefecht, in das höchstens ein Bataillon oder eine Kompanie verwickelt wurde. Außerdem ist es merkwürdig, daß man nur den Langen Marsch der Armee der I. Front, an der Mao teilnahm, verherrlicht und nicht auch die anderen »Langen Märsche«, die diesem vorangegangen oder gefolgt waren; sicherlich könnten auch sie sich einiger heroischer Episoden rühmen. Dem Abendländer, an den Regeln der kritischen Vernunft geschult, fällt die Tendenz zur Bildung von Heiligenlegenden besonders auf. Man hat zeitweilig das Gefühl, der Entstehung eines Epos beizuwohnen, das in dreißig Jahren vollendet wird, während an den Heldenliedern über Karl den Großen und Roland, Achilles und Odysseus an die drei Jahrhunderte gearbeitet worden war.

Jedenfalls kann niemand die historische Realität der Langen Märsche bestreiten, wenn auch einer davon vielleicht ein wenig mißbräuchlich als der einzige dargestellt wird. Womit sollte man diese bewaffnete Wanderung vergleichen, wenn nicht mit manchen legendären oder historischen Heldentaten? Mit Moses, der sein Volk durch die Wüste in das Land der Verheißung führte? Aber dabei hatte es sich um die langen Irrmärsche von Nomaden gehandelt. Mit dem Zug der Zehntausend, die Xenophon quer über das Anatolische Hochland bis zum Schwarzen Meer geleitet hatte? Die Entfernungen, welche die Griechen damals zurücklegten, die Höhen, die sie erklommen, waren doch viel bescheidener. (Diese Heldentat, sagte Napoleon, verdankt ihren Ruhm der Feder des Autors.) Mit dem Rückzug Bonapartes aus Rußland? Dann hätte dieser Rückzug der Grande Armée aber den Elan zur Wiedereroberung Europas verleihen müssen...

*Der Lange Marsch hat den »Chinesischen Weg« gebahnt*

Wie konnten diese Armeereste, die erschöpft, halb erfroren und verhungert waren und sich in einer verzweifelten Situation befanden — sie wurden von Tschiang Kai-schek gejagt, dessen Macht unangefochten blieb —, innerhalb von zwölf Jahren die Situation so radikal ändern? Vom Dezember 1936 an, nach dem mysteriösen »Zwischenfall von Sian« (siehe weiter unten, Kapitel 15), formierte sich die revolutionäre Bewegung in Jenan für zukünftige Schlachten.

Der Marktflecken beherbergt mehr als zwanzig Kaderschulen.

Gewehre stehen neben landwirtschaftlichen Geräten: *Ense et aratro*. Handbücher für die Soldaten, von Mao eigenhändig korrigiert. Die Zeit wird von einer Sonnenuhr abgelesen, eine Taschenuhr besitzt niemand mehr. Da es weder Papier noch Tinte gibt, wird in den Sand geschrieben. Die vergilbten Fotografien, die in der Nähe der ersten Wohnung Maos ausgestellt sind, zeigen die Truppen, die sich im Jahr 1936 im Hof desselben Gebäudes versammelt hatten, das heute in ein Museum umgewandelt ist; Mao und Tschu En-lai; Mao und Lin Piao; Vollversammlungen der kommunistischen Partei Chinas. Mao bei der Verteilung von Grundstücken; Mao, der Pachtverträge — diese Zeugnisse der früheren Unterdrückung — verbrennt; Mao, wie er die landwirtschaftliche und gewerbliche Produktion nach dem genossenschaftlichen System umorganisiert.

Innerhalb von elf Jahren entsteht hier eine neue Befreiungsarmee,[*] sie arbeitet ihre eigene Doktrin aus, ihre Technik, stellt ihre eigene Ausrüstung her, legt sich einen heroischen Lebensstil zu. Von den 230.000 Mann der Armee Tschiang Kai-scheks werden die 30.000 Soldaten der Roten Armee 1947 gezwungen, Jenan zu verlassen. Mao versammelte seine Armeeführer in einem Saal, den unsere Führer uns zeigen; dabei senken sie die Stimme. »Man muß«, erklärte Mao — er stand neben dem Fenster, als er dies sagte —, »den Feind hin und her hetzen, um ihn zu ermüden. In einem Jahr werden wir zurückkehren. Jenan verlieren, heißt Jenan retten.« Wie Mao vorausgesagt hatte, genügte ein Jahr, um das Gebiet wieder zu befreien. Am Tag des Rückzugs, als die Truppen der Kuomintang nur einige Kilometer entfernt waren, lud Mao seine Mitarbeiter seelenruhig zum Essen ein. Am Ende der Mahlzeit bat er sie, nach Hause zu gehen, alles zu ordnen, und auch ihren Leuten zu befehlen, alles in Ordnung zu bringen. »Alles soll absolut sauber sein, damit der Feind begreift, was Kommunismus ist.« Die Truppen Tschiang Kai-scheks besetzten die Stadt während der Nacht, aber es war für sie der Anfang vom Ende. (Zwölf Jahre lang hatte Mao es verstanden, den Sieg hinter der Niederlage zu verbergen.)

Es war von grundlegender Bedeutung für den Maoismus, daß er in einem langen, rauhen Krieg entstanden war, sich in so vielen Leiden bewähren mußte. Mao und sein Volk haben ihre Selbständigkeit gemeinsam erobert. Weil sie den Kommunismus

---

* Zwischen dem Ende des Jahres 1935 und dem Ende des Jahres 1936 formierten sich die Reste der Ersten Armee in Paoan, nur wenig von Jenan entfernt, neu. Ihre Verlegung nach Jenan fiel mit dem »Zwischenfall von Sian« zusammen.

für sich erobert haben, ist er auch i h r Kommunismus. Sie sind nur sich und ihren Toten Rechenschaft schuldig. Mao fürchtet selbst den Bruch mit seinen Verbündeten nicht.

Wie Tito oder Ho Tschi Minh ist er ein Held des Widerstandes. Haben die Funktionäre einer kommunistischen Partei, die von Moskau unterstützt und ferngesteuert wird, überhaupt eine andere Wahl, als folgsam das Moskauer Modell anzuwenden? Die Möglichkeit, der Abweichung oder der Häresie angeklagt zu werden, genügt, sie in Schrecken zu versetzen: Gomulka war 1956, Dubcek im Jahr 1968 gezwungen, nachzugeben. Ein Guerillaführer, der sich bewußt ist, daß er seinen Sieg nicht der Hilfe von außen verdankt, sondern den Partisanen, die sich auf seinen Appell hin um ihn geschart haben, scheut sich auch nicht, den Befehlen von außen nicht zu gehorchen. Er hat die Möglichkeit und die Verpflichtung, einen eigenen, einen nationalen Weg zu finden, der seinem Volk angepaßt ist.

4

Der Heilige von Jenan*

Besucht man die Orte, an denen Mao gelebt, gesprochen und gelehrt hat, erhält man den Eindruck, heilige Stätten zu besichtigen. Der Führer spricht im Tonfall eines Sakristans, der seine Kirche herzeigt. Es ist, als befinde man sich auf einer Wallfahrt, deren einzelne Stationen besonderen Epochen im Leben Maos entsprechen; und Maos Geschichte ist zugleich die der revolutionären Bewegung.

Die Kongreßsäle, in denen sich die Partei zu versammeln pflegte, als sie im Untergrund arbeiten mußte, werden wie Heiligtümer instand gehalten. Das Lokal des Plenums des Zentralkomitees in Jenan hat eine geradezu religiöse Atmosphäre: Licht wechselt mit Schatten in dem gewölbten Raum, der dem Schiff einer Kirche gleicht; es gibt Bankreihen; der Mittelgang, der sie trennt, führt zu einer altarähnlichen Tribüne; andächtige Gläubige psalmodieren im Chor einzelne Abschnitte des Kleinen Roten Buches.

Einer unserer Gefährten fragt, ob dieser Raum nicht von einer katholischen Mission erbaut worden sei. Der Saal scheint Verzicht und Meditation widerzuspiegeln, Sorge für die Gedemütigten, den

---

\* Das soll natürlich nicht heißen, daß Mao ein Heiliger ist, sondern, daß er wie ein Heiliger verehrt wird. Die chinesische Revolution bleibt unverständlich, wenn man dieses Phänomen nicht berücksichtigt.

Willen, ihnen durch gemeinsames Lernen zu dem geheimen Universum Zutritt zu verschaffen, das bis dahin nur dem Meister vorbehalten war; und die lange Vorbereitung für den Kreuzzug.

### Pilgerfahrt ins Gelobte Land

Die Pilger besuchen die einzelnen Wohnorte Maos so andächtig, als befänden sie sich auf einem Kreuzweg.

*Erste Station:* Die Grotte, in der Mao von Januar 1937 bis November 1938 lebte. Als er sich einmal auf die Abfassung eines Artikels konzentrierte und dabei die Füße an ein Heizbecken lehnte, verbrannte er sich die Schuhe, ohne es zu bemerken; ein anderes Mal teilte er, ein neuer heiliger Martin, seine Decke mit einem seiner Leibwächter. Die Hälfte der Decke ist hier unter Glas zu besichtigen, unversehrt.

*Zweite Station:* Die Grotte, die Mao von November 1938 bis Beginn 1943 bewohnte. Man darf die Reliquien berühren; den Pingpongschläger, mit dem er zu spielen pflegte; den Steintisch, an dem er saß, als er, von Anna Louise Strong interviewt, den berühmten Satz aussprach: »Alle Reaktionäre sind Papiertiger« (diese Worte wandte man dann auf die Vereinigten Staaten an, obwohl sie ursprünglich nicht gegen sie gerichtet waren).

*Dritte Station:* In dieser unter Brustbeerbäumen versteckten Grotte schrieb Mao von 1943 bis 1945 mehr Artikel als irgendwo anders. Man hat die Eisenstange aufbewahrt, die ihm dazu diente, die Hand zu kühlen, wenn ihn ein Schreibkrampf befallen hatte.

*Vierte Station:* Die Troglodytenbehausung, wo er von 1946 bis 1947 lebte und wo er beschloß, Jenan zu verlassen, nachdem er prophezeit hatte: »Nächstes Jahr kehren wir zurück.« Leute aus dem Westen erwarten, daß man ihnen von der Entstehung des Sozialismus berichtet, die Geschichte des Widerstandes erzählt. Sie sind überrascht, eine Heiligenlegende zu hören.

Man holt Jang Tschen-fu, den alten Bezirksvorsteher; sein Gesicht ist fleckig, die Augen sind vom Lößstaub gerötet. Seit 1941 ist er Parteimitglied. Er hat Mao 1943 auf dem Berg der Brustbeerbäume kennengelernt. Jetzt rezitiert er uns sein Evangelium: »Als Mao unter den Brustbeerbäumen lebte, machte er sich große Sorgen um das Leben des Volkes. Während seiner Freizeit durchstreifte er das Land, um die Meinung der Massen zu erforschen. Zu Neujahr 1943, als die Bezirksvorsteher mit Mais- und Hirsebrot gekommen waren, um ihm ihre Glückwünsche darzubringen, bot er uns Stühle an und fragte uns, ob es uns möglich wäre, in drei Jahren Lebensmittel für vier Jahre zu produzieren.

Alle Dorfältesten antworteten: ›Wir können sogar in zwei Jahren das Getreide und Gemüse für drei Jahre anpflanzen. Wir werden mehr düngen, die Erde mehrmals pflügen, und es wird uns gelingen.‹

Da sagte Mao: ›Es ist gut, aber nicht genug. Die Leute müssen sich in Gruppen organisieren, um einander gegenseitig zu helfen.‹ Während des Frühlingsfestes 1945 versammelte der Vorsitzende Mao die Familienoberhäupter bei sich und fragte sie, ob das vergangene Jahr für sie günstig gewesen sei. Sie antworteten: ›Dieses Jahr wurden in unseren Haushalten achtzehn Schweine geschlachtet, um das Frühlingsfest zu feiern.‹ Da sagte Mao: ›Das reicht nicht, das nächste Jahr werdet ihr vierundzwanzig schlachten.‹

Bei jedem unserer Feste halfen die Soldaten den Massen. Sie holten das Wasser und halfen uns beim Saubermachen. Diejenigen unter ihnen, die schreiben konnten, brachten es den anderen bei ...«

Kein einziger Andenkenverkäufer in der Nähe. Niemand erwirbt sich ein Vermögen, indem er die Stühle verkauft, auf denen der große Mann gesessen ist, die Tuschpinsel, mit denen er seine Artikel kalligraphierte, die Haare, die sein Friseur heimlich zurückbehielt. Man begnügt sich, mit demütigen Blicken und offenem Mund diese Höhlen, diese armseligen Möbel, diese Gegenstände, die der Vorsitzende einst berührt hatte, zu bestaunen.

Gruppen von Arbeitern oder Jugendlichen strömen nach Jenan. Die Arbeiter und Bauern werden in Lastautos oder Autobussen aus ihren Fabriken oder Volkskommunen hergebracht. Die Jungen kommen zu Fuß, in Gruppen von zwanzig oder dreißig; Mittelschüler mit ihren Lehrern, Rote Garden, an ihren roten Armbinden zu erkennen, oder Soldaten. Oft sind sie mehrere hundert Kilometer marschiert und haben in Scheunen oder unter freiem Himmel am Straßenrand genächtigt. Die systematische Organisation dieser kleinen »Langen Märsche« — so versicherte mir ein hoher Parteifunktionär — entspricht einem ausdrücklichen Wunsch des Vorsitzenden, der auf diese Weise das Andenken an den Langen Marsch verewigen will. Die jungen Leute sollen gut durchtrainiert sein, damit aus ihnen — sowohl aus den Jungen als auch aus den Mädchen — gute Soldaten würden, mit einem gesunden Geist in einem gesunden Körper. Die gleiche erprobte Technik, die bei Pilgerreisen (wie etwa bei jenen nach Santiago de Compostela oder nach Chartres) angewandt wird, soll in ihnen die Kraft erwecken, die Müdigkeit zu überwinden, sie in Hingabe zu verwandeln, in eine langsame, wachsende Inbrunst, in Begeisterung und in Freude am Gemeinschaftsleben. Diese Ziele werden anscheinend verfolgt: Man darf annehmen, daß sie im großen und ganzen auch erreicht werden, urteilt man nach der Haltung dieser Jungen und Mädchen, gleichgültig, ob sie den Spuren Maos in stiller Andacht folgen oder ob sie, Revolutionslieder singend, hinter ihrer Fahne und dem Porträt Mao Tse-tungs (es wird vom Verdienstvollsten unter ihnen getragen) im Gleichschritt dahermarschieren (so wie die Gläubigen in Polen bei der Fronleichnamsprozession die Fahne und das Bild der Jungfrau von Tschenstochau vor sich her tragen).

Der Einsiedler von Jenan wurde durch die Frömmigkeit des Volkes in Höhen entrückt, in denen jedes seiner Worte, jede seiner Gesten von einem Nimbus der Heiligkeit umgeben zu sein scheint.

### Ein Korb Mangofrüchte

Jeder unserer chinesischen Begleiter kennt die Geschichte von den Mangofrüchten. Sie erzählen sie uns mit frommem Ernst. Nur ein einziger machte den Eindruck, als wäre er ein bißchen verlegen.

Am 5. August 1968 ließ Mao einer Propagandagruppe »zur Verbreitung des Denkens Mao Tse-tungs«, die aus Arbeitern und Bauern der Pekinger Tsinghua-Universität bestand, einen Korb Mangofrüchte überreichen (diese Geste erhielt im Verlauf der Kulturrevolution eine politische Bedeutung). Diese Gabe wurde sofort als greifbares Zeugnis des Segens des Vorsitzenden angesehen und verursachte große Aufregung. Einige Tage nachher schrieb eine Pekinger Zeitung: »Als diese glückliche Nachricht bekanntwurde, hörte man in der ganzen Universität nur einen Ruf: ›Lang lebe der Vorsitzende Mao!‹ Die Luft hallte von Freudengeschrei wider. Alle versammelten sich sofort um das Geschenk, stießen Jubelrufe aus und sangen. Die Augen voller Tränen, riefen sie ohne Unterlaß: ›Lange, lange lebe unser großer, vielgeliebter Führer, der verehrte Vorsitzende Mao!‹ Am Abend wurden alle Arten von Vergnügungen organisiert, und obwohl es regnete, begaben sich alle zum Empfangszentrum in der Nähe des Zentralkomitees der Kommunistischen Partei Chinas, um dem großen Führer ihre Dankbarkeit auszudrücken.«[3]

Die »gute Nachricht« wurde telephonisch sofort an alle Fabriken, aus deren Mitgliedern die Propagandagruppe gebildet war, weitergegeben. Junge revolutionäre Kämpfer der Roten Garden, die Lehrer, Studenten, Arbeiter und Gewerbetreibenden der Tsinghua-Universität waren vor Bewunderung über dieses glückliche Ereignis hingerissen. Viele junge Kämpfer der Roten Garde erklärten begeistert: »Wir lieben, was der Vorsitzende Mao liebt, wir werden unterstützen, was er unterstützt. Eng schließen wir uns zusammen unter seiner klarsichtigen Leitung.«[3] Daraufhin äußerten die Arbeiter der Einheiten, zu denen die Mitglieder der Propagandatruppe gehörten, den Wunsch, wenigstens eine dieser kostbaren Früchte zu erhalten. Ein Teil der Mangofrüchte, die sich in dem Korb befunden hatten, wurden an verschiedene Fabriken, ländliche Kommunen und sogar an die Besatzung eines Schiffes verteilt. Einer anderen Zeitung zufolge[4] wurde in einer Druckerei in Peking zu Ehren der Mangofrucht, die dieses Unternehmen erhalten hatte, eine Versammlung einberufen. Gegen elf Uhr abends stellten die Arbeiter einstimmig fest, es sei undenkbar, daß diese kostbare Frucht verfaule; man müßte ein Mittel finden, koste es, was es wolle, um sie zu konservieren. Dann wäre es möglich, sie »kommenden Generationen« zu übergeben, auf daß diese »dem Vorsitzenden Mao ewig treu blieben«.

Am nächsten Tag wurde fieberhaft nach einer chemischen Substanz gesucht, mit der die Mangofrucht behandelt werden konnte. Spezialisten des Agronomischen Instituts von Peking und des Naturhistorischen Museums, die man befragte, wußten nichts anderes zu empfehlen als Formalin. Sofort stellten die Tischler der Druckerei (»sie vergaßen sogar zu essen«) ein Kästchen her, »das dazu bestimmt war, das Glas mit der Mangofrucht aufzunehmen«. Das Foto des Glasbehälters mit der Mangofrucht und des Kästchens wurde im ganzen Land verbreitet.[5] Die strahlenden Arbeiter umringten die Frucht, die Maos Segen zu ihnen brachte, und erklärten stolz: »Die Erhaltung dieser Mangofrucht ist von großer Wichtigkeit. Wir müssen sie aufbewahren, um unseren Gehirnen für immer die revolutionäre Linie des Vorsitzenden Mao einzuprägen.«[6]

Aber das war noch nicht alles. Lehrer und Studenten versammelten sich rund um die Mangofrucht. »Von Bewunderung hingerissen, riefen die revolutionären Kämpfer der Gruppe aus: ›Wir werden alle Anweisungen unseres Vorsitzenden Mao in allen Bereichen befolgen und aus den Universitäten große rote Schulen des Denkens Mao Tse-tungs machen.‹« Glühender Eifer erfaßte das ganze Land. Eine Bäuerin aus der Provinz Hopeh entschloß sich, dem rauhen Klima Nordchinas zum Trotz einen Mangobaum zu pflanzen, »damit die kleinen und mittleren Bauern jedesmal, wenn sie Mangofrüchte sehen, an unseren lieben Vorsitzenden Mao denken, und damit die Erinnerung an diese Mangofrüchte stets im Herzen der kleinen und mittleren Bauern bleibe«.[7] *Et in saecula saeculorum* ...

Ohne Zweifel hätten Freud oder Durkheim reges Interesse für

dieses bedeutungsschwere Ereignis bekundet. Vielleicht hätten sie dann ein zusätzliches Kapitel zu den *Elementarformen des religiösen Lebens* oder zu *Totem und Tabu* geschrieben, ausgehend von dieser Geschichte der totemisierten Mangofrüchte, der Weigerung, sie zu konsumieren, der Vorsorge, das geheiligte Objekt, greifbares Zeichen des Wohlwollens von oben, unsterblich zu machen. Bestimmt hätten sie aber der Versuchung widerstanden, sich dabei billiger Ironie zu befleißigen. Nichts sollte man mehr respektieren als die Psychologie eines Volkes.

### Der Kult des Roten Kaisers

Will man das chinesische Regime, seine Verfahrensweisen und seine Heldentaten begreifen, dann helfen dabei vielleicht weniger die marxistischen Theorien als die modernen Untersuchungen über die prälogische Mentalität. Beobachtet man die Herrschaft, die Mao über die Massen ausübt, ist man zunächst verwirrt; bald aber begreift man. Mao drückt jemandem die Hand. Sofort stürzen alle hin, um die Hand des Glücklichen zu berühren, um die Kraft dieses Kontakts von einem zum anderen weiterzugeben; dreißig Jahre später wird der Mann, »dem Mao die Hand geschüttelt hat«, den Pilgern gleichsam als »Belohnung« vorgezeigt. Mao spricht vor einer Menge? Seine Äußerungen, einfach und doppelsinnig zugleich, regen zur Interpretation an und liefern eine Menge Schlagworte. Die Sakralisierung schreitet munter fort.

Nicht mit Pomp und Prunk, sondern in Armut erreichte Mao diese Höhen, in denen er vergöttlicht wird. Schon zur Zeit des Langen Marsches ging er meistens zu Fuß, wie seine Soldaten. Nur während einer kurzen Krankheit mußte er reiten. Als geschichtlich erwiesene Tatsache gilt unter den Chinesen, daß Mao, als seine Soldaten keine Schuhe hatten, ebenfalls barfüßig marschierte, und daß er bei der Besteigung eines schneebedeckten Berges seine Drillichjacke einem Verwundeten überließ. Obwohl er Präsident der »Chinesischen Sowjetrepublik« war, unterschied er sich in nichts, so sagte man uns, von seinen Leuten. Am Kragen der schmucklosen Drillichjacke, in Mode gebracht von Sun Yat-sen, trug er nur zwei rote Streifen, das Erkennungszeichen der Roten Soldaten. Die Einrichtung seiner Wohnung in Jenan (das Moskitonetz inbegriffen) glich zum Verwechseln dem Quartier irgendeines seiner Offiziere. Er, der seit zehn Jahren ganze Gebiete beherrschte und so viele Grundbesitzer enteignet hatte, besaß kein Privateigentum, außer seinen Decken und zwei Baumwolluniformen. Die eine trug er, die andere lag auf einem Stuhl. Jedermann in Jenan wußte, daß er, hätte er sich der Kuomintang angeschlossen, jederzeit eine hohe Funktion erhalten hätte und mit Reichtümern überhäuft worden wäre. Dieser Entschluß zur Strenge sich selbst gegenüber überraschte um so mehr, als man der Tradition gemäß von einem Herrschenden alles eher erwartete als dies. Diese Suche nach Entsagung teilte sich seiner Umgebung mit.

»Der Geist von Jenan«, zu dem man, so will es Mao, immer wieder zurückkehren soll, ist der Geist der Armut und der Gleichheit. Er beseelt die Soldaten, die eine seltsame Heilsarmee bilden, und die Führer, die von sich selbst mehr verlangen als von ihren Untergebenen und ständig ein Beispiel der Uneigennützigkeit geben. Und er beseelt auch die einfachen Bauern, die um einen Platz an der Sonne in einem solidarischen China kämpfen. Der »Geist von Jenan« ist ferner der Ausdruck eines anspruchsvollen Patriotismus, der die Mäßigung der Bedürfnisse predigt, den nationalen Zusammenhalt wiederherstellt und erhält und die Zukunft verändert, indem er die Mißbräuche der Vergangenheit bekämpft, zugleich aber unersetzliche Triebkräfte bewahrt: die Überlieferungen des Volkes, den revolutionären Eifer, die Selbstaufopferung und die Uneigennützigkeit. Mao begriff, daß die Theorie allein nichts nützt. Zu den Beweggründen des Dogmas fügt er gelebte Brüderlichkeit. Er stellt zwischen sich und seinen Leuten eine Beziehung her, die von Einfachheit gekennzeichnet war und die Kraft eines religiösen Gefühls annahm. Kann man Leuten glauben, die den anderen zwar ein besseres Leben versprechen, dieses bessere Leben aber zunächst für sich selbst sicherstellen? Kann man dagegen an jenen zweifeln, die es sich selbst versagen, bevor es nicht auch den anderen gesichert ist? Die chinesische Revolution ist kein rationales Phänomen, sondern ein Phänomen des Glaubens.

### Zwei Engel tragen Berge ab

Das Ende der Parabel vom »Alten vom Berge« bildet die göttliche Intervention: »Jü Kung, der Alte vom Berge, arbeitete Tag für Tag unerschütterlich mit seiner Hacke weiter. Am Ende rührte er den Himmel, der zwei Engel zur Erde sandte; sie schafften diesen Berg auf ihrem Rücken weg.« Dieses wunderbare Eingreifen ist notwendig, damit das Absurde vernünftig wird. Mao verkündet hier den Glaubensakt, der sein Werk rechtfertigt: »Auch heute lasten zwei Berge schwer auf dem chinesischen Volk: der eine ist der Imperialismus, der andere der Feudalismus. Die Kommunistische Partei Chinas hat längst beschlossen, sie abzutragen. Wir müssen bei unserer Arbeit ausharren und sie ohne Unterbrechung weiterführen; auch uns wird es gelingen, den Himmel zu rühren. Unser Himmel ist nichts anderes als die Masse des chinesischen Volkes. Wenn es sich in seiner Gesamtheit erhebt, um mit uns diese zwei Berge wegzuschaffen, wie sollte es uns mißlingen, sie einzuebnen?«

So ist das Volk Gott, und Mao ist sein Prophet. Der chinesische Marxismus ist eine Volksreligion. Mao, der Moses des Langen Marsches, ist der inspirierte Deuter, der Priester, das heißt, zugleich Diener und Führer. Als Führer des Gott-Volkes, Diener des Gott-Volkes, spielt er die Rolle des Vermittlers.

Vor 1911 war der Kaiser, den man den Sohn des Himmels nannte, der Mittler zwischen Himmel und Erde. Man bat ihn, Fürsprache einzulegen, damit Gott die Prüfungen, Plagen und Naturkatastrophen abwende. Die letzte Kaiserin, Tse-hsi, hatte öffentlich Gebete gesprochen, um das Ende einer Dürre zu erflehen. »Der Regen ist gekommen«, sagte der Ministerpräsident zu ihr. »Ihre Majestät ist groß. Seht, wie der Himmel auf Eure Bitten hört. Es ist beinahe so, als wäre Eure Majestät der Himmel selbst.«[8] In den Augen seines Volkes hat Mao für China Fürbitte eingelegt, und der Himmel hat seine Gebete erhört.

Der Kaiser der Tai-Ping, Hong, hatte diese chinesische Tradition in biblischer Sprache ausgedrückt. In einer Anmerkung zu einer chinesischen Übersetzung des ersten Johannesbriefes stellte er sich selbst als dritte Person der Dreifaltigkeit dar: »Es gibt nur einen obersten Gott. Christus ist der erste Sohn Gottes, Hong ist auch der Sohn Gottes, wie sein großer älterer Bruder Christus, und geboren von derselben Mutter.«[9] Dieser Kaiser hat also von einer chinesischen Abwandlung der Bibel geträumt, und Mao fand eine chinesische Variante des Marxismus. Der chinesische Marxismus erwies sich als dauerhafter.

Die Ansicht, die Chinesen seien irreligiös, hält sich hartnäckig. Gewisse Sinologen — besonders diejenigen, denen es nicht möglich war, die Volksrepublik China zu besuchen —, weisen den Gedanken, daß der revolutionäre Eifer der Chinesen religiöser Natur sein könnte, weit von sich.

Die Römer der Spätantike waren sicher irreligiös. Analog dazu müßte man also behaupten, daß sich bei ihnen keine neue Religion entwickeln konnte. Die Chinesen der ersten Hälfte des 20. Jahrhunderts, deren Gesellschaft sich in voller Auflösung befand, glaubten an nicht viel, außer an den Ahnenkult; bedeutet das, daß sie nicht mehr fähig waren, an irgend etwas zu glauben? Mao hat den Ahnenkult, die einzige Massenreligion, sozusagen kollektivisiert: Das chinesische Volk ist die Einheit aller toten und lebenden Ahnen. Heute wird der Sohn des Himmels durch den Sohn des Volkes ersetzt. Mao ist Objekt und Subjekt dieses Kultes, das Symbol der Bande, die das Volk vereinten. In ihm betet sich das Volk selbst an.

Religiös ist das Dogma, religiös die Askese der Erwählten, religiös der Aufstieg dieser außerordentlichen Persönlichkeit, religiös der Glaube des Volkes. Es wäre naiv, anzunehmen, dieser Kult sei rein zufällig entstanden. Damit das Regime funktionieren kann, brauchen die Massen einen Glauben; einen Glauben an diesen Gott, der das chinesische Volk ist, Glauben an diesen Mann, dem die Religion des Volkes alles in seinem Leben bedeutet.

Einer der letzten westlichen Besucher Maos wurde bei seiner Rückkehr in sein Pekinger Hotel von einer Angestellten empfangen, die schon auf ihn gelauert hatte; sie wußte, von wo er kam, und gab die übliche Zurückhaltung des Hotelpersonals auf. »Haben Sie ihn also gesehen? Ging es ihm gut?« Als der Gast bejahend antwortete, drückte sie ihm entzückt die Hand, Tränen standen in ihren Augen.

Dieses System, das gänzlich aus Zwängen besteht, wird durch den Glauben verklärt. Dem Glaubenden ist alles möglich; und das chinesische Modell ist dem Wesen nach religiös.

## 5

### Die Kehrseite des Personenkults

»Was denkt der Vorsitzende Mao über den Kult, mit dem man ihn verehrt?« Jedesmal, wenn wir einem Chinesen diese Frage stellten, antwortete er mit dem stereotypen Satz:

»Der Vorsitzende Mao ist ein bescheidener Mensch, der immer einfach gelebt hat. Er würde wünschen, daß man so wenig wie möglich von ihm spricht. Immer wieder gibt er diesbezügliche Anweisungen. Aber es ist nicht möglich, die Begeisterung der Massen, die wissen, was sie ihm alles verdanken, zu dämpfen.«

Ist das glaubhaft? Am Ende fragt man sich selbst, ob diese Erklärung nicht einen Teil der Wahrheit enthält.* .

---

* Die Manifestationen dieses Kults sind seit 1970 weniger zahlreich. Diese Tatsache untermauert die These, wonach die Begeisterung der Massen angeheizt werden muß, wenn die Revolution wütet und das Regime sich in Gefahr befindet.

## Die Tradition der Unfehlbarkeit des Führers

Wie früher der Kaiser, der Sohn des Himmels, so gilt heute Mao als unfehlbar. Eine junge Chinesin, die ich fragte, ob es denn nicht vorkommen könnte, daß Mao einmal irrt, sagte mir lächelnd und kopfschüttelnd: »Unmöglich. Er hat uns nie in die Irre geleitet.« Sie fügte hinzu (oder war es vielleicht der Dolmetsch?): »Er hat niemals einen Irrtum begangen.« Ohne es zu wissen, wiederholte diese junge Frau den traditionellen Glaubenssatz des katholischen Katechismus: »Ich glaube fest an alle Wahrheiten, die Deine Kirche lehrt, denn Du hast ihr diese geoffenbart und Du kannst weder irren, noch in Irrtum führen.«

Eine der grundlegenden Thesen der konfuzianischen Philosophie besagt, daß die Verdienste und die Tugend des Führers für das gute Fortkommen der Nation notwendig sind. »Der Meister sagt: Wenn der Prinz selbst tugendhaft ist, wird das Volk seine Pflicht erfüllen, ohne daß dieser Befehle erteilen muß. Ist der Prinz selbst nicht tugendhaft, wird er vergeblich befehlen, das Volk wird ihm nicht gehorchen.«[10] Die Bildsprache, die Mao dem Roten Stern, der Roten Sonne, dem Roten Osten, dem Roten Licht, nach dem sich alle richten, gleichsetzt, entstammt der konfuzianischen Lehre. »Der Meister sagt: Derjenige, der ein Volk regiert, indem er ihm ein gutes Beispiel gibt, ist wie der Polarstern, der unbeweglich bleibt, während alle anderen Sterne um ihn kreisen.«[11]

Mao stand fast immer über dem Getriebe, wie der Polarstern über dem Horizont. So stark der Sturm auch wüten mochte, ja auch wenn er ihn selbst entfesselt hatte: Mao wurde in der Öffentlichkeit praktisch seit der Epoche der Illegalität nicht mehr angegriffen, weil er sich den Massen immer als unantastbar darzustellen wußte, sogar während der bösesten Augenblicke der »Hundert Blumen« und der Kulturrevolution.

Man weiß trotzdem, daß er im geheimen stark kritisiert wurde, und zwar nicht nur in der Periode von 1927 bis Januar 1935, als er stark angeschlagen war. In Paon zum Beispiel, im Dezember 1935, am Ende des Langen Marsches, machten ihm Mitglieder des Politbüros bittere Vorwürfe, daß er etwas als Erfolg darzustellen versuche, was in Wirklichkeit eine Niederlage gewesen sei. Im Jahr 1938 in Jenan, als er sich scheiden ließ, um die junge Schauspielerin Tschiang Tsching zu heiraten, unternahmen die alten Kommunistenführer (sie waren erschüttert, als sie sahen, daß er eine Frau, die die Leiden des Langen Marsches mit ihnen geteilt hatte, verstieß) alles, um ihn von seinem Vorhaben abzubringen;

dieser Schritt sei seinem Image, das er weiterhin pflegen mußte, abträglich. In den Jahren 1958—59, nach der katastrophalen Unterbrechung der Periode der »Hundert Blumen« und anläßlich der ersten Schwierigkeiten des »Großen Sprungs nach vorn«, wurde Mao von den obersten Parteigremien getadelt. Besonders Marschall Peng Teh-huai kritisierte ihn offen wegen der brutalen Einführung der Volkskommunen. Er büßte seine Aufrichtigkeit damit, daß er in Ungnade fiel.

Die vereinte Wirkung dieser Rückschläge und der Kritiken brachte Mao wahrscheinlich dazu, auf das Amt des Präsidenten der Republik zu verzichten. Zwischen 1959 und 1965 sah er sich und seine Anhänger in die Minderheit gedrängt. Doch blieb er nominell Parteichef; für die Massen war seine Stellung unverändert. Die Kritiken wurden aber nur in dem kleinen Kreis der verantwortlichen Politiker und Intellektuellen* laut. Später wurden sie durch die mächtige Woge der Mao-Verehrung, die durch die Kulturrevolution** entstanden war, hinweggefegt.

Alles sieht jetzt so aus, als herrsche unter den Mitgliedern der Partei, ob sie nun Getreue Maos sind oder nicht, Einverständnis darüber, nie mehr an einem Symbol zu rühren, ohne das die Massen nicht regierbar wären.

Der Mythos von der Unfehlbarkeit Maos, obwohl recht oft in Frage gestellt und auch von Mao selbst bestritten, hat sich mehr und mehr als objektive Notwendigkeit für die Regierung durchgesetzt.

### Eine kämpfende Nation, von einem Mann verkörpert

In Ländern mit Einparteiensystem ist es die Regel, daß die augenblicklichen Führer als unfehlbar dargestellt werden und daß der oberste Funktionär — im allgemeinen der Parteisekretär — Mittelpunkt einer umfangreichen Ikonographie wird: auf den Flughäfen von Leipzig oder Sofia, Conakry oder Hanoi wird das deutlich sichtbar. Aber der Personenkult erreichte nirgends ein

* Schreckliche Vergleiche wurden verschiedentlich angestellt: Das Theaterstück »Die Absetzung des Hai Jui« des Schriftstellers Wu Han war eine direkte Anspielung auf die Absetzung Marschall Peng Teh-huais. Die heftigen Angriffe, die in der Folge gegen das Stück gerichtet wurden, gaben sogar das Signal zur Kulturrevolution.

** Mao selbst erklärte (in einer Unterredung mit Lucien Paye, dem ersten französischen Botschafter in Peking von 1964 bis 1969, und in seinem letzten Gespräch mit Edgar Snow), daß er die Intensivierung des Personenkults begünstigen mußte, um die Massen anzuregen, den bürokratischen Apparat, der seiner Doktrin feindlich gesinnt war, zu entmachten.

solches Ausmaß wie in China nach der Kulturrevolution, ausgenommen vielleicht in Rußland am Ende der Herrschaft Stalins. Lenin wurde erst nach seinem Tod zum Kultobjekt.

Diese Ausnahmestellung ist objektiv erklärbar. Welcher Führer hat in unserer Zeit so viel für sein Land getan wie Mao für das seine — außer Stalin, der mit seinen brutalen Händen eine Gesellschaft umknetete, die sich zu zersetzen drohte, und so ein Imperium, das Lenin in seinem naiven Glauben an die bevorstehende Weltrevolution mit Vorbedacht geopfert hatte, ins Gigantische vergrößerte. Aber Stalin war nur ein großer Staatsmann, ein würdiger Nachfolger der Zaren. Niemand hat ihn je für einen Starez, einen Wundertäter, gehalten. Sein literarisches Genie existierte nur in der Einbildung einiger Eiferer.

Mao erscheint vollkommen. Er hat eine neue Religion begründet, obwohl er sich nur als einfacher Nachfolger Lenins und Stalins ausgab, die von den Moskauer Revisionisten verraten worden seien. Sein Beitrag zur Ideologie, seine radikalen Thesen über die permanente Revolution, über den Antibürokratismus, über die schöpferische Kraft der Massen, seine wirkungsvollen Maßnahmen, das oberste Lehramt, das er so lange ausgeübt hat — in keinem anderen Land findet man etwas Vergleichbares. China ist vielleicht der erste Staat, in dem ein einziger Mensch die Wünsche des Volkes, die Revolution der unterdrückten Massen, die Quintessenz der Kultur, die Doktrin der Regierung und den Kampf der Nation in einem so hohen Maß verkörpert.

### Das Charisma der Macht

Aber so außergewöhnlich auch der Anspruch Maos auf die Dankbarkeit seines Volkes sein mag, er erklärt nicht alles. Der Personenkult ist so alt wie die Welt. Alle Führer der Menschheit haben mehr oder weniger an dem teilgehabt, was Max Weber »die charismatische Macht« nannte: ein geheimnisvolles Fluidum, das einen Führer umgibt und sein Volk dazu bringt, ihm zu vertrauen, um sein eigenes bewußtes oder unbewußtes Trachten und Sehnen zu befriedigen; das Fluidum eines Führers, der es verstanden hat, diese Wünsche zu erraten und zu verkörpern. Cäsar und Napoleon, Roosevelt und Churchill, Nasser und Kennedy, Gandhi und de Gaulle stellten in unterschiedlichen Ausmaßen und mit verschiedenen Methoden einen geheimnisvollen Kontakt zu den Nationen her, deren Schicksal sie in Händen hielten.

Der Volksglaube ist, unter einem demokratischen Regime fast ebenso wie unter einem despotischen, etwas sehr Wertvolles: er läßt die Entsagungen, die die Führer von einem Volk für dessen eigenes Heil verlangen müssen, erträglicher oder weniger unerträglich erscheinen. Er erlaubt es, Hindernisse zu überwinden, die mit den Mitteln der reinen Vernunft nicht beseitigt werden können.

Der Besucher aus dem Westen kann sich in China nur mit Mühe eines Gefühls der Beklemmung erwehren. Er ist über das Ausmaß der Opfer, die man den Chinesen abverlangt, erschrocken. Er gibt zu, daß das Ziel, diese trägen, ungebildeten und abergläubischen Massen aufzurütteln, sie zu erwecken, sie beweglich zu machen, sie aus dem 16. ins 21. Jahrhundert zu führen, nur mit Strenge erreicht werden kann. Aber die Chinesen würden sich nicht so gewaltig anstrengen und so viele Leiden auf sich nehmen, wenn nicht ihr Glaube an einen unfehlbaren und unbesiegbaren Menschen sie unempfindlich machte.

»Mein Gott«, sagte der heilige Augustinus, »je mehr ich Deinem Willen gehorche, desto freier fühle ich mich.« Ein Abendländer könnte wirklich zu der Auffassung gelangen, daß die Chinesen in Sklaverei leben; ein solches Leben würde er unerträglich finden. Die chinesischen Kommunisten scheinen ihre Ketten nicht zu fühlen, denn sie glauben an den Kommunismus: Sie würden nur zu Sklaven werden, wenn sie aufhörten, an ihn zu glauben. Ihr Glaube nährt sich aus sich selbst. Ein so großer Druck müßte — dem Anschein nach — Widerstand und Haß hervorrufen. Aber das Individuum verwehrt es sich, diesen Gefühlen Ausdruck zu verleihen, es kennt die Gefahr, in die es sich begeben würde, ließe es diesen Gefühlen freien Lauf. Die Psychologie des Kollektiven zeigt, daß dieser verdrängte Groll regelmäßig durch eine intensive Identifikation mit dem gefürchteten Idol ersetzt wird. Die Unterdrückung, die dieses vergötterte Idol ausübt, wird als Lust empfunden. Ihm zu gehorchen wird zur Freude, noch besser, zur Auszeichnung. Das Individuum ist zu schwach, um sich dieser von einem ganzen Volk gelebten Täuschung zu widersetzen.

Die Stärke der charismatischen Macht besteht darin, daß sie die Schwelle des kollektiven Schmerzes hinaufsetzt.

### Mao und die Mao-Verehrung

»Aber gewiß, ich versichere Ihnen, unser großer Führer kann nichts für die Anhäufung der Bilder, die ihn darstellen. Er verlangt oft, daß man seine Porträts entferne. Der Kampf gegen den Personenkult ist eine seiner Hauptsorgen.«

»Kann er sich also nicht Gehorsam verschaffen?«

»Im großen und ganzen schon, man sieht sehr viel weniger Bilder von ihm als in den letzten Jahren...«

Diese Äußerungen wurden von unserer Gruppe mit einiger Skepsis aufgenommen. Wie wäre es möglich, einen Personenkult zu organisieren gegen den Willen desjenigen, der Gegenstand dieses Kults ist? Oder müßte man annehmen, daß Mao nur ein Spielzeug in den Händen seiner Ratgeber ist? Weiß er selbst nicht genau, daß sein Ansehen das stärkste Bindeglied in China darstellt? Warum sollte er durch eine Einschränkung der Mao-Verehrung sein Land, das sein Zusammengehörigkeitsgefühl aus diesem Kult schöpfte, entzweien und seine eigene Macht schwächen? Diese Fragen führten unmittelbar zum politischen Mysterium Chinas.

Viele Zeugen bestätigen gern, daß Mao selbst dem Taumel der Macht mißtraute. Im September 1948, als niemand in seiner Umgebung mehr daran zweifelte, daß die Macht ihm zufallen würde, bat er das Zentralkomitee der Partei, über eine an sich eindeutige Resolution abzustimmen: »Das Parteiausschuß-System ist eine wichtige Parteiinstitution zur Sicherstellung der kollektiven Führung und Vermeidung der ausschließlichen Macht eines einzelnen... In Zukunft... sind alle wichtigen Angelegenheiten dem Ausschuß vorzulegen und von den anwesenden Mitgliedern ausführlich zu besprechen.«[12] Man könnte glauben, er wollte der Versuchung widerstehen, der Lenin erlegen war. Nachdem dieser bis 1917 an der These festgehalten hatte, daß die Macht von den Räten ausgeübt werden sollte, beeilte er sich, sie beiseite zu schieben und die Macht in seinen Händen zu vereinigen.

Im März 1949 beschloß das Zentralkomitee »auf Anregung von Genossen Mao Tse-tung«, Geburtstagsfeiern für Parteiführer und die Benennung von Plätzen, Straßen und Unternehmen nach Parteiführern zu verbieten.«[13]

Anläßlich seines letzten Besuches bei Mao im Dezember 1970 spielte Edgar Snow auf diesen Beschluß an: »Er wurde respektiert«, antwortete ihm Mao, »aber es sind andere Formen des Kults aufgetaucht. Es hat so viele Wahlsprüche, Porträts und Gipsbüsten gegeben...« Mao bedauerte also die Übertreibungen dieses Kults und bemerkte, daß diejenigen, die ihm am lautesten Beifall spenden und sein Banner am höchsten tragen, in drei Kategorien eingeteilt werden können: »In die aufrichtigen Leute; die Opportunisten, die der Flut folgen und ›Es lebe Mao‹ rufen, weil alle es tun; und in die Heuchler. Man darf also alle diese Äußerungen nicht für bare Münze nehmen.«[14]

Mao scheint also weder in Melancholie verfallen zu sein, noch scheint er an seine eigene Unfehlbarkeit zu glauben. »In der ganzen Welt«, pflegte er zu sagen, »gibt es keinen Menschen, der niemals einen Irrtum begeht.«

Wäre es jedoch denkbar, daß ein Mensch, der mit erhobenem Arm grüßend Paraden abnimmt, bei denen stundenlang Hunderte und Tausende verschiedene Abbilder seiner eigenen Person vorbeigetragen werden, diese Vorgangsweise nicht gutheißt? Ist es nicht offensichtlich, daß er das Rätesystem, für das er 1948 eingetreten war, nie auf sich selbst angewendet hat, und daß der Kult der Bilder und seiner Person sein Monopol geblieben sind? Daß er, seit der dramatischen Unterredung von Tsunji im Januar 1935, der Partei in gewisser Weise seinen Willen aufzwang, wobei die Kollegialität ein Mythos blieb? Er hätte es gewiß nicht zulassen müssen, daß Lin Piao ihn im Vorwort des Kleinen Roten Buches »den genialsten marxistisch-leninistischen Denker dieses Zeitalters« nannte, »dem die Führung der internationalen kommunistischen Bewegung mit Recht zukommt«.

In den Formeln, die er verwendete, war niemand demütiger als der chinesische Kaiser. Und Tschiang Kai-schek erklärte oft, »er sei seinen Aufgaben nicht gewachsen« und tat öfter so, als wolle er zurücktreten. Das gehört in China zum Ritual. Nebenbei bemerkt, verurteilt Stalin in seinen Schriften den Personenkult mit fast identischen Ausdrücken. Hat Mao die Verehrung der Einzelperson denn nicht nur ganz leicht gerügt? Aber als Peng Teh-huai am VIII. Parteikongreß, im Jahr 1959, den Antrag stellte, jede Bezugnahme auf das Denken Mao Tse-tungs aus dem Parteistatut zu entfernen, verzieh ihm Mao nie.

So echt Maos Bescheidenheit auch sein mag, wer kann die geheimen Gedanken eines Mannes erraten, der seit mindestens vierzig Jahren davon überzeugt ist, daß er Chinas Schicksal zu tragen hat? Identifiziert sich im Alter nicht der Mensch mit seiner Macht? Wie soll man gewisse Attribute der Macht hassen, ohne sich selbst zu hassen? Mao erklärte Edgar Snow in einem vertraulichen Gespräch, daß dieser Kult der verbreitetste in der ganzen Welt sei: »Haben die Amerikaner denn nicht auch ihre eigene Neigung zur Abgötterei? Wie könnten der Gouverneur jedes Staates, jeder Präsident und jeder Minister ihre Rolle spielen, wenn ihnen niemand zujubeln würde? Der Wunsch, kultisch verehrt zu werden, und der Wunsch, einen Kult auszuüben, hat immer existiert. Wären Sie glücklich, wenn niemand Ihre Bücher und Artikel läse? Eine solche Tendenz grenzt aber an Personenkult. Diese Bemerkung kann man auch auf mich anwenden.«[15]

Es gibt Fälle, in denen das Wohl des Landes der natürlichen Bescheidenheit eines Staatsmannes vorgezogen werden muß, auch wenn diese Bescheidenheit in öffentlichen Resolutionen verkündet worden ist. Oft hat sich Mao des Kults, dessen Gegenstand er ist, bedient, um seinen Willen innerhalb der Partei oder bei den Massen durchzusetzen; der Partei gegenüber stützte er sich auf die Massen und umgekehrt. Er verwendet die Mao-Verehrung als Machtmittel beim Regieren: sie war Werkzeug und Ergebnis des Erfolges zugleich.

Die menschliche Seele ist jedoch zu komplex, als daß man sich mit dieser Erklärung begnügen könnte. Die scheinbare oder echte Resignation kann Hand in Hand gehen mit einem geheimen Vergnügen. Mao bietet den Chinesen ein idealisiertes Abbild ihrer selbst, so daß sie auf ihr eigenes Ich verzichten. Warum sollte er diese Verschmelzung seines individuellen Ichs mit dem Ideal des kollektiven Ichs nicht genießen? Wenn sich die Massen, die ihn vergöttern, mit ihm eins fühlen, weil sie ein gemeinsames Ideal haben, warum sollte er dann nicht von seinem eigenen Ich, das von Hunderten Millionen Menschen aufgenommen und als idealisiertes Bild widergespiegelt wird, nicht fasziniert sein? Die Chinesen huldigen der narzißtischen Lust, sich in ihm zu lieben; daß er sich in ihnen liebt, liegt in der Natur der Dinge.

### Die Kinder, wenn sie losgelassen

Die »große proletarische Kulturrevolution« stellt einen Kraftakt dar, ohne Zweifel den außergewöhnlichsten, der in der Geschichte der Revolutionen je gelungen ist. Eine Revolution wird nicht von der Opposition gegen die Regierung lanciert, sondern vom Gründer eines Regimes, vom Chef einer an der Macht befindlichen Partei, gegen die Kader dieser Partei und gegen die Abweichung, zu der dieses Regime gerade neigt. Mao brauchte nur die Kinder loszulassen, um seinen alten Kameraden, den Präsidenten der Republik Liu Schao-tschi, den Parteiapparat, die Intellektuellen, die Politiker, die Bürokratie, den bürgerlichen Geist und die Liebe zum Geld anzugreifen. Er appellierte an die Basis, gegen die Hierarchie zu kämpfen. Aber die Hierarchie wagte keinen Gegenangriff. Liu Schao-tschi ließ in der Öffentlichkeit keinen einzigen Vorwurf gegen Mao laut werden. Obwohl die Mehrheit der Partei und die Gewerkschaften Mao feindlich gegenüberstanden, zweifelte niemand daran, daß er das Volk auf seiner Seite hatte. Die Hintergedanken der Kader konnten sich gegenüber der blinden Gläubigkeit der Massen nicht lange halten.

Mao hat diese Interpretation in einigen aufrichtig klingenden Sätzen bestätigt: Während der Kulturrevolution gab er sich selbst

Rechenschaft darüber, daß der Personenkult unerläßlich ist, um die Massen anzustacheln und die Bürokratie der Partei, die aus Antimaoisten bestand, zu zerstören. Es ist schwer für ein Volk, die Gewohnheiten eines dreitausend Jahre alten Kaiserkults aufzugeben. Scherzend fügte er hinzu: »Die Roten Garden haben verkündet, daß man Antimaoist ist, wenn man kein Mao-Abzeichen trägt und sich nicht mit Maos Slogans wappnet. In diesen wenigen Jahren war der Personenkult eine Notwendigkeit.«[16]

Tatsächlich bestätigen unzählige Zeugenaussagen, daß die Beschuldigung, Antimaoist zu sein, im Herzen der Massen revolutionäre Energie auslöste. Die sicherste Art, sich jemandes zu entledigen, war, ihn in der Öffentlichkeit der Lauheit gegenüber dem Großen Steuermann zu bezichtigen. Die Reaktion ließ nicht auf sich warten: »Das Publikum brach in den Ruf aus: ›Wer sich dem Vorsitzenden Mao widersetzt, dem schlagen wir den Hundekopf ein!‹«[17]

Im großen und ganzen kann man die Haltung Maos seinem eigenen Kult gegenüber schwer abschätzen. Nach einer offiziellen These hätten ihn seine Anhänger, die es nicht lassen konnten, seine Unfehlbarkeit zu betonen, entgegen seinem eigenen Befehl in diese Höhe emporgehoben. Dann würde seine Vergötterung also nicht, wie bei Stalin, ein Übermaß an Macht bedeuten, sondern im Gegenteil seine Unfähigkeit zeigen, seinen Befehlen Gehorsam zu verschaffen (sei es bei der Führung, die es nötig hat, ihn zu verherrlichen, um die Massen beherrschen zu können, sei es bei den Massen, die ihrer Leidenschaft für Mao unbedingt frönen wollen).

In dieser Form wirkt diese These nicht sehr glaubhaft. Man kann sie aber auch anders präsentieren. Wenn Mao zuließ, daß sich sein Kult entwickelte, dann deshalb, weil es ihm ohne diesen Kult nie möglich gewesen wäre, China zu regieren, oder gar die Macht wiederzuergreifen, nachdem er praktisch schon ausgebootet war. Diese Interpretation erscheint uns Okzidentalen so paradox, daß sie schon beinahe lustig ist. Es ist aber doch die plausibelste Hypothese: Mao wäre genötigt gewesen, den Erwartungen des chinesischen Volkes zu entsprechen. In den schwierigsten Momenten hätte er erkannt, daß es ihm nicht möglich sei, zu regieren, ohne sich einem Bild anzugleichen: dem Bild, das sich seine Landsleute von einem Manne machen, in dem sie unbewußt nicht nur den Führer der Revolution sehen, sondern auch den Nachfolger der Kaiser und den Bürgen für die Einheit Chinas. Die Ausübung der Macht bringt solchen Zwang — und solche Lust — mit sich.

# 2

## Das Denken Mao Tse-tungs: Eine »geistige Atombombe«

### Die Große Proletarische Kulturrevolution

»Vor ... nach ... der Großen Proletarischen Kulturrevolution ...« Man servierte uns diese Formel ohne Unterlaß, wie den Ausdruck »vor der Befreiung« oder »nach der Befreiung«, als würde die zweite chinesische Revolution, die von 1966 bis 1970 stattfand, die erste, die im Jahr 1949 siegte, verdunkeln. In allen geistigen und wirtschaftlichen Bereichen erschien sie als der große Einschnitt. Was für die Mohammedaner die Hedschra ist, ist für die Chinesen die Kulturrevolution.

Wird es dabei bleiben? Oder wird man bald darüber lächeln, worauf einige Anzeichen hindeuten? Wird dieser Ausdruck zu einer sinnlosen Floskel werden, einer dieser auswendig gelernten Sätze, die man üblicherweise von sich gibt?

Keine dieser Hypothesen ist auszuschließen. Und es wird gewiß noch lange Zeit dauern, bis unsere Informationen ausreichen, um ein klares Urteil zu sprechen. Die feindlichen Lager stehen sich in einer Gigantenschlacht gegenüber. Nicht ohne Grund wird diese Revolution offiziell *groß* und *proletarisch* genannt.*

Aber sie ist auch — und vielleicht sogar in erster Linie — kulturell, vorausgesetzt, man versteht dieses Eigenschaftswort in seiner ganzen Bedeutung, die ihm gerade die Umgangssprache des Westens so oft vorenthält.

Dann begreift man, welche Umstürze und Änderungen die Kulturrevolution in vier Jahren verursacht hat: Die Art, sich gegenüber den anderen und sich selbst gegenüber zu benehmen, die bewußten oder unbewußten Motivationen, denen man gehorcht, die Ideen, die geltenden Werte, die Organisation der Gesellschaft, all dies ist »kulturell«.** Man wird die Revolution nie verstehen,

---

* Über die einzelnen Etappen der Kulturrevolution gibt die Zeittafel im Anhang Aufschluß.

** »Kulturell« ist ein mehrdeutiger Begriff. Das Abendland verwendet das Wort am häufigsten in der Bedeutung von »Erscheinungsform des kulturellen Lebens«: Erziehung, Kunst und Literatur (kulturelle Beziehungen, kulturelle Angelegenheiten). In diesem Sinn ist das Gegenteil der Kultur die Unkultur. Die Chinesen verwenden diesen Begriff in der globalen Bedeu-

wenn man sich vorstellt, sie hätte nur zum Ziel gehabt, gewisse Aspekte des Geisteslebens zurechtzurücken. Sie stellte alles in Frage. Die kulturellen Aktivitäten Chinas, im engeren Sinne des Wortes, sind bis ins kleinste Detail von kulturellen Imperativen im weiteren Sinn beherrscht, das heißt, vom Willen, eine neue Zivilisation zu schaffen, eine Zivilisation neuer Menschen.

Umgekehrt stand das kulturelle Leben im engeren Sinn — das intellektuelle Leben — im Mittelpunkt der Kulturrevolution, die ein Kampf der Ideen war, ein Kulturkampf, ein »Streit zwischen den Alten und den Modernen«, und obendrein eine Palastrevolution.

### Die Dämme bersten

»Wie würden Sie die Kulturrevolution definieren?« fragte ich den Schriftsteller Kuo Mo-jo.

»Es ist die Bewegung, durch die das Denken Mao Tse-tungs, diese geistige Atombombe mit unermeßlicher Sprengkraft, gewaltsam die Dämme sprengte, die den Lauf der Revolution hemmten, die Dämme, die von der Befreiung stehengelassen worden waren, und die Dämme, die der Revisionismus wieder aufzurichten versuchte.«

Das Vokabular ändert sich kaum, gleichgültig, ob man mit Soldaten oder Intellektuellen spricht. Am Vorabend des Ausbruchs der Kulturrevolution im Jahr 1965 erklärte Marschall Lin Piao in einem Aufruf an die Armee: »Die besten Waffen sind nicht Flugzeuge, schwere Artillerie, Panzer oder Atombomben, sondern die Gedanken Mao Tse-tungs; die besten Streitkräfte bestehen aus Menschen, die mit dem Denken Mao Tse-tungs bewaffnet sind.« Man mußte Kuo Mo-jo gar nicht sehr drängen, damit er sagte, daß Mao vor einem kulturellen Hiroshima nicht zurückgeschreckt ist.

Ist es nicht trotzdem merkwürdig, daß es zu einem solchen Umsturz kommen mußte, um Widerstände, die siebzehn Jahre revolutionären Regimes nicht beseitigen konnten, zu überwinden? Maos eigene Frau, die Schauspielerin Tschiang Tsching, zog im November 1967 eine genaue Bilanz dieser langen Periode der kommunistischen Regierung: »Diese siebzehn Jahre sind absolut zu verurteilen.«[1] Wenn Maos Frau — wie die verschiedenen Links-

tung, den er in der Anthropologie bekommen hat: Kultur ist der Gegensatz zur Natur, sie ist die Summe aller Phänomene des angelernten Verhaltens, der Sitten und Gebräuche, des traditionellen Glaubens, das Erbe der kollektiven und individuellen Mentalität, die im Lauf des Sozialisationsprozesses Gestalt angenommen haben.

bewegungen, die durch die Kulturrevolution in den Vordergrund gelangten — die »Kapitalisten«, die »Feudalisten«, »den bourgeoisen Staatsmechanismus«, »die Klassenjustiz«, die »Polizei im Solde der Bürokratie« brandmarkt, könnte man glauben, sie spräche vom China vor 1949. Aber dem ist nicht so: sie spricht von den chinesischen Zuständen am Anfang der Kulturrevolution, nach den »verdammungswürdigen siebzehn Jahren«.

Die gegen die Revolution errichteten Bollwerke, die vom kommunistischen Regime instand gehalten oder wiederhergestellt worden waren, wurden von der Bombe, die Kuo Mo-jo genannt hatte, endlich gesprengt.

Vom ersten Tag an wurden wir von Kuo Mo-jo betreut. Dichter, Autor von Wandsprüchen, Wissenschaftler, Dramatiker, ist er die kulturelle Glorie des Regimes; man ehrt ihn als die bedeutendste Persönlichkeit Chinas auf dem Gebiet der Wissenschaft, der Literatur und der Kunst. Lange Zeit Stellvertretender Ministerpräsident und Kulturminister, hat er nach dem Protokoll noch immer den Vortritt vor allen Ministern, ausgenommen vor dem Ministerpräsidenten.

Am Anfang der Kulturrevolution soll er ziemlich scharf aufs Korn genommen worden sein. Ohne darauf zu warten, daß die Roten Garden ihn mit Spott überschütteten und ihm eine Eselskappe aufsetzten, übte er spontan Selbstkritik, indem er sich selbst den Prototyp eines »Schriftgelehrten« in der Tradition der Mandarine nannte. Er soll sich beschuldigt haben, »niedriger als der Erdboden« und »übelriechender als ein Düngerhaufen« zu sein. Danach war er genauso geachtet wie früher. Er gehört zu jenen Leuten, die ein revolutionäres Regime gerne in den Vordergrund schiebt, obwohl oder gerade weil sie so wenig revolutionär aussehen. Er ist wie eine Bürgschaft. Er beruhigt. Intelligenz und Kultur gehören zum maoistischen Regime, da Kuo Mo-jo einer seiner wichtigsten Würdenträger ist.

Fast an jedem Tag, den wir in Peking verbrachten, sahen wir Kuo Mo-jo eine seiner verschiedenen Funktionen ausüben. Dieser Achtzigjährige ist Präsident der Akademie der Wissenschaften und Erster Stellvertretender Präsident des Ständigen Komitees des Nationalen Volkskongresses (dessen Präsident der Marschall Tschu-Teh ist, Held des Langen Marsches und zwanzig Jahre lang Oberbefehlshaber der Roten Armee), Archäologe (er leitet gerade die Ausgrabungen einer kaiserlichen Nekropole der Han-Dynastie aus dem 2. Jahrhundert v. Chr., die man unerwartet entdeckt hat); er hat einen bis dahin als unübersetzbar geltenden Text entschlüsselt, mit Ausnahme eines einzigen Zeichens, das er nicht entziffern konnte und mit einem kleinen schwarzen Viereck bezeichnete. Vier Abende lang, während er mir geduldig half, meine Ungeschicklichkeit im Gebrauch der Eßstäbchen zu überwinden, erfreute er mich mit einer bilderreichen, geistvollen, freimütigen Konversation; er hat zu lange gelebt, um das Regime oder die Fremden fürchten zu müssen.

### Es gibt keinen Maoismus

»Warum wird der Maoismus immer mit einem Stern oder mit der Sonne verglichen?« fragte ich ihn.

»Es gibt keinen Maoismus«, sagte er sanft, »es gibt das Denken Mao Tse-tungs ... Die Sonne leuchtet nur am Tag, die Sterne nur in der Nacht; das Denken Mao Tse-tungs leuchtet in der Nacht wie am Tag.«

Daß die Ideen des Vorsitzenden Mao den Arbeitern und Schulkindern durch Slogans nahegebracht werden, dachte ich, das mag hingehen. Aber daß ein so berühmter Mann, ein so verfeinerter Intellektueller diese Slogans ebenfalls übernimmt, ist das nicht erstaunlich?

»Das wichtigste ist, richtig zu denken. Um Reis richtig zu pflanzen, um Stahl richtig zu gießen, um die Kranken richtig zu pflegen, muß man zuerst richtig denken. Vor der Kulturrevolution dachte man in den Schulen, den Universitäten, den Theatern und bei den Zeitungen nicht richtig. Man mußte sie maßregeln und sie dann lehren, richtig zu denken.«

»Kurz, wenn wir nur richtig denken, kommt alles andere von selbst?«

»Wenn Sie so wollen. Zu jeder Zeit standen bei uns Doktrinen in hohem Ansehen, die einen besseren Weg für den Menschen und für die Gesellschaft suchten. Die siegreiche Doktrin war die des Konfuzius — sie überstrahlte alle anderen. China hat zweitausendfünfhundert Jahre davon gelebt. Heute ist es das Gedankengut Mao Tse-tungs, das die Grundprinzipien der Vernunft und des Lebens ausdrückt.«

### Ein Waldbrand

»Was Sie das Gedankengut Mao Tse-tungs nennen«, fragte ich, »sind das die Ideen, ist das die Philosophie, das Denken Mao Tse-tungs?«

Kuo Mo-jo ließ mich meine Frage wiederholen. »Das Denken«, antwortete er mir, »besteht nicht nur aus Gedanken, ebensowenig wie ein Fluß nicht nur aus Wassertropfen besteht, die aufspritzen und in der Sonne glänzen. Die einzelnen Tropfen bilden, wenn sie wieder herabfallen, nichts als eine stehende Pfütze. Der Fluß ist nicht nur eine Anhäufung von Tropfen, er ist Bewegung, er ist Energie.«

»Wenn alle Philosophien, die in China seit fünfundzwanzig Jahrhunderten das Licht der Welt erblickten, einfache Varianten des konfuzianischen Denkens sind, trifft dies dann nicht auch auf das Denken Mao Tse-tungs zu?«

»Ganz gewiß nicht, denn das Denken des Konfuzius ist am Ende vertrocknet, wie der Schlamm des Gelben Flusses sich verhärtet und Dämme bildet, wenn der Strom sinkt.«

Seit dem Ende des letzten Jahrhunderts haben die meisten chinesischen Intellektuellen versucht, Breschen in diese Dämme zu schlagen. Sie griffen die konfuzianischen Traditionen an und suchten neue doktrinäre Wege. Sie alle sind gescheitert. Mao hatte Erfolg.

»Das Gedankengut Mao Tse-tungs verwandelt den Menschen, die Natur, die Gesellschaft. Es ist ein wahrhaft revolutionäres Denken.«

Trotzdem gewinnt man den Eindruck, daß Mao ebensoviel erhalten und konsolidiert hat, wie er zerstörte — und sei es auch nur durch eine Umwandlung. Man kann, je nach dem Standpunkt, den man einnimmt, feststellen, daß er mit dem traditionellen Material, das er zur Hand hat, baut, oder aber auch, daß er ein Gebäude gesprengt hat, dessen Trümmer ihm nun die Steine zum Wiederaufbau liefern.

»Was mich eigentlich am meisten frappiert hat«, sagte ich, »ist, daß Mao nie etwas mit einem Schlag zerstört.«

Geht er nicht in Etappen vor? Bevor er gegen die Kuomintang kämpfte, verbündete er sich zweimal mit ihr. Bevor er die »Nationalkapitalisten« eliminierte, bot er ihnen eine Allianz an. Er machte den Intellektuellen das großzügige Geschenk der »Hundert Blumen«, bevor er sie in die Arbeitslager schickte. Dann regte er zum »Großen Sprung nach vorn« an, dann zur Kulturrevolution; jedesmal ein Schritt weiter, oder, besser gesagt »zwei Schritte vorwärts und ein Schritt zurück«. Die sowjetische Revolution wurde in einem Zug durchgeführt, sie bewirkte einen großen Umsturz; dann kam sie zum Stillstand. Die chinesische Revolution vollzieht sich stufenweise, sie hört nie vollständig auf.

»Unsere Revolution wurde nie unterbrochen«, begann Kuo Mo-jo wieder. »Sie ist wie ein Waldbrand. Hie und da sieht es aus, als würde sie nicht voranschreiten, als habe sie die Kraft verloren. Sie nimmt aber nur einen neuen Anlauf: und auf einmal hat das Feuer den ganzen Wald erfaßt und verbrannt. Vom Revisionismus blieben nur noch ein paar verkohlte Äste.«

»Was Sie ›Revisionismus‹ nennen, ist das die Umkehr, der Kompromiß?«

»Der Revisionismus ist wie eine Feuersbrunst, die erlischt. Er gleicht dem Wasser eines Flusses, das versiegt.«

Wenn wir fragten, was die Kulturrevolution geändert habe, gab man uns in den Fabriken, Schulen und ländlichen Kommunen immer die gleiche Antwort: »Das Niveau des politischen Bewußtseins der Arbeiter hat sich stark gehoben.« Und man erklärte uns, daß dieses Niveau automatisch sinkt, wenn man es nicht hebt. Der Revisionismus entspricht dieser Tendenz zum Sinken. Er ist das Gewicht der Vergangenheit, ein Mangel an Vertrauen in die Revolution, eine Art von Defätismus. Für den Triumph der Revolution ist es nicht das wichtigste, daß die Massen mehr produzieren, sondern daß das Niveau ihres politischen Bewußtseins immer höher wird. Wenn man sich damit zufriedengibt, das politische Bewußtsein zu stabilisieren, wirft man die Revolution um Jahre zurück; die Fähigkeit, die »revisionistischen Ideen« zu vertreiben, geht verloren. Und dann herrscht bald Alarmzustand.

### Mao hat China umgekrempelt

»Wenn das Denken Mao Tse-tungs so revolutionär ist, wie ist es dann zu erklären«, fuhr ich fort, »daß Ihr System auf uns Fremde typisch chinesisch wirkt? So, als wären das alte China und die Volksrepublik durch das Fortbestehen eines sowohl zeitlich als auch räumlich unwandelbaren nationalen Charakters miteinander verbunden?«

»Der Vorsitzende Mao hat China umgedreht wie einen Handschuh«, antwortete Kuo Mo-jo. »Aber es ist immer noch derselbe Handschuh an derselben Hand.«

»Welche grundlegenden Werte haben Sie bewahrt?«

»Die alten konfuzianischen Tugenden. Wir fahren fort, sie zu ehren, genauer, wir beginnen wieder damit.«

Konfuzius hat das Bild vom tugendhaften Mann geschaffen: den *Scheng jen*, der gelernt hat, mit den anderen in Harmonie zu leben. Seine Tugenden sind Höflichkeit, Gerechtigkeit, Integrität, Selbstbeherrschung, Treue zum gegebenen Wort, Loyalität und das Streben nach der goldenen Mitte. Das gilt auch heute noch als Ideal. Oder, besser gesagt, es gilt wieder als Ideal, denn es war ja verlorengegangen.

Die *Höflichkeit:* Die konfuzianischen Riten sind verschwunden, aber weder Kuo Mo-jo, noch Tschu En-lai, noch Tschi Peng-fei entledigen sich, trotz der drückenden Hitze, ihrer hochgeschlossenen Jacken. Der Formalismus von ehedem wurde gelockert, aber die raffinierte Wohlerzogenheit blieb: Man vermeidet es, seine Gesprächspartner durch die Aufzählung seiner Sorgen zu langweilen; man macht ihnen Komplimente, damit sie sich wohl fühlen.

Die *Gerechtigkeit?* Es scheint, daß es in der Volksrepublik mehr davon gibt als lange Zeit hindurch im klassischen China.

Die *Integrität?* Was die Bevölkerung an der neuen Führung am meisten schätzt, ist ihre auffällige Ehrlichkeit, die mit der Korruption der Machthaber des alten Regimes so sehr kontrastiert.

Die *Selbstbeherrschung?* Man kann sagen, daß jeder Chinese sich darin übt, stets heiter und unempfindlich zu erscheinen. Er hält es nicht für notwendig, seine menschlichen Qualitäten und Gefühle zur Schau zu tragen. Ein Chinese versicherte mir, daß seine Landsleute »begriffen hatten, wie wenig man Chruschtschow beachten müsse, als er mit seinem Schuh auf die Rednertribüne der Vereinten Nationen loshämmerte«.

Die *Treue zum gegebenen Wort?* Wenn die Chinesen ein Versprechen geben, halten sie es auch. Ein Handelsvertrag wird bis ins letzte erfüllt.

Die *Loyalität gegenüber Freunden?* Bevor die Einladung an Präsident Nixon erging, verständigte Peking die Regierungen Nordkoreas und Nordvietnams. Tschu En-lai selbst suchte mitten in der Nacht Prinz Sihanouk auf. Dieser machte mich darauf aufmerksam, daß es der Chef des Weißen Hauses mit seinen Alliierten nicht immer so gehalten habe; und man kenne China schlecht, wollte man glauben, daß es bereit sei, Hanoi im Stich zu lassen, um sich Washington anzunähern.

Die *goldene Mitte?* Obwohl die einzelnen Entwicklungsstufen der chinesischen Revolution oft zunächst wie Exzesse aussehen, triumphiert am Ende doch die mittlere Linie; sie liegt zwischen der anarchistischen Linken und der konservativen Rechten, zwischen Utopie und Routine, zwischen der Herausforderung an die Welt und dem Verzicht darauf. Dieser Mittelweg gleicht die »Intransigenz der Prinzipien und die Geschmeidigkeit bei deren Anwendung« aus: Der hartnäckige Kampf Maos gegen Tschiang Kai-schek und die Reise Maos nach Tschungking; die Festigkeit in der Auseinandersetzung mit den Vereinigten Staaten und die Einladung an Nixon.

»Also«, fuhr ich fort, »lebte ein Jahrhundert vor Sokrates, in der Zeit, in der Heraklit und Pythagoras die ersten Fundamente der griechischen Philosophie legten, in Ihrem Land ein Philosoph, von dem man sagen kann, daß sein Ideal das Ihre geblieben ist?«

»Ja ... zumindest ist es wieder unser Ideal geworden. Der Vorsitzende Mao lädt uns ein, alles Gute aus der Tradition zu bewahren und alles Schlechte zu entfernen. Man muß also die alten Gewänder alle auftrennen, den guten Stoff vom schlechten scheiden, und mit dem guten alles wieder neu nähen.«

Der neue Mensch, den die chinesische Revolution hervorbringen will, wäre demnach eine Neufassung des Menschen, der Konfuzius als Ideal vorgeschwebt war. Mao hat, ebenso wie Konfuzius, eine Philosophie ausgearbeitet, die Regeln für das persönliche Leben und die Führung der Gesellschaft aufstellt; aber eben Lebensregeln für die Gesellschaft von heute. Er hat das kommunistische Ideal in die konfuzianische Sprache übersetzt: »Der Kommunismus wird die Große Harmonie sein.«[2]

## Mao vor Marx

Kein marxistischer Theoretiker wurde in China je über oder neben Mao gestellt. Die Gründerväter Marx, Engels, Lenin und Stalin werden wie Ahnen geehrt, man fühlt aber sehr wohl, daß alle vier zusammen China nicht so viel gegeben haben wie Mao. Welches Volk hat im übrigen nicht die Tendenz, die Bedeutung fremden Gedankenguts herabzusetzen, die eigenen Ideen aber zu verherrlichen? Lin Piao schrieb ohne viel Umstände: »Von den Ideen, die uns beschäftigen, sind neunzig Prozent von Mao Tse-tung, und zehn Prozent von Marx und Lenin.« Im wesentlichen ist diese Erklärung weder übertrieben noch großsprecherisch. Im ersten Kapitel der Statuten der Kommunistischen Partei Chinas* steht klipp und klar: »In einem halben Jahrhundert hat der Genosse Mao Tse-tung während der großen Kämpfe, deren Führer er war, die universelle Wahrheit des Marxismus-Leninismus mit der konkreten Praxis der Revolution vereint. Er hat den Marxismus-Leninismus fortgeführt, bewahrt, entwickelt und auf eine neue, höhere Stufe geführt.« Jedem Bild der beiden Deutschen und der beiden Russen wird ein — größeres — Bild Maos gegenübergestellt.

Der chinesisch-sowjetische Bruch muß direkten Einfluß auf die Entwicklung des Denkens Mao Tse-tungs gehabt haben; China

---

* Angenommen am 14. April 1969 durch den IX. Parteikongreß. Vielleicht sind sie hinfällig, nachdem der Vizepräsident der Partei, Lin Piao, und mehrere Mitglieder des Politbüros (Tschen Po-ta, Huang Jung-scheng, Wu Fa-hsien usw.) »gesäubert« wurden.

konnte nach diesem Ereignis auf die Originalität des chinesischen Beitrags hinweisen und die Reinheit von Mao Tse-tungs Gedankengut den trüben Versuchungen des »sowjetischen Revisionismus« entgegensetzen. Die neue Verfassung verewigt dieses unerwartete Resultat der Divergenz des russischen und des chinesischen Weges: »Die Volksrepublik China wird von Mao Tse-tung geführt. Das Denken Mao Tse-tungs ist das oberste Prinzip bei allen unseren Arbeiten.«

Die marxistischen Ideen wurden zur Staatsdoktrin von ungefähr fünfzehn Ländern, aber haben sie in einem einzigen Staat so tief Wurzeln geschlagen wie in China? Wieso war gerade hier der Boden so günstig?

»Das Denken Mao Tse-tungs«, erklärte mir Kuo Mo-jo, »verfährt mit dem marxistischen Erbe nach einer chinesischen Tradition: es entledigt die Doktrinen ihrer dogmatischen Schale, zerbricht sie und nimmt den Kern heraus, in dem sich der Keim befindet.«

Zu allen Zeiten hat China seine Doktrinen aus dem Ausland importiert und seiner Gedankenwelt angepaßt. So zum Beispiel den Buddhismus, den es sich so sehr zu eigen gemacht hat, daß sich heute die indischen Buddhisten an China wenden, um die authentischen Texte zu beschaffen, die chinesische Schriftgelehrte seinerzeit aus Indien importiert und übersetzt hatten.

»Eines Tages«, fuhr ich fort, »werden die russischen Führer kommen und Sie fragen, wie es Ihnen gelungen ist, den Geist des Marxismus-Leninismus zu bewahren, obwohl Sie ihn ins Chinesische übertragen haben . . .«

»Das Denken Mao Tse-tungs«, antwortete mir Kuo Mo-jo, »gibt dem Marxismus-Leninismus eine chinesische Form, ohne ihn zu deformieren. Würden wir servil das sowjetische Modell nachahmen, uneingedenk unserer Geschichte und unserer Gesellschaft, wären wir ungetreue Fortsetzer. Wir würden Marx und Lenin verraten.« Er fuhr fort: »Was ist der Kern der marxistischen Lehre? Durch die Dialektik zum Kommunismus gelangen. Im alten China existierte der Kommunismus. Unser Volk war immer bereit für den Kommunismus. Das höchste Ideal unserer gesamten Tradition verlangt von uns Verzicht auf den Egoismus, das Aufgehen in der Gemeinschaft. Die größte Freude der Chinesen ist es, beisammen zu sein. Was die Dialektik betrifft, so werden Nachforschungen vielleicht beweisen, daß Marx sie indirekt aus China bezogen hat. Er übernahm sie direkt von Hegel, der sie, mit Fichte und Schelling, dem asiatischen Gedankengut entnommen zu haben scheint.«

»Aber zur Zeit des Konfuzius sagten Heraklit und Empedokles
schon, daß alles fließt, daß der Konflikt der Vater aller Dinge ist
und daß eine göttliche Harmonie das Spiel der Gegensätze
regelt . . .«

Kuo Mo-jo wirft mir einen langen Blick zu und lächelt. Er ist in
seinem Fahrwasser.

»Ohne Zweifel. Aber nicht die ionischen Naturphilosophen
haben das abendländische Denken geprägt. Das haben Aristoteles
und Ihr Descartes getan. Das chinesische Denken drehte sich stets
um Yin und Yang.«

### Yin und Yang

»Ein Stück Yin und ein Stück Yang, das ist das Tao«, erklären
die alten Bücher.[3] Yin und Yang sind Gegensätze, die einander
ergänzen. Die Harmonie dieser Gegensätze sichert das Tao. Tao
heißt Weg: ein Weg in Wellenlinien, in endlosen Kurven. Yin ist
die schattige Seite des Tales, Yang die sonnige. Yin ist die Feuchtigkeit, die Kälte, der Winter, das dunkle Warten; die latenten
Energien, das Negative, die Passivität; das Weibliche. Yang ist die
Trockenheit, die Wärme, der Sommer, das Verlangen; die er-
obernde Energie, das Positive, die Aktivität; das Männliche.

Dieses Gegensatzpaar kann man auf allen Gebieten anwenden:
Norden und Süden, oben und unten, Erde und Himmel, links und
rechts; in der chinesischen Küche bezeichnet Yin das Schmelzende,
Yang das Knusprige, Yin das Süße, Yang das Salzige. Diese
Paare sind die Quellen aller Fruchtbarkeit, aller Produktion und
aller Reproduktion. Denn das Tao ist nicht die Summe von Yin
und Yang — die dann ja nur die beiden Hälften des Tao wären —,
sondern es ist das Prinzip des schöpferischen Wechselspiels von
Yin und Yang als zwei unabhängigen Einheiten.

Dem zweipoligen Denken des Abendlandes, das zwischen dem
Ja und dem Nein, dem Erlaubten und dem Verbotenen, dem
Wahren und dem Unwahren eine Zäsur sieht, stellen die Chinesen
ein dreipoliges Denken entgegen: These, Antithese und das Ergebnis der Gegenüberstellung dieser beiden Komponenten; es
handelt sich dabei aber nicht um eine Synthese, sondern um das
Produkt der wechselseitigen Anziehungskraft und Abstoßung von
These und Antithese. Das Kind hat etwas von seinem Vater und
seiner Mutter, es besitzt aber nicht alle ihre charakteristischen
Eigenschaften. Es wird selbst zum Element eines neuen dissymmetrischen Paares, dessen Konfrontation wiederum ein neues, von
den zwei vorhergegangenen unabhängiges Element produziert.

## »Eins teilt sich in zwei«

Im klassischen chinesischen Denken — und daher auch bei Mao — gibt es kein Ja oder Nein, kein Wahr oder Falsch, wie es der westliche Rationalismus möchte. Oder vielmehr, das Ja und das Nein haben keine absolute Bedeutung: das Ja wird Nein, und das Nein wird mit der Zeit zum Ja. Mao fordert dazu auf, »auf beiden Füßen zu gehen«. Die Kulturrevolution putschte die Linken gegen die Revisionisten der Rechten auf, damit das rechte Zentrum, das gegen die Exzesse der Linken in den Kampf geschickt wurde, diese zum Abweicher gewordene Linke eliminiere, bevor es selbst eliminiert würde. Die Intellektuellen sollen sich durch manuelle Arbeit regenerieren, aber die manuelle Arbeit wird durch den Kontakt mit den Intellektuellen vervollkommnet. Das Land stellt das Gleichgewicht der Stadt her, die wiederum das Land befruchtet, usw. »Eines teilt sich in zwei«, wiederholt man uns bei vielen Gelegenheiten, und das heißt etwa: die scheinbare Einheit besteht aus zwei dissymmetrischen Elementen, die einander begegnet sind. Die Analyse unterscheidet sie. Durch eine künstliche Synthese werden die beiden Komponenten vereint, aber man darf nicht vergessen, daß es sich um gegensätzliche Elemente handelt, deren Ringen mit dem Sieg des einen und der Eliminierung des anderen endet.

»Glauben Sie«, fragte ich, »daß der Revisionismus Liu Schao-tschis darin bestand, die Theorie der sich ergänzenden Gegensätze nicht anzuerkennen?«

»Liu Schao-tschi nahm tatsächlich an, daß die These ›zwei vereinen sich in einem‹ bedeutsamer ist als die These ›eins teilt sich in zwei‹. Er glaubte an den möglichen Ausgleich der Gegensätze. Er glaubte nicht, daß zwischen dem Proletariat und der Bourgeoisie ein Gegensatz besteht, der nur mit dem Sieg des einen über das andere enden kann; das heißt, entweder siegt der Revisionismus — also die Verbürgerlichung des Sozialismus — oder das Proletariat — also die Fortsetzung der Revolution. Liu Schao-tschi beabsichtigte, Kompromisse zu schließen, und zwar für immer.«

»Bedeutet die Niederlage Liu Schao-tschis, daß die Bourgeoisie verschwinden muß?«

»Sie bedeutet, daß sich die Bourgeoisie reformieren und vom proletarischen Geist inspirieren lassen muß. Mao sagt: ›Eine schlechte Sache kann sich nicht in eine gute verwandeln.‹ Man darf die Menschen nicht vernichten, man muß sie ändern.«

Einem französischen Philosophen, der mich über meine Eindrücke befragte, erzählte ich, daß die Chinesen nicht die gleiche Logik hätten wie wir. Er fuhr auf: »Es gibt keine chinesische Logik und keine abendländische Logik. Es gibt nur d i e Logik! Die Abendländer haben sie sich angeeignet: Sie wollen bestimmt sagen, daß die Chinesen noch nicht so weit sind.«

Nein, das wollte ich gewiß nicht sagen. Mao Tse-tungs Logik ist nicht die Logik Descartes'. Die abendländische Philosophie beruht auf einigen Prinzipien, die die chinesische Philosophie nicht anerkennt. Das Prinzip der Kausalität? Das chinesische Denken, ebenso wie dasjenige Mao Tse-tungs, kennt nicht das abstrakte Verhältnis von Ursache und Wirkung, sondern die konkrete Solidarität harmonisierender Kontraste wie Lichtstrahlen und Schatten; es registriert nicht die Aufeinanderfolge von Phänomenen, von denen eines die einzige und direkte Ursache des anderen ist, sondern den Wechsel von Aspekten, die durch ihre Gegensätzlichkeit miteinander verbunden sind. Das Prinzip des Widerspruchs und des ausgeschlossenen Dritten? Eine Sache kann nicht zur gleichen Zeit sie selbst und ihr Gegenteil sein? Von zwei gegensätzlichen Behauptungen muß die eine wahr und die andere falsch sein, eine dritte Möglichkeit gibt es nicht? Getreu der chinesischen Tradition bestreitet Mao diese Grundgesetze. Der Widerspruch lebt im Herzen aller Lebewesen, er erhält sie überhaupt erst am Leben! Der Logik des ausgeschlossenen Dritten setzt Mao die Logik des eingeschlossenen Dritten entgegen, die aus dem fruchtbaren Antagonismus der beiden ersten Komponenten entsteht.

Deshalb sind die Kehrtwendungen in Maos Handlungen so häufig; der Bruch folgt dem Bündnis, der Erfolg der Niederlage wie der Tag der Nacht. »Im Krieg«, sagt er, »sind Angriff und Verteidigung, Vormarsch und Rückzug, Sieg und Niederlage, einander widersprechende Erscheinungen. Ohne die eine Seite existiert die andere auch nicht. Der Kampf und die Verbindung dieser beiden Seiten ... entscheiden den Ausgang des Krieges.«[4] Das schöpferische Denken ist ein Denken in Kontrasten. Eine lebende Gesellschaft braucht den Widerspruch. Diese Ansicht wird durch eine grundlegende Schrift — eine durch und durch taoistische Schrift — der Kulturrevolution bestärkt: »Es ist falsch, zu behaupten, daß es in der sozialistischen Gesellschaft keine Widersprüche gibt. Wie wäre das möglich? Es wird immer welche geben, in tausend und in zehntausend Jahren. Wenn auch die Erde zerstört werden und die Sonne verlöschen sollte, würde es doch noch im

Weltall Widersprüche geben. Alle Dinge sind voll Widerspruch, voll Kampf und Wechsel.«[5] Dieser Text trägt den Titel »Eine große Revolution, die den Menschen in seinem Innersten berührt.« Jawohl. Das Denken Maos und die Kulturrevolution berühren den Menschen in seinem tiefsten Inneren. Aber kann der Abendländer diese Tiefe erreichen? Wie könnten sich Menschen, die von Kindheit an vom dichotomen lateinisch-griechischen Denken geformt werden, sich das trichotome chinesische Denken zu eigen machen?

### Genie oder Einfalt?

Wenn es jemals eine globale Doktrin gegeben hat, die für alle großen und kleinen Probleme des Lebens Antworten bereit hat, dann ist es das Denken Maos. Es setzt die traditionellen Denkmodelle fort, so daß sie von den Chinesen leicht aufgenommen werden können, enthält aber genügend Energie, um die Unabhängigkeit und den Aufbau der Nation zu sichern. Jedem bringt es Sicherheit: die Sicherheit, an einer Wahrheit teilzuhaben, die sich bewährt hat. Den Massen gibt es Hoffnung: die Hoffnung auf eine Änderung ihres Zustandes, auf unaufhaltsamen Fortschritt.

Weil das Gedankengut Maos den Ausblick auf ein Ideal und zugleich die notwendigen praktischen Regeln zu dessen Verwirklichung liefert, hat es totalen, ja totalitären Charakter. Im klassischen China war der Chinese notwendigerweise Konfuzianer: eine andere Philosophie hätte die Gesellschaft, der er angehörte, nur zerstört. Keinem Kandidaten, der zu den Prüfungen zugelassen werden wollte, war es erlaubt, andere als konfuzianische Gedankengänge darzulegen. Die Mandarine, das heißt die schriftkundigen Bürokraten, sicherten die Anwendung dieser Prinzipien, nachdem sie den Beweis erbracht hatten, daß sie darin unbedingt sattelfest waren. Seit Maos Ideen den Konfuzianismus ersetzt haben, erzwingen sie nun ihrerseits ein orthodoxes Denken, von dem man nicht um ein Jota abweichen darf. Das richtige Denken ist das einheitliche Denken.

Daraus resultiert die Verschiedenheit der Urteile, die man über Mao fällt. Für die einen ist er das größte Genie der Menschheit, ein König der Philosophen, ein Cäsar, der gleichzeitig Platon sein könnte. Für die anderen ist sein Kleines Rotes Buch die Ansammlung schwülstiger Plattitüden eines Heimatdichters.

Das sind zwei verschiedene Ansichten derselben realen Gegebenheit. Maos Philosophie ist Methodologie und Anthropologie, Metaphysik und Psychologie, Soziologie und Geschichtsphilosophie zugleich, und vor allem Pädagogik. Sie irritiert durch ihren maßlosen Ehrgeiz die Intellektuellen, die dazu neigen, nur solche wissenschaftlichen Arbeiten anzuerkennen, denen eine Spezialisierung zugrunde liegt. Mao hat weder die Universität besucht noch die Erziehung der Mandarine genossen. Er hat sich selbst geschult, indem er nachts bei Kerzenlicht las; seine Sprache wird auch von den Ungebildetsten verstanden; sie ist leicht vom Dialekt der Bauern von Hunan gefärbt, ein Akzent, den die Intellektuellen aus Peking oder Schanghai belächeln. Er hat als Lehrer in einer kleinen Schule in Tschangscha begonnen; und er will für immer Lehrer bleiben. Als Autodidakt ist er das Vorbild der Autodidakten.

### Maos intellektueller Triumph: Seine Ideen einigen das Volk

Viele Volksführer waren und sind unangepaßt, Phantasten oder Wahnsinnige, viele werden es noch sein. Die chinesische Revolution hat sich unter der Führung eines Philosophen abgespielt, der mit ungewöhnlicher Intuition und Anpassungsfähigkeit begabt ist. Er meditiert pausenlos, er ist ein unermüdlicher Leser, seine Schriften sind allen verständlich, er ist ein empfindsamer Dichter und ein eleganter Kalligraph. Selbst in seinen unwichtigsten Sätzen fühlt man seine Ausgeglichenheit und seinen Sinn für das Menschliche.

Auch während er »durch die Wüste irrte« — zwischen 1927 und 1935 und von 1959 bis 1965 — wendete er sich immer nur an die Massen. Er fügte sich eben in die Tradition ein: wenn ein Herrscher den Respekt seiner Untertanen verloren hatte, war der »Auftrag des Himmels« zum Volk zurückgekehrt, das ihn dann durch einen Aufstand einem anderen Herrscher übertrug. Die Massen entzogen Tschiang Kai-schek »den Auftrag«, um ihn einem anderen Mann zu übertragen, in dem sie sich selbst wiederfanden. Ein Mann, der durch die Volksrevolution an die Macht gelangt ist, muß notwendigerweise mit dem Volk eng verbunden sein. Wer würde behaupten, daß das auf Mao nicht zutrifft?

Mao glaubt aber nicht, daß ein Gedanke unverständlich sein muß, damit er tief sei. Um wahr zu sein, muß er nämlich konkret sein. Man darf sich die Debatten über die Ideen der Kulturrevolution nicht als gefällige Sophismen einiger Ideologen vorstellen. Sie sind offene Erklärungen von Menschen, die wissen, daß der Ausgang des Kampfes das tägliche Leben des Volkes und ihr eigenes Überleben bestimmen wird. Das Denken Mao Tse-tungs ist im gleichen Maße Theorie des Konfuzianismus und des Taoismus; seinem Wesen nach aber ist es vor allem Praxis. Es kann nicht bewiesen, aber gelebt, nicht gelehrt, aber erweckt werden. Und wie die Kunst, wie die Dichtung, ist es ein Zeugnis.

Jenseits der Institutionen, der Partei und des Staates verlangt das Denken Mao Tse-tungs vom gesamten Land eine höhere Form der Organisation. China kann es sich leisten, die A k t i o n auf dem Niveau der Volkskommunen oder Fabriken zu dezentralisieren, denn es hat ja das D e n k e n durch die totale Uniformierung zentralisiert. Dies ist der intellektuelle Triumph Maos. Er legitimiert sich durch sein eigenes Denken, das zur Quelle jeder Legitimität geworden ist.

# 3

## Tschu En-lai

*Talleyrand in der Rolle Richelieus*

Werden wir einen der beiden Großen sehen? Auf diese Frage erhielten wir keine Antwort, weder vor unserer Abreise aus Frankreich noch bei unserer Ankunft in China; das Geheimnis ist ein Teil der Spielregeln. Mao? Wenig Hoffnung zur Zeit, sagt man uns; in Peking bestätigt man uns, daß er nicht in der Hauptstadt sei, sondern »irgendwo in der Provinz«.*

Werden wir Tschu En-lai sehen, seit 1949 Ministerpräsident auf Lebenszeit? Diesen Enkel eines kaiserlichen Mandarins, Hauptstütze des chinesischen Kommunismus? Diesen Charmeur, der Nasser lächelnd erzählte, daß China seinen besten Mohn anbaue, um die GIs in Vietnam damit zu vergiften, als Vergeltung für die Opiumkriege? Diesen diskreten, geschmeidigen Mann, der seit fünfzig Jahren an jedem wichtigen Wendepunkt der chinesischen Geschichte auftaucht?

Im Jahr 1913 als fünfzehnjähriger Interner in der Mittelschule in Nankai, denkt er bereits an nichts anderes mehr als an die Mittel, mit denen man China wachrütteln könnte. Mit neunzehn Jahren geht er nach Tokio, um eine Antwort auf diese Frage zu finden. Er kommt zurück, nimmt an der Studentenrevolte von 1919 teil, wird verhaftet und eingekerkert. Im Jahr 1920 ist er Mitglied der kleinen Gruppe progressiver Studenten, die in Schanghai einen Dampfer besteigen, um im Westen das Geheimnis der Revolution zu ergründen. Mao sieht ihnen neidisch nach. Zusammen mit Tschen Ji wird Tschu der Inspirator der französischen Sektion der Chinesischen Kommunistischen Partei, deren Überlebende ein halbes Jahrhundert später noch immer den einflußreichsten und diszipliniertesten Kern der obersten chinesischen Verwaltung bilden. Bei seiner Rückkehr im Jahr 1925 wird er an der Seite Tschiang Kai-scheks politischer Kommissar der Militärakademie von Whampoo. Er versucht, den Bruch zwischen

---

* Was Lin Piao betrifft, den designierten »Thronfolger« und Star der Kulturrevolution, so kamen wir bald darauf, daß es nicht günstig war, von ihm zu sprechen. Man sagte, er sei schwer krank (siehe Kapitel 23).

Partei und Kuomintang zu verhindern. Als dieser Bruch 1927 dennoch vollzogen wird, stürzt er sich in den Aufstand, führt zunächst in Schanghai dreihundert Arbeiter in den Kampf, stellt sich dann in Nantschang an die Spitze der Partei, deren Generalsekretär er geworden ist. Beide Male scheitert er. In Kiangsi schließt er sich Mao und dessen Bauernarmee an. 1935 taucht er in Paoan auf, bei den Überlebenden des Langen Marsches. Im Dezember 1936 wird er nach Sian geschickt, wo er von Tschiang Kai-schek, der von seinen eigenen Offizieren gefangengenommen worden war, gegen freies Geleit jene Jahre des Aufschubs erlangt, die dem Kommunismus zu nationaler Geltung verhelfen sollten. In Tschungking vertritt er dann Mao fast zehn Jahre hindurch bei den National-chinesen.

Nach der Befreiung wird er Regierungschef und Haupt der diplomatischen Vertretung Volkschinas. Er ist der Star der Genfer Konferenz von 1954 (jener, die den ersten Indochinakrieg beendete) und der Konferenz von Bandung im Jahr 1955, bei der die Dritte Welt geboren wird. Er erscheint auf der Tribüne der »Konferenz der Siebentausend« im Januar 1962, um als einziger zusammen mit Lin Piao Mao zu verteidigen, der nach dem »Großen Sprung« von allen Seiten angegriffen wird; er bringt dabei Liu Schao-tschi dazu, Mao wenigstens scheinbar an der Macht zu lassen. Vier Jahre später, im Sturm der Kulturrevolution, wird aus dem Schein wieder Realität. Als die Kulturrevolution stockt und in Verwirrung gerät, wie zum Beispiel im Juli 1967 in Wuhan, ist er da, um den entfesselten und dezimierten Roten Garden die Illusion eines letzten Sieges, und den Militärs alter Schule Beschäftigung zu geben; und vor allem rettet er Maos Gesicht; alle anderen Abgesandten Maos waren vom Ortskommandanten, General Tschen Tsai-tau, ins Gefängnis geworfen worden ... Im Februar 1972 ist er da, um mit Nixon zu sprechen: schließlich und endlich ist er es, den der amerikanische Präsident besucht; er ist es, dem der japanische Ministerpräsident Tanaka den Vorschlag zur Versöhnung überbringt; und er ist es, der nach der Entfernung Lin Piaos neben Mao bleibt.

Werden wir diesen Diplomaten sehen, der fähig ist, aus Schlachten, die nicht geschlagen wurden, siegreich hervorzugehen? Der es versteht, den günstigsten Wind abzuwarten (und diese Wartezeit zu nützen), der mit einem einzigen Bauern den Verlauf der ganzen Schachpartie ändert? Diesen Mann, dem es gelungen war, seinen Weg mitten durch die Clans, zwischen den »revolutionären Rebellen« und den administrativen Kadern, zwischen der Partei und der Armee hindurch zu bahnen, ohne jemals jemand

anderen zu vertreten als sich selbst? Der nicht nur seinen Weg
bahnte, sondern die chinesische Revolution auch diesen Weg ent-
langführte?

### Der französische Nationalfeiertag in der Botschaft

So wie es im alten China Sitte war, wenn Fremde um Audienz
beim Kaiser angesucht hatten, ließ man uns bis zur letzten Minute
im unklaren. Wir waren am 14. Juli in Peking. Unsere Botschaft
öffnete ihre Pforten für den traditionellen Empfang. Im vorhergehenden Jahr war die erste französische Regierungsdelegation in
der Volksrepublik China, angeführt von André Bettencourt, ebenfalls an unserem Nationalfeiertag in Peking gewesen, und Tschu
En-lai war gekommen. Würde er wieder erscheinen? Der Empfang
begann um 18.30 Uhr. Dies war der Moment, in dem unser Botschafter, Etienne Manac'h, der bereits damit beschäftigt war, die
Hände der Gäste zu schütteln, benachrichtigt wurde, daß der Ministerpräsident kommen würde. Um 19 Uhr war er da. Mit glei-
tenden Schritten, als trüge er Schlittschuhe, bewegte er sich durch
die Menge der Diplomaten und der chinesischen Beamten vorwärts. In diesem Moment verstummten alle mitten im Satz; wer
saß, stand auf; wer sein Glas erhoben hatte, stellte es nieder. Eine
große Stille breitete sich aus. Wenn Ludwig XIV. die Spiegel-
galerie in Versailles betrat und von den Hellebardenträgern mit
den Worten »Meine Herren, der König« angekündigt wurde, hat
er bei den Höflingen wahrscheinlich keinen größeren Eindruck
hervorgerufen als Tschu En-lai bei uns.

Nach den gegenseitigen Vorstellungen setzten wir uns auf ein
Sofa am Rande einer Terrasse, die sich ein wenig über dem Ra-
sen erhob. Die geladenen Gäste, das Glas in der Hand, bildeten
einen Kreis aufmerksamer Beobachter. Sie achteten nicht auf das
Gespräch, von dem sie ja nicht einmal Bruchstücke erhaschen
konnten, sondern auf den feinen Gesichtsausdruck des Ministerpräsidenten, der von den Fotografen unter Beschuß genommen
wurde. Ein Dolmetscher saß hinter uns auf einem Hocker und
neigte sich zu meinem Ohr; wir plauderten eine Stunde lang,
während der Botschafter seinen Gästen, besonders aber dem am-
tierenden Außenminister Tschi Peng-fei, Gesellschaft leistete.

Das Wesentliche dieses Gesprächs, wie auch der beiden anderen,
die noch folgen sollten, wird im Lauf dieses Buches wiedergegeben. In diesen Unterhaltungen spiegelten sich einige Aspekte der
Persönlichkeit des Mannes wider, der, wenn auch von Mao inspiriert, der wahre Herr Chinas war.

Austausch von Höflichkeiten: »Diese Mission«, sagte Tschu En-lai, »soll einen neuen Fortschritt der freundschaftlichen Beziehungen, die seit dem Jahr 1964 zwischen unseren Ländern bestehen, kennzeichnen.«

»Genau dies«, sagte ich, »erwartet sich Präsident Pompidou; obwohl unsere Delegation keine Regierungsdelegation ist, hat er darauf bestanden, mich am Vortag unserer Abreise zu empfangen, und nach unserer Rückkehr werde ich ihn wieder besuchen.«

Diese gezielte Bemerkung erweckte das Interesse des Premiers. Vertreter autoritärer Regimes interessieren sich relativ wenig für die Politiker aus befreundeten Ländern, mögen sie ideologisch auch noch so nahe stehen. Einzig und allein die Regierungen zählen — und die Mehrheit, die diese Regierungen unterstützt. Tschu En-lai antwortete sogleich: »Ich muß Sie vor dem Ende Ihres Aufenthaltes in Peking wiedersehen. Wann werden Sie abreisen? Wir werden das arrangieren.«

Handelte es sich um eine Höflichkeitsfloskel oder um eine sichere Zusage? Am Abend fragte ich unseren Botschafter: »Sollen wir die Gelegenheit beim Schopf packen und in passender Form um eine Audienz ansuchen?«

»Hüten Sie sich davor. Wenn der Ministerpräsident Sie sehen will, wird er Ihnen ein Zeichen geben. Will er Sie nicht empfangen, wird er es trotz Ihrer Bitte nicht tun.«

Tschu En-lai setzte das Gespräch flüsternd hinter seinem Fächer fort, in einem vertraulichen Ton.

»Die Volksrepublik China stellt mit Vergnügen fest, daß Frankreich an der von General de Gaulle eingeführten Politik der Unabhängigkeit der Staaten festhält und an allem, was diese Politik mit sich bringt: Ablehnung zweier Hegemonien, Nichteinmischung in die inneren Angelegenheiten fremder Staaten, Kooperation mit verschiedenen Ländern, ungeachtet ihrer unterschiedlichen politischen und gesellschaftlichen Systeme.«

»Wir wünschen, daß sich die freundschaftlichen Beziehungen zwischen Frankreich und China in diesem Geiste entwickeln: sie sind eine Folge und eine der Bedingungen unserer Politik der Unabhängigkeit. Unser Präsident wäre besonders glücklich, wenn die aus ranghohen Politikern bestehende Delegation, deren Entsendung Eure Exzellenz gerade vor einem Jahr Monsieur Bettencourt angekündigt hat, ohne größere Verzögerung einträfe. Wenn das nicht möglich ist, bestünde dann nicht ein gewisses Mißverhältnis zwischen der Zahl der französischen Delegationen von politischer Bedeutung, die China besuchten, und der Zahl hoher chinesischer Besuche in Frankreich?«

Der Ministerpräsident stimmt zu: »Die Realisierung unserer Projekte hat sich etwas verzögert, da nach der großen proletarischen Kulturrevolution neue Strukturen geschaffen wurden. Es ist vorgesehen, diese Mission erst nach der Einberufung der Vierten Legislatur des Volkskongresses nach Frankreich zu entsenden.« Er präzisiert, daß der Kongreß »vor Ende des Jahres oder im Lauf des Winters« einberufen würde. Das war sehr optimistisch. Seither hat man die Einberufung immer wieder verschoben. Zweifellos hatte sich Tschu En-lai die Liquidierung des Problems Lin Piao leichter vorgestellt, als dies dann tatsächlich der Fall war.

Immerhin brachte mich diese, aus französischer Sicht merkwürdige Verbindung zwischen der Entsendung einer Regierungsdelegation und dem Datum einer Parlamentssitzung dazu, den Premier dahingehend zu informieren, daß unsere Nationalversammlung ihrerseits eine Delegation der chinesischen Volksversammlung einzuladen wünsche.

»Wir werden diese Einladung in einem Geist der Freundschaft prüfen.«

»Ihre Parlamentsdelegation sollte nicht anstatt Ihrer Regierungsdelegation kommen. Es ist klar, daß die parlamentarische Delegation erst nach der Einberufung Ihrer neuen Versammlung entsandt werden kann. Und es ist Sache der chinesischen Regierung, zu entscheiden, ob es notwendig ist, daß die Delegation der chinesischen Regierung auch dieses Datum abwartet.«

Tschu En-lai begreift auf Anhieb. »Es ist vielleicht wirklich nicht nötig, die Einberufung der vierten Legislatur abzuwarten, um die ministerielle Delegation zu entsenden. Wir werden darüber nachdenken.«

Dieses »Wir«, klang es nun kollegial oder königlich? Auf jeden Fall war dieser Ausdruck, wie Ludwigs XIV. »Wir werden sehen«, nicht als Verzögerung, als Aufschub der Entscheidung gedacht. Sie sollte vier Tage später fallen. Ich schneide die kulturellen Angelegenheiten an: »Die Sprachschwierigkeiten bilden eine schwer zu überwindende Schranke. Wir bilden uns natürlich nicht ein, daß siebenhundertfünfzig Millionen Chinesen Französisch oder fünfzig Millionen Franzosen Chinesisch lernen könnten. Vielleicht gibt es aber andere Wege des Austausches, die zu einem besseren Verständnis zwischen Frankreich und China führen und ihre Freundschaft aufrechterhalten? So hat zum Beispiel André Malraux anläßlich seiner Reise nach China im Jahr 1965 den Vorschlag gemacht, eine Ausstellung von Schätzen der chinesischen Kunst nach Paris zu schicken, und von dort weiter nach

London, Brüssel, Rom. Könnte man diese Idee nicht wieder aufnehmen?«

Es scheint mir, als würde das Gesicht Tschu En-lais verschlossener. Jedesmal, wenn wir den Namen André Malraux erwähnen, haben wir wenig Erfolg. Dieses sonderbare Verhalten verstärkt sich von Tag zu Tag. Von den Revolutionskomitees der Provinzen, Schulen, Spitäler und Fabriken werden unvermeidlich drei Boten der französisch-chinesischen Freundschaft »seit der historischen Entscheidung General de Gaulles und des Vorsitzenden Mao, Botschafter auszutauschen«, erwähnt: François Bénard, den wir ein wenig vergessen hatten und den man hie und da Bernard nennt,* André Bettencourt und Maurice Couve de Murville. André Malraux wird nie genannt; unsere Gesprächspartner werden reserviert, wenn wir versuchen zu erfahren, warum. Wir müssen drei Wochen warten, um den Schlüssel oder einen Schlüssel des Geheimnisses zu erhalten: einer aus unserer Begleitung flüstert uns endlich ins Ohr, daß man André Malraux vorwirft, in seinen *Antimémoires* Mao Äußerungen in den Mund gelegt zu haben, die »sich deutlich von jenen unterscheiden, die er wirklich getan hat«, und zwar anläßlich einer Audienz, die am 4. August 1965 gewährt wurde. Jedenfalls hat der große Schriftsteller nie ein Hehl daraus gemacht, daß er nicht eine Mitschrift der Gespräche, die er geführt hatte, vorlegen wolle. Wie er im Vorwort zu *Chênes qu'on abat* erklärt, habe er »von einem Goya geträumt«, ohne »zu versuchen, eine Fotografie zu machen«. Aber können denn Adepten des sozialistischen Realismus die surrealistische Definition der Kunst: »Realer als die Realität« anerkennen? — Ich fahre fort:

»Wenn China keine Ausstellung schickt, könnte es doch Theatertruppen nach Frankreich senden. 1955 feierte die Pekinger Oper in Paris große Erfolge. Sie hat sich jetzt den zeitgenössischen, revolutionären Themen zugewandt. Warum sollte das französische und europäische Publikum nicht davon profitieren?«

»Das ist wahr. Nun, wir werden darüber nachdenken.«

Auch diesmal ließ die Antwort nicht lange auf sich warten.

Was die Handelsbeziehungen anlangt, trage ich dem Premier unsere Sorge darüber vor, daß sich die Wirtschaftsbeziehungen zwischen Frankreich und China auf demselben Niveau bewegen

---

* François Bénard, damals Abgeordneter des Départements Hautes-Alpes, führte im Januar 1964 eine Freundschaftsdelegation der Nationalversammlung nach Südostasien. Diese Delegation befand sich zufällig in Peking, als die Anerkennung der Volksrepublik China durch Frankreich verkündet wurde.

wie die politischen. Japan komme Frankreich auf diesem Gebiet stark zuvor; selbst Großbritannien und Italien machten schnellere Fortschritte. »Ist es nicht ein wenig enttäuschend, daß Frankreich, obwohl es von allen westlichen Nationen die meisten politischen Affinitäten zu China aufweist, nur zu etwa vier Prozent am chinesischen Handel Anteil hat, sowohl auf dem Import- als auch auf dem Export-Sektor? In Schanghai, während eines Bootsausfluges auf dem Jangtsekiang und auf dem Hoangho, stellten wir mit Bedauern fest, daß zwischen den vielen Handelsschiffen mit westlicher Flagge nicht ein einziges französisches Schiff zu sehen war. Man teilte uns mit, daß unsere Flagge schon seit mehreren Jahren in Schanghai nicht mehr aufgetaucht sei.«

»Sie haben recht, es gibt da ein Problem, das man möglichst bald lösen sollte. Über dieses Thema werden Sie mit unseren Genossen, die für den Handel verantwortlich sind, ausführlichere Aussprachen haben, und wir werden uns dann nochmals darüber unterhalten. Die Teilnehmer der Delegation, die wir zu Ihrer Flugtechnischen Schau in Le Bourget und zu der Ozeanographischen Ausstellung in Bordeaux geschickt haben, waren sehr zufrieden mit dem, was sie sahen.«

Der Premier ergeht sich nicht in Details. Erst später wird das spektakulärste Ergebnis dieses »sehr zufriedenstellenden Besuches« in Le Bourget bekannt: der Ankauf von drei »Concorde«-Flugzeugen durch China.

»Aber«, setzt Tschu En-lai maliziös fort, »unternehmen auch Ihre Industriellen das Notwendige? Kommen sie zur Messe nach Kanton?«

Gewiß nicht. Es gibt nicht genug Interessenten, und vor allem bleiben sie nicht lange genug in China, um langwierige Verhandlungen zu führen und Verträge abschließen zu können. Im Zusammenhang mit diesem Thema kommen wir auf die Probleme der Handelsbilanz und der Präferenzen zu sprechen. Genügt es nicht, wenn China seine Handelsbilanz global erstellt, und nicht für jedes Land einzeln? Könnte China bei gleichwertigen Angeboten nicht französischen Produkten den Vorzug geben?

Mit der nationalen Vorliebe für Aufzählungen resumiert Tschu En-lai die Entscheidungen, die er treffen will: »Es gibt also vier Punkte: die Möglichkeit, das Datum der Ankunft der chinesischen Regierungsdelegation in Frankreich vorzuverlegen, Entsendung einer chinesischen Kunstausstellung, Ballettgastspiele; bevorzugte Behandlung Frankreichs zur Erweiterung der Handelsbeziehungen. Wir werden über diese vier Punkte noch einmal sprechen müssen.«

## Das gaullistische China

Die Konversation schien nun einen intimeren Charakter anzunehmen. Tschu En-lai senkte die Stimme und gab seinem Respekt für die Persönlichkeit und die Taten General de Gaulles Ausdruck. Diese Worte waren nicht vorgesehen, und der Tod des Generals schloß jede Opportunitätshascherei aus. Tschu sagte nachdrücklich: »Wir empfinden tiefe Bewunderung für die Politik der Unabhängigkeit, die General de Gaulle so offen und mutig verfolgt hat. Wir sind froh, daß Präsident Pompidou dieser Linie treu geblieben ist.«

Unabhängigkeit ist alles. Weil de Gaulle ein Vorkämpfer der Unabhängigkeit war, übergehen die Chinesen alle ideologischen Gegensätze und ehren ihn wie einen Lehrer. Tschu bewundert den Mann, der den Widerstand gegen den Eindringling zu mobilisieren wußte, der, ohne seine Ruhe zu verlieren, Distanz gegenüber einem sehr mächtigen Freund wahrte; der die Politik der Blockbildung verwarf und sein Land in beispielhafter Weise aus den Verstrickungen der Kolonialherrschaft löste, um anderen die Unabhängigkeit, die er für sich selbst in Anspruch nahm, nicht zu verwehren.

Natürlich drängt sich der Vergleich mit der amerikanischen Haltung in Vietnam auf. Auch in dieser Frage wird General de Gaulle respektiert, weil er es gewagt hatte, seinen eigenen Alliierten die »Wahrheit zu sagen«, in der »prophetischen Rede« von Pnom Penh, auf die Tschu En-lai Bezug nimmt, um die »Prinzipien, ohne die der Friede auf der Halbinsel nicht einkehren wird« zu definieren.

»General de Gaulle ist plötzlich dahingegangen«, sagte ich, »ohne sein Vorhaben ausführen zu können, im folgenden Frühjahr nach China zu kommen.«

Der Botschafter, der für einen Moment am Gespräch teilnahm, präzisierte: »Natürlich nur, wenn die chinesische Regierung ihre Zustimmung zu diesem Plan gegeben hätte.«

»Natürlich hätten wir zugestimmt.«

Die chinesische Regierung hätte um so mehr zugestimmt, als sie — den offiziellen Weg verschmähend, da eine eventuelle Ablehnung demütigend gewesen wäre — Han Suyin gebeten hatte, dem General die offizielle Einladung Chinas zu überbringen. Die Nachricht erreichte ihn auf Vermittlung von Jacques Rueff hin kurz vor seinem Tod. Er war ganz darauf eingestellt, diese Einladung, deren Bestätigung er nun erwartete, anzunehmen. Schon im September 1970 erzählte er seiner Nichte Marie-Thérèse de Corbie von diesem Vorhaben. Sie hatte ihn in Colombey besucht, bevor sie auf ihren Posten in der Pekinger Botschaft zurückkehrte.

»Wir hätten ihm einen besonders herzlichen Empfang bereitet«, setzt Tschu fort. »Da das Schicksal es anders gewollt hat, sind wir natürlich bereit, seinen Nachfolger zu empfangen.«

Ist dies eine Sondierung? Oder handelt es sich um die Präliminarien zu einer Einladung in aller Form? Diesen Satz zu beantworten, würde die Dinge vielleicht etwas zu sehr beschleunigen. Ich fühlte mich nicht ermächtigt, den Ball aufzufangen, der mir da zugeworfen wurde. Trotzdem war es klar, daß es meinem Gesprächspartner darum ging, dem Nachfolger des Generals einen Wink zu geben, genauso wie man dem General selber einen Wink gegeben hatte. Solange diese Geste nicht erfolgte, würde in der Geschichte der beiden Völker etwas unvollendet bleiben.

Nach einiger Zeit setzte Tschu fort: »Das chinesische Volk wird nicht vergessen, was General de Gaulle für die Freundschaft zwischen unseren beiden Völkern und für die Welt getan hat. Ich war bekümmert, daß sein Begräbnis in so großer Eile stattgefunden hat; kein Flugzeug hätte mich noch rechtzeitig nach Paris bringen können.« Er schweigt etwas nachdenklich. Man hört nur noch das Geplauder im Garten. »Ja«, wiederholt er, »warum wurde sein Begräbnis so bald angesetzt? Sein Tod war ein Grund der Trauer für ganz China. Der Vorsitzende Mao hat dies in einem Telegramm an Madame de Gaulle besonders ausgedrückt.«

Dieses Telegramm — das einzige, in dem Mao jemals einen Nachruf auf einen westlichen Staatsmann gehalten hatte —, Maos und Tschus Kränze im Friedhof von Colombey, die Flaggen, die in Peking auf Halbmast gesetzt wurden, die Führer des Regimes, die sich in unserer Botschaft in das Kondolenzbuch eintrugen — dies alles zeugt von einer Verehrung ohne jede berechnende Absicht. Vielleicht war die ergreifendste Kundgebung aber jener Trinkspruch (der erste, der vor mir auf einen Toten ausgebracht wurde), den Präsident Kuo Mo-jo bei einem Abendessen in unserer Botschaft aussprach:

»General de Gaulle ist nicht mehr, aber nur sein Leib ist tot. Sein Geist lebt weiter. Denn die Ideen, die er verteidigte und verkörperte, können nicht sterben. Ich erhebe mein Glas auf die Unsterblichkeit von General de Gaulle.«

Eine unerwartete Ehrung von seiten eines Regimes, das dem dialektischen Materialismus anhängt, und von einem marxistisch-leninistischen Schriftsteller, der plötzlich wieder zum Konfuzianer geworden war.

Die Sorge um die Unabhängigkeit beschäftigt Tschu wieder, während er mich über den Gemeinsamen Markt befragt. Er sagt abschließend: »Wir sind sehr zufrieden, daß die Verhandlungen über den Plan, die Europäische Wirtschaftsgemeinschaft auf Großbritannien und andere Länder auszudehnen, erfolgreich verliefen. Es ist gut, daß sich die Macht Europas verstärkt. Das gehört zum Kampf gegen die Hegemonie der beiden Supermächte.«

Diese Reaktion des chinesischen Ministerpräsidenten ist bezeichnend. Vor zehn Jahren sah China in der Europäischen Gemeinschaft einen Vorwand für die amerikanische Hegemonie. Das Image Europas hat sich gewandelt (dies ist vor allem auch das Verdienst der Beharrlichkeit der französischen Politik), und zwar so sehr, daß die chinesischen Führer — geben wir es zu —, über das politische Klima in Europa bestens informiert sind. Bemerkenswert ist auch, daß ihr Urteil mehr diplomatischer als ideologischer Natur ist: die Wirtschaftsgemeinschaft — ein Arrangement zwischen kapitalistischen Ländern — erscheint ihnen nicht verdammenswert, sondern interessant und lobenswert; sie sehen sie als eine neue Konstellation auf dem geopolitischen Schachbrett und als Stärkung der Autonomie der europäischen Länder gegenüber Amerika.* In ihren Augen hat sie denselben Sinn wie die Stärkung der Unabhängigkeit der Jugoslawen, der Albaner oder Rumänen gegenüber den Russen. Die Journalisten, denen ich diese Aussagen Tschus wiederhole, irren nicht, wenn sie die Bedeutsamkeit der chinesischen Haltung betonen. Sie werden die Schlagzeilen ihrer Artikel diesem Thema widmen.

### Die Politik der kleinen Schritte

»Die internationalen Beziehungen entwickeln sich«, setzte ich fort. »Sie selbst befinden sich in einer neuen Situation, was Ihre Beziehungen zu Amerika betrifft. Sie müssen Genugtuung empfinden, wenn Sie sehen, daß Amerika Ihnen gegenüber eine ›Politik des Pingpong‹ oder ›der kleinen Schritte‹ betreibt.«

Da ich nicht wußte, daß Henry Kissinger in der vorigen Woche Peking besucht hatte, und daß zwei Tage später die Nachricht von Präsident Nixons Reise hereinplatzen würde, ahnte ich auch nicht, daß ich ins Schwarze getroffen hatte. Die Antwort war fast brüsk:

»Die kleinen Schritte genügen nicht mehr. Der Augenblick wird kommen, in dem Amerika einen großen Schritt machen muß.«

* Inzwischen weist die chinesische Doktrin eine neue Nuance auf. China tritt dafür ein, daß Amerika seine militärischen Einrichtungen in Europa und in Japan zur Verteidigung gegen sowjetische Maßnahmen beibehält.

Vier Tage später sollte mir Tschu En-lai zu verstehen geben, daß für ihn auch große Umstellungen nicht mehr sind als kleine Schritte.

Das Gespräch geht zu Ende. Aber zuvor gibt mir Tschu noch zwei schöne — kollektive und persönliche — Beispiele für die traditionelle chinesische Bescheidenheit. Die Leistungen Chinas in der Raumforschung und auf thermonuklearem Gebiet? »Es handelt sich nur um einige Atomversuche und Raketenabschüsse. Wir sind noch im Experimentalstadium ... Ja, wir sind ein unterentwickeltes Land. Wir brauchen mindestens noch hundert Jahre, um unseren Rückstand aufzuholen.« Sein Ruf als unermüdlicher Arbeiter? »Ich weiß nicht, ob ich achtzehn Stunden am Tag arbeite, aber es stimmt, daß das chinesische Volk viel arbeitet.« Dann gesteht er jedoch: »Ich höre selten vor fünf Uhr früh zu arbeiten auf und beginne wieder um elf Uhr.«

Diese nächtliche Arbeit in der Stille der Verbotenen Stadt scheint eine Gewohnheit der chinesischen Führer zu sein. Chruschtschow sagte von Mao: »Er arbeitet die ganze Nacht durch, er ist wie eine Eule.«[1] In Moskau zur Zeit Stalins war es genauso.

In diesem Moment bittet der Gesandte um Stille und feiert in einigen wohlgesetzten Worten die französisch-chinesische Freundschaft. Noch bevor Tschi Peng-fei antwortet, ist Tschu En-lai verschwunden.

### Konzelebration der französisch-chinesischen Freundschaft

Am nächsten Sonntag, während wir die Große Mauer besichtigen, flüsterte man uns ins Ohr, daß wir bei unserer Rückkehr nach Peking von jemandem empfangen werden würden. Von wem? Das wisse man nicht. Bei unserer Rückkehr wurden wir ersucht, uns in den Straßen Pekings nicht zu verlieren, die Botschaft oder das Hotel am besten nicht zu verlassen; wir sollten jederzeit telefonisch erreichbar sein. Die Absichten der »Oberen« sind unergründlich: man muß zu jeder Stunde bereit sein, »denn du kennst weder den Tag noch die Stunde« ... Endlich, nach einem von vielen Telefonaten unterbrochenen Tag, mußten wir uns eilig auf den Weg machen, »man« erwartete uns im Volkspalast. Erst als wir die Treppen hinaufschritten, erhielten wir die Bestätigung, daß es sich um Tschu En-lai handelte.

In diesem Palast empfangen die Mächtigen des Regimes gewöhnlich ihre Besucher. Nicht nur Delegationen wie der unseren, auch Diplomaten werden keine Audienzen in der Abgeschlossenheit ihrer Büros oder gar in ihren Wohnungen gewährt. Die chine-

sischen Führer lieben banale Orte: Kossygin wurde eines Tages
sogar auf dem Flughafen empfangen ... Wir sehen die hohen,
pflaumenblauen, von gelben Ziegeln gekrönten Mauern der Verbotenen Stadt; in diesem umschlossenen Raum leben, in Nach-
barschaft von Mao und Tschu En-lai, die Mitglieder des Politbüros.

In einem großen Saal sind geflochtene Armstühle in drei konzentrischen Kreisen aufgestellt. Dort werden die stummen Zeugen
Platz nehmen: chinesische Persönlichkeiten und französische Dele-
gationsmitglieder, Journalisten und Botschaftsangehörige. Das
Protokoll schreibt vor, daß das Gespräch auf den Ministerpräsidenten und den Leiter der Delegation beschränkt bleibt. Es wird
durch ein Mikrophon übertragen, das sich zwischen uns befindet
und nur uns beiden erlaubt, in diesem großen Saal gehört zu werden.

Alle verfolgen andächtig die Konzelebration der französisch-
chinesischen Freundschaft. Einige liebenswürdige Worte: der
chinesische Premier beglückwünscht Etienne Manac'h dazu, daß
er der »aktivste Botschafter« hier sei. Kuo Mo-jo, der jetzt
schweigsam unter den Statisten sitzt, hatte ihn vor einigen Tagen wegen der Rolle, die er bei der Annäherung unserer beiden
Länder gespielt hatte, mit der großen Brücke von Nanking verglichen.

Tschu beginnt mit einer Lobrede auf Frankreich, deren Anfang
uns überrascht. Er erklärt: »Die Franzosen sind sehr gastfreund-
lich. Besonders das französische Volk. Es gibt bei Ihnen keine Ras-
senunterschiede. In Frankreich leben die verschiedenen Rassen
miteinander in Eintracht. Das habe ich bei Ihnen gelernt. Als ich
in Paris war, hatte ich den Eindruck, als besuchte ich eine Art Ausstellung aller Rassen. Und Menschen aller Rassen können sich
miteinander verheiraten.«*

Tschu En-lai geht ganz in seinen Erinnerungen an die zwanziger
Jahre auf: das Quartier Latin, das Bistro bei der Bastille, wo er
seine geheimen Treffen abhielt, die Renault-Fabrik, in der er etwas Geld verdienen und die revolutionäre Flamme bei seinen Mitarbeitern lebendig erhalten wollte; und vielleicht auch die Mädchen, die er liebte.

»Was Frankreich anbelangt«, fährt er fort, »so kann man
zweierlei feststellen. Einerseits nimmt das französische Volk keine

---

* Diese Bewunderung für Mischehen, die Tschu En-lai nach dieser Unterredung noch einmal bekräftigte, deckt sich augenblicklich nicht mit der offiziellen chinesischen Praxis, die alles unternimmt, um solche Ehen zu unterbinden.

diskriminierende Haltung gegenüber den anderen Völkern der Erde ein. Anderseits muß ich aber unterstreichen, daß es in Ihrem Land Klassenunterschiede gibt. Sie werden mir vielleicht nicht zustimmen, aber ich habe es erfahren, als ich in Frankreich lebte, denn in Frankreich trat ich erstmals einer kommunistischen Organisation bei.«

Diese Bemerkung wiederholte er vor der Delegation, die, von Jean de Broglie geführt, einige Monate nach uns eintraf; aber dabei wandte er sich mit ironischem Nachdruck an den kommunistischen Abgeordneten Louis Odru, nachdem er ihn sich hatte zeigen lassen:

»Nicht der Französischen Kommunistischen Partei bin ich beigetreten, sondern der Chinesischen Kommunistischen Partei, die in Frankreich eine Zweigstelle hatte.« Kein Kompromiß, nicht einmal rückblickend, mit einer »revisionistischen Partei«.

»Sie sollten auf Ihre zwei Traditionen stolz sein«, fügt er hinzu, und sein Lächeln vertieft sich, »auf der einen Seite die große Französische Revolution, die Marseillaise, auf der anderen die Kommune von Paris und die Internationale, dieses über alles geliebte Lied!«

Soll man den Ministerpräsidenten bei seiner Ansicht belassen, daß das Frankreich von 1920, das er gekannt hat — das Frankreich Marcel Prousts —, mit seinen scharfen Klassengegensätzen und sozialen Vorurteilen, sich in den vergangenen fünfzig Jahren nicht verändert hat?

»Sollten Eure Exzellenz«, sagte ich ihm, »uns die Ehre erweisen, nach Frankreich zurückzukehren, würden Sie ermessen können, welchen Weg wir seither zurückgelegt haben. Ich will nur ein Beispiel nennen: die Demokratisierung des Unterrichts. Es studieren derzeit sechzigmal mehr Arbeiterkinder an den Universitäten als knapp vor dem Zweiten Weltkrieg. Sicher ist dies noch nicht genug, und wir haben noch einen weiten Weg vor uns; aber der Fortschritt ist groß. Die Franzosen halten das Ideal der Rechts- und Chancengleichheit hoch, auch wenn es noch nicht erreicht ist.«

Im übrigen hätte ich gute Lust, das Urteil Tschu En-lais umzustoßen. Die Franzosen sind keine Rassisten, wenn ihnen die Gelegenheit dazu fehlt. Sobald der Prozentsatz der fremden Rassen zu hoch wird, einen Alarmpunkt überschreitet (so wie früher in Algerien oder jetzt in Aubervilliers), treten unter ihnen dieselben Phänomene der Ablehnung auf wie in London, Los Angeles oder Johannesburg. Die Franzosen sind in ihren sozialen Klassen eingeschlossen? Wie ist es dann möglich, daß man in den Hörsälen der Universitäten den Sohn des Schrankenwärters vom

Sohn des Generaldirektors — beide tragen verwaschene Blue jeans — nicht unterscheiden kann?

Mein Gesprächspartner lenkt ein. Ist seine Überzeugung erschüttert oder handelt er aus Höflichkeit? »Was ich Ihnen bezüglich dieser zwei Dinge sagte, die ich in Frankreich während meiner Jugend kennenlernte, erwähnte ich nur deshalb, um Ihnen den Einfluß, den Frankreich in der Vergangenheit auf mich ausübte, zu erklären. Natürlich trifft auf die Gegenwart das zu, was Eure Exzellenz sagt.«

Der Diplomat siegt über den Ideologen.

Die Präliminarien sind erledigt. Nachdem der Ministerpräsident die Rolle General de Gaulles bei der Begründung der französisch-chinesischen Freundschaft öffentlich hervorgehoben und sein Bedauern darüber ausgedrückt hat, daß er ihn »nicht in China empfangen durfte«, beantwortet er die vier Fragen, die ich am 14. Juli in der Botschaft an ihn gerichtet hatte.

»Gerade vorhin sprach ich über die Ausgrabungen, für die Sie Interesse zeigten. Wir müssen ernsthafte Vorbereitungen treffen. Wir wollen Ihnen echte Stücke zeigen, keine Kopien. Wenn wir bei Ihnen eine Ausstellung dieser Funde machen, ist es wahrscheinlich, daß sich auch andere Länder darum bemühen werden. Wir sind entschlossen, diese Angelegenheit mit Sorgfalt zu behandeln.«

Tatsächlich waren wir die ersten Fremden, denen man die Ausstellung in der Verbotenen Stadt und die Objekte zeigte, die vor kurzem in Gräbern der Han-Zeit aus dem 2. Jahrhundert vor Chr. gefunden worden waren. Ich hatte dem Verwalter der chinesischen Altertümer, der uns begleitete, vorgeschlagen, in Paris und dem übrigen Europa eine Ausstellung dieser Funde zu organisieren. Er sagte mir zu, diese Frage zu prüfen. Er war jetzt anwesend, blieb jedoch stumm wie die anderen Notabeln. Sichtlich hatte er aber über unser Gespräch Bericht erstattet. Wie bringt es Tschu En-lai, der sich um alles kümmern muß, was täglich in China und der Welt vor sich geht, fertig, sich über so kleine Detailfragen auf dem laufenden zu halten, und Fragen präzise zu beantworten, die ich ihm vor vier Tagen gestellt oder in der Zwischenzeit an hohe Funktionäre gerichtet hatte? Erstaunliches Beispiel von intellektueller Allgegenwart, aber auch guter Kommunikation in den höchsten chinesischen Kreisen.

»Anderseits«, fuhr er fort, »hatten wir bereits versprochen, eine Delegation unter der Leitung eines Ministers zu entsenden. Ich dachte daran, die Delegation nach dem Zusammentreten des Vierten Nationalen Volkskongresses nach Frankreich zu schicken.

Der Kongreß wurde jedoch noch nicht einberufen. Wir müssen diese Angelegenheit anders anpacken. Die Delegation wird so abreisen, daß sie am 1. Oktober in Paris eintrifft.«

Warum am 1. Oktober? Es ist der chinesische Nationalfeiertag, der Jahrestag der Proklamation der Volksrepublik durch Mao auf dem Tien An Men-Platz am 1. Oktober 1949. Die Chinesen hatten bemerkt, daß sich zwei Jahre nacheinander eine französische Delegation am 14. Juli in Peking aufgehalten hatte. Sie wollten unsere Höflichkeit erwidern.*

Der dritte Punkt betraf die Handelsbeziehungen. Tschu En-lai gab deutlich zu verstehen, daß er gleich nach Japan, das wegen seiner Nähe und auch aus politischen Gründen bevorzugt würde (»Wir unterhalten herzliche Verbindungen zu befreundeten japanischen Firmen, um die Wiederherstellung von diplomatischen Beziehungen zwischen unseren Ländern voranzutreiben«), auf dem Gebiet des Handels Frankreich zu begünstigen wünsche.

»Sicherlich sollte Frankreich am meisten bevorzugt werden, wenn man die diplomatischen Aspekte in Rechnung zieht. Im Rahmen unserer Handelsbeziehungen mit den europäischen Ländern Großbritannien, Italien, Holland und Österreich könnten wir, wenn es sich um gleichartige Produkte gleicher Qualität handelt, Frankreich den Vorzug geben. — Warum bespreche ich diese Dinge vor Journalisten?« fügte er plötzlich hinzu. »Weil ich aufzeigen will, welches Gewicht wir den besonderen Beziehungen zwischen China und Frankreich beimessen.«

Und er begann, um dieses Faktum besonders hervorzuheben, sich mit der Geschichte der unter Schwierigkeiten erzielten Fortschritte in den diplomatischen Beziehungen mit Großbritannien zu befassen: einfache de facto-Anerkennung im Jahr 1950, Austausch von Geschäftsträgern im Jahre 1954. »Wir versuchen jetzt, einen Weg zu finden, sie in Botschafterrang zu erheben, es gibt aber da noch gewisse Schwierigkeiten...** Dies sage ich, um zu unterstreichen, wie, dank General de Gaulles gutem Willen, die Dinge mit Frankreich schnell und positiv vorangegangen sind.«

Am Ende kündigt uns Tschu En-lai die Entsendung der Pekinger Oper nach Frankreich an, die dort »Das rote Frauenbataillon« und »Das weißhaarige Mädchen« zeigen sollte. »Das Ballett hat seinen

---

* Die zwei Versprechen wurden gehalten. Eine chinesische Delegation unter der Leitung des Handelsministers Pai Hsiang-kuo traf tatsächlich zum vorgesehenen Datum in Frankreich ein. Die Ausstellung der in den Gräbern entdeckten Schätze (darunter eines der aus Jadeplättchen zusammengefügten Totenkleider) wurde im Mai 1973 im Petit Palais in Paris gezeigt.

** Die Schwierigkeiten wurden inzwischen beseitigt.

94

Ursprung in Frankreich. Es gehört zu Ihrer Tradition, aber es ist bewiesen, daß es möglich ist, die traditionellen Techniken durch eine neue Inspiration aufzufrischen.« Tschu treibt die Höflichkeit so weit, Frankreich eine Vaterschaft zuzuerkennen, die in Wirklichkeit Italien gebührt.* Jedenfalls vernachlässigte er keinen der vier Punkte, die er während unseres ersten Gesprächs erwähnt hatte: alle vier Punkte würden in positiver Weise erledigt werden.**

Bevor Tschu En-lai die Sitzung aufhebt, bemerkt er zu mir in vertraulichem Ton: »Ich bitte Eure Exzellenz, nicht zu vergessen, bei Ihrer Rückkehr Präsident Pompidou die Botschaft zu überbringen, die ich Ihnen vor ein paar Tagen übergab.«

Worum sollte es sich handeln, wenn nicht um die Einladung zu einer Reise nach China, einen Besuch, den General de Gaulle nicht mehr abstatten konnte? Aber warum spielte er auf dieses in vertraulichem Ton zugeflüsterte und noch viel vertraulicher entgegengenommene Angebot vor den Journalisten an, die sich beim Ausgang sofort auf mich stürzen würden, um das Geheimnis zu ergründen? Ich würde schweigen, in diesem Fall also lügen müssen, um eine neue und exklusive Mitteilung, die bis auf weiteres allein für ihren Empfänger bestimmt war, vor der Öffentlichkeit zu schützen.

## China und die Welt

Das dritte Gespräch findet ebenfalls im Volkspalast statt. Der Leiter der Delegation und seine drei Stellvertreter*** nehmen daran teil. Tschu En-lai sitzt in der Mitte, die Franzosen werden zu seiner Rechten placiert, zu seiner Linken einige gebrechliche alte Herren. Die Zahl der Korbstühle, der Teetassen, der Spucknäpfe, der Platz jedes einzelnen der französischen Gäste und der chinesischen Teilnehmer, alles war von den Funktionären des Protokolls genau festgelegt worden.

* War diese Bemerkung auf Unwissenheit zurückzuführen? Oder ist Tschu En-lais Bildung ohne Grenzen? Man kann ja tatsächlich die Ansicht vertreten, daß Oper und Ballett auf die italienische Renaissance zurückgehen, daß die getanzte Oper und das gesungene Ballett hingegen, an die sich die aktuellen Tanzopern der Chinesen anlehnen, als *ballet du cour* auf Befehl von Heinrich IV. und Ludwig XIII. in Frankreich enstanden sind.

** Die französisch-chinesischen Handelsbeziehungen wurden inzwischen stark ausgeweitet. Die Pekinger Oper wurde nach Albanien entsandt und sollte anschließend Frankreich besuchen; sie mußte jedoch nach China zurückkehren, da in Paris damals kein Saal frei war, der groß genug gewesen wäre. Als Ersatz kam dann eine chinesische Akrobatengruppe.

*** Vincent Ansquer, Christian Poncelet, Louis Sallé.

Was wir brennend gern erfahren würden, ist natürlich die Einstellung Tschu En-lais zu der Neuigkeit, von der ganz Peking seit zwei Tagen spricht: zum bevorstehenden Besuch Nixons. Aber bevor Tschu En-lai meine diesbezügliche Frage beantwortet, kommt er noch einmal auf die französisch-chinesischen Beziehungen zurück. »General de Gaulle hat sein Werk vollendet. Daran erinnern wir uns, besonders seit er nicht mehr unter uns weilt.« Ich erzähle ihm nicht, was der General einmal nach einem Ministerrat gesagt hatte: »Wenn wir China hinter seiner Großen Mauer schmoren lassen, wird es am Ende explodieren. Die Chinesen werden tollwütig, wenn sie es nicht schon sind. Man muß ihnen helfen, die Fenster zu öffnen.«

Weil Frankreich das einzige unter den vier westlichen Ländern war, die sich mit geradezu skandalösem Gleichmut an dieses Rezept gehalten haben, empfinden die Chinesen diesem Land gegenüber echte Dankbarkeit. Auf die Frage, die ich damals dem General stellte: »Warum hat Frankreich so lange gebraucht, um den Tatsachen Rechnung zu tragen?«, gab Tschu En-lai die gleiche Antwort wie der General: »Weil es nicht unabhängig war.«

Bei den diplomatischen Beziehungen zwischen unseren Ländern handelt es sich um eine Anerkennung im wahrsten Sinn des Wortes: Frankreich und China haben einander als zwei Nationen anerkannt, die nicht gestatten, daß andere über ihre Zukunft bestimmten.

Trotzdem gab es einen Augenblick, in dem die Ideologie stärker zu sein schien, und zwar gerade in der Zeit, in der die französisch-chinesischen Beziehungen in Schwung kamen. Kaum hatte man die ersten Professoren, die ersten Studenten, die ersten Forscher ausgetauscht, als die Kulturrevolution alles wieder bremste. Als General de Gaulle im September 1966 seine Rede in Pnom Penh hielt, standen die chinesischen Führer dem Chaos in ihren eigenen Fraktionen und den Angriffen der Roten Garden gegenüber. Seine Rede wurde mit Schweigen übergangen. Die Roten Garden beschuldigten öffentlich den Präsidenten der Republik, Liu Schao-tschi, und Außenminister Tschen Ji, »sich vor den Bildern General de Gaulles niederzuwerfen«. Die französischen Ereignisse des Mai 1968 stießen in Peking auf starkes Echo. Eine halbe Million Chinesen, die am 21. Mai am Tien An Men-Platz demonstrierten, verwechselten in ihrem Enthusiasmus die Gedenkfeier zu Ehren der Kommune von 1871 mit der Feier der »Neuen Kommune«.

Die oberste chinesische Führung scheint kurze Zeit hindurch wirklich an den Erfolg dieser »Revolution« geglaubt zu haben. Sie bemerkte erst nach einiger Zeit, daß die Mai-Bewegung keine echte Revolution gewesen war. Der Rücktritt General de Gaulles, die Furcht, die die Chinesen einige Zeit empfunden haben mochten, daß Frankreich die »Absage an die beiden Hegemonien« widerrufen könnte, dann die Befriedigung darüber, daß Frankreich diese Politik weiter verfolgte, die friedliche Beendigung der Kulturrevolution — all das bewirkte, daß China die Bedeutung der französischen Politik in einem neuen Licht sah. Heute kann Tschu En-lai nicht genug harte Worte für die französischen Maoisten finden. »Es gibt bei Ihnen Leute, die sich fälschlich mit dem Namen Mao schmücken und so den Namen des Vorsitzenden und den Ruf Volkschinas entehren.«

### »Nicht ich habe Nixon eingeladen«

Ich wiederhole die Frage, die den Besuch Nixons betrifft. »Oh«, sagte der Ministerpräsident und hebt seine Hände mit einer anmutig verneinenden Geste, »nicht ich habe ihn eingeladen.« Nach dem Gespräch fragte ich den Dolmetscher, ob der Präsident andeuten wollte, daß diese Initiative nicht von ihm ausgegangen sei, sondern von jemand anderem, zum Beispiel vom Vorsitzenden Mao, oder ob sich Nixon vielleicht gar selbst eingeladen habe. Der Dolmetscher erhob lautstark Einspruch. Es sei unmöglich, die erste Annahme auch nur einen Moment lang aufrechtzuerhalten. Es sei doch unvorstellbar, daß die Ansichten des Ministerpräsidenten sich derartig von jenen des Vorsitzenden unterschieden; dies wäre eine absurde Annahme. Es sei hingegen offensichtlich, daß die Amerikaner auf einen Besuch Nixons in China gedrängt hatten; die Chinesen hätten schließlich nicht umhin können, diesen Wunsch zu erfüllen.

Tschu fährt fort: »Es wird Sie überraschen, aber denken Sie an die Entwicklung dieser Angelegenheit. Es sind ungefähr drei Jahre vergangen, seit Präsident Nixon die Regierung übernommen hat. Wiederholt äußerte er den Wunsch, nach China zu kommen, um dem Zustand der Feindseligkeit, der zwischen unseren Ländern seit der Befreiung herrscht, ein Ende zu setzen.«

Tschu En-lai hat recht, den Beginn des chinesisch-amerikanischen Antagonismus nicht früher anzusetzen. Im Gegensatz zu den europäischen Mächten hatten die Vereinigten Staaten im zwanzigsten Jahrhundert nicht versucht, territoriale Konzessionen zu erwerben. Den Schadenersatz, der ihnen nach dem Boxeraufstand zuerkannt worden war, hatten sie dazu verwendet, Lehranstalten in China zu gründen oder zu finanzieren; dazu gehörte auch die Universität Peita, die wir gerade besucht hatten. Die

Chinesen geben dies nicht gern zu; aber wenn der Streit auch schwerwiegend ist, so besteht er doch erst seit kurzem.

»Wir wollten einmal sehen. Der Wunsch der Amerikaner wurde von verschiedenen Seiten an uns herangetragen. General de Gaulle hat uns auch davon informiert.«

Tatsächlich hatte General de Gaulle im Februar 1969 Präsident Nixon bei dessen Besuch in Paris dazu angeregt, einseitig das Disengagement der amerikanischen Truppen in Vietnam zu verkünden, nach seiner Meinung die einzige Möglichkeit, aus dem Sumpf herauszukommen. Im März, anläßlich des Begräbnisses von General Eisenhower in Washington, teilte Präsident Nixon General de Gaulle seine Absicht mit, die amerikanischen Truppen stufenweise aus Vietnam abzuziehen. Im April, einige Tage vor seinem Rücktritt, gab de Gaulle Etienne Manac'h, der eben nach Peking zurückkehrte, den Auftrag, bei Tschu En-lai Schritte zu unternehmen, um die Verbindung mit Washington herzustellen. Dies war der Anfang der »Politik der kleinen Schritte«.

»Die Geschichte mit dem Pingpongspiel ist ein wenig dem Zufall zu verdanken. Ursprünglich sollten vier Länder an dem Turnier teilnehmen. Als wir die Amerikaner einluden, dachten wir, daß dies der Beginn der Kontakte zwischen den beiden Völkern sein könnte. Wir wollten abwarten und die weitere Entwicklung beobachten.«

Eine Stille trat ein. Und dann sagte Tschu diesen Satz, aus dem noch die Demütigung spricht, die die chinesischen Revolutionäre im Augenblick ihres Sieges einstecken hatten müssen. »Bekanntlich hat der große Bürgerkrieg in China nach dem Zweiten Weltkrieg stattgefunden. Das chinesische Volk hat gesiegt. Wir haben auf unserem nationalen Territorium die Volksrepublik China gegründet. Das Schicksal des Landes wurde in die Hände des Volkes gelegt. Aber die Vereinigten Staaten behandelten uns nur mit Verachtung. Wie kam es zu dieser Diskriminierung? Und wie ist es möglich, diese Wunden zu heilen? Das ist die Frage.«

Sichtbar wird diese Demütigung in der Existenz von Taiwan.* »Unser Elsaß-Lothringen«, nennt es Tschu En-lai. Dann zählt er uns die acht Punkte auf, die die Vereinigten Staaten akzeptieren müßten, wenn sie an einer Annäherung aufrichtig interessiert seien. Es sind Variationen über ein und dasselbe Thema:

»1. Die Regierung der Volksrepublik China ist die einzige gesetzliche Regierung, die das chinesische Volk vertritt.

---

* Die Chinesen sagen Taiwan, sie lehnen es ab, das portugiesische Wort »Formosa« — Insel der Schönheit — zu gebrauchen.

2. Taiwan ist eine chinesische Provinz. Seine Befreiung ist eine innere Angelegenheit Chinas. Dabei kann keinerlei fremde Einmischung geduldet werden (im übrigen könnte diese Befreiung in friedlicher Weise erfolgen. Auch während des Bürgerkrieges haben sich mehrere Provinzen der Revolutionären Regierung kampflos angeschlossen).

3. Zu behaupten, der Status Taiwans sei nicht geklärt, ist völlig absurd und irrig, da diese Provinz nach dem Ende des Krieges gegen Japan im Jahr 1945 an das Mutterland zurückgegeben wurde. Der Status wurde damals ein für allemal geregelt.

4. Wir widersetzen uns mit aller Entschiedenheit der ›Zwei-China‹-Politik, wonach es ein kontinentales China und ein China in Taiwan gebe, und jedem ähnlichen Manöver.

5. Wir sind gegen die ›Bewegung für die Unabhängigkeit von Taiwan‹, die von Ausländern ins Leben gerufen wurde und von ihnen manipuliert wird.

6. Die Amerikaner müssen alle ihre bewaffneten Streitkräfte und militärischen Einrichtungen aus Taiwan und der Straße von Taiwan zurückziehen.

7. Der zwischen den Vereinigten Staaten auf der einen und Taiwan und den Pescadores auf der anderen Seite im Jahr 1954 nach der Genfer Konferenz durch Dulles und Tschiang Kai-schek geschlossene Verteidigungspakt ist ungesetzlich und null und nichtig. Frankreich wird von diesen sieben Punkten nicht direkt betroffen, deshalb können wir in aller Offenheit darüber sprechen.

8. Der achte Punkt betrifft jedoch ohne jeden Zweifel auch Sie. Es handelt sich um die Vereinten Nationen. China wird der UNO nicht beitreten, solange man von zwei chinesischen Staaten spricht oder andere ähnliche Formulierungen gebraucht — und wir wissen, daß die Amerikaner da viel in Reserve haben. Wir werden fest bleiben. Ich bitte Eure Exzellenz, dies Präsident Pompidou zu bestellen.«

Einige Tage später wiederholte Tschu En-lai diese acht Punkte übrigens nochmals (allerdings in ganz anderen Worten) vor einer Delegation amerikanischer Universitätsprofessoren. Nach Aussage der uns begleitenden Journalisten sei unsere Diskretion über die Nixon-Reise fehl am Platz gewesen. Alle Konzessionen, die die Vereinigten Staaten im Zusammenhang mit dem Besuch ihres Präsidenten in China früher oder später würden machen müssen, kamen ans Tageslicht.

»Wir beglückwünschen uns«, fährt Tschu fort, »daß Frankreich die Zugehörigkeit Taiwans zu China sofort anerkannte ... Dieser Standpunkt gilt im Augenblick als skandalös. Hätten die Amerikaner, statt sich zu entrüsten, dieselbe Haltung eingenommen, hätte dies vielleicht viel Leid erspart . . . Aber Johnson konnte sich mit General de Gaulle in diesem Punkt nicht verständigen. Genausowenig wie über die Rede von Pnom Penh. Der General wollte damals seine eigenen Erfahrungen als Beispiel anführen. Die französischen Truppen aus Algier abzuziehen und mehr als eine Million Repatriierte in Frankreich aufzunehmen, war keine leichte Sache. Deshalb lege ich Wert darauf, meine Bewunderung für so viel Weitblick und Mut auszudrücken. Durch diesen Entschluß des Generals hat Frankreich, weit davon entfernt, sein Gesicht zu verlieren, an Ehre gewonnen. Es hat sich die Hochachtung der Welt gesichert. General de Gaulle hat sich noch mehr Prestige erworben. Viele sprechen jetzt geringschätzig von Ruhm und Ehre. Eine solche Einstellung ist kurzsichtig. Diese Begriffe sind auch in unserer Zeit Werte. Wären die Anregungen Frankreichs im Jahr 1966 befolgt worden, wäre dies eine Wohltat für die ganze Welt gewesen.«

Die Rede kommt auf Indochina. Dieses Problem ist in den Augen der Chinesen anders geartet als jene Fragen, welche der Besuch Nixons mit sich bringt und welche durch diesen Besuch auch geregelt werden könnten. Die Chinesen werden keine Entscheidung an Stelle der Vietnamesen treffen.

Offenkundig hat China den Genfer Pakt von 1954 und das amerikanische Revirement in schlechter Erinnerung.

»Wir haben, was Genf betrifft, unseren eigenen Standpunkt. Der Vorsitzende Mao führte mit Ho Tschi Minh mehrere Gespräche vor dessen Tod. Er sprach mit ihm auch über dieses Problem. Zur Zeit der Genfer Konferenz standen wir erst am Anfang unserer internationalen Aktivitäten. Wir hatten sehr wenig Erfahrung. Wie haben wir nur zulassen können, daß die Vereinigten Staaten ihre Hände nach allem ausstreckten und keine Verträge unterschrieben, während wir uns mit mündlichen Erklärungen zufriedengaben! Sie versprachen, diese zu respektieren, schickten sich aber bereits an, sie zu torpedieren.«

Aber nicht, weil die Amerikaner die Verträge verletzt haben, will Tschu En-lai darauf zurückkommen. Wie General de Gaulle, macht er eine klare Unterscheidung zwischen den Prinzipien, die die Genfer Konferenz inspirierten, und den neuen Strukturen, die sie zu schaffen versuchte. In der Rede von Pnom Penh findet Tschu zwei dieser Prinzipien wieder.

1. Alle fremden Truppen müssen die drei Länder verlassen und dürfen nie mehr wiederkehren.

2. Es muß garantiert werden, daß die drei Völker Indochinas

ihre eigenen Angelegenheiten ohne jede fremde Einmischung regeln können.

Tschu En-lai erwähnt nicht die Probleme der Wiedervereinigung. Das ist eine innere Angelegenheit, die ihn nichts angeht; aber seine Art, über Vietnam, Kambodscha und Laos zu sprechen, zeigt deutlich, daß er sich mit einer längeren Teilung nur schwer abfinden würde. Was die einst angestrebten neuen Strukturen betrifft, so sind sie überholt. Sie räumen einigen europäischen Ländern (UdSSR, Großbritannien, Polen) oder atlantischen Staaten (zum Beispiel Kanada) einen wichtigen Platz ein.

»Das einzige asiatische Land ist Indien.« Der Ton des Ministerpräsidenten wird schärfer. »Sicher, es ist ein asiatisches Land. Aber die ganze Welt weiß, daß sich Indien heutzutage keines großen Prestiges mehr erfreut.«

»Es war aber zur Zeit der Genfer Verträge neutral.«

»Ja, die Dinge haben sich geändert: Einkreisung Chinas und Zusammenspiel der Supermächte.«

Das neutrale Indien lehnt sich nun an die Sowjetunion, die die Einschließung Chinas auf diese Weise vollendet; diesen Eindruck wenigstens hat Tschu En-lai. Eine Million sowjetischer Soldaten steht an der Nordgrenze. (»Wie soll man glauben, daß sie nur dazu da sind, um Sibirien vor uns zu verteidigen?«) Der Vasallenstaat Mongolei ist voll von Truppen. Indien ist ein Schutzbefohlener der Sowjetunion. Vietnam wimmelt von sowjetischen »Militärberatern« und wird von Rußland mit militärischer Ausrüstung vollgestopft. Die Einkreisung ist beinahe vollständig, die wenigen Lücken werden von den Vereinigten Staaten und ihren »Marionetten« in Thailand, Saigon und Taiwan ausgefüllt. »Es gibt zwei Supermächte«, sagt mir Tschu. »Zunächst die Vereinigten Staaten und dann die Sowjetunion.«*

Die Normalisierung der Beziehungen zu der übrigen Welt, besonders zu Amerika, würde eine Durchbrechung dieses Ringes bedeuten. Aber die Chinesen scheinen es nicht so eilig zu haben, eine Entspannung zu erreichen, da sie sehr harte Bedingungen stellen: Es wird keine Normalisierung der Beziehungen zu Amerika geben, solange die Vereinigten Staaten sich nicht unwiderruflich verpflichten, alle ihre Truppen aus dem Fernen Osten zurückzuziehen, beginnend mit Indochina und Formosa.**

* Seit dem Besuch Nixons ist die Reihenfolge umgekehrt. Die UdSSR wird als gefährlicher angesehen, »weil sie scheinheilig ist«.

** Die Beziehungen beginnen sich zu normalisieren, da die Amerikaner diese beiden Bedingungen angenommen haben. Von Botschaftern geleitete »Verbindungsbüros« wurden in Peking und Washington eröffnet.

Unterdessen ist China sehr empfindlich gegenüber allem, was das Zusammenspiel der Supermächte betrifft, besonders für das, was die Macht dieser Staaten begründet: die atomare Rüstung. Tschu zitiert lachend einen Ausspruch Etienne Manac'hs: »Je mehr man von Abrüstung spricht, desto mehr rüstet man auf.« (Der Vorsitzende Mao hat diese Formulierung sehr gewürdigt.) In den Augen des chinesischen Ministerpräsidenten verständigen sich die Vereinigten Staaten und die UdSSR nur, um ihre Aufrüstung zu begrenzen, nicht um abzurüsten.

»Acht Jahre sind schon vergangen, und die Diskussionen sind immer noch fruchtlos. Die Aufrüstung verschlingt gigantische Summen. Deshalb ist es auch gut, daß weder Ihr Land noch das meine diesen Vertrag unterzeichnet haben.«

Und der Plan der Fünferkonferenz über die Abrüstung? In diesem Punkt haben China und Frankreich verschiedene taktische Positionen bezogen. General de Gaulle hatte ohne Erfolg eine Zusammenkunft der fünf Nuklearmächte, China und Frankreich inbegriffen, vorgeschlagen. Die Sowjetunion brachte diese Idee dann von neuem zur Sprache. Sofort wurde sie von China abgelehnt.

»Wir halten eine Fünferkonferenz, die die Abrüstung behandeln soll, nicht für günstig. Wir werden nicht daran teilnehmen. Wir kennen die Stellungnahme Frankreichs. Aber wir werden nicht hingehen. Die beiden Supermächte wollen uns eine Falle stellen.«

In Wahrheit denkt Tschu, daß es nicht angebracht ist, die Zahl der Nuklearmächte zu beschränken. Er glaubt fest an die abschreckende Wirkung der Kernwaffen.

»Die Amerikaner behaupteten vor fünfundzwanzig Jahren, daß sie, um den Frieden zu sichern, die einzigen Besitzer der Atombombe bleiben müßten. Als die Sowjetunion später auch Atombomben herstellte, wollte sie dieses Monopol mit Amerika teilen. Aber heute ist es klar, daß die Atombombe das einzige Bollwerk ist, das einen dritten Weltkrieg verhindern kann.« Überläßt man den »ganz Großen« das Monopol der nuklearen Abschreckung, wird der Krieg auf der ganzen Erde immer wieder aufflackern. »Je mehr Länder die Atombombe besitzen, desto geringer wird die Gefahr eines Krieges. Die Atombombe, das ist der Frieden.« Selten hatte ich gehört, daß jemand bei der Beweisführung für die friedenbringenden Eigenschaften der Atombombe so weit ging.

»Wir glauben eher«, fährt Tschu fort, »daß man alle Staaten, die an den Abrüstungskonferenzen teilnehmen wollen, dazu einladen sollte.«

»Es fällt aber schwer«, sagte ich, »einen Vorschlag, den wir selber gemacht haben, wieder zu verwerfen, noch dazu, da wir uns diesbezüglich an die Positionen halten, die General de Gaulle festgelegt hat. Aber wir werden uns hüten, an einer Konferenz ohne China teilzunehmen. Und wenn man die gegenwärtigen Umstände in Betracht zieht, würden die Vereinigten Staaten wohl bereit sein, sich an einen Konferenztisch zu setzen, an dem China nicht vertreten ist?«

»Wenn wir nicht an der Konferenz teilnehmen«, sagt Tschu En-lai kurz, »wird sie nicht stattfinden können.«

### Das Pferd und das Lasso

Mit einem plötzlichen Gedankensprung wechselt Tschu das Thema und hört auf, als Opfer der sowjetischen Einkreisungstaktik zu posieren. Er drückt durch ein Gleichnis seine Freude darüber aus, daß noch eine gewisse Zahl von Ländern im Kielwasser der Unabhängigkeitspolitik mitgezogen werden könnte.

»Kennen Sie die Mongolei?« fragt er mich. »Nein? Wenn Sie durch dieses Land gereist wären, hätten Sie bemerkt, daß sich dort viele Besucher aufhalten . . .« Er bricht in Lachen aus, wird dann wieder ernst. »Es ist ein Land, das den Pferden gehört. Über die Ebenen galoppieren viele Pferdeherden. In jeder Herde gibt es ein Leitpferd. Geht es durch, folgen ihm alle anderen. Man verliert die Kontrolle über die ganze Herde, wenn es dem Reiter, der die Tiere bewacht, nicht gelingt, das Leitpferd mit einem Lasso einzufangen. Auf diese Art will Rußland mit China verfahren.«

Er sagt nicht, daß einige dieser Pferde, das albanische oder vielleicht das rumänische, auf die Sowjets so wirken, als seien sie mitten aus dem eigenen Gestüt gestohlen worden. Und die Russen verbergen nicht, daß sie den einen oder anderen Annäherungsversuch an Ostdeutschland oder an Nordkorea, die bisher gehorsam in der russischen Einflußsphäre geblieben waren, mit scheelem Blick betrachten, während sie selbst ein Arrangement mit Westdeutschland suchen.

Tschu spricht von Korea: Man müsse diese Frage, die seit achtzehn Jahren in der Schwebe ist, endlich lösen. Er erinnert wieder an die Genfer Gespräche. »Bei der letzten Versammlung schlug China vor, in das Kommuniqué aufzunehmen, daß die Frage bei einer der nächsten Konferenzen geregelt werden müsse, damit wenigstens die Hoffnung auf eine Lösung bestehen bliebe. Eden war diesem Vorschlag eher geneigt. Aber Bedell-Smith machte ein verneinendes Zeichen mit der Hand, und Eden gab nach. So ging man ohne Resultat auseinander. Korea befindet sich noch immer im Kriegszustand.«

Der Ministerpräsident erwähnt die fortschreitende Besserung der französischen Beziehungen zu Nordkorea und ermuntert uns, diesen Weg weiter zu verfolgen.

Korea liegt in der Nähe von Japan und verursacht deshalb wachsende Unruhe. Wenn Formosa Tschus Elsaß-Lothringen ist, dann ist Japan sein Deutschland. »Im Osten liegt Japan. Der japanische Expansionismus scheint jetzt wieder aufzuleben, und der japanische Militarismus nimmt wieder zu. Nixon sagte seinerzeit, daß das Zentrum des Gemeinsamen Marktes Westdeutschland sei. Was dieses Land betrifft, so liegt Ihnen die Gefahr klar vor Augen. Sie haben historische Erfahrungen mit dem deutschen Militarismus gemacht, und Sie verstehen, warum es notwendig ist, den Revanchismus nicht wieder aufleben zu lassen.«

»Glauben Sie«, fragte ich, »daß Japan sehr gefährlich ist? Denkt es denn an etwas anderes als an die Entwicklung seiner Wirtschaft?«

»Gerade die Wirtschaft Japans entwickelt sich auf eine ganz und gar abnorme Art. Präsident Nixon sagte, daß Japans Stahlproduktion hundert Millionen Tonnen erreicht habe und daß es möglicherweise nächstes Jahr die Vereinigten Staaten überholen werde. Japan ist ganz vom Ausland abhängig. Es muß überall in der Welt investieren und ist dazu verurteilt, die Flucht nach vorne anzutreten. Die Vereinigten Staaten ermutigen es, auf diesem gefährlichen Weg weiterzugehen. Aber diese abnormale Entwicklung kann eines Tages sehr leicht zum Imperialismus führen. Dies ist eine sehr große Bedrohung für Asien. Sie sehen, wie Japan die Hände nach Südkorea und Taiwan ausstreckt. Wir haben Japan nichts zu sagen, bis es nicht eine klare, unmißverständliche Haltung Taiwan gegenüber einnimmt.«

Die Stellungnahme Tschus ist streng marxistisch: wirtschaftliche Expansion führt geradewegs zur militärischen Expansion. Ich vergleiche Japan und Deutschland, um zu zeigen, daß die ökonomischen und politischen Bande, die uns mit der Bundesrepublik Deutschland verbinden, dazu da sind, um die Gefahr des deutschen Militarismus abzuwenden; könnte dies nicht auch auf China und Japan zutreffen?

Obwohl Tschu uns beim vorangegangenen Gespräch gesagt hatte, er unterhielte enge Verbindung mit japanischen Industriellen, um später diplomatische Verbindungen herzustellen, erklärt er bestimmt: »Es gibt keinen Vertrag zwischen China und Japan!« Nach einiger Zeit präzisiert er: »Nun, noch nicht ...« Als sei er im geheimen der Ansicht, daß bis zum Abschluß eines solchen Vertrages nicht mehr viel Zeit vergehen würde.*

Zu diesem Zeitpunkt herrschte jedoch noch die Furcht vor. Es verging keine Woche, in der die chinesische Presse nicht die abgedroschene Redensart vom Aufleben des japanischen Militarismus wiederholte. Genau wie Westdeutschland, ist Japan, wendet man die Worte Franz-Josef Strauß' an, »ein militärischer Zwerg und ein wirtschaftlicher Riese«. Ist diese Situation von Dauer? Werden die Amerikaner, bevor sie sich zurückziehen, nicht versuchen, aus dem Zwerg einen Riesen zu machen, damit dieser sie im Fernen Osten ablöse? Der Nonproliferations-Vertrag sollte es Amerika und Rußland ermöglichen, Japan und Deutschland den Eintritt in den Atomklub zu verwehren. Aber vielleicht könnte schon morgen die nukleare Bewaffnung Japans im Interesse der Vereinigten Staaten liegen, damit es China und der Sowjetunion gewachsen sei (und ähnliches könnte auf das Verhältnis Westdeutschlands zur Sowjetunion zutreffen).

»Die Probleme der Mittelmeerländer und die Probleme Asiens sind alle sehr kompliziert. Auch hier macht das Spiel der Supermächte alles so besonders verworren. Wir weigern uns, bei diesem Spiel mitzuspielen. Kein chinesischer Soldat ist außerhalb der Grenzen Chinas stationiert, nicht einmal in Nordkorea, wohin wir während des Krieges Millionen Leute geschickt haben; nicht einmal in Vietnam, und doch befinden sich so viele fremde Soldaten in Ländern, in denen sie nichts zu suchen haben, miteingeschlossen die Territorien, die eigentlich China gehören.«

### Der Bauer und der Mandarin

Im Schatten Rußlands wird das Gespräch beendet. Wir erheben uns, und ein kleiner Zug formiert sich, den Tschu majestätisch durch die endlosen Gänge des vollkommen leeren Volkspalastes führt. Es ist gegen elf Uhr abends. Ich habe das Gefühl, eine Szene aus dem Film »Letztes Jahr in Marienbad« zu erleben. Tschu geht neben mir. Der Dolmetsch, der ihm auf dem Fuße folgt, übersetzt mir seine geflüsterten Worte.

Die Unterhaltung wird ein wenig zusammenhanglos. Wir sprechen über einige Aspekte der Innenpolitik Chinas, seine Demo-

---

* Tschu wartete wahrscheinlich nur auf eine Gelegenheit — den Regierungsantritt von Tanaka —, um seine Haltung zu ändern. Seitdem die diplomatischen Beziehungen zwischen den beiden Staaten im September 1972 wieder aufgenommen wurden, ist von »abnormem Wachstum« und »Wiederaufleben des Militarismus« keine Rede mehr.

graphie, seine Produktion (in einigen anderen Kapiteln werde ich über diese Äußerungen berichten). Aber es ist klar, daß die Weltpolitik das Lieblingsthema Tschu En-lais bildet.

Rußland, die Vereinigten Staaten, Japan: Diese drei Länder beherrschen ständig sein Denken; er sieht, wie sie China umkreisen und versucht unermüdlich, ihre Verbindung, die für China verhängnisvoll wäre, zu verhindern. Eine Verbindung, die zustande käme, wenn die Amerikaner Japan für ihr Engagement in Vietnam und Formosa gewännen und alle drei in eine antichinesische Front zusammenschlössen, während der sowjetische Nachbar Druck auf den Norden Chinas ausübt. Tschu will dieses Spiel unterbinden, die Kugeln sollen wieder frei auf dem grünen Tuch rollen; weiß Gott, welche neue Konstellation sich dann ergibt, aber jede wäre für China besser als diejenige, in die es am Beginn der sechziger Jahre verwickelt war.

Tschu En-lai wollte eine Menge tun, um den Amerikanern zu beweisen, daß er keinen anderen strategischen Plan habe, als geduldig Chinas Wirtschaft aufzubauen; und daß ihr militärisches Disengagement kein Vakuum hinterlassen würde, das sein Land auszufüllen wünscht, wenn Formosa einmal zum Mutterland zurückgekehrt sei.

Wenn sich die Amerikaner freimachen, geben sie auch den Japanern freien Spielraum. Daher schlägt Tschu in Gegenwart seiner verschiedenen Gäste so oft Alarm und versucht, den Japanern andere Wege aufzuzeigen. Sehr offen sagte er mir, daß »seine Stimme in Tokio vielleicht gehört wird«, weil Frankreich gezeigt hat, daß man eine unabhängige Politik gegenüber den Vereinigten Staaten verfolgen kann, ohne die Freundschaft zu brechen. »Sagen Sie es ihnen. Ihr Einfluß kann nur ein guter sein. Frankreich ist ein gutes Beispiel für Japan.«

Gegen die Sowjets fährt Tschu schweres Geschütz auf. Seine ganze Ironie setzt er dabei ein: »Nach einem halben Jahrhundert Sozialismus müssen sie von Japan und Westdeutschland Kredite und Ratschläge erbitten.« Er beschuldigt sie, die Wahl des Präsidenten der Bundesrepublik in West-Berlin nicht verhindert zu haben: Rußland gebe in der Frage der Zufahrtswege nach Berlin nach. Bei diesem Vorwurf denkt Tschu sicherlich an die Reaktion der Ostdeutschen. Er ist bereit, die hartgesottensten Kommunisten zu unterstützen, wenn er sie dadurch von Rußland lösen kann, das er der »Weichheit« und des »Revisionismus« beschuldigt. Sein Vorgehen gegen die Supermächte ist also, was die Friedensinteressen anlangt, nicht ganz geradlinig.

Denn die chinesischen Interessen gehen in jedem Fall vor. Es ist wahr, daß die Interessen Chinas wenigstens für den Moment den Frieden nicht zu bedrohen scheinen. China erhebt, wie Frankreich, oft seine Stimme (und oft nicht im Einklang mit den anderen Staaten), um laut zu sagen, daß das innere Gleichgewicht der Völker die erste Voraussetzung für den Frieden sei.

Tschu begleitet uns bis zur Freitreppe des Volkspalastes. Lange drückt er uns die Hand und wartet dann, bis sich unsere Wagen entfernen. Er bleibt noch stehen und winkt, bis wir in der Nacht verschwunden sind. Unbeweglich, allein, steht er auf dieser Treppe; die alten Herren, die ihn begleitet haben, warten zwei Schritte hinter ihm in ehrfurchtsvollem Schweigen. Zerbrechlich und doch unerschütterlich wirkt dieser Mann, der den Lauf einiger großer Ströme der Geschichte geändert hat; etwas, was man nicht von vielen Menschen dieses Jahrhunderts sagen kann.

Er ist mir also dreimal begegnet, freundschaftlich, aber seine Vertraulichkeit wohl dosierend; vollkommen beherrscht in seinen Worten, realistisch und analytisch bis zu dem Punkt, an dem die Leidenschaft durchbricht. Tschu ist Talleyrand in der Rolle Richelieus: ein verfeinertes Produkt des alten Regimes, im Dienst des neuen stehend; ein Mann, der geduldig am Gewebe der Diplomatie webt, der aber auch in seinem eigenen Land alle Fäden in Händen hält. Ein aufgeklärter Geist, langmütig und verschwiegen, dazu berufen, sein Land zu vertreten in einer von Ideologien zerrissenen Welt (und er entdeckt stets die Interessen, die hinter diesen Ideologien stecken). Tschu ist ein Patriot, der entschlossen ist, die Einheit und die Macht seines Landes aufzubauen, und er tut dies, indem er zwischen Intrigen und Haß, zwischen Clans und Parteien laviert, ohne eine andere Stütze als sein persönliches Genie und Maos Vertrauen.

In den aufeinanderfolgenden stürmischen Wellen der chinesischen Revolution erlebten Mao und Tschu, dieses gegensätzliche und unzertrennliche Paar, Höhen und Tiefen — doch immer wieder erschienen sie auf dem Gipfel: der prophetische Bauer und der subtile Mandarin, der Zauberer und der Pragmatiker. In diesem System, zu dessen Beschreibung sich das religiöse Vokabular so gut eignet, begnügt sich Mao, der Heilige Geist der Revolution — von gelegentlichem Blitzeschleudern abgesehen — damit, durch das Pontifikat Tschu En-lais zu wirken.

# 4

## Medizin der Armen oder Spitzenmedizin?

### 1

### »Ein großer Sieg des Denkens Mao Tse-tungs«

Die jüngsten Leistungen der chinesischen Medizin zählen nicht nur zum Erstaunlichsten, was man in der Volksrepublik beobachten kann, sondern sie zeigen auch deutlicher als jeder andere Aspekt des sozialen Lebens das Wesen des chinesischen Weges. Sie gehören zur kollektiven Persönlichkeit dieses Volkes.

Am Tag unserer Ankunft in China mußten wir am Flughafen Schanghai lange Stunden auf den Weiterflug warten. In Peking war Sturmwarnung gegeben worden; da wir in einer Propellermaschine weiterreisen sollten, wollten unsere Gastgeber kein Risiko eingehen. Unter den Persönlichkeiten in blauen Hosen und weißen Hemden, die gekommen waren, um uns zu begrüßen, befand sich auch ein Vertreter des Revolutionskomitees der Gemeindeverwaltung von Schanghai. Unter dem Surren eines Ventilators beantwortete er freundlich meine Fragen.

»Ist es wahr, daß ein Chirurg Ihrer Stadt völlig abgetrennte Arme und Beine wieder an den Körper anfügt?«

»Natürlich. Er führt diese Operationen seit fast zehn Jahren durch. Sie sind eine Routinesache. Das Neue daran ist, daß die Chirurgen bei dieser Operation — wie auch bei anderen — nicht die klassische Anästhesie anweden, sondern die Akupunktur.«

Diese Transplantationen betrachtet man hier also als alltäglich. Von französischen Chirurgen hatte ich gehört, daß es im Westen nichts Gleichwertiges gäbe.

»Die Insensibilisierung durch Akupunktur«, fuhr er fort, »hat die Medizin einen großen Sprung vorwärts gebracht. Nach jahrelangen Versuchen ersetzte das Chirurgenteam der autonomen Stadt Schanghai systematisch die Anästhesie nach westlicher Art durch diese Methode. Die Akupunktur hat hauptsächlich nach der Kulturrevolution entscheidende Fortschritte gemacht. Vor einigen Tagen zum Beispiel wurden hier unter Akupunktur ein Speiseröhrenkrebs entfernt und eine Verengung der Mitralklappen des Herzens und ein Hirnhauttumor, groß wie eine Reisschale, operiert. Wir entfernen Lungenflügel, Bauchspeicheldrüsen, Schilddrüsen mit dieser Methode der Anästhesie; ganz zu schweigen von alltäglichen Eingriffen an den Extremitäten oder Zähnen. In Schanghai haben wir bereits mehr als fünfzigtausend Operationen dieser Art durchgeführt. Auch Gelähmte können mit Akupunktur behandelt werden. Ein Team der Volksarmee wendete sie seit 1968 bei mehr als eintausendsechshundert Taubstummen an, wobei neunzig von hundert geheilt wurden.«

»Wie erklären Sie alle diese Heilungen?«

»Es ist ein Sieg des Denkens Mao Tse-tungs.«

Ich kann nicht umhin, einem meiner Begleiter einen beunruhigten Blick zuzuwerfen. Er flüstert mir erheitert zu: »Sie sind verrückt, diese Chinesen!« Ich empfand ein vages Unbehagen, wie vor zwanzig Jahren, als ich die Berichte über die genetischen Versuche Lyssenkos las. Dieses »aus dem Volke« hervorgegangene »Wissenschaftler« verwarf die Mendelsche Vererbungslehre als »bourgeois« und versuchte zu beweisen, daß der Stalinismus die Erbanlagen verändere. Man erfuhr, daß in der Sowjetunion die Euter der Kühe so groß seien, daß sie nicht mehr hingen, sondern im rechten Winkel abstünden: daher die stachanowistische Milchproduktion der sowjetischen Kühe. Nach dem Tod Stalins wurde Lyssenko aus der Akademie der Wissenschaften ausgestoßen, und man verzichtete darauf, seine Theorien, die von nun an als Phantasien abgetan wurden, weiterzuverbreiten.

### Die »Revolutionierung« der Medizin

Am nächsten Tag, als das Flugzeug endlich starten konnte, befragte ich einen chinesischen Diplomaten, der uns begleitete, über die Akupunktur. Er bestätigte die Aussagen meines Schanghaier Gesprächspartners, als handle es sich um eine geoffenbarte Wahrheit: »Es ist ein Sieg des Denkens Mao Tse-tungs!«

Am folgenden Sonntag verließen wir Peking am frühen Morgen, um die klassische Besichtigungsfahrt zu der Großen Mauer und den Ming-Gräbern zu unternehmen. Ein Mitglied des Revolutionskomitees der autonomen Stadt Peking, Dr. Li Feng-tschen, stieg zu mir ins Auto. Was dachte dieser Arzt über die Akupunktur?

»Es ist ein großer Sieg des Denkens Mao Tse-tungs«, sagte er ernst.

Sollte die Akupunktur dem Denken Maos entsprungen sein, wie die bewaffnete Athene dem Haupte des Zeus? Vier Stunden sollten wir Seite an Seite verbringen. Ich wollte versuchen, meinen Gefährten dazu zu bewegen, mir diese bizarre Behauptung, die ich so schwer glauben konnte, zu erklären.

»Sie werden es sofort begreifen«, versicherte er mir.

»Ich bin kein Arzt«, antwortete ich.

»Gerade deshalb. Ein Arzt ist mit Vorurteilen belastet. Ein Nichtmediziner steht diesen Dingen aufgeschlossener gegenüber. Ich hatte große Mühe, mich all der vorgefaßten Ideen zu entledigen, die ich während meiner wissenschaftlichen Ausbildung erworben hatte.«

»Diese Dinge sind den Kindern geoffenbart, den Weisen aber verborgen worden«, sagte ich, immer verblüffter, leise zu mir selbst.

»Der neue Sprung nach vorne unserer Medizin wäre nie möglich gewesen, wenn die Kulturrevolution nicht auf allen Gebieten dem Denken Mao Tse-tungs zum Sieg verholfen hätte. Unser großer Führer hat es uns ermöglicht, über den medizinischen Revisionismus zu triumphieren.«

»Wie kann der Revisionismus die Medizin befallen?«

»In der Medizin standen sich, wie übrigens überall, zwei Richtungen gegenüber. Die Anhänger Liu Schao-tschis neigten dazu, das Verfahren der Ahnen als nutzlos beiseite zu schieben. Sie gaben der abendländischen Medizin den Vorzug. Sie weigerten sich, dem chinesischen Weg entsprechend zu experimentieren und begnügten sich damit, die Kranken nach einem materialistisch-wissenschaftlichen Konzept zu behandeln. Sie befaßten sich nur mit den Stadtbewohnern und noch dazu nur mit den privilegierten. Sie kümmerten sich nicht um die Massen. Sie beugten sich vor der Zitadelle der medizinischen Patronatsherren.«

Ohne Zweifel genügte es, das Gegenteil dieser Aussage zu formulieren, um die Linie des Vorsitzenden Mao zu bestimmen: das medizinische Erbe Chinas wiederaufleben lassen; die Versuche vervielfältigen; sich erinnern, daß das wichtigste der Mensch ist; das Sanitätswesen im ländlichen Milieu entwickeln und den Kastengeist der Mediziner ausrotten.

»Die zwei Strömungen«, setzte er fort, »haben sich vier Jahre lang erbittert bekämpft, bis zum Sieg der revolutionären Richtung. Die Medizin wurde in den Dienst der Massen gestellt, und man hat die alten Verfahren mit den modernen Techniken kombiniert. Den berühmten Ärzten, die fast immer bürgerlichen und intellektuellen Milieus entstammten, fehlte das politische Bewußtsein: man mußte sie unschädlich machen. Nach einem Aufenthalt auf dem Land wurden sich die meisten ihrer Irrtümer bewußt; sie hatten keine proletarische Ethik, sie wollten die Städte nicht verlassen und die traditionellen Methoden nicht anwenden, weil sie vor allem materielle Vorteile und Ruhm suchten. Endlich aber haben sie die Weisheit der Richtlinien des Vorsitzenden Mao erkannt.«

»Wann und wie hat der Vorsitzende Mao diese Richtlinien festgelegt?«

»In Jenan hatte er bereits die Prinzipien ausgearbeitet. Seine Ideen über die Revolutionierung der Medizin legte er in einer Instruktion am 26. Juni 1965 nieder. Aber viele Ärzte murrten, daß Mao nicht einer der Ihren sei und daß nur Mediziner entscheiden könnten, was gut für die Medizin sei. Erst die Kritik der Massen brachte sie dazu, diese Richtlinien ernst zu nehmen.«

### Das kostbare Erbe der chinesischen Medizin

Unter lautem Hupen fuhr die schwarze Limousine durch einen Wald, der wie ein Kastanienwäldchen aussah. Die Asphaltstraße stieg in Serpentinen an. Ein feiner warmer Regen begann zu fallen.

Dr. Li Feng-tschen neigte sich zu mir und sagte in vertraulichem Ton: »Ich habe auf der Medizinischen Fakultät von Peking und in den Vereinigten Staaten studiert. Vierzig Jahre lang sammelte ich wissenschaftliches Material, schrieb Artikel und strebte nach nichts anderem, als bekannt zu werden. Man hat mich scharf kritisiert. Mir wurde klar, daß mir nicht daran gelegen war, der proletarischen Linie zu folgen.«

Ein Schatten überflog sein Gesicht. Es war besser, nicht tiefer zu bohren. Nach einer kurzen Pause fuhr er fort: »Unser großer Lehrer hat uns 1958 ein strahlendes Licht gezeigt, als er uns folgende Verhaltensregel gab: *Nur auf seine eigenen Kräfte vertrauen.* Diese allgemeine Richtlinie bezog er vor allem auf die medizinischen Probleme: *Die chinesische Medizin ist ein unerschöpflicher Schatz, man muß sich bemühen, dieses reiche Erbe zu sammeln, zu erforschen und auf ein höheres Niveau zu bringen.*«

Der *Nei-tsching*, eine Abhandlung, die zweitausendzweihundert Jahre alt ist, enthält sehr genaue Anweisungen, wie man mit Akupunktur Migräne, Zahnweh, Halsweh, Nierenschmerzen, Artikulations- und Gehörstörungen bekämpfen kann. Mit den Gedanken des Vorsitzenden Mao bewaffnet, begannen nach westlichem Muster ausgebildete Kliniker, die chinesische Tradition zu studieren.

»Welchen Einfluß hatte die Einführung der abendländischen Therapeutik auf die chinesische Medizin?«

»Diese beiden Richtungen der Medizin blieben streng voneinander getrennt. Die abendländische Medizin war so gut wie allen Bauern fremd; in den Städten verdrängte sie langsam die chinesische Medizin. Kein Fachmann war fähig, die zwei Methoden miteinander in Einklang zu bringen. Die abendländische medizinische Wissenschaft und die chinesische Medizin wandten einander den Rücken zu. Die traditionellen Apotheken boten Pulver, Kräuter, Ginsengwurzeln, Akupunkturnadeln und -figurinen an. Die modernen Apotheken verkauften Antibiotika, Sulfonamide und andere spezielle Medikamente. Halb Naturheilkundler, halb Kräutersammler, hatten die traditionellen Praktiker keine Ahnung von den biologischen Wissenschaften; diejenigen, die auf der Universität oder im Ausland studiert hatten, wußten nichts von der Akupunktur oder von den Kräutern.«

Dr. Li Feng-tschens Gesicht verzerrte sich, als müßte er gegen einen nahen — vielleicht in ihm selbst verborgenen — Feind kämpfen: »Der Verräter Liu Schao-tschi bekämpfte die alte Praxis, der er jeden wissenschaftlichen Wert absprach. Die Reaktionäre der Kuomintang hatten die Akupunktur bereits außer Gebrauch gesetzt. Der Renegat glaubte nur an die Medizin, die aus dem Ausland kam. Seine Adepten im medizinischen Korps unterdrückten brutal die ersten Versuche im Jahr 1959, mittels Akupunktur eine anästhesierende Wirkung zu erzielen.«

Die Besichtigung der Großen Mauer unterbrach das vertrauliche Gespräch. Welche Traditionen ohnegleichen hatten sich, von dieser Wehrmauer behütet, formen können, hatten hier Schutz gefunden! Als wir wieder ins Auto stiegen, fuhr Dr. Li Feng-tschen fort:

»Heute ist die chinesische Medizin rehabilitiert. Man lehrt die Akupunktur an der Universität. Die Professoren gehen mit ihren Studenten in die Berge, um Kräuter zu sammeln. Die Heilkundler auf dem Land haben die nötigen Kenntnisse, um dringende Fälle übernehmen zu können. Die Fusion zwischen den beiden medizinischen Richtungen ist heute vollzogen. Gemäß den unbesiegbaren Ideen des Vorsitzenden Mao: ›Das Alte in den Dienst der Gegenwart stellen, das Ausländische für China nutzbar machen... Laßt das Neue durch kritische Aufnahme aus dem Alten hervortreten.‹«

Diese Formel mit ihren vielfachen Anwendungsmöglichkeiten findet sich auf vielen Spruchbändern wieder: zum Beispiel am Eingang des Archäologischen Museums in Sian, wo sie das Problem des kulturellen Erbes und der künstlerischen Schöpfung endgültig regelt...

So wurde die abendländische Medizin in die chinesische integriert, ohne daß diese unterjocht oder ersetzt worden wäre. Die diplomierten Ärzte in den Städten und die Heilgehilfen auf dem Land gehören nicht mehr zwei verschiedenen Gattungen an. Diese Fusion ist eine der wichtigsten Errungenschaften des Denkens Maos und der Kulturrevolution.

Im Annex Nr. 2 des Medizinischen Instituts von Wuhan*

»Morgen früh werden im Spital von Wuhan drei Operationen in Ihrer Gegenwart durchgeführt«, sagte mir Tang Hai-kuang. »Sie werden bei der Entfernung von Nasenpolypen, einer Eierstockzyste und eines Gehirntumors anwesend sein; alle drei Eingriffe werden ohne Anästhesie, nur mit Hilfe von Akupunktur vorgenommen werden.«

Der diskrete Tang Hai-kuang informiert mich täglich über die Details des Programms, das uns erwartet. Diesen Abend hat er die geheimnisvolle und fröhliche Miene eines Gastgebers aufgesetzt, der eine schöne Überraschung bereithält.

## *Eine revolutionäre Technik*

Man sagte uns, daß wir die ersten Abendländer seien, die einem solchen Schauspiel beiwohnen dürfen. Die Vervollkommnung dieser avantgardistischen Methode ging in den letzten Jahren unter größter Geheimhaltung vor sich; seit achtzehn Monaten wird sie im Spital von Wuhan täglich angewandt, und seit einem Jahr ist sie im ganzen Land verbreitet; und doch war nichts darüber publiziert worden.

Zum erstenmal war vor zwei Tagen in der »Volkszeitung«, die auch über unseren Empfang durch den Ministerpräsidenten Tschu En-lai berichtete, in einem langen Artikel (er füllte den Rest der ersten Seite) diese revolutionäre Großtat der chinesischen Medizin verkündet worden. Revolutionär in jedem Sinn des Wortes. Viel mehr noch: alle anderen Leistungen, die man in China vollbracht hatte und die wir beobachteten, waren nur revolutionär, weil sie aus der Revolution hervorgegangen waren; nichts, was auch im Westen als echte Neuerung angesehen worden wäre. Nur in der Medizin wurde eine Technik entwickelt, die sich von der unseren radikal unterscheidet.

Um 8 Uhr 15 lassen wir uns auf Bänken, die im Kreis um zwei Glaskuppeln herum aufgestellt sind, im obersten Stockwerk des

---

* Großes Industriezentrum, aus einer Gruppe von drei Städten bestehend: Hankau, Hanjang und Wutschang. Hankau war ursprünglich eine Konzession gewesen.

Krankenhauses nieder.* Durch die Scheiben sehen wir, zwei Meter unter uns, drei auf Operationstischen ausgestreckte Patienten, umgeben von Operationsteams in weißen Kitteln. Nichts unterscheidet diese zwei Operationssäle von denen eines europäischen Spitals, außer daß das Material hier sehr abgenützt ist und daß man sich keine allzu große Sorge um die Asepsis zu machen scheint: manche der Assistenten tragen weder Gesichtsmasken noch Handschuhe; durch die offenen Fenster fluten Luft und Licht und der Gesang der Zikaden.

Wir können von einer Glaskuppel zur anderen gehen und so die drei Eingriffe, die zur selben Zeit stattfinden, nach Belieben beobachten.

### Ein lächelndes Gesicht

Im ersten Saal liegen zwei Frauen. Zunächst ein siebzehnjähriges junges Mädchen, Tschia Fen-lan. In jeder Wange, zwei Zentimeter von den Nasenflügeln entfernt, hat man ihr — vor zwanzig Minuten, sagt man uns — je eine feine Stahlnadel gebohrt. Die Nadeln sind mit Hülsen aus Kupferdraht versehen, mit deren Hilfe sie der Akupunkteur ununterbrochen zwischen den Fingern drehen kann. Tschia Fen-lan schaut lachend zu uns herauf.

Der Chirurg, Lin Kuan-tscheng, führt die Schlinge tief in die Nasenlöcher des jungen Mädchens ein, ohne daß sie etwas zu fühlen scheint. Ohne Unterlaß spricht er mit ihr, entfernt die Polypen und zeigt sie ihr dann gleich in einem kleinen Becken, als wolle er ihr verständlich machen, von welchem Übel sie soeben befreit wurde. Die Blutung wird gestillt, die Wunde desinfiziert. Eine Minute nachher steht Fräulein Tschia von selbst auf, entspannter denn je, gibt uns ein freundliches Zeichen mit der Hand und geht stolz und freudig davon, als wäre sie sich bewußt, den Fortschritt der Revolution unterstützt zu haben.

Sicherlich wurde auch die sowjetische Methode der sogenannten schmerzlosen Geburt wie eine politische Großtat beschrieben. Man legt dabei großen Wert darauf, daß die Gebärende über alles, was bei der Geburt vor sich geht, Bescheid weiß. Als die Methode in Frankreich eingeführt wurde, filmte man (zum Beispiel in der *Klinik der Metallarbeiter*) junge Frauen, die »stolz waren, die Leistungsfähigkeit der großen Bruderpartei in der Sowjetunion beweisen zu können . . .«

---

* Wir waren zu zahlreich, um in den Saal selbst eingelassen zu werden. Nach unserem Besuch durften einige ausländische Gäste in weißen Kitteln und Masken den Operationen direkt neben dem Operationsteam beiwohnen.

*Eine acht Pfund schwere Zyste*

Einen Meter weiter liegt Frau Lei Ting-mei, einundvierzig Jahre alt, auf dem Operationstisch. Sie wird wohl nicht so billig davonkommen wie das lächelnde Mädchen, das eben weggegangen ist, und sie wirkt ein wenig ängstlich. Sie schaut zur Decke, sieht uns durch die Scheiben und kann eine Grimasse nicht unterdrücken. Zwei Akupunkteure haben ihr in jedes Bein je zwei Nadeln gesteckt (zwischen Wade und Knöchel), die sie gewissenhaft zwischen Zeigefinger und Daumen drehen. Der Chirurg Lo Hsien-jing spricht der Frau freundlich zu; es handelt sich augenscheinlich um eine beruhigende Psychotherapie. Dann öffnet er die Bauchdecke wie bei einem Kaiserschnitt, ohne daß Frau Lei sich bewegt. Der ängstliche Ausdruck ist verschwunden, wir sehen jetzt das friedliche Gesicht einer chinesischen Bäuerin, die sich in ihr Schicksal ergibt. Die Ränder der vertikalen Wunde zwischen Nabel und Scham werden mit Bauchhaken auseinandergehalten, während der Chirurg mit der Patientin spricht.

»Warum«, frage ich den Arzt, der die einzelnen Handgriffe für uns kommentiert, »kommt nur so wenig Blut?«

»Man hat Heilpflanzen aufgelegt, Kräuter, die man schon sehr lange kannte, in der Chirurgie aber erst seit kurzem anwendet. Diese Pflanzen stillen das Blut sofort.«

Die Frage nach näheren Details beantwortet er zurückhaltend. »Es ist eine Mischung aus chinesischen Heilkräutern« — von denen wir nichts erfahren, außer, daß sie gefäßverengend wirken.

Der Chirurg entfernt aus Frau Leis Bauchhöhle eine riesige, längliche, silbrig gefärbte Masse*, etwa dreißig Zentimeter lang, mit einem Durchmesser von fünfzehn Zentimetern. Die Zyste ist größer als ein Neugeborenes und wiegt mehr als acht Pfund. Man legt sie in eine Schale und zeigt sie der Patientin, die nach einem Augenblick des Erschreckens jetzt endlich wirklich lächelt. Man hebt ihren Kopf und gibt ihr zu essen. Will man uns beweisen, daß die Akupunktur keinerlei Übelkeit hervorruft und auch keine Körperfunktion beeinträchtigt? Frau Lei schluckt Ananas- und Mandarinenscheiben. Der Chirurg schließt, während er sich weiter mit Frau Lei unterhält, sorgfältig die Bauchhöhle und legt rasch die letzte Naht an. Ununterbrochen drehen die Akupunkteure die Nadeln zwischen ihren Fingern.

* Genau in dem Augenblick, in dem der Chirurg die Zyste abtrennt, verzieht die Patientin das Gesicht, nimmt aber schnell wieder einen resignierten Ausdruck an.

Eineinhalb Stunden nach Beginn des Eingriffes zieht man Frau Lei den grauen Pyjama, den sie nicht ausgezogen hatte, wieder hinauf. Sie wird nicht weggetragen, sondern geht zu Fuß, von zwei Krankenschwestern begleitet, auf die sie sich aber nicht wirklich stützt. Der Chirurg flüstert ihr etwas zu: Sie dreht sich um und winkt uns freundlich mit der Hand zu; man sieht, daß sie selbst nicht daran gedacht hätte. Ihr Gruß wirkt weniger überzeugend als derjenige des anmutigen Fräulein Tschia.

## Ein Patient mit geöffnetem Schädel ißt Ananasscheiben

Inzwischen hat man unter der zweiten Glaskuppel, zu der wir hie und da hinübergehen, mit einer dritten Operation begonnen. Der Patient ist ein siebenundvierzigjähriger Mann, Tschen Peng. Zwei Akupunkteure bohren ihm je zwei Nadeln in die rechte Hand. Das gleiche Zeremoniell, dieselbe Kulisse, mit zwei Zugaben: Die Röntgenaufnahmen des Schädels, den man öffnen wird, sind aufgehängt; und der Chirurg Lei Ling vertieft sich lang in Maos Kleines Rotes Buch, als fände er darin eine geheimnisvolle Anweisung für diesen schwierigen Eingriff.

Man legt eine Hülle aus grauem Stoff auf den Kopf des Patienten; nur eine Hälfte des rasierten Schädels bleibt frei. Mit dem Skalpell schneidet der Chirurg eine Kalotte aus der Kopfhaut und hebt sie ab. Darunter erscheint der Knochen. Dann macht der Operateur mit Hilfe eines Hammers und eines Bohrers einige kranzförmig angelegte Löcher, läßt eine biegsame bandförmige Säge zwischen diese Löcher gleiten, sägt und wiederholt das Manöver, bis sich die Schädeldecke löst und sich wie der Deckel einer Schachtel in einem Scharnier dreht.

Tschen Peng zeigt keinerlei abnorme Reaktion, sondern unterhält sich ruhig mit dem Chirurgen Lei Ling. Im freigelegten Gehirn wird mit Pinzetten getastet, geschnitten, losgelöst; man tupft ab, man schabt, dann schwenkt man, zu unserer Erbauung, den blutigen Tumor, der so groß wie eine Nuß ist.

»Leidet er wirklich keine Schmerzen?« frage ich unseren Arzt-Kommentator.

»Überhaupt nicht. Sie sehen, daß er mit großem Appetit ißt, ruhig spricht, mit seinen Zehen spielt.«

Man wird sagen, daß das Gehirn — selbst Sitz des Empfindens — unempfindlich ist. Aber dies gilt nicht für den Schnitt in die Kopfhaut, das Öffnen des Schädels mit Bohrer und Hammer und den Schnitt in die Gehirnhaut.

Während man an seinen Gehirnlappen drückt, fängt Tschen

Peng zu essen an. Der Krankenwärter reicht ihm Ananasscheiben. Und man macht uns besonders darauf aufmerksam, daß der Trepanierte sich nur deshalb nicht selbst bedient, weil in seiner Hand die Akupunkturnadeln stecken.

Wir müssen aufbrechen, obwohl diese dritte Operation, die nun zwei Stunden dauert, noch nicht ganz beendet ist. Der Chirurg schiebt mit einer Pinzette die Schädeldecke zurecht, legt sie an ihren Platz, beginnt mit der Naht, während wir weggehen. Wir haben uns bereits verspätet, man führt uns ins Konferenzzimmer. Wir werden nicht erfahren, ob Tschen Peng den Operationssaal leichten Fußes verlassen hat. Aber es tut nichts! Mehr als einer von uns schüttelt ungläubig den Kopf: »Ich habe es doch wirklich gesehen, mit eigenen Augen gesehen...«

<br>

# 3

## Die Vorteile der Anästhesie durch Akupunktur

Um uns die glühende Hitze erträglich zu machen, die durch die geöffneten Fenster dringt, servieren junge Mädchen mit Zöpfen grünen Tee und bringen heiße Servietten, mit denen wir uns den Schweiß abtrocknen können. Ein Soldat in Uniform, die Kappe auf dem Kopf, sitzt uns gegenüber. Er leitet das Revolutionskomitee des Spitals. Die Ärzte und Chirurgen an seiner Seite antworten uns lächelnd, offen und ohne Prahlerei.

Man zählt uns die Vorteile der Akupunktur gegenüber der konventionellen Anästhesie auf. Es sind sieben, erklärt man uns (hier zeigt sich wieder die Vorliebe für Zahlen, die für den Chinesen eine intellektuelle Befriedigung bedeuten und zugleich ein mnemotechnisches Hilfsmittel ist).

*1. Sicherheit und Schutz vor Medikamentenmißbrauch*

Ungünstige Reaktionen, die bei der Anästhesie nicht selten sind, werden vermieden. Bei der Akupunktur gibt es keinen Herzkollaps, keine Allergie, nicht einmal Erbrechen. Man erwähnt den Fall eines Kranken, dem ein Kropf entfernt werden sollte; die Operation konnte lange Zeit nicht vorgenommen werden, das Herz des Patienten war zu schwach. Vor kurzem aber war es dank der Akupunktur möglich, die verschobene Operation im Handumdrehen durchzuführen.

Nur zehn von hundert Kranken sprechen auf die Anästhesie

durch Nadeln nicht an. Aber sogar in diesen Fällen gibt es keine Kontraindikation: man merkt es bald, sagt man uns, wenn die Akupunktur nicht wirkt, und greift eben wieder auf die klassische Anästhesie zurück, die man lokal anwendet (Hautinfiltration mit Novocain).

»Haben Sie bei den drei Operationen, bei denen wir zugegen waren, Novocaininfiltrationen durchgeführt?« fragte ich.

»Nein, aber wir hielten uns bereit, sie anzuwenden, wenn die Akupunktur nicht stark genug gewirkt hätte . . .«

»Als die Patientin, die am Eierstock operiert wurde, das Gesicht verzog — haben Sie da nicht gedacht, daß nun eine klassische Anästhesie durchgeführt werden sollte?«

»O nein. Die echte Schmerzschwelle war noch lange nicht erreicht. Man kann gut sehen, ob der Schmerz unerträglich ist oder nicht. Ein Irrtum ist da ausgeschlossen.«

Die Akupunkteure behaupten auch gar nicht, den Schmerz ganz zu unterdrücken, wie es bei der allgemeinen Anästhesie geschieht, aber sie sagen, ihn so erleichtern zu können, daß der Patient damit fertig wird wie bei einer schmerzlosen Geburt.*

Bei 400.000** gezählten Fällen sei kein einziger echter Unfall vorgekommen. Keine Sekundärerscheinungen und keinerlei postoperative Komplikationen wären zu befürchten. Dies deshalb, weil die Akupunktur, im Gegensatz zur klassischen Anästhesie, dem Organismus keinerlei Chemikalien zuführt, die eine Abwehr hervorrufen und stark zur pharmazeutischen Verunreinigung beitragen.***

* Bei den zahlreichen Eingriffen unter Akupunktur im Jahr 1973, bei denen Gäste aus dem Westen zugegen waren, wurden zwei offenkundige Niederlagen registriert. Eine Schweizer Ärztedelegation konstatierte, daß von drei Operationen, die vor ihren Augen stattgefunden hatten (ein Kaiserschnitt, eine Schilddrüsenoperation und eine Lobektomie) eine — die dritte — nicht gut verlaufen sei: der Operierte habe mehrmals gestöhnt (*Médecine et Hygiène*, 17. Januar 1973). Eine französische Ärztedelegation unter der Leitung von Professor Jean Bernard vermerkte im April 1973, daß von sechs Eingriffen, denen sie beigewohnt hatte (zwei Gehirntumore, zwei Schilddrüsentumore, die Extensorsehne eines Fingers und eine Operation am offenen Herzen) die letzte dramatisch verlief: Der Patient ertrug die sichtlich grausamen Schmerzen mit Heroismus, sie konnten nicht einmal durch reichliche Xylocain-Injektionen unterdrückt werden.

** Im Sommer 1973 verkündeten die chinesischen Behörden, daß insgesamt 900.000 Operationen unter Akupunktur durchgeführt worden seien, immer mit derselben Erfolgsquote; der Rhythmus beschleunigt sich.

*** Dem »Club Européen de la Santé« zufolge ist bereits ein Krankheitsfall von dreien eine Folge von Medikamentenmißbrauch. Das Risiko der Vergiftung des Organismus wächst ständig; neunzig Prozent der pharmazeutischen Produkte existierten vor zehn Jahren noch nicht. Der Fortschritt

Diese Statistiken stimmen einen doch etwas nachdenklich...
Die alten Chinesen, so erzählte mir einmal ein Arzt, der mir nahe-
stand, sagten: »Der Arzt, der fünf von zehn Fällen heilt, ist kein
Arzt, denn dasselbe tut die Natur. Ein guter Arzt muß sieben oder
acht von zehn Fällen heilen. Um in allen zehn Fällen Erfolg zu
haben, müßte man ein Genie sein. Wir kennen kein Genie.« Allerdings war das, bevor es das Denken Mao Tse-tungs gab.

### 2. Das Gehirn nimmt an der Operation teil

Die Akupunktur regelt die physiologischen Funktionen. Während der Operation hält das Gehirn seine Tätigkeit aufrecht. Es
kompensiert das Operationstrauma durch die notwendigen Reaktionen. Im Gegensatz dazu verurteilt die klassische Anästhesie das
Gehirn gerade dann zur Leistungsunfähigkeit, wenn der Körper
seine Hilfe am meisten braucht, es ist genauso, als fiele das Oberkommando einer Armee mitten in der Schlacht aus. Durch die Akupunktur wird das Oberkommando gestärkt. Ist der Blutdruck zu
hoch, wird er gesenkt, ist er zu niedrig, wird er erhöht. Gleich nach
dem Ende des Eingriffs befindet sich der Patient in seinem Normal-
zustand und erholt sich sofort.

### 3. Der Kranke hilft dem Arzt

Bei der klassischen Anästhesie wird eine Droge eingesetzt, die
den Schmerz beseitigt, indem sie das Bewußtsein ausschaltet. Aber
das Chirurgenteam wird dadurch gleichzeitig einer wertvollen
Hilfe beraubt. Bei der Insensibilisierung durch Akupunktur kann
sich der Chirurg nach den Reaktionen des Patienten richten;
bei Augenoperationen zum Beispiel, besonders bei Korrekturen
des Schielens, kann der Patient dem Chirurgen helfen, er reagiert
deutlicher als unter·Lokalanästhesie. Bei einer Kehlkopfoperation
wird der Operierte aufgefordert, von Zeit zu Zeit einen Laut von
sich zu geben. Diese Kontrolle verhindert, daß seine Stimmbänder
geschädigt werden.

### 4. Ein einfaches und billiges Verfahren

Man kann die Akupunktur überall, in jeder Situation anwenden. Statt des komplizierten Apparates, den die klassische Anästhesie erfordert, genügt ein Satz von drei oder vier Nadeln. Die

der Akupunktur und der Gebrauch der Heilkräuter in China ist eine »Rückkehr zur Natur«, die auch der aus einer Vorschrift Maos resultierenden
Tendenz entspricht, auf das Land zurückzukehren, um so die Verschmutzung
durch die Verstädterung zu bekämpfen.

Akupunktur kostet nichts* und macht Importe und kostspielige Produkte unnötig. Sie ist an keine vorherigen Herz- oder Blutuntersuchungen gebunden. Die Unempfindlichkeit tritt — gleichgültig, an welchem Körperteil — nach zwanzig bis dreißig Minuten ein und hält bis zu zwölf Stunden an, mindestens aber einen halben Tag. Die Dauer der Spitalsbehandlung wird herabgesetzt, dank der Verminderung des »Operationsschocks« — der bei der klassischen Anästhesie vor allem vom »anästhetischen Schock« herrührt.

Die Folgen dieser Entdeckung sind vor allem für die Armee von enormer Bedeutung. Ein Soldat erleidet einen Bauchschuß: Früher mußte man ihn ins Spital transportieren, und das Risiko, daß er unterwegs starb, war groß. Dann lag er mehrere Wochen unbeweglich im Krankenhaus. Jetzt kann ihn ein einziger Militärarzt auf offenem Feld operieren, von zwei Soldaten unterstützt, die ihren Kameraden mit den Nadeln anästhetisieren. Blutungen beugt man durch Auflegung blutstillender Kräuter vor, man entfernt die Kugel, und der Verwundete ist wieder tauglich. »Gerade, daß er nicht fortläuft, um seinen Platz an der Front wieder einzunehmen«, fügt einer von uns hinzu, um sich mit ein wenig Spott vor seinem eigenen Staunen zu schützen.

### 5. Eine leicht erlernbare Methode

»Meridiane« und »Kardinalpunkte« sind in einem Land, in dem die erste Abhandlung über Akupunktur zu Lebzeiten Alexanders des Großen abgefaßt wurde, keine unbekannten Begriffe. Die Kinder erlernen diese Behandlungsart schon in der Volksschule: naturgeschichtliche Lehrbilder zeigen ihnen neben dem Schema des Nervensystems und des Blutkreislaufs ein drittes, geheimnisvolles Netz, das sich von den beiden ersten Darstellungen stark unterscheidet. Auf diesen Lehrbildern, die die chinesischen Ärzte gar nicht erst zu Rate ziehen müssen (sie kennen sie ja auswendig), sind Körper und Gliedmaßen abgebildet, von Punkten übersät: die Lokalisationspunkte der Insensibilisierung. Sie sind von den Chinesen ebenso genau festgestellt worden wie die zerebrale Einteilung durch Broca. Ebenso wie eine bestimmte Gehirnwindung das Sprach- oder Gedächtniszentrum enthält oder das Zentrum, das die Bewegung der Beine kontrolliert, so kontrolliert ein Punkt unter der Haut den Schmerz in einem Körperteil, der oft in gar keiner augenscheinlichen Relation mit diesem Punkt steht. Wenn man zum Beispiel den Unterkiefer unempfindlich machen will,

* Kaum 1 Jüan (DM 1,20) für vier Nadeln, die man beliebig oft gebrauchen kann.

um einen rechten Backenzahn zu ziehen, muß man in den linken Handballen, zwischen Daumen und Zeigefinger, zwei Zentimeter tief einstechen — beim Punkt *jo-ku*. Während man die Nadel placiert, muß man natürlich darauf achten, keine Nerven oder Blutgefäße zu verletzen, sonst würde man eine Lähmung oder Blutung hervorrufen; die Schüler lernen den Handgriff schnell. Sowohl die Praxis selbst als auch der ständige Austausch von Beobachtungen innerhalb und zwischen den einzelnen Gruppen ermöglichen den Fortschritt.

### 6. Der Sieg über sich selbst

Der Chirurg erklärt dem Kranken, was geschehen soll. Es ist wichtig, daß der Kranke das Phänomen der Akupunktur begreift und durch sein Vertrauen zum Gelingen des Eingriffs beiträgt: Dies wird nicht nur die Operation erleichtern, sondern vor allem auch die postoperativen Folgen günstig beeinflussen. Weil der Patient der Operation von Anfang bis zum Ende bewußt folgt, ist sie in seinen Augen entmystifiziert. Er geht aus ihr wie ein »Sieger« hervor. Mit der Hilfe des Ärzteteams »hat er selber über den Schmerz und die Krankheit triumphiert. Oft wird er in der Folge fröhlicher, dynamischer und gewinnt mehr Selbstvertrauen. Seine Rekonvaleszenz wird dadurch beschleunigt«.

### 7. Die Treue zu Mao

Um die Aufmerksamkeit und die Mitarbeit des Patienten zu gewinnen, nimmt der Chirurg die Werke des Vorsitzenden Mao zu Hilfe, die er mit dem Patienten zusammen kommentiert. »Wenn wir die Anästhesie durch Akupunktur praktizieren, tragen wir zum Erfolg des Denkens Mao Tse-tungs und der Kulturrevolution bei. Wir folgen den Direktiven des Großen Lehrers. Wir bauen nur auf unsere eigene Kraft. Wir schlagen die richtige Linie ein.«

Diese medizinische Behandlungsweise entspricht dem Lebensideal, das jedermann vor Augen gehalten wird: Der Patient, der in dieser Weise betreut wird, lebt mit sich selber und der Gesellschaft in Harmonie.

## Zu einer Theorie der Akupunktur

Am Abend befragte ich eine Biologieprofessorin der Universität Wuhan, Frau Peng, meine Tischnachbarin, schwarzgekleidet, mit schwarzen Haaren und schwarzen Augen, die vor Intelligenz blitzten:

»Kann die Akupunktur physiologisch erklärt werden?«

»Nein«, sagte sie. »Wissenschaftlich gesehen sind diese Phänomene unerklärlich. Man hat nie eine Theorie darüber aufstellen können. Man weiß nicht, was die Meridiane und die Kardinalpunkte sind, man weiß nicht einmal, ob sie tatsächlich existieren. Man demonstriert, wie das Hirn den Gliedern Befehle gibt, aber man kann nicht demonstrieren, wie die Glieder dem Hirn den Befehl erteilen, den Schmerz zu unterdrücken.«

»Aber glauben Sie an die Akupunktur? Würden Sie sie an sich selbst vornehmen lassen?«

Sie streicht mit der Hand über ihr jettschwarzes Haar, das von einigen Silberfäden durchzogen ist.

»Selbstverständlich. Meine Familie und ich ließen uns schon oft mit Akupunktur behandeln. Wenn ein Phänomen wissenschaftlich nicht erklärbar ist, heißt das noch nicht, daß es nicht existiert. Wenn sein Auftreten durch oft wiederholte und nie entkräftete Experimente bewiesen ist, heißt das einfach, daß man eines Tages eine wissenschaftliche Erklärung dafür wird finden müssen. Die Theorie hinkt hinter der Praxis nach, das ist alles. Das ist kein Grund, die praktische Anwendung, wenn sie sich günstig auswirkt, abzulehnen.«

Der Zufall wollte es, daß mich Frau Peng auf den Autofahrten nach Wuhan und in die Umgebung begleitete. Sie hatte sich mit Studienmaterial ausgerüstet.* Sie zeigte mir, daß die chinesischen Wissenschaftler zwar in der theoretischen Erklärung der Akupunktur noch nicht sehr weit gekommen sind, aber doch fieberhaft versuchen, eine Theorie aufzustellen.

»Ihre Mediziner haben sich nicht damit zufriedengegeben«, sagte ich zu Frau Peng, »die abendländische und die chinesische Medizin zu kombinieren, indem sie von beiden Richtungen das Positivste übernahmen. Wie haben sie es fertiggebracht, in der Akupunktur jetzt plötzlich Fortschritte zu erzielen, die in dreitausend Jahren Praxis nicht erreicht werden konnten?«

---

* Einige Berichte, die sie mir überließ, waren in Englisch abgefaßt.

»Das war das Werk der Militärärzte, während der vier Jahre der Kulturrevolution. Sie führten zahlreiche Versuche an sich selbst durch, um zu sehen, wieweit sie sich durch die Nadeln unempfindlich machen konnten. Sie konstatierten, daß die Akupunktur die Kranken beim Verbandwechseln beruhigte; placierte man Nadeln, wenn sie Schmerzen hatten, nahmen die Schmerzen sogleich ab; stach man die Nadeln ein, bevor die Patienten litten, konnte man die Schmerzen ganz vermeiden.«

»Woran erkennt man, daß die Akupunktur gelingen wird?«

»Wenn die Nadel in einen Kardinalpunkt gestochen wird, soll der Patient vier Empfindungen haben: einen unangenehmen Stich, eine schmerzhafte Schwere, ein Kribbeln, eine lokale Muskelbehinderung. Der Akupunkteur seinerseits soll fühlen, wie sich die Nadel senkt, als würde sie durch einen Magneten angezogen; er muß dasselbe spüren wie ein Fischer, wenn ein Fisch an seinem Angelhaken zieht. Das heißt dann, daß man den Effekt der Lebensenergie, das *Schi*, erzielt hat.«

»Stimmt der Verlauf der Meridiane mit dem Nervensystem überein?«

»Nicht genau. Etwa die Hälfte der Kardinalpunkte befindet sich auf den Bahnen des Nervensystems, die andere Hälfte außerhalb davon, aber in nächster Nähe. Manche Indizien deuten darauf hin, daß das Phänomen der Akupunktur in engem Zusammenhang mit den Nervenfunktionen steht; so zum Beispiel gelingt die Akupunktur nicht, wenn der Nerv, der neben dem gestochenen Punkt liegt, durch Lokalanästhesie unempfindlich gemacht wurde oder durch Hemiplegie oder Paraplegie gelähmt ist. Andere Indizien hingegen zeigen an, daß die Akupunktur nicht nur vom Funktionieren des Nervensystems abhängig ist: Wenn die kranke Seite die linke ist, muß man einen Punkt auf der rechten Seite stechen, und umgekehrt. Wir werden ohne Zweifel noch lange suchen müssen, bis wir eine zufriedenstellende Theorie finden. Weder die Theorie des Nervensystems noch die Theorie der Meridiane liefert uns eine ausreichende Erklärung. Wie Mao sagt: ›Der Mensch wird seine eigene Wahrheit nie ganz kennen.‹«

»Welche waren die ersten Operationen unter Akupunktur?«

»Schmerzhafte Mandeleiterungen konnten durch Akupunktur sofort gebessert werden; und bei der Entfernung der Mandeln versuchte man dann ebenfalls die traditionelle Anästhesie durch die Akupunktur zu ersetzen. Es gelang. Es gelangen auch Zahnextraktionen. Aber bei großen chirurgischen Eingriffen gab es zunächst Niederlagen. Bei den ersten Versuchen, einen Lungenflügel zu entfernen, bewährte sich die Methode nicht. Da rief man sich das Wort des Vorsitzenden Mao in Erinnerung: ›Wenn man eine Niederlage erlitten hat, muß man eine Lehre daraus ziehen, und so die Niederlage in einen Sieg verwandeln.‹

Bis dahin hatte man sich begnügt, die Nadeln in den Kardinalpunkten eingepflanzt zu lassen. Die vier Empfindungen schwächten sich sehr rasch ab. Als man hingegen die Nadeln in drehende Bewegung versetzte, bemerkte man, daß die vier Empfindungen anhielten. Diese Entdeckung war wesentlich: Es genügte, die vier Empfindungen während der Dauer der Operationen zu erhalten, indem man die Nadeln mit den Fingern drehte oder durch schwache Stromstöße in leichte Erschütterung versetzte.

Die Niederlagen führten dazu, daß die Technik verbessert wurde. Unsere Wissenschaftler teilten einander die Ergebnisse ihrer Forschung mit. Seit der Kulturrevolution besuchen unsere Chirurgen regelmäßig ihre Kollegen in den anderen Spitälern.«

»Und haben sich die Methoden durch die verschiedenen Versuche weiterentwickelt?«

»Sicherlich. Am Anfang stach man in eine sehr große Anzahl von Punkten, bis zu achtzig bei einer einzigen Operation; jetzt hat man die Zahl auf drei oder höchstens vier Punkte reduziert. Für eine Staroperation wählt man zwei Punkte aus mehreren Dutzend, die den Schmerz in den Augen regeln. Bei einer Blinddarmoperation begnügt man sich jetzt mit einem Punkt, früher stach man in zehn Punkte. Es wurde auch festgestellt, daß man von ganz verschiedenen Punkten aus ebenso zufriedenstellende Ergebnisse erhält: Wenn man zum Beispiel einen Lungenflügel entfernen will, kann man die Nadel in Arme oder Beine, in ein Ohr, in die Wange oder in die Nase bohren — die Reaktion ist die gleiche. Und schließlich ersetzte man den tiefen Stich in die Hand durch einen leichten Stich auf den Nervenstrang, der von einem Schwachstromstoß begleitet wird.«

»Ihre Methode hat sich also dahingehend entwickelt, daß nur noch in wenige Punkte gestochen wird; daß nicht mehr bestimmte bevorzugte Punkte gewählt werden; daß tiefe Stiche durch Stromstöße ersetzt werden?«

»Das ist keine allgemeingültige Regel, denn die Methoden unterscheiden sich bei jedem Team, und das Team paßt seine Methode dem Kranken an. Am wichtigsten ist es, das Prinzip des Vorsitzenden Mao anzuwenden: ›Die Übung, dann das Wissen, dann von neuem die Übung und das Wissen. Dieser Zyklus hat kein Ende.‹«

*»Nicht die Krankheit, sondern den Kranken behandeln«*

»Wenn es so viele Methoden gibt wie Ärzteteams und Kranke«, fuhr ich fort, »dann stimmen die Mediziner also anscheinend nicht in allem überein?«

»Die Zahl der Stiche, ihre Lage, die Art des Reizes — das sind zweitrangige Fragen. Das wichtigste ist, die vier Empfindungen in genügender Intensität hervorzurufen. Und es ist notwendig, daß das Verhältnis zwischen Patienten und Arzt gut ist. Der Vorsitzende Mao lehrt uns: ›Die Waffen sind ein wichtiger Faktor im Krieg, aber nicht der entscheidende. Entscheidend ist der menschliche, nicht der materielle Faktor.‹ Leider hatten wir diesen Gedanken bisweilen vergessen. In diesen Augenblicken wirkte die Akupunktur nicht. Der Schmerz ist subjektiv. Er wird nur erleichtert, wenn der Kranke ohne Hintergedanken an der Behandlung mitarbeitet. Tut er das nicht, verkrampft er sich und wird ängstlich. Wenn man die vier Empfindungen nicht hervorrufen kann, ist es ganz nutzlos, tief zu stechen und die Nadeln lange zu drehen.«

»Man darf aber den materiellen Faktor doch auch nicht ganz außer acht lassen! Wie würden Sie eine Akupunktur ohne Nadeln durchführen?«

»Heute versuchen manche Teams, bei kleinen Operationen den Stich durch einfaches Kneifen oder durch einen Druck auf beide Daumenwurzeln zu ersetzen. Auf jeden Fall werden die Probleme nicht mit einer Nadel gelöst. Nach dem Denken Mao Tse-tungs ›kann sich das Material in Moral verwandeln, und die Moral in Material‹, aber es ›ist immer die Moral, die befiehlt‹. In den amerikanischen Krankenhäusern, in denen die meisten unserer Spitalsärzte, die über fünfzig Jahre alt sind, ausgebildet wurden, muß der Kranke Dutzende von Untersuchungen über sich ergehen lassen, so, als wäre er eine biologische Maschine . . .«

»Diese mechanistische Vorstellung der abendländischen Wissenschaft hat doch zu bedeutenden therapeutischen Entdeckungen geführt.«

»Der Kranke fühlt, daß er etwas anderes ist als der Gefangene eines Mechanismus. Wie der Vorsitzende sagt: ›Es handelt sich nicht darum, die Krankheit zu heilen, indem man den Kranken tötet, sondern man muß den Kranken von seiner Krankheit befreien.‹ Die Ärzte suchen sich oft durch die Anwendung chemischer Mittel aus der Affäre zu ziehen, um die Krankheiten, die sie künstlich vom Kranken isolieren, zu bekämpfen. Sie entbinden sich dadurch der Pflicht, den Lebensrhythmus und das innere

Gleichgewicht des Patienten wiederherzustellen, was viel schwieriger wäre.«

»Aus welchen Elementen besteht das Gleichgewicht?«

»Aus vielen, aber der Geist beherrscht alles. Die Krankheit ist ein Verlust des Gleichgewichts. Die Gesundheit wird nur durch die funktionelle Harmonie zwischen den zwei Kräften, dem ›Yin‹ und dem ›Yang‹, erhalten.«

»Stellt die Akupunkturnadel die Harmonie wieder her?«

»Der Vorsitzende Mao lehrt, ›daß die Natur der Dinge durch das Element des Widerspruchs, das die beherrschende Stelle einnimmt, bestimmt wird.‹ So wird eine Gesellschaft, in der sich Proletariat und Bourgeoisie gegenüberstehen, verbürgerlicht, wenn die Bourgeoisie dominiert; siegt das Proletariat, tritt das Gegenteil ein. Genauso entwickelt sich der Kampf zwischen dem Reiz des Stiches, der die Kontrollfähigkeit der Hirnrinde stimuliert, und dem Schmerzgefühl, das diese Fähigkeit schwächt. Wenn der Akupunkturstich gelingt, stärkt er die Kontrollfunktion des Gehirns und setzt die Schwelle der Schmerzempfindlichkeit hinauf. Wird er schlecht durchgeführt, bleibt die Schmerzwelle gleich, und der Schmerz kann dann nicht beherrscht werden.«

»Wie kann der Reiz des Nadelstiches stärker wirken als der Reiz der Operation?«

»Der Nadelstich ist wirksamer, wenn er dem Schmerz vorausgeht und das ganze Feld des Empfindungsvermögens beherrscht. Der erste Reiz schließt den zweiten aus. Würde der Chirurg das Skalpell vor dem Nadelstich ansetzen, könnte der Stich den Schmerz nicht betäuben. Aber wenn die Gehirnzellen durch die Akupunktur einen starken Reiz empfangen haben, wird die Botschaft der Operationswunde an das Sensorium nicht aufgenommen, obwohl dieser Reiz stärker ist. Der Platz ist schon besetzt.«

Ein kleiner Schmerz kann also die Aufmerksamkeit erregen und für einen stärkeren Schmerz unempfindlich machen. Eine erfahrene Krankenschwester schlägt den Patienten kurz auf die eine Gesäßhälfte, bevor sie die Injektionsnadel in die andere Hinterbacke sticht. Der Patient, von diesem Schlag überrascht, fühlt den Stich, den er gefürchtet hat, nicht. Die Krankenschwester macht sich im kleinen dasselbe Phänomen zunutze, das die Akupunktur im großen ausnützt.

Die Stimulation durch die Nadel scheint also Botschaften an das Sensorium loszuschicken — etwa wie einen Eisenbahnzug —, die zum Zentralnervensystem gelangen und dessen Aufmerksamkeit erregen. Die Botschaften, die der chirurgische Eingriff absendet, prallen auf diese »Züge« auf, und es gelingt ihnen nicht, die Verkettung der Prozesse, die gewöhnlich zur Schmerzempfindung führen, herzustellen. Bei diesem sensorischen Wettbewerb geht es zu wie beim Weichenstellen: das erste Fahrzeug, das eintrifft, und sei es auch nur eine bescheidene Draisine, fährt über die Weiche und blockiert den folgenden Zug — auch wenn es sich um einen gewaltigen Schnellzug handelt. Diese Hypothese wird durch die Tatsache erhärtet, daß die lokale Betäubung eines Nervs, der neben dem gestochenen Punkt liegt, eine Akupunkturbehandlung unmöglich macht; der Nerv leitet die Botschaft der Nadelstiche nicht weiter, und der Weg für den Schmerz ist frei.

»Kurzum«, fuhr ich fort, »ist die Akupunktur eine Ablenkung? Beschränkt sie sich darauf, die schmerzempfindlichen Zellen mit etwas anderem zu beschäftigen?«

»Ein schwacher Reiz besiegt den starken, wenn er nur als erster erfolgt. Daher braucht der schwache Reiz der Akupunktur günstige Voraussetzungen. Der Patient muß genau verstehen, was mit ihm geschieht; er soll, nach den Anweisungen des Chirurgen, mit dem Zwerchfell atmen; er muß den Willen haben, die unangenehme Empfindung, die er vielleicht verspürt, zu überwinden, sonst wird er von einem Gefühl der Beklemmung übermannt, seine Muskeln verkrampfen sich, die nervöse Spannung überwältigt ihn, und die Akupunktur kann nicht wirken.«

»Die Beziehung zwischen dem Kranken und dem Arzt ist also wesentlich?«

»Ja, der Kranke muß Vertrauen zu seinem Chirurgen und dessen Methode haben, und der Chirurg muß stets an die psychische Verfassung des Kranken denken und darauf achten, immer mit ihm zu sprechen. Die Akupunktur ist etwas ganz anderes als eine Injektion nach traditionellem Muster. Sie will eine latente Kraft wecken. Wenn der Arzt sich damit begnügt, Befehle zu geben, wird ein Autoritätsverhältnis hergestellt, das Verhältnis des Vaters zum kleinen Kind, aber kein Verhältnis von Gleichberechtigten. Er würde sich zu seinem Patienten wie ein Vorgesetzter verhalten, obwohl er doch auf der gleichen Stufe mit ihm stehen sollte.«

Frau Peng ging zur Offensive über:

»Die abendländische Medizin sucht sich an die Stelle der Persönlichkeit des Kranken zu setzen. Sie ist nur ein Linderungsmittel. Die Akupunktur hingegen läßt den Kranken voll an seiner eigenen Heilung mitarbeiten.«

»Im Notfall«, erwiderte ich, »könnte man also auf die Nadel oder sogar auf die Berührung des Daumens verzichten?«

»Zu Beginn dieses Jahrhunderts hatte Freud sich entschlossen, auf die Handauflegung, die Charcot bei der Hypnose anwendete, zu verzichten und seinen Patienten ›aktive Mitarbeit‹ in Form der freien Gedankenassoziation zu empfehlen …«

Der Wagen hielt neben dem Gehsteig vor dem Hotel. Frau Peng sah mir fest in die Augen: »Das Denken Mao Tse-tungs spielte eine entscheidende Rolle beim Erfolg der Akupunktur. Der Vorsitzende Mao ist kein Arzt, aber er hat den Ärzten den Sinn dafür eingeimpft, den Massen in jeder Weise zu dienen; den Massen aber gab er das Vertrauen in die Ärzte und in ihren Willen, sie zu heilen. Er hat die beiden medizinischen Richtungen miteinander in Einklang gebracht. Es gibt nur noch eine Medizin.«

Und es gibt nur noch ein China …


# 5

## Medizin für die Massen

»Der Fortschritt der Medizin und der Chirurgie sind eine direkte Folge des Klassenkampfes«, erklärt uns die Textilarbeiterin, die uns im Krankenhaus von Wuhan empfängt. »Bis zur Kulturrevolution wurden die Kader in den besten Spitälern gepflegt; die Arbeiter mußten lange vor der Tür warten. Die Spitäler, die nach bourgeoiser Praxis spezialisiert waren, lehnten es ab, Patienten aufzunehmen, deren Krankheit sie nicht interessierte. Die Behandlung war teuer. Manche Familien mußten ihr Haus verkaufen, um den Spitalsaufenthalt bezahlen zu können. Die Kulturrevolution änderte dies; eine Gesundheitsbewegung der Massen entstand, die nun eine neue Medizin für alle schafft.«

»Den Arbeitern, Bauern und Soldaten dienen« — diese Richtlinie Maos steht über dem Eingang des Krankenhauses von Wuhan. Sich den Massen widmen heißt, nach Einfachheit streben. Die Erfolge der neuen Medizin haben sich in dem Maß eingestellt, in dem ihre Methoden vereinfacht wurden. Die Einschränkung der Zahl der Punkte »hat es erlaubt, die Akupunktur volkstümlich zu machen; diese Maßnahme wurde von den großen Massen wärmstens begrüßt«. Die besten Methoden sind diejenigen, die jeder anwenden kann. »Die Schlacht unserer neuen Chirurgie wird auf den Schulbänken gewonnen.«

»Wenn die Medizin nicht mehr in das bourgeoise Fahrwasser geraten soll, ist es unbedingt notwendig, daß sie unter der Kontrolle der Massen bleibt.« Arbeiter, Bauern und Soldaten sind in den Revolutionskomitees aller Krankenhäuser vertreten. »Bevor ein Chirurg eine wichtige Entscheidung trifft«, konsultiert er immer die Mitglieder seines Teams; dazu gehören auch die Pflegerinnen und, so präzisiert man, manchmal sogar »die Köche«.

Ist ein Chirurg, der doch ein langes Studium absolviert hat, ehrlich, wenn er sich die Zeit nimmt, Hilfsschwestern um ihre Meinung über einen schwierigen Fall zu befragen? Ist er von der erleuchtenden Kraft der Massen überzeugt? Oder versucht er, sich nur einfach vor Kritik zu schützen? Sofern er es nicht ratsamer findet, freiwillig die Instruktionen auszuführen, denen er sowieso auf jeden Fall nachkommen muß . . .

### Dezentralisierung des Gesundheitswesens

»Die gesundheitspolitische Arbeit auf die ländlichen Regionen konzentrieren« — dieser Spruch Maos ziert die Wände des Hörsaals des Medizinischen Instituts von Wuhan.

Der Vorsitzende hatte im Jahr 1965 mit scharfen Worten das Gesundheitsministerium kritisiert, indem er es »Ministerium für die Gesundheit der Städter« nannte. »Was ist der Schutz der Gesundheit? Einfaches Geschwätz, wenn er die große Mehrheit der Bauern nicht mit einschließt. Auf dem Lande gibt es weder Ärzte noch Spitäler, noch Medikamente.« Im Jahr 1960, erklärt man uns, gab es 48.474 diplomierte Ärzte — weniger als in Frankreich —, die fast alle im städtischen Milieu praktizierten; 467.000 Spitalsbetten standen in den Städten zur Verfügung, aber nur etwa 150.000 auf dem Land: auf die 15 Prozent der chinesischen Bevölkerung, die in Städten lebt, kamen über 75 Prozent der Spitalsbetten.

Nach 1965 wurde, auf die Aufforderung Maos hin, eine Bewegung ins Leben gerufen, die nach bewährtem Muster (durch Überredung und Zwang) einen Teil der Ärzte und Krankenpfleger, die in den Städten arbeiteten, auf dem Land ansiedeln sollte. Teams aus den städtischen Spitalszentren wurden in die Berge geschickt.*

Die Fortschritte, die unter dem Antrieb der Kulturrevolution bei der Verschmelzung der chinesischen mit der abendländischen Medizin erzielt wurden, machten die neuen Methoden in der Armee und auf dem Land rasch volkstümlich. Die Akupunktur als sichere und ökonomische Behandlungsweise spielte bei der revo-

---

* Die einfachsten Teams bestehen aus drei Mitgliedern: einem Arzt, einem Krankenpfleger, einem Soldaten. Drei ist eine gute Zahl für die gegenseitige Kontrolle. *Numquam duo, semper tres*, sagten die Jesuiten.

lutionären Umwandlung des medizinischen Korps eine grundlegende Rolle. Hunderttausende von »barfüßigen Ärzten« erhielten eine beschleunigte Ausbildung.

Sie wurden nach der Methode der »Fünfhundert« geschult: *in hundert Tagen lernen sie, hundert Akupunktur-Punkte ausfindig zu machen und zu nützen\*, hundert Krankheiten vorzubeugen, sie zu diagnostizieren und zu behandeln, hundert Kräuter oder* Heilmittel zu kennen oder zu verschreiben, und *hundert Arten von chirurgischen Eingriffen zu beherrschen.*

»Wirklich? Welche Eingriffe?«

»Die einfachsten: zum Beispiel die Entfernung von Mandeln, von Nasenpolypen, von Lipomen, von Abszessen; die Ligatur der Samenleiter beim Mann, Abtreibungen und Curetagen; einfache oder Zangengeburten; Einrichtung von Knochenbrüchen, Anlegen von Gipsverbänden, das Entfernen von Geschossen, die Behandlung von eingeklemmten Brüchen usw.«

Dagegen werden die Kranken für schwierige Eingriffe in ein Spital eingewiesen, in dem ein oder zwei diplomierte Ärzte praktizieren.

»Wie werden die ›barfüßigen Ärzte‹ ausgewählt?«

»Es sind Bauern, Arbeiter, Familienmütter und Soldaten, die dem Volk dienen wollen.«

»Haben sie keinerlei Ausbildung genossen, weder eine allgemeine noch eine spezielle? Wie ist es möglich, daß sie in drei Monaten erlernen, Eingriffe auszuführen, die man im Westen nicht einmal nach mehreren Jahren Medizinstudium lernt?«

»Man unterscheidet gewöhnliche Krankheiten, deren Behandlung ein Mann oder eine Frau mit gutem Willen rasch erlernen können, und schwerere Krankheiten, die einen Spitalsaufenthalt erfordern.«

»Es ist bekannt, daß in Afrika viele Krankenpfleger Blinddarmoperationen durchführen. Das ist keine Hexerei. Aber das Problem besteht ohne Zweifel darin, eine richtige Diagnose zu stellen.«

»Besser ein einfacher, selbst ein ungerechtfertigter Eingriff, als kein Eingriff, dort wo er notwendig ist. Das zieht Komplikationen nach sich.«

»Eine ähnliche Einstellung also wie im Westen, wo die — wenn auch übertriebene — Anwendung von Antibiotika doch viele infektiöse Komplikationen vermeiden hilft?«

---

\* Drei oder vier Punkte genügen für eine Operation, aber es ist gut, viel mehr zu kennen, weil die wirksamsten nicht bei allen Patienten die gleichen sind.

»Wenn Sie wollen ... Aber die Ärzte und Chirurgen, die auf das Land geschickt wurden, haben nicht nur zur Ausbildung der barfüßigen Ärzte beigetragen. Sie wurden selbst durch die Bauern, Soldaten und Arbeiter ›umerzogen‹. Ihr Klassenbewußtsein hat sich verändert.«

Auf diese Art wurde ein sehr weitverzweigtes Netz von Sanitätsstellen errichtet. In jeder Brigade eine Krankenstube, in jedem Dorf eine Krankenhausapotheke, in jeder Volkskommune ein kleines Landkrankenhaus. »Jetzt«, erklärt uns stolz der Präsident des Revolutionskomitees der Volkskommune Matschiao, der uns durch seine Krankenstation führt, »wird die Bevölkerung den Krankheiten und Epidemien widerstehen können, sogar in den ländlichen und in den Gebirgsregionen, sogar im Krieg, wenn Medikamente fehlen. Wir haben unsere Weltanschauung wirklich geändert, wie es unser Großer Führer verlangt hat. Wir haben den Schwerpunkt des Gesundheitswesens von den Städten auf das Land verlagert.«

## Bombardiert den Generalstab!

»Seit Tausenden von Jahren haben die ausbeutenden Klassen die Medizin zu ihrem Privateigentum gemacht«, erklärt die Textilarbeiterin, die als Vertreterin des Krankenhauses von Wuhan zu uns spricht. Im medizinischen Korps war eine ähnliche Hierarchie entstanden wie die bürokratische Hierarchie, die das Land verwaltete. »Die bekanntesten Ärzte«, an der Spitze der Pyramide, »verdienten viel Geld und machten viel von sich reden.« Dieses System wurde im großen und ganzen bis zur Kulturrevolution beibehalten. »Die Schutzherren nahmen für sich das Monopol der Wissenschaft und das ausschließliche Recht in Anspruch, Diplome und Stellungen an ihre Studenten zu verteilen oder sie ihnen zu verweigern.«

Auf diese Art machten sie sich Situationen zunutze, die sie in »ihrem egoistischen Interesse« aufrechterhielten.

Der Unterricht ging nach den Traditionen vor sich, die vor der Befreiung bestanden hatten; »er war eine Kopie des Unterrichts in den abendländischen Ländern, beruhte auf langen theoretischen Studien« — acht Jahre an den Universitäten — »und endete mit der Ausbildung von ›Spezialisten‹, das heißt ›Unfähigen‹, während die Vorbeugung und Heilung von häufigen Krankheiten vernachlässigt wurde. So vertiefte sich die schockierende Ungleichheit zwischen den ›Eliten‹, denen die ›Spezialisten‹ sich ausschließlich widmeten, und den Massen, die sie verachteten.«

Diese Fachleute waren voll »bourgeoiser« Vorurteile: »Sie verachteten die traditionelle Therapeutik und das traditionelle Arzneibuch.« Sie erklärten gewisse Krankheiten als unheilbar, die die neue Medizin seit der Kulturrevolution sehr wohl heilen konnte. »Sogar die Sprache, die sie gebrauchten, richtete sich nur an solche junge Leute, die wegen ihrer Herkunft für eine akademische Erziehung und für das Streben nach Bequemlichkeit und Privilegien« besonders geeignet waren. Sie sahen ihr Wissen als absolute Wahrheit, und die Werke, aus denen sie gelernt hatten, als unfehlbar an.

Die chinesischen medizinischen Fakultäten wiesen die Verfahren, die noch nicht durch die Theorie bestätigt waren, zurück. Nach 1958 mußten sie sich jedoch mit der Akupunktur auseinandersetzen und sie erlernen. Sofort weigerten sie sich, die Anzahl der Punkte herabzusetzen; instinktiv opponierten sie gegen alles, was einfach war, weil »diese Einfachheit ihr Monopol in Frage stellte«. »Wir haben die Theorie zurückgewiesen, die behauptet, daß der Erfolg um so größer sein müsse, je größer die Anzahl der Einstichpunkte sei.«

Kurz, die gegenwärtigen Leistungen hätten nie vollbracht werden können, wenn die ererbte Macht der Spitalsleiter* mit ihren »wissenschaftlichen Vorurteilen« und »ihrer Anmaßung, mehr zu wissen als die anderen«, nicht durch den Willen des Volkes erschüttert worden wäre.

Die Struktur des medizinischen Personals wurde durch die Bewegung Kampf-Kritik-Reform gründlich verändert. »Wir haben die Anweisung Mao Tse-tungs ›Bombardiert den Generalstab‹ auf die Krankenhäuser angewendet.«

Die Professoren in den weißen Kitteln hören schweigend der Textilarbeiterin zu, die ihnen vor uns die Leviten liest.


# 6

## Das Krankenhaus Nr. 6 von Schanghai

Dr. Tschen Tsung-wei, ein hochgewachsener Vierziger, schüttelt mir die Hand und zerquetscht mir dabei fast die Finger. Er ist der Pionier der Transplantation von Gliedmaßen. Dieser Athlet mit den feinen Gesichtszügen und dem aufrichtigen Blick spricht gut

---

* Wir würden sagen die »Mandarine«, aber dieses Wort, aus China importiert, wird von den Chinesen nicht gebraucht.

Englisch. Er ist nicht nur Chirurg, sondern gleichzeitig auch Mitglied des Revolutionskomitees der Gemeinde von Schanghai. Er operiert im Spital Nr. 6 der Stadt. Hier hat er im Jahr 1963 das erste Mal versucht, abgetrennte Gliedmaßen wieder an den Körper zu fügen. Der Versuch ist gelungen.

»Man brachte«, erzählt er uns, »eines Tages einen Dreher zu mir, dem die rechte Hand von einer Werkzeugmaschine abgetrennt worden war. Der Stumpf war mit den vier Fingern und der Hälfte der Handfläche nicht einmal mehr durch ein Stückchen Haut verbunden. Diese Art von Unfall ist häufig. Bis dahin gab man sich damit zufrieden, den Stumpf zu nähen, und, wenn möglich, eine Prothese anzupassen. Ich hatte niemals eine derartige Verpflanzung vorgenommen, noch etwas über dieses Thema gelesen, ja nicht einmal gehört, daß man so etwas versuchen könnte. Die Arbeiter brachten mich dazu. Die Kameraden, die den Verletzten begleiteten, erklärten mir: ›Es ist auch nicht leicht, eine Uhr zu reparieren, wenn sie zerbrochen ist. Und doch gelingt es dem Uhrmacher. Warum sollte es dir nicht gelingen, mit der Hilfe von Mao Tse-tungs Gedankengut die Hand unseres Kameraden zu reparieren? Wenn es dir nicht gelingt, kann er nicht arbeiten. Er wäre für den Aufbau des Sozialismus verloren. Das wäre eine Niederlage der Revolution.‹ Der Verletzte und seine Kameraden zweifelten so wenig an einem Erfolg, daß ich mein Team befragte. Wie ein Mann beschlossen sie, den Versuch zu wagen. Die Operation dauerte etwa fünf Stunden. Am nächsten Tag trat eine Komplikation auf. Kollegen von anderen Spitälern halfen mir. Nach weniger als einem Jahr stand der Dreher wieder vor seiner Werkzeugmaschine.«

Dies ist der Bericht eines Wissenschaftlers. Der Chirurg liest regelmäßig medizinische Publikationen. Er verfügt über alle (auch westliche) Kenntnisse, die er für seinen Beruf braucht. Doch erzählt er — ohne sich darüber zu wundern — von einem Ereignis, in dem das magische Denken eine wesentliche Rolle spielt. Die Arbeiter, die diese bahnbrechende Operation von ihm forderten, zweifelten nicht weniger an seiner Macht, als jene Afrikaner, die einen Sterbenden zu Dr. Schweitzer brachten: »Du, der große weiße Zauberer, wirst ihn heilen.«

»Haben Sie bald darauf weitere Operationen dieser Art durchgeführt?«

»Ja, sehr bald. Unser ganzes Team wurde in Peking von Ministerpräsident Tschu En-lai empfangen, und dann vom Vorsitzenden Mao, der uns in den nächsten Jahren noch dreimal kommen ließ. Dies hat uns sehr ermutigt. Wir erkannten, daß wir auf dem richtigen Weg waren, und daß wir unsere Anstrengungen verdoppeln mußten, um der Revolution zu neuen Erfolgen zu verhelfen. Mit verstärktem Eifer wagten wir uns an andere Operationen. Wir fügten Gliedmaßen wieder an, die an verschieden hohen Stellen abgetrennt waren: die Faust, den Vorderarm, den Ellbogen, den Oberarm, den Fuß, den Knöchel, das Bein, das Knie, den Schenkel. Schnitte mit der Säge, sauber und ohne Unebenheiten. Ausgerissene oder zerquetschte Glieder, mit zermalmtem Fleisch, wobei mehrere Transplantationen nötig waren. Aber das Annähen von abgeschnittenen Fingern war die heikelste Arbeit. Wir mußten Nervenstücke aus den Beinen nehmen und sie in die abgetrennten Finger verpflanzen.«

Neben dem Chirurgen steht, winzig klein, eine der ersten, die ein solches Wunder an sich selbst erlebt hatten. Liu Tse-fang, hübsch und bescheiden, spielt lächelnd ihre Rolle als Fetisch.

»Es war im Jahre 1966, ich war neunzehn Jahre alt. Die Operation dauerte siebzehn Stunden. Diese ganze Zeit über haben der Chirurg und sein Team nichts gegessen. Sie haben mich gerettet, dank dem Vorsitzenden Mao und der kommunistischen Partei.«

»Wann konnten Sie Ihre Hand wieder gebrauchen?«

»Vier Monate später habe ich meine Arbeit wieder aufnehmen können.«

Während sie mit uns spricht, sieht Dr. Tschen Tsung-wei sie mit einer Art von Respekt an, als hätte er in dieser Geschichte nichts mehr zu sagen. Ich muß meine Frage direkt an ihn richten, um ihn aus seiner Reserve zu locken.

»Was geschah in diesen vier Monaten?«

»Zuerst erfolgte die Vernarbung, dann die Konsolidation und dann die Heilgymnastik.«

Er dreht sich zu Fräulein Liu Tse-fang, als wolle er sagen: »Sie ist weitaus interessanter als ich« (wofern er nicht denkt, daß das Mädchen seine Rolle vollkommen spielt, solange sie nur nicht durch irgendeine Einmischung gestört wird . . .).

»Mit meiner geheilten Hand arbeite ich in der Fabrik ebenso gut wie früher. Ich kann sogar Akkordeon spielen und stricken. Aber vor allem habe ich mitgeholfen, den Sozialismus bis zum Erfolg der Revolution aufzubauen.«

Nun scheint sie das Zeugnis, das sie ablegen mußte, beendet zu haben. Sie weiß sichtlich nichts mehr hinzuzufügen. Dr. Tschen Tsung-wei ergreift wieder das Wort:

»Diese Operation ist nicht völlig gelungen. Die obersten Glieder der vier Finger haben nicht alle ihre Fähigkeiten wiedererlangt, sie reagieren weniger empfindlich auf Kälte und Hitze.«

Dieser leichte Anflug von Selbstkritik ist meisterhaft. Gewiß, das harmlose Geständnis birgt ein echtes Problem: Einige Operationen dieser Art wurden in Frankreich unter strenger Geheimhaltung durchgeführt; was die Wiedererlangung der Sensibilität anlangt, erlebte man schwere Enttäuschungen. Ein wiedereingepflanztes, aber unempfindlich gewordenes Glied bedeutet für den Patienten ein schweres Handicap.

»Wie lang dauert eine solche Operation im Durchschnitt?«

»Es gibt keinen Durchschnitt. Von zwei Stunden für ein Fingerglied bis zu zwanzig Stunden für vier Finger, das variiert. Man weiß es nie im voraus.«

Es hängt von der Art des Unfalls ab und von der Abnützung der Nervenstränge. Wenn ein Maurer ein altes Haus repariert, muß er sich auch auf alle möglichen Überraschungen gefaßt machen.

»Lassen Sie sich nicht ablösen, wenn die Operation lange dauert?«

»Nein, ein und dasselbe Team muß die Verantwortung von Anfang bis zum Ende tragen. Wir kämpfen gegen die Erschöpfung, indem wir einmal Tee, einmal Milch trinken und Zitate des Vorsitzenden Mao singen.«

»In welchem Verhältnis stehen die Erfolge zu den Mißerfolgen, die Sie hinnehmen mußten?«

»Nach unseren Statistiken — seit 1963 — gelingen zwölf Operationen von dreizehn. Aber erst bei der Heilgymnastik zeigt es sich, ob wir mehr oder weniger erfolgreich waren. Es kommt oft genug vor, daß ein Patient, dem vier Finger abgetrennt worden waren, nach der Operation nur noch drei Finger gebrauchen kann. Dies hindert ihn jedoch nicht bei einer normalen Tätigkeit.«

»Gibt es keine Abstoßungserscheinungen oder Gangräne?«

»Nein, außer der Stumpf hat bereits angefangen, sich zu zersetzen. Die Operation muß möglichst bald nach dem Unfall stattfinden, spätestens nach sechsunddreißig Stunden, und da muß der Stumpf durch Kühlung konserviert werden.«

(»Wenn Sie eine Ihrer Gliedmaßen verlieren«, empfiehlt mir einer meiner Kollegen, »vergessen Sie nicht, sie in einen Eimer mit Eis zu stecken.«)

»Führen Sie auch Transplantationen mit Gliedmaßen eines Sterbenden durch?«

»Unmöglich. Die Abstoßung erfolgt sofort; jedenfalls haben wir bis jetzt kein Mittel gefunden, sie zu vermeiden. Nur die Verpflanzung eigener Glieder ist möglich.«

»Machen Sie Tierversuche?«

»Ja, dadurch konnten wir nach der ersten Operation Fortschritte erzielen. Besonders mit Hasenohren.«

»Haben Sie nie eine Herzverpflanzung versucht?«

»Nein. Ich habe viele Artikel über diese Transplantationen gelesen, die bei Ihnen im Westen durchgeführt werden. Aber wir haben uns entschlossen, uns auf Transplantationen von Gliedern zu spezialisieren. Wir sind ein Volk von Bauern und Arbeitern, für die Maschinen noch immer eine Neuigkeit darstellen, und es gibt viele Unfälle. Wir müssen die Verletzten wieder ihrer Arbeit zuführen. Dies ist für die Produktion notwendig, und noch mehr für die Moral der Arbeiter, der Unfallopfer und derer, die es einmal werden könnten. Was hätte es denn für einen Sinn, das Leben eines Menschen mit todkrankem Herzen um einige Wochen zu verlängern?«

Wie in allen Dingen, hat China auch in der Chirurgie eine politische Entscheidung getroffen; zwei Gesellschaftsformen standen einander bei dieser Entscheidung gegenüber. Auf der einen Seite eine relativ einfache Technik, für die Masse der Arbeiter bestimmt; man flieht das Außerordentliche, man interessiert sich nur für das Alltägliche. Auf der anderen einige Privilegierte, denen man für den Preis von Millionen Dollar das Leben um einige Wochen verlängert; Millionen, die aber — kann man es wissen? — vielleicht nach zehn oder zwanzig Jahren die Entwicklung einer sicheren Technik ermöglichen. Ich erinnere mich an den Besuch von Professor Barnard, der mit den Allüren eines charmanten jungen Ministerpräsidenten mein Büro betrat, gefolgt von einer Horde von Fotografen und Kameraleuten . . . Der Unterschied der Gesellschaftsformen wird auch in der Art, in der die Ergebnisse bekanntgegeben werden, sofort offenbar. Im Westen war gleich nach der ersten Operation auf den Titelseiten der Zeitungen von nichts anderem mehr die Rede; der Operierte überlebt nur einige Tage, aber man verkündet mit viel Getöse ein historisches Ereignis. In China vergehen zehn Jahre, Hunderte von Transplantationen gelingen, bevor man das Ausland informiert; die unter Akupunktur durchgeführten Operationen bleiben bis zur vierhunderttausendsten ein Staatsgeheimnis.

»Ist Ihr Team das einzige, das diese Transplantationen vornimmt?«

»Man operiert jetzt in verschiedenen Orten Chinas, besonders in Honan, nach dieser Methode. Wir haben unsere Erfahrungen allen Spitälern in den Provinzhauptstädten mitgeteilt, die sie an die Krankenhäuser der Distrikthauptstädte weitergaben, und diese wiederum an die Gesundheitszentren der Volkskommunen.«

»Sie wollen damit sagen, daß die Gesundheitszentren solche Operationen durchführen?«

»Nein! Aber es ist zu wünschen, daß selbst die entfernten Kommunen über die notwendigen Maßnahmen genau Bescheid wissen. Ein Verletzter muß innerhalb von vierundzwanzig Stunden von jedem Punkt des Landes in ein Krankenhaus transportiert werden können, das für Transplantationen eingerichtet ist.«

Obwohl das Spital Nr. 6 jede Art von Operationen durchführt, ist es durch diese Spezialität berühmt geworden, und obwohl mehrere andere Krankenhäuser sie auch praktizieren, gilt es doch als oberste Instanz auf diesem Gebiet. Man erzählt uns von Verstümmelten, die man zuerst in die Hauptstadt ihrer Provinz gebracht hatte, dann aber mit dem Flugzeug nach Schanghai schaffte.

Man könnte glauben, Dr. Tschen habe nichts anderes zu tun, als auf unsere Fragen zu antworten. Er ist einfach, heiter, er lächelt. Er ist ein echtes Kind der Revolution. Seine medizinischen Kenntnisse hat er erst nach der Befreiung erworben. Man scheint ihm überall Respekt zu zollen: wegen seiner beruflichen Erfolge? Weil er Funktionär des Revolutionskomitees der Stadt ist? Vielleicht auch wegen seiner menschlichen Werte. Er ersetzt dem einen eine Hand, dem anderen einen Fuß. Über das Interesse, mit dem wir ihn befragen, scheint er ganz erstaunt zu sein.

»Ihre Chirurgen«, sagt er kopfschüttelnd, »würden diese Arbeit ebenso gut machen, wahrscheinlich sogar besser.«*

*Würden.* Will er damit einen leisen Vorbehalt ausdrücken? Etwa: »Wenn das Denken Mao Tse-tungs und die Zuneigung der Massen sie ebenso unterstützten, wie sie mich unterstützen?« Dr. Tschen scheint aufrichtig zu sein, wenn er seine Berufung durch die Revolution erklärt. Bei jedem Eingriff, den er durchführt, nimmt er am Kampf in seinem Land und in der Welt teil. Wenn er einem Arbeiter die Hand wiederschenkt, »erhöht er das Produktionspotential«. Wenn er einem in Berufsausbildung befindlichen Vietnamesen, der einen Unfall erlitten hat, den Arm wiedergibt, steuert er zum »Kampf der Völker Indochinas gegen den Imperialismus« bei. Wie lautet doch der Spruch, der über dem Eingang des Spitals Nr. 6 steht? »Die Revolution fortführen, die Produktion erhöhen« — er scheint nach einem Gespräch mit Dr. Tschen weniger abgeschmackt.

---

* Inzwischen wurden im Westen einige erste Versuche unternommen: Transplantation eines Arms in Brüssel, eines Unterarms in Österreich und Frankreich, eines Fußes in Schweden, eines Daumens in Kalifornien. Rein technisch wären die westlichen Ärzte ebenso weit wie die Chinesen, aber die soziale Umgebung begünstigt diese Art von Großtaten nicht.

# 7

## Die chinesische Medizin: eine Medizin für die Chinesen

»Glauben Sie an die ›Wunder‹ der chinesischen Medizin?«
»Ja.«
»Sie denken also, daß das westliche Publikum bald davon profitieren wird?«
»Nein.«
»Warum? Sie widersprechen sich. Wenn diese Wunder echt sind, werden sie sich auch in anderen Ländern wiederholen. Wenn nicht, sind sie ein Bluff.«
»Die Chinesen sind keine Abendländer, die Abendländer keine Chinesen.«
»Das ist Rassismus.«

### Der westliche Skeptizismus

Nein. Um die Akupunktur im Westen einzuführen, wäre es zunächst notwendig, daß Mediziner spontan oder unter dem Druck der Bevölkerung die dringende Notwendigkeit der Übernahme dieser Technik einsähen, daß sie also deren Überlegenheit über die üblichen Verfahren zugäben.

Das Gegenteil ist der Fall. Bereits in einer Epoche, in der die abendländische Medizin noch nicht fortgeschritten war, erregte die chinesische Medizin Heiterkeit. Die Orakelsprüche, die die chinesischen Ärzte von sich gaben, um ihre Unwissenheit zu verbergen, erfreuten die europäischen Kreise von Peking. »Wenn Sie das neue Jahr erleben, werden Ihre Kräfte mit dem Frühjahr zurückkehren und Sie dürfen auf eine völlige Wiederherstellung hoffen« oder: »Es ist schwer, die Zunge eines Patienten zu prüfen, wenn sein hoher Rang einen zwingt, den Blick zu senken.«[1] Macartney macht sich in seinem Tagebuch über »diese Medizin der Zauberei und der Mixturen« lustig.

Wenn man auch inzwischen aufgezeigt hat, daß die chinesische Medizin mehrere Jahrhunderte vor der europäischen die Homöopathie und gewisse Medikamente wie Ephedrin kannte, überwiegt im Westen doch noch immer die Vorstellung, daß die chinesischen Mediziner nicht mehr wert sind als die Ärzte in Molières Theaterstücken.

Soll man wirklich glauben, daß der Einstich einer Nadel in die Wade die Leberfunktion beeinflußt? Daß die Akupunktur die »Lebensenergie«, von der die Biologen noch nie etwas gehört haben, wiederbelebt und normalisiert? Daß eine Nadel, ins Ohrläppchen gestochen, einen Nervenzusammenbruch heilt? Daß ein Stich in den Daumenballen es ermöglicht, Zähne schmerzlos zu ziehen? Nichts von alldem entspricht dem gesunden Menschenverstand. Vielleicht würde man die Akupunktur ernst nehmen, könnte man bei Versuchen, die von Oszillographen ordnungsgemäß registriert werden, nach den Stichen elektrische Ströme entdecken?

Solange die Chinesen zugeben, daß auch sie nicht über die wahre Natur des Phänomens Bescheid wissen, wie sollte man da die Europäer dazu bringen, ihr Mißtrauen zu überwinden?

Nach unserer Rückkehr begegnete man unseren Berichten[2] mit liebenswürdigem Skeptizismus. Ein Arzt[3] weigerte sich, an diese »Wunderanästhesie« zu glauben, und äußerte in einer großen Abendzeitung den Verdacht, daß man auf die Nasenschleimhaut der Kranken, deren Polypen entfernt wurden, einige Tropfen »irgendeines Anästhetikums« aufgetragen hätte; daß man »die Kranke, der man die Eierstockzyste herausoperierte, einer Lumbal-Anästhesie unterzogen hätte« (das heißt, daß man ihr ein Anästhetikum in den Rückenmarkskanal gespritzt hätte); daß man »dem Kranken mit dem Gehirntumor vor dem Eingriff eine Dosis des guten chinesischen Opiums verabreicht hätte«.

Ein anderer warnt vor den »Pseudozauberern der Gesundheit«, den »Scharlatanen«, die auf die »Esoterik« zurückgreifen und sich nicht an die »strengen Grundlagen der exakten Wissenschaft halten«.[4] »Ist nicht vielleicht indischer Hanf in den Ananasscheiben, die die Patienten zu essen bekommen?« fragt ein Dritter. »Jedermann weiß, daß die Chinesen seit Jahrhunderten die schmerzstillenden Eigenschaften des indischen Hanfes untersucht haben.«

Ein anderer, der Präsident der wichtigsten Gesellschaft für Akupunktur in Frankreich,[5] erklärte geradeheraus: »Meine Ansicht — die übrigens von vielen Akupunkteuren geteilt wird — ist, daß die Anästhesie durch Nadeln nicht existiert. Die Pränästhesie hat es immer schon gegeben, in China und auch anderswo. In Europa bereitet ein Chirurg, wenn er einen Eingriff vornehmen will, den Kranken durch Morphium oder andere Präparate, die größtmögliche Entspannung gewährleisten, vor oder verabreicht Curare, um die Muskeln zu entkrampfen. Man kann genau dieselben Ergebnisse durch die Akupunkturnadeln erzielen ... Aber es scheint mir ein Irrtum zu sein, von Anästhesie* zu sprechen. Ich war in Wuhan nicht dabei; trotzdem glaube ich, daß die Kranken, die man vor der französischen Delegation operiert hat, leider nicht vor Zeugen vom Bett zum Operationstisch begleitet worden waren... Ich glaube, daß die Franzosen, die diesen Eingriffen beiwohnten, sich in ihren Schlußfolgerungen getäuscht haben...«[6]

Es werden also zwei Hypothesen aufgestellt. Die eine besagt, daß der Akupunktur eine chemische Anästhesie vorausgehe; die Akupunktur sei nur Theater, man könne sie ebensogut weglassen. Nach der anderen Hypothese aber wäre die Akupunktur, dank ihrer Fähigkeit, die Muskeln zu entspannen, einfach nur die Vorbereitung für eine chemische Anästhesie, die man dann später heimlich anwende.

Wenn der Präsident einiger hundert französischer Akupunkteure nicht an die Analgesie (siehe oben) durch Akupunktur glaubt, wie könnten dann fünfzigtausend Ärzte daran glauben, die dieser Methode mißtrauisch, um nicht zu sagen feindselig gegenüberstehen, ihr die wissenschaftliche Exaktheit absprechen, ohne die die Medizin nicht existieren kann?

### Methodische Zweifel der europäischen Ärzte

Die Ehrlichkeit gebietet, zu sagen, daß sich unter unseren Delegationsmitgliedern keine Ärzte befanden.** Es ist auch richtig, daß wir bei den Vorbereitungen zu den Eingriffen nicht anwesend wa-

---

* Es empfiehlt sich, das Wort Anästhesie durch das Wort *Analgesie* zu ersetzen, wenn es um die Akupunktur geht. Obwohl der Schmerz blockiert ist, sind es die Empfindungen nicht. *Hypoalgesie* wäre noch genauer, weil die Akupunktur den Schmerz nicht ganz unterdrückt, sondern nur vermindert, erträglicher macht.

** Allerdings kannte einer von uns, Marcel Béraud, ein Dentist, die Praxis der Anästhesie. Inzwischen hat ein französischer Arzt aus der Umgebung des Prinzen Sihanouk, Dr. Georges Pathé, bei ähnlichen Eingriffen im Spital Nr. 6 von Schanghai assistiert. Auch französische Akupunkteure (unter ihnen auch diejenigen, die am Anfang an unseren Zeugenaussagen gezweifelt hatten) wohnten Operationen in diesem Krankenhaus bei und kehrten voller Enthusiasmus zurück. Zwei Amerikaner, Dr. Grey Gimond vom Bethesda-Spital in Washington, und Dr. Paul Dudley White, ein Kardiologe (er war der Arzt Präsident Eisenhowers), waren ebenfalls bewundernde Zeugen ähnlicher Eingriffe. Eine Schweizer Ärztedelegation (Ende 1972), dann eine französische Ärztedelegation (im April 1973), an der die Professoren Jean Bernard, Jean-Paul Binet, Brouet und Lhermitte teilnahmen, äußerte sich zurückhaltender. Es wäre wünschenswert, wenn chinesische Akupunkteure ihr Verfahren an chirurgischen Kliniken des Westens vorstellten.[7]

ren; wir können also nicht mit absoluter Sicherheit behaupten, daß vor der Operation keine klassische Anästhesie vorgenommen wurde. Es hieße aber, an der Rechtschaffenheit der chinesischen Ärzte zweifeln, wenn man vermutet, daß vor dem Eingriff eine Lumbalanästhesie durchgeführt worden sei. Diese Hypothese, so scheint mir, ist auszuschließen.* Wäre es vorstellbar, daß die chinesischen Führer und Chirurgen eine solche Komödie veranstalten, um der Welt einzureden, sie hätten eine neue Methode der Analgesie entdeckt, während sie unter der Hand traditionelle Methoden anwenden? Die chinesischen Ärzte, die wir trafen, sind — wie die Forscher oder die Kaderleute — Männer, die vorsichtig in ihrem Urteil und streng mit sich selbst sind. Sie reden nur von solchen Dingen, deren sie sich sicher sind. Ein kollektiver Betrug, von Leuten begangen, für die Selbstzufriedenheit eine Sünde ist, scheint wenig wahrscheinlich.

Nach dem ersten Raumflug zweifelte man an der Heldentat Gagarins. Die Chinesen sind, wie damals die Russen, Opfer ihres Hanges zur Geheimnistuerei: wenn sich das Geheimnis dann lüftet, vermutet man eine Machination.

Dennoch wendet man, sogar im Westen, die Akupunktur schon lange mit ausgezeichnetem Erfolg an, und zwar bei der Behandlung von Funktionsstörungen, von Allergien und sogenannten psychosomatischen Krankheiten, und vor allem bei schmerzhaften Syndromen.

Die Chinesen sind ganz einfach von der Behandlung bereits bestehender Schmerzen zur Präventivbekämpfung künstlich hervorgerufener Schmerzen übergegangen. Und dieser spektakuläre Fortschritt beruht auf einer technischen Neuerung: der ständigen Bewegung der Nadel vor und während der Operation.

Bleibt die Tatsache, daß die meisten westlichen Ärzte sicherlich nicht fähig sind, die Schwelle zu überschreiten, wie es ihre chinesischen Kollegen unter dem Druck der Kulturrevolution getan haben. Noch lange wahrscheinlich werden sie mit Ironie diese — kaum glaubhafte — menschliche Beziehung betrachten, die in China durch Vermittlung einer Nadel zwischen dem Arzt und dem Kranken entsteht.

* Dagegen hat man uns mitgeteilt, daß leichte Dosen von Beruhigungsmitteln (100 Milligramm Luminal oder 50 Milligramm Dolosal) verabreicht worden seien, um die Kranken zu entspannen. Aber diese Vorbehandlung, im Westen durchaus üblich, kann man nicht mit einer wirklichen Anästhesie gleichsetzen; bei uns dient sie der Vorbereitung der eigentlichen Anästhesie, die ja in China gestrichen ist.

## Die Ungläubigkeit der Kranken im Westen

Der Skeptizismus eines abendländischen Arztes würde vielleicht unter dem Druck der Bitten seiner Patienten weichen. Aber wie sollten diese, in ihrer Mehrheit, die Zurückhaltung des Arztes nicht teilen? Die Chinesen betonen die psychischen Auswirkungen eines Erfolges: die Akupunktur wirkt um so besser, je größer das Vertrauen des Patienten zur Methode und zum Arzt ist. Wenn der Kranke Zweifel hat, atmet er schwer, seine Muskeln verkrampfen sich, er bricht in Schweiß aus und er wird schmerzempfindlicher.

Der Prozentsatz der Mißerfolge ist wahrscheinlich deshalb so niedrig, weil das chinesische Volk seit Tausenden von Jahren gegen den Zweifel immun ist. Seit der Epoche der Tang-Kaiser waren die kleinen Figuren, auf denen die numerierten Punkte und Meridiane eingezeichnet sind, in ganz China verbreitet. Auch heute kann man in den Schaufenstern vieler Kaufläden — nicht nur in Apotheken — kleine Gliederpuppen aus Plastik in allen Größen (zwischen fünfzehn und fünfzig Zentimetern) sehen, die mit feinen Linien und Zahlen bedeckt sind. Diese Puppen sind für jedermann erschwinglich.* Ein Text mit den genauen medizinischen Vorschriften wird mitgeliefert. Auch Ohren aus Kautschuk werden verkauft: auf ihnen sind ungefähr zwanzig Punkte eingezeichnet, und dazu werden die verschiedenen Leiden aufgezählt, die sich durch Stiche in diese Punkte heilen lassen.**

Die Kinder sind ganz vernarrt in dieses Spielzeug. Manche tragen um den Hals einen Beutel mit Akupunkturgerätschaften: ein Nadeletui, ein Fläschchen Alkohol und eine Schachtel mit Watte. »Wir üben uns in der Akupunktur, um den Massen zu Hilfe zu kommen und um uns im Falle eines Krieges nützlich zu machen«, versicherten mir in Nanking ein kleiner Junge und ein Mädchen von etwa zehn Jahren; ihre Augen blitzten vor Stolz.

Einer Bevölkerung, die vom Kindergartenalter an dazu erzogen wurde, an das Wunder der Akupunktur zu glauben, erscheint diese Heilmethode nicht mehr als Wunder. Wie könnte man vom

---

* Der Preis liegt zwischen 3 und 6 Jüan, das heißt zwischen DM 3,60 und 7,20.

** Eine Variante dieser kleinen Figuren dient einem einzigartigen pädagogischen Zweck: Eine mit Wasser gefüllte Glaspuppe hat an Stelle der Punkte Löcher; diese sind mit Klebestreifen verschlossen. Sticht das Kind einen angegebenen Punkt an, spritzt Wasser heraus.

westlichen Publikum eine ähnliche Einstellung erwarten? Die chinesischen Behörden mußten diese Schwierigkeiten vorausgesehen haben. Das alte Rockefeller-Spital von Peking* begann damit, die Akupunktur bei der Entbindung von Diplomatenfrauen anzuwenden. Ein kleiner Junge der europäischen Koionie wurde ebenfalls mit Erfolg behandelt. Diese Versuche wurden ohne Erklärung plötzlich gestoppt. Vielleicht wollten die Chinesen nicht, daß sich unter den Ausländern Therapien verbreiteten, die nicht in ihrer Heimat entstanden sind.

»Glauben Sie«, fragte ich Dr. Tschen, »daß europäische Ärzte diese Methode bei europäischen Kranken anwenden könnten?«

»Ich zweifle daran«, antwortete er mir. »Um die Technik der Akupunktur zu beherrschen, müßten sie zuerst viele Versuche an sich selbst durchführen.«

Ich fürchte, er hat recht. Die chinesischen Praktiker, unterstützt von der Tradition ihrer Wissenschaft und den Gewohnheiten ihres Volkes, konnten auf eigene Gefahr kühne Versuche an sich selbst und an ihren Kollegen vornehmen. Sie hatten den Willen, ein nationales Gesundheitsproblem auf dem schnellsten Weg zu lösen, und sie wurden durch den »Enthusiasmus der Massen« angefeuert. Welches Motiv sollte die europäischen Ärzte, die in einem so grundlegend verschiedenen Milieu arbeiten, dazu veranlassen? Warum sollten sie die erfolgreiche Chemotherapie aufgeben zugunsten der Akupunktur, in welcher die meisten von ihnen nur eine obskure Praktik sehen? Die Analgesie durch Akupunktur ist ohne Zweifel eine Tochter von Maos Gedankengut. Aber sie ist auch eine Tochter der Not: Die chinesischen Bauern hatten bis vor kurzem kein Recht auf die Segnungen der medizinischen Wissenschaften. Im Westen würde diese Elternschaft allerdings nicht anerkannt; weder gilt dort das Denken Maos als Glaubensartikel, noch vernachlässigen die Landärzte die ländliche Bevölkerung; schon lange haben bei uns die Bauern Anteil an den Errungenschaften der Wissenschaft.

### Physiologische und ethnologische Unterschiede

Wir wollen hier nicht die verschiedenen anatomischen Unterschiede zwischen Chinesen, Weißen und Negern behandeln; aber

---

* Es wurde später »Anti-imperialistisches Spital« getauft; seitdem China seine Beziehungen zum Ausland modifiziert hat, heißt es »Spital der Hauptstadt«, aber von der ausländischen Kolonie wird es noch immer P. U. M. C. (Peking Union Medical College) genannt.

gewisse physiologische Eigenheiten könnten das unterschiedliche Verhalten gegenüber dem Schmerz und der Akupunktur bedingen.

Man weiß, daß die Kinderlähmung eine Krankheit der reichen Völker ist; der größte Teil der unterentwickelten Länder ist dagegen immun. Ein Abendländer erkrankt in den Tropen sehr leicht an Amöbenruhr, während die Eingeborenen von ihr nicht befallen werden. Je höher der Lebensstandard, desto tiefer die Schmerzschwelle. Die Zentralheizung fördert die Empfindlichkeit gegenüber Kälte, der materielle Fortschritt macht hypersensibel. Unsere Ahnen, die es gewohnt waren, sich mit einem Krug Wasser zu waschen, und den Winter in eiskalten Häusern verbrachten, in denen sich die Wärme um den Kamin konzentrierte, waren gegen die Kälte widerstandsfähiger als unsere durch warme Heizung und laue Bäder verweichlichte Generation. Allmählich werden die Abwehrmechanismen, die unter den harten Lebensbedingungen von früher gegen Krankheiten und Leiden schützten, schwächer.

Niemand, kein Physiologe, kein Psychiater, kein Neurologe, kein Chirurg, weiß genau, was der Schmerz eigentlich ist. Um so weniger konnten Soziologen, Anthropologen oder Ethnologen ein Gesetz über die Variation des Schmerzes unter dem Einfluß sozialer oder rassebedingter Eigentümlichkeiten aufstellen. Fest steht nur, daß der Schmerz je nach Temperament, Volkszugehörigkeit und der Höhe des Lebensstandards variiert. Ein derberes Individuum widersteht ihm besser als ein höher entwickeltes. Manche Kranke sind besonders furchtsam, sie verkrampfen sich aus Angst vor dem Schmerz, der dadurch um so intensiver wird. Andere lassen sich von einem Arzt, der ihr Vertrauen gewonnen hat, beruhigen, und der Schmerz hat weniger Macht über sie. Die kollektive psychische Verfassung eines Volkes hat wahrscheinlich direkten Einfluß auf diese Erscheinungen.

Einer unserer Reisegefährten bekam in Peking Zahnschmerzen. Während der chinesische Zahnarzt mit dem Bohrer arbeitete, litt er dermaßen, daß er um eine Lokalanästhesie bat. »Ihr Ausländer vertragt nicht den geringsten Schmerz«, bemerkte der Zahnarzt. »Ein Chinese würde noch gar nichts spüren.«

Ein anderer Kollege zog sich in Hangtschou eine Schürfwunde an der Wade zu, als er von einer Barke sprang. Mehrere Tage lang klagte er über starke Schmerzen. Man behandelte ihn mit Akupunktur, ohne daß es zu einer spürbaren Besserung kam. »Glauben Sie, daß die Akupunktur bei einem Ihrer Landsleute den Schmerz gelindert hätte?« fragte ich den chinesischen Arzt.

»Es wäre nicht einmal nötig gewesen, die Akupunktur anzuwenden«, antwortete er mir, »denn ein Chinese würde in einem solchen Fall überhaupt nichts spüren.«

Larrey, der Chirurg der Grande Armée, erzählt, daß er einem Grenadier, dem er ein Bein amputieren sollte, kein anderes Betäubungsmittel gab als ein Glas Rum. Wie ist es möglich, die persönliche Vorstellung vom Schmerz, von der Angst, die man vor dem Schmerz empfindet, zu unterscheiden?

Die Annahme, daß die Heilerfolge durch Akupunktur im Westen im umgekehrten Verhältnis zu den Erfolgen in China stünden, scheint mir durchaus plausibel.*

### Die psychologische Vorbereitung

Kein Mitglied des Ärzteteams des Medizinischen Instituts von Wuhan erzählte spontan über die Vorbereitungen, die dem Ansetzen der Nadeln vorangehen. Wir mußten mehrmals fragen:

»Bereitet man den Kranken auf die Operation vor? Wie lange, und in welcher Art?« Eine »psychologische Vorbereitung« gibt es, sie dauert »beiläufig eine halbe Stunde«. Der Kranke und der Arzt führen einen Dialog über »die Ideen Maos«, »tauschen ihre Meinungen über die anzuwendende Methode aus« und stellen so das gegenseitige Vertrauen und ein Klima der Mitarbeit her. Bei schwereren Operationen werden diese psychotherapeutischen Gespräche in der gleichen Art geführt, nur beginnt man damit bereits zwei oder drei Tage vorher.

»Was tun Sie, wenn der Patient nicht einverstanden ist?«

»Früher behandelten wir den Patienten wie eine Sache; jetzt versuchen wir, ihn zu überzeugen.«

»Wie lösen Sie seine Spannung?«

»Die Politik spielt auch im Operationssaal eine große Rolle. Wir appellieren an den Patienten, die Furcht vor dem Schmerz zu überwinden, an seinen Willen, geheilt zu werden und zu leben; wir wollen ihn überzeugen, daß es seine Pflicht ist, für die Revolution zu kämpfen.«

Man weckt also den Bürgerstolz des Kranken und zeigt ihm, daß sein persönliches Schicksal Teil eines großen Planes ist, der seine Lebensenergie erhöhen soll.

---

* Die schweizerische Ärztedelegation wünschte, daß man an zweien ihrer Mitglieder die Analgesie durch Akupunktur ausprobiere. Mit vielen Vorbehalten und nach endlosen Beratungen entschlossen sich die chinesischen Ärzte, diesem Wunsch nachzukommen. Es wurde ein Mißerfolg, über den die chinesischen Ärzte keinen Kommentar abgaben.

»Gibt es Kranke, die die Akupunktur ablehnen?«

»Nur sehr wenige.* Fast alle Kranken in China verhalten sich wie die, die Sie schon gesehen haben: sie sind fröhlich, entschlossen, gesund zu werden und dem Volk zu dienen, voll von Enthusiasmus für das Denken Mao Tse-tungs.«

## Der Glaube, der heilt

Man betritt hier ein Gebiet, dessen Grenzen schwer zu ziehen sind. Wer würde nicht zugeben, daß das »Erringen des Vertrauens des Patienten«, die Aufforderung zur »Mitarbeit«, schon beruhigend wirken. Aber kann diese Wirkung so stark sein, daß sie gegen den Schmerz eines größeren Eingriffs unempfindlich macht? Man hat uns zu den Mysterien des vorbereitenden Gesprächs nicht zugelassen.** Wie spielt es sich ab?

Als wir fragten, ob dabei nicht Hypnose angewendet werde, erhob das ganze Team laut Einspruch. Aber wurde die Frage auch richtig verstanden, richtig übersetzt, weil sie gar so kategorische Proteste hervorrief? Grenzt diese psychologische Vorbehandlung nicht bereits an Suggestion? Und die Suggestion, grenzt sie nicht an Hypnose? Kann man denn nicht auch unwissentlich hypnotisieren?

In seinem Werk *La foi qui guérit* beschreibt Charcot die vielfältigen klinischen Beobachtungen von Suggestions- und Hypnosefällen. Ist der Zustand, in dem sich der chinesische Patient nach der Operation befindet (wenn er mit seinem Arzt ein Gespräch führt und Kompott ißt, um zu zeigen, daß er sich bei Bewußtsein befindet, aber keine Schmerzen fühlt), nicht diesem »zweiten Zustand« ähnlich, den Charcot beschreibt? Es handelt sich ohne Zweifel nicht um echte Hypnose, bei der der Patient in ein Universum eindringt, an das er sich später nicht mehr erinnert. Aber handelt es sich nicht auf alle Fälle um eine Änderung des Bewußtseins, ähnlich derjenigen, die Mesmer durch elektrische Ströme und Magnete hervorrief? Das Phänomen des »tierischen Magnetismus«, das von Mesmer rational erklärt wurde, konnte immer

---

* Es ist uns nicht gelungen, zu erfahren, ob diese Fälle zu den zehn Prozent der eingestandenen Mißerfolge gerechnet wurden, oder ob man die widerspenstigen Patienten im Lauf der psychologischen Vorbereitung bereits ausschied, und nur diejenigen der Akupunktur unterzog, die dafür disponiert zu sein schienen. Ich neige eher zu der zweiten Annahme.
** Bis zum heutigen Tag, so scheint es, auch keine anderen westlichen Ausländer.

schon durch verschiedene Techniken hervorgerufen werden.* Wäre die Akupunktur also vielleicht nur eine besonders raffinierte Unterstützung eines Phänomens, das so alt ist wie die Menschheit? Eines Phänomens jedoch, das sehr leicht verschwindet, sobald sich die Persönlichkeit vom magischen Denken befreit? Die Chinesen machen auf den Abendländer oft den Eindruck, als lebten sie im »zweiten Zustand«. Ein Volk, dessen Aufnahmefähigkeit noch intakt ist und das entsprechend konditioniert wurde, ist durch die Suggestivkraft eines kollektiven Gedankens unbegrenzt beeinflußbar. Ähnelt Mao nicht jenem Hypnotiseur, den Freud so häufig in seinem Essay »Massenpsychologie und Ich-Analyse« anführt? Er analysiert, nach De Bon und MacDougall, die Suggestionsfähigkeit der Massen, die sich mit dem Führer identifizieren, ihrem Ideal-Ich, auf das jeder einzelne seine geistige Energie überträgt. Die Akupunktur scheint ein hervorragendes Beispiel für ein solches Phänomen zu liefern.

### Ein spezifisch chinesischer Erfolg

»Entweder-oder«, erklärte mir einer der Meister der französischen Chirurgie. »Entweder sind, und das will ich hoffen, die Großtaten, bei denen Sie zugegen waren, real; und das würde bedeuten, daß uns die Chinesen zwanzig oder hundert Jahre voraus sind. Dann müßte aber darauf gedrungen werden, daß China die übrige Welt an den Resultaten, die es erzielt hat, teilnehmen und von ihnen profitieren läßt. Oder aber es handelt sich um einen — vielleicht unbewußten — Bluff; dann ist China ein Opfer seiner eigenen Mythen, und man müßte daraus schwerwiegende Schlüsse hinsichtlich der Zukunft dieses Landes ziehen.«

Und wenn es eine dritte Hypothese gäbe? Etwa, daß die Chinesen uns weder hundert Jahre voraus, noch hundert Jahre hinter uns zurück sind, sondern daß sie nicht in der gleichen Zeit, im gleichen Tempo leben wie wir? Daß sie nicht auf dem gleichen Weg vorwärtsschreiten? Daß ihre Fortschritte und ihre Revolutionen ihrer Eigenart strikt angepaßt sind? Der chinesischen Medizin, vor allem der Chirurgie, haben sich weite Perspektiven eröffnet, und das chinesische Volk hat das Glück, daraus bereits Gewinn ziehen zu können. Die Chancen, daß die Menschen im Westen bald daran teilhaben, erscheinen mir gering. Viele Umstände mußten

---

* Vielleicht hätte die abendländische Medizin Fortschritte in der Beherrschung dieser Methoden erzielt, wenn die Medizinische Akademie von Paris sie im Jahr 1840 nicht feierlich verdammt hätte.

zusammenwirken, damit die chinesische Heilkunde diese überraschenden Erfolge erzielen konnte; Umstände, die im Westen kaum jemals zusammentreffen: jahrtausendealte Bräuche; Kinder, die vom Volksschulalter an darin geschult werden. Ein ungeheuer starker Glaube an die Macht der Traditionen, so stark, daß sich heute (wie wir es in Matschiao gesehen haben) die Patienten vor der Tür des Arztes drängen, der sie nach der Methode der Ahnen behandelt, obwohl sein Kollege eine Ausbildung nach westlichem Muster genossen hat. Eine ländliche Bevölkerung, die fünfundachtzig Prozent der Einwohnerzahl ausmacht und zugänglicher ist für solche Phänomene. Eine brennende Notwendigkeit, raschest Sanitätspersonal auszubilden (es rekrutiert sich wiederum aus einer Bevölkerungsschicht, die die herkömmlichen Verfahren am ehesten akzeptiert). Eine Kulturrevolution, welche die Mandarine der Medizin mit Eklat davonjagt. Und schließlich die ehrfürchtige Anwendung von Mao Tse-tungs Gedankengut, das Ärzte und Kranke im selben Glauben vereint.

## Der Große Akupunkteur

Mao hat die chinesische Medizin dazu bewogen, eine Synthese zwischen den alten Praktiken und den modernen Methoden herzustellen, um die Regulierung der organischen Funktionen zu sichern und die Widerstandsfähigkeit gegen Krankheit und Schmerz zu mobilisieren. Aber was macht er denn selbst anderes, auf seiner Ebene, für ganz China? Auch er sichert das Zusammenspiel der Funktionen dieser großen Gesellschaft. Er erkennt die Verbindungen zwischen den einzelnen Organen des chinesischen Körpers. Er stellt ein gestörtes Gleichgewicht wieder her. Er vermindert die Leiden seines Volkes, indem er ihm Ablenkungen verschafft. Er erweckt seine Lebensenergien. In einem Land, das als das älteste und volkreichste der Welt gilt, ist dies keine geringe Leistung.

ZWEITER TEIL

# Den Menschen verändern

# 5

## Die Neuformung des Geistes


### 1

### Die Revolutionierung des Blickwinkels

In der Textilfabrik Nr. 2 von Peking fragte ich einen Arbeiter, ob er mit seinem Gehalt zufrieden sei. »Vor der Kulturrevolution«, antwortete er mir, »ließ man uns für Geld arbeiten; man verteilte Produktionsprämien; man verbürgerlichte uns; man korrumpierte uns. Es fehlte uns das politische Gewissen. Jetzt haben wir verstanden, daß die Arbeiter kein anderes Ziel als die Revolution haben dürfen. Wir fragen uns nicht mehr: *Für wieviel arbeiten wir?* sondern: *Für wen arbeiten wir?*«

Auf diese Frage bekommen wir überall die gleiche Antwort. Manche Kader bestätigen uns sogar: »Die Arbeiter haben verlangt, daß das Prämiensystem abgeschafft wird. Vor der Kulturrevolution war es das einzige Ziel ihres Lebens, gut zu leben und ihren Familien ein gutes Leben zu verschaffen. Sie wollten nichts anderes, als mehr verdienen und mehr Komfort. Eine ungesunde Triebfeder, die sie unmerklich in Bourgeois und Revisionisten verwandelte. Diese Strömung hätte uns alle in die Vergangenheit zurückgeführt. Aber die Leute erkannten die Gefahr. Als sie sich ernsthaft mit dem Denken Mao Tse-tungs auseinandersetzten, entdeckten sie, daß der wirkliche Sinn ihrer Arbeit darin liegt, die Revolution zu unterstützen. Sie haben das, was sie von dieser Aufgabe abhielt, angeprangert.«

»Und die, die nicht begriffen haben?«

»Die dürfen nicht arbeiten. Wir müssen sie umerziehen, bis sie auf die richtige Linie einschwenken.«

Diese Erklärungen sind eingelernt, aber es wäre falsch zu glauben, sie wären hohl. Die Umerziehung geht deshalb nicht ohne Schwierigkeiten vor sich, weil durch sie die kollektiven Ziele des Lebens und die eigentlichen Triebfedern der Aktivität geändert werden sollen. Nicht nur die Wünsche und die Einstellung des Menschen dem Geld gegenüber sollen gewandelt werden, sondern auch seine Werte, sein Charakter, seine Reaktionen.

In Schanghai sagte mir Hsu Tsching-hsien, brillanter Führer des Revolutionskomitees der autonomen Stadt und einflußreiches Mitglied des Zentralkomitees der chinesischen Kommunistischen Partei (sechsunddreißig Jahre alt, feines Gesicht, gutaussehend in seiner hellblauen Uniform mit Stehkragen, von der man glauben könnte, ein berühmter Modeschöpfer habe sie entworfen) folgendes:

»Schon vor der Kulturrevolution haben wir hier in Schanghai behauptet, daß die Erfordernisse der Produktion nicht die politische Arbeit beeinträchtigen sollten. Wir fühlten, daß der revolutionäre Elan in Gefahr geriet, von materiellen und egoistischen Sorgen abgeschwächt zu werden. Es war notwendig, die revolutionäre Bewegung wieder in Schwung zu bringen, die Prioritäten mußten umgekehrt werden: wenn wir zuerst den Menschen ändern, können wir später die Produktion viel schneller erhöhen. Revolution machen heißt, alles zerstören, was uns an die Gedanken- und Lebensmodelle der Vergangenheit bindet. Auf diese Weise wird das Individuum intellektuell und moralisch regeneriert; es unterwirft sich dem Kollektiv und gibt sein persönliches Interesse zugunsten der Ziele der Revolution auf.«

Während dieser blendend aussehende, elegante Revolutionär mir zeigte, wie der alte Mensch abgetötet werden sollte (man fühlte, daß er selbst viel Mühe hatte aufwenden müssen, um ihn in sich selbst abzutöten), kam mir eine Hypothese in den Sinn. Der »Große Sprung nach vorn« sollte China in eine wirtschaftliche Großmacht verwandeln. Er endete mit einem Mißerfolg. War es vielleicht notwendig, der Revolution andere Ziele zu setzen, um diesen Mißerfolg zu überwinden oder zu verschleiern? Das Terrain der Produktion war zu unsicher; man mußte es ändern. Da man den Konsum nicht erhöhen konnte, war es notwendig, die Gier nach dem Konsum zu verringern. Da die Realität Widerstand leistete, mußte man sie aus einem anderen Blickwinkel betrachten. Wie, wenn die Kulturrevolution eine Revolutionierung des Blickwinkels war?

Das heißt nicht, daß man sie geringschätzen soll. Entspricht der Mensch nicht fast gänzlich dem Bild, das er sich von sich selbst macht? Dieses Bild vermengt sich bei den Chinesen mit jenem, das sie sich von ihrem obersten Führer machen. Gustave Le Bon hat im letzten Jahrhundert bemerkt, daß die leidenschaftliche Identifikation mit dem Führer die Masse zu Heldentaten befähigen kann, die ihre normalen Kräfte weit übersteigen.

Die Kulturrevolution war keine Taktik; sie war auch nicht die Frucht einer zynischen Berechnung; sie war eine von echten Revolutionären nach einem echten Mißgeschick erdachte Strategie. Diese Revolutionäre hatten auf geistigem Gebiet Macht verloren, ohne auf dem materiellen Gebiet Macht zu gewinnen. Der geistige Einfluß mußte ohne Aufschub wiedergewonnen werden; die revolutionäre Begeisterung ist ein Kapital, das sich rasch erschöpft, und die chinesischen Kommunisten haben begriffen, daß die Revolution, um anzudauern, permanent und absolut bleiben muß.

China wollte reich sein; heute verkündet es, stolz darauf zu sein, daß es unterentwickelt ist. Alles, was diesen Stolz vermindern könnte, wird entwertet; die Chinesen sollen den Wunsch haben, Arme »aus Überzeugung« zu sein und es zu bleiben.

»Im Grund genommen«, sagte ich, »wollen Sie den Charakter eines Viertels des Menschengeschlechts ändern. Das ist keine leichte Aufgabe.«

»Es ist aber unsere Aufgabe. Wir sind entschlossen, die Gewohnheiten und die Kultur, die aus China das gemacht haben, was aus ihm schließlich geworden ist, verschwinden zu lassen. Wir wollen sie durch authentische proletarische Gewohnheiten und eine ebensolche Kultur ersetzen. Solange es notwendig ist, werden wir diejenigen, die das nicht verstehen, einer Gehirnwäsche unterziehen.* Wir werden die Verantwortlichen, die den kapitalistischen Weg einschlagen, stürzen. Wir werden die Arbeiter, die Bauern, die Soldaten — und sogar die revolutionären Intellektuellen, von denen es aber leider nicht viele gibt, zum Angriff auf die bourgeoise Ideologie, die akademischen Autoritäten, die reaktionären Kader und auf den gesamten pädagogischen, literarischen und künstlerischen Überbau einsetzen.«

»Glauben Sie, daß das proletarische China schon existiert?«

»Wir sind noch weit davon entfernt! Nur scheint es uns heute weniger weit entfernt zu sein als vor der Kulturrevolution. Wir werden jedoch noch viele Kulturrevolutionen brauchen. Die Kinder erben die Mentalität ihrer Eltern. Würden Sie glauben, daß die Söhne eines Grundbesitzers, die Söhne eines Unternehmers aus Schanghai, Kleinbauern oder Arbeiter geworden sind, nur weil man ihnen ihren Grundbesitz oder ihr Geld genommen hat? Nie im Leben. Sie haben sich den Geist des Grundbesitzers oder des Unternehmers bewahrt. Sogar die Kader, die Bürokraten, legen sich allmählich diese Einstellung zu! *Es gibt einen Klassenkampf*

---

* Hsu Tsching-hsien war der erste und einzige Chinese in leitender Stellung, der uns gegenüber die »Gehirnwäsche« (jedenfalls benützten die Dolmetscher diesen Ausdruck) lobte.

*im Kopf der Menschen.* Unsere Pflicht ist es, ihnen dazu zu verhelfen, daß in ihnen der Proletarier über den Bürger triumphiert.«

In der Seele des Chinesen wird der potentielle Revisionismus zerstört. In jedem einzelnen wird der Chruschtschow getötet, der in ihm schlummert.

Einige Tage vorher hatte mir der stellvertretende Rektor Tschu Pei-jüan in Peking erklärt: »Vor der Kulturrevolution bemühten sich die Professoren, eine Lehrkanzel zu erhalten, und sie flößten den Studenten den Wunsch ein, Karriere zu machen. Jetzt haben Lehrer und Studenten begriffen, daß sie auf jede Karriere verzichten und dem persönlichen Ehrgeiz entsagen müssen, um mit den großen Massen zu verschmelzen. Ja, wir glauben, daß der Mensch verändert werden kann, auch wenn er dabei auf sich selber einwirken, gegen sich selber vorgehen muß; er kann verändert werden, wenn er an seiner Veränderung mitarbeitet, wenn er überzeugt ist, daß sie zu seinem eigenen Wohl und zum Wohl aller erfolgt.« Sicherlich wurde noch niemals eine so totale Umerziehung so systematisch von so vielen Millionen Menschen mit einer derartigen Entschlossenheit durchgeführt — innerhalb von dreißig Jahren und unter dem Einfluß einer einzigen, kleinen Gruppe.

Selbst wenn es in China nichts anderes zu sehen gäbe als die Art, in der dieses Vorhaben verwirklicht wird, würde sich die Reise lohnen.


## 2

### Die Techniken der Indoktrinierung

Wir haben gesehen, wie sich das Denken Maos geformt hat und in welcher Weise es ausgedrückt wird. Sehen wir uns nun an, wie es verbreitet wird. Auf den Mauern der Fabriken, der Bauernhöfe, in den Straßen, in den Bahnhöfen, vor Pagoden oder am Fuß kahler Berge präsentieren riesige rote Schriftbänder in vergoldeter Kalligraphie die Formeln, in die das Denken Mao Tse-tungs gegossen ist. Durch sie wird der Passant angeregt, sie zu seinen eigenen Gedanken zu machen: »Um das Meer zu befahren, braucht man einen guten Steuermann, um Revolution zu machen, braucht man das Denken Mao Tse-tungs.« Am Sitz der Akademie der Wissenschaften: »Das Denken Mao Tse-tungs möge unsere Forschung und unsere Technologie beherrschen.« Auf dem Stamm von Platanen: »Das Denken Mao Tse-tungs erhöht die landwirtschaftliche Produktion.« Vor dem Schalter der chinesischen Volksbank: »Ruhm dem Denken Mao Tse-tungs.« Auf einem Flugplatz: »Das Denken Mao Tse-tungs garantiert uns immer größere Erfolge.«

»Man sollte feststellen«, bemerkte einer von uns, »daß es immer schnellere Starts garantiert.«

Das Kulturleben ist vom Denken Mao Tse-tungs völlig durchdrungen. Kein Zeitungsexemplar, keine Radiosendung, kein Film, kein Ballett, das nicht eine der Maximen des Großen Lehrers zitiert. Die Quelle aller Inspiration, das Alpha und Omega der Literatur, der Wissenschaften und der Künste ist das Denken Maos.

Jeden Tag sind die Zeitungen voll mit Anekdoten, die dem Volk als Vorbild dienen sollen. Der Internationale Pingpongmeister verdankt seinen Titel der Anwendung des Denkens Mao Tse-tungs. Ein revolutionärer Latrinenputzer erklärt: »Dank der Ideen Mao Tse-tungs habe ich meinen Ertrag erhöht.« Durch die Presse, das Radio, durch Lautsprecher, die an Straßenkreuzungen und Dorfplätzen installiert sind (oder sich in speziell eingerichteten Lastwagen befinden, die durch die Straßen fahren), wird das Volk eingelullt, gequält und eingekreist vom allgegenwärtigen Denken Mao Tse-tungs.

Um vier oder fünf Uhr früh werden Sie von lautsprecherverstärkten Stimmen aufgeschreckt. Sie gehen zum Fenster: im Hof des Hotels stehen Kinder, das Kleine Rote Buch in der Hand, sie lesen daraus, und ihre Rezitationen werden durch einen Lautsprecher verstärkt. Nun steigen Sie, halb angekleidet, in den Hof und legen den Finger an die Lippen, um diesen jungen Propagandisten verständlich zu machen, daß sie Sie am Schlafen hindern. Die Kinder, durch diese Unschicklichkeit starr vor Staunen, schweigen einige Augenblicke. Kaum sind Sie oben in Ihrem Zimmer angelangt, beginnen die kleinen Mao-Jünger wieder mit ihrer Darbietung.

Die Allgegenwart des Denkens Mao Tse-tungs kann man auch am Fehlen all dessen ermessen, was nichts mit ihm zu tun hat; es ist unmöglich, in den Buchhandlungen Romane, Gedichtsammlungen, soziologische oder ökonomische Studien, geschweige denn Übersetzungen zu finden; in den Museen gibt es keinerlei Informationsmaterial über die ausgestellten Stücke. Nur die Werke des Vorsitzenden Mao, in jedem Format, komplett oder gekürzt, liegen auf Bahnhöfen oder Flughäfen auf. Ihr Monopol wird nur von Marx, Engels, Lenin und Stalin, den sieben revolutionären

Theaterstücken und einigen technischen Werken durchbrochen, und auch das nur ziemlich zaghaft.*

In allen Produktionseinheiten, öffentlichen Dienststellen, Verwaltungsstellen, Schulen und Kindergärten wurden »Studienklassen für das Denken Mao Tse-tungs« eingerichtet. Wir haben hie und da welche gesehen, in einer Volkskommune oder in einer Fabrik. Vor oder nach der Arbeit kommt eine Gruppe zusammen, um einige Sätze aus dem Kleinen Roten Buch zu kommentieren. In den Fabriken, in denen in drei Schichten gearbeitet wird, findet die Sitzung für die neue Schicht eine Stunde vor der Ablösung statt. Das Ziel ist, nach der vollständigen Aufnahme des Kleinen Roten Buches, zum Studium der Werke selbst und besonders zu ihren schwierigsten philosophischen Aspekten zu gelangen, deren »praktische Anwendung eine wertvolle Hilfe« ist für den Traktorführer, den Schweinezüchter, den Fräser an seiner Maschine oder den Künstler, der eine Jadestatue herstellen will.

In einem Verwaltungszentrum, das wir in Peking besuchen, findet das Studium jeden Tag von acht bis neun Uhr statt, am Samstag früh dauert es noch länger. Man erzählt uns, daß man es in den meisten Büros ebenso halte.

Die Studiensitzung geht immer nach dem gleichen Zeremoniell vor sich: der Zeremonienmeister schlägt das Kleine Rote Buch an der Seite auf, bis zu der am vorigen Tag gelesen worden war, außer, ein aktuelles Ereignis oder der Wunsch der Gruppe veranlaßt ihn, eine andere Stelle zu wählen. Er liest mit lauter Stimme

---

* Dieser totale Mangel hat etwa sechs Jahre gedauert: vom Mai 1966 bis zum Februar 1972. Anläßlich des chinesischen Neujahrs 1972 ist eine Anzahl von Titeln wieder aufgetaucht. Neuauflagen, wie Kuo Mo-jos Essay »Die Dreihundertjahrfeier des Aufstandes von 1644« und einige große traditionelle Romane wie »Der Traum im Roten Pavillon«; ältere Werke, die von ihren Autoren nach der Kulturrevolution überarbeitet worden waren, wie die Romane »Milizsoldatinnen einer Insel« oder »Berge in Zorn«; vor allem aber auch Übersetzungen wie »Erinnerungen an Lenin« von der Krupskaja, die »Kommune von 1870« von Lissagaray, »Der Geist der Gesetze« von Montesquieu, »Die alte Gesellschaft« von Lewis Morgan, »Die Geschichte des Peloponnesischen Krieges« von Thukydides, »Die Kritik der reinen Vernunft« von Kant. Dieser Anfang ist nicht gerade überwältigend. Aber die Buchhandlungen sind nicht mehr verlassene Tempel, die nur dem Kult der Werke Maos und, nebenbei, den Schriften der vier Großen des Marxismus geweiht sind. Zeugenaussagen zufolge stürzte sich die Menge auf die Schaufenster, in denen die neuen Titel ausgestellt waren, und ließ die Mao und den Gründervätern gewidmeten Abteilungen links liegen. Man bemerkt, daß die Neuerscheinungen so ziemlich mit Maos Lieblingswerken übereinstimmen, die er 1936 auf eine Frage Edward Snows hin angegeben hatte . . .

vor, und die ganze Gruppe wiederholt im Chor die Lesung, in einem Ton, der zwischen Rezitation und Psalmodieren liegt; dann kommentiert er den Text, befragt seine Zuhörer, läßt sie an der Analyse des Gelesenen teilnehmen und illustriert es mit Beispielen aus dem Leben. Es wird empfohlen, diese Studien auch in der Familie zu betreiben. »Auch in intimen Stunden?« fragen sich einige von uns. Man wird später sehen, daß leichtfertige Ironie nicht am Platz ist, wenn es sich um das Denken Mao Tse-tungs handelt.

Kurz, durch die Kulturrevolution hat sich ganz China der Mahnung Lin Piaos gemäß in eine »große Schule des Denkens Mao Tse-tungs« verwandelt.

In diesem riesenhaften Klassenzimmer hütet man sich, einige brillante Geister wachzurütteln, während die Masse der Faulpelze schläft. Sicherlich, man legt Wert darauf, daß diese brillanten Geister Pioniere der Revolution werden; wenn sie diese Rolle ablehnen, werden sie eliminiert; aber man unterrichtet hauptsächlich diejenigen, die dem Unterricht nur mühsam folgen können, das heißt, die große Masse der Bauern und daneben auch die Arbeitermassen.

Das Gedankengut Mao Tse-tungs verlangt viel; aber es belohnt auch. Maos Pädagogie hat Erfolg, weil sie eine Pädagogie des Erfolges ist: sie gibt den täglichen Anstrengungen einen Sinn, sie macht es möglich, die Arbeit des Menschen zu verklären, auf eine höhere Ebene zu heben. Das Haus ist sauberer, der Reis süßer, das Kind fleißiger: der chinesische Kommunist weiß diese bescheidenen Erfolge zu integrieren, und mit einem Mal bekommen sie eine ganz andere Dimension.

Daraus erklärt sich, wieso der Druck von oben so total sein kann, ohne wirklich unerträglich zu erscheinen. Die Erziehung endet nie. Der chinesische Arbeiter nimmt jeden Tag, genau wie seinen Reis oder seine Schüssel Nudeln, eine massive Dosis Ideologie zu sich: zu Hause, bei der Arbeit, auf seinem Weg zur Arbeit; mündlich, durch Bilder und schriftlich.

Von Peking bis Kanton, von Sian bis Schanghai hören alle Chinesen Tag für Tag dieselben Lieder, wiederholen dieselben Slogans, und reagieren identisch vor den gleichen *Guten* und *Bösen.**

---

* Der Erfolg ist so groß, daß die Methode gelockert werden konnte. Wenn es den Abendländern vorkommt, als sähe man das Kleine Rote Buch weniger häufig als in den letzten Jahren, dann möglicherweise deshalb, weil es nicht mehr so notwendig ist. Wozu noch etwas hinzufügen, wenn das Denken Mao Tse-tungs bereits alle Geister ergriffen hat?

Unter dem Einfluß des Denkens Mao Tse-tungs identifiziert sich das Individuum mit der Gruppe. Es schöpft sein Bezugssystem und sein Verhalten aus derselben Quelle. In Sitzungen, bei denen Kritik und Selbstkritik geübt wird, wertet er die anderen und sich selbst, je nachdem, wie weit er sich den etablierten Werten angepaßt hat. Durch das Zusammenspiel des Drucks von oben und des Appells an den Eifer läßt sich der einzelne von Ideen des großen Steuermannes durchdringen, von seinem unbegrenzten Vertrauen zum Menschen, von seinem Aufruf an das Solidaritätsgefühl. Und die gleichzeitige Imprägnierung des Bewußtseins aller rechtfertigt dieses Vertrauen und schmiedet diese Solidarität. Seine eigentliche Überzeugungskraft schöpft das Denken Mao Tse-tungs jedoch aus dem kollektiven Ideal-Ich, welches schon vor ihm bestanden hat. Die chinesische Gesellschaft wollte nichts anderes, als sich vergöttern. So war sie auch bereit, den Gehorsam auf sich zu nehmen, ja eine Intoleranz zu dulden, die uns manchmal schwer erträglich scheint.

### Automatisches Denken und Rezitation

Zeitungen, Zeitschriften, Bücher, Tischreden, offizielle Reden, technische Exposés, Antworten auf Fragen: alles ist ähnlich, es gibt fast keine Überraschungen; überall und immer findet man die gleichen Klischees.

Die meisten lokalen Funktionäre, Lehrer, Arbeiter und Bauern, die wir treffen, sprechen so schnell und so gut, daß sie ihre Sätze aufzusagen scheinen. Sie suchen nicht nach Worten. Sie geraten nie in Verwirrung. Die Fragen, die wir direkt an sie stellen, beantworten sie ohne zu zögern, gleichsam ohne zu überlegen.

Nach einiger Zeit errät man, auf welchem Mechanismus dieses Denken beruht. Die Chinesen sind zungenfertig, weil sie vorgefertigte Ausdrücke verwenden, so wie redegewandte Leute ihre Reden mit Füllwörtern ausschmücken. Und wir wiederum waren, da wir die Antworten im voraus kannten, nicht mehr erstaunt, wenn unsere Gesprächspartner auf alles eine Antwort wußten.

In einem Krankenhaus oder in einem Museum, einer Universität oder einer Volkskommune, einer Brokatfabrik oder einer Gießerei, bestätigen uns die Leiter der Revolutionskomitees, die Angestellten, die Traktorführer, die Krankenwärter oder ihre Vertreter, daß ihre Kameraden einstimmig die Ablehnung der militärischen Integration in den Atlantikpakt durch Frankreich anerkennen, ebenso wie den historischen Entschluß des Vorsitzenden Mao und General de Gaulles, Botschafter auszutauschen und die französische Unterstützung der gerechten Forderung Chinas und der fünf Prinzipien der friedlichen Koexistenz vor der UNO; nicht zu vergessen die große revolutionäre Tradition Frankreichs, die sich vor wenig mehr als einem Jahrhundert bei der Großen Kommune von Paris so wunderbar manifestiert hat. Vom Werkstattarbeiter bis zum Bauern, von der Verkäuferin des großen Warenhauses in Schanghai bis zu der Fremdenführerin, die uns die Große Brücke von Nanking über den Jangtsekiang zeigt, spricht jeder einzelne wie ein Buch, oder besser wie eine jener Broschüren mit dem ewig gleichen Inhalt, die in den Hotelhallen ausgestellt sind.

## 3

### Kollektive Psychotherapie

Manche Kader ergehen sich vor uns in retrospektiver Selbstkritik. »Im Jahr 1966«, erklärte mir eine Vorarbeiterin einer Fabrik für elektronisches Material in Kanton, »hatte ich die irrige Linie Liu Schao-tschis eingeschlagen, weil ich glaubte, daß die Erhöhung des Ertrages der strengen Einhaltung der proletarischen Ideologie vorzuziehen sei. Aber im Laufe der Kulturrevolution haben mich die Volksmassen hart kritisiert und zu der Einsicht gebracht, daß man Revisionist wird, wenn man aus materiellen Interessen handelt. Mit Hilfe der Werke Maos habe ich meine Weltanschauung geändert.«

In der ländlichen Brigade der Zwei Brücken in der Nähe von Peking erklärte ein einundvierzigjähriges Mitglied des Ständigen Büros des Revolutionskomitees der Volkskommune drei Wochen vorher vor einigen von uns ähnliches: »Ich legte mir nicht Rechenschaft ab darüber, daß man sich auf dem Weg zum Kapitalismus befindet, wenn man für den Profit arbeitet. Dank der brüderlichen Hilfe meiner Kameraden, die mich mit Vorwürfen nicht verschonten, und durch das intensive Studium des Denkens Mao Tse-tungs begriff ich, wie falsch meine Ideologie war, wie sehr sich mein Geist von bourgeoisen Ideen genährt hatte. Wenn ich mich nicht umgestellt hätte, hätte ich nicht für eine Volkskommune arbeiten können.«

Ähnliche Resultate werden durch Kritik und Selbstkritik in der Gruppe erreicht, im Lauf der Sitzungen, die dem Studium von Mao Tse-tungs Gedankengut gewidmet sind. Man glaube nicht, daß diese bekannte Technik nur unter dramatischen Umständen

angewandt wird. Sie ist eine alltägliche und universelle Maßnahme.

Niemand wird davon ausgeschlossen: Etagenkellner versammeln sich im Büro des Hotels, Zugpersonal kommt am Bahnsteig
des Ankunftsbahnhofs zusammen, und man beschuldigt sich entweder selbst oder gegenseitig. Wer nicht seine tägliche Ration von
Selbstkritik und Kritik konsumiert, läuft Gefahr, einen Rückfall
zu erleiden.

Diese Sitzungen, sagte ich mir, als ich sah, wie sich die Besatzung unseres Flugzeuges vor dem Aussteigen im Cockpit versammelte, während wir weggingen, diese Sitzungen, sind sie etwas
anderes als kollektive Psychotherapie? Dasselbe Verfahren, das
Freud in »Das Unbehagen in der Kultur« erwähnt, wobei er sich
fragt, ob man es nicht anwenden sollte, um den Störungen, die
vom Fortschritt der Zivilisation hervorgerufen werden, zu begegnen?

Flüchtige Beobachtungen, Brocken von vertraulichen Mitteilungen, das Zusammenspiel von kleinen bekannten Tatsachen
erlauben es, sechs Charakteristika dieser Methode zu analysieren:

## 1. Die Übertragung der Energie auf die Berufsarbeit

Es ist sicherlich kein Zufall, daß die Sitzungen, in denen Kritik
und Selbstkritik geübt wird, am Arbeitsplatz stattfinden. Die berufliche Tätigkeit bietet, wenn sie intensiv genug betrieben wird,
eine Möglichkeit der Sublimation. Die Ängste oder Leiden, die den
Menschen niederdrücken, werden durch den gelebten Wert der
Arbeit gleichsam absorbiert. Voltaire verschrieb eine Art von individueller Psychotherapie, als er seinen Lesern empfahl, ihren
Garten zu bestellen wie Candide. Die Arbeit — besonders die
manuelle Arbeit — lenkt die desorientierten Triebkräfte und die
frustrierten Neigungen in geordnete Bahnen. Wenn diese Umlei-
tung der Energie unter der Mithilfe der Arbeitskameraden vor sich
geht, wirkt sie sich noch nachhaltiger aus. »Für die Chinesen«,
hatte mir Kuo Mo-jo gesagt, »ist es das größte Glück, beisammen
zu sein.«

## 2. Die beruhigende Sicherheit der Gruppe

Die Gruppe bestimmt, was man tun soll und was man nicht tun
soll. Sie übt die Rechtsprechung aus. Sie gibt jedermann die beruhigende Sicherheit, in jedem Moment zu wissen, was getan und
wie gedacht werden soll.

Selbst in den einfachsten Fragen verläßt man sich auf die

kollektive Entscheidung. Keiner der Funktionäre des Außenministeriums, die uns begleiten, nicht einmal Tang Hai-kuang, der Chef, faßt selbständig einen Beschluß. Werden unsere Begleitpersonen — einzeln oder alle zusammen — ein Geschenk annehmen? Dürfen wir sie in unserem Bericht persönlich erwähnen? Darf unser Fotograf die Leute knipsen, die ihre Betten auf dem Gehweg aufgestellt haben? Dürfen wir das Tonbandgerät eingeschaltet lassen, wenn ein Dolmetscher einem Journalisten Fragen beantwortet? Diese Fragen werden erst bei der Sitzung geklärt, die unsere Gastgeber täglich gemeinsam abhalten.

Die Gruppe bestimmt sogar, was Tatsache ist und was nicht. Die Chinesen huldigen sehr stark dem Nominalismus. Die Dinge beim Namen zu nennen, bedeutet für sie, mehr als für irgend jemand anderen, sie zu erschaffen. So wurde während des Opiumkrieges, am Vorabend einer Schlacht gegen die Engländer, ein großer Wettbewerb zur Verfassung von Siegesmeldungen durchgeführt. Man feierte das poetischste Bulletin bei einem großen Bankett. Am nächsten Tag wurde die Schlacht verloren, und nur noch das Bulletin erinnert an sie.

Dies war nur eine kindische Ausflucht. Aber Mao verwandelte diesen Fluchtweg aus der Realität in eine Methode, die Realität zu beherrschen.

Der Leser wird sich erinnern, daß das Zentralkomitee, oder eigentlich dessen Überreste, nach dem Langen Marsch eine lang dauernde Versammlung in Paoan abgehalten hatte: Wie war der Lange Marsch zu beurteilen? Manche Mitglieder, Anhänger Tschang Kuo-taos behaupteten, er sei eine Niederlage gewesen. Aber die Mehrheit war der Meinung, daß es sich um einen Sieg gehandelt hatte. Eine dementsprechende Resolution wurde veröffentlicht. Mit diesem Beschluß hatte das Zentralkomitee Geschichte gemacht: die Visionäre hatten ihre Vision durchgesetzt.

Diejenigen, die gewollt hatten, daß der Lange Marsch ein Sieg sei, hatten gesiegt. Diejenigen, die ihn als eine Niederlage empfunden hatten, erlitten eine Niederlage.

Die chinesische Wahrheit ist nicht im vorhinein gegeben. Sie wird erzeugt. In der Folge ist dann alles einfach: es genügt, sich daran zu halten.

### 3. Das Kollektiv, Herr über Lob und Tadel

Das Kollektiv scheidet die Guten von den Bösen. Es verteilt Lob und Tadel. Auf den Abweichler wird mit Fingern gezeigt. Derjenige, der dem richtigen Weg folgt, wird als Beispiel zur

Nachahmung empfohlen. Der Vorsitzende Mao ist der positive Pol, nach dem man sich zu richten hat, der ehemalige Vorsitzende Liu Schao-tschi der negative Pol, dem man den Rücken weisen muß; es genügt, daß man jemanden verdächtigt, diesem »Erzrenegaten«, »Revisionisten«, »Verräter«, »Geheimagenten des Auslandes« gegenüber Sympathien zu hegen, und die anderen Mitglieder begreifen sofort, welchen Weg man nicht einschlagen soll. Der gute Arbeiter, der gute Bauer trägt eine rote Armbinde oder pflanzt sogar eine rote Fahne auf seiner Maschine oder auf seinem Traktor auf. Die besten Arbeiten werden als Beispiele hingestellt, so wie man früher in der Schule die besten Aufsätze vorlas. In der Ständigen Industrieausstellung in Schanghai zeigt man den staunenden Besuchern (unter Nennung der Mannschaft, der man diese Werke verdankt) die flinkste mechanische Puppe, die von revolutionärer Kraft am tiefsten durchdrungene Jadeskulptur, das stärkste Lastauto, den schnellsten Webstuhl ohne Schiffchen, das am meisten duftende Stück Toiletteseife. Die guten Schüler werden belohnt, die bösen aber bestraft, und wenn die Überredung nicht genügt, um sie wieder auf den richtigen Weg zu bringen, werden sie zur Umerziehung geschickt.

### 4. Die Befreiung vom Schuldgefühl

Man hat uns allseits versichert: diese kollektiven Sitzungen haben die gute Eigenschaft, den größten Teil ihrer Teilnehmer zu beruhigen*; wenn sie vorher nervös waren, sind sie nachher entspannt. Am Anfang der Sitzung empfinden alle Teilnehmer ein vages Schuldgefühl: von allen Seiten regnet es Selbstbeschuldigungen — oder Beschuldigungen. Dann, unter der Leitung des Hauptverantwortlichen, dessen Geschicklichkeit darin besteht, so wenig wie möglich in Erscheinung zu treten, wird ein Mitglied der Gruppe direkt anvisiert. Klingt seine Selbstkritik überzeugend, zieht das Unwetter vorüber. Wenn nicht, wird aus dem Tadel Verurteilung — schwere oder leichte —, von der einfachen Verwarnung bis zur Zwangsarbeit. Diese Maßnahme, präzis und schnell wie ein Stich, wirkt wie die Akupunkturnadel: sie erweckt an einem bestimmten Punkt eine lebhafte Empfindung und befreit den übrigen Organismus von seinem Schmerz.

Was war die Große Proletarische Kulturrevolution denn anderes als eine »Versammlung zur Kritik und Selbstkritik«, an der innerhalb von vier Jahren achthundert Millionen Chinesen teilnahmen?

---

* Es gibt aber auch Teilnehmer, die zum Selbstmord getrieben werden.

»In der Partei«, erklärte Tschu En-lai, »wurden nur ein oder zwei Prozent aller Mitglieder bestraft, diese aber streng.« Die anderen, und alle Chinesen, die dem Strafgericht entgangen waren, fühlen sich durch den Schmerz, der einigen von ihnen zugefügt wurde, wie verwandelt: sie entfernen sich leichten Fußes.

Wenn ich unsere Begleiter beobachtete, wie sie sich mit sorgenvoller Miene zu der allabendlichen Sitzung begaben, und wie sie sich nach deren Ende fröhlich in den Korridoren verteilten, kam mir die Überlegung eines englischen Universitätsprofessors in den Sinn. Ich hatte ihm mein Erstaunen darüber mitgeteilt, daß die Schüler des Eton-College, die ich beobachtet hatte, wie sie geschlossen am Sonntagsgottesdienst teilnahmen, die alte Kapelle Heinrichs VI. mit langsamen, beinahe zögernden Schritten betraten, am Ende des Gottesdienstes jedoch fröhlich und rasch herauskamen. Der Wissenschaftler antwortete mir mit einem Humor, der nicht ganz frei von Ernst war: »Die Jungen gehen zum Gottesdienst mit der Angst eines Menschen, der sich fragt, ob er nicht gekreuzigt wird. Sie kommen mit dem freudigen Gefühl heraus, daß ihnen nichts geschehen ist.«

Die Riten des Anathema, der Verfemung, der Exkommunikation oder der Verbannung sind so alt wie die Welt. Die chinesische Führung verstand es jedoch, sie zu erneuern, sie machte aus ihnen Techniken der Sühne und der Regeneration, die dem heutigen China angemessen sind. Offenbaren sie nicht eine bessere Kenntnis der menschlichen Seele als jene westlichen Intellektuellen, die – obwohl sie sich gerne zum »Maoismus« bekennen – gegen die »repressive Gesellschaft« und für die »permissive Gesellschaft« demonstrieren, bereit, alle einer Angst zu überlassen, die durch die Bestrafung einiger weniger ausgelöscht werden könnte?

## 5. Der Schutz des kollektiven Narzißmus

»Wenn eine große Anzahl von Personen«, schreibt Freud in »Massenpsychologie und Ich-Analyse«, »dasselbe Ich-Ideal besitzt, verstärkt dies ihre archaischen Hoffnungen.« Unter »archaischen Hoffnungen« versteht Freud die leidenschaftliche Liebe, mit der das kleine Kind sich selbst liebt, eine Liebe, die im allgemeinen mit dem Wort Narzißmus bezeichnet wird. Es ist eine primitive Form der Liebe, die nicht darin besteht, den anderen um seiner selbst willen zu lieben, sondern darin, sich selbst im anderen zu lieben. Jeder Mensch ist zunächst Egoist. Er neigt ganz selbstverständlich dazu, alles auf sich selbst zu beziehen, sich selbst Lust zu verschaffen. Er findet nur dann sein Gleichgewicht, wenn er diesen narzißtischen Wunsch befriedigen kann.

Die Praxis des Denkens Mao Tse-tungs befriedigt diesen narzißtischen Wunsch, indem sie ihn »sozialisiert«. Das Individuum ist nicht mehr »sich selbst genug«, es existiert nur in bezug auf die anderen. Sein Bedürfnis, sich zu verwirklichen, überträgt sich auf die Gruppe, der es angehört. Zuerst auf die kleine Gruppe: dem ganzen Arbeitsteam wird Lob zuteil; die gesamte Gruppe wird durch den Tadel, der eines ihrer Mitglieder trifft, geläutert; alles zielt darauf ab, dem Individuum Stolz einzuflößen, daß es dieser und nicht einer anderen Gruppe angehört; und Scham, dies vielleicht nicht zu verdienen. Ganz besonders aber wird die große Gruppe betroffen: der Stolz des Chinesen, der chinesischen Nation anzugehören, an ihrer Auferstehung teilzunehmen, ein Mitglied dieses Pionier-Volkes zu sein, bedeutet für ihn Erfüllung. Wozu sich auf Kosten anderer zu bestätigen, wenn man sich im Stolz auf die allgemeine Heldentat vereint fühlt? Im übrigen ist das individuelle Ich zu schwach, um diesem Druck, den ein ganzes Volk ausübt, zu widerstehen, und seine Angst geht im kollektiven Bewußtsein auf.

## 6. Das Fest

Es gibt wenige moderne Staaten, die den sozialen Wert des Festes erkennen. Die großen kollektiven, zeitlich beschränkten und in ihrer Art geordneten »Befreiungen«, der Karneval der Brasilianer oder der Fasching der Deutschen, sind nur noch Relikte. Im alten China waren diese Riten lebendig. Das Neujahrs-Fest wurde vierzehn Tage lang in sorgsam gebändigter Ausgelassenheit gefeiert. Und auch die Oper war ein Fest: das Schauspiel, der ohrenbetäubende Lärm des Schlagzeugs wirkten auf die Chinesen wie die Tänze und das Tam-tam auf die Afrikaner; kollektiv wurden sie in eine Traumwelt versetzt.

Die maoistische Strenge hat das Fest nicht beseitigt, im Gegenteil. Wie alle kommunistischen Regimes, organisiert das Pekinger Regime Massenzeremonien; vielleicht ist es das einzige, das diese Zeremonien fröhlich gestaltet. Am 1. Mai und am 1. Oktober finden am Tien An Men-Platz in Peking und in allen Städten riesige Umzüge statt, die gymnastische Vorführungen, Militärparaden, Folklorefeste und Ahnenriten gleichzeitig sind. Vor allem aber geraten die Chinesen wegen jeder Kleinigkeit gemeinsam in Schwingung, machen sich selbst ein »Fest«. Wenn man sich in den Straßen verläuft, wenn man auf einem Feld kurz Rast hält: sofort, man weiß nicht, woher sie so plötzlich aufgetaucht sind, sind sie da, zehn, zwanzig, fünfzig, und unterhalten sich — man weiß nicht, worüber.

In der kleinen bäuerlichen Stadt Jenan wohnen wir der Vorführung eines Ensembles von Sängern und Tänzern bei, das man bei uns eine Jugendgruppe genannt hätte; ein schäbiger Saal, in dem sich die ganze Stadt drängt. Die Fröhlichkeit, die Frische aller Anwesenden trifft uns beinahe wie ein Schock. Eine Schauspielerin mit einer hohen Nachtigallstimme und rundem Pfirsichgesicht zwitschert lächelnd die Titel der Nummern. Sie sind ernst, ja beinahe streng: *Lieder für das chinesische Vaterland; Die Volksarmee arbeitet im befreiten Gebiet; Wie der Frühlingswind; Nieder mit dem japanischen Imperialismus; Befreien wir ganz China; Der Sprung nach vorn; Die Ernte; Revolution mit Mao; Das Volk von Jenan singt Zitate des Vorsitzenden; Töchter und Söhne von Jenan, huldigen wir dem Vorsitzenden Mao.*

Vor einem Hintergrund, der die Schatzpagode oder Maos Haus zeigt, treten eine Reihe blaugekleideter Mädchen auf, dann eine Reihe rotgekleideter Mädchen, eine Reihe Soldaten in Grün, Bauern mit dem traditionellen Turban, Bäuerinnen mit schwarzen Samtschürzen; nichts, was auf den ersten Blick überzeugend wirken könnte.

Aber der mitreißende Rhythmus, die Unmittelbarkeit und totale Aufrichtigkeit, die Kraft der mit so offenkundigem Vergnügen ausgedrückten Gefühle, lösen im Saal bald allgemeinen Applaus aus. Die Pirouetten und gewagten Sprünge der Soldaten-Bauern, die Gesten der spinnenden und nähenden Mädchen rufen begeistertes Murmeln hervor. Die traditionelle Kunst ist nicht fern, aber sie wird von der revolutionären Ästhetik belebt. Das mit chinesischen Instrumenten ausgerüstete Orchester unterstützt diese Tänze und Lieder in einem infernalischen Rhythmus. Was wir da sehen, ist kein Theater, sondern eine heroische Kirmes.

Kindischer Patriotismus, übertriebener Militarismus? Die Bauern von Jenan nehmen ganz ohne Hintergedanken an dieser lyrischen Kommunion teil: weil sie mitgerissen und vom Glauben getragen werden, weil ihre Themen ein Echo der ländlichen Traditionen sind und sich der lokalen Vergangenheit anpassen. Während alle Schauspieler auf die Bühne zurückkommen, um als Finale das Lied »Ostwind« zu singen und das Kleine Rote Buch vor einem riesigen Bild Maos zu schwenken, erhebt sich die Menge wie ein Mann, singt die Hymne laut mit und klatscht rhythmisch in die Hände.

Vielleicht war die Kulturrevolution nichts anderes als ein riesiges Fest, mit ihren Millionen Roten Garden, die mit Sonderzügen von einer Stadt in die andere gebracht wurden, mit ihren Aufmärschen vor dem Tor des Himmlischen Friedens, ihren spontanen Massenversammlungen, die von einem genialen Spielleiter gelenkt wurden, der, wie jeder gute Regisseur, im Hintergrund blieb. Und wenn der Spaß auch nach ein paar Monaten fast schlecht ausgegangen wäre — das Land ist trotz allem doch heil aus der Kulturrevolution hervorgegangen und hat aus ihr eine Beruhigung gezogen, die der Angst, die es umklammert gehalten hatte, entsprach.

Ein entspanntes China: das haben alle von uns empfunden, die das Land vor 1966 gekannt hatten. Die gewaltigen Spannungen der vorhergehenden Jahre sind gelockert. Die Chinesen, die starr, unpersönlich waren in der Periode des Großen Sprungs nach vorn, und uneinig während der Kulturrevolution, scheinen wieder zu sich selbst gefunden zu haben. Fühlen sie sich endlich vom Zwiespalt zwischen dem Denken Mao Tse-tungs und dem »Revisionismus« befreit? Löst die neugewonnene Spontaneität ihre Ängste? Sind sie endlich sicher, daß das Land seine Ordnung und seine Einheit wiedergefunden hat? Auf jeden Fall scheint China, nachdem es der Dämonen, die es quälten, Herr geworden ist, die Entspannung zu genießen wie eine Renaissance.

Sollte Mao das Geheimnis der kollektiven Psychotherapie gefunden haben? Wie lange wird dieses Gleichgewicht zwischen ständiger Kontrolle und Spontaneität anhalten? Zwischen Fröhlichkeit und Sittenstrenge? Wie lange wird das Individuum sein enges Verhältnis zur Gruppe als Zuflucht und Erfüllung empfinden?

# 6

## Erziehung oder Konditionierung

*Die ersten Jahre*

Krippen, Kindergärten: von dem Augenblick an, in dem ein chinesisches Kind seinen Blick auf einen Gegenstand richtet und die Formen zu erkennen beginnt, wird es vom politischen Denken beeinflußt. Die erste Farbe, die man es zu lieben lehrt, ist die rote. Die ersten Handbewegungen, die es nachahmt, sind revolutionäre Gesten: die Faust heben und gleichzeitig mit dem Absatz auf den Boden stampfen. Die ersten Lieder, die es zu singen versucht, sind Kriegshymnen.

Ein Baby, das uns die Arme entgegenstreckt, trägt auf seinem Latz die Worte: *Kleine Rote Soldaten*. Die großen Puppen in den Kinderabteilungen der staatlichen Warenhäuser sind Bäuerinnen mit geschultertem Gewehr oder in grünen Stoff gekleidete Soldaten mit der Maschinenpistole über dem Bauch, in der Tasche ihrer Militärjacken befindet sich das Kleine Rote Buch; oder Grubenarbeiterinnen, die Lampe auf der Stirne, Mao-Abzeichen auf der Brust, einen Slogan auf dem Rücken: »Der Vorsitzende Mao Tse-tung möge zehntausend Jahre leben!« Noch vollkommener sind die mechanischen Puppen. Propagandisten aus Plastik, die durch ein Megaphon die Zitate des Vorsitzenden rufen, oder kleine Mädchen, das Kleine Rote Buch in der einen und eine Fliegenklappe in der anderen Hand; sie lesen Mao-Zitate, während sie gleichzeitig Fliegen töten.

Im Kindergarten der Weberei Nr. 2 von Peking führen etwa zwanzig Kinder zwischen zwei und vier Jahren uns zu Ehren ein kleines Lustspiel auf. An der Wand große Bilder von Mao, flankiert von Kinderzeichnungen, die Themen des nationalen Stolzes darstellen: einen Hochofen, den Abschuß eines Satelliten, den Rauchpilz einer Atombombe. Auf einem quer über den Saal gespannten Strick trocknen kleine rote Frottierhandtücher, für jedes Kind eines, jedes mit den Initialen seines Besitzers und der Aufschrift: *Kleiner Soldat der Revolution* versehen. Die Kleinen stellen sich in einer Gruppe auf, um ein Marschlied zu singen. Dann trennen sie sich und mimen mit erhobenen Armen den Abschuß des chinesischen Satelliten. Die Kleinsten von ihnen — sie sind weniger als drei Jahre alt — tragen Hosen, die am unteren Ende des Rückens geschlitzt sind. Das Gesäß entblößt, stampfen sie mit den Füßen, um den Tod eines Feindes, den einer von ihnen mit einer Miniaturmaschinenpistole niedergestreckt hat, zu feiern. Ein kleines Mädchen von vier Jahren singt eine Sopranarie aus dem revolutionären Ballett *Das Rote Frauenbataillon*.

In der Kinderkrippe von Meitschiakou, dem »Bergdorf der Familie Mei« in der Provinz Tschekiang, sehen wir eine ähnliche Vorführung mit ähnlichen Themen. Kleine Mädchen und kleine Jungen mit Holzgewehren spielen eine Szene aus dem revolutionären Ballett *Das weißhaarige Mädchen*.

Die Turnstunde ist viel lustiger, wenn sie zu einer militärischen Übung umgewandelt wird und die Gewichte und Hanteln durch Waffen ersetzt werden — auch wenn sie aus Gummi sind. Sind die Kinder selber nicht auch so, als wären sie aus Gummi? Was kann man nicht alles mit ihnen machen! Mit welchem Eifer rufen sie die Parolen, die man ihnen eingelernt hat! Die kleinen Kinder Chinas sind von allen Kindern der Erde vielleicht am sichersten in ihrer Überzeugung.

### Eine Volksschule auf dem Land

Meitschiakou hat 1344 Einwohner, die sich auf 251 Familien verteilen. Die Schule wird von Kindern zwischen sieben und dreizehn Jahren besucht, die in sechs Klassen eingeteilt sind; sie werden von fünf Lehrern und drei Lehrerinnen betreut.

Aber, so erklärt man mir, es besteht keine Schulpflicht.

»Wieviel Kinder gibt es im Dorf?«

»Zweihundertzweiundvierzig.«

»Und wie viele besuchen die Schule?«

»Natürlich zweihundertzweiundvierzig.«

»Der Schulbesuch ist freiwillig, und trotzdem besucht jedes Kind den Unterricht?«

»Es kommt vor, daß sich Kinder weigern, in die Schule zu gehen und lieber schwänzen. Aber sie tun das nicht lange.«

»Warum?«

»Ihre Kameraden verspotten sie; ihre Eltern tadeln sie, ihre Lehrer beschämen sie.«

In der Schule, wie auch anderswo, ersetzt der gesellschaftliche Druck den formellen Zwang. Ein Chinese, ob klein oder groß, kann nicht lange ein Lausbub bleiben.

Auf der Vorderfront der Schule ist eine Inschrift mit einer Richtlinie Maos angebracht: »Ihr sollt euch für die Angelegenheiten des Staates interessieren, während ihr die Große Proletarische Kulturrevolution zu Ende führt!« Der Lehrplan paßt sich diesem Motto an: Politische Erziehung (die sich ganz eng an die chinesische Aktualität hält), Studium der Werke Maos, chinesische Literatur (erbauliche Geschichten, der zeitgenössischen Chronik entnommen, sozialistische Texte), manuelle Arbeit zur Vorbereitung auf die Produktion, Gesang (revolutionär), Sport (militärisch). Hinzu kommt noch das Zeichnen, immer nach der Natur, nie nach der Phantasie (seit der Kulturrevolution sind Blumen und Tiere aus dem Repertoire verschwunden; man zeichnet das Kombinat von Wuhan oder die Brücke von Nanking. Die größeren Schüler porträtieren die lokalen Helden des Befreiungskrieges oder der »Produktion«).

Der Lehrer Mei Ta-hsien erklärt mir, daß die Zahl der Stunden, die dem Studium des Denkens Mao Tse-tungs gewidmet waren, vermindert wurde, weil dieses Gedankengut bereits in andere Fächer integriert worden sei. Das Kleine Rote Buch ist das erste Lesebuch, aus ihm wird gleichzeitig auch das Wesentliche der politischen Schulung und der sozialistischen Kultur geschöpft; so geht es bis zu den Mathematik-, Turn- und Zeichenstunden, die nur als Illustrationen für die Sätze des Vorsitzenden dienen.

Der Unterricht hier wurde für die Kinder des Volkes, des Volkes dieser Provinz, dieses Dorfes konzipiert. Er ist eins mit der Landschaft, in der das Kind lebt. Wenn »die Schule aus ist«, geben die Lehrer den Kindern weiterhin ein gutes Beispiel, indem sie tatkräftig an schweren Arbeiten teilnehmen.

»Wenn die Kulturrevolution uns etwas gebracht hat«, schließt Mei Ta-hsien, »dann die Tatsache, daß der Unterricht besser in das Leben der Brigade integriert wurde.« Nur die autonome Verwaltung der Schule durch das Dorf erlaubt und garantiert diese Integration; die Brigade ist autark, sie braucht zur Erhaltung ihrer Schule keinerlei staatliche Unterstützung. Die Schule ist Angelegenheit des Dorfes, und zusammen mit der Produktion die wichtigste Angelegenheit von allen.

### Ein barfüßiger Lehrer

»Wie ist die Kulturrevolution bei Ihnen abgelaufen?« fragte ich Mei Ta-hsien. Er zeigt mit dem Finger in die Weite, anscheinend Richtung Schanghai oder Hangtschou. »Die Kulturrevolution hat in den Städten getobt.« Mei Ta-hsien ist ein ruhiger Lehrer in einem Dorf, das von ruhigen Leuten bewohnt wird. Er ist unter der »alten Gesellschaft geboren«, im Jahr 1936. Man hatte ihn zu Beginn »nach den Richtlinien der privilegierten Klasse der Grundbesitzer und der Reichen« erzogen, und er hatte große Mühe aufwenden müssen, um das Niveau einer »sozialistischen Erziehung« zu erreichen. Mit sechzehn Jahren, drei Jahre nach der Befreiung, hatte er sein Studium beendet; er war hauptsächlich »praktisch geschult worden«, als er in mehreren Dörfern unterrichtete.

Mit fünfunddreißig Jahren hat er dreizehn Jahre Berufsleben hinter sich. Er ist mit einer Arbeiterin der Produktionsbrigade verheiratet und Vater von drei Kindern. »Man muß aufhören«, sagt er lächelnd, »drei, das ist viel, es ist zuviel, und man muß ein gutes Beispiel geben.« Seine Frau hat im vergangenen Jahr dreihundert Jüan* verdient, er selbst verdiente dreihundertsechsundachtzig Jüan.**

Er erinnert sich also auf einen Jüan genau, was er vergangenes Jahr verdient hatte.

»Wieviel werden Sie dieses Jahr bekommen?« Er weiß es noch nicht. Es hängt von der Ernte ab; und auch von der Zufriedenheit des Revolutionskomitees der Volkskommune; je nachdem, was der Brigade übrigbleibt, nachdem Reis und der Tee an den Staat abgeliefert worden sind, bekommen die Arbeiter (die Lehrer mit inbegriffen) ihren Anteil nach dem Grad ihres Eifers. Keine Familienbeihilfen, keine Wohnungsbeihilfe oder sonstige Gehaltsaufbesserungen; als Ersatz aber andere Leistungen in Naturalien, darunter auch die Wohnung.

Mei Ta-hsien und seine Frau verdienen zu zweit weniger als ein Fabriksarbeiter in der Stadt. Aber ihre Bedürfnisse sind gering. Sie kaufen alles Notwendige im staatlichen Warenhaus, dem einzigen Kaufhaus des Dorfes; es bietet seine Waren zu sehr niedrigen Preisen an. Weißes Hemd, Plastiksandalen, schlotternde Hosen, Bürstenschnitt und schwielige Hände: nichts unterscheidet ihn von den Bauern seines Alters, deren Leben er teilt.

Er ist ein »barfüßiger Lehrer«. Wie die »barfüßigen Ärzte« ist seine Grundausbildung rudimentär. Wie sie, hat er sein Wissen hauptsächlich an Ort und Stelle erworben; wie sie, wurde er rasch eingesetzt, um dringende Bedürfnisse zu befriedigen, die vor der Befreiung überhaupt nicht befriedigt werden konnten.

Jede Volkskommune, die man besichtigen kann, hat ihren Mei Ta-hsien. Aber er lebt oft mit Lehrern aus der Stadt zusammen.

* 360 DM.
** 460 DM.

Im Zuge der Kulturrevolution wurden viele junge Intellektuelle auf das Land geschickt, eine wertvolle Verstärkung der Unterrichtseinheiten der Produktionsbrigaden. Aber nur eine Verstärkung: es wurde stets dafür gesorgt, daß sie sich gegenüber den barfüßigen Lehrern in der Minderheit befanden.

Der Status der Professoren der höheren Schulen, denen wir in den Städten begegnet waren, ist ähnlich, auch sie werden von den Gemeinden bezahlt und erhalten eine Gratiswohnung, in der Schule oder bei einem Einwohner. Aber ihr Monatseinkommen ist doppelt so hoch wie dasjenige eines barfüßigen Lehrers, allerdings ist das Leben in der Stadt auch teurer als auf dem Land. Keinen Unterschied in bezug auf Gehalt oder Ansehen gibt es bei den Volksschullehrern, seien sie nun Absolventen eines Lehrerseminars oder Autodidakten. Nur die Art und Wirksamkeit ihrer Dienstleistung zählt.

### Die »Jungen Roten Garden«

Die Erziehung endet nicht an der Tür des Klassenzimmers, draußen ist sie nur anders: eine Art immerwährendes großes Spiel.

Nicht weit von Sian, in den Thermalbädern am Berg Li Schan, üben sich am Rand der weißen Marmorbecken Pioniere (Jungen und Mädchen von zwölf bis fünfzehn Jahren), rote Tücher um den Hals geschlungen und das Kleine Rote Buch in den Händen, in Gesang und Rezitation. Sie gehen am Rand der Wäldchen entlang, durch die durchbrochenen Pavillons, mit der verträumten Grazie der Epoche der Hans und der Tangs, die hier bei den Lotusblüten dieser Quellen die Sorgen der Macht vergaßen. Wie sanft und reizend sind sie, diese gezähmten Jugendlichen, deren Ältesten vor einigen Jahren, entfesselt, das Regime in Gefahr gebracht hatten. Diese Pfadfinder der Revolution begnügen sich heute damit, die Revolution zu besingen.

In Kanton sieht »das große Spiel« ernster aus und die Roten Garden wirken weniger freundlich. Wenn sie auch ihr Ungestüm verloren haben, so sind sie doch weiterhin wachsam. In den Kaufhäusern stehen sie zu zweit Wache, Burschen oder Mädchen. Alte Männer — wahrscheinlich Intellektuelle, die umerzogen werden — fegen die Straßen unter der Aufsicht dieser Musterschüler Mao Tse-tungs.

Die Kinder, die schon so frühzeitig gelernt haben, im Chor Kampflieder zu singen, den Inhalt der neuen Ballette darzustellen, im Kleinen Roten Buch zu lesen und mit erhobener Faust zu

marschieren, werden durch die revolutionären Vorbilder zur Nachahmung angeregt: in jeder Klasse werden diejenigen ausgezeichnet, die die revolutionären Szenen am besten singen, tanzen oder
spielen. Sie werden zu Elitetruppen, die in den Stadtvierteln oder
in ländlichen Volkskommunen auftreten, weniger, um Vergnügen
zu verbreiten, als »um den guten Samen auszusäen«. Die Schule
und die dazugehörigen Einrichtungen sind nicht dazu da, um
Schöngeister heranzuziehen, sondern um Soldaten der Revolution
auszubilden. In Nanking bieten uns junge Rotgardisten ein Schauspiel, das uns kalte Schauer über den Rücken jagt. Sie mimen die
»Vietnamesischen Kinder an der Front« und schießen mit ihren
Maschinenpistolenattrappen gegen den Himmel. Das Pfeifen und
die Explosion des amerikanischen Flugzeugs, das man im Schattenspiel abstürzen sieht, ruft einen Freudentanz hervor.

Dann stellen sie, als Bäuerinnen und Soldaten verkleidet, die
Liebe dar, die das Volk mit seiner Roten Armee verbindet. Sie
werden von einem Orchester mit chinesischen Blas- und Saiteninstrumenten begleitet: »Die Jungen Roten Garden nehmen an der
Arbeit auf den Weiden teil. Die Jungen Roten Garden lernen in
der Volkskommune, wie man Reis anbaut. Der Rotgardist aus der
Steppe, der den Vorsitzenden Mao sah. Die rote Sonne vergoldet
die Modellkommune von Tatschai. Das Denken Mao Tse-tungs
erleuchtet Tibet.« Am Ende führen sechzehn junge Musiker und
ebenso viele Sänger »Die Völker der Erde werden siegen« auf.

Um Mitternacht begleiten sie uns zu unserem Hotel. Wir sind
wie trunken von ihren Schlagzeugen und Trommeln, vom fröhlichen Eifer dieser bartlosen Soldaten und dieser entfesselten
Mädchen. Ihre zinnoberrot geschminkten Wangen leuchten im
Schein der Lampen, als wäre das Rot der Armbinden, der Bänder
und Blumensträuße nicht genug. »Unser Herz ist rot«, rufen sie
zum Abschied.

Nach kurzer Nachtruhe, gegen sieben Uhr früh, fahren wir weiter. Unser Konvoi überholt eine Kolonne der Jungen Roten Garden. Hinter einem Mädchen, das ein Bild Maos wie eine Reliquie
emporhebt, und einem Burschen, der die rote Fahne trägt, predigen sie, eine Bambusstange im Gürtel, unterstützt von Gongs und
Zimbeln, Maos Worte durch Lautsprecher. Wir erkennen unsere
Freunde von gestern abend, verlangsamen unser Tempo, die Gesichter der jungen Leute erhellen sich, mehrere von ihnen machen
freundliche Zeichen mit der Hand. Aber sie sind zum Dienst abkommandiert, entfesselter Enthusiasmus ist nicht mehr am Platze.
Sie müssen ihr Tagewerk verrichten: die Bewohner dieses Viertels
aufmuntern, Propagandamaterial verteilen, über das ideologische

Niveau aller wachen, die Irrtümer ausrotten. Wo hört das Spiel auf, und wo beginnt die Konditionierung?

### Die höheren Schulstufen

In der Volkskommune der Kubanischen Freundschaft, nicht weit von Peking, gibt es sechs Mittelschulen und dreiundzwanzig Volksschulen für achtunddreißigtausend Einwohner. Im Schulhof empfangen Hunderte von Jungen und Mädchen im Alter von zwölf bis siebzehn Jahren die kleine Gruppe der französischen Besucher; sie schwenken das Kleine Rote Buch, bevor sie auf ein Zeichen hin zu applaudieren beginnen.

Ein Pfeifsignal: Ende der Pause. Die Schüler stellen sich in einer Reihe auf und gehen — in eindrucksvoller Ordnung — in ihre Klassen. Während die Delegation eine Klasse betritt, legen die Schüler das Kleine Rote Buch auf die Tische.* Sie werden es während der Unterrichtsstunde, in der ein Leitartikel der »Volkszeitung« kommentiert wird, öfter benützen.

Die Lehrpläne? Sie sind in drei Gruppen gleicher Bedeutung aufgeteilt: Leibeserziehung, wobei militärische Gymnastik und Waffenübungen dominieren; die moralische Erziehung — kommunistische Ethik und das Denken Mao Tse-tungs; und schließlich intellektuelle und praktische Bildung. Sogar in dieser dritten Gruppe, die einzige, die den Lehrplänen unserer Mittelschulen und Gymnasien ähnelt, ist der Atem der Revolution deutlich spürbar. Physik, Chemie und sogar Mathematik werden in Verbindung mit der Arbeit in den Schulwerkstätten unterrichtet. Der Geschichtsunterricht befaßt sich mit der chinesischen Revolution; dazu kommen noch die Geographie Chinas, ein wenig Englisch, landwirtschaftliche Grundkenntnisse. »Chinesische Sprache und Literatur?« Dieses Lehrfach umfaßt nur die proletarische Literatur, die Gedichte des Vorsitzenden Mao, die Werke, die den Großen Steuermann preisen, und die Libretti der zeitgenössischen Ballette. Die »kulturellen« Aktivitäten? Rhythmische Rezitation von Gedichten, Gesangstudien anhand von Arien aus revolutionären Opern, Aufführungen von Stücken und kleinen Lustspielen, die von Schülern über aktuelle Themen verfaßt wurden.

Schüler und Lehrer leisten gemeinsam sechs Wochen Arbeitsdienst in einer Fabrik und vier Wochen Landarbeit; der größte Teil ihrer Ferien ist damit vergangen. Die Schüler besuchen die

---

* In dieser Schule wurde das Photo für den Umschlag dieses Buches aufgenommen.

Schule sechs Stunden am Tag, sechs Tage in der Woche, vier Jahre lang.

Wie alle anderen Schulen der Kommune der Kubanischen Freundschaft, untersteht auch diese der Aufsicht des Revolutionskomitees der Kommune und wird direkt von ihrem eigenen Revolutionskomitee verwaltet. In diesen beiden Komitees sitzen Bauern, Arbeiter und Soldaten Seite an Seite, um darüber zu wachen, daß die Erziehung nicht von den Richtlinien des Vorsitzenden Mao abweiche.

### Ein nationales Unterrichtswesen

»Ohne Zweifel hat die Kulturrevolution in den Dorfschulen die meisten Änderungen verursacht«, sagte Tschu Tschen-tung zu mir, als er einen Pfad im »Gebirgsdorf der Familie Mei« hinaufstieg.

»Ich dachte, das Land wurde von der Kulturrevolution nicht so stark berührt?«

»Nicht, was das Unterrichtswesen betrifft. In den Dörfern kam es nicht zu solchen Ausschreitungen wie in den Städten; aber die ländlichen Gebiete waren die ersten, die aus den Errungenschaften der Revolution Nutzen zogen. Nach den Richtlinien des Vorsitzenden Mao* wurde die Leitung der Landschulen der Klasse der armen und mittelarmen Bauern übertragen.«

Auch auf diesem Gebiet sieht es so aus, als wäre zwischen 1949 und 1966 nichts geschehen. In Wahrheit jedoch hat China im Lauf dieser siebzehn Jahre riesige Anstrengungen unternommen, um seine Jugend besser auszubilden und sein Unterrichtssystem zu vereinheitlichen. In den hundert Jahren, die der Befreiung vorangegangen waren, hatten die ausländischen Interventionen, die die alten kaiserlichen Strukturen zerstörten, das chinesische Unterrichtswesen in einen anarchischen Zustand versetzt: es war genauso zersplittert wie China selbst. Es war praktisch unmöglich, von einer Schule zur anderen zu wechseln; man mußte seine gesamten Studien bei den französischen Jesuiten oder den schottischen Presbyterianern oder in einer buddhistischen Schule absolvieren. Es gab keine nationale Erziehung, denn es gab keine Nation mehr.

Zwischen 1927 und 1949 versuchte die Kuomintang, Ordnung in dieses Chaos zu bringen. Sie hat das öffentliche Unterrichts-

---

* In der »Volkszeitung« vom 25. August 1968, in einem Artikel von Jao Wen-jüan.

174

wesen, besonders an den Universitäten, nicht ohne Erfolg aufgebaut. Aber die sehr zahlreichen privaten Schulen blieben ganz frei in der Wahl ihrer Stunden- und Lehrpläne, ihrer Lehrbücher und in der Auswahl ihrer Professoren und Schüler.

Nach der Befreiung brachte die kommunistische Partei innerhalb von zwei Jahren eine totale Vereinheitlichung zustande. Die staatlichen Schulen wurden umorganisiert, es gab dort jetzt Parteizellen, politische Kommissare, Schulkomitees, die Liga der Jungkommunisten und Gewerkschaftsorganisationen, denen Professoren und Schüler beitreten mußten. Nach dem Januar 1951 rief der Unterrichtsminister in Peking alle Verantwortlichen der Missionen, der durch ausländische Fonds finanzierten Schulen und der Privatschulen zusammen und »überredete« sie offenbar, der sofortigen Umwandlung ihrer Schulen in staatliche Schulen zuzustimmen. Das System, das damals eingeführt wurde, war dem sowjetischen Modell nachempfunden. Hier wie auch in anderen Bereichen sollten die Divergenzen zwischen beiden Ländern zum Bruch führen, und die Kulturrevolution ermöglichte es dann China, seinen eigenen Weg zu finden. Offensichtlich aber hatten erst die Anstrengungen, die nach dem Jahr 1949 unternommen worden waren, tatsächlich Erfolge im chinesischen Schulwesen bewirkt.

Überall macht man uns aufmerksam, daß die Schule alle Kinder erfasse. Trifft dies auch auf die weit entfernten Provinzen wie Sinkiang, die Mongolei und Tibet zu? Wir wissen es nicht. Aber in den sechs Provinzen und den acht großen Städten, die wir besuchten, ist dies anscheinend der Fall.

Das Analphabetentum geht rasch zurück, sagt man uns; nicht nur, weil es an der Quelle unterbunden wird, sondern auch, weil es Abendschulen den Erwachsenen, die keine Schule besuchen konnten, ermöglichen, das Versäumte nachzuholen. Unaufhörlich wiederholt man uns: »Vor der Befreiung waren 85 Prozent der Chinesen Analphabeten, seitdem ist das Verhältnis umgekehrt: 85 Prozent der Bevölkerung haben lesen gelernt.« Was man früher in den entwickelten Ländern sehen konnte — Großmütter, die ihren Enkelkindern das Lesen beibrachten — kann man jetzt auch in China beobachten, aber umgekehrt: die Kinder, stolz darauf, sich die wichtigsten Schriftzeichen angeeignet zu haben, geben ihr Wissen an ihre Großeltern und hie und da auch an ihre Eltern weiter. Natürlich kommt es für keine dieser Generationen in Frage, die 20.000 Schriftzeichen zu lernen, die zu kennen das Vorrecht der Gebildeten ist, aber 3000 Zeichen genügen, um das Kleine Rote Buch und die »Volkszeitung« zu lesen. Die anderen

Zeichen würden vielleicht nur dazu verleiten, nutzlose oder schädliche Bücher zu lesen . . .

Die Unwissenheit ist jedenfalls im selben Maß zurückgegangen wie die Kultur der Privilegierten.

Obwohl keine umfassende Statistik veröffentlicht wurde — weder über die Zahl der Schüler noch über andere soziale und kulturelle Phänomene — hat man uns mitgeteilt, daß 120 Millionen Kinder die Volksschule besuchen und 30 Millionen die Mittelschule* — ein ungeheurer Zuwachs im Vergleich zu früher. Es stimmt, daß der allgemeine Schulbesuch, der durch das Entstehen neuer Unterrichtseinheiten auch in den entferntesten Provinzen ermöglicht wurde, durch eine Kürzung der Schulzeit kompensiert wird. Jeder besucht die Schule, aber nicht so lange wie früher, als nur wenige sie besuchen konnten.

### Die Schule, Mutter der Gesellschaft

Diese quantitativen Erfolge gingen Hand in Hand mit der Revolutionierung des Unterrichts. Sicherlich hat man in den Volks- und Mittelschulen damit nicht bis zur Kulturrevolution gewartet. Ohne Unterlaß verkündete Mao die Notwendigkeit, die Jugend durch eine einfache und erdnahe Erziehung zu formen, bei der die manuelle Arbeit und die ideologische Schulung eine bevorzugte Rolle spielen und ohne jede Diskriminierung auf alle ausgedehnt werden sollten. Schon seit langem wurden Versuche in dieser Richtung unternommen.** Aber die Kulturrevolution lieferte einen ausgezeichneten Anlaß, die Ideen Maos über die »Proletarisierung des Unterrichts« im großen Rahmen auszuführen. Bisher war es ihnen nicht gelungen, die dicken Schichten der Routine zu durchbrechen, so wie die Wintersonne die niedrig ziehenden Wolken nicht durchbrechen kann: nun hatte ein Gewitter den Himmel gereinigt. Die Schulen — sogar die Volksschulen — wurden vom Juni 1966 bis zum Februar 1967 geschlossen. Bei ihrer Wiedereröffnung (die Lehrbücher waren noch nicht revidiert worden) widmete man sich ausschließlich dem Studium des Kleinen Roten Buches, dem einzigen Lehrbuch, das keiner Revision bedurfte.

* Der Verantwortliche für Erziehung im Revolutionskomitee der Provinz Kwantung versicherte uns, daß von 50 Millionen Einwohnern der Provinz 7 Millionen die Volksschule und 2,2 Millionen die Mittelschule besuchen.
** Mit diesen Versuchen wurde, der »Volkszeitung« zufolge (Artikelserie vom 18. bis 22. Oktober 1968), zehn beziehungsweise achtzehn Jahre vor den Richtlinien des 25. August 1968 begonnen.

Der neue Unterricht zielt in allem darauf ab, die Kinder zu Bürgern einer revolutionären Nation zu machen. Der Kult der heroischen Epoche bleibt lebendig. Wie im Kang-ta-Institut von Jenan, nehmen die Schüler gleichzeitig mit den Ideogrammen auch die Ideen auf. Grammatik oder Vokabeln müssen nicht mehr anhand langweiliger Beispiele gelehrt werden: »Der Tee ist gut« — »Meine Tasse ist klein.« — »Die Katze hat die Maus gefressen.« Unsere Gesprächspartner machen sich über die früheren Unterrichtsmethoden lustig. Die Lehrbücher waren vollgestopft mit »feudalem und bourgeoisem Schund«, nur »Blumen, Vögel und Parks«, mit Geschichten wie jener von »Kung Jüng, der die schönsten Birnen seinen Brüdern überließ«. In Zukunft hebt man das politische Niveau zugleich mit dem kulturellen, mit Hilfe von Sätzen wie: »Um im Sturm steuern zu können, braucht man einen guten Steuermann.« Kinder und Erwachsene lernen Alphabet und Katechismus zugleich.

Die Revolution läßt wenig Muße. Hier gibt es keine Vereinigung zum »Schutz der Schuljugend« gegen die Unterdrückung der Erwachsenen. Man verlangt viel von den Schülern; Faulheit ist nicht gefragt; und man bekämpft die Trägheit schon im zartesten Alter.

Einer von uns ist beunruhigt wegen dieser Überbeanspruchung. »Die Kinder ermüden weniger leicht als die Erwachsenen«, antwortet der Lehrer Mei kurz und bündig. »Es ist gesund für sie, viel zu arbeiten. Sie brauchen es für ihr Wachstum.«

Noch mehr: man rechnet damit, daß sie die moralische Erziehung ihrer Eltern übernehmen, ihnen nicht nur das Lesen beibringen. Das Regime schickt zusammen mit den Schülern die ganze Familie zur Schule. Die Kinder erhalten den Auftrag, gegen die egoistische oder rückständige Mentalität ihrer Umgebung zu kämpfen. »Wenn der Schüler nach Hause kommt«, setzt mir der Lehrer Mei auseinander, »erklärt er seinem Vater und seiner Mutter, was ich ihn in der Klasse gelehrt habe, er versucht, die Eltern dazu zu bringen, seine sozialistische Begeisterung zu teilen; er hilft ihnen, sich vom Egoismus oder Revisionismus, der noch in ihnen stecken mag, zu befreien.«

Kurz, das Kind trägt die Verantwortung für die politische Bildung seiner Familie. Wie sollte ich meinen Gesprächspartnern nicht glauben, wenn sie mir versichern, daß nichts die Kinder reifer macht, als dieser Parteiauftrag, die Eltern zu erziehen?

Der revolutionäre Ring schließt sich. Die »großen Massen« spornen die Lehrer an. Die Lehrer spornen die Kinder an. Die Kinder spornen die Erwachsenen an. Alle bewegen sich vorwärts, unter dem Ansporn aller. Die Schule ist die Mutter der Gesellschaft von morgen.

*Wer ein guter Staatsbürger sein will, muß ein guter Soldat sein*

»Was wollt ihr später werden?« fragte ich die jungen Rotgardisten von Nanking, nachdem sie ihre Vorführung beendet hatten.

Von fünf Befragten wollte einer Arbeiter werden und einer Bauer. Drei, davon zwei Mädchen, wollten in die Armee eintreten: Wie könnte man der Revolution besser dienen?

Im Hof der Schule der Zwei-Brücken-Volkskommune defilieren Burschen und Mädchen, das Gewehr geschultert.

»Warum nimmt die militärische Vorbereitung einen so wichtigen Platz in der Schulerziehung ein?«

»Wir trainieren die Schüler in militärischen Übungen, damit ihr Geist kämpferisch und ihr Körper kriegstüchtig wird«, antwortet ein Lehrer.

»Fürchten Sie denn, daß es bald Krieg geben wird?«

»Die intellektuelle Bildung ist weniger wichtig als die staatsbürgerliche und körperliche. Der Schüler wird ein guter Arbeiter, guter Bauer, guter Funktionär, wenn er zuerst ein guter Staatsbürger ist. Um ein guter Staatsbürger zu sein, muß er ein guter Soldat sein. Um ein guter Soldat zu werden, muß er robust sein.«

Ich befrage die Jugendlichen, die vor Freude getanzt hatten, nachdem sie im Spiel ein amerikanisches Flugzeug »abgeschossen« hatten:

»Würdet ihr wirklich auf ein echtes Flugzeug schießen können?«

»Sicherlich, wir üben das Schießen mit richtigen Gewehren zweimal in der Woche in der Schule und am Sonntag gehen wir mit unseren Eltern zu einer Schießübung.«

Dies ist tatsächlich d i e Unterhaltung für die ganze Familie, wenn die Eltern das Glück haben, daß ihr wöchentlicher Ruhetag auf den Sonntag fällt. In Massen wandern die Leute zu einem Schießstand und warten, bis sie an die Reihe kommen. Von den Großeltern bis zu den kleinen Kindern bekommen alle eine Feuerwaffe und werfen sich nebeneinander zu Boden, um zu zielen. Wenn die Scheibe getroffen ist, kippt sie um, und ein Schriftzeichen erscheint; mehrere dieser Schriftzeichen hintereinander bilden eine Parole: »Wenn der Feind einen Fuß auf unseren Boden setzt, werden wir ihn vernichten.« Der ungeschickte Schütze wird beschämt, weil er das Erscheinen der ganzen Parole verhindert; wenn es ihm nicht schnell gelingt, bessere Resultate zu erzielen, muß er seinen Platz einem geübteren Schützen überlassen.

Die Jungen verfertigen auch Modelle von Kampfflugzeugen und Torpedobooten. Ein anderes Spiel ist eine kriegerische Version unseres friedlichen Stafettenlaufs. Die Schüler überreichen einander im Lauf einen mit Lumpen vollgestopften Sack, der die Aufschrift »Dynamit« trägt. Jedes Kind muß eine mit Hindernissen gespickte Bahn durchlaufen. Zwei Steine bezeichnen einen Fluß, den der junge Revolutionär überspringen soll; eine gespannte Schnur stellt eine Mauer dar. Wenn das Kind den Zwischenraum zwischen den zwei Steinen nicht überspringen kann oder sich in der Schnur verfängt, explodiert das »Dynamit«. Die Mission ist fehlgeschlagen, wenn es dem Kind nicht gelingt, seine Ungeschicklichkeit dadurch zu korrigieren, daß es sich nach vorne zu Boden wirft, um die Erschütterung zu vermindern. Einer seiner Kameraden nimmt ihm den »Sprengstoff« aus der Hand und läuft damit weiter.

»Wer sind eure Feinde? China führt doch mit niemandem Krieg.«

»Der Feind verbirgt sich im Schatten. Er wartet auf den Augenblick, uns anzugreifen...« »...Wir müssen trainieren, um die Revisionisten und die Imperialisten zu vernichten, wenn sie es wagen sollten, uns anzugreifen.«

»Und wenn sie es nicht tun?«

»Der Revisionismus und der Imperialismus liegen stets auf der Lauer, wir müssen jeden Augenblick bereit sein, sie niederzuwerfen.«

»Wir sind alle kleine rote Soldaten«, sagt mir ein etwa zwölfjähriges Mädchen, und ihre Augen blitzen vor Kampfgeist.

»Wer sind deine größten Feinde, die Imperialisten oder die Revisionisten?«

»Sie sind alle beide Feinde des Volkes.«

Anscheinend sind diese jungen Rotgardisten nicht wählerisch. Zitternd vor verhaltener Leidenschaft, sind sie bereit, ihre Rolle auch in einem »richtigen« Krieg zu spielen:

»Wenn die Feinde des Volkes China überfallen, wird unsere ganze Klasse an die Front gehen, um den Aggressor zu vernichten.«

Von wo wird er kommen, dieser geheimnisvolle Aggressor? Aus dem Osten? Gewisse Anzeichen deuten darauf hin: die kleinen Rotgardisten unterhalten eine ständige Korrespondenz mit ihren Kameraden in Nordvietnam, Kambodscha und Laos, »die mit allen ihren Kräften gegen den amerikanischen Imperialismus kämpfen«. Aber andere Indizien sprechen eher dafür, daß der Feind im Nordosten steht. Broschüren, die in immer größeren Auflagen herausgegeben werden, schüren den Haß gegen die Sowjetunion.[1]

In der Schule lehrt man die Kinder auf russisch zu rufen: »Hände hoch!« »Stehenbleiben!« Anscheinend lehrte man sie nicht, dies auf englisch zu sagen. Kurz, das Training hat seine Besonderheiten. Die kleinen Chinesen lernen, amerikanische Flugzeuge abzuschießen und russische Soldaten gefangenzunehmen.

Die Schulstunden genügen nicht: auch mitten in der Nacht werden Übungen durchgeführt. Die Lehrer gehen von Haus zu Haus, wecken ihre Schüler und führen sie im Mondlicht über Gebirgspfade. Dort wird, nach einer atemlosen Jagd, ein »Konterrevolutionär«, ein »Spion« oder ein »Fallschirmjäger« verhaftet. Als beispielgebend bezeichnete die Presse eine Schule in Fukien auf der Halbinsel Hungtschi, wo die Schüler Tag und Nacht Wache stehen, entlang der Küste patrouillieren und so am Kampf gegen die Soldaten der Kuomintang teilnehmen, die sich auf der Insel Matsu verschanzt haben. Mit Hilfe der Kulturrevolution und dadurch, daß er die Begeisterung für den Guerillakampf schürte, schuf Mao ein ähnliches Klima wie im Jahr 1949; nach einem solchen Klima sehnt er sich. Er mobilisierte sein Land für die Jagd auf einen Feind, dem er immer wieder neue Gesichter gibt.

Die eiserne Disziplin des Schulsystems stammt aus der Epoche von Jenan. Wie im Jahr 1936 in Kang-ta, sind die Schüler in Schwadronen, Züge und Kompanien eingeteilt; sie lernen, mit den Waffen umzugehen. Und wenn der Unterricht um fünf Uhr zu Ende ist, begeben sich die Schüler in Dreierreihen und im Gleichschritt in ihre Quartiere. Um diese Vollkommenheit zu erreichen, mußten sie sicher täglich üben. Man wird einwenden, daß eine Delegation nie unerwartet kommt. Aber auch wenn zu Ehren der Fremden besonders viel Präzision an den Tag gelegt wird —, das Wichtige daran ist, daß man den Gästen dieses Schauspiel überhaupt vorführen wollte! Und die Besucher können nicht glauben, daß es nur ein Schauspiel war, wenn sie nach einer Viertelstunde die Schule verlassen und auf der Straße ebensolche militärisch ausgerichtete Gruppen sehen.

Die gleiche Disziplin herrscht in der Klasse. Hier sucht man vergeblich nach »antiautoritärer Erziehung«. Die Schüler schreiben nach dem Diktat der Lehrer, ihre Hefte sind sorgfältig geführt, sie sprechen nur, wenn sie dazu aufgefordert werden. Jedesmal, wenn man sie befragt, hat man den Eindruck, daß sie etwas auswendig hersagen; die Gedächtnisleistung, im Westen so geringgeschätzt, genießt hier größtes Ansehen. Die Wahrheit, die der Lehrer oder das Buch verkündet, läßt Ungenauigkeiten keinen Spielraum. Sie ist ein Losungswort, eine Parole, das genau gekannt und wiederholt werden muß. Sie ist streng und anspruchsvoll, als wäre sie einem Militärhandbuch einer im Krieg befindlichen Armee entnommen.

### Mit den Händen denken

Die Mittelschule der Zwei-Brücken-Kommune beherbergt Werkstätten, in denen Lehrer, Arbeiter und Schüler Seite an Seite arbeiten.

In der ersten werden Transistoren montiert und Diodenlampen hergestellt.* In der anderen Werkstatt werden gebogene Metallrohre geschweißt, die zur Herstellung von Tischen, Regalen, Hockern und Stühlen dienen; die meisten Möbel werden verkauft, aber mit einigen werden nach dem nächsten Schulbeginn die Klassenzimmer ausgestattet.

»Vor der Kulturrevolution«, erklärt mir der Funktionär des Revolutionskomitees der Kommune, »hatten die Schüler keinen Respekt vor der manuellen Arbeit; jetzt ist das anders; wenn einem von ihnen die Hose reißt, näht er sie selbst. Wenn die Kinder eine Bank zerbrechen, reparieren sie sie selbst. Sie gewöhnen sich daran, einander gegenseitig zu helfen. Sie schneiden einander die Haare. So wenden sie die Richtlinie des Vorsitzenden ›Bauen wir auf unsere eigenen Kräfte‹ an.«

In einer Tischlerwerkstätte arbeiten die Kinder an Theaterrequisiten, die für eine Schulaufführung bestimmt sind. Eine Klempnerwerkstätte erzeugt Randleisten für Trittbretter, die an eine Automobilfabrik geliefert werden. Ein Techniker dieser Fabrik zeigt den Schülern, was und wie sie ausschneiden, feilen, montieren und galvanisieren sollen. Alle Schüler verbringen der Reihe nach einen Tag in der Woche in diesen Werkstätten. Aber auch die Landwirtschaft wird nicht vergessen: ein halber Tag wird dem Gemüsegarten gewidmet, dessen Produkte in der Schulkantine Verwendung finden. Außerdem werden die Jugendlichen zur Zeit der Ernte und Aussaat auf die Felder geschickt. Sie opfern jedes Jahr etwa einen Monat Freizeit.** Natürlich müssen

---

* In anderen Mittelschulen in den Vororten von Peking werden sogar Triodenlampen erzeugt.

** Ein Monat Winterferien (im Januar) und die ebenso langen Sommerferien (von Ende Juli bis Ende August) werden auch meist der Feldarbeit gewidmet.

sie dabei von Arbeitern und Bauern beaufsichtigt werden, die so zusammen mit den Berufslehrern die Verantwortung für die Erziehung der Kinder tragen.* Diese Aufnahme der manuellen Arbeit in das chinesische Schulsystem ist eine der Haupterrungenschaften der Kulturrevolution. In den Volkskommunen, in denen es zu wenig Fachkräfte gibt, als daß ein kompletter Unterricht organisiert werden könnte, wurde das System »halb Studium — halb Arbeit« eingeführt: während der Hälfte der Zeit erhalten die Jugendlichen eine praktische Ausbildung auf den Feldern und in den Werkstätten. Auf diese Weise können alle Kinder am eigentlichen Schulunterricht teilnehmen.

Der Lehrkörper wird noch durch andere Kräfte verstärkt. Funktionäre der Volksmiliz halten Vorträge über militärische Theorie und Praxis. Der Brigadeleiter führt in die Kalkulation ein. Ein »barfüßiger Arzt« lehrt die Grundbegriffe der Akupunktur und der Arzneikunde.

In der Volksschule der Kommune von Meitschiakou wird »Die Erziehung zum Klassenkampf« von alten »armen Bauern« bewerkstelligt, die den Kindern über die Leiden der Vergangenheit berichten. Eine alte Frau zeigt die Schale vor, mit der sie »in der alten Gesellschaft« bettelte. Die Schale geht von Hand zu Hand, von Kopfnicken begleitet. Ein Greis erzählt — und er schmückt seinen Bericht mit vielen Anekdoten aus — die Geschichte seiner eigenen Familie und die des ganzen Dorfes. Das Glück ist relativ; durch die Gegensätze, das »Vorher« und »Nachher«, lernt man, was es ist.

Nicht nur der Lehrkörper wurde erneuert, sondern man führte auch andere Methoden ein. Viele Stunden werden außerhalb der Klassen abgehalten. In dieser Kommune, in der der »Drachentee« erzeugt wird, lernen die Schüler, wie man den Teestrauch züchtet, Insekten vertilgt, die Krankheiten der Pflanze behandelt, Teeblätter pflückt. In einer »Reiskommune« nahe bei Schanghai macht man die Schüler mit den verschiedenen Phasen des Reisbaus vertraut.

Mathematikstunden werden auf den Feldern abgehalten, die Schüler lernen Vermessungstechnik, sie erfahren, wieviel Dünger hier pro Quadratmeter benötigt wird, hören von der Kapazität der Scheunen, und wie man den voraussichtlichen Ernteertrag berechnet. In einer Fischerei-Kommune lehrt man an Ort und Stelle die Fischerei, die Herstellung und Reparatur von Schiffen und

* In der Mittelschule der Kommune der Kubanischen Freundschaft besteht fast die Hälfte des Lehrkörpers aus Fabrikarbeitern und Bauern.

Netzen, die künstliche Aufzucht von Muscheln und Algen, Mechanik und Buchführung.

Leiter von Kommunen, Berufslehrer oder Hilfslehrer loben eifrig dieses neue System. Vor 1966 lehrte man Mathematik, ohne fähig zu sein, die Rechnungen für die Produktionsteams zu erstellen, und Chemie, ohne zu wissen, was man mit Ammoniak anfängt. Heute können die Kinder einen Kurzschluß reparieren, einen Unterbrecher an- und abmontieren, Eisen auf einem Amboß schmieden oder ein Buch binden. Sie üben sich seit ihrem siebenten Lebensjahr in der Kunst, »ganze« Menschen zu werden, Produzierende und zugleich Staatsbürger. So hofft China, sich die Masse von qualifizierten Arbeitern zu verschaffen, die ihm heute noch so bitter fehlt, und die berufliche Vielseitigkeit beizubehalten, welche die Beschäftigungsprobleme in so elastischer Weise löst.

Aber die ökonomischen Vorteile sollen nicht so stark hervorgehoben werden: »Jetzt, da Liu Schao-tschi und seine streunenden Hunde eliminiert sind, hat sich die Schule in den Dienst des Proletariats gestellt. Die Schüler werden von ihren Arbeiter- und Bauernlehrern so ausgebildet, daß sie die Wichtigkeit der industriellen und landwirtschaftlichen Praxis erkennen.«

Hat man die eigentliche intellektuelle Entwicklung der Kinder zugunsten der politischen, staatsbürgerlichen und militärischen Erziehung geopfert? Wie ist das Niveau der Schüler im Vergleich zu dem französischer Gymnasiasten? Wir hatten kaum Vergleichsmöglichkeiten. Einige von uns sahen Schüler des achten Jahres (das ungefähr der Tertia entspricht), die einer Physiklektion über die ersten chinesischen Satelliten mit größter Leichtigkeit folgten, was man aus ihren Fragen und Antworten entnehmen konnte. Aber die praktischen Fächer erregen immer mehr Interesse als die theoretischen. Die Fachlehrer geben es ohne weiteres zu: die Anziehungskraft, die sie ausüben, ist geringer als die ihrer Arbeiter- und Bauernkollegen.

Und darin liegt das eigentliche Revolutionäre einer Erziehung, die unter der Leitung von Soldaten und Bauern steht. Alles soll der Heranbildung eines Volkes von Bauern und Soldaten dienen: den Kindern werden die hohen politischen Prinzipien eingebleut, zugleich auch Rudimente intellektueller Kenntnisse; aber das Ziel, Soldaten auszubilden, wird dabei nie aus dem Auge verloren — Soldaten der Produktion und der Revolution. Einen »guten Kopf« haben heißt soviel wie »gut geübt im Denken Mao Tse-tungs« sein und in reichem Maß mit praktischen Kenntnissen ausgerüstet.

Auf jeden Fall scheinen die Betroffenen dieses Regime nicht unausstehlich zu finden:

»Findet ihr, daß man euch zuviel Arbeit zumutet?« fragte einer von uns einen fünfzehnjährigen Knaben.

»O nein! Wir wünschen, daß man von uns noch mehr Arbeit fordert!«

Wenn der Tonfall der Aufrichtigkeit eingelernt werden kann, dann beherrschte dieser Halbwüchsige seine Lektion gut.

### Die Revolution vereinfacht alles

Aus einigen Texten erkennt man, daß die großen Prinzipien der neuen chinesischen Erziehung ihre Wurzeln in der persönlichen Erfahrung Maos haben.

»Ich verließ die Volksschule«, erzählte Mao, »als ich dreizehn Jahre alt war. Lange arbeitete ich dann auf dem Bauernhof, ich half dem Knecht, ich tat den ganzen Tag über die Arbeit eines Mannes und erledigte am Abend die Rechnungen für meinen Vater. Trotzdem fand ich weiterhin Zeit für die Lektüre, ich verschlang alles, was ich finden konnte . . .«[2]

Mao stellte fest, daß man die Schule sehr früh verlassen und trotzdem weiterlernen kann. Bildung ist ein persönliches u n d ein soziales Phänomen, bei dem die Schulung keine wesentliche Rolle spielt. Ferner braucht China Produzenten, und die Verkürzung der Schulzeit vergrößert das zur Verfügung stehende Arbeitspotential. Und schließlich ist es besser, alle Chinesen ein wenig zu schulen, als nur ein paar Chinesen intensiv.

Wir trafen nicht einen einzigen leitenden Funktionär oder Lehrer, der sich wegen der Unterbrechung des Unterrichts durch die Kulturrevolution (die Schulen blieben ja lange geschlossen) besorgt zeigte. Es war besser, einige Abiturienten auf später zu vertrösten, und auf einer gesunden Basis neu anzufangen. In der Dritten Welt ähnelt das Unterrichtswesen einer Armee, die nur aus Fußsoldaten und Generälen besteht. Aber eine fruchtbare Entwicklung erfordert die Ausbildung von Unteroffizieren und Korporalen. Wenn dies jemand begriffen hat, dann ist es Mao.

Seit 1960 trat er für die Verkürzung der Schulzeit in Volks- und Mittelschulen von zwölf auf neun Jahre ein.* Einer der sechzehn Punkte der berühmten Erklärung vom 8. August 1966 verfügt diese Verkürzung. Zunächst soll jede Brigade eine Volksschule

---

* Vor der Kulturrevolution dauerte die Schulzeit in den Volks- und Mittelschulen je sechs Jahre.

haben, wobei fünf Jahre Unterricht gesichert sein müssen; jede Kommune eine Mittelschule.

»Wir haben uns Rechenschaft darüber gegeben«, sagte mir der Lehrer Mei, »daß der Unterricht früher viel zu ehrgeizig war. Man flößte den Schülern Kenntnisse in Literatur, Mathematik oder Geschichte ein, von denen sie praktisch nichts behielten. Wir beschränken uns jetzt darauf, ihnen einfache Dinge beizubringen, die wir ihnen so lange wiederholen, bis sie sie wirklich erfaßt haben. Was sie am besten behalten, ist auch immer das Konkreteste.«

Die Lehrbücher der Mathematik, der Physik oder der Chemie sind durch hektographierte Hefte ersetzt worden: Lektionen, die neben Beispielen aus dem täglichen Leben auch — gut getarnt — abstraktes Wissen enthalten. Dazu Lieder, Anweisungen, wie man ein Schauspiel inszeniert oder einen arbeitenden Bauern zeichnet. Der Unterricht muß einen ökonomischen Nutzen bringen: das ist die Regel aller Regeln. Jedes Wissen, das man nicht anwenden kann, ist unnützes Wissen, ja es ist sogar schädlich, denn es fördert die Tendenz, die Klassenesoterik der konfuzianischen Epoche wiederzubeleben. Der Unterricht muß in der Erde wurzeln, auf der das Kind lebt. Deshalb werden die Klassiker nicht mehr gelehrt; zu ihnen hatte der Arbeiter keinen Zutritt. Sie ergingen sich in gelehrten Anspielungen, die für die Kinder der privilegierten Klassen leicht durchschaubar waren, für das niedere Volk aber unverständlich blieben. Auch hier zog Mao eine Lehre aus seinen eigenen Erfahrungen. 1936 erklärte er Edgar Snow, wie er dem Druck seines Vaters widerstand und die praktische Lektüre den literarischen Floskeln vorzog. »Dies ärgerte meinen Vater, der wollte, daß ich ein Meister der Klassiker würde; besonders seit er einen Prozeß verloren hatte, weil sein Gegner vor Gericht im richtigen Moment ein gut ausgewähltes klassisches Zitat gebraucht hatte. Ich pflegte spät in der Nacht mein Fenster zu verhängen, damit mein Vater das Licht nicht sehen konnte. So las ich ein Buch mit dem Titel ›Worte der Warnung‹, das mir gut gefiel. Die Autoren dieses Werkes, reformistische Schriftsteller, dachten, die Schwäche Chinas bestünde darin, daß es zuwenig westliche Ausrüstung besäße — zuwenig Eisenbahnen, Telephonleitungen, Telegraphen und Dampfschiffe —, sie wollten all diese Dinge in China einführen. Mein Vater betrachtete diese Lektüre als einen Zeitverlust. Er wollte, daß ich die Klassiker lese, damit ich seine Prozesse für ihn gewänne.«[3]

Nirgends wird das Prinzip der Selbstverwaltung deutlicher sichtbar als im Unterrichtswesen. Das Denken Mao Tse-tungs, diese allgemeine und ständige Inspiration aller chinesischen Schulen, vereinheitlicht die Lehranstalten auf einer höheren Ebene, wodurch das System selbst jedoch der Gefahr entgeht, einförmig zu werden. Im Gegenteil, es zeichnet sich durch eine außerordentliche Dezentralisierung und Elastizität aus. Der Geist ist der gleiche, seine Manifestationen aber sind verschiedenartig.

Die Organisation nach sowjetischem Muster, die zwischen 1949 und 1966 eingeführt worden war, machte, so sagte man uns, aus jeder Schule ein von der bürokratischen Hierarchie ferngelenktes Getto. Die administrative Integration vollzog sich auf Kosten der gesellschaftlichen Integration. Auf Grund der Gleichheit, die durch den Sieg der Kulturrevolution gesichert wurde, konnte der sozialen Integration der Vorrang gegeben werden. Es gibt kein Unterrichtsministerium. Die zentrale politische Autorität begnügt sich damit, einige allgemeine Richtlinien aufzustellen. »Die großen Massen« verwalten die Schulen.

Einer von uns lächelt. Wie können die »großen Massen«, die doch selbst weitgehend unwissend sind, den »Lehrern Instruktionen erteilen«, den Lehrern, die dazu bestimmt sind, sie zu unterrichten? Die Antwort, die er erhält, ist scharf, und er muß sich mit dem abfinden, was er sieht: die Bauern, Arbeiter und Soldaten leiten die Schulen nicht nur scheinbar. »Die Lehrer könnten sich nicht selber reformieren«, wiederholt man uns, »nur die Aktivisten, die aus dem Arbeiter- oder Bauernproletariat oder aus der Roten Befreiungsarmee hervorgegangen sind, haben genug revolutionäre Energie, um die ›Kampf-Kritik-Reform‹-Bewegung im Unterricht zu propagieren.«

Es handelt sich nicht um ein Lippenbekenntnis zur Verantwortung, sondern um eine umfassende Verantwortlichkeit. So bescheiden auch die Gehälter der Lehrer sein mögen, wiegen sie doch schwer im Budget einer Kommune. Wenn der Staat beschlossen hat, diese Last, die er bisher getragen hat, den Brigaden aufzubürden, und statt dessen die für Investitionen und Anschaffungen landwirtschaftlicher Geräte verwendeten Summen zu ersetzen, dann deshalb, weil die Spitzenpolitiker erkannt haben, daß finanzielle Verantwortung auch politische Verantwortung nach sich zieht, daß die Brigaden größtmöglichen Nutzen aus dem Unterricht ziehen wollen und können und ihn in ihr Leben integrieren möchten, um den Fortschritt zu sichern.

*Karriere ohne Hindernisse*

Die Abschaffung von »Zeugnissen«, »Zensuren«, »Prüfungen« und »Wettbewerben«, diesen »Spuren der alten Bürokratie«, war eine der spektakulärsten Forderungen der Kulturrevolution. Daher waren wir recht erstaunt, als wir diese verabscheuten Ausdrücke so oft von unseren Gesprächspartnern hörten; es klang, als hätten sie ihr früheres Ansehen wiedererlangt. Nur die »diplomierten« Schüler der Volksschule (diejenigen, die ein Zeugnis besitzen) werden zur Mittelschule zugelassen, nur die »diplomierten« Schüler der Mittelschule können eine Universität besuchen; die Schüler bekommen während des ganzen Schuljahrs »Zensuren« und werden pro Semester zwei »Prüfungen« (am Ende der Semester, vor den Winterferien und den Sommerferien) unterzogen. Die Examen dauern sowohl im Januar wie auch im Juli vier Tage. Sollten also Zeugnisse und Prüfungen in aller Stille wieder zu Ehren gekommen sein? Die langen Erklärungen, die man uns gibt, klingen ziemlich verlegen. »Während der Kulturrevolution ist es zu einigen Übertreibungen gekommen. Die Erfahrung hat gezeigt, daß man einen Mittelweg beschreiten muß. Aber glauben Sie ja nicht, daß man einfach das alte System wieder eingeführt hat.«

»Man wertet demnach auch die tägliche Arbeit?«

»Ja, aber man hat die Noten durch Zeichen ersetzt, die den Eifer der Schüler anfachen sollen. An den Rand einer schlechten Aufgabe schreiben die Lehrer ein Zitat des Vorsitzenden: ›Sei energisch und entschlossen, bemühe dich, den Sieg an dich zu reißen.‹ Über eine gute Aufgabe malen sie eine rote Fahne und kalligraphieren die Devise: ›Treue dem Vorsitzenden Mao.‹«

Es scheint, daß man den Anreiz des Wetteifers beibehalten will, die Exzesse des Konkurrenzstrebens aber vermeidet. Eine merkwürdige Praxis hilft bei dieser Bemühung. Die Schüler legen ihre Prüfungen paarweise ab, und auch ihre Alltagspflichten in der Schule erledigen sie zu zweit. Ein mittelmäßiger Schüler bildet zusammen mit einem guten Schüler ein Tandem, und man ermahnt ihn, »den besseren nicht nur einzuholen, sondern auch zu überholen«. Bei der Prüfung, bei der die beiden einander gegenseitig helfen dürfen, werden sie zusammen bewertet.

»Gegenseitig? Aber hilft da nicht nur der Starke dem Schwachen?« Man gibt mir ungefähr diese Antwort: »Glauben Sie das nicht. Man braucht immer jemanden, der kleiner ist als man selber.«

Auch im Bereich des Sports werden diese Maßnahmen angewandt. Die Teams spielen Fußball oder Volleyball, »aber nicht damit die einen über die anderen siegen, sondern, damit jeder seine eigene Leistung durch die Unterstützung der anderen verbessert«. Am Ende des Spiels wird nicht verlautbart, wer gewonnen hat. Jeder der Teilnehmer weiß es, behält das Ergebnis jedoch für sich. Die Sieger sind beherrscht genug, ihren Erfolg nicht überzubewerten.

Auch in der Schule werden die Prüfungsergebnisse nicht verlautbart. Die Examen unterscheiden sich scheinbar durch nichts von denen im Westen (wir haben korrigierte und klassifizierte Aufsätze gesehen); aber sie geben nicht den Ausschlag bei der Beurteilung des Schülers, sondern sollen nur sein Wissen kontrollieren. Schließlich wiegen die Tugenden eines »Soldaten der Revolution« viel schwerer als »Prüfungen«.

Das Examen wurde nicht abgeschafft, sondern entwertet. Es dient weiterhin dazu, die intellektuelle Arbeit der Schüler zu kontrollieren und ihre Energie zu unterstützen. Aber ebenso wie das Wissen, das es mißt, wurde es dem Imperativ der kollektiven Beförderung unterworfen; und der verlangt, daß alles, was die Gruppe trennen würde, vermieden werden muß.

Zeugnisse, Altersgrenzen, Wiederholungen einer Klasse, Internat, Begünstigungen — alles Schikanen, die früher dazu gedient hatten, den Weg der Bürger- oder Kleinbürgersöhne zu beschleunigen. Am Vorabend der Kulturrevolution wurden von dreiunddreißig Schülern, die aus der Volksschule von Meitschiakou kamen, achtundzwanzig bei der Aufnahme in die Mittelschule zurückgewiesen. »Alle gehörten den Klassen der armen und der mittelarmen Bauern an. Die fünf, denen es gelungen war, die Schranken zu überwinden, waren alle Kinder von reichen oder mittelreichen Bauern oder Kaderleuten.«

Mao hat also das Wiederholen der Klassen abgeschafft und alle Schüler, die die Volksschule normal beendet haben, zu »Diplomierten« erklärt. Man läßt sie alle in die Mittelschule eintreten. Dank der Vermehrung der Anzahl der Mittelschulen — es gibt wenigstens eine pro Kommune — bleiben die Kinder extern. Der Schulweg, der weniger als zehn Kilometer beträgt, wird zu Fuß oder mit dem Rad zurückgelegt, die entfernteren Brigaden befördern ihre Kinder mit dem Lastauto in die Schule. Wahrscheinlich tragen diese Maßnahmen, zusammen mit der radikalen Erleichterung des Unterrichts, dazu bei, »gleiche Chancen für alle zu schaffen« und die Sozialstruktur zu vereinfachen.

Die Kulturrevolution hat die »traditionellen« Lehrer stärker betroffen als jede andere soziale Schicht. Sie hat ihnen die Verantwortung für den Unterricht entzogen. Mehr als jedes andere Land huldigt China dem Prinzip, daß die Schule nicht für die Lehrer da ist, sondern für die Schüler; und das ganze Volk ist oder war Schüler oder wird es sein.

Die Lehrer erhalten ihre Anweisungen von armen Bauern oder Arbeitern. Überlegenheit auf Grund höherer Bildung gibt es nicht mehr: die Autorität, der die Lehrer unterworfen werden, wird durch die »allgemeine Befragung der Massen« bestimmt, die mehr als irgend jemand anders befähigt sind, »dem Atem der Revolution nachzuspüren«.

Die Revolutionskomitees, von denen die Schulen abhängen, bestehen, so schien es uns, vorwiegend aus proletarischen Intellektuellen (die sich von den traditionellen Lehrern stark unterscheiden): Bürstenfrisur, klargeschnittenes Gesicht, scharfe Augen, selbstsicher, derbe Manieren; ob sie Bauern sind oder Arbeiter, sie geben sich nicht mit Umschreibungen ab, sie sprechen mit der Autorität, die sie aus ihrer ideologischen Bildung bezogen haben. Die Lehrer, die sie umgeben, machen einen demütigen Eindruck, sie blicken sie an, bevor sie das Wort ergreifen, sie gehorchen sichtlich ihren Befehlen. Wie rauh muß der erste Kontakt zwischen den traditionellen Lehrern und diesen Propagandisten des Denkens Mao Tse-tungs gewesen sein!

Die Mischung von Berufslehrern und Aushilfslehrern ist sicher auch nicht ohne Zusammenstöße vor sich gegangen. Ein Funktionär des Revolutionskomitees erklärt uns, daß die besten Lehrer, deren Erfahrung den meisten Nutzen bringt und die bei den Kindern auf das größte Interesse stoßen, die Amateure sind; wie sollten die Berufslehrer da keine Bitterkeit empfinden? Das neue Unterrichtssystem wertet die Berufslehrer ab. In gewissen Schulen begnügen sich die Bauern nicht damit, Stunden zu halten: sie inspizieren die Lehrer beim Unterricht, sind während der ganzen Stunde anwesend und beurteilen ihre Qualität. In anderen Schulen haben Militärs diese Rolle übernommen.

Man hat uns nicht verschwiegen, daß diese Vielzahl von provisorischen Lehrkräften eine starke »Opposition in den Reihen der traditionellen Professoren« auslöste; sie begannen, die »Neuankömmlinge mit Anzüglichkeiten zu überschütten«, diese »Analphabeten«, die sich nur »mit Kühen befassen können«, diese »Barfüßigen«, die nur ein paar Schriftzeichen kennen, »diese

Bauern, die im Gürtel ein Beil tragen und nur gelernt haben, Schweine zu hüten und nicht Schüler«. Aber mit der Zeit hörten die Witze auf, die Sache endete damit, daß die Berufslehrer die Qualitäten »und oft sogar die Überlegenheit« ihrer Zufallskollegen anerkannten.

Zwischen alten und neuen Lehrern wird kein Unterschied gemacht, weder hinsichtlich ihres Ranges noch in ihrer Behandlung. Sie sind den Landarbeitern gleichgesetzt und werden nach dem Arbeitspunktesystem bezahlt.

Jede Tendenz zur Bildung einer intellektuellen Kaste wird erbarmungslos beseitigt. »Unser Ziel«, erklärte mir ein derbgesichtiger Propagandist des Denkens Mao Tse-tungs, »ist es, den Unterricht zur Festigung der Diktatur des Proletariats zu benützen.«

»Sind die alten Lehrer *a priori* verdächtig?«

»Nein, nicht alle. Viele, die in der alten Gesellschaft ausgebildet wurden, waren nicht fähig, sich wie proletarische Revolutionäre aufzuführen. Heute können sie sich mit etwas gutem Willen bessern.«

Wenn der gute Wille fehlt, darf der Betroffene nicht mehr erziehen, sondern wird selbst »erzogen«, beziehungsweise »umerzogen«. Man kann sich vorstellen, daß der Wille im allgemeinen gut ist.

### Ein neues Verhältnis zwischen Lehrer und Schüler

Hat nicht auch hier die persönliche Erfahrung Maos mitgespielt? »Mein Chinesischlehrer trat für eine strenge Behandlung der Schüler ein. Er war hart und schlug seine Schüler oft. Deshalb floh ich aus der Schule, als ich zehn Jahre alt war.«[4] Will der alte Mao den Kindern von morgen die Schikanen, die der junge Mao erdulden mußte, ersparen?

»Hattet ihr vor der Kulturrevolution vor euren Lehrern Angst?« fragte ich die Rotgardisten von Nanking.

»Vorher«, antwortete mir ein dreizehnjähriger Junge, »wagten wir es nie, die Lehrer zu kritisieren. Jetzt ist das anders. Am Ende jeder Stunde kritisieren wir uns gegenseitig. Aber wir tun es in guter Absicht, weil wir für die Revolution arbeiten. Wir haben alle etwas zu lernen, alle etwas zu lehren.«

Die Kulturrevolution hat die Lehrer in den Augen der Schüler entsakralisiert. Heute fühlen sich die Kinder würdig, die Erwachsenen zu läutern. Sie kennen keinen größeren Stolz, als dazu berufen zu sein, ihre Professoren umzuerziehen. Ein dreizehn Jahre alter Kommunist erklärt: »Früher bereiteten die Lehrer ihre

Stunden vor, indem sie sich in ein Büro zurückzogen und dort Zigaretten rauchten und Tee tranken. Heute bereiten wir die Stunden gemeinsam vor. Die Lehrer reden weniger und wir verstehen sie besser.«

Das hat man uns erzählt. Selbst beobachtet haben wir, daß überall Respekt vor den Lehrern und Ordnung in den Klassen herrscht. Darin liegt kein Widerspruch. Die Disziplin kann freiwillig, der Gehorsam kritisch sein. Jedenfalls aber ist der Lehrer nicht mehr der privilegierte Vermittler des Wissens oder der Macht.

## Soll die chinesische Schrift abgeschafft werden?

»Wie gut haben die Vietnamesen daran getan, daß sie schon vor langer Zeit das lateinische Alphabet einführten«, sagt Tschu En-lai zu mir. »In jener Zeit war die Zahl derer, die die Schriftzeichen kannten, äußerst gering. Als neue soziale Schichten zur Schule gehen konnten, bedeutete das alte Alphabet kein Handikap mehr für sie und sie erzielten viel schneller Fortschritte. Aber wir haben viel zu lange gewartet. In den fünfziger Jahren versuchten wir, die lateinische Schrift einzuführen. Aber alle Gebildeten, auf die wir absolut nicht verzichten konnten, um das Wissen weiterzuverbreiten, hielten an den chinesischen Schriftzeichen fest. Sie waren so zahlreich, und wir hatten noch so viele andere Dinge zu ändern, daß wir diese Reform auf später verschieben mußten.«

Schon in der Epoche von Jenan hatte die Rote Armee, auf der Suche nach einer Möglichkeit, den Massen rasch und einfach Wissen zu vermitteln, ein Alphabet zusammenstellen lassen, mit dem alle chinesischen Laute ausgedrückt werden konnten: das *Lateinhua*. Man machte damit Versuche in einer Klasse in Paoan. Die Resultate dieses Experiments wurden jedoch nie veröffentlicht. In den fünfziger Jahren verkündete man wieder mit großer Lautstärke, daß man die Schrift ändern wolle, um den Unterricht der Massen zu erleichtern. Die Reform, kaum begonnen, scheiterte. Weil sie zu spät gekommen war, wie Tschu En-lai erklärte. Aber auch, weil sie zu früh gekommen war: Man mußte das gesprochene Chinesisch vereinheitlichen, bevor man es in einer phonetischen Schrift wiedergeben konnte. Die Schriftzeichen waren die einzige Verbindung zwischen Bevölkerungsteilen, die einander nicht verstanden, weil ihre Dialekte so verschieden waren. Diese Verbindung zu zerstören, hätte einen Kulturverfall nach sich gezogen. Durch den allgemeinen Unterricht soll das Pekinger

Chinesisch verbreitet werden.* Kuo Mo-jo versicherte mir, daß die Latinisierung in Sicht sei. Die Vereinheitlichung der Aussprache sei fast vollendet. Nun könne man das Alphabet in Angriff nehmen. Der alte Dichter eröffnet mir diese Perspektive mit einer ruhigen Gewißheit.

## Die Jagd auf die »Elite«

Während der ganzen chinesischen Revolution wurde das Ideal der Chancengleichheit proklamiert, das gehätschelte Lieblingskind aller Lehrerkongresse und politischen Versammlungen im Westen. Um dieses Ideal zu verwirklichen, hat Mao folgende Maxime aufgestellt: »Es wird nur dann Chancengleichheit geben, wenn auch die Anforderungen gleich sind. Man muß den Unterricht nivellieren, weil er die Gesellschaft nicht mehr hierarchisieren darf.«

Mandarine, Mandarinat: Das Abendland hatte diese Ausdrücke von China entlehnt, weil die ihnen zugrunde liegenden Phänomene, die in China bereits lächerliche Ausnahme angenommen hatten, im Westen viel weniger in Erscheinung traten. Nun rotten die Chinesen dieses Phänomen aus, dessen Symbol sie geworden waren und das ohne Zweifel überall in der Welt noch besteht, außer bei ihnen selbst.

Benachteiligung jener, die aufgrund ihrer Geburt und ihres kulturellen Milieus einem niedrigen Rang angehörten, Fetischismus der Prüfungen und Wettbewerbe, Flucht ins Abstrakte, Bildungsprivilegien, Verkalkung des Unterrichts, Passivität der Schüler, konservativer Korpsgeist der Lehrer: Alle diese Fehler, an denen unser Unterrichtswesen krankt und die wir erst kürzlich erkannt haben, hat China bei sich diagnostiziert; und es ist auch nicht vor den radikalsten Mitteln zurückgeschreckt, um sich davon zu befreien.

Im Westen hat sich das liberale System den traditionellen Situationen und den Privilegien des Establishments angepaßt. In den Ländern des Ostens hat sich das kommunistische System als unfähig erwiesen, die Wiedererrichtung der »neuen führenden Klassen« zu verhindern, die Milovan Djilas aufgezeigt hat, und die genauso geschlossen und genauso eifersüchtig auf ihre Vorrechte achten, wie die führenden Klassen von ehemals. China ist entschlossen, das erbliche »Establishment« zu zerstören und Men-

---

* Die Aussprache ist noch lange nicht vereinheitlicht. Bemerkenswert ist auch, daß die so modern denkenden Japaner die Schriftzeichen nicht abgeschafft haben.

schen zu formen, die in diesem Sinne keine Erben sind und keine Erben hinterlassen. Was sich bisher immer als unmöglich erwiesen hat, wird es in China möglich werden?

Die Kulturrevolution hat die Gesellschaft homogener gemacht. Das Schulwesen wurde der Kontrolle der Produzenten unterstellt, während die Produktionseinheiten allmählich den Schulen ähnlich wurden. Auf allen Ebenen werden die Bauern und Arbeiter geehrt; dadurch verliert der echte Proletarier jeden Minderwertigkeitskomplex, und jeder Nichtproletarier bekommt Schuldgefühle. Die Techniker, die Ingenieure, die Kaderleute haben also ihre bevorzugte Stellung eingebüßt, wie alle, die durch die Kulturrevolution entlarvt und zurückgepfiffen wurden. Die Brigaden erwarten von den armen Bauern und Arbeitern Neuerungen. Pausenlos werden die Arbeiter ermutigt, vorwärtszuschreiten, emporzusteigen; aber es ist kein einsamer Aufstieg, sondern eine kollektive Beförderung. Eines der Bilder, denen sich der fremde Besucher am häufigsten gegenübersieht, ist dieses: Eine Gruppe von Arbeitern, die sich um ihren Berater drängt, im Schatten eines Maulbeerbaumes oder am Eingang einer Fabrik, am Rand eines Feldes oder an Bord eines Lastschiffes, das den Huang-pu hinauffährt; Arbeiter, die zuhören, wiederholen, an der Diskussion teilnehmen, in einer rührenden, leidenschaftlichen Bemühung, sich zu bilden.

Wie lange wird es das geben? Wird diese Erziehung, die auf die Berufsausbildung und die politische Indoktrinierung reduziert zu sein scheint, auf lange Sicht die Hoffnungen erfüllen, die die Führer in sie setzen? Wird ihre Ausdehnung auf alle Schichten des rückständigen Bauerntums die Verminderung der Qualität kompensieren können? Wird es nach den verlorenen Jahren der Kulturrevolution diesem Agrarland, das zwar erschüttert, aber auch mobilisiert wurde, nun gelingen, einen neuen großen Sprung nach vorn zu tun, ohne zu scheitern? Wird der Unterricht — von allen »elitären« Normen gesäubert, und von Arbeitern, Bauern und Soldaten, die mit der Arbeit der Produktion und mit den ideologischen Zauberformeln vertraut sind, kontrolliert — seiner Berufung, einen neuen Menschen zu schaffen (einen Stoßarbeiter, der moralisch, physisch und intellektuell fähig ist, zu produzieren) gerecht werden können? Es wird sehr viel Zeit brauchen, um diese Fragen zu beantworten, weil China bei allen diesen Problemen große Risiken eingegangen ist. Werden sich die chinesischen Jungen und Mädchen in der Zwischenzeit beklagen, daß man ihnen ihre Kindheit gestohlen hat? Oder werden sie weiterhin von der Richtigkeit ihres Weges, des Weges der kommenden Generationen, überzeugt sein, bis der »Triumph der Weltrevolution« gesichert ist?

Beim Abschied vom »Bergdorf der Familie Mei« drücken uns die Mitglieder des Revolutionskomitees, die Bauern, die barfüßigen Lehrer, die Kinder, überschwenglich die Hand. Alle applaudieren, während sich die Wagen in Bewegung setzen. Die Kinder singen im Chor: »Wir sind die Erben der revolutionären Sache.«

# 7

## Die »proletarisierten« Hochschulen

### Die berühmteste Universität

Seit dem »Chinesischen Mai« hat kein Fremder die Universität Peita von Peking, die berühmteste Universität Chinas, betreten. Hier wurde am 25. Mai 1966 das erste *ta tsi pao*\* öffentlich angeschlagen, welches das Signal zur Kulturrevolution gab. Wahrscheinlich hatte es Mao selbst kalligraphiert. Einige Tage später wurden alle Vorlesungen unterbrochen — und zwar definitiv; denn die Peita-Universität, die ihre Tore mehr als vier Jahre später, im September 1970, wieder öffnete, ist nicht mehr dieselbe wie früher.

Mao hatte diese alte, angesehene Stätte der Gelehrten und Schriftkundigen, hybride Blüte chinesischer Zivilisation und westlichen Wissens, ausersehen, ein Epizentrum des Kampfes zu werden, der das in bourgeoiser Betäubung erstarrte China aufrütteln sollte.

Hier standen sich monatelang Studenten, die zweierlei Richtungen vertraten, feindlich gegenüber. Die eine, vom Großen Steuermann ferngelenkt, prangerte in zündenden Wandanschlägen und wilden Demonstrationen den »feudalen« Unterricht an, den »Revisionismus« der führenden Klasse, den Verrat der vom Proletariat getrennten Beamtenschaft. Die andere, von Liu Schao-tschi ermutigt, versuchte im Namen der Ordnung, der Partei, des Systems, das in China seit 1949 herrschte, zum Gegenangriff überzugehen. In Peita wurden nicht nur Argumente vorgebracht, sondern auch Schläge und Schüsse getauscht: die Unruhen forderten zahlreiche Opfer unter den Studenten und Professoren.\*\* Die »Arbeiter-Einheiten des Denkens Mao Tse-tungs« mußten eingreifen, um die Kämpfenden zu trennen und der »richtigen« Seite zum Sieg zu verhelfen.

\* Wandzeitung
\*\* Besonders eine Philosophieprofessorin, Nieh Jüan-tse, Mitglied des Revolutionskomitees von Peking, hatte auf die Aufforderung Tschen Po-tas hin Angriffe gegen die frühere Leitung der Universität gerichtet. Sie wurde am 28. März 1968 durch Schüsse der Gegenpartei schwer verletzt.

Im Park finden sich keine Spuren von Gewalttätigkeiten. Ein Vorhang aus Bambus und Trauerweiden verbirgt die Pavillons mit ihren aufgebogenen Dächern; feingeschnitzte Friese ziehen sich zwischen den lackierten Holzkolonnaden hin; auf den Teichen schwimmen rosa Lotusblumen und riesige Wasserrosen. Wie konnte dieses Idyll im Grünen, das man für das Vorbild einer alten Seidenmalerei halten könnte, Schauplatz eines solchen Aufruhrs werden? Mitten im Universitätsgelände aber erhebt sich etwas unmotiviert eine riesenhafte Gipsstatue von Mao; auf dem Sockel ist eine Tafel mit einer goldenen Kalligraphie auf rotem Grund befestigt: »Glänzende Universität von Peking, vereinigen wir uns, um die neue Universität aufzubauen ... Wage zu denken, wage zu handeln, wage zu versuchen.« Vom Kampf, der in ihrem Namen geführt wurde, zeugen jene, die uns vor dem Tor mit dem geschwungenen und mit alten, glasierten Ziegeln geschmückten Giebel empfangen. Da ist zunächst der Vizepräsident des Revolutionskomitees der Universität Peita, Tschu Pei-jüan, etwa sechzig Jahre alt, aristokratische Züge, Silberhaar, lange und feine Hände, vornehmes Lächeln. Er trägt eine Brille mit Goldrand und einen unauffälligen Hörapparat, wie man ihn in Tientsin verfertigt. Er hat an der Universität von Kalifornien studiert, war dann Professor an der Universität von Chicago, spricht perfekt Englisch. Diskret erinnert er an seine vergangenen Irrtümer, an das Gewissen, das Rotgardisten und *ta tsi paos* in ihm wachgerufen haben, und an seine Bekehrung zur proletarischen Linie.

Er ist ein Mandarin, der bereut hat. Ein Dolmetsch flüstert uns zu, daß der Präsident des Revolutionskomitees der Universität ein Soldat sei, man habe aber gedacht, »daß wir uns mit diesem Gesprächspartner besser verstehen würden«.

Neben Tschu Pei-jüan steht der Leiter der Propagandaeinheit für das Denken Mao Tse-tungs, Tang Jüng-jü, ein junger Druckereiarbeiter, der während der Kulturrevolution eine wichtige Rolle gespielt hatte. Mit Kameraden — Arbeitern aus verschiedenen Fabriken Pekings, Bauern aus den umliegenden Volkskommunen — besetzte er nach den dramatischen Zusammenstößen des Frühjahrs 1968 die Universität, um »den Studenten zu helfen, sich zu vereinigen«, um »die schlechten Elemente zu eliminieren« und um »die Führung der Bewegung zu übernehmen«. Er spricht pausenlos und mit großer Überzeugungskraft. Tschu Pei-jüan, der sein Großvater sein könnte, hört ihm ehrerbietig zu, wendet sich zuerst an ihn, bevor er unsere Fragen beantwortet, und wartet geduldig, bis Tang Jüng-jü seine Darlegungen beendet hat. Um die beiden gruppieren sich noch andere Führer der Propagandaeinheit; Professoren der Geschichte, der Philosophie, des Chinesischen, der politischen Wissenschaften, Studenten und Rotgardisten, an ihren Armbinden erkenntlich.

## Vor dem Sturm

Diese Männer kennen die Vergangenheit der Universität; sie zeichnen uns ein Bild von ihr, mit raschen, sarkastischen Pinselstrichen. Dieser Park mit seinen von Hibiskussträuchern umgebenen Teichen beherbergte im 18. Jahrhundert den Wohnort eines Favoriten des Kaisers Tschien-lung.* Lord Macartney wurde hier empfangen. Ein Jahrhundert später etablierte sich hier die Universität Jentsching, die einer Handvoll Studenten »Eliteunterricht« in englischer Sprache erteilte. Der letzte Rektor dieser Hochschule, Leighton Stuart, war zugleich der letzte Botschafter der Vereinigten Staaten in Peking.

»Die Universität Peita ist ein Produkt der kulturellen Aggression Amerikas«, sagt man uns. Dasselbe wird von der anderen Pekinger Universität, der Technischen Hochschule Tsinghua, behauptet, die im Jahr 1911 mit Hilfe der Wiedergutmachungszahlungen aus dem Boxeraufstand, die Amerika im Lande verwendete, gegründet wurde. Peita und Tsinghua bildeten bis 1949 »hohe Beamte und reaktionäre Literaten im Dienste der Kuomintang-Clique aus«.

Zwischen 1949 und 1965 hatte die »Machtübernahme durch die Volksrepublik nicht viel geändert«. Sicherlich waren die Söhne der großen Familien Chinas nicht mehr unter sich, aber »ungefähr sechzig Prozent der Studenten waren nicht proletarischer Abstammung; sie kamen aus dem ehemaligen Bürgertum, aus dem intellektuellen Milieu, aus der neuen Klasse der Bürokratie und aus Kadern höheren Ranges. Kaum mehr als ein Drittel rekrutierte sich aus Bauern- und Arbeiterkreisen, obwohl diese neun Zehntel der Bevölkerung bilden«.

So hielt sich das vormaoistische soziale System im Schutz dieses kaiserlichen Schmuckkästchens noch nach siebzehn Jahren Maoismus. Bildete sich hier eine neue Klasse von Mandarinen, der alten nicht unähnlich? »Rektor Lu Ping hielt in Einverständnis mit seinem Freund Peng Tschen, dem Bürgermeister von Peking, die Traditionen der Mandarine aufrecht; mit Unterstützung des Verräters Liu Schao-tschi sabotierte die revisionistische Clique, die die Macht an der Universität usurpiert hatte, die Maßnahmen

---

* Der Kaiser, der im Jahr 1793 die erste englische Gesandtschaft empfing.

des Vorsitzenden Mao. Ihre Pädagogik und ihre Lehrpläne glichen jenen in Europa, in den Vereinigten Staaten und der Sowjetunion in allen Punkten.« Tang Jüng-jüs Tadel trifft alle gleichmäßig scharf.

Selbstverständlich »herrschten im Parteikomitee die bürgerlichen Intellektuellen vor, und es gab dort weder Arbeiter noch Bauern ... Die Renegatenclique der Universität stützte sich, auf Befehl des Verräters Liu Schao-tschi, der Revisionisten Moskaus und der Kuomintang, auf die Feinde des Proletariats. Sie verbreitete perverse Ideen. Sie verhinderte das ernsthafte Studium von Marx und Mao. Sie ermutigte die Studenten, berühmte Gelehrte zu werden und sich das Privileg des Wissens anzueignen«.

Die Erben der Mandarine benutzten die Prüfungen und Diplome dazu, um alle diejenigen, die nicht den Vorteil dieses Erbes in Anspruch nehmen konnten, zu entfernen oder zu entmutigen. Eine Studentin, die aus einer Arbeiterfamilie abstammte, hatte sogar Selbstmord verübt, »weil sie bei einer Prüfung nur eine Drei erhielt«.* Die Zensuren wurden so wichtig genommen, daß sie »dem seelischen Gleichgewicht der Jungen schadeten«. Die kulturellen Verbindungen mit dem Ausland stärkten dieses System noch: »Die besten Studenten wurden ins Ausland geschickt. Wenn sie dann, von kapitalistischen oder revisionistischen Ideen durchdrungen, zurückkehrten, wurden sie auf wichtige Posten gestellt.« Schließlich war das ganze System darauf ausgerichtet, »die aus proletarischem Milieu stammenden Studenten zu verdrängen, die Kinder der Bourgeoisie zu privilegieren, und den Kapitalismus wieder einzuführen«. Rektor Lu Ping hatte scheinbar vergessen, daß Mao zwischen 1918 und 1920 zweimal nach Peita gekommen war, um den Marxismus-Leninismus zu propagieren, »revolutionäres Denken zu säen und das glorreichste Blatt in der Geschichte dieser Universität zu schreiben«. Noch ärger, der Verräter hatte die zwei hervorstechendsten Ereignisse in der Geschichte der Universität seit dem Jahr 1949 verschwiegen — die Schenkung von zwei Kalligraphien des Vorsitzenden Mao im Mai 1950: »Vereinigen wir uns, um ein neues China zu errichten«, und im Jahr 1958: »Die Erziehung muß der proletarischen Politik dienen, mit politischen Studien kombiniert werden.«

Erst die Kulturrevolution bewirkte, daß die revolutionären Studenten sich dieser kostbaren Gaben bewußt wurden. Aber alles muß bezahlt werden. Empört über diese Verrätereien warteten die Studenten nur darauf, sich zu erheben. Das am 25. Mai 1966

---

* Die Zensuren gehen von eins bis fünf.

in der Universität angeschlagene und am 1. Juni 1966 im Radio und den Zeitungen auf persönlichen Befehl des Vorsitzenden Mao verbreitete *ta tsi pao* trieb sie zum Angriff; das System der Mandarine, neu eingeführt und siebzehn Jahre lang begünstigt, stürzte mit großem Getöse zusammen.

### Nach dem Sturm

Einundfünfzig Monate ohne Unterricht, ein totaler Bruch in der Ausbildung der intellektuellen Eliten. Überdies hat der höhere Unterricht nach 1971 nur da und dort gewissermaßen als Experiment begonnen. Die Universität Peita nimmt viermal weniger Studenten auf als sie könnte.* Sie ist eine von den wenigen Hochschulen, die wiedereröffnet wurden.

Welches Land würde es wagen, seinen höheren Unterricht vier bis sechs Jahre lang zu unterbrechen? Nichts beweist die Kraft der revolutionären Überzeugung besser als dieses freiwillige Opfer. Wenn es einen Punkt gibt, in dem sich die Ideologen der Rechten und der Linken, der entwickelten und der unterentwickelten Länder einig sind, dann ist es die Priorität, die man der Ausbildung von Fachleuten, von Ingenieuren, Technikern und Ärzten geben muß. Mao greift frontal an, was er für einen die Revolution zerstörenden Mythos hält: das Wissen darf kein geschützter Sektor sein, keine neutrale Zone. Wenn die Revolution total ist — und sie muß es sein, oder es wird sie bald nicht mehr geben — meldet sie brutal ihre Priorität vor dem Wissen an.

»Haben Sie da nicht für Erneuerung Ihrer Methoden einen enormen Preis gezahlt?« fragte ich Tschu Pei-jüan.

»Nein«, antwortete er tapfer. »Der Preis ist gering im Vergleich zu der Umwandlung, die wir vollzogen haben. Es gab keinen anderen Weg. Man mußte konträre Maßnahmen zu dem setzen, was bis dahin getan wurde. Wir wollen proletarische Intellektuelle ausbilden, die das Volk lieben, aus dem Volk kommen und zum Volk zurückkehren. Nachdem die Zielsetzungen des Unterrichts geändert worden waren, mußte man wohl auch seine Modalitäten von Grund auf neu schaffen. Wir setzten uns als Ziel, in allem die Richtlinie des Vorsitzenden Mao anzuwenden: ›Der höhere Unterricht soll Arbeiter mit einer sozialistischen Bildung hervorbringen, die das Volk für die Revolution vorbereiten.‹«

* Im Universitätsjahr 1970/71 — das erste der neuen Ära — waren 2677 Studenten inskribiert (sie werden die »neuen Studenten« genannt), während Peita zehn- bis zwölftausend beherbergen könnte.

»Man kann verstehen, daß die Revolution den Gehalt der literarischen und juridischen Disziplin ändert. Aber bei den wissenschaftlichen und technologischen Fächern handelt es sich doch
immer um dieselben Wissenschaften und dieselben Techniken. Wie
könnte die Kulturrevolution die Trigonometrie oder die Informatik
ändern?«

»Nur scheinbar bleiben die Wissenschaften und die Techniken
unverändert. Aber sie werden nicht mehr in der gleichen Art
aufgefaßt. Die neuen Studenten eignen sie sich nicht mehr an, um
Wissenschaftler zu werden, um sich als Aristokraten des Wissens
über die anderen zu erheben, sondern um Fabriken zu bauen und
die Produktion zu organisieren. Sie wissen, daß sie alle zur Revolution in China beitragen.«

»Sind die Professoren nicht das Haupthindernis bei der Einführung des Neuen?«

»Natürlich. Hauptsächlich ihretwegen mußten die Vorlesungen
unterbrochen werden. Sie waren nicht bereit, ihre Rolle als ›neue
Lehrer‹ der ›neuen Studenten‹ zu übernehmen. Sie hatten die
Gewohnheit, die Studenten wie Tonbandgeräte zu behandeln. Der
Bruch traf sie schwer.«

Von den Universitätsprofessoren* wurde ein Drittel umerzogen; diese lehren, oder sie leiten Laboratorien; ein Drittel wird
in »Schulen des 7. Mai« »umerzogen« oder arbeitet auf dem
Land; ein Drittel hat die »soziale Fabrik« als Wirkungskreis
gewählt: Diese Leute behielten zwar die Bindung an die Mutter-
universität bei, säen aber jetzt den »guten Samen« in den Produktionseinheiten.

»Die Professoren dürfen ihre Vorlesungen wiederaufnehmen,
wenn sie beweisen können, daß sie den Geist der Kulturrevolution begriffen und sich angeeignet haben, das heißt, wenn sie auf
die Linie der Massen eingeschwenkt sind. Wenn es scheint, daß
sie mit dem Volk nicht Kontakt halten können, werden sie zur
Umerziehung zurückgeschickt und von den Leuten, die von unten
nachrücken, ersetzt. Vor allem aber lehren jetzt die Studenten
die Professoren, dem Prinzip Maos: ›Die Offiziere lernen vom
Soldaten‹ folgend. Dank der Kulturrevolution haben wir keine
›Magnetophon-Studenten‹ mehr. Alle werden eingeladen, ihren
Erfindungsgeist einzusetzen und sich gegenseitig zu formen —
moralisch, intellektuell, politisch und physisch —, um bessere
Diener des Sozialismus zu werden.«

* Bei einer theoretischen Anzahl von 2133 Lehrern, fast ebenso vielen
wie Studenten.

Diese neuen Methoden und besonders dieser neue Geist sollen schnelle Ergebnisse zeitigen. Die höheren Studien wurden verkürzt; auf maximal zwei oder drei Jahre (vor der Kulturrevolution waren es fünf oder sechs).

»Die Hälfte der traditionellen Studienlaufbahn, das genügt vollkommen. Man darf das Wesentliche nicht aus den Augen verlieren und sich nicht in subtilen Details verbeißen, die man nach der Prüfung rasch zu vergessen trachtet.«

Während die Universitäten ihre Pforten schlossen, gingen die Studenten von der enthusiastischen Phase der Roten Garden zu der vielleicht weniger erhebenden der »physischen Arbeit« und der »Umerziehung bei den Massen« in ländlichen Regionen über. Der Vorsitzende Mao faßte im Jahr 1968 die Prinzipien der Reform folgendermaßen zusammen: »Die Universitäten sollen vor allem technische und wissenschaftliche Einrichtungen sein, die eine politische Bildung ermöglichen. Die Studienzeit wird verkürzt; die Studenten sollten, bevor sie wieder mit den Studien beginnen, eine praktische Vorbereitung hinter sich haben.«

Dieses kategorische Einschreiten wurde durch sämtliche Informationsmittel verbreitet; die Kämpfe der zahlreichen Parteien, die das studentische Milieu entzweiten, hörten wie durch Zauberei auf. *Roma locuta . . .*

### Eine strenge Auswahl

»Wir sind noch weit davon entfernt, die Universität für alle zu öffnen«, erklärte mir Vizepräsident Tschu Pei-jüan.

»Wann voraussichtlich werden Sie die Hochschulen der Allgemeinheit zugänglich machen können?«

»Es ist nicht abzusehen; wir wissen gut, daß das noch lange Zeit unmöglich sein wird. Einige Jahrzehnte lang wird nur ein kleiner Prozentsatz der Jugendlichen die Universität besuchen können.«

Man muß also eine Auslese unter den Kandidaten treffen. Aber wie? Durch Prüfungen, Wettbewerbe? Sie haben der Universität bisher jenen Nachwuchs verschafft, der sie in den Augen des Vorsitzenden Mao verdammenswert macht. Das hieße noch einmal diejenigen begünstigen, die bereits am meisten gefördert wurden.

Es wurden drei Aufnahmebedingungen festgesetzt, die man uns ohne Geheimnistuerei mitteilte; die Kandidaten müssen:

1. Eine zufriedenstellende Ideologie besitzen, das Denken Mao Tse-tungs gründlich studiert haben und in lebendiger Weise

anwenden; sie müssen fähig sein, den Kontakt mit den Massen herzustellen, und den Willen haben, dem Proletariat zu dienen.

2. Nach der Mittelschule durchschnittlich drei Jahre lang praktische Erfahrung erworben haben, sei es in der Fabrik, sei es auf dem Land, sei es in der Armee, vorzugsweise in zweien dieser drei Gebiete.*

Wenn man nach der allgemeingültigen Regel auch eine »primäre«** und wenn möglich eine »sekundäre«*** Schulbildung abgeschlossen haben muß, können Arbeiter, Bauern oder Veteranen von dieser Verpflichtung dispensiert werden; die Veteranen werden aufgrund ihrer ununterbrochenen Ausbildung, ohne Altersbegrenzung und ungeachtet ihrer Kenntnisse, zugelassen.

3. Die Kandidaten müssen eine kräftige Konstitution besitzen. Das Prinzip »Mens sana in corpore sano« wird nicht nur ehrfurchtsvoll im Mund geführt, sondern täglich angewandt. Empfindlichkeit ist nicht gefragt bei höheren Studien. Tatsächlich sehen wir in ganz China keinen schwächlichen oder kränklichen Studenten; alle sind robuste Burschen und stämmige Mädchen. In Sparta wurden schwächliche Kinder in einen Abgrund geworfen, in China begnügt man sich damit, ihnen die Universität zu verschließen, dies aber rigoros.

Maoistischer Glaube, Ausübung eines Handwerks, ein starker Körper — aber sogar die Erfüllung aller drei Bedingungen genügt noch nicht, um zum Studium zugelassen zu werden. Das sind eher Vorbedingungen als echte Kriterien der Auswahl. Wie wird diese Auslese nun praktisch getroffen, die, wenn man sie nach den Zahlen beurteilt****, entweder sehr überlegt erfolgt oder ganz dem Zufall überlassen wird? Aus den Erklärungen, die man uns gibt, kann man folgendes Schema ableiten:

Die Jugendlichen, die die Universität besuchen wollen, melden ihre Kandidatur bei der Produktionseinheit an, in der sie arbeiten, seit sie ihr Mittelschul-Diplom erhalten haben. Im Lauf dieser Jahre machen sie ihre Verdienste durch ihr Betragen bei der Arbeit und gegenüber ihren Kameraden geltend.

Am Ende der drei obligatorischen Arbeitsjahre äußern sich die

---

* »Fünf Jahre sind besser. Aber in außerordentlichen Fällen gibt man sich mit zwei Jahren zufrieden.«

** Sechs Jahre, vom siebenten bis zum dreizehnten Lebensjahr.

*** Drei oder vier Jahre, je nach dem Ort, von dreizehn bis sechzehn oder siebzehn Jahren.

**** Eine Million Studierende vor der Kulturrevolution, kaum ein paar Zehntausend sechs Jahre nach ihrem Ausbruch, gegenüber einigen zehn Millionen Mittelschulabsolventen.

»Volksmassen« über diese Kandidatur, in der Fabrik, in der ländlichen Brigade oder der militärischen Einheit und in Versammlungen; die Stärke des Applauses dient als Richtlinie.

Das Revolutionskomitee der Basiseinheit, durch die Haltung der Massen aufgeklärt, gibt seine Ansicht über die Kandidaten kund und entschließt sich (oder auch nicht), sie auf die Universität zu schicken.

Das Revolutionskomitee der Universität ist die letzte Instanz. Wendet es akademische Normen an, die die »großen Massen« vielleicht vernachlässigt haben? Nein, denn auch dieses Komitee besteht aus Stellvertretern der Massen, aus Arbeitern, Soldaten, Bauern und den Repräsentanten der »neuen Studenten« (die auch wiederum Arbeiter, Soldaten oder Bauern sind) und verfügt gegenüber den Professoren über eine erdrückende Mehrheit. Bei der Bewertung ist also der Gesichtspunkt der Massen ausschlaggebend.

Ich formuliere meine Frage anders: »Werden die drei genannten Kriterien gleich bewertet oder ist eines wichtiger als die anderen?«

Der Chef der Propagandaeinheit, der aus meiner Beharrlichkeit Skeptizismus herausliest, antwortet mir lebhaft: »Diese Kriterien sind gerecht, weil sie vom Denken Mao Tse-tungs inspiriert sind.«

Einer seiner Kameraden, der vielleicht dachte, daß dieses stolze Scheinargument nicht ganz dem Denken Mao Tse-tungs entsprochen habe, fügt gleich hinzu: »Wir sind erst am Anfang, es fehlen uns noch konkrete Erfahrungen. Sicher ist nur, daß diese neue Methode besser zu sein scheint als die traditionelle Methode des Wettbewerbs. Wir müssen jedoch noch große Anstrengungen unternehmen, bevor wir unser Ziel erreichen. Wir wären froh, wenn Sie uns Ihre Kritik und Ihre Vorschläge mitteilten.«

Während wir durch den Park spazieren, setze ich die englische Konversation mit Tschu Pei-jüan fort. Seine Antwort ist eindeutig. Offenbar sind fast alle Mädchen und Burschen, die die Mittelschule absolviert haben, bei guter Gesundheit, und alle sind verpflichtet, einen Beruf zu erlernen. Also erfüllen fast alle die zwei letzten Aufnahmebedingungen. Das einzige Kriterium, das Variationen unterliegen könnte, ist dasjenige, welches das maoistische Denken betrifft. Die Kandidaten müssen ihm zufolge eine unerschütterliche Überzeugung haben. »Politics first« faßt mein Gesprächspartner mit einem Lächeln zusammen, während wir den mit Lotosblumen eingerahmten Teich entlanggehen.

Die Arbeiter, Bauern und Soldaten wählen, von der Partei aufgeklärt, aus ihren eigenen Rängen die besten Zeugen und die besten Apostel des neuen Glaubens. Dieses System hat natürlich zur Folge, daß sich die Hörerschaft der Hochschulen nun anders zusammensetzt. In Peita gab es vor der Kulturrevolution dreißig Prozent Proletarier, im Jahrgang des Jahres I der wahren maoistischen Erziehung sind es hundert Prozent*: Die »neuen Studenten« sind alle, ohne Ausnahme, Arbeiter, Bauern und Soldaten, und selbst Söhne von Arbeitern, Bauern und Soldaten.

»Was ist mit den Studenten geschehen, die im Mai 1966 mitten im Studium standen?«

»Sie wurden Anfang Juni 1966 aufgeteilt. Eine Anzahl von ihnen ist an Ort und Stelle geblieben und hat Wandzeitungen verfaßt, Untersuchungen geführt und an Kolloquien über die Studienreform teilgenommen. Andere wurden Rotgardisten und verbreiteten die Kulturrevolution im Land; aber die meisten wurden aufs Land oder in die Fabriken geschickt.«

Haben sie Hoffnung, wieder von dort wegzukommen? Die Plätze an der Universität sind teuer. Man versicherte uns, daß sie für proletarische Kandidaten, die nicht durch einen — wenn auch noch so kurzen — Aufenthalt auf der Mandarin-Universität vor 1966 infiziert waren, reserviert sind. Sollte es »den anderen« jedoch in ein paar Jahren gelingen, »das Niveau ihres politischen Bewußtseins zu heben«, wird es vielleicht möglich sein, »sie von neuem an der Universität aufzunehmen«. Wenn Tschu Pei-jüan auf diese Hintertür hinweist, dann tut er es wohl mehr aus Vorsicht als aus Überzeugung. Tatsächlich führt jetzt nur noch ein Weg zur höheren Bildung: die Zugehörigkeit zum Proletariat. Alle anderen bleiben verschlossen, und zwar fest. Allein das Kriterium der revolutionären Begeisterung zählt. Ist dies schließlich und endlich nicht das wichtigste Ergebnis der Kulturrevolution?

### Der Umsturz

Die Kulturrevolution hat die große Transfusion durchgeführt. Aus Intellektuellen und Bürgern machte sie — ob sie nun wollten oder nicht — manuelle Arbeiter, indem sie sie aufs Land oder in die Fabriken schickte. Von jetzt an können nur Arbeiter aus nachweisbar proletarischem Milieu Intellektuelle werden. Überdies wurden alle Vorkehrungen getroffen, daß sie sich nicht die Krankheit der Intellektuellen — das Überlegenheitsgefühl über die

---

* Die Presse gibt an, daß achtzig bis neunzig Prozent der »neuen Studenten«, die an der Tsinghua-Universität, der anderen Pekinger Hochschule, studieren, proletarischer Abstammung sind.

Proletarier — zuziehen. Alle Arbeiter, Soldaten, Bauern werden immer wieder den Kontakt zu den Arbeitern, Bauern und Soldaten suchen und unter ihnen leben: zwischen Mittelschule und Universität, während ihrer Studienzeit, nach deren Abschluß, und dann, in regelmäßigen Abständen, ihr ganzes Leben lang.

Sicherlich waren die Aufenthalte auf dem Bauernhof oder in der Fabrik vor 1966 ein Teil des Programmes, aber sie wurden wie eine Huldigung des Lasters an die Tugend empfunden. Studenten und Professoren versuchten mit allen Kräften, dieser Verpflichtung zu entkommen. Wenn es ihnen nicht gelang, war es für sie eine unangenehme Zeit, die sie überstehen mußten, um ihr Gesicht oder vielleicht sogar ihr gutes Gewissen zu wahren. Die manuelle und die intellektuelle Arbeit blieben völlig getrennt, und nur die letztere trug — durch Bücher, durch den Unterricht — zur Bildung und zur Vermittlung eines »bourgeoisen« Wissens bei.

Das System ist jetzt umgekehrt. Der Arzt, der hohe Beamte, der Wissenschaftler oder Künstler wird nicht auf die Universität berufen, weil er eine Kapazität auf dem Gebiet der Biologie, der Rechtswissenschaft, der Mathematik oder der Malerei ist. Er wird ausgewählt, weil er Proletariersohn ist und selbst Proletarier, und sich während vieler, mit manueller Arbeit verbrachter Jahre im Schoß des Proletariats als guter Vertreter der proletarischen Revolution erwiesen hat. In seiner Wertordnung rangiert das Wissen weit genug hinter den Interessen der Revolution, so daß er sich der Wissenschaft widmen kann, ohne sich darin zu verlieren.

»Wie sind Sie zu Ihrem Beruf gekommen?« frage ich die Flughosteß, die uns zwischen Sian und Wuhan pausenlos mit eisgekühlten Limonaden und heißem Tee versorgt.

»Man hat mich ausgewählt«, antwortet sie mir, während sie eine heiße Serviette auf mein Tischchen legt.

»Aber hatten Sie sich darum beworben? Wollten Sie Stewardeß werden? Haben Sie von diesem Beruf geträumt, als Sie ein kleines Mädchen waren?«

Sie bricht in Lachen aus.

»Niemals, ich wollte nur dem Volk dienen. Ein Revolutionär, hat der Vorsitzende Mao gesagt, muß dem Volk dienen, und zwar dort, wo das Volk ihn braucht.«

»Wer bestimmt, ob das Volk Sie eher in der Crew eines Flugzeuges braucht als in einer Fabrik?«

»Das Revolutionskomitee, auf Empfehlung der vom Denken Mao Tse-tungs erleuchteten Massen.«

Sie sieht mich mit großen, unschuldigen Augen an; das alles

ist so selbstverständlich, und wie könnte es auch anders sein? Zweifellos jedoch hat da ein Planungsdienst dazu beigetragen, die Urteilskraft des Revolutionskomitees zu erleuchten ...

»Könnte es nicht vorkommen, daß die großen Massen irren, zumindest aber das Revolutionskomitee Ihrer Einheit, auch wenn das Denken Mao Tse-tungs nie irrt? Nehmen wir an, Sie litten an Höhenkrankheit und wären für jeden anderen Beruf eher geeignet als für den einer Flughosteß?«

Sie lacht herzlich. »Aber das ist unmöglich! Ein Revolutionär ist nicht höhenkrank!«

»Werden Sie Ihr ganzes Leben lang bei diesem Beruf bleiben?« Noch so eine dumme Frage.

»Wir müssen bereit sein, überall hinzugehen, wohin uns die Revolution ruft. Wollen Sie noch ein Stück Melone?« fragt sie mich, um mir liebenswürdig zu verstehen zu geben, daß das Gespräch lange genug gedauert hat.

Sie ergreift meine kalt gewordene Serviette rasch mit zwei Stäbchen und zieht sich mit einem seraphischen Lächeln zurück.

Es ist wie beim Militär: Eines schönen Tages bekommt man einen Marschbefehl und schnürt sein Bündel. So ist es auch im revolutionären China bei jeder fachlichen Ausbildung. Man fragt nicht nach besonderen Befähigungsnachweisen, sondern nach der revolutionären Überzeugung; man will sich Gewißheit verschaffen, daß es demjenigen, der diese Überzeugung besitzt, gelingen wird, zugleich mit anderen hervorragenden Eigenschaften die nötigen technischen Fähigkeiten zu erwerben. In diesem System geht die Motivation vor den Fähigkeiten, sie schafft sie erst.

Vor der Kulturrevolution versuchte man, den proletarischen Reis auf den intellektuellen Stamm aufzupfropfen: es mißlang. Nun verlegt man sich darauf, das Wissen einem Stamm aufzupfropfen, der unerschütterlich im Proletariat wurzelt.

In Wuhan teilt man mir als Tischnachbarin eine Universitätsprofessorin zu, die in den Dritten Nationalen Volkskongreß »gewählt« worden war. Sie übt diese beiden Ämter mühelos gleichzeitig aus, weil der Kongreß maximal acht Tage im Jahr tagt und seit sechs Jahren nicht mehr zusammengetreten ist. Feine Hände, ein rassiges Gesicht ... Ein schöner Wiederaufstieg, dachte ich, für eine typische Vertreterin des alten Mandarinats.

Ich frage sie nach ihrer Familie; auch ihr Mann ist Universitätsprofessor; sie hat zwei Söhne. »Das genügt, für das moderne China ist das sogar das Maximum.«

»Wie alt sind Ihre Söhne?«

»Dreiundzwanzig und einundzwanzig Jahre.«

»Und welchen Beruf üben sie aus?«

»Alle beide sind Arbeiter.«

»Sie absolvieren ihren Arbeitsdienst, bevor sie auf die Universität aufgenommen werden?«

»Aber nein, sie sind für ihr ganzes Leben Arbeiter.«

Sie muß in meinem Blick die unausgesprochene Frage lesen.

»Aber ja, sie sind sehr glücklich, sie wissen, daß nichts über den Arbeiterstand geht; sie können dem Vaterland nicht besser dienen, als dadurch, daß sie ihr Leben lang in der Fabrik arbeiten.«

Durch diese Antwort, mit der ich nicht unbedingt gerechnet hatte, ermutigt, dringe ich weiter in sie: »Aber Sie selbst dienen doch Ihrem Lande auch gut. Wenn Sie an der Universität unterrichten und Abgeordnete des Nationalen Volkskongresses sind, nutzen Sie da Ihre Kräfte nicht besser, als Sie es in einer Fabrik könnten? Eine Arbeiterin wäre nicht so leicht imstande, Sie an der Universität zu ersetzen, wie Sie die Arbeiterin am Webstuhl. Würden Ihre Söhne es nicht vorziehen, Ihren und Ihres Mannes Weg zu gehen?«

Die Antwort kommt mit einer kleinen Verzögerung, aber in lächelnder Sanftmut: »Unseren Weg gehen, das ist wohl die Idee eines westlichen Intellektuellen. Auf jeden Fall wissen meine Kinder, daß man sie, sollten sie ihre Aufnahme an die Universität beantragen, wegen des Berufs ihrer Eltern sicherlich zurückweisen würde. Und das ist sehr gut so.«

Gab es je eine Gesellschaft, die die natürliche Neigung der Menschen, seiner Familie und seinen Freunden zu helfen, bekämpft hat? Die großen und anonymen Gesellschaften, seien sie alt oder modern, feudal oder liberal, kapitalistisch oder kommunistisch, tolerieren all die kleinen Netze gegenseitiger Hilfe. Diese Toleranz war im klassischen China zu einer Institution geworden.

Auf den Nepotismus von ehemals hat China nach der Kulturrevolution mit einem Anti-Nepotismus geantwortet. Die Söhne oder Neffen haben auf die Plätze der Eltern keinen Anspruch mehr; im Gegenteil, sie werden systematisch davon ausgeschlossen.

Ich setze fort: »Und die Kinder Ihrer Söhne?«

»Ah, vielleicht werden meine Enkel die Universität besuchen ... Oder wenigstens einer von ihnen; denn auf jeden Fall kann die Universität nur einen kleinen Teil der Jugend aufnehmen, und wenn ein junger Mann zugelassen wird, haben seine Brüder und Vettern weniger Chancen.«

»Unter den Künstlern und Wissenschaftlern gibt es ganze Dynastien; man hat den Eindruck, als würden die Talente und Fähigkeiten nach und nach im täglichen Kontakt von den Eltern auf die Jungen übertragen. Ist es nicht schade, daß diese innerfamiliäre Weitergabe des Talents eliminiert wird?«

»Vielleicht verlieren wir da ein wenig. Die Individuen, die Familien verlieren dabei ganz gewiß. Aber die Gesellschaft gewinnt viel. Man muß das Wohl der Gesellschaft immer dem individuellen Wohl vorziehen. Wir schulden unserem Land alles.«

Ist diese Verschwendung sicherer Begabung wirklich so unbedeutend, gemessen an den noch nicht gehobenen Schätzen, die man bei den »neuen Studenten« und Wissenschaftlern vermutet? Werden in der Ebbe der Kulturrevolution nicht wieder kleine Inseln der alten Kultur auftauchen?

### Fabriken und Bauernhöfe auf dem Universitätsgelände

Wenn das chinesische Gesellschaftssystem nicht elastischer wird, dürfte es eine Mutation erleben, die beispiellos in den Annalen der Menschheit ist. Sie wird die Schranken zwischen intellektueller und physischer Arbeit, zwischen Führung und Geführten, Besitzenden und Benachteiligten niederreißen. Diese Schranken, die schon andere Revolutionen zu beseitigen versuchten, bestehen immer noch, besonders in der Sowjetunion. Werden sie in China für alle Zeit verschwinden?

Nach dem Willen der chinesischen Revolutionäre ist Wissen kein Privileg mehr, das vor dem Schmieröl der Maschinen oder dem Schlamm der Reisfelder schützen könnte. Die Auswahl eines Studenten ist in Wirklichkeit die Wahl eines manuellen Arbeiters durch andere manuelle Arbeiter, der seinerseits, nachdem er die Universität verlassen hat, wieder manueller Arbeiter wird (und eigentlich nie aufgehört hat, einer zu sein).

Wenn der Student einmal sein Diplom in der Tasche hat, wird er meistens zu der Einheit, von der er stammt — einfach nur besser ausgerüstet — zurückkehren, um hier dem Volk zu dienen; sei es als Kader, sei es auf einem höheren technischen Niveau. Er muß fortwährend mit Hand anlegen. Zurückgekehrt zu den Massen, die ihn erwählt haben und ihn jederzeit abberufen können, wird er nicht in Versuchung geraten, sich Überlegenheit anzumaßen.

Wir besuchen auf dem Universitätsgelände von Peita den Bauernhof und die Fabrik, in denen Studenten und Lehrer abwechselnd arbeiten. Die Ställe und Werkstätten wurden von Professoren und Schülern neben den alten Pavillons der Universität erbaut. »Man muß die Theorie mit der Praxis verbinden.« Die Universität errichtete innerhalb ihrer eigenen Mauern ein Dorf und eine Fabrik; die beste Art, ihrer Isolierung in der Gesellschaft ein Ende zu setzen. So wird die Richtlinie Maos vom 22. Juli 1968, die vorschreibt, die traditionellen Universitäten durch »Anstalten höheren, angewandten Unterrichts« zu ersetzen, verwirklicht. Vorschriften wie: »Die Dauer des Studiums muß verkürzt werden«, »Es muß technisches Personal, das aus den Reihen der Arbeiterschaft hervorgegangen ist, ausgebildet werden«, »Die Studenten sind nach ihrer praktischen Erfahrung auszuwählen und zur Praxis der Produktion zurückzusenden«, sind nur dazu bestimmt, den Massen den in den liberalen Gesellschaften als unerfüllbar geltenden Wunsch zu erfüllen: die Verbindung zwischen Universität und Industrie sicherzustellen.

Der Bauernhof, die Werkstätten, die wir in diesem bezaubernden Gelände besuchen, lassen uns an die Schäferspiele im Kleinen Trianon von Versailles denken.

»Wie ist es möglich, sich ernsthaft auf dem Land oder in der Fabrik zu glauben, wenn es sich um umgebaute alte Universitätsgebäude handelt?«

»Täuschen Sie sich nicht!« antwortet mir lebhaft Tschu Peijüan. »Sogar auf dem Universitätsgelände ist der Boden flach, sind die Maschinen voll Schmieröl und werden die Hände schwielig.«

»Ist diese Verbindung zwischen Industrie und Ackerbau, die Sie hergestellt haben, ein vereinzeltes Beispiel oder wird sie allgemein durchgeführt?«

»Sie ist die Regel. Allen Universitäten werden Werkstätten, Fabriken und Bauernhöfe angeschlossen. Sie dienen dem praktischen Unterricht, sie sind eine Schutzwehr gegen die Versuchung, sich in die Theorie zu flüchten. Alle Universitäten, die wieder geöffnet wurden, verfügen über einen Bauernhof oder über eine Fabrik, wenn möglich über beides. Aber nur wenige wurden eröffnet, gerade wegen der Schwierigkeiten, die diese Anforderung mit sich brachte.«

Vor 1966 gab es in ganz China ungefähr zwanzig Universitäten mit mehreren Fakultäten, wie Peita und Tsinghua, und dreihundert bis vierhundert kleinere Institute für den höheren Unterricht. Niemand kann sagen, wie viele es in Zukunft geben wird. Denn die Anweisung, die der Vorsitzende Mao am 22. Juli 1968 der Fabrik für Maschinenwerkzeuge in Schanghai zugeschickt hatte, verpflichtet die großen Fabriken, eigene Institute für höhere Bildung zu schaffen.

»Man versteht, daß die Verbindung einer technisch-wissenschaftlichen Universität mit einer Fabrik sinnvoll ist. Aber was soll die Verbindung zwischen einer Universität mit geisteswissenschaftlichen Fakultäten wie Peita und einer Fabrik oder einem Bauernhof? Besteht nicht die Gefahr, daß die Professoren und Studenten diese Kulissen für eine Fopperei oder für Folklore halten?«

Mit großartiger Geste zeigt Tschu Pei-jüan auf eine rote Wandtafel mit goldenen Buchstaben, die die Mauer schmückt: »Die Literatur soll die ganze Gesellschaft als ihren Verarbeitungsbetrieb ansehen.« Und dann erklärt er diesen Satz Maos: »Die Studenten der Geschichte befragen die Arbeiter, wenn sie in die Fabrik oder auf den Bauernhof gehen, und führen Untersuchungen durch, die es ihnen erlauben, die Ausbeutung Chinas vor der Befreiung besser zu verstehen.«

Der Leiter der vier biologischen Laboratorien, Professor Su Tschi, empfängt uns. Diese Werkstätten wurden in eineinhalb Jahren von Professoren und Studenten erbaut und eingerichtet. Jetzt werden hier verschiedene Arten von Schädlingsbekämpfungsmitteln, ein Antikoagulans, Insulin, Antibiotika und ein blutstillendes Mittel aus organischen Substanzen hergestellt. Frauen mit fleckigen Schürzen schütten rotes Pulver in große Kupferkessel und rühren mit großen Schöpfkellen darin um, als kochten sie Marmelade; währenddessen bilden sich am Rand der Kessel zweifelhafte Ablagerungen (das Institut Pasteur fällt einem da nur als Kontrast ein!).

Auf einen Pariser wirkt diese angewandte organische Chemie so, als sei sie von König Ubu erdacht und von Gatti inszeniert. Aber so lächerlich diese improvisierten Werkstätten auch erscheinen, so wenig appetitlich sie sein mögen — und vielleicht gerade wegen dieser Unvollkommenheit —, die Studenten finden hier, was Mao wollte, daß sie finden: den Stolz eines Teams, dem es gelungen ist, aus eigener Kraft ansehnliche Mengen von Injektionsampullen und Medikamenten herzustellen; den Pragmatismus, den die Konfrontation mit konkreten Problemen und die Berücksichtigung der Produktionserfordernisse verlangen; die Fähigkeit, sich nach eigenem Ermessen im Rahmen der allgemeinen Richtlinien (die Sonderinitiativen freie Bahn lassen) zu organisieren.

Arbeiterinnen in Hosen und Schürzen, auf kleinen Mauern oder wackeligen Leitern sitzend, verschwinden hinter den Dampfwolken, die aus den Kesseln aufsteigen; erst der enthusiastische Applaus, mit dem sie uns empfangen, macht uns auf sie aufmerksam. Handelt es sich um Arbeiterinnen oder um Studentinnen? Um Frauen oder Männer? Man suche nur, es herauszufinden. Man sagt uns, daß die Arbeiter in diesen Laboratorien von der Universität bezahlt werden, daß sie Vorlesungen besuchen, und sich unter die Studenten mischen, die selbst ehemalige Arbeiter sind und in diesen Werkstätten arbeiten. Arbeiter, die bereits Studenten, Studenten, die noch Arbeiter sind: die Verschmelzung der Arten ist vollständig, weil sie methodisch ist.

In diesem Strom ist nur die Revolution ein Fixpunkt. Kein anderes Zugehörigkeitsgefühl als das der Verbindung mit dem Proletariat darf sich entwickeln. Die Studenten werden durch die produktive Arbeit, die sie leisten, und durch ihre Kontakte mit den Arbeitern und Bauern (die zwar Arbeiter und Bauern geblieben sind, aber später mit ihnen Seite an Seite im Hörsaal sitzen werden) immer wieder auf ihren Ursprung hingewiesen. Die Lehrer sind das Produkt einer ähnlichen Fusion, ob es sich nun um ehemalige Professoren handelt, die »mit Erfolg« ihre Umerziehung hinter sich gebracht haben, oder um echte Arbeiter und Bauern, die dem Proletariat entstammen. Nicht erst in den »Ferien« kommen sie — nach dem Studienjahr in diesem halb ländlichen, halb industriellen Universitätsgelände — wieder zu der einzigen Quelle aller Werte, der manuellen Arbeit in echten Bauernhöfen auf dem echten Land oder in echte Fabriken in echten Städten zurück.

### Nur das Nützliche zählt

Professor Su Tschi zeigt mir ein Spruchband über einem Kupferkessel, in dem eine gelbliche, zähe Flüssigkeit kocht. »Der Unterricht soll die Arbeiter im Dienste der Diktatur des Proletariats moralisch, physisch und intellektuell formen.«

»Unsere Hochschule«, fährt er fort, »soll den künftigen Universitäten mit mehreren Studienrichtungen — hauptsächlich ist an Kunst, Literatur, Jura, Wirtschaftswissenschaften und Politologie gedacht — als Modell dienen.« Die andere Pekinger Universität, Tsinghua, soll zum Vorbild der wissenschaftlich-technischen Hochschulen werden. Ebenso soll die Volkskommune von Tatschai als Modell für die Landwirtschaft dienen, und die Industrie soll die Erdölgewinnung von Tatsching als Beispiel nehmen.

»Alle giftigen Disziplinen wurden aus dem höheren Unterricht entfernt.«

»Giftig, heißt das unnütz?«

»Alles, was unnütz ist, ist schädlich.«

»Worin bestehen die ›nützlichen‹ Fächer?«

»Die ›ungiftigen‹ Unterrichtsfächer reichen vom Denken Mao Tse-tungs über das Studium ausgewählter Schriften von Marx,

Engels, Lenin und Stalin, der Geschichte der kommunistischen Bewegung Chinas, der Geschichte des Internationalen Kommunismus, der marxistisch-leninistischen politischen Ökonomie bis zur ›revolutionären Kritik‹. Nebenbei lernen die Studenten auch schreiben.«

Bei dieser Bemerkung zucken wir zusammen: nimmt man vielleicht des Schreibens und des Lesens unkundige »Rote Herzen« in die Universität auf? Nein, es verhält sich so, daß die Studenten, wie die Mandarine von ehemals, nie aufhören, sich im Schreiben zu üben. Während dieser Schreibkurse malen sie ihre Schriftzeichen mit Pinsel und Tusche: langsam und mit Liebe, den Kopf gebeugt, die Zunge zwischen den Lippen; eine schöne Arbeit.

»Würden es Kugelschreiber nicht auch tun?«

»Unmöglich! Wenn man die dünnen und die dicken Grundstriche nicht mit sehr viel Sorgfalt ausführt, können die Schriftzeichen leicht miteinander verwechselt werden.«

Leibesübungen vervollständigen die Liste der gewöhnlichen Fächer. Es gibt außerdem noch Speziallehrgänge: asiatische Sprachen, Russisch, westliche Sprachen, internationale Beziehungen, Verwaltung, Ausbildungskurse für Bibliothekare, Ökonometrie, Philosophie, Literatur.

Während der Kulturrevolution war man nahe daran, den Unterricht in den Human- und Sozialwissenschaften — Materien, die im Ruf stehen, schädlich, auf jeden Fall aber heikel zu sein — abzuschaffen. An der Universität Peita wurde ihre Ehre gerettet, wir können es bezeugen. Wahrscheinlich hatten die Professoren den Beweis geliefert, daß sie in ihrer Umerziehung weit genug fortgeschritten waren.

Nachdem diese Programme genauestens geprüft worden sind, werden sie nach grundlegend neuen Methoden unterrichtet. Die alten Lehrbücher sind verschwunden. Bis man sie gänzlich umgearbeitet hat, benützt man an Ort und Stelle hergestellte Skripten. Es gibt keine Prüfungen und Auslesebewerbe mehr: es wird vor allem die Methode kontrolliert, regelmäßig und offen.

Man tut alles, um den Unterricht lebendig zu gestalten. Ein Gedicht Maos über den Krieg aus dem Jahr 1928 soll interpretiert werden? Dazu kommt ein Hauptmann der Miliz, um über seine Feldzüge zu berichten. Ein Student soll das Thema »Die Macht liegt vor der Mündung der Gewehre« behandeln? Er wird seine Beispiele aus den revolutionären Ereignissen Afrikas und Lateinamerikas nehmen.

Dennoch mäßigt ein Anflug von Bescheidenheit diese geradezu lyrischen Schilderungen: »So versuchen wir, das Denken Mao

Tse-tungs auch im Erziehungswesen anzuwenden. Aber es ist uns noch nicht ganz gelungen. Wir begehen Irrtümer bei unserer Arbeit. Wir üben die neuen Methoden erst seit einem Jahr aus, nach den vier Jahren, in denen die Universität geschlossen war. Wir sind im Versuchsstadium. Helfen Sie uns mit Ihrer Kritik . . .«

»Ist das größte Problem nicht das Erbe der Vergangenheit? Wie wollen Sie damit fertigwerden?«

»Ja, das ist unser Problem. Wir wollen es loswerden, zugleich aber auch bewahren. Nur durch die Rückkehr zum Konkreten können diese Widersprüche beseitigt werden. Deshalb müssen die ›Dreier-Einheiten‹ vermehrt werden. Die Studenten sollen Seite an Seite mit den Arbeitern und den Bauern praktische Arbeit leisten. Der Kampf um das Experiment soll mit dem Kampf um die Produktion und mit dem wissenschaftlichen Studium des Klassenkampfs kombiniert werden. Das Studium der gelebten Geschichte, wie sie uns von den Bauern, Arbeitern und Soldaten gelehrt wird, soll das Geschichtsstudium komplettieren. Wie Sie sehen, werden die Widersprüche jedesmal durch eine dreifache Einheit überwunden.«

So erklärt sich auch das Geheimnis des »Verarbeitungsbetriebes«, in dem die literarischen und juridischen Kenntnisse weiterverwertet werden. Die wissenschaftlich-technischen Hochschulen leiten auf natürliche Weise zu den Produktionsbetrieben über. Die Fabrik jedoch, die später den Studenten von Peita aufnehmen wird, ist der »soziale Betrieb«, die sozialistische Gesellschaft, die aufgebaut werden muß. Der Student, zum Sauerteig des Sozialismus geworden, wird dort die Massen auf die großen Ziele der Revolution vorbereiten.

»Was geschieht mit den Studenten, wenn sie die Universität verlassen?«

»Das ist sehr einfach, sie kehren dorthin zurück, woher sie gekommen sind.«

»Wie? Man bestimmt die für diese Dinge besonders Begabten nicht für die Verwaltung, die Landwirtschaft, die Industrie, die akademische Laufbahn?«

Man läßt mich den Satz wiederholen. Der Begriff »Eignung« wird ebensowenig verstanden wie »Begabung«. Der wahre Revolutionär ist nur dazu geeignet, zu dienen, und die Bedürfnisse der Einheit, der er angehört, gehen seinen eigenen Wünschen — wenn er überhaupt welche hat — vor. Er ist zunächst seiner Einheit verpflichtet, die ihn auf die Hochschule geschickt hat — weniger als Anerkennung für seine Verdienste, sondern, um daraus Nutzen zu ziehen.

Sicherlich gibt man auf unsere drängenden Fragen hin zu, daß »gewisse Studenten vielleicht ihre Berufung wechseln, zu Forschungsaufgaben abkommandiert und Professoren werden können, je nach den ›Bedürfnissen des Staates‹ «. Aber fast alle kehren an ihren Ursprungsort zurück.

Diese Regel scheint wesentlich zu sein. Sie beeinflußt sowohl diejenigen, die auswählen, als auch jene, die gewählt werden, sehr stark. Sie besiegelt im Schicksal jedes einzelnen die Einheit von Theorie und Praxis.

Diese strengen Vorsichtsmaßnahmen erklären ohne Zweifel die Achtung, welche die »literarischen« Studien in China genießen. Gewöhnlich werden in sozialistischen Ländern wissenschaftlich-technische Studenten viel mehr gehätschelt als die literarischen, die für potentielle Unruheherde gehalten werden. In China haben die »Literaten« die Oberhand, weil sie, sogar auf dem Bauernhof, sogar in der Fabrik, unentbehrlich sind. Sie verfassen Artikel und Kritiken für die Betriebszeitung. Sie kalligraphieren *ta tsi paos*. Sie beurteilen die Ideen der Arbeiter, sie schreiben Berichte. Sie regen die Tage zum Studium des Denkens Mao Tse-tungs an. An Feiertagen organisieren sie die Aufführung von Theaterstücken. Sie werden zu Katalysatoren der Revolution.

Es ist klar, daß die literarisch-künstlerisch orientierten Hochschulen nichts anderes sind als Kaderschulen der Partei. Auf die Frage, ob es noch andere »echte« Kaderschulen gibt, antwortet man uns ausweichend. Aber warum sollte es auch welche geben, nachdem die neuen Hochschulen genau diese Funktion übernommen haben?

### Eine Französischstunde

Fräulein Wang, die Französischprofessorin, schätzt man auf zwanzig Jahre, obwohl sie sich sicher den Dreißigern nähert. Eine kleine Frau, grazil wie eine Porzellanfigur aus der Ming-Zeit, kurzgeschnittenes Haar, große Mandelaugen in einem schmalen, stillen Gesicht, weiße Bluse und blaue Hose: sie erinnert an eine Musterstudentin. Fünf Jahre lang hat sie an der Universität Französisch studiert. Jetzt lehrt sie es selbst seit fünf Jahren. Sie spricht fast ohne Akzent, mit einem herben Charme.

Im Hörsaal steht eine Anzahl von »neuen Studenten«, brav hinter den Pulten aufgereiht: Soldaten in Uniform, Arbeiter, Bauern. Die meisten sind Bauern- und Arbeitersöhne. Sie sind zwanzig bis fünfundzwanzig Jahre alt. Keiner von ihnen konnte ein Wort Französisch, bevor er an die Universität kam. Diese

Anfänger haben erst sieben Monate Studium hinter sich, aber sie arbeiten äußerst eifrig: sechs Stunden im Tag, sechs Tage in der Woche, ohne die Stunde mitzurechnen, die täglich dem Denken Mao Tse-tungs gewidmet wird; dazu kommen noch das körperliche Training und die Waffenübungen. Fräulein Wang hält zweiundvierzig Französisch-Stunden pro Woche ganz allein.

»Aber wann finden Sie Zeit, Ihre Stunden vorzubereiten und die Aufgaben zu verbessern?«

»Die Aufgaben? Ich verbessere sie nicht außerhalb der Klasse, denn alle Übungen werden hier gemacht; die Studenten verbessern sich gegenseitig in meiner Gegenwart. Die Vorbereitungen? Ja, natürlich, aber sie kosten mich nur einige Stunden. In China«, versichert sie mir stolz, »arbeiten wir achtundvierzig Stunden in der Woche.«

Ich bitte Fräulein Wang, fortzufahren, als ob wir nicht da wären. In dem Raum, in dem Platz für vierzig Schüler wäre, befinden sich nur siebzehn. Wir setzen uns auf die freien Plätze. Fräulein Wang trägt heute einige Regeln der französischen Grammatik vor.

Das Prinzip ist einfach. Ein Student — ein junger Soldat in Grün, die Kappe bis zu den Ohren heruntergezogen — schreibt einen selbstverfaßten Satz an die Tafel, um die Anwendung der Nennform zu erläutern: »*Avant la Libération, mes parents étaient obligés de travailler chez un propriétaire foncier.*« (Vor der Befreiung waren meine Eltern gezwungen, bei einem Grundbesitzer zu arbeiten.) Seine Kameraden machen ihn sofort auf Rechtschreib- oder Syntaxfehler aufmerksam. Sie werden nachher gebeten, ähnliche Sätze zu bilden. Der Reihe nach erhebt sich jeder und konstruiert einen Satz nach diesem Modell, immer Variationen über das gleiche Thema: »Vor der Revolution mußten wir Automobile im Ausland kaufen; jetzt können wir selber Wagen guter Qualität herstellen.« Der Soldat löscht seinen Satz und geht wieder auf seinen Platz zurück. Ein kleiner vierschrötiger Bursche ist der nächste. Fräulein Wang bittet ihn, einen Satz mit dem Wort *reconnaître* (eingestehen, anerkennen) zu bilden. Er kratzt sich einen Moment lang in seinem rasierten Nacken und schreibt dann: »*Un révolutionnaire ose reconnaître se fautes et sait les corriger rapidement.*« (Ein Revolutionär wagt es, seine Fehler einzugestehen und kann sie eilig verbessern.) Dieser Satz wird mit einem Freudenausbruch begrüßt. Der junge Revolutionär hat ihn fehlerlos niedergeschrieben, und es gibt nichts zu verbessern. Seine Kameraden heben die Hand, um noch mehr Sätze aufzusagen: »*La Chine est reconnue par beaucoup de pays;*

*nous avons beaucoup d'amis dans le monde.«* (China wurde von vielen Ländern anerkannt; wir haben viele Freunde auf der Welt.) »*Monde*« (Welt) war unverständlich. Fräulein Wang verbessert, erklärt, was ein Mitlaut ist, und läßt den unglücklichen Burschen das Wort so lange nachstottern, bis er es richtig ausspricht. Der Student, der dann zur Tafel geht, soll einen Satz aufschreiben, der das Wort »*apprendre*« (lernen) enthält. Seine Kameraden helfen ihm von der Bank aus. »*C'est dans la lutte qu'on apprend à lutter.*« (Während des Kampfes lernt man kämpfen.) »*Pour répondre au grand appel du président Mao, j'ai décidé d'apprendre à nager.*« (Um dem großen Aufruf des Vorsitzenden Mao nachzukommen, habe ich schwimmen gelernt.) Er betont das Wort »*nager*« falsch. Fräulein Wang berichtigt seinen Irrtum und läßt ihn das Vokabel einige Male wiederholen.

Während dieser Dialoge blättere ich in der Broschüre, die vor jedem Schüler liegt. Es ist das Französisch-Lehrbuch für den Anfangsunterricht. Die erste Seite beginnt folgendermaßen: »Der amerikanische Imperialismus fürchtet die revolutionären Völker der Welt. Die revolutionären Völker fürchten den amerikanischen Imperialismus nicht, weil er ein Papiertiger ist.« Beispiel für eine Frage: »Erlauben Sie Ihren Kameraden, in Ihrem Zimmer zu rauchen?« »Was tun Sie, wenn Sie erfahren, daß Ihr Kamerad im Irrtum ist?« Beispiel für die passive Form: »Die Kapitalisten beuten die Arbeiter aus, die Arbeiter werden von den Kapitalisten ausgebeutet.« »Die Arbeiter werden von den Kapitalisten nicht mehr ausgebeutet werden.« Es folgt dann ein Text von Franz Fanon über die Befreiungsbewegungen in Afrika.

Am Ende der Stunde fangen wir mit den Studenten ein Gespräch an. Welchen Beruf hatten sie ausgeübt, bevor sie auf die Universität kamen? »Schweißer in einer Schiffswerft in Schanghai.« »Seit zwölf Jahren Arbeiter in einer Fabrik für Maschinenwerkzeuge in Tientsin.« »Sohn eines Kleinbauern in Hupeh«, und so weiter. Sie stehen kurz vor der Unterbrechung ihrer Studien im Monat August und wetteifern darin, uns ihre Ferienpläne bekanntzugeben. Ihre vier Ferienwochen würden schnell vergehen. »Ich werde an Erntearbeiten teilnehmen.« »Ich werde in einer Fabrik arbeiten.« »Die manuelle Arbeit wird es mir gestatten, die Praxis mit der Theorie zu verbinden.« »Ich werde meine französische Lektion wiederholen, denn ich habe Schwierigkeiten; ich hoffe so, das Niveau meiner Kameraden zu erreichen.« »Ich werde einen langen Marsch machen, mit einer Brigade der Roten Garde, um das Geburtshaus des Vorsitzenden Mao zu besuchen.« Einer gesteht: »Ich werde mich erholen.«

»Wie werden Sie das machen?«

»Am Land arbeitet man mit den Händen, aber das ist nicht die gleiche Arbeit, und man ruht sich dabei aus.«

Die Soldaten in grüner Uniform, die weiche Kappe mit dem roten Stern auf dem Kopf, nehmen kaum teil an dem Gespräch, als stünden sie außerhalb dieses Kreises. Die anderen, die Zivilisten, in weißen Hemden, mit Bürstenschnitt, ausrasiertem Nakken, kräftig gebaut, vierschrötig, frappieren hingegen durch ihre Lebhaftigkeit und ihre schnellen Antworten. Ein Unterschied im intellektuellen Niveau? Dämpfende Wirkung der militärischen Disziplin? Derselbe Unterschied zeigt sich bei den Revolutionskomitees, die uns bei Arbeitssitzungen oder Banketten empfangen: lächelnde, verfeinerte Städter, deren Konversation voll von Anspielungen ist, und passive, stumpfsinnige Bauern, rohe Soldaten, die trinken und kräftig zwischen ihre gespreizten Beine spucken. Es ist eine der wesentlichsten Methoden des Systems, diese Mischungen in eine »fruchtbare« dreifache Einheit zu verwandeln.

Wie in der Mittelschule spannt man einen starken und einen schwachen Studenten zusammen. Der Starke setzt sich das Ziel, dem Schwachen zu helfen, ihn mitzuziehen, der Schwache, den Starken »womöglich zu überholen«. Wir konnten nicht erfahren, ob bereits Ergebnisse dieser Pädagogik der Polarität vorliegen.

»Wollten Sie selbst die französische Sprache erlernen, oder hat man Sie gegen Ihren Willen auf dieses Fach verwiesen?«

Es war unmöglich, eine klare Antwort zu erhalten. Einige rezitierten: »Ich lerne Französisch, um die Freundschaft zwischen dem französischen und dem chinesischen Volk zu stärken.« Ein einziger antwortet: »Ich wollte die Sprache lernen, weil mir das gefiel.« Ein anderer enthüllt uns unverblümt, jedoch ohne Bosheit: »Ich lerne Französisch, weil es in Afrika gesprochen wird und man diese Sprache können muß, um der Revolution in der ganzen Welt zum Erfolg zu verhelfen.« Ist dies ein Seminar für Missionare?

Diese chinesischen Jugendlichen machen sich »eine gewisse Vorstellung von Frankreich«, und es ist nicht schwierig, diese »Vorstellung« zu durchleuchten. Sie beschränkt sich auf die diplomatischen Beziehungen zwischen beiden Ländern, die im Januar 1964 glücklich wiederhergestellt worden waren, und die Pariser Kommune, deren hundertjähriges Jubiläum man vor kurzem feierte. Der Arbeiter aus Schanghai hält eine kleine Rede, die wir schon oft gehört haben: »Dank dem Vorsitzenden Mao und General de Gaulle, haben China und Frankreich ihre Freundschaft vertieft. Frankreich ist, so wie China, ein Land mit einer revolutionären Tradition, das sich der Vormachtstellung der Supermächte widersetzt.«

Wir können da nur staunen. Diese chinesischen Studenten sprechen die französische Sprache nach sieben Monaten Studium fließend. Der Himmel möge geben, daß die französischen Studenten das Chinesische nach ebensovielen J a h r e n ebenso beherrschten! Dennoch ist das Französisch, das wir hier hören, eine fremde Sprache, deren Grammatik, Laute und Worte wir kennen, die aber trotzdem ihre spezifische Klangfarbe verloren hat — eine aseptische, automatische Sprache, ebenso unwirklich wie jene der Hostessen, die in unseren kapitalistischen Flughäfen die Flüge ansagen.

Sicherlich werden diese jungen Chinesen in ein oder zwei Jahren Balzac, Hugo und Zola in Angriff nehmen; Fräulein Wang sagte mir, sie schätze diese Schriftsteller, weil sie »eine typisch bourgeoise und kapitalistische Gesellschaft beschreiben.«

Wie werden die Studenten aus diesem ideologischen Spielchen hervorgehen? Fräulein Wang wird zufrieden sein, sollten ihre Schüler eines Tages fähig sein, eine Diskussion zu führen, als Dolmetsch zu arbeiten, eine öffentliche Versammlung in französischer Sprache zu leiten — wenn nur alle diese Aktivitäten sich um das einzige Thema drehen, an dem die Universität interessiert ist: um die Revolution.

# 8

## »Revolutionieren wir die wissenschaftliche und technologische Forschung!«

### *Fragen, die lange Zeit ohne Antwort blieben*

Welches Schicksal hat das maoistische Regime für die Forschung vorgesehen, für diese Retorte, in der die Zukunft entsteht? Haben die Wirbelstürme der Kulturrevolution sie — wie alle anderen Gebiete des intellektuellen Lebens — erreicht, oder wurde sie ausgespart, eine kostbare kleine Insel, die man vor jedem Unwetter schützen wollte? Sind in den anderen kommunistischen Ländern die Forscher nicht die Aristokraten der Wissenschaft? Und war es nicht, im Gegensatz dazu, die wesentliche Aufgabe der Kulturrevolution, alle Privilegien anzugreifen, die Aristokratien zu zerstören, die Intellektuellen in die Reihen zurücktreten zu lassen? Kurz, besteht zwischen Forschung und Revolution nicht ein unüberbrückbarer Gegensatz?

Diese Fragen stellte ich mir, als ich mich an den Sitz der Pekinger Akademie der Wissenschaften begab. Wenn man über den Zustand der anderen Sektoren der chinesischen Gesellschaft nach der Kulturrevolution etwas Näheres wissen will, kann man wenigstens von einer mehr oder minder bekannten Situation ausgehen. Der Stand der Forschung vor 1966 liegt fast ebenso im Dunkel wie derjenige nach 1970. In der Vielzahl der über China publizierten Werke fehlt dieses Kapitel. Während der ersten zweiundzwanzig Jahre des kommunistischen Regimes in China wurde über die chinesische Wissenschaft nur ein Artikel in französischer Sprache veröffentlicht, und kein einziges Buch.

### *Überraschende Leistungen*

Dennoch wissen wir genau, daß die chinesischen Wissenschaftler auf manchen Gebieten, auf denen sich Rück- und Fortschritte leicht messen lassen, die Leistungen der westlichen und besonders der französischen Forschung übertroffen haben. Es sind ihnen erstaunliche Durchbrüche gelungen.

Die Atomkraft? China hat viel weniger Zeit gebraucht als

irgendeine andere Nuklearmacht, um von der A-Bombe zur H-Bombe zu gelangen.*

Der Weltraum? Während Japan und das europäische Zentrum für Konstruktion und Abschuß von Raumschiffen seit mehreren Jahren in ihren Bemühungen, einen Satelliten in eine Umlaufbahn um die Erde zu bringen, systematisch scheitern, sind China zwei Abschüsse gelungen.**

Die Biochemie? Die Chinesen scheinen eine postkonzeptionelle Pille entwickelt und in großem Maßstab angewendet zu haben. Sie wird monatlich eingenommen und garantiert hundertprozentige Sicherheit, während die westlichen Laboratorien noch auf der Suche nach dieser Formel sind.

Die Chirurgie? Wie sich der Leser erinnern wird, betrachten chinesische Chirurgen Verpflanzungen von Gliedmaßen als Routineoperationen, während sich unsere Chirurgen diesbezüglich noch im Versuchsstadium befinden.

Und die Otolaryngologie, die Anästhesieologie? Die Akupunktur, die, wie wir gesehen haben, mit Erfolg zur operativen oder postoperativen Insensibilisierung dient, aber auch bei der Heilung von Taubstummen oder bei der Wiederbelebung nach Stromunfällen angewendet wird, bleibt für die westlichen Forscher *terra incognita*.

Warum sind also die Chinesen, die so zurückhaltend sind auf allen Gebieten, auf denen ein Reflex der Verteidigung oder des Stolzes sie dazu drängt, ihre Rückständigkeit zu verschleiern, noch viel diskreter in einer Domäne, in der ihre ersten Erfolge sie mit Zuversicht erfüllen müßten? Sie fließen über vor Bescheidenheit: »Sie wissen, wir sind in wissenschaftlichen Dingen so rückständig«, sagt mir Tschu Ke-tschen, der Vizepräsident der Akademie der Wissenschaften, Biochemiker und Meteorologe, der gekommen ist, uns in der Vorhalle der Akademie der Wissenschaften zu empfangen. Er ist zweiundachtzig Jahre alt, und er ist taub; die Akupunktur vermochte ihn anscheinend nicht zu heilen. Hat man ihn deswegen ausgesucht? Oder ist seine Taubheit nur Verstellung?

»Trotzdem haben Sie«, sagte ich, »die Flugbahnen Ihrer thermo-

* Zwei Jahre und acht Monate lagen zwischen der ersten nuklearen und der ersten thermonuklearen Explosion, gegenüber sieben Jahren und vier Monaten in den Versuchsreihen der Vereinigten Staaten; drei Jahre und elf Monate waren es bei den Versuchen der Sowjets und acht Jahre und sechs Monate bei jenen der Franzosen.
** Wie es scheint, ohne Panne; die amerikanischen Überwachungssysteme hätten einen Fehler registrieren müssen.

nuklearen Raketen und Satelliten nicht mit einer Kinderrechenmaschine berechnet?«

Wir lassen uns an einem mit einem grünen Teppich bedeckten Tisch nieder; Stöße von weißem Papier und Bleistifte sind vorbereitet. An der einen Wand ein Porträt Maos, an den anderen die Konterfeis von Marx, Engels, Lenin und Stalin.

»Es ist wahr«, bekennt Tschu Ke-tschen, »China hat vom alten Regime ein Erbe übernommen, aber ein sehr armseliges; es ist auch in gewisser Weise vom Ausland unterstützt worden, aber nur sehr schwach. Gewiß haben wir einige Fortschritte erzielt, aber wir sind wirklich noch rückständig zu nennen.« Seine Äußerung klingt wie ein Echo auf die Worte Tschu En-lais.

Der Generalsekretär der Akademie kommt ihm zu Hilfe:

»Unsere Kernwaffen sind noch im Entwicklungsstadium. Unsere Satelliten sind ganz klein, und wir haben erst zwei abgeschossen, während schon Tausende andere um die Erde kreisen . . .« Er unterbricht seine Sätze mit »dschega, dschega«, eine chinesische Interjektion, die ungefähr unserem »hm« oder »nicht wahr« entspricht, und ihm Zeit gibt, die richtigen Worte zu finden oder seine Gedanken zu präzisieren. Im Lauf der Unterhaltung sollte die Direktheit unserer Fragen den Rhythmus der »dschega, dschega, dschega« beschleunigen.

Wie auf allen anderen Gebieten, muß man auch hier die chinesische Realität berücksichtigen, von ihr ausgehen — wie etwa ein Archäologe, der einen griechischen Tempel rekonstruiert, indem er von einer Metope oder einem Triglyphen ausgeht, der unter einer dicken Humusschicht verborgen war. Wir sehen hier nur deshalb ein wenig klarer, weil wir einige (hauptsächlich aus Amerika stammende) Dokumente und die flüchtigen Antworten der chinesischen Wissenschaftler auf unsere Fragen sorgfältig miteinander vergleichen.*

Prüfende Vergleiche mehrerer Unterhaltungen** erlauben die

---

* Noch mehr als in den anderen Kapiteln, werden wir in den folgenden Dialogen viele Fragen und Antworten gedrängt darstellen, ohne jedoch unsere Gesprächspartner zu nennen.

** Ein Round-Table-Gespräch, welches auf unsere Bitte hin am Sitz der Akademie der Wissenschaften organisiert wurde; meine darauffolgenden Unterhaltungen mit Kuo Mo-jo, dem Präsidenten dieser Akademie; andere Round-Table-Gespräche in der Universität Peita und im Institut für Medizinische Forschung in Wuhan; Besuche des Observatoriums in Nanking, dem Zentrum für Satellitenbeobachtung, und im Botanischen Institut von Kanton. Privatgespräche mit Professoren der Universität von Peking, Schanghai und Wuhan; die aufschlußreichen Antworten eines Biologen,

Skizzierung von Antworten. Dennoch sind wir hier im großen und ganzen auf Mutmaßungen angewiesen, die genauer überprüft werden müßten, sobald die zugrunde liegenden Fakten zugänglich gemacht worden sind.

### Der Tornado zieht vorüber

Wurden die Wissenschaftler von der Kulturrevolution berührt, oder hat man sie verschont? Diese Frage ist eindeutig zu beantworten: Sie sind voll getroffen worden.

Die wissenschaftliche Forschung und ihr Fortgang wurden in einem Grad erschüttert, den man sich kaum vorstellen kann; nur jene Arbeiten, an denen die nationale Verteidigung interessiert war, blieben unangetastet.

Die Wissenschaft als Ganzes hätte von der Kulturrevolution nicht ausgenommen werden können. Sie stellte sogar »eines der Gebiete« dar, auf dem die Veränderung der Gewohnheiten, der Organisation und der Geisteshaltung vordringlich zu sein schien. Das neue China lehnt die Schöngeister ab, die glauben, aus einem anderen Holz geschnitzt zu sein als die gewöhnlichen Menschen. Nun »bot gerade die Forschung, besonders aber die Grundlagenforschung, den Intellektuellen, die sich die Hände nicht beschmutzen wollten, eine Zuflucht. Diese Tendenz zeigte sich nicht nur auf der Stufe des höheren, sondern auch des mittleren und sogar des Volksschulunterrichts. Die Lehrer hatten die Manie, diejenigen unter den Schülern, die in den wissenschaftlichen Disziplinen die besten Fortschritte erzielten, zu bevorzugen und sich für die anderen nicht zu interessieren«. Einige wenige Schüler, bei denen man eine besondere Begabung für die Abstraktion entdeckt hatte, wurden wie zarte Pflänzchen in einem Glashaus behandelt. Im Lauf eines langen Auswahlverfahrens suchten sich die Wissenschaftler dann diejenigen aus, die ihnen am ähnlichsten waren. In siebzehn Jahren, von 1949 bis 1966, hatte sich dieses traditionelle System der Universitäten »nicht wirklich weiterentwikkelt«. Im Gegenteil, »der Verräter Liu Schao-tschi und seine Akoluthen taten alles, um die unheilvolle Wirkung« dieses in sich geschlossenen Kreises »zu verstärken«.

Die Organisation der Forschung begünstigte diese Tendenzen.

Mitglieds des Direktoriums der Akademie der Wissenschaften, der uns von Anfang bis zum Ende unserer Rundreise begleitete; die Beobachtungen mehrerer französischer Gelehrter, deren Bericht nicht veröffentlicht wurde, und die mich gebeten haben, sie nicht zu nennen.

Sie war stark zentralisiert und hing letztlich nur vom guten Willen der Wissenschaftler selbst ab. Die Akademie der Wissenschaften bildete den Gipfel einer kompakten Pyramide. Die Forschung war das Lehen einer Elite, die nur sich allein als qualifiziert betrachtete, sich selbst Direktiven zu geben. Theoretisch unter die Herrschaft der Partei und der Regierung gestellt, war sie ihnen in der Praxis durch die Tatsache entzogen, daß »die Kader der Partei und der Verwaltung, die für die Forschung zuständig waren, mit den Gelehrten unter einer Decke steckten«. Auch die wissenschaftliche Forschung gehorchte einem Prinzip der vertikalen Integration, während nur eine horizontale Integration, gekoppelt mit einer systematischen Dezentralisierung, es erlauben würde, »die Forschung direkt im Schoß der Massen entstehen zu lassen«.

Die Organisation, die uns gegenüber so kritisiert wird, ist derjenigen der sowjetischen Forschung sehr ähnlich. Als ihr Symbol und Angelpunkt gilt wohl die Stadt der Wissenschaftler, Akademgorodok, die in der Nähe von Nowosibirsk errichtet wurde — eine privilegierte Oase inmitten der tristen Landschaft Sibiriens, ohne Kommunikation mit der sowjetischen Realität, das wissenschaftliche und Universitätsmilieu ausgenommen; dagegen aber weit offen für die internationale Wissenschaft.

Ich hatte, dank der Gastfreundschaft des Mathematikers Lawrentjew, die Möglichkeit, mich in Akademgorodok aufzuhalten. In China wütete gerade die Kulturrevolution. »Die Chinesen sind wahnsinnig geworden«, sagten mir die russischen Wissenschaftler, die bis zum Jahr 1960 mehrere Monate im Jahr in China verbracht hatten, da die Zusammenarbeit der Forscher der beiden Länder so eng gewesen war. »Wir haben von unseren Kollegen keinerlei Nachrichten mehr. Wie müssen sie unter diesen Hanswurstiaden leiden!«

Wie könnten sich die russischen Gelehrten auch ohne Zittern an die Stelle ihrer chinesischen Kollegen versetzen? In ihrer Einöde erfreuen sie sich bei ihren Forschungen eines Friedens und einer Freiheit, die man mit der Atmosphäre im *Institute for Advanced Studies* in Princetown oder in Stanford vergleichen kann. »Die chinesischen Wissenschaftler«, sagte mir ein russischer Physiker, »träumten davon, in China eine Gelehrtenstadt zu bauen, ganz ähnlich der unseren. Die Unglücklichen! Sie wußten nicht, was sie erwartete. Ihr Traum zerbrach, bevor er auch nur zu einem kleinen Teil verwirklicht werden konnte. Es werden ihnen Narrenkappen aufgesetzt, sie werden von Buben herumgestoßen, gezwungen, die Straßen zu fegen. Es ist entsetzlich!«

Nach dem Sturm war es jedem chinesischen Gelehrten klar, daß er jeder Anwandlung, sich in einen Elfenbeinturm einzuschließen, entsagen müsse. Die Forscher werden täglich darauf hingewiesen, daß sie ein Teil des Volkes oder zumindest von ihm abhängig sind.

### Eine Generation von Wissenschaftlern übt Selbstkritik

»Vor der Kulturrevolution wollten sich die gelehrten Anhänger Liu Schao-tschis von einer Armee von Sekretärinnen, Technikern und Gehilfen bedienen lassen, denen sie alle niedrigen Arbeiten im Laboratorium übertrugen. Sie benahmen sich wie Satrapen. Jetzt wissen sie, daß sie auf ihre eigene Kraft bauen müssen. Sie bereiten ihre Versuche selbst vor. Sie nehmen den Besen in die Hand. Sie bilden einen Teil der großen Volksmassen.«

Das Regime hatte die Ausbeuter von ehemals verjagt, aber die Wissenschaftler zeigten die Tendenz, »zu neuen Ausbeutern zu werden«, und »die Söhne der alten Ausbeuter versuchten, in der Welt der Forschung Zuflucht zu finden«. Ein Grundbesitzer stiftete seinen Sohn dazu an, die Wissenschaft zu mißbrauchen: »Die Bauern haben uns unsere Güter weggenommen. Sie haben das Erbe meiner Väter unter sich verteilt, du kannst nicht mehr darüber verfügen. Aber was sie dir nie mehr wegnehmen können, ist das, was du auf der Universität gelernt hast.« Ein gelehrter Beamter wurde beschuldigt, zu seinem Sohn folgendes gesagt zu haben: »Vergrabe dich in den Büchern. Diese Gesellschaft ist undankbar uns gegenüber, weil unsere Familie einer verpönten Klasse entstammt. Aber wenn du gut lernst, wirst du ein Gelehrter werden und eine glänzende Zukunft haben.«

Diese zwei Väter und diese Söhne mußten Selbstkritik üben, die einen, weil sie diesen Rat gegeben hatten, die anderen, weil sie ihm gefolgt waren. Das Kulturkapital, das die begünstigten Klassen von ehemals angesammelt hatten, hatte sich in wissenschaftliches Kapital umgewandelt, dann in finanzielles und soziales Kapital: so wurde die Kontinuität der Hierarchie gewahrt. Diese Kontinuität wurde durch die Kulturrevolution unterbrochen. Seitdem dieser Sturm über das Land hinweggefegt ist, kann es keine »Erben der Wissenschaft« mehr geben, ebensowenig wie »Erben des Vermögens«. Die Wissenschaftler können nicht mehr an die Stelle der Eigentümer treten.

»Die Kaste der Spezialisten neigte dazu, sich mit Hilfe eines Jargons, der für alle außer für sie selbst unverständlich war, ins Abstrakte zu flüchten. Wir müssen so vielen Bedürfnissen nachkommen, wir haben einen so starken Nachholbedarf, und wir haben erst vor so kurzer Zeit begonnen, unsere Rückstände aufzuholen, daß wir uns nicht den Luxus einer rein spekulativen Forschung leisten können. Man muß die Versuchung bekämpfen, die Wissenschaft um der Wissenschaft willen zu betreiben. Sie ist nur ein Vorwand für die Ausübung der Wissenschaft um des Wissenschaftlers willen.«

»Das glaube ich gerne«, sagte ich, »aber wie kann die angewandte Forschung ohne Grundlagenforschung Fortschritte erzielen?«

»Das haben viele Wissenschaftler vor der Kulturrevolution auch gesagt. Aber heute sagen sie es nicht mehr, denn sie haben ihren Irrtum erkannt. Warum sollte man eine teure Basisforschung finanzieren, wenn die grundlegenden Entdeckungen ohnehin sofort veröffentlicht werden? Auf der ganzen Welt ist ein Wettrennen im Gange; wer seine Entdeckung als erster ankündigt, gilt auch als derjenige, der die Entdeckung gemacht hat. In allen Laboratorien der Welt gibt es Tausende von Forschern, die zur selben Zeit gleichartige Forschungen betreiben. Warum soll man das Geld des Volkes verschwenden, in der eitlen Hoffnung, seinen Namen in den Zeitungen veröffentlicht zu sehen, oder mit etwas Glück den lächerlichen Nobelpreis einzuheimsen? Nicht der Ruhm zählt, sondern der praktische Nutzen dieser Entdeckungen für die Massen. Wir müssen unsere Kräfte auf die Nutzbarmachung der Forschungsergebnisse konzentrieren, statt uns in der Theorie zu verlieren.«

Niemand hat schärfer Selbstkritik geübt als der Präsident der Akademie der Wissenschaften, Kuo Mo-jo. Er wiederholt sie mir gegenüber ganz leise.

Auch Kuo Mo-jo macht keine Unterschiede zwischen dem Regime vor 1949 und den siebzehn Jahren danach. 1966 ist ein absoluter Anfang: die intellektuelle Klasse, die »sich an die Macht klammerte wie Muscheln an einen Felsen« wurde sich ihrer Fehler bewußt.

»Wenn ich eine Stele entzifferte, die niemand vor mir hatte entziffern können, war ich glücklich, weil die Zeitungen es verkündeten und meine Kollegen mich beneideten. Heute weiß ich, daß ich auf dem falschen Weg war, und daß man nicht arbeiten soll, um im Vordergrund zu stehen, sondern den Massen zuliebe; zum Beispiel dafür, daß das Volk sein geschichtliches Erbe besser kennenlerne.«

Diese Reden beunruhigen mich: will er mit dieser leisen Selbstkritik auch eine Kritik an mir andeuten? Sie entschlüpft ihm in dem Augenblick, in dem ich meinen Platz an seiner Seite wieder einnehme, nachdem ich auf seinen Trinkspruch geantwortet hatte.

Am selben Morgen waren wir Zeugen seiner letzten Tätigkeit geworden, als wir die Gegenstände besichtigten, die bei den Ausgrabungen in den Han-Gräbern aus dem 2. Jahrhundert v. Chr. gefunden worden waren. Der Direktor der chinesischen Altertümer hatte mir anvertraut, daß Kuo Mo-jo als einziger imstande gewesen sei, eine Inschrift, die um mehrere Jahrhunderte älter war als das Grab, zu entziffern; alle Geheimnisse dieses neuen Steines von Rosette konnte allerdings auch er nicht enthüllen: er hatte ein Wort, das er nicht zu deuten vermochte, schwarz umrandet. Welche geistige Beweglichkeit bei einem Achtzigjährigen, und welcher Beweis von intellektueller Ehrlichkeit! Aber welche Taktlosigkeit hatte ich begangen, als ich eine öffentliche Lobrede auf Kuo Mo-jo gehalten hatte! Ich hatte vergessen, daß meine Bewunderung den »Massen« gebührt hätte, mein Gesprächspartner wollte oder konnte ja nichts anderes sein als ein anonymer Arbeiter in ihrer Mitte. Kuo Mo-jo wollte mir ohne Zweifel zu verstehen geben, daß ich mich wie ein Mandarin benahm, indem er sich beschuldigte, sich bis zur Kulturrevolution ebenso verhalten zu haben. Ist er aufrichtig? Findet er die Komplimente, die an ihn gerichtet werden, wirklich deplaciert, weil andere vermuten könnten, daß er sie angenehm empfindet? Fühlt er sich wider Willen geschmeichelt, und maskiert er seine Zufriedenheit, indem er Desinteresse heuchelt? Fürchtet er das »was wird man sagen«, oder rechnet er damit, daß der Dolmetsch seine abwehrenden Proteste an die entsprechenden Stellen weiterleitet? Und wenn er all das gleichzeitig empfände? Vielleicht hat ein Teil seiner selbst der Bekehrung widerstanden, gibt seinen Neigungen nach und genießt das Lob? *Video meliora proboque, deteriora sequor.*

### Regenerierung durch manuelle Arbeit

Ich setze fort: »Ist das wissenschaftliche Personal nicht von der manuellen Arbeit befreit?«

»Aber nein«, antwortet mir Kuo Mo-jo sanft. »Warum denn? Die Wissenschaftler sind Menschen wie alle anderen. Sie müssen sich den allgemeinen Regeln unterwerfen. Sie lernen auf diese Weise, dem Individualismus zu entsagen und sich endloser Einwände zu enthalten. Sie verstehen, daß es notwendig ist, die wichtigsten Probleme in Angriff zu nehmen, damit sie auf schnellstem Weg und mit geringsten Kosten gelöst werden können.«

»Also sollten alle Forscher in der Praxis ihre Arbeiten mit denen der Arbeiter und Bauern kombinieren?«

»Sicherlich. Die gesamte Planung in den Forschungsinstituten und den Universitäten ist darauf ausgerichtet, das wissenschaftliche Personal periodisch zu lehren, was manuelle Arbeit bedeutet. Es wird streng darauf geachtet, daß die Wissenschaftler häufig zu den Massen zurückkehren.«

»Ist es nicht schwer, die wissenschaftliche Arbeit zu planen? Die Inspiration läßt sich nicht befehlen. Und wenn eine Versuchsreihe begonnen wurde, kann man sie nicht einfach stehenlassen, um Reis zu pflücken.«

»Diese Einwände betreffen die individuelle, nicht aber die kollektive Forschung. Niemand ist unersetzlich. Man kann einander ablösen. Das wichtigste ist, daß das Team die Arbeit fortsetzt.«

»Glauben Sie nicht, daß jene, die Forschungs- und geistige Arbeit betreiben, vor Sorge und Ablenkung geschützt werden müssen?«

»Manuelle Arbeit stört nicht beim Denken. Ganz im Gegenteil. Ein ausgeruhtes Gehirn entdeckt leichter etwas als ein überanstrengtes. Der Forscher, der einen Besen oder einen Spaten hält, bleibt von seiner Forschung besessen; vielleicht gelangt er gerade in diesem Moment ans Ziel!«

»Hat diese Jagd auf die Elite die Forschung nicht verzögert?«

»Verzögert und beschleunigt. Die Kulturrevolution hat die Forschung und den Unterricht, die Produktion, die Diplomatie, ganz China vier bis fünf Jahre lang gelähmt. Sie hat alles verzögert. Aber nur, um dann alles wieder zu stimulieren. Sie hat unseren Wissenschaftlern starke Impulse gegeben. Sie hat den Geist von Jenan unter ihnen verbreitet. Jeder einzelne fühlt sich jetzt mit Leib und Seele für seine Forschung mobilisiert. Jeder spürt in sich die dreifache Einheit der Schule Kang-ta*: Er ist ein Soldat, der für sein Vaterland kämpft, ein Student, der eifrig sein Wissen zu vertiefen sucht, ein Proletarier, der sich den Massen widmet.«

Man kann über diese mythologische Nostalgie, diesen historisierenden Eifer, der dem China der siebziger Jahre den Geist der dreißiger Jahre einflößen will, spotten. Man kann aber auch die Weisheit bewundern, die der Absicht den Vorrang einräumt.

»Aber Sie selbst zum Beispiel, müssen Sie keinen Arbeitsdienst, keine manuelle Arbeit verrichten?«

* Das Anti-Japan-Institut von Jenan.

Kuo Mo-jo lacht unwiderstehlich.

»Diejenigen, die wie ich schon längst über das Pensionsalter hinaus sind, brauchen keinen Dienst zu leisten. Aber da der chinesischen Wissenschaft erfahrene Forscher fehlen, versuchen wir aktiv zu bleiben, so lange wir können.« In den wichtigsten Universitätsstädten Chinas wurde uns bestätigt, daß alte Wissenschaftler unter angenehmen Umständen leben und vom Arbeitsdienst in den Fabriken sowie auf dem Land befreit sind, außer denjenigen, die sich freiwillig melden oder denen, die besonders scharf kritisiert wurden. Um jedoch den Kontakt zu den Massen nicht völlig zu verlieren, besuchen sie regelmäßig Volkskommunen und Fabriken. Die Wissenschaftler, die weniger als sechzig Jahre alt sind, werden allerdings zur manuellen Arbeit angehalten. Die historische Entscheidung des Zentralkomitees der Kommunistischen Partei Chinas vom 8. August 1966 — die »sechzehn Punkte« — wurde von manchen Pekinologen dahingehend gedeutet, daß die Kulturrevolution die Wissenschaftler verschonen würde.* Aber wenn die alten Wissenschaftler auch so vorsichtig behandelt wurden wie kostbares Porzellan, wenn die Laboratorien des Militärs im Gegensatz zu jenen der Universitäten ungestört weiterarbeiten konnten (was nicht verhinderte, daß man die thermonuklearen Explosionen als einen Sieg des Denkens Mao Tse-tungs feierte), bleibt es doch eine Tatsache, daß die Revolution nicht vor den Türen der Laboratorien haltgemacht hat. Im Gegensatz zur Revolution von 1793 »brauchte sie Gelehrte«; aber diese mußten ihre eigenen sein.

### Einige Blitzlichter auf die chinesische Wissenschaft

Nur Beobachtungen und Gegenüberstellungen in großer Zahl würden es gestatten, sich über den Stand zu informieren, den die chinesische Wissenschaft erreicht hat. Hier nur einige Blitzlichter auf eine sehr undurchsichtige Realität.

Die zwei schwachen Kernexplosionen vom 18. November 1971 und 6. Januar 1972 ließen darauf schließen, daß die Chinesen dabei waren, eine verkleinerte Zündvorrichtung für die Initialzündung ihrer thermonuklearen Raketensprengköpfe zu erzeugen.

Hörapparate, so groß wie eine Haselnuß, die in mindestens

---

* Punkt 12 bestimmte tatsächlich, daß die Wissenschaftler, »deren Haltung patriotisch ist, die außerdem ausgezeichnete Arbeiten liefern, nicht gegen die Partei und gegen den Sozialismus sind und keine illegalen Verbindungen mit dem Ausland unterhalten, geschützt sein sollten«.

einer Fabrik in Tientsin hergestellt werden, beweisen, daß die Chinesen durchaus in der Lage sind, elektronische Präzisionsgeräte zu erzeugen.

Die chinesischen Computer werden ständig weiter verbessert, und zwar in rasantem Tempo. Als Maurice Couve de Murville im Oktober 1970 die polytechnische Universität Tsinghua in Peking besuchte, sah die Hochschule wie ein provisorisches Barackenlager aus, und die Abteilungen für Informatik und Feinmechanik erinnerten an eine Bastelausstellung. Der Glaube der »neuen Studenten« und der »neuen Lehrer« an die Kraft des Denkens Mao Tse-tungs glich die pittoreske Ärmlichkeit des Materials aus. Im Sommer 1971 war Tsinghua bereits einem amerikanischen Campus ähnlich, die Gebäude waren vergrößert worden und die Laboratorien verdienten diese Bezeichnung.

Am 25. September 1971 war die Tsinghua-Universität schon mit modernstem Material ausgestattet.* Studenten und Professoren, die ein Jahr zuvor nur über einen mit Transistoren arbeitenden Computer verfügt hatten, bauten nun serienweise Computer mit integriertem Stromkreis. In der Abteilung für Feinmechanik hatten sie die industrielle Produktion von hydraulischen Fräsen hoher Präzision aufgenommen, die von Computern gesteuert werden und lautlos funktionieren.

Das Observatorium von Nanking, etwa zehn Kilometer außerhalb der alten Hauptstadt, auf der Spitze eines Berges errichtet, liegt hoch über den mächtigen Mauern und glitzernden Teichen. Hier konzentrieren sich die astronomischen und radioastronomischen Forschungen in Verbindung mit dem chinesischen Raumprogramm. Man zeigt uns ein Telephotometer, dessen Objektiv mit einem Durchmesser von dreiundvierzig Zentimetern zur Beobachtung von Satelliten dient. Man weist uns darauf hin, daß es viel schwächer ist als diejenigen, die man im Westen benützt, und daß es rein chinesischer Fabrikation ist. Immer wieder dieses Nebeneinander von Demut und Stolz: »Das Glas, aus dem ich trinke, ist nicht groß, aber es ist mein Glas.«

Eine Delegation französischer Fachleute besuchte Ende 1971 den »Petrochemischen Komplex Nr. 1« von Peking. Er besteht aus einer Ölraffinerie, die 2,5 Millionen Tonnen Rohöl im Jahr verarbeitet, einer Fabrik für synthetischen Gummi und Plastikmaterial, Anlagen zur Reinigung von Abwässern; eine Einheit zur Herstellung von Motorölen soll noch folgen. Nichts, was die westliche Technologie übertreffen würde, aber auch nichts, was

* Pierre Mendès-France besuchte sie zu diesem Zeitpunkt.

ihr unterlegen wäre. Am bemerkenswertesten ist, daß mit der Errichtung des Komplexes im Jahr 1968 begonnen worden war, gerade als die Kulturrevolution losbrach, und daß er von der Revolution anscheinend nicht betroffen wurde.

»Die Russen behaupten immer, daß es in China kein Erdöl gibt«, sagte man mir mehrmals. »Sie wollten uns einreden, daß wir auf ihre Hilfsquellen angewiesen sind. Unsere Geologen haben nun mit dem Echolot nachgewiesen, daß unsere Erdöllager praktisch unerschöpflich sind. Bereits jetzt übersteigt unsere Produktion unseren Bedarf.«

Schließlich sahen wir die Agronomen bei ihrer Arbeit. Sie festigten lockere Böden wie Löß und Sand, legten Grüngürtel als Windschutz an (besonders im Nordwesten Chinas), um die Erosion zu bekämpfen, und trieben die Aufforstung voran.

Welche Schlüsse dürfen wir aus dieser kurzen Übersicht ziehen? Wir konnten natürlich nur Sondierungen, Stichproben an den einzelnen Zweigen der chinesischen Wissenschaft durchführen. Aber diese Proben zeigen, daß das wissenschaftliche und technologische Niveau nicht sehr verschieden von dem eines Landes wie Frankreich ist.

Diese Feststellung steht nicht im Widerspruch dazu, daß China noch ungeheure Rückstände aufzuholen hat. Abgesehen von einer raffinierten Demut klingen die Versicherungen Tschu Ke-tschens aufrichtig: »Ich wage nicht zu sagen, wie weit sich unsere mathematische Wissenschaft im Vergleich zu der Ihren befindet... Sie können sich gar nicht vorstellen, wie weit unsere Hochenergiephysik hinter der Ihren zurückgeblieben ist... Würde ich Ihnen erklären, wie schwach wir in der Kybernetik sind im Vergleich zu französischen oder japanischen Wissenschaftlern, würden Sie mir nicht glauben...«

In der Tat gehören diese Wissenschaftszweige zu den schwächeren Punkten der chinesischen Forschung. Die neuesten Laboratorien, die modernsten Fabriken könnten die große Menge der Werkstätten mit den hochempfindlichen, ausgeklügelten Maschinen, die an abstrakte Kunstwerke erinnern, nicht ersetzen. Und schließlich, wenn die chinesische Forschung die westliche auch erreichen oder da und dort sogar überflügeln sollte, so bleibt doch die Tatsache bestehen, daß das Rüstzeug der Bevölkerung im allgemeinen extrem primitiv ist; das Nebeneinander von Spitzenkräften und -erzeugnissen internationaler Qualität und die hölzernen Karren, vor die noch immer Frauen gespannt werden, bilden eines der Paradoxa Chinas.

## Die Organisation der »revolutionären« Forschung

Der Fehlschlag des Großen Sprungs nach vorn in den Jahren 1958 bis 1959, der brutale Abzug der russischen Techniker im Juli 1960 und die drei Notjahre von 1959 bis 1961 haben die Verwirklichung neuer Programme verzögert. Die Kulturrevolution brauste wie ein Taifun über die wissenschaftlichen Kreise hinweg, die bis dahin eine echte Geheimgesellschaft gebildet hatten. Wieso hat diese Verkettung von Schicksalsschlägen die Forschungsprogramme nicht erreicht oder nicht stärker kompromittiert? Welches Wunder hat sich ereignet, daß sie in gewissen Punkten sogar begünstigt worden zu sein scheinen? Die Akademie der Wissenschaften umfaßte die besten Köpfe Chinas, die in den berühmtesten Forschungszentren des Auslandes ausgebildet worden waren. Ohne Zweifel war es notwendig, die wenigen Forscher und die teuren Instrumente in maximaler Weise zu konzentrieren, um die »kritische Masse« zu erreichen, die zur Ausübung der »Kettenreaktion« notwendig ist.

Die Kulturrevolution sprengte dieses geschlossene System mit einem Krach, um die Wissenschaftler eng mit dem Volk zu verbinden. Seitdem, versichert man uns, arbeitet jedes Forscherteam an lokalen Projekten, die von unmittelbarem Interesse für die Provinz, die Stadtgemeinde oder die betreffenden Volkskommunen sind. Wenn es sich um ein nationales Projekt handelt, arbeitet das Team eng mit den lokalen Produktionseinheiten zusammen, so daß eine ständige Verbindung von Theorie und Praxis gesichert ist. Von oben bis unten umstrukturiert, ist die Forschung nun ebenso dezentralisiert, wie sie früher zentralisiert war. So wurden die wissenschaftlichen und technologischen Untersuchungen (wie jede andere Disziplin) der hochqualifizierten Elite, deren Monopol sie gewesen waren, entzogen; »sie wurden durch den Geist der Massen befruchtet«. Hier liegt vielleicht eines der bedeutendsten, wesentlichsten und auch eines der am besten kaschierten Resultate der Kulturrevolution. Anstatt wie früher alles zu entscheiden, zu finanzieren und fernzusteuern, übt die Akademie der Wissenschaften nur noch die bescheidene Funktion einer Antriebskraft und die Aufgabe der Koordination aus.

»Etwa sechzig Prozent der Forschungsinstitute«, präzisieren die Mitglieder des Rates der Akademie der Wissenschaften*, »sind glatt und einfach an die Basis versetzt worden und stehen

---

* Seite an Seite mit zwei angeschlossenen Akademien, der Akademie der Medizinischen Wissenschaften (wohlverstanden der westlichen) und der Akademie der Chinesischen Medizinischen Wissenschaften.

unter der Kontrolle der provinziellen und lokalen Autoritäten. Zwanzig Prozent werden durch die lokalen Autoritäten und durch uns kontrolliert, und nur zwanzig Prozent unterstehen uns direkt. Wir sind nicht mehr versucht, die Forschung von der Praxis zu trennen. Wir ziehen keine Trennungslinie zwischen den Forschungszentren und der Provinz, was die Hauptursache dafür war, daß sich die Massen nicht für die Forschung interessierten.«

»Gibt es nicht, je nachdem, ob die Provinzen arm oder reich sind, Unterschiede bei der Kreditvergabe an die Forschung?«

»Doch, gewaltige Unterschiede.«

»Ist das nicht ein Nachteil?«

»Möglicherweise. Aber ein Vorteil liegt darin, daß jede Provinz versucht, ihr Bestes zu geben, und womöglich besseres als die anderen. Die Massen beginnen zu begreifen, daß ihre Zukunft von der Forschung abhängt: Sie setzen auf neue industrielle und landwirtschaftliche Techniken größere Hoffnungen als auf die Anhäufung von Kapital oder auf staatliche Hilfe oder auch auf die Hilfe der anderen Provinzen. Sie wollen nicht, daß unser Land im Schneckentempo hinter den anderen herschleicht und ausgetretene Pfade benützt. Die Wissenschaft hat einen Sprung nach vorne getan, seitdem sie unter der Kontrolle von Arbeiter- und Bauernaktivisten steht.«

Man glaubt Clemenceau zu hören: »Der Krieg ist eine zu ernste Sache, um sie den Militärs zu überlassen.« Die Wissenschaft ist eine zu ernste Angelegenheit, um den Wissenschaftlern überlassen zu werden; der Unterricht, um den Lehrern überlassen zu werden; die Medizin, um den Medizinern überlassen zu werden; die Kunst, um den Künstlern überlassen zu werden (es sind die Propagandatruppen des Denkens Mao Tse-tungs, die sie erneuert haben); die nationale Verteidigung, um sie der Armee anzuvertrauen — die Partei befiehlt den Gewehren. Was die Partei anbelangt, sollen die Massen ihr von Zeit zu Zeit den Kopf zurechtrücken.

»Gibt die Partei«, fragte ich, »den Forschern Richtlinien, oder läßt sie ihnen volle Freiheit? Unsere Erfahrung im Westen hat uns gelehrt, daß die Forscher wie Wildenten sind: Wollte man sie domestizieren, ihnen die Flügel beschneiden, könnten sie nicht mehr fliegen und würden sogar ihren Orientierungssinn verlieren. Was denken sie über die Haltung der Kommunistischen Partei der Sowjetunion hinsichtlich der Vererbungstheorien Lyssenkos?«

»Alle wissenschaftlichen Arbeiten werden unter der Leitung der Partei durchgeführt«, antwortete mir Tschu Ke-tschen.

»Aber das heißt nicht, daß die Partei behauptet, A plus B sei C.

Die Partei gibt die allgemeine Richtung an; sie stellt fest, was am dringlichsten ist. Wenn notwendig, besteht sie auf der ideologischen Umerziehung der Forscher. Aber für die wissenschaftlichen Hypothesen sind einzig und allein die Männer der Wissenschaft verantwortlich. Eine Affäre Lyssenko könnte es bei uns nicht mehr geben.«

Will er damit sagen, daß sie vor der Kulturrevolution möglich gewesen wäre? Jetzt sind die Beziehungen zwischen der Partei und den Wissenschaftlern jedenfalls klar.

Die Partei hält — im Namen der Massen — beide Enden der Kette. Zuerst gibt sie den Befehl zur Durchführung einer wissenschaftlichen Forschung, am Ende prüft sie nach, ob der Forscher seinen Auftrag erfüllt hat. Den dazwischenliegenden Gliedern der Kette läßt die Partei etwas Spielraum.

Fordert diese neue Organisation nicht zu anarchistischen Initiativen heraus? Verlängert sie die Kulturrevolution nicht durch ein institutionalisiertes Chaos? Besteht nicht die Gefahr, daß die Fortschritte, die durch das allgemeine Interesse für die Forschung erzielt werden konnten, mit einer Qualitätsminderung der Wissenschaftler und der Forschung bezahlt werden?

Auf diese Frage erhalten wir immer die gleiche Antwort. Sicherlich bringen die neuen Maßnahmen unnötige Investitionen und doppelte Arbeit mit sich. Aber jetzt werden auf lokaler Ebene fruchtbare Kontakte angebahnt. Früher mußte man sich an die Akademie der Wissenschaften wenden, was die Entscheidung verzögerte und den Enthusiasmus abtötete. Heute liegt es jeder Fabrik und jeder Volkskommune am Herzen, die Forschung zu unterstützen, die ihnen helfen wird, ihre konkreten Probleme zu lösen. Wenn es auch vorkommt, daß von verschiedenen Provinzen unternommene Arbeiten sich überschneiden, so handelt es sich doch nur um eine scheinbare Unordnung. In Wirklichkeit kommt es zu einem Wettstreit zwischen den rivalisierenden Teams. Das beste soll gewinnen! Das Forschungszentrum, das am schnellsten die beste Lösung gefunden hat, wird der ganzen Nation als Beispiel hingestellt und sein Lösungsvorschlag ausgeführt.

Man fragt sich, ob nicht das Gleichgewicht, das China zwischen der Zentralisierung der großen Strömungen und der Dezentralisierung der Initiativen, zwischen der gemeinsamen Disziplin und der Bewegungsfreiheit, zwischen der wachsamen Kontrolle der Gemeinschaft und der elastischen Anpassung der Realisierungen, zwischen der Konkurrenz der Versuche und der raschen Verbreitung ihrer Resultate, zwischen den Politikern und den Wissenschaftlern, herzustellen versucht, auf diesem Gebiet, wie auch auf den anderen, eine elegante Lösung des schwierigen Problems der Zentralisierung und der Dezentralisierung ermöglicht.

Aber wie die Chinesen sagen: »Wir machen erst tastende Versuche. Wenn wir auch Fortschritte erzielt haben, bleibt uns doch noch viel zu vollenden.«

### Der wissenschaftliche Austausch mit dem Ausland

Die Kulturrevolution hat die kulturellen Beziehungen zum Ausland brutal unterbrochen. Chinesische Forscher und Studenten wurden im Sommer 1966 zurückberufen, während die fremden Studenten und Lehrer in China gebeten wurden, in ihre Länder zurückzukehren. Jeder wissenschaftliche Austausch wurde für fünf Jahre suspendiert.

Trotzdem lobte der Vorstand der Akademie der Wissenschaften, der uns empfing, die französisch-chinesischen wissenschaftlichen Beziehungen seit dem 18. Jahrhundert mit warmen Worten. Als Beispiel führte er die Teilnahme der französischen Jesuiten bei der Erstellung des kaiserlichen Kalenders an, die »gemeinsam vollbrachten« Fortschritte in der Astronomie, das Geschenk eines Apparates für atmosphärische Beobachtungen, »der noch immer verwendet wird«. In jüngerer Zeit, 1964 und 1966, kamen vierzig chinesische Delegationen nach Frankreich und vierundzwanzig französische nach China.* Unsere Gesprächspartner äußerten die besten Wünsche für die »freundschaftlichen Beziehungen, die aus der wissenschaftlichen Forschung geboren werden« und die »soviel beständiger sind als die Kontakte, die auf der Politik basieren«. Man fühlt hier jene mißbilligenden Ressentiments der Gelehrten für die Politik, die die Wissenschaftler aller östlicher und westlicher Länder vereinten. Was man uns jedoch nicht sagt, ist, daß die nachfolgenden fünf Jahre wie ein schwarzes Loch sind, und zwar gerade wegen der Politik; und daß die Wiederbelebung der Beziehungen nur zögernd vorangeht. Noch immer sind keine chinesischen Wissenschaftler und Studenten im Ausland, keine ausländischen Lehrer und Studenten in China. Nur einige wenige Delegationen werden ausgetauscht.**

Die chinesischen wissenschaftlichen Publikationen wurden ein-

---

* Zwölf für Mathematik, sieben für Medizin, fünf für Technologie.
** In den Jahren 1971 bis 1972 kamen chinesische Ozeanologen nach Frankreich und ein französischer Botaniker und einige Ingenieure nach China; 1973 reisten einige Ärzte unter der Führung von Professor Jean Bernard in die Volksrepublik.

gestellt; im Jahr 1971 wurden sie zwar für chinesische Leser vielleicht wieder zugänglich, die ausländischen Wissenschaftler müssen aber weiterhin auf sie verzichten.* Von der chinesischen Akademie der Wissenschaften wurde keine einzige wissenschaftliche Arbeit herausgegeben. Früher, bis zur Kulturrevolution, waren die Schaufenster der Buchhandlungen damit gefüllt.

Zeigen die Fortschritte Chinas aber nichtsdestoweniger, daß es auf wissenschaftlichem und auf technischem Gebiet nicht ganz sich selbst überlassen war?

Es steht fest, daß das Kernforschungsprogramm Chinas auf die Arbeit von tausend Atomwissenschaftlern bauen konnte, von denen vier Fünftel in sowjetischen und ein Fünftel in englischen und französischen Laboratorien ausgebildet worden waren. Erstere hatten keine Wahl: Sie überschritten die sibirische Grenze im Jahr 1960, zur selben Zeit, als die russischen Techniker sie in entgegengesetzter Richtung überquerten. Die zweiten reisten vielleicht aus Stolz, zum Aufschwung beizutragen, aufgrund eines Patriotismus, der stärker war als die Anziehung materieller Güter, und vielleicht auch hie und da aus Angst nach China zurück.

Werden jetzt, da ihre Repatriierung vollständig beendet ist, die Quellen ihres Wissens versiegen? Oder sind sie ihrer selbst sicher genug, um äußere Stützen entbehren zu können?

Anzeichen deuten darauf hin, daß eher das Gegenteil zutrifft. Gewöhnlich legen die Chinesen gegenüber allem, was im Ausland geschieht, souveräne Gleichgültigkeit an den Tag. Jeder von ihnen könnte die gleiche Äußerung getan haben wie der Kaiser Tschien-lung, der im Jahre 1793 zu Macartney gesagt hatte: »Was bei Ihnen vorgeht, interessiert mich nicht.« Aber dies gilt nicht für die Gelehrten. Sie hörten nicht auf zu fragen: Wie wird in Frankreich die Verteilung der Kredite beschlossen? Warum sind die Kredite für die Physik höher als für die Biologie, und die für die Hochenergiephysik höher als die Zuwendungen für die gewöhnliche Physik?**

Ist das ein Zeichen dafür, daß die chinesischen Wissenschaftler noch immer eine kleine Welt für sich bilden, getrennt von der übrigen chinesischen Gesellschaft, und daß sie ebenso extrovertiert ist wie diese introvertiert? Oder dafür, daß sie — mehr als sie es zeigen wollen — über die Schwierigkeiten, die ihnen bei der

* Im Jahr 1973 war es möglich, sich unter schwierigen Umständen gewissen Publikationen, wie *Scientia Sinica* oder *Acta Microbiologica Sinica*, zu verschaffen.

** Dagegen wurde ein kein präziser Vorschlag für die Organisation eines konkreten Austausches zwischen beiden Ländern gemacht.

Ausführung ihres Programmes begegnen, beunruhigt und um eine Wiederaufnahme des Austausches besorgt sind — ohne es jedoch zu wagen, Vorschläge zu machen (was nur den politischen Instanzen zukommt)? Eine Hypothese drängt sich auf jeden Fall auf: Die chinesischen Wissenschaftler wissen, daß, so verdienstvoll ihre Anstrengungen und so glänzend die erzielten Resultate auch sein mögen, China dem Gesetz der modernen Gesellschaften, deren Fortschritte auf dem Austausch der Techniken, der Ideen und der Menschen beruhen, ebenso unterworfen ist wie die anderen Länder. Ein totalitäres Regime verfügt jedoch über einen großen Vorteil gegenüber einem liberalen Land: Es kann nehmen, ohne zu fragen. Unsere Gesprächspartner stimmten mir zu, als ich darauf hinwies, daß in der Geschichte der Wissenschaft die Entdeckungen dann gemacht wurden, wenn man über die Mauer des Nachbarn blickte; das könnte bedeuten, daß die Chinesen wohl zum Nachbarn hinüberschauen, ihn aber daran hindern, zu ihnen hereinzusehen. Die chinesischen Botschaften in den westlichen Ländern, aber auch die »Übersee-Chinesen« importieren Tonnen von wissenschaftlicher Literatur, Zeitschriften und genaue Unterlagen nach China.* Warum sollten sie sich dies versagen, da doch der Westen seine Fenster weit öffnet? Das Umgekehrte wäre dagegen nichts Geringeres als Spionage. Werden die chinesischen Wissenschaftler dem Fortschritt der westlichen Wissenschaft folgen, ja sie sogar überholen, wenn sie sich damit begnügen, deren Veröffentlichungen auszubeuten? Könnten sie mit einer ausländischen Ausbildung ihre eigene Ablöse im Inland sichern? Die Schwierigkeiten sind nicht unbeträchtlich, aber das Regime hat schon größere gemeistert. Tschu Ke-tschen beendete unsere Unterhaltung in der Akademie der Wissenschaften mit einem Kommentar zu der Verzögerung des chinesischen Fortschrittes nach dem Abzug der sowjetischen Experten: »Wir müssen uns auf unsere eigene Kraft verlassen, die Not ist die Mutter der Erfindung, und wir werden durch die Not angetrieben.«

### Nützliches und Genütztes

Hundertfünfzig Jahre des Verfalls ließen vergessen, daß China jahrtausendelang an der Weltspitze der Wissenschaft und der

---

* Wir sind Dolmetschern begegnet, deren Arbeit darin bestand, wissenschaftliche Artikel, die in französischer oder englischer Sprache erschienen waren, ins Chinesische zu übertragen. Im Gegensatz dazu übersetzt in Frankreich niemand chinesische wissenschaftliche Publikationen. Die französischen Sinologen sind nur Literaten.

Technik gestanden war, daß sein Vorsprung bis zum 16. Jahrhundert gedauert hatte, und daß es erst am Anfang des 19. Jahrhunderts wirklich überholt worden war. Noch konzentrierte sich sein Genie mehr auf die Erfindung als auf die Entdeckung; weniger auf die grundlegenden als auf die angewandten Wissenschaften: auf die Astronomie, Meteorologie, Botanik, Medizin und Pharmazie.

Aber diese selbstzufriedene Gesellschaft wußte mit ihren Entdeckungen nichts anzufangen. Die chinesische Holzschnittechnik entstand neun Jahrhunderte vor der europäischen, und bewegliche Lettern gab es in China vierhundert Jahre vor Gutenberg; aber das erste Buch, das dort wirklich Verbreitung fand, war die Bibel. Papierbanknoten tauchten fünfhundert Jahre früher auf als in Europa, aber China wartete, bis seine Währung durch Pfund und Dollar verdorben wurde. Die Chinesen erfanden das Schießpulver. Sie machten Knallfrösche damit; und später wurden sie von der westlichen Artillerie in die Knie gezwungen. Sie erfanden den Kompaß. Die Abendländer führten ihn an Bord ihrer Schiffe mit, die alle Meere befuhren; aber Chinas Schiffe stachen nicht in See.

Kurz, China stellte die Schlüssel zu den Entdeckungen her; dann aber schlief es wieder ein und bewahrte den Schlüsselbund auf wie unnützen Schmuck. Während es schlief, kamen die Abendländer und kopierten die Schlüssel, die ihnen den Weg zur Macht öffnen sollten.

Mao hat die Lektion verstanden: die Wissenschaft darf nicht mehr eine vergnügliche Spielerei sein, noch, nach moderner Auffassung, eine Prestigeangelegenheit. China war der Geist der Wissenschaft fremd, Mao wird ihm dazu verhelfen. Ein paar Wissenschaftler, fünfzehntausend chinesische Forscher genügen nicht, um eine chinesische Wissenschaft zu schaffen; das chinesische Volk selbst wird es tun, wenn es das Abenteuer des Wissens für sich entdeckt hat, wenn es damit seine eigene Zukunft in den Griff bekommen will.

Eines ist klar: China hat Zeit. Es beteiligt sich nicht an dem internationalen Konkurrenzkampf. Es will sein Schicksal nach seinen eigenen Gesetzen, seinem eigenen Lebensrhythmus entsprechend bauen.

Wenn man die Auswahl derer, die man zum Hochschulstudium zuläßt, demokratisiert, vergrößert man auch das Reservoir der zur wissenschaftlichen Laufbahn Berufenen; es wäre ungefähr so, als würden alle Franzosen oder alle Deutschen Sport betreiben, anstatt sich damit zu begnügen, vor dem Bildschirm zu sitzen und den

Leistungen von einigen Dutzend Halbgöttern zuzusehen. In einer ganzen Nation von Sportlern finden sich mehr und bessere Champions. Das wichtigste für den Moment ist, daß das ganze chinesische Volk, ohne Unterschied und ausnahmslos, begreift, daß die Wissenschaft seine ureigenste Angelegenheit ist.

Einer von uns explodierte schließlich vor dem Präsidenten des Revolutionskomitees des Medizinischen Instituts von Wuhan: »Aber wenn ein Spitalsarzt den Hof fegt und Leibschüsseln ausleert, wird er dann Fortschritte bei seiner Forschung erzielen? Die Zeit eines Mannes der Wissenschaft ist so kostbar! Warum soll er sie mit Arbeiten verschwenden, die andere an seiner Stelle tun könnten? Setzen Sie nicht die Zukunft der Wissenschaft aufs Spiel, wenn Sie der manuellen Arbeit und der proletarischen Erziehung den Vorzug geben, wenn Sie Raubbau an der Intelligenz dulden?«

Man antwortete uns lächelnd:

»Der Meister, der es nicht unter seiner Würde findet, dieselbe Arbeit zu tun wie seine bescheidensten Mitarbeiter, bereichert sich nur selbst durch diese Erfahrung, und außerdem schafft er zu seinen Mitarbeitern eine Beziehung der Gleichheit, die wichtig ist, damit sich alle beim gemeinsamen Werk mehr engagieren. Die Forschung kann nicht voranschreiten, wenn eine Kluft zwischen großen Wissenschaftlern und Hilfskräften, großen Ärzten und Aufräumefrauen entsteht. Sie braucht den Einsatz aller, wenn die gemeinsame Aufgabe bewältigt werden soll.«

Die Wissenschaft soll nicht Selbstzweck, sondern für den Menschen da sein. Ihre menschliche Finalität wurzelt in der »sozialen Praxis« der Wissenschaftler. Diese angeblich verlorene Zeit bedeutet einen Gewinn an Menschlichkeit.

Romano Guardini zeigt, wie Jesus denjenigen von den Aposteln zum Haupt seiner Kirche gemacht hat, der aus menschlicher Sicht am wenigsten für diese Aufgabe geeignet schien. Petrus war »impulsiv«, »ungebildet«, »feige«. Jesus »demütigte ihn oft«, oder »nahm sich nicht einmal die Mühe, seine Schnitzer zu bemerken«. Aber Petrus floß über von gutem Willen. Er erwies sich als eifrig, loyal, großherzig, ergeben. Seine Seele war transparent. Sein Glaube verklärte ihn. Er war würdig, der Fels zu werden.

Um die chinesische Wissenschaft von morgen zu schaffen, zählt Mao nicht auf die besten Köpfe, sondern — wiederholen wir es! — auf die leidenschaftlichen Herzen, die durch sein Gedankengut zu »roten Herzen« geworden sind.

# 9

## Information und Kommunikation

### 1

### Mehr formen als informieren

Der westliche Ausländer, der an das Gedränge um die »Abendausgabe« seiner Zeitung gewohnt ist (der dann später die »letzte Sonderausgabe« folgt), fühlt sich in China, als habe er aus der Lethe, dem Fluß des Vergessens, getrunken.

Nachdem wir Peking, das durch Fernschreiber mit der Außenwelt verbunden ist, verlassen hatten, war es uns, als lebten wir außerhalb der Zeit. Wir ließen uns die Schlagzeilen der Zeitungen oder die Radionachrichten übersetzen, aber es erreichten uns trotzdem fast keine Weltnachrichten. Erst bei unserer Ankunft in Hongkong erfuhren wir, daß Scott und Irwin den Mond betreten hatten, während wir durch China reisten.

Das Kriterium der Information ist in China nicht die Realität, sondern der Nutzen. Und darüber, was nützlich ist, entscheiden nicht die Leser oder die Hörer, sondern diejenigen, die über die Informationsmittel verfügen.

Wenn eine Nachricht nicht zur Bildung der öffentlichen Meinung beitragen kann, wird sie mit Schweigen übergangen. Stärkt sie den revolutionären Geist der Chinesen? Dann wird sie nach Belieben arrangiert, man wählt den günstigsten Moment und die beste Art, sie zu verbreiten.

Die Chinesen enthüllen immer nur einen Teil des Spieles. Die Nachrichten, die das Publikum am ehesten interessieren könnten, werden oft mit einer unerklärlichen Verspätung veröffentlicht. Die berühmte Schwimmheldentat Maos vom 16. Juli 1966 wurde erst neun Tage später verkündet. Wartete man auf besonders günstige Umstände, um sie besser verwerten zu können? Oder wollte man sie zunächst gar nicht ausbeuten? Hatte Mao einfach erst am 25. Juli die Genehmigung zur Veröffentlichung erteilt?

Ein Jahr dauerte es, bis man von einem Ereignis erfuhr, welches das erste Anzeichen der Kulturrevolution war: die am 16. Mai 1966 erfolgte Auflösung einer Kommission, die mit der totalen

Umgestaltung des Unterrichtswesens betraut war, und deren Vorschläge als ungeeignet galten, die Studienordnung wirklich populär zu machen. Und es dauerte wiederum ein Jahr — vom Sommer 1971 bis zum Sommer 1972 — bis zuerst die Ausländer, und dann die Chinesen davon erfuhren, daß Lin Piao in Ungnade gefallen und später ums Leben gekommen war.

Jede Meinung, die derjenigen widerspricht, die man verbreiten will, wird zensuriert, oder sie wird in einer solchen Form veröffentlicht, daß jeder sie sofort ablehnt. An den Zeitungsständen findet man keine einzige ausländische Zeitung. Nur die führenden Kreise haben Zugang zu Publikationen, die nicht den gehörigen offiziellen Charakter tragen.

Kann ein Volk, das noch rückständig ist und noch so viel zu tun hat beim Aufbau der sozialistischen Gesellschaft, seine Kräfte in anarchistischen Impulsen oder nicht realisierbaren Träumen vergeuden? Wenn man will, daß es im vorgeschriebenen Tempo weiterarbeitet, muß man es da nicht vor Zweifel und Kritik, die seinen Enthusiasmus schwächen könnten, schützen? Jede Nachricht muß das politische Sieb passieren. »Wenn wir die revisionistischen Tendenzen in unserer Mitte nicht ausfindig machen«, sagte mir ein revolutionärer Führer der Provinz Tschekiang, »wenn wir die Konterrevolutionäre, die sich in unsere Reihen einschleichen, nicht entlarven, kann sich die Herrschaft des Proletariats nicht festigen. Die Politik muß die oberste Richtlinie sein.«

Es ist sinnlos, den Chinesen Nachrichten zu übermitteln, mit denen sie bestenfalls nichts anzufangen wüßten und die sie im schlimmsten Fall beunruhigen würden. Es handelt sich darum, ihnen alles, was zur Revolution beitragen kann, zu erklären, um »das Niveau ihres revolutionären Bewußtseins zu heben«. Erklären — das ist das Schlüsselwort. Die großen Führer, die Partei, die Kader in den Produktionseinheiten verbringen ihre Zeit damit, zu erklären, die Bürger helfen einander, indem sie sich alles gegenseitig erklären. Nach Tausenden von Jahren der Unwissenheit wirken diese ständigen Erklärungen wie ein helles Licht.

»Die Erklärung« betrifft zumeist die Aspekte des praktischen Lebens, die der allgemeine Obskurantismus in Dunkel gehüllt hatte. Dies müssen wir erkennen, bevor wir in unserer liberalen Gesinnung etwas verurteilen, was wir nicht verstehen. Wenn wir dem chinesischen Regime vorwerfen, eine Propagandaflut zu entfesseln, vergessen wir, daß diese Propaganda zumeist den Zweck hat, das Volk aus seiner Rückständigkeit herauszuführen. Propaganda, um Hygiene zu verbreiten, Epidemien vorzubeugen oder aufzudecken, bei einer Geburt zu helfen, Unfälle zu vermeiden, lesen zu lernen, die Ehegewohnheiten der Feudalzeit durch die Praxis des neuen Ehegesetzes zu ersetzen. Konkrete Propaganda, die die Herzen der Menschen anspricht: Sie schildert die Abscheulichkeiten des alten und die Herrlichkeiten des neuen Regimes; das Unglück, das der Aberglaube mit sich brachte, die Freude des Großvaters, der von seinem kleinen Enkel lesen lernt. In China will man weniger informieren als formen.

### Die Presse als Bildungsmittel

Wir hatten uns gewünscht, die Redaktion und Druckerei einer Zeitung zu besichtigen. Dies war die einzige Bitte, die man uns abschlug. Zum Trost zeigte man uns in der Ständigen Industrieausstellung in Schanghai ultramoderne Rotationsmaschinen, die ein Wochenblatt in Offset sechsfarbig drucken; eine technische Ausschweifung, die in keinem Verhältnis zu dem so a b s i c h t - l i c h monochromen Inhalt steht.

Auf jeden Fall fand man es unangebracht, uns diese A b s i c h t vor Augen zu führen. Unsere Bitte war aber auch zu albern; hätten wir die Kühnheit gehabt, zu ersuchen, der Versammlung eines Revolutionskomitees oder einer Kritik-Selbstkritiksitzung beiwohnen zu dürfen? Und was die eigentliche Herstellung der Zeitung betrifft, dürfte ihr, nach dem Produkt zu schließen, das Pittoreske fehlen.

Die einzelnen Ausgaben der »Volkszeitung« ähneln einander, Tag für Tag. Vier Millionen Exemplare werden gedruckt, und die Nummern enthalten täglich das gleiche Einerlei. Ein Leitartikel der Partei. Die Abwicklung der Reisen ausländischer Persönlichkeiten oder Delegationen in China. Internationale Erklärungen, welche die Thesen Chinas unterstützen. Stellungnahmen der UNO, die gegen Formosa gerichtet sind. Angaben, die nicht mit Zahlen belegt werden — man bringt seit dem Großen Sprung fast keine Statistiken mehr. Angaben über die landwirtschaftliche oder industrielle Produktion. Berichte über sportliche Begegnungen. Bewunderungswürdige Helden der Arbeit. Die neuesten Leistungen der chinesischen Medizin. Die ausführliche Wiedergabe der Rede eines großen Führers. Die Fortschritte der landwirtschaftlichen Genossenschaften. Fast keine Nachricht über die Weltereignisse der letzten vierundzwanzig Stunden. Keine Lokalnachrichten. Keine Photographien, außer von öffentlichen Persönlichkeiten, die ernst vor der Kamera posieren.

Die »Volkszeitung« spielt die gleiche Rolle wie die Moskauer

»Prawda«, sie gibt den Ton für die übrigen Zeitungen an. Die Provinzblätter, die nicht täglich erscheinen, bringen dieselben Themen und fügen einige Lokalnachrichten hinzu, die meistens den Fortschritten dieses oder jenes Arbeiterteams gewidmet sind. Ähnliche Berichte beherrschen auch die Spalten der Fabrikszeitungen, die an Wandtafeln in den Fabriken, Instituten und Büros angeschlagen sind.

Im goldenen Zeitalter der Tang-Dynastie ließ der Kaiser Hsüantsung, ein Zeitgenosse Karl Martells, den »Staatlichen Anzeiger« erscheinen, der genau den Willen des Kaisers und der Verwaltungshierarchie widerspiegelte. Dies war die erste gedruckte Zeitung. Sie sollte zwölf Jahrhunderte lang erscheinen. Auch auf diesem Gebiet also hat China seine Traditionen aufgefrischt.

### Parolen und Slogans

Ist die Auflage der Zeitung zu niedrig oder ist ihr Preis, obwohl bescheiden, zu hoch? Exemplare der »Volkszeitung« sind an den Straßenkreuzungen angeschlagen. Die Passanten drängen sich, um sie zu lesen. Die Zeitung ist zum Plakat geworden. Sie fügt sich in die ideologische Landschaft ein: in China ist die Ideologie ein Element der Landschaft. In den Höfen der Universitäten und Schulen, in den öffentlichen Gärten, in den Straßen, Häfen und am Rande der Landstraßen herrscht die Wandzeitung.

Meistens gibt sie Schlagworte wider. Gut die Hälfte dürfte den Lehren Mao Tse-tungs entnommen worden sein. Andere Slogans lauten »Befreien wir Formosa«, »Zermalmen wir den Imperialismus!«, »Sparen wir bei den Nahrungsmitteln«, »Es lebe der Fünfjahresplan!«

Die chinesische Sprache eignet sich gut zum Ausdruck starker Ideen. Sie verleiht jedem Wort starke Stoßkraft. Und die Schrift ist zugleich Dekor. Die Zahlen liefern ein unvergleichliches mnemotechnisches Hilfsmittel. »Auf zwei Füßen gehen« heißt: den landwirtschaftlichen und den industriellen Fortschritt miteinander in Einklang bringen; aber es heißt auch: zu den traditionellen Methoden und zur modernsten Technik Zuflucht nehmen.

Die Revolutionskomitees werden durch eine dreifache Einheit gebildet (Bauern-Arbeiter-Soldaten oder Arbeiter-Kader-Soldaten). »Sich hinter die drei Banner stellen« war der Lieblingsslogan der Jahre 1958 bis 1960, er bedeutete »die allgemeine Linie der Partei befolgen«, »am Großen Sprung nach vorn teilnehmen«, »und bei der Geburt der Volkskommunen mithelfen«. Der Slogan hat die politische Entwicklung überlebt. Die Rote Fahne ist dreifältig geblieben, und über den Türmen, die den Aufgang zur Großen Brücke von Nanking bezeichnen, wehen drei Banner.

»Die vier Plagen« wurden beseitigt: Ratten, Moskitos, Fliegen und Sperlinge.* Es gab drei oder fünf Volksfeinde, und dementsprechend »Anti-drei«- oder »Anti-fünf«-Kampagnen. Umgekehrt wird der proletarische Geist durch die »Vier-Mit«-Grundsätze verbreitet, die Kader sollen mit den Massen arbeiten, wohnen, essen und sprechen. Die ländlichen Kommunen haben fünf Dinge selbst herzustellen: Gemüse, Öl, Holz, Fleisch und Geschirr. Die landwirtschaftliche Entwicklung wird durch die acht Prinzipien gesichert, die friedliche Koexistenz durch fünf.

Es handelt sich bei diesen Schlagworten darum, einen kollektiven Reflex zu fixieren, der von einer einfachen mathematischen Formel oder einem poetischen Bild ausgeht. Ist der Reflex erfolgt, muß man ihn nur noch stabilisieren. Man kann eine neue Maßnahme ergreifen, zum Beispiel eine »Berichtigungskampagne« unternehmen. Zeigen die Kader der Partei die Tendenz, die Doktrin zu vernachlässigen, um sich auf die technische Ausbildung zu konzentrieren — Rechtsabweichung? Oder, im Gegenteil, zu glauben, daß man berufliche Tüchtigkeit durch Ideologie ersetzen kann — Linksabweichung? Eine Synthese, in die Form eines Schlagwortes gegossen, stellt das Gleichgewicht wieder her: »Rot und sachverständig sein.«

Wenn die Taktik gewechselt wird, verschwinden einige Slogans ganz, andere entstehen neu und breiten sich aus wie ein Ölfleck auf dem Wasser. Wichtig ist nur, die Öffentlichkeit stellt fest, daß man fortschreitet, ohne sich untreu zu werden: der Slogan der Slogans ist die Erneuerung in der Kontinuität.

### Radio und Fernsehen

Radioprogramme gibt es zu jeder Tages- und Nachtstunde, und in fast allen Wohnungen stehen Apparate. Es handelt sich vor allem um große hölzerne Kästen, die den ehemaligen »Volksempfängern« nicht unähnlich sind. Transistoren kommen jetzt erst in Gebrauch. Jugendliche, die auf der Treppe ihres Hauses sitzen, um frische Luft zu schnappen, während sie den Tönen aus dem kleinen tragbaren Apparat lauschen, sieht man noch selten.

---

* Die Sperlinge wurden rehabilitiert, als sich nach zahlreichen Autopsien herausgestellt hatte, daß sie sich mehr von Insekten als von Getreidekörnern nährten. Ihre Rolle als »vierte Plage« nahmen dann die Wanzen ein.

»Das Fernsehen bietet mehr Vorteile als irgendein anderes Propagandamittel.« Dieser lapidare Ausspruch Ho Ta-tschungs, des Direktors des Instituts für radiophonische Forschungen, zeigt ungeschminkt, welch großen Wert die Regierung[1] auf das Fernsehen legt.*

Die erste Fernsehstation wurde im Jahre 1958 in Peking eröffnet, als Folge eines Hilfsübereinkommens, das im Jahr 1956 mit der Sowjetunion abgeschlossen worden war. Auch heute ist das Fernsehen noch nicht verbreitet, und zwar deshalb, weil der Preis der Geräte sehr hoch ist: Obwohl Fernsehapparate in den Elektroabteilungen der großen Warenhäuser zu erhalten sind, kosten sie bis zu sieben Monatslöhne eines Arbeiters; ein Bauer müßte fünf bis zwölf Monatslöhne für einen Fernsehapparat auf den Tisch legen. Er bleibt vorderhand dem Kollektiv vorbehalten, etwa Kulturheimen der Fabriken und Volkskommunen oder Kasernen und Schulen.

Das tägliche Programm? Ein Studienkurs der Lehren Mao Tsetungs; eine Kindersendung, ein Gespräch über Hygiene und Gesundheit; eine Dokumentation, die die letzten industriellen oder landwirtschaftlichen Fortschritte zeigt; eine Reportage über Studenten und Lehrer, die in einer »Schule des 7. Mai« Landarbeit verrichten; ein revolutionäres Stück über zeitgenössische Themen; an guten Tagen ein Film über eine Episode aus dem Bürgerkrieg oder über den Widerstand gegen die Japaner, sogar historische ausländische Filme wie »Panzerkreuzer Potemkin«, »Lenin und die Oktoberrevolution«.

Die Nachrichtensendungen sind kurz und werden meistens einige Tage zu spät ausgestrahlt — um die Zeit zu spät, die man zur Weiterleitung der aktuellen Nachricht, die von einer Station produziert wurde (Einweihung eines Dammes, Empfang einer ausländischen Delegation) an eine andere Station benötigte, oder die Zeit, die man brauchte, um ihren ideologischen Gehalt zu überprüfen. Was die Auslandsberichterstattung betrifft, muß man sich beispielsweise mit der Reportage über den Besuch einer chinesischen Delegation in Albanien, Nordkorea oder Afrika oder mit einem Film über Vietnam begnügen.

Einen Abendländer überrascht am meisten, daß die Sendungen ständig wiederholt werden. Ein Ballettfilm wie das *Rote Frauenbataillon* oder *Das weißhaarige Mädchen* wird alle acht Tage ausgestrahlt, das ganze Jahr hindurch.

---

* Die Zahl der Fernsehapparate wurde im Jahr 1971 auf 200.000 geschätzt — ein Apparat auf 4000 Einwohner.

»Werden den Fernsehern diese wöchentlichen Wiederholungen nicht langweilig, da es doch kein zweites Programm gibt?« fragte einer unserer Gefährten ungläubig. Er dachte an die Fernsehkritiker, die einen Proteststurm entfesseln, wenn man ein Programm zu wiederholen wagt, das bereits vor drei oder vier Jahren ausgestrahlt wurde.

»Überhaupt nicht, sie sind sehr zufrieden«, antwortete man uns erstaunt.

Im Heim einer Baumwollspinnerei drängten sich die Arbeiter vor einem Fernsehschirm und verfolgten offenen Mundes ein sichtlich faszinierendes Programm. Man erklärt uns, daß dieses Fernsehstück ohne jede Änderung jede Woche ausgestrahlt wird. Aber Hand aufs Herz: Wird etwa das westliche Publikum der ewigen Werbesendungen müde? Diese Sendungen werden sogar, so scheint es, von der Mehrheit der Fernseher bevorzugt.

### Die Lautsprecher

Das wirksamste aller chinesischen Kommunikationsmittel ist der Lautsprecher. Auf den Dorfplätzen, in den Fabriken, den Werkstätten, dem Hof eines Wohnblocks, hört man ihn näseln. Er ist für China das, was die Transistoren für den Westen sind, nur dürfen wir unsere Transistoren abschalten, wann wir wollen. Der Lautsprecher weckt die Bevölkerung mit der Internationale. Er dröhnt auf den Straßenkreuzungen der Städte; die Verkehrspolizisten in ihren Glashäuschen unterbrechen die Musik, Nachrichten oder Slogans, um einen Fußgänger zur Ordnung zu rufen, der den Zebrastreifen verlassen hat, oder einen Radfahrer, der einem Auto nicht ausgewichen ist.

Die Lautsprecher sind an das Rundfunknetz angeschlossen. Sie tönen über Reis- und Hirsefelder hinweg, auf denen die Dorfbewohner arbeiten.

»Mögen Sie das?« fragte ich eine tiefgebückte Bäuerin und zeigte auf den Verstärker, der an einem Mast befestigt war.

»O ja«, sagte sie. »So können wir die Stimme des Vorsitzenden Mao auch bei der Arbeit hören!«

Auf diese Art erfuhren wir die Nachricht über die Einladung Präsident Nixons, während wir gerade die Universität Peita in Peking besuchten. »Achtung, wir werden in einigen Augenblicken eine wichtige Nachricht übermitteln. Achtung.« Einer unserer Reisegefährten erfuhr sie zur selben Zeit am Ufer des Teiches des Sommerpalastes, während Tausende von Chinesen zum fünftenmal den berühmten Tag feierten, an dem der Vorsitzende

Mao den Jangtse hinuntergeschwommen war; die Schwimmer wurden mitten im Teich informiert.

Am Ende eines jeden Eisenbahnwaggons ist ebenfalls ein Lautsprecher installiert, donnernder Verteiler von guten Ratschlägen und von Fröhlichkeit. »Versperren Sie nicht den Korridor«; »Machen Sie den Reisenden, die durch den Waggon gehen müssen, Platz«; »Bereiten Sie sich von jetzt an ruhig auf die nächste Station vor«; »Der Waggon Nr. 7 ist für Mütter mit Kleinkindern reserviert«; »Drängen Sie nicht beim Aus- und Einsteigen«.

Eine Sprecherin in einem geschlossenen Abteil ist die Herrin über den Lautsprecher. Mit hoher Fistelstimme spricht sie allein ins Mikrophon. Sie hält nur inne, um eine Platte aufzulegen; eintöniger Singsang löst die Ermahnungen ab. Keine Sekunde überläßt man die Chinesen sich selbst. Hat man Angst, daß sie sich langweilen, auf schlechte Gedanken kommen oder überhaupt ganz einfach zu denken anfangen?


2

Die Massen mobilisieren


*Der Gruppeneffekt*

Gehört werden ist gut, noch besser ist es, sich Anhänger zu verschaffen. Die Wirkung der Presse, der Slogans, des Radios, des Fernsehens und der Lautsprecher würde nicht genügen, würden damit nur Einzelpersonen erreicht. Es ist von grundlegender Bedeutung, Gruppen anzusprechen, in denen die Menschen die Botschaft gemeinsam anhören, kollektiv auf sie reagieren, sie diskutieren und die gegenseitige Wirkung kontrollieren. Deshalb zählt die tägliche Versammlung zu den wesentlichsten Riten des Regimes: sie verstärkt das individuelle Verständnis durch den sozialen Druck. Man prüft gemeinsam die letzte Nummer der »Volkszeitung«, man analysiert die neuesten Anweisungen und verbindet sie mit den Vorschriften des Kleinen Roten Buches.

Wenn es sich um die Einführung einer neuen »Kampagne« handelt, kann die Versammlung ausnahmsweise mehrere Tage dauern. Man wendet das »Zwei—fünf«- oder das »Drei—acht«-System an. Zwei (oder drei) Tage lang wird das Programm studiert, durchdiskutiert und theoretisch vorbereitet; die Schwierigkeiten, die zu überwinden, und neue Gewohnheiten, die anzu-

nehmen sind, werden im voraus einkalkuliert. Dann folgen fünf
(oder acht) Tage Arbeit, an denen die neuen Direktiven in die
Praxis umgesetzt werden. Diese werden in präzise Sätze zusam-
mengefaßt, von den Lautsprechern ohne Unterlaß wiederholt und
von den Spruchbändern, mit denen die Wände des Arbeits-
platzes bespannt sind, in fixe Ideen verwandelt. Die Konditionierung wird so lange fortgesetzt wie nötig.

Ist diese Methode speziell für die Massen bestimmt? Absolut
nicht. Sie wird auch auf die Kader angewandt. Von 1961 an wurde
sie sogar unter den Intellektuellen verbreitet, unter dem Namen
»Versammlung der Unsterblichen« (eine Anspielung auf das Zusammentreffen der acht Weisen der Sage). Die Intellektuellen
wurden von der Partei eingeladen, sich »noch mehr von den lich-
ten Gedanken Mao Tse-tungs durchdringen zu lassen« und »in
aller Freiheit zu sprechen, damit der Aufbau des Sozialismus
energisch vorangetrieben werde«. Wie die Praxis gezeigt hatte,
war es besser, die Intellektuellen nicht zu sehr unter sich zu
lassen. Die gemeinsamen Versammlungen von »Unsterblichen«
und »Sterblichen« scheinen sicherer zu sein.

Die Verantwortlichen müssen die Versammlungen sehr sorgfältig vorbereiten. Dem Unvorhergesehenen wird kein Spielraum gelassen. »Kündigen Sie keine Versammlung an«, empfiehlt
eine Richtlinie, »wenn nicht alles genau festgelegt ist. Die Versammlungen dürfen nicht zu lange dauern. Alle Eventualitäten
müssen ins Auge gefaßt sein.«[2] Die Versammlung verläuft nur
dann, wie sie soll, wenn ihre Beschlüsse den Initiatoren bekannt
sind, bevor sie noch angefangen hat. Dagegen entsteht die kollektive unter günstigen Umständen spontan, das heißt, wenn
die Teilnehmer vor der Veranstaltung keine Möglichkeit gehabt
haben, irgendeine Abwehr zu entwickeln. Dann wird die Gruppe
zur Person. Der Dämon des Individualismus ist gebannt, die
Abweichungen sind berichtigt, die kollektive Seele formt sich; ein
Punkt ist erreicht, von dem aus es keine Rückkehr mehr gibt. Wer
würde je eine gemeinsam übernommene Verpflichtung widerrufen, die so zwingend ist wie ein Schwur?

### Die permanente Mobilisierung

Die Ausländer in Peking haben das Mißgeschick, das einem
durchreisenden Mexikaner vor einigen Jahren widerfuhr, nicht
vergessen. Dieser Mexikaner, der im Hotel des Friedens (Ho-ping
Pin-küan) abgestiegen war, begab sich allein auf einen Spazier-
gang durch die Stadt. Während seines Aufenthalts hatte er oft

den Slogan, der gerade in Mode war, gehört: »Es lebe der Frieden!« *(Ho-ping Wan-tsui).* Er fand sich in den Straßen nicht mehr zurecht und mietete eine Radrikscha. Statt den Namen des Hotels, nennt er dem Fahrer den Satz, der ihm in den Ohren klingt: »Es lebe der Frieden!« Der Fahrer antwortete ernst: »*Ho-ping Wan-tsui!*« Der Mexikaner wiederholt die Formel, schon etwas lauter. Der Chinese auch, er erhebt die Stimme, als wolle er hinter den pazifistischen Ansichten dieses Fremden nicht zurückbleiben. Der Mexikaner betont die Silben, schreit, als hätte er es mit einem Tauben zu tun. Die Fahrer der anderen Radrikschas stimmen mit ein: »*Ho-ping Wan-tsui!*« Passanten sammeln sich und rufen im Chor: »Es lebe der Frieden!« Eine improvisierte Massenkundgebung entsteht; endlich befreit ein Chinese, der Spanisch spricht, den Mexikaner aus dieser üblen Lage.

Die Chinesen scheinen einerseits immer ruhig zu sein, sich gleichzeitig aber stets am Rande kollektiver Begeisterung zu befinden; sie lächeln, aber der Sturm kann jederzeit losbrechen; sie sind reserviert, aber immer bereit für Massenversammlungen. Die von der Partei eingesetzten Kommunikationsmittel und die politischen Themen, die von ihr lanciert werden, versetzen die Menschen in einen Zustand ständiger Mobilisierung. Welche unberechenbare, beunruhigende Kraft!

### Vom Schneeball zur Lawine

Die Technik kommt der Ideologie zu Hilfe. Durch das Radio, das es praktisch in jedem Heim gibt, durch die Lautsprecher, die an jedem öffentlichen Platz stehen, durch das Fernsehen — Hauptanziehungspunkt eines jeden Arbeiterheims —, durch das Telefon, das zwar nur die Vertrauensleute der Partei benützen, das aber in jeder Kommune vorhanden ist — kann die Zentrale jederzeit allen Ermahnungen, Befehle und Informationen zukommen lassen. Dieses System funktioniert gut und schnell, da die Gesellschaft homogen ist, ihre Trennwände eingestürzt sind und sie fortwährend aufgefordert wird, sich der Gemeinschaftlichkeit bewußt zu werden. »Tauscht eure Informationen aus«, verkündet ein Slogan, der uns in mehreren Fabriken aufgefallen ist. Dieser Rat ist sicher von wesentlicher Bedeutung. Es muß erreicht werden, daß jedermann die gleiche Sprache spricht und an der Ausführung desselben Projektes teilnimmt, dann bewahrt die Gruppe das Individuum vor seinen eigenen Versuchungen und davor, jene Egoisten nachzuahmen, von denen Lao Tse sagt, daß sie »einander während ihres ganzen Lebens keinen Besuch abstatten, obwohl jeder von ihnen die Hunde des anderen bellen und seine Hähne krähen hört«.

Unmöglich, dieser hinterhältigen Überflutung zu entkommen. Man hat die Zeitung nicht gelesen? Dem Lautsprecher nur zerstreut zugehört? Dem wird rasch abgeholfen durch das ständige Wiederkäuen im Radio, im Fernsehen, durch die ewigen Wiederholungen auf Spruchbändern, im Theater, Kino, in der Malerei, der Bildhauerei. Der Apparat ist so übermächtig, daß der Mißerfolg einer Informationskampagne ausgeschlossen erscheint.

Hier wird die abendländische Utopie von der sozialen Kettenreaktion, vom »Schneeballsystem«, täglich verwirklicht. Das isolierte Individuum der liberalen Gesellschaft träumt von den außerordentlichen Wirkungen, die die Ausbreitung einer Bewegung ohne Ende hervorrufen müßte. Wenn nur jeder Franzose zwei andere dazu bewegen könnte, eine Botschaft weiterzugeben, oder ihm eine winzige Summe zu überlassen, würde der Initiator die mächtigste politische Partei der Welt gründen oder ein ungeheures Vermögen zusammenbekommen. Aber diese Utopie wird in einer Gesellschaft, in der die Schranken fast unüberwindlich sind, niemals verwirklicht werden können; die Kettenreaktion reißt sehr schnell ab.

In China ist der soziale Druck so groß, daß sich unvermeidlich jeder mit dem anderen solidarisch fühlt. Ob es sich um die Ideologie oder um technische Neuerungen handelt, Mao liefert »die Orientierung«. Ministerpräsident Tschu En-lai »gibt Richtlinien für die ständige Mobilisierung der Massen«. Eine Resolution des Zentralkomitees befiehlt die Anwendung dieser Richtlinien. Und dann beginnen Tausende und Millionen von Zellen, das Prinzip, das von oben gekommen ist, zu verbreiten.

Von Peking bis zum ärmsten Städtchen in der entferntesten Provinz hallt der Befehl wider, ohne an Kraft zu verlieren. Es ist ein Schneeball, der zur Lawine wird, die dann die ganze Bevölkerung mit sich reißt.

Die ländlichen Zonen sollen elektrifiziert, in den Dörfern Hochöfen erbaut, Bunker errichtet werden? Die Methode ist immer die gleiche.

In den liberalen Ländern, in denen das Gesetz der Nachfrage die Verbreitung der Neuerungen eigentlich erleichtern sollte, kommt es oft vor, daß ererbtes Mißtrauen und soziale Schranken Änderungen verhindern. Die katholischen Länder Europas haben den technologischen Fortschritt, den die industrielle Revolution in den protestantischen Ländern beschleunigt hatte, nur sehr langsam übernommen. In Indien, in Afrika wurden von

Versuchszentren bemerkenswerte Neuerungen in der Reis- oder Kaffeekultur eingeführt, von der Bevölkerung aber nicht übernommen; die Bauern der benachbarten Dörfer verhielten sich zögernd oder träge. Erst nach langen Jahren, sogar Jahrzehnten, beginnen sich neue Methoden zu verbreiten. Die Arbeiter sind noch nicht so weit, daß sie sich spontan für eine Neuerung begeistern, und die öffentliche Macht hat weder die Gewohnheit noch die Mittel, diese Menschen schnell zu mobilisieren.

In China erlangen geglückte Experimente — zum Beispiel jene der Brigade von Tatschai oder die Ölfunde von Tatschang oder die Versuche der Universität Tsinghua — nationale Bedeutung an dem Tag, an dem man es wünscht. In einer Fabrik in Schansi hat man, indem man den Slogan »Mit Hilfe der technischen Revolution die menschliche Arbeitskraft sparen« in die Tat umsetzte, die Produktion innerhalb eines Jahres um hundert Prozent erhöht, obwohl der Betrieb tausend Arbeiter[2] für die landwirtschaftlichen Volkskommunen freistellt. Der Propagandaapparat sichert dem Versuch ein starkes Echo im ganzen Land. Die Pioniere werden dem Volk als Helden hingestellt; das Volk wird eingeladen, die erfolgreiche Einheit zu bewundern. In den Provinzen beginnt ein Nacheifern, und die technischen Verbesserungen, die sich so bewährt haben, werden nun auch hier durchgeführt; die Leistungen erreichen epische Ausmaße. Das totalitäre System, das in den meisten kommunistischen Ländern von bürokratischer Lähmung, Routine und Erschlaffung gekennzeichnet ist, scheint hier, im Gegenteil, der Neuerung und dem Wettstreit aufgeschlossen zu sein, in einem Maß, wie man es in den liberalen Ländern, die lange das Monopol der Stimulantia des Fortschritts für sich in Anspruch genommen hatten, nie gekannt hat.

Das chinesische Volk schließt sich zur Verwirklichung eines gemeinsamen Vorhabens zusammen, weil seine Führer sowohl an die rationalen als auch irrationalen Elemente in ihm appellieren können. Die alte Gesellschaft war durch die Passivität der Massen und durch den ständigen Wechsel zwischen Schikanen und Lässigkeit im bürokratischen Apparat blockiert. Die neue Gesellschaft zeichnet sich vor allem dadurch aus, daß sie so leicht mobilisiert werden kann. Es genügt, daß ihr ein konkretes Ziel in einfacher, klarer Form lange genug vor Augen gehalten wird, damit sie das Selbstvertrauen gewinnt, es auch zu erreichen. Es handelt sich hier um eine Form der Selbstbestimmung der Massen; ihre Führer setzen sie zwar unter Druck, damit sie die Ziele erreichen, sie selbst aber empfinden diese Ziele unbewußt als heilsam.

»Es würde zu nichts führen«, sagte mir der Vizepräsident des Revolutionskomitees der Provinz Hupeh, »wenn man das Volk zu etwas zwingt, was es nicht will oder dessen Sinn es nicht versteht. Man könnte die Hälfte der Bevölkerung ins Gefängnis werfen, man würde nichts erreichen. Man muß überzeugen, sanft wiederholen und nochmals wiederholen. Wir ziehen die leichte Brise und den sanften Sprühregen dem Sturm und dem Gewitter vor.«

Dieses Rezept scheint einem charakteristischen Merkmal der chinesischen Realität angepaßt zu sein. Die Führer des Regimes, angefangen bei Mao Tse-tung, haben Unterdrückungen am eigenen Leib oder bei ihren Angehörigen erlebt, sei es von seiten des Kaiserreichs, der Kuomintang oder der Mandarin-Hierarchie. Sicherlich haben sie selbst sich auch nie gescheut, Gewalt anzuwenden. Aber in gewöhnlichen Zeiten ziehen sie die Überredung dem Zwang vor. Sie wollen, daß sich das Individuum freiwillig und dankbar unter die neue Ordnung unterwirft, gegen die es sich zuerst so gesträubt hatte. Der soziale Druck äußert sich nur selten in grausamen Strafmaßnahmen. Meistens ist er ein andauernder, aber schmerzloser Zwang, den die Chinesen euphemistisch »brüderliche Hilfe« nennen: die Hilfe, die die Kader und Kameraden leisten, indem sie das Individuum dazu bringen, seine wahre Pflicht zu erkennen. Sie zeigen dabei einen merkwürdigen Respekt vor dem anderen, den Wunsch, sich mit ihm zu vereinen, und die feste Überzeugung von der Notwendigkeit und dem Erfolg seiner Bekehrung.

Die menschlichen Beziehungen im heutigen China sind sehr verschieden vom Stil Stalins. Nachdem die »Gutsbesitzer« zwischen 1949 und 1953 oft auch physisch liquidiert worden waren, wurde die Kollektivierung des chinesischen Grundbesitzes hauptsächlich mit den Mitteln der Überredung durchgeführt: man rechnete den armen und mittelarmen Bauern immer wieder vor, daß sie mehr verdienen würden, wenn sie sich einer kollektiven Produktionsbrigade anschlössen. Den Privilegierten von ehemals und deren Kindern machte man begreiflich, daß sie ihre Fehler durch verdoppelte Arbeit für die Revolution gutmachen könnten. Die Kollektivierung, so versicherten mir die Verantwortlichen der Volkskommunen, habe sich auf rein freiwilliger Basis vollzogen.

»Freiwillig? Aber hätte man eine Ablehnung toleriert?«

»Als die Bauern verstanden hatten, konnten sie nicht mehr

gegensätzlicher Ansicht sein. Wäre dies der Fall gewesen, dann hätten sie eben nicht verstanden.«

Die Überredung funktioniert perfekt: das Individuum wird von allen Seiten belagert, es hat keinen anderen Ausweg als den Beitritt, keinen anderen Trost als den Enthusiasmus.

Wie weit ist die Führung wirklich tolerant, und wie' weit ist sie berechnend? Wie ehrlich ist die Zustimmung der Massen und wie stark die Heuchelei aus sozialen Gründen? Es ist schwer, dies zu entscheiden. Auf jeden Fall muß man die Klugheit einer Regierung würdigen, die immer bereit ist, den Rhythmus ihrer Impulse nach den Reaktionen der Staatsbürger zu richten. »Zwei Schritte nach vorne zu tun und einen Schritt rückwärts«, zu verstehen, daß es immer besser ist, ein Minimum an Zustimmung zu erreichen, um die einzelnen Glieder der Gesellschaft nachgiebig und geschmeidig zu erhalten, als sie zu brüskieren, bis sie sich verkrampfen ...

3

Die Macht der Massen

*Die Wandzeitung*

In Peking, Nanking und besonders in Schanghai sieht man, wie die Menge sich vor den Anschlagtafeln drängt; am stärksten vor denjenigen, an denen gerade neue Wandzeitungen angebracht worden sind. Diese berühmten *ta tsi paos* haben während der Kulturrevolution eine wesentliche Rolle gespielt. Seitdem hat ihre Zahl stark abgenommen: sie bedecken nicht mehr die Mauern der chinesischen Städte wie zwischen 1966 und 1970. Trotzdem kann man noch Hunderte Wandzeitungen an den Tafeln und an den Mauern sehen, am Eingang der Fabriken, am Stamm einer Platane oder unter den Arkaden der in tropischer Feuchtigkeit erstickenden Straßen von Kanton; oder in Schanghai, entlang der Ufer des Huangpu und in der Nanking Road.

Sie sind verschieden groß, vom Format eines Schulheftes bis zum Plakat. Sie kleben übereinander, einer dicken Blätterteigschicht ähnlich. Aggressive Schriftzeichen stechen einem ins Auge, oft von Zeichnungen und Karikaturen unterbrochen. Es ist dies der freie Sektor in einer streng kontrollierten Gesellschaft; das Individuum kann ins öffentliche Leben eingreifen, indem es seiner Phantasie freien Lauf läßt: Beschwerdehefte mit losen Blättern.

Der eine beschwert sich, daß er von einem Fahrradhändler angeführt worden sei: »Ich habe mein Fahrrad in dieses Geschäft
gebracht, um die Kette schweißen zu lassen. Man sagte mir, ich
möge in vierzehn Tagen wiederkommen. Ich ging in ein Geschäft
in der benachbarten Straße, dort hat man die Reparatur in fünf
Minuten durchgeführt. Wo ist nun der gute Revolutionär und wo
der schlechte?«

Dieses *ta tsi pao* ist nicht neben dem guten Geschäft angeschlagen, sondern neben dem schlechten.

»Wieso reißen die Ladeninhaber diese *ta tsi paos* nicht her-
unter?« fragten wir. »Können sie es zulassen, daß man sie so
tadelt?«

»Diejenigen, die sie herunterreißen wollten, würden mißbilligt.
Die Massen halten viel auf die Ausübung ihrer Freiheit. Derjenige,
der den Anschlag befestigt hat, würde seine Kameraden zusam-
mentrommeln und zurückkommen, um einen noch aggressiveren
Anschlag anzubringen. Er würde sich über die Haltung der Ge-
schäftsführer beklagen, und man würde sie nun erst recht für
schuldig halten. Also haben sie ein Interesse daran, sich zurück-
zuhalten und zu bessern.«

Manche *ta tsi paos* stellen Forderungen auf. Die lokalen Behörden werden auf den Zustand einer Straße aufmerksam gemacht, die seit Monaten aufgerissen ist, oder auf die undichten
Wasserleitungsrohre in einem Wohnhaus. Andere bedrohen un-
sichtbare Feinde: »Zermalmen wir die Hundeköpfe der Revisionisten!« Die meisten sind konkret, pittoresk, unmittelbar.

Diese Tafeln werden regelmäßig mit neuen Wandzeitungen
bedeckt. Auch wenn das Fieber zurückgegangen ist, machen die
Leute durch Slogans, Denunzierungen, sentenziöse Definitionen,
Beschuldigungen, Appelle, durch »Nieder mit diesem« oder »Es
lebe jenes« ihren Gefühlen Luft. Es gibt keine dieser Schriften,
die nicht mit einem Ausrufungszeichen oder einem wütenden
Fragezeichen endet.

Woher stammt diese merkwürdige Sitte?

»Das *ta tsi pao* war die scharfe Waffe der Kulturrevolution.
Es hat die schöpferische Kraft der Massen freigesetzt.«

Anscheinend handelt es sich dabei wirklich um eine neue Methode
demokratischer Intervention im Leben der Stadt oder der Fabrik.
Jeder hilft jedem, indem er ihn kritisiert; es ist dies aber niemals
eine Verleumdung, sondern ein Ordnungsruf. Diese unzähligen
Klagen und spontanen Ausrufe sind alles andere als oppositionell;
in Wirklichkeit unterstreichen sie nur eine Einheitlichkeit der Auffassung. Man kritisiert »schlechte Arbeit«, »falsche Ideologie«,

eine »giftige Pflanze«, aber nur im Namen einer identischen proletarischen Weltanschauung.

Gleichzeitig demonstrieren diese merkwürdigen Freiluftproteste dem Gipfel der Hierarchie die Gefühle der Basis. Sie rufen beim Individuum die Reaktion hervor, die die amerikanischen Soziologen *feed-back* nennen.

Sie spielen die gleiche Rolle — wenn auch mit weniger Diskretion — wie die Seiten des französischen *Journal officiel* —, einer Art Leserbriefkasten des Parlaments — die jeden Morgen mit den von den Abgeordneten gestellten Fragen voll sind: »Warum verspäten sich die Auszahlungen der Pensionen?« »Warum werden die Renten nicht revalorisiert?« Die parlamentarische Demokratie will durch diesen Kanal die Klagen der Bevölkerung bis hinauf zu den Zentren der Entscheidung leiten. Das Ergebnis ist im allgemeinen enttäuschend: Die Minister antworten mit einer Verspätung von einigen Monaten, oder überhaupt nicht. Es ist selten, daß die Basis Genugtuung erhält. Die schriftliche Antwort erklärt im allgemeinen nur die Gründe, warum die Verwaltung glaubt, die schriftliche Frage nicht beantworten zu können. Wenn der Abgeordnete, unzufrieden mit der erhaltenen Antwort, seine geschriebene Frage mündlich stellt, wird der Minister auf dem Rednerpult mit blasierter Stimme den Text der geschriebenen Antwort herunterlesen. Die Parlamentsstenographen schreiben den Text der mündlichen Antwort auf die mündliche Frage nieder, und beide werden im *Journal officiel* veröffentlicht. Alles wird dem Vergessen, den Rüsselkäfern und den Ratten überantwortet ...

Ich kann nicht beurteilen, ob das chinesische Vorgehen wirkungsvoller ist. Auf jeden Fall ist es lebendiger. Das ganze Viertel, die ganze Fabrik lesen und kommentieren die Kritiken oder Schmähungen. Eine Börse der politischen Werte entsteht, konvulsivisch und überempfindlich, wie alle Börsen der Welt. Nachdem sie vier Jahre hindurch leidenschaftlich waren wie die Proklamationen der Französischen Revolution oder furchterregend wie die Proskription im Rom Sullas, bilden sie heute ein friedliches Ventil für die spontanen Regungen oder die Unzufriedenheit der Massen.

Noch ein anderes Motiv erschien mir bezeichnend, obwohl man sich hütete, es uns gegenüber zu erwähnen. Man erinnert sich, daß das erste *ta tsi pao* der Kulturrevolution, das am 25. Mai 1966 in der Universität Peita angeschlagen worden war, von Mao inspiriert, ja vielleicht sogar von ihm selbst kalligraphiert war. Das *ta tsi pao* vom 5. Juni, das empfahl, »den Generalstab zu bombardieren«, war vom Meister mit eigener Hand geschrieben. Die Massen wiederholen diese Geste unendlich oft, ahmen dadurch den großen Lehrer nach und haben Anteil an seinem Charisma.

Mao hingegen tat damals nichts anderes, als sich selbst nachzuahmen. In einigen ergreifenden Sätzen erzählte er die Geschichte der politischen Leidenschaft*, die ihn, noch bartlos, zu einer ähnlichen Geste getrieben hatte: »Ich war so aufgeregt, daß ich einen Artikel schrieb und ihn an die Mauer der Schule klebte. Es war der erste Ausdruck meiner politischen Meinung, und er war etwas wirr. Ich hatte meine Bewunderung für Kang Ju-wei und Liang Tschi-tschao noch nicht abgelegt. Ich sah den Abstand, der sie von Sun Yat-sen trennte, noch nicht klar. Deshalb empfahl ich in meinem Artikel, daß man Sun Yat-sen aus Japan zurückrufen sollte, um ihn zum Präsidenten der neuen Regierung zu machen, Kang Ju-wei sollte Ministerpräsident werden und Liang Tschi-tschao Außenminister!« Dies war das erste *ta tsi pao*: es hatte bereits die Spontaneität, die Phantasie, die Leidenschaft von all denen, die ihm in hunderten Millionen folgen sollten.

### »Die Massen müssen entscheiden«

Wie wird das Gleichgewicht zwischen der aufsteigenden und der absteigenden Kommunikation hergestellt? Wie weit werden die Impulse des Gipfels der Basis aufgezwungen, und die der Basis dem Gipfel? Sind die Methoden, die dazu bestimmt sind, das Volk zu Worte kommen zu lassen, nicht nur eine Farce, hinter der sich die despotische Realität verbirgt? Oder kommt in der Komplexität der sozialen Beziehungen Tag für Tag ein authentischer Kompromiß zwischen der Autorität und der Demokratie zustande?

Der natürliche Zustand jeder Gesellschaft ist die Anarchie und die Faulheit. Nach dem Wort Tristan Bernards ist der Mensch nicht nur für die Arbeit geschaffen, und seine natürliche Neigung geht dahin, sich möglichst wenig anzustrengen. Die chinesischen Führer haben begriffen, daß autoritärer Zwang, auf passive Untertanen ausgeübt, die am wenigsten wirkungsvolle Maßnahme ist, um die Menschen zu organisierter Arbeit zu erziehen. Eine solche Unterdrückung führt zu einer enormen Kräfteverschwen-

---

* In der etwa zehnseitigen Autobiographie enthalten, die Mao am Ende des Langen Marsches im Jahr 1936 Edgar Snow diktierte, und die wir schon öfter zitiert haben.

dung, denn Trägheit, Gleichgültigkeit, Böswilligkeit und versteckte Sabotage wirken bremsend. Die Spitzenpolitiker in Peking haben festgestellt, daß die viel zweckmäßigere Methode der Enthusiasmus ist, der die Schwelle des Erträglichen weit hinaufversetzt und den Druck der Hierarchie leicht erscheinen läßt.

»Die Massen sind die Schöpfer der Geschichte.«[3] »Die revolutionäre Bewegung der Massen ist von Natur aus gerecht.«[4] Diese Schlagworte hören und sehen »die Massen« den ganzen Tag über. Wie sollten sie davon nicht überzeugt sein? Und wenn sich Skeptiker einschleichen, dann werden sie bald als Verdächtige hingestellt, oder sie behalten ihren Skeptizismus lieber für sich, um sich Ärger zu ersparen. Wie kann man zwischen denen unterscheiden, die den Glauben haben, und denen, die nur spielen? Der Ungläubige, der nicht an die Unfehlbarkeit der Massen glaubt, wird aufgefordert, auf der Hut zu sein.

»Die Pseudo-Revolutionäre«, sagt Mao, »benehmen sich gerne wie der Herr von Scheh, der die Drachen liebte, aber vor Angst starb, als er einen erblickte. Sie sprechen seit Jahren vom Sozialismus; aber jetzt, da der Sozialismus triumphiert, weichen sie entsetzt zurück.«[5] Die Kulturrevolution löste dieses instinktive Entsetzen im Volk aus, das sich ihr doch eigentlich hätte anschließen sollen. Der Opferpriester opfert zusammen mit dem Sündenbock auch den Zweifel an der Macht des Volkes. »Der chinesische Chruschtschow sprach immer von der Linie der Massen, aber als sich die Massen wirklich in Bewegung setzten, verlor er den Kopf, bedachte sie mit Schimpfworten und behandelte sie wie eine Horde von Nichtstuern.«[6]

Ein leitender Funktionär der Volkskommune der Kubanischen Freundschaft übte vor uns folgendermaßen Selbstkritik: »Ich hatte mir angewöhnt, mein Amt in einer bürokratischen und autoritären Weise zu führen. Ich kümmerte mich um die Ansichten der Agronomen und Experten, aber nicht um die der Arbeiter. Ich hatte den Kontakt mit den Massen verloren. Heute habe ich begriffen, daß die Mitwirkung der Ingenieure zwar wichtig ist, man aber auf keinen Fall die Massen von der Teilnahme ausschließen darf.«

Wie wird diese »Teilnahme der Massen« — von den *ta tsi paos* abgesehen — organisiert?

Zunächst durch die Strategie des ständigen Wechsels, der Mao treu geblieben ist.* Alle Fortschritte seit 1927 erzielte er durch Teilexperimente. Seine Ideen über die Agrarreform und die

---

* Nur in der Zeit des Großen Sprungs nach vorn klappte sie nicht ganz.

Bauernrevolution probierte er erst in Hunan, dann in Kiangsi, dann in Schensi aus. Eine Neuerung »testete« er in immer größeren Räumen, versuchte ihre Schwierigkeiten abzuschätzen und Genaueres über die Reaktion der Bevölkerung zu erfahren. Er läßt die Massen nur an solchen Projekten teilhaben, von denen sie bereits wissen, daß sie durchführbar und wünschenswert sind.

Eine andere Technik, das Volk an gemeinsamen Unternehmen teilnehmen zu lassen (sie ist seit 1949 gleichgeblieben, wurde aber durch die Kulturrevolution unterstützt), ist die Ermunterung zur Erfindung. Die chinesischen Arbeiter und Bauern sind von Natur aus erfinderisch. Lord Macartney sah im Jahr 1793 Rampen, die über hölzerne Walzen liefen, auf ihnen konnten Schiffe auf dem Trockenen fortbewegt werden; oder mit Segeln ausgerüstete Schubkarren, die vom Wind getrieben wurden. Wenn man eine Volkskommune oder eine Fabrik besucht, ist man von der fruchtbaren Phantasie des chinesischen Arbeiters frappiert. Kein Exklusivmodell wird der Basis von oben aufgezwungen. Kein Versuch der Basis wird entmutigt.

»Wenn sich der Arbeiter nicht für seine Arbeit interessiert«, sagte mir ein Direktor der Textilfabrik Nr. 2 in Peking, »arbeitet er schlecht, und sein Werkstück wird oft zur Ausschußware. Wenn ihn eine Aufgabe befriedigt, versucht er, sie besser zu machen als die anderen. Er erhöht seine Leistung und die Qualität seiner Arbeit, er erfindet sogar neue Vorrichtungen. Die allererste Frage ist nicht, wieviel Arbeiter wir haben und ob sie genügend ausgebildet sind, sondern, ob sie von revolutionärer Begeisterung erfüllt sind.« Hatte Péguy etwas anderes sagen wollen, als er seine drei Steinmetze, nach ihrer Arbeit befragt, antworten läßt: »Ich klopfe einen Stein«, erklärt der erste; »Ich verdiene mein Brot«, sagt der zweite; und der dritte meint: »Ich baue eine Kathedrale«?

Um die Erfindungen an der Basis zu ermutigen, wird dort systematisch eine Art Verstärkertechnik angewandt. Nicht der Landwirtschaftsminister in Peking hat neue Methoden erfunden und will sie ausprobieren lassen. Nein, die Produktionsbrigade von Tatschai hat die Heldentaten vollbracht und neue Techniken ausprobiert. Die zentrale Macht begnügt sich damit, solche Versuche mit angemessener Lautstärke im Lande zu propagieren. Die »Helden der Arbeit«, lebende Beispiele des Eifers und der Sachkenntnis, zählen mehr als die Richtlinien von oben, die im besten Fall »passiven Gehorsam«, im schlechtesten »passive Resistenz« hervorrufen würden, wahrscheinlich aber schmollende Trägheit.

»Der Vorsitzende Mao Tse-tung«, erklärte mir Tschu En-lai,

»fährt oft von Peking weg, um in die Massen hineinzuhorchen. Er macht lange Reisen durch die Städte und das Land.« Nachdem er im Jahr 1927 einen Monat lang in Hunan Untersuchungen angestellt hatte, war er überzeugt, daß die Bauern für die Revolution bereit waren. Nach einer Reise in die Provinz im Jahr 1956 wußte er, daß die Bauern reif für die Einführung von Volkskommunen waren und daß seine Kader zu sehr damit zögerten. Im Sommer 1966, von einer Inspektionstour zurückgekehrt, war er sicher, daß ihm das Volk folgen würde, wenn er die Macht Liu Schao-tschis und der Parteimehrheit bräche. Wenn ein wichtiger Entschluß auf dem Gipfel gefaßt wird, spricht man nicht von Sozialismus, sondern von Bürokratie. Die Revolution aber ist der Wille der Massen.

Wer dominiert in diesem Spiel? Die Stimme des Volkes, oder derjenige, der sie interpretiert? Gleichgültig. Das einzige, was wirklich zählt, ist, daß die Massen glauben, gehört zu werden, und die Kader glauben, auf sie zu hören. So wird die Würde des einen und die Bescheidenheit des andern gewahrt. Die Partei und die Organisationen müssen lediglich zwischen dem Willen der Führung und der Massen eine gute Verbindung herstellen.

### Plötzliche Kehrtwendungen

Der Respekt vor den Massen: Es gibt vielleicht keinen anderen Grund, warum so viele Kampagnen plötzlich abgebrochen und so viele verwirrende Richtungswechsel vorgenommen wurden. Jedesmal, wenn die Partei schneller vorgehen wollte als die Massen, gab es Mißerfolge; sie hat daraus die Konsequenzen gezogen.

Der Große Sprung nach vorn hat den Rhythmus der chinesischen Wirtschaft viel zu stark beschleunigt. Die Unzufriedenheit der Massen setzte den utopischen Vorhersagen aus dem Jahr 1958 ein plötzliches Ende, und die chinesische Führung fand ihr Gefühl für die richtigen Proportionen wieder. Nach 1959 hat Tschu En-lai den Plan berichtigt. Im Jahr 1960 brüstet sich die Partei noch, den freien Markt am Lande beschränkt zu haben. Einige Monate später wurde eine Kampagne in entgegengesetztem Sinn lanciert.* In den Jahren 1966 und 1967 verbürgte sich der Vorsitzende Mao für die Richtigkeit der Theorie der »Umwandlung« der geistigen Kräfte in materielle Kräfte. Nach 1972 wurde diese Theorie verurteilt.

---

* Im klassischen Text von Li Fu-tschun: *Heben wir die rote Fahne hoch empor*, September 1960.

Produktionsprämien wurden von der Kulturrevolution als Symbole des Revisionismus gebrandmarkt und abgeschafft, im Jahr 1972 tauchten sie wieder auf. Die manuelle Arbeit wurde in den Schulen und auf der Universität als der wesentlichste Teil der Erziehung bezeichnet. Seit 1972 wird wieder der allgemeine Unterricht in den Vordergrund gestellt.

Das Regime springt nach vorn, weicht zurück, und schreitet, kaum daß sich die Gesellschaft an den Wechsel angepaßt hat, wiederum zum Angriff; es korrigiert seine Irrtümer, verdaut seine Eroberungen, beschleunigt die Entwicklung, wenn es ihm möglich ist, zerstampft, wenn es muß. Dieser ständige Wechsel von Ebbe und Flut richtet sich nach der jeweiligen Stimmung des Volkes. Die Massen gehorchen keineswegs blind. Man kann sie nur dorthin führen, wohin sie selbst gehen wollen. Sicher, die chinesische F ü h r u n g verdient diesen Namen vollauf. Jedenfalls schwimmt sie nicht prinzipiell gegen den Strom; aber wenn sie zu lebhaften Widerstand fühlt, wechselt sie die Richtung.

Wenn es etwas Demokratisches am chinesischen Regime gibt, dann ist es seine Fähigkeit zur Selbstkritik. Mao erzählt in seiner Autobiographie, wie er begriff, daß nur die Massen ihre Führer daran hindern können, sie zu verraten. »Als Tschao Heng-ti an die Macht kam, verriet er alle Ideen, die er bis dahin verteidigt hatte, und unterdrückte gewaltsam jede demokratische Regung. Wir hatten eine Demonstration zur Feier des dritten Jahrestages der Oktoberrevolution organisiert; sie wurde verboten. Einige Demonstranten versuchten bei dieser Gelegenheit, die rote Fahne zu hissen, aber sie wurden von der Polizei daran gehindert. Es half ihnen nichts, daß sie erklärten, die Staatsbürger hätten laut Artikel 12 der damaligen Verfassung Versammlungs- und Organisationsfreiheit und das Recht auf freie Meinungsäußerung. Die Polizisten ließen sich nicht beeindrucken. Sie antworteten, sie seien nicht da, um über die Verfassung belehrt zu werden, sondern um die Befehle des Gouverneurs Tschao Heng-ti auszuführen. Von diesem Augenblick an wuchs in mir die Überzeugung, daß nur die politische Macht der Massen, die sich auf die Aktion der Massen stützt, dynamische Reformen verwirklichen könne.«[7]

Mao scheint dieses Vertrauen in die Massen nie verloren zu haben. Er verlangt von der Partei und den Organisationen nur, daß sie als loyale Dolmetscher zwischen den Massen und dem Oberhaupt fungieren. Die Kulturrevolution hat die undurchsichtig gewordene Vermittlung der Intellektuellen, der Partei und der Bürokratie beseitigt und eine unmittelbare Verbindung zwischen Mao und dem Volk hergestellt.

Die gut funktionierende Weiterleitung von Richtlinien erlaubt es der Führung auch, plötzliche Kehrtwendungen vorzunehmen, und dem Volk dennoch den Eindruck zu vermitteln, daß die allgemeine Linie beibehalten wurde.

Der Abendländer ist oft erstaunt, wenn er sieht, daß die Chinesen anbeten, was sie verbrannt haben, und umgekehrt. Die »Brüdervölker der Sowjetunion« werden seit 1960 plötzlich als »Sozialverräter« abgelehnt. Die Jugoslawen, bis dahin als »Sozialverräter« gebrandmarkt, wurden in den Rang eines »Brudervolkes« erhoben.

Kao Kang, der »Stalin der Mandschurei«, Liu Schao-tschi, der »chinesische Chruschtschow«, Lin Piao, »der Verbündete der Reaktionäre« wurden eliminiert, nachdem man sie vorher verhätschelt hatte. Die »Hundert Blumen« und die Kulturrevolution wurden zuerst lanciert und dann brutal gestoppt, ohne daß dies dem Regime geschadet oder die Weiterverfolgung seiner Pläne gehindert hätte. Man spricht davon, die »amerikanischen Schakale« zu zermalmen? Die chinesischen Massen sind bereit, zu einem revolutionären Kreuzzug aufzubrechen. Man beschließt, den obersten Vertreter des »blutgierigen Imperialismus« mit allen Ehren zu empfangen? Kein Problem: die Kehrtwendung wird mühelos ausgeführt.

In den Tagen nach der Ankündigung des bevorstehenden Besuches von Präsident Nixon fragten wir Dutzende von Studenten, Lehrern, Bauern und Arbeitern:

»Seit zwanzig Jahren wiederholt man in China, der imperialistische Kapitalismus der Vereinigten Staaten sei der Erzfeind. Jetzt wurde das Oberhaupt dieses Landes eingeladen, hierher zu kommen. Wie erklären Sie sich diesen Widerspruch?«

Alle Antworten waren gleich: »Nixon kommt nach China, um einen Ausweg aus der Sackgasse zu suchen, in der er sich befindet. Er ist vollkommen gescheitert.« »Er kann sich nicht anders aus der Affäre ziehen.« »Er gesteht ein, daß er besiegt ist.« »Er hatte so viele Schwierigkeiten bei der Ausübung seiner Politik, daß diese demütige Geste eine Notwendigkeit war.« Ein Universitätsprofessor erklärte uns: »Im Jahr 1945 nahm der Vorsitzende Mao eine Einladung zu einer Begegnung mit Tschiang Kai-schek in Tschungking an und trank dort mit ihm. Verhandlungen sind oft notwendig für den Sieg der Revolution. Es ist eine andere Art, den Kampf fortzusetzen.«

Mehrere Gesprächspartner zitierten einen Gedanken Maos: »Du empfängst deinen Feind nicht, um auf seine Linie einzuschwenken.« Man bestätigte uns, daß dieser Ausspruch im Lauf

260

der vergangenen Monate oft verkündet worden war; wir hatten ihn auf Spruchbändern gesehen, die sichtlich lang vor der Einladung an den Präsidenten Nixon angebracht worden waren. Dieser Satz hatte die Massen langsam imprägniert. Als der Tag gekommen war, reagierten sie ganz wie erwartet.

In den Wochen, die nun folgten, begann eine Kampagne der Erklärungen. Diese Interpretationen entsprachen ziemlich genau den Antworten, die uns die Chinesen gegeben hatten, als wir sie direkt befragten. Die Information von oben, die auf alles eine Antwort weiß, gibt auch jedem einzelnen die Möglichkeit, auf alles zu antworten.

Die chinesischen Massen sind es so gewohnt, den unerwartetsten Befehlen zu gehorchen, daß kein Richtungswechsel sie zu erstaunen scheint. Sie wissen, daß eine Schlacht stattfindet, die nie endgültig entschieden werden kann. Sie empfinden die Teilnahme an der Politik ihres Landes nicht als einen Schwindel, sondern als einen permanenten Kampf, und sie sind stolz darauf, in diesem Kampf eine wesentliche Rolle zu spielen. Auf jeden Fall tun sie so, als wäre es tatsächlich so.

# 10

## Die Zertrümmerung der Gesellschaft

*Eine Schule des 7. Mai*

Gegen den blendend hellen Himmel zeichnen sich einige schattenhafte Gestalten ab. Ein Mann, der einen Karren schiebt, wendet uns sein fröhliches Gesicht zu. »Was transportiert er?« »Das ist menschlicher Dünger«, antwortet mir Kuo Mo-jo in der Dunkelheit, während er sich über meine Schulter beugt; ich errate, daß er, wie gewöhnlich, lächelt.

»Was ist er für ein Mensch?«

»Er ist Universitätsprofessor. Er wird umerzogen.«

Diese Schule liegt ungefähr vierzig Kilometer von Peking entfernt. Sie ist eine der zweitausend »Schulen des 7. Mai«. Wie die anderen Schul-Bauernhöfe oder Bauernhof-Schulen, ist der »Rote Osten« auf die Anordnung des Vorsitzenden Mao vom 7. Mai 1966 hin entstanden.

»Gibt es keine rationellere Art, einen Hochschulprofessor zu beschäftigen, als ihn Exkremente transportieren zu lassen?«

»Es gibt keine edlere Arbeit. Die Zivilisation ist aus dem Misthaufen hervorgegangen. Sie hat sich von dem Augenblick an entwickelt, in dem die Nomaden, die ihre Herden in der Steppe weideten, bemerkten, daß ihre Pflanzen höher und stärker wuchsen, wenn sie Dünger in die Erde gruben.«

Der Universitätsprofessor leert den Inhalt seines Karrens in eine Furche und verknetet ihn mit bloßen Händen mit der Erde.

»Diese Arbeit kann man nur mit der Hand machen. Wenn man sich damit begnügt, den Dünger in die Furche abzuladen und diese dann einzuebnen, wird die Fruchtbarkeit kaum erhöht. Man muß Erde und Dünger gut miteinander mischen.«

Wir sind fasziniert. Ist das Lächeln dieses Intellektuellen nur Fassade, das verzerrte Lächeln eines verletzten Menschen, der sich verstellt, oder das befreiende Lachen eines Gefangenen, der, am tiefsten Punkt der Verzweiflung angelangt, die Absurdität dieser Situation komisch empfindet? Oder verspürt der Mann vielleicht die Wonne der Rückkehr zur analen Phase, von keinerlei Schuldgefühl belastet, da ihm diese Tätigkeit ja auferlegt wurde? Oder handelt es sich um das ekstatische Lächeln des Mystikers, der in der äußersten Demütigung Glück empfindet und sich wie der hl. Paulus sagt: »Wir sind der Auswurf der Welt?«

Ein anderes Mitglied des Ständigen Komitees des Nationalen Volkskongresses erklärt mir: »Auch ich habe diese Arbeit während meines Aufenthaltes auf dem Land verrichtet... Aber nein, man gewöhnt sich daran. Es ist unangenehm für jemanden, der es noch nie getan hat; am Ende achtet man gar nicht mehr darauf. Inzwischen gewinnt man die Achtung der Bauern, die den Vorteil haben, daran gewöhnt zu sein, die aber wissen, daß der erste Moment schwer ist. Sie sagen: ›Er spielte den Stolzen. Jetzt ist er wie wir, er hat keine Angst, sich die Hände zu beschmutzen oder seiner Nase Gewalt anzutun.‹ So wird man ein guter Revolutionär.«

Professoren der Universität Peita und der Universität Tsinghua sind bei dieser regenerierenden Arbeit brüderlich vereint. Sie pendeln ständig zwischen den Latrinen und den Krautfeldern hin und her. Sicherlich hatten sie ihr Studium oder ihren Beruf damit begonnen, an ihre Karriere, an die Wissenschaft und an den Erfolg zu denken. Jetzt sind sie allein mit sich selbst; sie sind, wie ihre Ahnen, Bauern, Baracken, die von den Schülern der »Schule des 7. Mai« selbst errichtet wurden, umgeben die Farm. Aus Feldsteinen gebaut, machen sie einen etwas improvisierten Eindruck. Soldaten in grünen Uniformen halten sich in Distanz. Obwohl der Großteil der Belegschaft von den beiden Universitäten Pekings kommt, trifft man hier auch Arbeiter, die aus ihren Fabriken hergeschickt wurden, sowie einheimische Bauern. Sie hatten »den Kontakt mit den Massen verloren«, doch nun ist dieser Kontakt wiederhergestellt. Jedermann trägt, ohne Rücksicht auf seine Herkunft, die gleiche blaue Kleidung, verrichtet die gleiche Arbeit — mit dem Unterschied, daß die Bauern die Rolle des Befehlenden übernommen haben und die Intellektuellen die der Arbeiter.

Der Stundenplan ist genau festgelegt: Um 6 Uhr 30 wird durch Lautsprecher, die Maos Gedanken verkünden, geweckt. Toilette in primitiven Waschräumen, die sich am Ende jedes Zimmers befinden — Männer auf der einen Seite, Frauen auf der anderen. Ehepaare werden unbarmherzig getrennt. Gemeinsames Turnen in langen oder kurzen Hosen und Leibchen. Um 7 Uhr 30 Studium der Lehren Mao Tse-tungs. Um 8 Uhr 30 Frühstück. Arbeit in den Feldern bis 12 Uhr 30. Mittagessen, das vorwiegend aus Gemüse und gekochtem Reis besteht. Eine halbe Stunde Erholung, Pingpong, Spaziergänge, Volleyball. Neue Arbeitssitzung auf den Feldern oder in den Werkstätten. Auch militärische Übungen stehen auf dem Programm, denn am Ende ihres Arbeitsdienstes müssen die Schüler der »Schule des 7. Mai« tadellos mit Waffen umgehen können und der Befreiungsarmee eingegliedert sein, »um das Vaterland gegen Feinde zu verteidigen, woher diese auch immer kommen mögen«. Um 16 Uhr Lektüre marxistischer oder maoistischer Texte und Gruppendiskussionen, wobei Tee ausgeschenkt wird. Um 19 Uhr Abendessen. Nach der Mahlzeit Zeitungslektüre. Um 20 Uhr wieder Studiensitzung oder eine Theateraufführung der Schüler. Die Schule umfaßt zwölfhundert Personen, doch der Theatersaal, zwischen dessen Dachbalken man den freien Himmel erblickt, kann nur zwei- oder dreihundert Personen aufnehmen, die sich zusammendrängen müssen wie Sardinen. Die Theatergruppe, aus Amateuren bestehend, spielt *Das weißhaarige Mädchen*. Das Licht wird um 22 Uhr 30 gelöscht.

»Sind die Ansprüche, die die Landarbeit stellt, mit diesem Stundenplan vereinbar?«

»In vier Stunden begeisterter Arbeit tut man mehr als in acht Stunden passiver Arbeit. 1970 hat die Schule ›Roter Osten‹ soundso viele Pfund Gemüse geerntet, soundso viele Zentner Reis, soundso viele Enten und Schweine gezüchtet.* Außerdem gewährt die Einteilung in Bataillons von je zwanzig Mann große Bewegungsfreiheit bei der Arbeitseinteilung. Während die einen im Schweinestall arbeiten, sind die andern auf den Reisfeldern beschäftigt, andere wieder stellen in der Werkstatt Lautsprecher her. Aber wir müssen noch größere Fortschritte erzielen und sind noch weit davon entfernt, perfekt zu sein.«

Wie muß diese geheuchelte Demut nach der echten Demütigung durch eine abstoßende Arbeit köstlich erscheinen! Ein Physikprofessor, ein Student der Wirtschaftswissenschaft und ein Mitglied des Revolutionskomitees eines Pekinger Stadtviertels entfernen sich, das Tragjoch oder den Spaten auf der Schulter oder den Karren vor sich herschiebend. Sie werden Obstbäume pflanzen, dort, wo vorher mit den kostbaren Exkrementen gedüngt wurde. In Reih und Glied marschieren sie im Gleichschritt den ausgetretenen Weg entlang.

»Warum verbringen Intellektuelle, die China doch so notwendig braucht, viele Monate mit einer Arbeit, die von Bauern viel besser geleistet werden könnte?«

Mein Nachbar, der Abgeordneter und Mitglied des Ständigen Komitees des Nationalen Volkskongresses ist, blickt mich an, als hätte ich überhaupt nichts begriffen:

* Wir haben die Zahlen nicht notiert, aber die Angaben waren, im Gegensatz zu den globalen Auskünften über die gesamtchinesischen Produktionsziffern, äußerst präzise.

»Das ist die typische Frage eines westlichen Intellektuellen.«

Dieses Kompliment wurde mir schon öfters gemacht, und tatsächlich forderten wir es selbst mit unseren Fragen heraus. Der Abgeordnete fügte nach einer Minute hinzu, vielleicht aus Angst, mich gekränkt zu haben:

»Die Schüler der Schule des 7. Mai erwerben sich rote Herzen. Das ist wichtiger als kurzfristige Produktivität. Man muß erreichen, daß die Intellektuellen glücklich darüber sind, nicht mehr Intellektuelle zu sein.«

## Der Brief vom 7. Mai

Am 7. Mai 1966, drei Wochen bevor er die Kulturrevolution entfesselte, deutete Mao in einem Brief an Marschall Lin Piao an, daß die Armee eine »größere Schule« werden solle, in der die Menschen der Zukunft herangebildet werden. Die Kader, die Gefahr liefen, »in die bürgerliche Versuchung des Revisionismus zurückzufallen«, sollten sich unter der Leitung der Armee, die in ein »größeres Seminar« verwandelt werden würde, erneuern. Die »Studenten« aller Altersstufen müßten lernen, in der Fabrik, auf dem Land und in der Armee zu arbeiten. In dieser riesigen Schmiede soll das chinesische Establishment durch das Studium der Lehren Mao Tse-tungs, durch die Teilnahme an der Produktion und durch die brüderliche Begegnung mit dem Proletariat wieder gestählt werden.[1]

Die Idee war nicht neu. Seit der Zeit des Instituts der Bauernbewegung trat Mao stets für die unbezahlte, obligatorische und allgemeine manuelle Arbeit ein. Aber erst der große Umsturz gab ihm die Gelegenheit, diese Richtlinien in einem bisher nie dagewesenen Ausmaß praktisch zu erproben und die Hindernisse, die sich dem Experiment entgegenstellten, wegzuräumen.

Vielleicht versuchten gewisse Leute, die sich bedroht fühlten, unter dem Vorwand einer Rückkehr zu den Quellen der großen Epoche von Jenan, den brutalen Erschütterungen der Kulturrevolution zu entkommen. Vielleicht entsprang der Eifer vieler Intellektueller nur dem Wunsch, unterzutauchen. Es scheint, daß die Richtlinien vom 7. Mai überall angewandt wurden, in den Revolutionskomitees, in den Reihen der Partei, in den Schulen und Universitäten, in den Spitälern und den Verwaltungszentren. Ein Teil des Personals dieser Institutionen — oft fast ein Drittel — verrichtete schichtweise Landarbeit, sei es in einer wirklichen »Schule des 7. Mai«, oder, wenn dies nicht möglich war, in Fabriken oder Volkskommunen. Dies bewirkte eine tiefgreifende Umschichtung.

Sicherlich trugen auch ökonomische Gründe zu dieser immensen Umstellung bei. Die Intellektuellen sind nicht die einzigen, die dabei lernen; durch den Kontakt mit ihnen wird auch die rückständige Bauernschaft mit einer neuen Art zu denken konfrontiert, die den »Großen Sprung nach vorn«, den noch immer nicht erfüllten Traum der chinesischen Führung, ermöglichen soll. Das Wesentliche dabei aber ist, daß Mao jedem einzelnen, wo immer sein Platz in der Gesellschaft auch sein mag, erklärt: »Du sollst Bauer und Arbeiter sein.« Um diesen Preis wird der Staatsbürger dem Volk angehören, die Mühen und Sorgen des Volkes teilen, inmitten des Volkes leben; um diesen Preis wird die Gesellschaft zu einer sozialistischen Gesellschaft.

## In der Gießerei von Wuhan

Während wir in der Gießerei von Wuhan im Gänsemarsch eine Walzstraße entlanggehen, von einem Soldaten geführt, der dem Revolutionskomitee der Fabrik vorsteht, strömen Arbeiter zusammen, um uns zu bestaunen. Sie sehen aus, als hätten sie keine besondere Beschäftigung.

»Das sind Studenten!« sagt der Soldat zu mir. »Sie kommen, um zu vergessen, was sie auf der Universität gelernt haben, und um in das Leben der Arbeiter einzutauchen.«

»Stören sie denn nicht die Arbeiter, wenn sie nichts tun?«

»Vielleicht ein wenig; aber die Ökonomie interessiert uns weniger als die Ideologie. Wichtig ist, daß sie zu echten Revolutionären werden.«

»Ärgern sich die echten Arbeiter nicht, wenn ihnen die Studenten bei der Arbeit zuschauen?«

»Die Studenten werden sehr bald an der Produktionsarbeit teilnehmen. Die Arbeiter sind stolz, die Studenten umzuerziehen und aus ihnen Verteidiger der Revolution zu machen.«

»Und sind die Leistungen der Studenten gut?«

»Nicht immer. Es kommt vor, daß einige krank werden und daß man sie in die Stadt zurückschicken muß; andere müssen sich sehr anstrengen, um so gut zu arbeiten wie die Arbeiter. Aber die meisten nehmen sich ihre Aufgabe zu Herzen, erbringen eine gute Leistung und fahren voll Begeisterung wieder weg.«

Auf jeden Fall hat ihnen diese Erfahrung geholfen, die proletarische Realität zu entdecken. Das ist nicht zu verachten.

Im Trainingszentrum des Ballettkorps von Schanghai erfahren wir, daß auch die Künstler manuelle Arbeiten in der Fabrik oder auf dem Land leisten müssen. Ich drücke Hsu Tsching-hsien, der Mitglied des Zentralkomitees der Kommunistischen Partei Chinas ist, mein Erstaunen darüber aus. Dieser elegante Funktionär präsentiert uns die manuelle Umschulung gleichermaßen als einen Knotenpunkt der politischen Aktion.

»Die Arme und Beine der Tänzer sind so kostbar, so zerbrechlich! Wäre es nicht möglich, daß sie sich bei dieser Arbeit ruinieren?«

Hsu Tsching-hsien springt im wahrsten Sinne des Wortes auf; er richtet sich zu seiner vollen Größe auf, wirft mir einen ironischen Blick zu und scheint fest entschlossen zu sein, so viel Skeptizismus und intellektuellen Hochmut zu zerstreuen.

»Niemand darf vom Arbeitsdienst in der Fabrik oder auf dem Bauernhof dispensiert werden. Die manuelle Arbeit ist für uns alle segensreich; sogar für die Tänzer, die auf diese Weise lernen, die Gefühle der Arbeiter, Bauern und Soldaten auszudrücken. Für uns, die Kader, ist sie besonders wichtig. Gerade wir müssen uns unter die Massen mischen, um ihre Lehre mit Demut aufzunehmen.«

»In Frankreich«, werfe ich ein, »kommt es vor, daß Intellektuelle in der Fabrik arbeiten, aber ihr Ziel ist es eher, die Arbeiter zu belehren, während in China die Intellektuellen von den Massen zu lernen versuchen.«

»Mao hat gesagt: ›Um die andern zu lehren, muß man zuerst von ihnen lernen.‹ Aber es scheint mir, daß von der Ballettakademie — im Gegensatz zu dem, was Sie mir sagen — schon lange niemand zu den Massen gegangen ist. Ich werde darauf achten müssen.«

»Wie lange sollen diese Arbeitsdienste dauern?«

»Zwei bis drei Monate im Jahr, das scheint mir gut. Viele bleiben länger, manche kürzer. Unter meinen Kollegen, den Mitgliedern des Revolutionskomitees von Schanghai, hält den Rekord die Vizepräsidentin, die Sie hier an meiner Seite sehen. Sie verbrachte im letzten Jahr drei Monate auf dem Land und wird dieses Jahr vier Monate lang in einer Textilfabrik arbeiten. Ich bin wahrscheinlich an der untersten Grenze, denn ich opfere nicht mehr als einen Monat. Sie wissen, man findet immer Ausreden, um nicht zu gehen ... Und trotzdem wird die Arbeit gemacht, auch wenn einer krank wird. Das beweist, daß niemand unersetzlich ist.«

Er lacht schallend: Diese Verdrehung der proletarischen Linie scheint ihn nicht über Gebühr zu stören. Seine Fröhlichkeit steckt die anderen Mitglieder des Revolutionskomitees an. Kaum hat sich die allgemeine Heiterkeit ein wenig beruhigt, setzt Hsu Tsching-hsien ziemlich ungeniert fort:

»All das zeigt Ihnen wohl, daß eine einzige Kulturrevolution nicht genügen wird.«

Während der nun folgenden Mahlzeit versuche ich, zu durchschauen, was dieses verrückte kollektive Gelächter wirklich bedeutet hat: echte Billigung oder spöttische Anerkennung. Mein Privatgespräch mit Hsu Tsching-hsien überzeugt mich neuerlich davon, daß das Lachen eines Chinesen nicht die gleiche Bedeutung hat wie etwa das eines Franzosen.

»Den ganzen nächsten Monat«, präzisiert Hsu Tschien-hsien, »werde ich Reis pflanzen. Aber ich weiß genau, daß zwischen denen, die ihr ganzes Leben lang Reis bauen, und mir ein Unterschied besteht. Sie wissen nämlich, daß sie keine andere Aussicht haben, während es für mich ein Zwischenspiel bleibt.«

Ob Zwangsarbeit oder Erholung, das Resultat ist das gleiche. Kann man sich den Präsidenten des Conseil de Paris, den Berliner Bürgermeister oder den Vorsitzenden des Sowjets von Leningrad vorstellen, wie er seinen Urlaub für ein Wiedereintauchen in das Proletariat opfert?

»Während dieser Perioden manueller Arbeit braucht man keine Befehle zu geben, man erhält welche, und das ist angenehm. Man weiß den Unterschied zu schätzen.«

### Die Jugend baut einen neuen Kontinent

Jede Etappe unserer Reise liefert uns neue Beweise für diesen ungeheuren Mischprozeß: Lehrer, Ärzte, hohe Beamte begeben sich in Fabriken und entfernte Landbetriebe, nach Heilungkiang und nach Sinkiang, in den Norden und in den Westen, »aus der Heimat in die Fremde, um ihren Kontakt mit den Massen zu vertiefen«, denn: »Die Werkstätten in den Universitäten sind zwar notwendig, aber sie genügen nicht.«

Studenten der Geschichte werden in die Bergwerke geschickt, um von den ältesten Grubenarbeitern zu erfahren, wie die Arbeitsbedingungen unter dem alten Regime waren. Andere gehen in die Fabrik, um dort Theaterstücke einzustudieren und den Arbeitern das Geheimnis der Bühnenregie zu erklären.

Diese gemeinsame Arbeit bewirkt, daß der Gelegenheits-Produzent für den permanenten Produzenten Hochachtung empfindet. »Die Dinge, die am einfachsten aussehen, sind oft sehr kompliziert«, erklärt man uns im »Gebirgsdorf der Familie Mei«. Ein Landarbeiter pflückt vier Pfund Tee im Tag, oft auch fünf Pfund; ein Neuling bringt es selten auf mehr als auf zwei- oder dreihundert Gramm. Man braucht ein ganzes Jahr, um die Technik des Pflückens zu erlernen; fünf Jahre reichen gerade aus, um zu lernen, wie man die Blätter behandeln muß.

In Schanghai bemerke ich in der Fabrik für die Herstellung elektrischer Turbinen einen Arbeiter, dessen Intellektuellenkopf und goldgerandete Brille an einen französischen Hochschullehrer erinnern. Ich ersuche, mit ihm sprechen zu dürfen. Bevor er die Hand ergreift, die ich ihm reiche, wischt er seine Finger, die voll Schmieröl sind, mit einem Lappen ab.

Er ist Diplomingenieur der Polytechnischen Hochschule von Schanghai. »Ich hatte an der Produktionsarbeit niemals teilgenommen. Ich arbeitete Pläne für technische Projekte aus, doch ich sah niemals ihre Vollendung. Als man mir vorwarf, mich zu weit von der Produktionsarbeit entfernt zu haben, wollte ich in einer Werkstätte arbeiten, und ich mußte einsehen, daß ich nicht fähig war, selbst herzustellen, was ich geplant hatte. Ich begriff die Entfernung zwischen dem Reißbrett und der konkreten Realisierung. Während unserer Umschulung lernen wir, der Kritik der Arbeiter- und Bauernschaft mehr Bedeutung beizumessen als dem Urteil jener, die uns Diplome verliehen haben.«

Ist dieser Ingenieur, der durch den Kontakt mit den Arbeitern zum proletarischen Glauben bekehrt wurde, aufrichtig? Ist er ehrlich, jener Professor von Peita, der uns erklärte: »Ich glaubte, stark zu sein in meiner Wissenschaft, und dabei war ich zum Revisionisten geworden, ohne es zu wissen. Die Studenten haben mir die Augen geöffnet. Ich schloß mich einer Produktionsbrigade an und trug Reisballen vom Feld auf die Tenne, wobei mir die Bauern halfen. Früher, als ich mich in einer Sänfte von Menschen hatte tragen lassen, war mir nicht zu Bewußtsein gekommen, wie sehr sich die Bauern, die ich verachtete, abmühten. Erst dank der Schule des 7. Mai wurde ich von meiner Selbstsucht geheilt und bin nun entschlossen, dem Volk zu dienen. Meine Umerziehung hat meine alten Ideen begraben; aber mich hat sie nicht begraben.« Er lacht schallend. »Ich bin noch da, und lebendiger als früher.«

Ist jener Chirurg aus Schanghai aufrichtig, wenn er erklärt, er erwarte jedes Jahr mit Ungeduld seinen Arbeitsdienst auf dem Land? »Solange ich nicht auf dem Land gearbeitet hatte, konnte ich mir nicht vorstellen, wie die Bauern Medikamente und Ärzte benötigten. Als sie erfuhren, daß ich Chirurg bin, wollten sie nicht, daß ich ihnen helfe, das Feld zu bestellen. Sie baten mich, sie zu behandeln. Aber ich habe schnell begriffen, daß meine Ausbildung nicht auf die gesundheitlichen Bedürfnisse der Bauern ausgerichtet gewesen war. Ich hatte nur die westliche Medizin studiert ... Ich war so glücklich bei den Bauern, daß ich mein Leben mit ihnen verbringen wollte. Die Stadtgemeinde Schanghai hat mich daran gehindert: Sie meinte, ich könnte in meiner Abteilung bessere Dienste leisten. Aber einer meiner Kameraden schaffte es: Er ging aufs Land, ließ seine Familie in Schanghai zurück und kommt einmal im Monat nach Hause. Vielleicht wird ihm seine Familie eines Tages in das Dorf folgen.«

»Aber sicherlich passen sich nicht alle Stadtärzte und nicht alle Intellektuellen so leicht an wie er?«

»Das ist wahr. Viele finden es schwer, ihre egozentrische Einstellung, den Korpsgeist des Professionalismus, aufzugeben. Im allgemeinen gibt es dann drei Möglichkeiten. Entweder verstehen diese Privilegierten, daß sie sich von den Massen getrennt haben, arbeiten bei ihrer Umerziehung mit und alles ist gut. Oder sie beharren in ihren Irrtümern, und dann werden sie so lange bei der Produktionsarbeit belassen, bis sie gewandelt sind. Oder sie sind zu alt, um ihr Leben zu ändern. Wenn sie öffentliche Abbitte geleistet haben, läßt man sie nach Hause gehen, damit sie dort die Werke des Vorsitzenden Mao studieren.«

Neben den Schweineställen der reisbauenden Volkskommune von Matschiao findet man auf einer großen Tafel den Leitsatz Mao Tse-tungs vom 22. Dezember 1968. »Es ist unerläßlich, daß die gut geschulten jungen Leute auf das Land gehen und durch die armen und mittelarmen Bauern umgeschult werden. Die Kameraden werden sie im ganzen Land aufnehmen.« Die Volkskommune Matschiao hat nichts mit den Schulen des 7. Mai zu tun; dennoch werden Intellektuelle und Kader hingeschickt, um »erprobt zu werden« oder »um sich gegen Unbilden zu stählen«. »Wenn wir das Rot der Herzen vertiefen, intensivieren wir auch den wirtschaftlichen Aufschwung Chinas.«

Wer etwa meint, daß die manuelle Arbeit mehr der Produktion als dem gesellschaftlichen Umformungsprozeß nützt, der sollte sich mit den Selbstbekenntnissen reuiger Intellektueller befassen. Professor Tschien Wei-tschang, der an der Universität von Toronto und am Californian Institute of Technology Dynamik studiert hat, erklärt: »Als mich die Massen ›bürgerlich-akademische Spitze‹ und ›alten Starrkopf‹, *laowanku*, nannten, begann ich mir Rechenschaft darüber abzulegen, daß ich bis dahin Generationen

270

von Jugendlichen getäuscht hatte. Dann arbeitete ich zwei Jahre lang in Fabriken, um mich umerziehen zu lassen. Ich begriff, was an meiner Weltanschauung irrig war. Ein neues Leben eröffnete sich mir.«

»Ich glaubte, den Bauern, deren politische Erziehung ich übernehmen sollte, überlegen zu sein«, erklärte mir ein Mitglied der Gruppe zur Verbreitung des Denkens Mao Tse-tungs an der Textilfabrik Nr. 2 von Peking. »Aber sie waren begabter als ich. Ich konnte nicht zu ihnen sprechen, ohne das, was ich ihnen zu sagen hatte, sorgfältig vorzubereiten. Sie hingegen sprachen ohne Notizen, präzis und treffend.«

Aber der »Hochmut der Abiturienten« fängt wieder an zu wachsen, wie die Köpfe der Hydra. Die Zeitungen, die Wandtafeln, die Slogans, die den Werken des Großen Lehrers entnommen sind, müssen die Diplomierten pausenlos daran erinnern, daß man die manuelle Arbeit nicht verachten darf, und daß nur die armen Bauern und Fabriksarbeiter den Intellektuellen das Gefühl für die Realität vermitteln können. Man berichtet uns von einer Studentin, die nach einigen Tagen in einer »Schule des 7. Mai« streikte: »Welche Dummheit, sich mit manueller Arbeit zu befassen.« Sie weigerte sich zu essen. Sie klagte über Migräne und Müdigkeit und siechte dahin. Aber die Massen erzogen sie, indem sie sie »Fräulein« nannten und sie lächerlich machten. Sie brauchte nicht lange, um sich zu ändern. Sie, die nach drei Tagen nach Hause gehen wollte, »würde jetzt gerne ihren Aufenthalt verlängern«, denn »sie hat verstanden, daß dieser Unterricht sie veränderte . . .«

Die Presse weist ständig auf die Gefahr der Entwurzelung hin, die dem Intellektuellen droht. Schande über die Studenten, die sich schmeicheln, eine »hellere Haut« zu haben als ihre Brüder und Vettern auf dem Land, deren Gesichter sonnenverbrannt sind. Schande über die Mittelschüler, die Arbeitsdienste, von ihrer Anstalt organisiert, vernachlässigen und nur den Unterricht schätzen! Schande über den Hochmut der Abiturienten! »Im ersten Jahr sind sie noch Bauern, im zweiten Jahr verändern sie sich sichtlich und halten sich für jemanden, im dritten Jahr verachten sie ihre Eltern.« Gegen diese Abweichungen gibt es nur ein wirksames Mittel: den legalisierten, institutionalisierten, gesellschaftlichen Druck.

*Eine ständige Versuchung: Die Verbürgerlichung*

Einmal mehr wird die Revolution hier von einer Jugenderinnerung Maos beeinflußt. Mao hat Edgar Snow anvertraut, wie er sich als junger Hilfsbibliothekar von den Intellektuellen verachtet gefühlt hatte. »Meine Stellung war so bescheiden, daß die Leute mich mieden. Eine meiner Aufgaben bestand darin, die Namen der Personen, die die Zeitung lesen kamen, zu registrieren. Aber für die meisten von ihnen existierte ich als menschliches Wesen nicht. Zu diesen Lesern gehörten so berühmte Männer wie Fu Szu-nien, Lo Jia-lun und andere, die mich stark anzogen. Ich versuchte, mit ihnen ein Gespräch über politische und aktuelle Themen zu beginnen, aber sie waren sehr beschäftigt. Sie hatten keine Zeit, einen jungen Bibliothekar anzuhören, der im südlichen Dialekt redete.«[2]

Fünfzig Jahre später spricht vielleicht noch immer die Verbitterung des jungen Provinzlers, den die überheblichen Mandarine durch ihren »Snobismus« verletzt hatten, aus den Richtlinien des Großen Steuermannes ...

Obwohl Mao nur kurze Zeit Student gewesen war, hatte dieses Leben Veränderungen in ihm bewirkt, die er bestürzt registrierte. Er klagte seine eigene Verbürgerlichung an: »Die Soldaten mußten Wasser von außerhalb der Stadt holen, aber ich, der Student, ließ mich nicht zum Wassertragen herab, ich kaufte es von den Wasserträgern.« Weil er in die Kohorte der Intellektuellen eingetreten war, verachtete er, so wie er selbst verachtet wurde. Das Vorurteil der Mandarine ist mit China ebenso verwurzelt wie das Vorurteil des Adels mit dem Frankreich des Ancien Régime: ein Intellektueller handelt standeswidrig, wenn er sich zu manueller Arbeit herabläßt.

Dieses Selbstbekenntnis legte Mao öffentlich in einer Rede ab, die er in Jenan am 2. Mai 1942 hielt: »Ich nahm in der Schule die Gewohnheiten der Studenten an. Ich hielt es für entwürdigend, manuelle Arbeit zu leisten. Die einzigen Personen, mit denen ich verkehren wollte, waren Intellektuelle; Arbeiter, Bauern und Soldaten erschienen mir ziemlich widerlich. Ich wollte die Kleider der anderen Intellektuellen tragen, weil ich sie für passend hielt, aber ich mochte nicht die Kleider einer Arbeiters oder Bauern oder Soldaten anziehen, weil sie schmutzig waren.«[3] Dies sagt Mao von sich selbst. Der Unterschied, den er zwischen Intellektuellen und manuellen Arbeitern machte, bedeutete für ihn, wie für seine Kameraden, die Schranken, die das Distinguierte vom Vulgären, das Angenehme vom Unangenehmen und das Reine vom Schmutzigen trennten. Genau diese Schranken wollte er durch die Kulturrevolution wegreißen.

»Liu Schao-tschi und seine Clique unterstützten eine revisionistische und bürgerliche These, die von der Versöhnung der Klassen inspiriert wurde«, erklärte mir der liebenswürdige Leiter des Schanghaier Revolutionskomitees. »Ebenso war Jang Hsientschen, Direktor der Parteischule und Mitglied des Zentralkomitees, vor ein paar Jahren noch der Meinung, daß unter einem sozialistischen Regime kein Klassenkampf stattfinden müsse. Es ist eine List des bourgeoisen Geistes, glauben zu machen, daß es ihn nicht mehr gibt. Die Intellektuellen haben immer drei Fehler: die Sehnsucht nach einem angenehmen Leben, den Egoismus und die Undiszipliniertheit. Man kann nur auf eine einzige Art gegen diese Fehler kämpfen, und zwar indem man die Intellektuellen zermalmt, indem man sie unter Quarantäne stellt und sie unter den Arbeitern und Bauern leben läßt.«

Tatsächlich ist die Reformbewegung in erster Linie von Schanghai ausgegangen, wahrscheinlich, weil es da mehr Intellektuelle gab als anderswo. Die Intellektuellen sollten ihrem »Komfort«, ihrer »Arroganz« entsagen und sich in eine Arbeitsgemeinschaft einfügen, um »sich vom Genie der Demütigen inspirieren zu lassen«.

Noch gegen Ende der Kulturrevolution erklärte Mao einem westlichen Besucher in einem Privatgespräch[4]: »Die Intellektuellen hatten keinen Kontakt mit den Massen. Der Fall eines Professors von Tsinghua ist typisch. Jetzt arbeitet er in einer Fabrik, aber er ist oft nicht imstande, die Fragen der Arbeiter und Studenten zu beantworten. Die Texte, die er benützte, waren mehrere Jahrzehnte alt. Ein Lehrer kann redegewandt und dabei doch unfähig sein, konkrete Probleme zu lösen. Wenn er einmal mit den Massen in Berührung kommt, geht alles besser.«

»Die Intellektuellen werden von einer unwiderstehlichen Macht dazu getrieben, sich für eine höhere Rasse zu halten«, versichert mir Hsu Tsching-hsien. »Diese Anmaßung ist lächerlich, aber wenn sie sich durch die Arbeiter, Bauern und Soldaten umerziehen lassen, werden sie vernünftiger. Man kann mit ihnen etwas anfangen.«

»Wie definieren Sie ›intellektuell‹? Von welchem Moment an verdient ein Mensch diese Bezeichnung?«

»Wenn er das Diplom einer Mittelschule besitzt.«

Der Abendländer, der in China ständig über »Bourgeois« und »Privilegierte« reden hört, versteht kaum, worum es sich handelt. Er hat den Eindruck, daß er sich in der am meisten nivellierten Gesellschaft der Erde befindet. Jung und alt, Männer und Frauen, Städter und Landbewohner, alle Chinesen sind gleich gekleidet.

Eine einzige Klasse, unzählbar und homogen. Ein einziger Menschentyp: Arbeiter mit schwieligen Händen. Gibt es hier einen Klassenkampf? Gerade weil der Maoismus so wach ist und jeden Versuch, sich vom »Volk zu entfernen« anprangert, gewinnt man in China, mehr als in jedem anderen Land der Erde, den Eindruck, einem »Volk« gegenüberzustehen. Der besessene Kampf gegen die Bourgeoisie ist die Voraussetzung für das Verschwinden der bürgerlichen Klasse.

Die Linksaktivisten fanden, wie überall, bald heraus, daß man den »bourgeoisen Geist« gar nicht energisch genug bekämpfen kann. Die Jugend von Hunan veröffentlichte mitten in der Kulturrevolution sehr merkwürdige Dokumente. Obwohl sie sicherlich das Buch von Milovan Djilas *Die Neue Klasse* nicht gelesen hatte, denunzierte sie fieberhaft die »neue Aristokratie« und die »neue Bourgeoisie«, die »Restauration des Kapitalismus« und die »Bürokratie«, unter deren Herrschaft die Partei, die Armee und die Kader der Nation angeblich geraten waren. So entstand die Bewegung des *Tscheng wu lien*[5] zur Bekämpfung »des Antagonismus zwischen der neuen bürokratischen Bourgeoisie und den Volksmassen«. »Die ehemaligen Inhaber der Macht üben, unter der Leitung von Tschu En-lai, ihre bürgerliche Diktatur aus, genau wie vor der Befreiung. Sie betrügen die Massen, die noch von sozial-reaktionären Sitten fasziniert sind.« Man hat nicht gewagt, »das Übel mit der Wurzel auszureißen, weil man die Reaktionäre und die Bürokraten im Dienst der reaktionären Tendenzen nicht unterdrückte«. Man hat sich damit zufriedengegeben, »einige vereinzelte Schuldige zu vertreiben«. Man hat einige Funktionäre entlassen, aber »das sind Kriegslisten, um das alte System besser erhalten zu können«. Im Jahr 1968 verzichtete Mao darauf, die Revolution weiterzuführen und wurde zum »Gefangenen der Bourgeois«, er hat »den Arm gesenkt« vor denen, die sich arrangieren, um die »Revolution zu ersticken«.

Welch pathetisches Geständnis in diesen Protesten der *Tscheng wu lien*-Bewegung! Bevor sie selbst durch die Massen denunziert wurden, versuchten ihre Leiter, eben diese Massen zum Sturm auf eine unüberwindliche Hierarchie zu führen. Waren ihre bilderstürmerischen Leidenschaften nicht von Mao inspiriert? Hat Mao nicht gesehen, wie unter seinen Augen, Schicht um Schicht, eine neue Gesellschaft entstand: Wiedergeburt der Klassen, Vernichtung des Ideals von der Gleichheit? Mao hat sich vor diesem Naturgesetz nicht gebeugt, er appellierte an die Jugend, alles zu zertrümmern. Darf man böse auf diese Jugendlichen sein, wenn sie sich über die Widerstände empören, die ihnen begegnen?

Das Ziel, das die Kommunisten sowjetischer Prägung schon längst aufgegeben hatten — eine Gesellschaft von absolut egalitärem Typ zu errichten — verfolgt Mao hartnäckig. Alles, was das Individuum hervorhebt, ist schlecht, was es in der Masse verschwinden läßt, ist gut. In der Armee hat man die Abzeichen entfernt. Je mehr Chinesen sich in Zimmern drängen, die zu Schlafsälen umgewandelt worden sind, desto besser wird sich die kollektivistische Gesellschaft entwickeln. Der Unterricht, die Tänze, die Spiele, die rhythmischen Bewegungen, die Informationen fördern eine gemeinsame Art zu denken und zu leben.

Die chinesische Gesellschaft ist eine Gesellschaft der ständigen Vermischung. Das Prinzip ähnelt dem der großen Kläranlagen, wo mächtige Rührwerke alles Feste zerstückeln und der Masse künstlich Luftblasen zuführen, wie sie in den Bergströmen vorkommen. Tausende von Clans und Kasten, die die alte chinesische Gesellschaft bildeten, werden in kleine Stücke zerrissen, zerrieben, von Luftblasen durchsetzt und durch den gegenseitigen Kontakt gereinigt und erneuert.

### Jeder Mensch ist ersetzbar

Kuo Mo-jo sagt halblaut zu mir: »Die Menschen sollen wie die Wogen des Meeres sein, man soll sie nicht unterscheiden können, sie sollen jeden Moment den Platz eines anderen einnehmen können.«

Der große Traum vom eindimensionalen Menschen: Um Klassen und Kasten zu beseitigen, muß man jede Spezialisierung unterdrücken. »Wir entsagen«, setzt Kuo Mo-jo fort, »dem Prinzip: ›Ich unterrichte, und du bearbeitest dein Feld, jeder kümmert sich um seine Angelegenheiten‹... Wir befolgen das gegenteilige Prinzip: Der Bauer lehrt, der Lehrer bearbeitet das Feld, jeder ist bereit, den Platz des anderen einzunehmen. Sehen Sie, deshalb gibt es auf den Universitäten kleine Fabriken, in den großen Fabriken kleine Universitäten, in den Dörfern Werkstätten und in den Kombinaten Bauernhöfe. Den Intellektuellen dem manuellen Arbeiter, und den Arbeiter dem Bauern nahebringen? Viel mehr als das: wir wollen, daß es nur noch eine einzige Rasse von Menschen gibt, die gleichzeitig Arbeiter und Bauern, manuelle Arbeiter und Intellektuelle sind. Die ›dreifache Einheit‹, die immer wieder erwähnt wird, hat nicht immer die gleiche Bedeutung. Einmal besteht sie aus ›Soldaten — Kadern — revolutionären Massen‹, einmal aus ›Bauern — Arbeitern — Soldaten‹, einmal aus ›Intellektuellen — Arbeitern — Bauern‹, einmal aus ›Lehrern — Studenten — Proletariern‹ und dann wiederum handelt es sich um die von Tschu En-lai erfundene ›Dreifache Einheit‹ des Alters, ›Alte — Junge — Mittlere‹. Auf jeden Fall drückt diese Formel den Glauben an die Vorteile der Mischung aus, die Annäherung der verschiedenen Kategorien erneuert die Strukturen und bringt frisches Blut hinein.«

Jedermann muß darauf achten, in sich die harmonische »dreifache Einheit« zu schaffen. Tschu Tschen-tung, der Dolmetsch, der mir speziell zugeteilt wurde, ist ein junger Karrierediplomat, soweit man von einer Karriere in einem System sprechen kann, das das Prinzip der Karriere ablehnt, da ja jeder einzelne in jedem Augenblick bereit sein soll, die Aufgabe zu übernehmen, zu der ihn die Revolution beruft. Er ist ein Beispiel für die »dreifache Einheit« zwischen Intellektuellen, Soldaten und Proletariern: er hat sowohl die Universität und das Militär als auch die Umerziehung auf dem Land hinter sich. Als Intellektuellen weist ihn seine exakte Art zu reden aus, die geschmeidigen Bewegungen, der feine Sinn für Nuancen. Seine soldatischen Tugenden sind Pünktlichkeit und das Gefühl für den Respekt vor der Autorität. Vom Proletarier hat er, wenn schon nicht das Äußere, dann doch wenigstens die Ideologie. Die simpelsten Propagandastücke bekommen, wenn er sie übersetzt, Format und Überzeugungskraft. Ein sanftes Lächeln läßt seine Augen hinter der randlosen Brille strahlen.

Maos »Richtlinie vom 7. Mai 1966« gründet auf einem Gedanken, den man in den ersten Schriften von Marx finden konnte und der aus den folgenden verschwunden ist: die Idee der Auswechselbarkeit, einziges Mittel, die permanente Bildung einer herrschenden Elite zu verhindern. Arbeiter, Soldat, Bauer, Intellektueller: jeder muß alles machen können. »Wir Propagandisten des Denkens Mao Tse-tungs«, sagt uns einer unserer Gesprächspartner von der Universität Peita, »sind bereit, an allen Fronten zu kämpfen: an der Front der Revolution, der Produktion und, wenn es sein muß, der des Krieges. Wir nehmen die Hacke zur Hand und graben die Erde um, wir ergreifen die Feder, um die Bourgeoisie anzuklagen, und mit dem Mikrophon in der Hand können wir die Massen informieren; mit dem Gewehr verteidigen wir den Sozialismus.«

Merkwürdigerweise ist dieses Streben nach Universalität eine Parallele zu den noch jungen Bemühungen des Westens, die Mobilität der Qualifikationen und der Dienstleistungen zu erhöhen. Die Abkapselung, die den traditionellen Gesellschaften eigentümlich ist, wurde in der Industriegesellschaft von übertriebener Spezialisierung abgelöst. Unsere Gesellschaften wurden sich erst nach 1950 der Vorteile der Polyvalenz bewußt und begannen sich erst dann um die bessere Anpassungsfähigkeit des Arbeiters an die Veränderungen des ökonomischen Systems zu kümmern.

Die chinesische Gesellschaft will mit einem Sprung diese Elastizität erreichen, die die Listen der Geschichte den am weitesten fortgeschrittenen Gesellschaftssystemen noch versagen.

### Die Mädchen und die Erdnüsse

Von den erbaulichen Geschichten, die man uns erzählte, scheint uns die von den fünfzehn jungen Mädchen und den kleinen Erdnußhäufchen besonders bezeichnend zu sein. Sie ist durch offizielle Dokumente belegt.

Während der Kulturrevolution verließen Hunderttausende Jugendliche freiwillig die Stadt, um sich auf dem Land niederzulassen. Sie wollten nicht nur ein paar Monate oder Wochen lang die gute Luft atmen, sondern hatten den Vorsatz, für das ganze Leben dort zu bleiben. Das taten auch fünfzehn junge Gymnasiastinnen aus Talien[7], die voll Schwung auszogen, um sich durch ihrer Hände Arbeit ein neues Leben zu schaffen.

Zum Volk gehen, um Volk zu werden ... »Im Mai 1966, als sich die Berge mit Blumen bedeckten, die Trommeln geschlagen wurden und die Gongs in einem kleinen Dorf dröhnten«, diese Idylle ist der Rahmen für das Erwachen des revolutionären Bewußtseins. »Die Großmutter Lin, die in der Vergangenheit viel gelitten hatte und die alte Gesellschaft zutiefst haßte, stand an diesem Tag früher auf als gewöhnlich und bereitete für die jungen Mädchen eine besondere Mahlzeit zur Erinnerung an vergangene Leiden. Es gab Kleiekuchen und eine Suppe, die aus bitter schmeckenden wilden Kräutern bereitet war. Großmutter Lin stellte die Fladen auf den Tisch. Sie begann aus ihrer Vergangenheit zu erzählen: Wie sie gezwungen war, um Nahrung zu betteln, und wie die Besitzer ihre wilden Hunde auf sie hetzten ... Die jungen Mädchen weinten mit ihr und aßen die Kleiefladen und die Suppe aus bitteren Kräutern.«

Der größte Vorteil dieses Bauernlebens besteht darin, daß die jungen Städterinnen den tiefen Sinn des Denkens Mao Tse-tungs und die Notwendigkeit, den Praktiken des Revisionismus zu entkommen, begreifen. »Großmutter Lin wurde von heftigem Zorn erfaßt und sagte zu den jungen Mädchen: ›Dieser große Gauner, dieser chinesische Chruschtschow, behauptet, daß es Vorteile bringt, wenn man die Menschen ausbeutet; er will, daß wir zur Vergangenheit zurückkehren und wieder leiden müssen. Können wir das zulassen?‹ ›Niemals‹, riefen alle. Von den Rufen ›Nieder mit dem chinesischen Chruschtschow!‹ ›Langes Leben dem Vorsitzenden Mao! Ein langes, langes Leben!‹ hallte das ganze kleine Tal wider.«

Ein Zwischenfall sollte den jungen Mädchen die Augen weiter öffnen als jede theoretische Lehre. In einer Scheune waren Mitglieder der Kommune dabei, Erdnüsse auszulesen. Plötzlich rief eine Frau, »die zu den ungesunden Elementen gehörte: ›Laßt uns die Erdnüsse, die wir ausgelesen haben, auf kleine Häufchen legen, damit die Prämien nach der Menge, die jede von uns gelesen hat, berechnet werden. So fördert man den Wetteifer.‹« Als die jungen Mädchen dies hörten, begriffen sie gleich, daß es sich hier nicht um eine Kleinigkeit handelte, sondern um den Klassenkampf. An diesem Abend gingen sie von Bauernhaus zu Bauernhaus, um mit den Bauern die Doktrin des Vorsitzenden Mao zu studieren: »Die Politik befiehlt, sie ist die Seele von allem.« Sie kritisierten und verwarfen die revisionistischen Theorien des chinesischen Chruschtschow, wonach man, »da ja die Produktion befiehlt«, materielle Anreize verwenden und Privatgärten und freie Märkte zulassen solle.

In tiefer Nacht liefen die jungen Mädchen und kleine und mittlere Bauern zu der Scheune. Als sie die Erdnußhäufchen auf dem Boden sahen, meinten sie, es wären nicht »Erdnußhäufchen«, sondern »Häufchen des Eigennutzes«. Sie nahmen Holzschaufeln und vereinten die kleinen Häufchen zu einem großen, kollektiven Haufen.

Am Morgen verfertigten die jungen Mädchen eine hellrote Fahne, auf der folgende Worte glänzten: »Kämpfe gegen dich selbst, speie den Revisionismus an.« Mit dieser Fahne gingen sie zu der Scheune und pflanzten sie vor denjenigen auf, die die Erdnüsse gewissenhaft, schnell und sauber für die revolutionäre Sache auslasen. So verbrachten die jungen Gymnasiastinnen »zwei Jahre in engstem Kontakt mit dem unbesiegbaren Denken Mao Tse-tungs«.

Entzückt von ihrer Entdeckung und vom siegreichen Widerstand gegen den Verräter, der sich in Gestalt einer »Frau, die zu den ungesunden Elementen gehörte«, hinterlistig in ihre Reihen geschlichen hatte, entschlossen sie sich, in dem Bergdorf zu bleiben. Heute werden sie allen Schülern und Schülerinnen der chinesischen Oberschulen als Beispiel empfohlen.

### Das hsia-fang: *Strafe oder Privileg?*

Nichts zeigt die zwei Seiten der Umerziehung besser als das Statut des Arbeitsdienstes. Handelt es sich um die beneidenswerte Beförderung auf der Stufenleiter der revolutionären Werte? Oder um die gefürchtete Deportation in ein Besserungslager? Je nachdem . . .

»Diejenigen, die ihren Irrtum nicht erkannt haben«, wiederholte man uns wohl zwanzigmal, »verrichten manuelle Arbeit, bis sie begriffen haben, bis sie auf die richtige Linie eingeschwenkt sind.« Vom gestürzten Präsidenten der Republik, Liu Schao-tschi, bis zum letzten Parteimitglied, vom Rektor Lu Ping bis zum bescheidensten barfüßigen Lehrer: die manuelle Arbeit ist Strafe und Segen zugleich.

»Manuelle Arbeit verrichten« heißt »auf den Kehrichthaufen der Geschichte geworfen werden«, wenn es sich um höchste Persönlichkeiten handelt, aber ganz einfach »umerzogen werden«, wenn es nur kleine Fische sind.

Wenn wir fragen, wo denn einer der Führer sei, der gleich am Anfang der Kulturrevolution eliminiert wurde, oder einer von denen, die zunächst eine treibende Kraft gewesen waren, und später von der Maschine, die sie in Gang gesetzt hatten, selbst zermalmt wurden, erhalten wir automatisch folgende Antwort: »Er ist dort, wo er sein soll.« Und dann: »Er verrichtet manuelle Arbeit« *(hsia-fang).* »Wie lange wird seine Umerziehung dauern?« Niemand weiß es. »Alles hängt von seiner Haltung bei der Arbeit ab.«

Nicht jeder benimmt sich exemplarisch. Verschiedene Zeugenaussagen bestätigen uns, daß die Intellektuellen, die in den Volkskommunen arbeiten, während der ersten Unruhen der Kulturrevolution wie ein Haufen Spatzen auseinandergestoben waren.

In Talien mußten die fünfzehn Mädchen, die man uns als Beispiel zitierte, Gruppen von jungen Leuten die Stirn bieten, die (obwohl sie sich als Rote Garden ausgaben) versuchten, dem *hsia-fang* zu entkommen. Das deutet darauf hin, daß eine große Zahl von Studenten und Schülern so dachten wie diese bösen Roten Garden, und nicht wie die reinen jungen Mädchen.

Man schüttelt die kollektiven Gewohnheiten nicht so ohne weiteres ab. Die Sitte, die Füße einzubinden, scheint nicht praktiziert worden zu sein, um die Frauen zu quälen, sondern um sie zu jeder Arbeit, ja sogar zu einer aufrechten Haltung, unfähig zu machen; die Chinesen der guten Gesellschaft trugen mehrere Zentimeter lange Fingernägel, nicht aus ästhetischen Gründen, sondern um zu beweisen, daß sie mit ihren zehn Fingern nichts tun könnten; vor 1949 weigerten sich die chinesischen Studenten energisch, nach Art der angelsächsischen Studenten ihren Lebensunterhalt mit kleinen Arbeiten zu verdienen. Man kann also verstehen, daß die Roten Garden mitten in der Kulturrevolution unter dem herrlichen Vorwand »die Verwaltung beaufsichtigen zu müssen« sofort den Weg in die Stadt antraten.

Die Armee mußte eingreifen und eine Jagd auf Rote Garden und »irregeleitete Intellektuelle« organisieren, die ihren Posten verlassen hatten. Die Macht des Propagandaapparates war nicht groß genug, um eine Gegenbewegung auszulösen.

Zur selben Zeit jedoch wurden Kandidaten ohne Angabe von Gründen durch diskriminierende Maßnahmen entfernt. Viele Studenten, die von der Propaganda überzeugt worden waren oder begriffen, daß ihnen alle Türen verschlossen bleiben würden, solange sie den Arbeitsdienst nicht abgeleistet hätten, oder solche, die einfach ihre Umgebung zu wechseln wünschten, verdoppelten vergeblich ihre Bemühungen: man wollte nichts von ihnen wissen.

Wir sammelten Aussagen, die alle dem folgenden Bericht einer Gymnasiastin gleichen.

»Mit dem festen Entschluß, zu zeigen, daß ich, bürgerlich oder nicht, schwere Arbeit nicht fürchte, bat ich, bei jeder beliebigen Arbeit als ›Pionier‹ in der entfernten Wüste von Sinkiang oder als Arbeiterin bei den Ölquellen von Lantschou eingesetzt zu werden. Ich wußte, daß diese Aufgaben beträchtliche körperliche Anstrengungen erforderten, und ich hatte wirklich die Absicht zu beweisen, daß ich eine überzeugte Kommunistin bin. Diese Regionen sind für China, was Sibirien für die Sowjetunion ist.« Dort zu arbeiten bedeutet eine Ehre. »Die meisten von denjenigen meiner Klassenkameradinnen, die man bei dieser Arbeit einsetzte, hatten bei den Prüfungen versagt.«[8] Dennoch nahm man diese Mädchen bei den Pionieren auf, ihre ehrgeizige Kollegin aber nicht. Also bedeutete die »Klassenabstammung« für sie trotz der Diplome ein Handikap, das ihr sogar den Weg zum *hsia-fang* versperrte, während dieselbe Abkunft andere wiederum zu bevorzugten *hsia-fang*-Leuten macht.

Ohne Zweifel ist diese unbestimmte Stellung der Umerziehung

durch Arbeit zwischen Strafe und Privileg notwendig, damit ihre Ziele erreicht werden können. Wenn sie nur Strafe wäre, würde sie China in ein Zwangsarbeitslager verwandeln. Wäre sie nur ein Privileg, gäbe es bald keinen Nachschub mehr.

Wie vielen unserer »jungen Herren«, bemerkte einer von uns, täte es gut, sich von Zeit zu Zeit bei einer Werkbank abzuplagen oder die Jauchegruben zu leeren. In England, den Vereinigten Staaten und Deutschland bekommt ein Student, der nie Feile und Hammer in Händen hatte, ein Ingenieurdiplom!

### Einige Großtaten der sanften Umerziehung

Das Erstaunlichste an den chinesischen Methoden der Umerziehung ist, daß sie sich so undramatisch abspielen. »Es ist besser, zu indoktrinieren, als zu zwingen«, erklärte mir, nach so vielen anderen Tschiang Kuei, der Leiter des Revolutionskomitees der Provinz Nanking, ein kräftiger Bursche, der schon allerhand erlebt haben dürfte. Mit lautem Gelächter fährt er fort: »Fast immer geht die Angelegenheit gut aus. Die Kader oder die Intellektuellen, die es nötig haben, umerzogen zu werden, erkennen nach einiger Zeit die Wohltaten der Umerziehung, sie verlangen noch mehr davon. Erst dann kann man sie wieder nach Hause schicken.«

Wie viele der Funktionäre, die sich vorwerfen, sich von den Massen isoliert zu haben, der Studenten, die begreifen, daß sie ihre Weltanschauung ändern müssen, der Professoren, die Selbstkritik üben, weil sie Bürger geblieben waren, könnten aufrichtig behaupten, tatsächlich in geistiger Askese gelebt zu haben? Wie viele kauen insgeheim an ihrem Zaum und verkünden scheinheilig ihre Bekehrung, nur um ihre Prüfungszeit abzukürzen? Es ist sehr schwer, darauf zu antworten. Wenn die geringsten ketzerischen Gedanken auch erbarmungslos und hartnäckig verfolgt werden, so scheint dies mit einem Minimum an physischer Gewalt zu geschehen. Obwohl vier Fünftel der Mitglieder der Akademie der Wissenschaften in die Provinzen geschickt wurden, scheint keines von ihnen getötet oder ins Gefängnis geworfen worden zu sein.

Eine am Eingang des metallurgischen Kombinats von Wuhan plakatierte Richtlinie Maos vom 11. September 1968 verkündet: »Unter den Studenten, die an der alten Schule ausgebildet worden sind, gibt es viele, die sich in die Massen integrieren können; sie sind bei den Arbeitern, Bauern und Soldaten willkommen.« Es scheint in der Tat oft vorzukommen, daß die Arbeiter, Bauern und Soldaten die gestürzten Intellektuellen mit Wohlwollen aufnehmen. Einige mitleidige Worte der Freundschaft können eine Seele ändern und dem Verzweifelten neuen Mut geben.

»Die Unverbesserlichen«, versichert mir Tschiang Kuei und klatscht sich auf die Schenkel, »sind sehr selten: diejenigen, die hartnäckig auf dem Weg des Kapitalismus bleiben und nicht begreifen wollen. Sogar diesen lassen wir einen Ausweg: wir begnügen uns damit, sie so lange umzuerziehen, wie notwendig.« Die meisten werden irgendwann geheilt: diejenigen, die genug erschüttert sind, um sich ohne Hintergedanken der Religion der Masse hinzugeben, und diejenigen, die elastisch genug sind, so zu tun, als ob; anders gesagt, die das Spiel mitspielen. Im Gegensatz dazu werden jene, die die Umerziehung ablehnen, sie weiter ertragen müssen. Dies ist die Ironie des *hsia-fang.*

### Das Kameradschaftsgefühl

Welcher Überlebende von Verdun, welcher ehemalige Kriegsgefangene erinnert sich nicht gerührt an das Gemeinschaftsleben, das er damals entdeckt hat. Das »Regiment«, die »Schützengräben«, die »Lager« lehrten zugleich das Über-sich-selbst-Hinauswachsen und Promiskuität. Die Intellektuellen wurden ihren Büchern entrissen, die Bürger ihrem Milieu, die Provinzler ihrem geschlossenen Raum, die manuellen Arbeiter der Mittelmäßigkeit. In die Realität des Kotes und des Blutes geworfen, durch die Gefahr dazu gebracht, Übermenschliches zu leisten, wurden Klassen und Rassen vermischt, sie erfuhren, was »Realität« ist. Mehr als ein chinesischer Stadtbewohner mußte, in ein Bergdorf oder in eine weitabliegende Fabrik verpflanzt, einen ähnlichen Elan verspürt haben, nachdem er dem täglichen Kleinkram entkommen war. Viele, sagt man uns, hatten den Wunsch, zu bleiben, weil ihnen diese Erfahrung reicher erschien als ihr voriges Leben, so wie jene Arbeiterpriester, die ohne den Willen zur Wiederkehr endgültig Arbeiter, aggressive Gewerkschaftsmitglieder, Familienväter geworden waren und — absorbiert von ihrer Erfahrung — aufgehört haben, Priester zu sein.

Wie viele chinesische Intellektuelle sind diesem Appell gefolgt? Es gibt darüber keine Zahlenangaben, ebensowenig wie auf anderen Gebieten. Es ist unmöglich, den Prozentsatz der Städter zu nennen, die von ihrem Arbeitsdienst zurückkehren, sowie jener, die nicht zurückkehren, weil man sie zum Bleiben verurteilt hat, und jener, die nicht mehr zurückkehren wollen. Auf jeden Fall bleibt ein Teil dieser Kader, Lehrer, Bürokraten und Künstler, ob freiwillig oder nicht, auf dem Land. Statt der

Landflucht, an der die Industrienationen leiden, gibt es in China eine »Stadtflucht«, auf die Mao sehr viel hält. Durch sie hält er sein Territorium im Gleichgewicht und schafft zwischen Städtern und Landleuten unauflösliche Bindungen. So stabilisieren die »Schulen des 7. Mai« und die Arbeitslager das Land und mobilisieren es zugleich. Durch sie hat die Kulturrevolution Millionen von Männern und Frauen, die sonst in der Stadt geblieben wären, über das ganze Land verteilt.

Man erzählt uns in poetischen Ausdrücken von der strahlenden Helle, die von dieser Vermengung der Milieus ausgeht, als könne im sozialen Leben Licht durch Reibung entstehen, ähnlich wie bei dem Phänomen, das von den Physikern Tribolumineszenz genannt wird. Die Funktionäre, die man aufs Land geschickt hat, finden mitten in ihrer Arbeit noch poetische Töne:

> Arbeite ich im Schweinestall oder in der Schafhürde
> so mache ich Revolution.
> Mein Geist ist dabei darauf gerichtet,
> die ganze Welt im Licht der roten Macht erstrahlen
> zu lassen.[9]

Nach der revolutionären Überzeugung, die die Anhänger — oder Opfer — des *hsia-fang* verkünden, werden sie die Chance haben, ihr Leben wieder aufzubauen oder auch nicht. Sie können nicht mehr daran zweifeln, daß der Klassenkampf unvermeidlich ist und daß die Revolution nicht zum Stillstand kommen wird. Wenn sie nicht gegen ihre Gewohnheiten ankämpfen, und gegen die Positionen der Bourgeois, werden sie zermalmt werden.

### Die periodische Gehirnwäsche

»Immer und immer wieder«, sagt mir Hsu Tsching-hsien, der junge Leiter des Revolutionskomitees von Schanghai, »muß man sich einer Gehirnwäsche unterziehen. Tut man es nicht von Zeit zu Zeit, kehrt der kapitalistische Geist wieder. Diese Wäsche ist unangenehm, man fühlt noch lange nachher Schmerzen. Gerade deshalb muß man sie durchführen. Würde man nicht darunter leiden, dann hieße das, daß sie nutzlos geworden ist.«

Er fährt mit seinem Buddhalächeln fort: »Im Leben eines Menschen sind zehn, hundert Gehirnwäschen notwendig; im Leben Chinas sind zehn, hundert Kulturrevolutionen notwendig, wenn man will, daß dieses Land tausend und zehntausend Jahre lang rot bleibt. Die Diktatur des Proletariats kann nur erhalten bleiben, wenn jeder bourgeoise Einfluß ausgerottet wird. Würde man auch nur einen Augenblick auf den Klassenkampf vergessen, würde es unausweichlich in jedem Chinesen und in ganz China zu einer konterrevolutionären Restauration kommen. Die Kommunistische Partei würde revisionistisch, das heißt, faschistisch werden, und ganz China würde seine Farbe ändern — wie es ja schon fast geschehen war. Rot ist eine heikle Farbe; es verschwindet leicht.«

»Glauben Sie«, fragte ich, »daß sich die Unterschiede zwischen Technikern und Bauern, zwischen manueller Arbeit und intellektueller Arbeit, zwischen Stadt und Land verwischen werden? Wäre es nicht denkbar, daß sich die unterschiedliche Abkunft der Jugend wieder deutlicher zeigt?«

Hsu Tsching-hsien reibt sich lässig seine schönen, gepflegten Hände:

»Sicherlich, solange die Jungen oder Mädchen nicht an den revolutionären Kämpfen teilgenommen haben, unterliegen sie leicht der Versuchung, sich ein bequemes Leben zu wünschen, das heißt, den Kapitalismus wiedereinzuführen. Man muß diese Versuchung ununterbrochen bekämpfen.« Die Gefahr bedroht die Alten ebenso wie die Jungen, sie liegt in der menschlichen Natur.

»Wenn wir versuchen, der Jugend einen Marxismus-Leninismus, der von der Vergangenheit inspiriert ist, zu vermitteln, kommt die Revolution zum Stillstand. Wir dürfen keine Dogmen lehren, sondern müssen den proletarischen Willen der Jugend festigen, dann werden wir aus ihnen Erben der revolutionären Sache machen. Keiner wird rot geboren. Die Jugend, die noch zu klein war, um an der Kulturrevolution teilzunehmen, muß eine Revolution auf eigene Faust machen.«

### Drückeberger und Aktivisten

»Sind die Kader und die Intellektuellen, die zur Umerziehung geschickt werden, wirklich von revolutionärem Eifer beseelt, oder versuchen sie, so wenig zu tun wie möglich?«

Ich stellte diese Frage an Hsu Tsching-hsien nicht deshalb, weil wir etwa auf den Feldern oder den Baustellen viele dieser Drückeberger bemerkt hätten, die dem Beobachter auf den Baustellen der Sowjetunion oder Polens oder anderswo auffallen... Um die Wahrheit zu sagen, die Arbeiter, die wir sahen, waren meistens beschäftigt; sie verrichteten ihre Tätigkeit sicherlich nicht sehr schnell, aber genau und regelmäßig. Sollte es die Gleichgültigkeit, diese Begleiterscheinung eines jeden staatlichen Systems, in den

»Schulen des 7. Mai« und anderen Arbeitsstätten der Umerziehungslager nicht geben?

»Leider«, erwidert mir Hsu Tsching-hsien mit fröhlicher Offenheit, »gibt es viele schlechte Elemente, die sich heimlich unter die Arbeiter mischen und hier die Neigung zur Bequemlichkeit und zur Faulheit verbreiten. Vor einiger Zeit hatten es die Schüler einer Schule für dramatische Kunst, die auf das Land geschickt worden waren, so eingerichtet, daß sie einen bequemen Urlaub verbrachten. Sie hatten sich in einem Herrenhaus installiert und führten ein lustiges Leben. Sie vergeudeten ihre Zeit damit, sich zu unterhalten und Flöte zu spielen. Man hatte erst nach drei Monaten bemerkt, daß sie das Zuckerrohr nicht geschnitten hatten. Während einer Inspektion taten sie so, als würden sie arbeiten, und dann ruhten sie sich aus. Von Zeit zu Zeit werden ähnliche Fälle gemeldet. Wir haben noch viel zu tun, um den Massen die revolutionäre Energie einzuflößen. Glücklicherweise gibt es neben einigen schwarzen Schafen viele weiße.«

»Wollen die Jugendlichen zu den strengen Prinzipien von Jenan zurückkehren?«

»Die meisten Jugendlichen möchten zugleich Arbeiter, Intellektuelle und Soldaten sein. Sie fühlen, daß die Politik den Vorrang vor der Technik haben muß, daß diese jedoch nicht gänzlich beiseite geschoben werden darf. Sie wollen zu der Reinheit von ehemals zurückkehren. Sie bereiten sich auf einen Volkskrieg vor, auch wenn dieser sich auf der Produktionsfront abspielen sollte.«

Glaubt man Hsu Tsching-hsien, dann siegen in diesem Land die Mystiker. Für wie lange? Die Aussprüche dieses charmanten Revolutionärs klingen mir im Gedächtnis nach:

»Im Leben Chinas sind zehn, hundert Kulturrevolutionen notwendig ... Im Leben eines Menschen zehn, hundert Gehirnwäschen ...«

# 11

## »Über die neuen Gedanken...«
### oder
## Eine konservative revolutionäre Kunst!

*»Pop-art« an allen Wänden*

Die *ta tsi paos* sind nicht nur ein wirkungsvolles Kommunikationsmittel: Wenn der Arbeitstag zu Ende ist, verbringen die Arbeiter, Bauern und Jugendlichen ganze Nächte damit, zu zeichnen, zu schreiben und zu malen. Sie werfen ihre Schriftzeichen und Illustrationen nicht einfach rasch hin, sondern suchen die schönste Form, die allen ästhetischen Anforderungen entspricht. Sie wissen, daß unter den Tausenden *ta tsi paos* am ehesten jene gelesen werden, die durch ihr gefälliges Aussehen ins Auge stechen: Karikaturen von Bürokraten und Revisionisten, glänzende Porträts von Mao, ein Partisan, der voll Elan aus dem Unterholz bricht, ein Bauer auf seinem Traktor. Die Kulturrevolution hat da wirklich eine Massenkunst hervorgebracht.

Eines der Mitglieder unserer Delegation protestiert: Kunst, diese Anschlagzettel, auf denen Schablone mit Ungeschicklichkeit wetteifert? Kunst, wo doch alle großen Künstler in die »Schulen des 7. Mai« oder andere Besserungslager deportiert worden sind? Wir müssen zugeben, daß es sehr überraschend gewesen wäre, wenn die gigantische Nivellierung, die alles in China erfaßte, sich nicht auch hier ausgewirkt hätte. Der Modemaler ist verschwunden, wie auch der industrielle, wissenschaftliche, medizinische oder universitäre »Mandarin«: Individualität ist nicht mehr gefragt, außer — als Kompensation — die des Großen Lehrers; das schöpferische Talent wird nur den Massen zuerkannt.

Das Volk ist also eingeladen, selbst Maler zu werden. China hat seine Künstler auf das Land geschickt, aber dadurch ist der Landbewohner Künstler geworden. Bei uns nennen sich die Anstreicher vergeblich »Maler«, niemand täuscht sich, der wahre Maler ist ein Künstler, das heißt ein »Herr«, wenn er auch zur Bohème gehört. Der Anstreicher ist ein Handwerker, also ein Arbeiter. In China ist es schwer, zwischen einem Künstler, einem Handwerker und einem Facharbeiter zu unterscheiden. Von einem Ende der Republik zum anderen verzieren die Bauern die Wände ihrer Häuser, die städtischen Angestellten kolorieren, auf einer Leiter stehend, riesige Bildtafeln: einen Soldaten, gebeugt unter der Last seines Sacks mit Weizen, einen Arbeiter mit einer Maschinenpistole. Kinder verzieren mit Aquarellmalereien die Wände ihrer Klasse, die Arbeiter die Wände ihrer Fabriken.

Schöpferisch sind diese spontanen Künstler selten. Sie imitieren meistens, wie die Schüler der Malkurse, die ihre Staffelei vor der Gioconda aufstellen, um sie zu kopieren. Die Inspiration ist nicht veränderlich: »Ein Schöpfer«, sagte Bergson, »hat immer nur eine einzige Sache ausgedrückt«, er schuf sein eigenes Universum, in dem er für immer lebt. Und in China ist die Inspiration kollektiv. Nicht das Individuum ist schöpferisch, da es nur gehorsam die zugelassenen Modelle kopiert — das ganze chinesische Volk ist es. Es hat das Land mit Mao-Bildern oder mit aus Goldpapier ausgeschnittenen Schriftzeichen bedeckt: man findet sie in ganz China; man findet sie aber nur in China.

### Die Wandteppiche von Hangtschou

An einem Morgen besichtigen wir die Seiden- und Teppichfabrik von Hangtschou. In einem Saal, dessen Fenster sich auf einen von Trauerweiden überschatteten Teich öffnen, sehen wir Männer und Frauen, die sich über Zeichenblätter beugen. In verschiedenen Größen malen sie darauf Landschaften oder Porträts, wie man sie auch auf Postkarten sieht: das Geburtshaus Maos in Schaoschan; den ersten revolutionären Posten, den Mao in den Tschingkang-Bergen eingerichtet hat; Mao, der im Kantoner Institut der Bauernbewegung spricht; oder die Porträts von Tschu En-lai, Marx, Engels, Lenin und Stalin; die Konterfeis der Oberhäupter der Bruderländer, Norodom Sihanouk und Enver Hodscha; Szenen aus den revolutionären Balletten. Insgesamt gibt es etwa zwanzig ausgewählte Modelle, die ohne Pause in allen Größen und Farben nachgezeichnet werden.

Wenn die Vorlagen im gewünschten Format fertiggestellt und vom Revolutionskomitee der Fabrik genehmigt sind, tritt die Elektronik an die Stelle des Künstlers: Mit Hilfe von fünfhundert Maschinen, sechshunderttausend Lochkarten werden Teppiche gewebt. »Die Erfindung«, versichert man uns, »stammt von den Fabriksarbeitern.«

»Wirklich? Wurden sie dabei nicht von Ingenieuren unterstützt? Haben sie sich nicht von fremden Technikern inspirieren lassen?«

»Nein, nein, die großen Massen haben diese Prozedur erfunden und ausgearbeitet.«

Alles kommt von den großen Massen und kehrt zu ihnen zurück: die Wahl der Modelle — diejenigen, die von den Massen bevorzugt werden —, die Übertragung der Entwürfe unbekannter Künstler, der moderne Vorgang der Herstellung.

Die neunhundert Arbeiter der Fabrik arbeiten in drei Schichten, wie in der Mehrzahl der chinesischen Unternehmen — so groß sind die Erfordernisse der Produktion: aus allen Provinzen regnet es Bestellungen. Jedes Volkshaus, jedes Kulturheim, die Bewohner der bescheidensten Einfamilienwohnungen verlangen nach Mao im Bademantel, nach der Darstellung seiner berühmten Schwimmleistung im Jangtse; oder nach Mao beim Pingpongspiel, oder nach Mao, der auf der Tribüne beim Tor des Himmlischen Friedens den Arm hebt, um die Tausenden Roten Garden zu grüßen, die an ihm vorbeidefilieren.

»Wir steigern das Arbeitstempo vergeblich«, erklärt uns der Leiter des Revolutionskomitees, »wir können der Nachfrage nicht nachkommen. Vor der Kulturrevolution webte diese Fabrik hauptsächlich Teppiche, die Kaiser auf ihrem Thron darstellen, Kurtisanen in Sänften, Tänzerinnen, Mandarine. Dieser Plunder der alten Gesellschaft interessiert das Volk nicht mehr. Es will Szenen aus dem heutigen Leben. Und es verlangt Farben, nicht nur Weiß und Schwarz.« Die Webstühle produzieren also zwölf Farben, ohne den geringsten Irrtum oder Fehler, rhythmisch wie ein Maschinengewehr, die Warze am Kinn Maos, den Wassertropfen, der auf seiner Zehe trocknet, die Schnurrbartspitze Stalins, den Spitzbart Lenins, die schalkhaft funkelnde Iris Tschu En-lais.

### Kunst als Massenartikel

Sind diese Erzeugnisse, gemessen an den Maßstäben des maoistischen China, weniger künstlerisch als die kostbaren Tapisserien Europas? Für einen Liebhaber von Seltenheiten — gewiß; und auch für Anhänger des Volkstümlichen, weil sie in Millionen Exemplaren angefertigt werden und einen Pappenstiel kosten.

Darf man Erzeugnisse, die per Quadratmeter oder pro Pfund gemessen werden, noch künstlerisch nennen? Die Leiter des Revolutionskomitees der Fabrik Hangtschou weisen stolz auf das Ziel der Arbeiter hin: ihren eigenen Rekord zu brechen. Sie webten ein Mao-Porträt im Format zwei Meter zwanzig mal ein Meter vierundfünfzig und wollen ein noch höheres und breiteres Bild anfertigen: »Mao in einem Schiff stehend«, denn »in der Re-

Auf den Flughäfen empfangen den Reisenden Porträts und Slogans von Mao Tse-tung

Die Leiter des Revolutionskomitees der Provinz Wuhan vor Mao im Strahlen-
kranz

*Rechts:* Monument in Nanking an der Großen Brücke über den Jangtsekiang

Bauern beim Dreschen in der Provinz Schensi

Arbeit im Reisfeld

Am Eingang zu den Höhlen von Lung Men bei Lojang

*Rechts:* Ein typisches Plakat: Chinesische Soldaten bewachen die Grenze

Vorort von Wuhan: Junge Arbeiterin am Eingang in ein Stahlwerk

In einem der größten Kaufhäuser Pekings

*Rechts:* Hafen von Schanghai. Dschunken neben chinesischen und ausländischen Frachtern

Das Heer der Radfahrer

Ballettschule von Schanghai. Die Kunst muß der Revolution dienen

*Links:* Der achtzigjährige
Dichter, Archäologe und Histo-
riker Kuo Mo-jo, Präsident der
Akademie der Wissenschaften
und Gegenstand nationalen
Stolzes

*Unten:* Schlafsaal in einer Universität

Lektüre der *Volkszeitung* in einer Volkskommune

Ein Bauer liest seinen Kameraden aus dem Kleinen Roten Buch vor

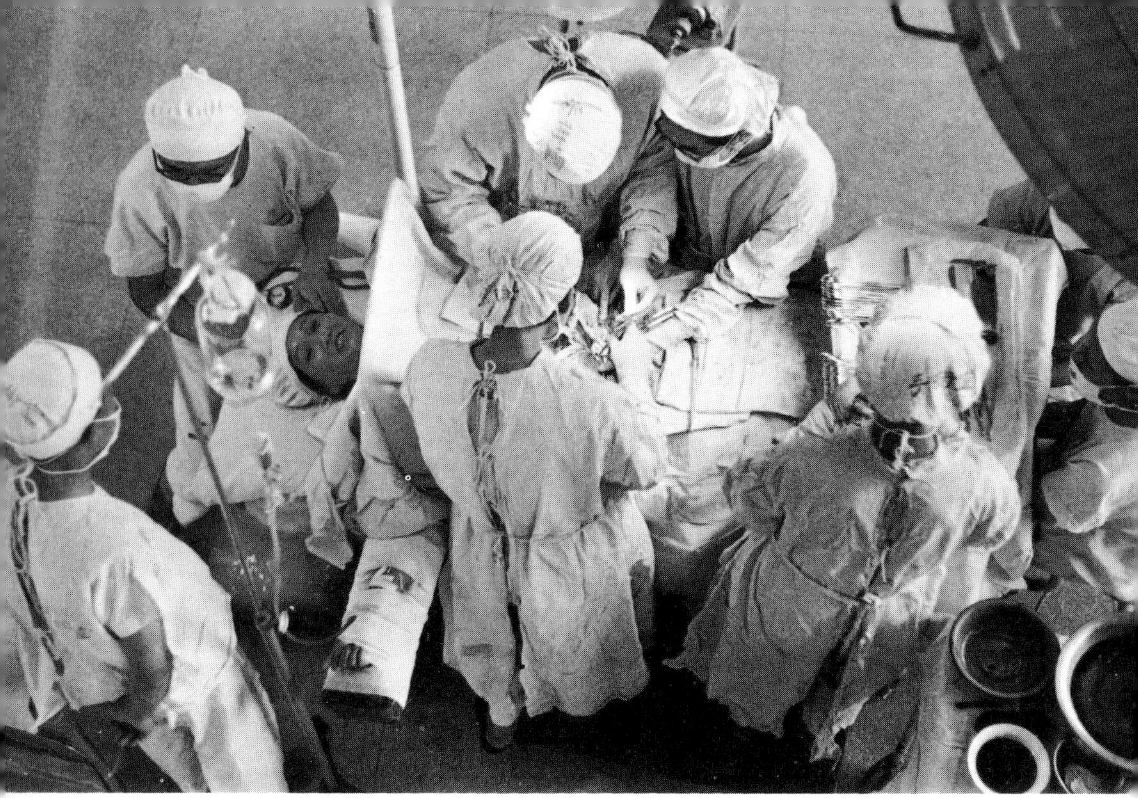

Anästhesie durch Akupunktur. Entfernung einer Eierstockzyste

Gymnastik vor dem Pekinger Sommerpalast

*Links:* Erzeugung von Pingpongbällen. Eine Arbeiterin beim Sortieren

*Unten:* Auch die Alten nehmen am Produktionsprozeß teil

Die Delegation besucht ein Werk in Wuhan

Die Verbotene Stadt. Im Hintergrund der Volkspalast und das Museum der Revolution

Auf dem Tien An Men-Platz

Die Große Mauer

Die Große Brücke über den Jangtsekiang bei Nanking

In einer Volkskommune bei Nanking

Mah-Jongg-Spieler in einem Park in Schanghai

Chinesische Neujahrs-
feier in Kanton

volution braucht man einen guten Steuermann«. Zehntausend Lochkarten hatten für das erste Erzeugnis genügt, für dieses würde man nicht weniger als dreißigtausend brauchen.

Gehören diese Fächer mit revolutionären Motiven, diese Bettvorleger, diese Wandbehänge mit zeitgenössischen Themen, die in den Abteilungen der großen Warenhäuser auf die nicht sehr zahlreichen Kunden warten, in das Reich der Kunst?

Der Abendländer kommt in den wenigen Geschäften in Peking, Schanghai und Kanton eher auf seine Rechnung. Dort gibt es herrliche Fächer, Lackparavents und Miniaturen, die Szenen aus dem Leben des Hofes und der Mandarine, Bootsfahrten auf einem Teich, träumende Mädchen unter Trauerweiden und springende Hirsche vor einer Karosse zeigen. Die Wurzeln dieser Kunst wachsen aus einem Boden, der vierzig Jahrhunderte alt ist. Die Tradition steht noch in Blüte. Die Revolution hat sie hier nicht berührt.

### Handwerk oder Kunstgewerbe?

Hohe strenge Gebäude — neu, sagt man uns — aber schon abgenutzt, der Verputz bröckelt ab: das sind die Kunstgewerblichen Ateliers von Peking. Tung Tsching-jang, der Vizepräsident des Revolutionskomitees dieses Instituts, umreißt dessen Geschichte. Vor der Befreiung arbeiteten die Handwerker auf eigene Rechnung, aber da sie miteinander konkurrierten, waren sie den Fremden, die China ausbeuteten, ausgeliefert. Ab 1949 wurden die Werkstätten stufenweise kollektiviert. Zuerst wurde die individuelle Praxis koordiniert, dann wurden im Jahr 1952 Genossenschaften gegründet; 1958 schlossen sich drei Genossenschaften zusammen, und es entstand diese Werkstätte, die achthundert Arbeiter beschäftigt.

»Eigentlich ist das doch eine stufenweise Verstaatlichung?«

Man bittet uns die Frage zu wiederholen. Sie hat keinen Sinn: Der Staat hat mit diesem Vorgang nichts zu tun; es war die Basis, die »diese Umgruppierung spontan verlangte . . .«

In Peking gibt es keine selbständigen Handwerker mehr. Andere Kunstwerkstätten widmen sich nur einer einzigen Technik. Diese hier übt alle aus: Seidenmalerei, Glasmalerei, Arbeiten in Lack, Email, Keramik, Elfenbein, Jade, Karneol und Korallenschnitzerei.

»Die Kollektivisierung hat große Fortschritte ermöglicht«, erklärt man uns, »die Techniken werden modernisiert. Noch im Jahr 1965 konnte man in dieser Werkstatt sehen, wie das Email auf Holzkohle gebrannt wurde. Heute werden elektrische Brennöfen benutzt.« Elektrische Maschinen ersetzen die alten, mit dem Fuß betriebenen Maschinen beim Schneiden der harten Steine. Auf mechanischen Drehbänken werden die Skulpturen poliert. Die blauen Keramiken aus der Song-Zeit, »blau wie der Himmel nach dem Regen«, erzielten im Westen Höchstpreise, weil sie nicht mehr erzeugt wurden: das Geheimnis der Herstellung war seit fünf Jahrhunderten verloren. Dank dem Leitsatz Mao Tse-tungs: »Finden wir das Beste in der Tradition wieder«, wurde es wiederentdeckt.

Wie jede Rationalisierung teilt der industrielle Fortschritt den Fabrikationsprozeß unter verschiedenen Spezialisten auf, ausgenommen, was den Prototyp jeder Serie betrifft. Nicht mehr ein- und derselbe Mensch erdenkt eine Form und führt sie vom Anfang bis zur Vollendung aus. Der einzelne Künstler, der individuelle Handwerker, ist verschwunden, die Masse ist jetzt Handwerker. Das Elfenbeinstück geht von Hand zu Hand. Ein Mann meißelt mit dem Grabstichel die Figuren, ein anderer schneidet Bäume, eine Arbeit, die ganz andere Handgriffe erfordert. Mit dem Federmesser wird eine Landschaft in Hartholz geschnitzt, anderswo entstehen die Umrisse eines Gesichtes. Ein Arbeiter schleift Halbedelsteine auf einem mit Diamantenstaub bedeckten Schleifstein; einer seiner Kameraden reibt Elfenbeinpulver, andere arbeiten mit der Zange und dem Leimpinsel, setzen die kupfernen Trenndrähte ein, noch andere polieren auf der Drehbank die achthundert runden Cloisonnés, die die Werkstatt jeden Tag produziert. Ein Mann malt zarte Motive ins Innere von Miniaturflakons, durch deren Hals der dünne Pinsel kaum dringt; ein anderer pinselt eine Lage Lack auf das Kupfer der Vasen. Auch hier fragen wir uns: Ist das noch Kunst, diese geschickten Gesten, die derselbe Arbeiter, dieselbe Schicht, acht Stunden lang wieder wiederholen, bevor sie der zweiten Schicht Platz machen, und dann der dritten? Sind diese fabrikmäßig hergestellten Objekte, identisch mit tausend anderen, noch Kunst? Und dennoch, welche Geschicklichkeit in diesen ständig wiederholten, präzisen Handbewegungen!

### Traditionelle und revolutionäre Motive

Es gibt noch einige Künstler, die sämtliche Handgriffe ausführen, vom Entwurf bis zur Vollendung. Das sind diejenigen, die die Modelle schaffen, nach denen die zahllosen Serien hergestellt werden. Ihre Motive — sei es in Kunstgewerbe, Malerei oder Skulptur — orientieren sich nach zwei Grundkonzepten. Einerseits imitieren sie die traditionelle Kunst. Da gibt es die geschnitzten, durchbrochenen Elfenbeinkugeln; der Bildhauer fertigt durch die Öffnungen hindurch, die er in die äußere Kugel geschnitten hat, zweiunddreißig weitere Kugeln an; eine ist in die andere eingeschlossen, und jede einzelne dreht sich frei: zwei Jahre Arbeit. Da gibt es große Bilder, lackierte Paravents, mit Pietra dura inkrustiert. Vögel, die auf Palmbäumen sitzen, Blumen um einen Teich; geschwungene Dächer, die genauso aussehen wie in den Zeiten des Konfuzius.

Oder aber, und das ist häufiger der Fall, es werden Werke nach zeitgenössischen Motiven geschaffen. Eine Elfenbeinschnitzerei stellt die Heldin des *Roten Frauenbataillons* dar, wie sie, das Maschinengewehr über ihrem Kopf schwingend, unter den Palmen der Insel Hainan tanzt; oder es gibt die Große Brücke von Nanking, in Pietra dura mit entsprechenden Farben, von roten Fahnen aus Korallen überragt; eine »Kettenbrücke« aus Turmalin, als Basrelief in einem Lacktisch eingelegt, erinnert an eine glorreiche Episode des Langen Marsches. Die Schatzpagode, auf einem Zuckerhut aus Topas thronend, beherrscht die steilen Hügel Jenans. Wir beugen uns über einen Elfenbeinschnitzer. Er schnitzt die Teilnehmer an einer Pingpongpartie: ein Spieler hat Schlitzaugen, der andere ist eine »Langnase«*; er sieht aus, als würde er Kaugummi kauen.

Wer schreibt diese Motive vor? »Niemand. Die Arbeiter suchen sie selber aus.« Aber wenn es sich um kostbares Material handelt, einen Jadeblock oder Blattgold, vertraut man es dann dem Arbeiter an, der es anfordert? »Natürlich nicht, die weniger geübten Arbeiter versuchen sich zuerst an gewöhnlichem Material, an Holz oder an weichen Steinen. Das Revolutionskomitee reserviert die kostbaren Materialien für die begabtesten Arbeiter, die sich um den Mehrwert, den sie diesen Materialien verleihen, nicht kümmern.« Ein alter Korallenschnitzer arbeitete seit sechs Wochen an einem schönen Stück: Er wollte nicht weniger als ein Jahr darauf verwenden. Man wird sein Werk nach Hongkong exportieren und dort um dreißigtausend Jüan verkaufen.** Eine schnelle Berechnung zeigt uns, daß der Preis dieser Schnitzerei etwa fünfundzwanzig Jahresgehältern dieses Mannes entspricht. Aber hat er überhaupt jemals die Idee gehabt, diese Berechnung selbst anzustellen?

---

* Spitzname, den die Chinesen den Menschen der weißen Rasse geben.
** Etwa 36.000 DM.

Sind diese Partisanen, deren Korallenfahne im Winde flattert, sind diese Revolutionsepisoden wirklich die proletarische Ästhetik? Die heutige chinesische Kunst hat einen revolutionären Inhalt: Hat sie auch revolutionäre Formen? Offenbar nicht, und unsere kleine Gruppe ist enttäuscht. Man antwortet uns, daß es das Wichtigste gewesen sei, »zeitgenössische Motive« einzuführen. »Im übrigen«, fügt man bescheiden hinzu, »sind die Reformen noch lange nicht abgeschlossen, die proletarische Ästhetik hat das Denken Mao Tse-tungs noch nicht ganz gemeistert.« In den Augen eines Abendländers kommt der maoistische Realismus an Kitsch den stalinistischen Plastiken gleich, hat sie darin vielleicht sogar übertroffen. Aber sind westliche Kriterien hier angebracht? Wie auf allen anderen Gebieten, hat das Regime auch in der Kunst mit dem Herkömmlichen gebrochen. Die Bestellungen des Hofes, der Mandarine oder der reichen ausländischen Sammler werden durch Aufträge der Revolutionskomitees und der proletarischen Klientel der Bruderländer ersetzt. Der Geschmack der Arbeiter, Bauern und Soldaten hat denjenigen der »Eliten« verdrängt. Daß zwischen diesen beiden Geschmacksrichtungen ein Unterschied besteht, ist wohl nicht verwunderlich.

Die Cloisonnévasen, die Jadebuddhas, die Achatmandarine wurden 1966 und 1967 im Namen der proletarischen Linie von den Roten Garden zerbrochen; diese Überbleibsel aus der Kaiserzeit lenkten das Volk von der Revolution ab. Dieselben Techniken werden heute angewandt, um »aufbauende« Modelle herzustellen, die dazu beitragen sollen, die Seele des Volkes zu formen. Die Jade- und Elfenbeinschnitzer mit den faltigen Gesichtern, die weißhaarigen Juweliere und Lackarbeiter, schnitzen zeitgenössische Themen, stellen Partisanen und Rote Garden in Lack her, verwandeln die Kulturrevolution in Halbreliefs. Die chinesische Phantasie wird so mit typischen Figuren bevölkert.

»Im Grunde genommen«, schließt Tschu Tschen-tung mit seinem feinen Lächeln, »streben die bürgerliche Ästhetik und die proletarische Ästhetik zwei absolut gegensätzliche Ziele an. In den kapitalistischen Ländern schätzt man die seltenen Kunstwerke, man verachtet die, die man überall sehen kann. Bei uns lehnt man im Gegensatz dazu die Formen ab, die sich vom zugelassenen Modell entfernen, man verbreitet überall die bekannten Formen.«

Diese Kunstwerke sind der einzige erlaubte Schmuck. Die großen Würdenträger empfangen uns in Räumen mit gleichförmig mittelmäßiger Ausstattung: Korbstühle, stets mit einem grauen

Überzug bedeckt, die gleichen Teekannen, Spucknäpfe, und Aschenbecher auf den gleichen Tischen. Der Geist von Jenan belebt die chinesische Führung noch immer: von den Troglodytenhäusern des Brustbeerbaumes bis zu den Salons des Volkspalastes — es herrscht noch immer die gleiche einfache Lebensart vor, die gleiche souveräne Verachtung für jedes Raffinement im täglichen Leben. Dieses Fehlen jeglichen Stils schockiert am Beginn, aber schließlich fragt man sich, ob es sich dabei nicht um einen eigenen Stil handelt.

### Die revolutionäre Musik

Der Orchesterraum der Oper von Schanghai. Die Instrumente gleichen denen im Westen, mit Ausnahme einiger Gongs und chinesischer Violinen. Ein Orchesterraum wie jeder Orchesterraum. Ein Saal wie andere auch. Man könnte glauben, in Paris, New York oder Moskau zu sein, trügen der Dirigent und die Musiker statt des Fracks nicht die Uniform mit dem Stehkragen. Die Musik hat nur ganz leichte chinesische Anklänge. Die Ouvertüre und die Begleitung zum Ballett *Das weißhaarige Mädchen* könnten europäisch sein, mit Ausnahme einiger ohrenbetäubender Zimbelschläge und mancher Flötenmelodien, die zu grell klingen für europäische Ohren.

Im übrigen glaubt man ein Potpourri zu hören. Ein Takt, ein Motiv lassen an Tschaikowski denken, an Lalo, an Johann Strauß. Einige Melodien rufen Erinnerungen wach: man hat Lust, ein Stück aus *Pique Dame*, der *Verkauften Braut* oder aus dem *Feuervogel* vor sich hinzupfeifen. Wenn man die Augen schließt, fühlt man sich in die Vorkriegszeit versetzt, lauscht dem Kur-Orchester eines Badeorts. Die Menge folgt in andächtiger Stille diesen Arrangements, die ihr besonders gut gefallen, weil sie ihr so vertraut sind, sie zu jeder Stunde einlullen.

Denn die Musik der revolutionären Opern ist austauschbar: die des *Weißhaarigen Mädchens* könnte ohne weiteres zur *Eroberung des Tigerberges* erklingen, die zu *Scha Tschia Pang* zum *Roten Frauenbataillon*. Man kennt das Repertoire schnell. Die einzige rein instrumentale Schöpfung ist ein Klavierkonzert: *Der Gelbe Fluß*. Wenn man die Musik im Theatersaal gehört hat, hört man sie auf Platten. Oder im Radio, das diese Werke ununterbrochen — entweder vollständig oder in kurzen Teilstücken — bringt. Oder durch die Lautsprecher. Oder von den Kindern, die sie in den öffentlichen Parks vor sich hinsingen. Ganz China hallt von denselben Melodien wider, die inzwischen Allgemeingut geworden sind. Eine beschränkte Zahl von abgedroschenen Refrains klingt ununterbrochen in den Ohren von achthundert Millionen Chinesen.

»Wer ist der Komponist?« fragen wir.

»Es gibt keinen Komponisten«, antwortet man uns, »die Musik wurde von den mit dem unbesiegbaren Denken des Vorsitzenden Mao Tse-tungs bewaffneten Massen komponiert.«

Auf dem Kattunvorhang über dem Orchesterraum der Oper in Wuhan befindet sich eine Kalligraphie Mao Tse-tungs: »Aus dem Fremden machen wir etwas Nationales.« Wenn die großen Massen begonnen haben, nach westlichen Themen zu komponieren, dann deshalb, weil Mao sie dazu angeregt hat. Er hat diesbezüglich sogar einen Entschluß gefaßt, der während der Kulturrevolution eine gewisse Bedeutung erlangte. Auf seinen Befehl wurde die Oper *Die rote Signallaterne* nicht für chinesische Instrumente transkribiert, sondern für Klavier. Daß die chinesische Menge für die Klaviermusik spontane Begeisterung an den Tag gelegt hat, erscheint eher unwahrscheinlich. Und doch versichern es die Pekinger Zeitungen, die diesen Entschluß wie einen wahren Detektivroman des Klassenkampfes darstellten. »Konterrevolutionären Revisionisten« war es gelungen, die glückliche Nachricht des Entschlusses, den Mao zugunsten des Klaviers gefaßt hatte, zweieinhalb Jahre lang mit Schweigen zu übergehen. »Aber die konterrevolutionären Revisionisten gaben ihre Niederlage nicht so schnell zu. Sie sagten, man müsse des Klavier zerhacken, und sie wollten ihre Kameraden daran hindern, dieses Instrument für revolutionäre Zwecke zu benützen.« Natürlich »konnten weder Beschimpfungen noch Sabotage der Gegner des Klaviers die anderen erschüttern.«[1] Angesichts einer Kunst, die revolutionäre Werke mit europäischer Musik untermalt, erklärt der Reisende, der fest entschlossen ist, enthusiastisch zu bleiben, »daß die chinesische Musik auf sehr glückliche Art den jahrhundertealten chinesischen Hintergrund mit dem melodischen Fluß des Abendlandes vereint ... Das ergibt eine hinreißende Musik von großer Gefühlsstärke«.[2] Der eher zurückhaltende Reisende, wie einer unserer Kameraden, ruft aus: »Das ist nicht chinesisch. Das ist halb wienerisch, halb russisch. Das ist total konservativ. Das Konzert ›Der Gelbe Fluß‹ gibt die Wasserspiele des Gelben Flusses so gut wieder, daß man sich in einem städtischen Bad glaubt. Das soll revolutionäre Musik sein? Im besten Fall eine Neo-ich-weiß-nicht-was Musik.«[3]

Aber hat eine Musik denn nicht ihr revolutionäres Ziel erreicht, wenn alle sie nachsingen, wenn sie die latenten Energien eines Volkes beherrscht?

## Die Akrobaten von Wuhan

Wir waren begierig, eine Vorstellung von Akrobaten zu sehen. Trapezkünstler, Jongleure und Clowns waren der Stolz der chinesischen Tradition. Ihre Vorstellungen, die zwischen 1949 und 1966 nicht den geringsten politischen Inhalt aufwiesen, wurden während der Kulturrevolution verboten; die Kulturrevolution konnte es nicht gestatten, daß Parterreakrobaten nichts anderes taten als Räder schlagen und die Radfahrer nur in die Pedale traten. Jetzt erst wieder konnten ihre Vorstellungen stattfinden. Durfte es Geschicklichkeitsdarbietungen geben, die nicht revolutionär waren, wenn man doch anderswo überall das »l'Art pour l'art« verdammte? Oder hatte man es so arrangiert, daß auch sie dem Sozialismus dienten?

Wuhan, eine wunderliche Stadt, in der die Gewalttaten der Kulturrevolution losbrachen, und die Mao erwählte, um die Welt zu verblüffen, als er in den Jangtse stieg. Die Ansagen macht, der Tradition gemäß, eine Schauspielerin mit einer so hohen Stimme, daß einem die Ohren weh tun. Teller werden schweigend auf langen, elastischen Stangen gedreht: eine Nummer, die »Lotus« heißt. Wie kann diese Inszenierung mit den rotierenden Tellern und wogenden Blumen, in der sich die ganze Grazie des alten China entfaltet, den »großen Sieg der sozialistischen Revolution« verherrlichen? Wie soll das kunstvolle Balancieren von Stühlen, die Darbietung junger Mädchen, die liegend auf ihren in die Höhe gestreckten Beinen Tonnen rollen lassen, »den Großen Sprung nach vorn an den verschiedenen Fronten des sozialistischen Aufbaus« verherrlichen? Wo sind da »der revolutionäre Realismus und die revolutionäre Romantik«, von denen das Programm spricht?*

Sicherlich sieht man das »Volk der Straße« auf der Bühne; aber die Frauen sind so kokett und die Männer so beweglich, daß sie nicht realistisch wirken. Bauern sind da, die die Reisernte feiern; aber die Nummern der Equilibristen sind schwindelerregend, und außerdem spielen sie in einer Operettenlandschaft, so daß man die Ideologie vergißt. Was sollen diese Schaustellungen von Muskeln und diese Geschicklichkeit beweisen? Wie sollten sie diese von Maos Vorschriften illustrieren: »Die fundamentale Aufgabe der sozialistischen Literatur und Kunst ist es, das

---

* Der »sozialistische Realismus« soll »das alltägliche Leben eines Volkes, das den Sozialismus aufbaut, beschreiben«, die »revolutionäre Romantik« soll korrigieren, was der einfache Realismus an Ätzendem in sich haben könnte, wenn die Realität nicht rosig ist: er »verscheucht die pessimistischen Launen des Künstlers«.

heroische Bild der Arbeiter, Bauern und Soldaten darzustellen. Nur mit Hilfe solcher Modelle werden unsere Argumente überzeugend beweisen, daß wir fest unsere Stellungen behaupten und daß wir fähig sind, den Reaktionären das Heft aus der Hand zu nehmen.«[4]

Diesen Vorspeisen folgt indessen bald das Hauptgericht. Der Jongleur wird politisch: er ist ein armer Hausierer, der sein Taschentuch in eine Ente verwandelt, um die Bedürfnisse der Massen zu befriedigen. Eine riesige Pyramide aus Fahrrädern erhebt sich, es sieht aus, als wolle sie den Himmel stürmen. Es sind Radfahrer des Vietkong, mit Maschinenpistolen bewaffnet, die die Angriffe der amerikanischen Luftwaffe abwehren. Die Kugeln pfeifen, einige Pneus, auf denen die Pyramide ruht, platzen. Ein amerikanisches Flugzeug stürzt ab, unter den Ovationen der Radfahrer und des Saales, und die klassische Nummer des Voltigierens auf dem Rad endet mit dem Haßausbruch einer Gruppe, die, von Leidenschaft hin und her getrieben, jedem Gleichgewicht Hohn spricht.

Nach den Vietkongpartisanen: chinesische Soldaten. Flieger schwingen sich zur Decke, von Schleudersitz zu Schleudersitz. Matrosen drehen Pirouetten um eine rote Fahne herum. Jetzt kommt der Clou des Abends. Ein Akrobat-Steuermann versucht vergeblich — mit einer Geschicklichkeit, die mehr Erfolg verdienen würde — ein Leuchtfeuer, das er reparieren soll, zu erreichen; trotz extravaganter Sprünge fällt er immer wieder in seine vom Sturm geschüttelte Barke zurück. Endlich kommt ihm eine Idee. Er nimmt das Kleine Rote Buch aus der Tasche, wie Asterix, der seinen Zaubertrank trinkt, und erreicht sein Ziel mit einem letzten gefährlichen Sprung.

Am Ende intoniert die ganze Gruppe, die Gewehre und Maschinenpistolen im Anschlag, das Kleine Rote Buch an die Brust gedrückt, ein militärisches Lied. So beschließen sie ein Schauspiel, das sich die Qualifikation »revolutionär« und »antiimperialistisch« (wie es auf der Ankündigung steht) mit nicht geringer Mühe erobert hat.

Die Zuschauer in der Oper von Wuhan, darunter eine große Zahl Jugendlicher, waren seit der Ansage der ersten Nummer wie elektrisiert. Sie murmelten vor Vergnügen bei den Geschicklichkeitsproben, hielten den Atem an, wenn der Akrobat der Gefahr trotzte, unterstützten die Heldentaten, brachen in Lachen aus, als die Pneus der Fahrräder platzten, und stießen Hochrufe aus. Aber es schien uns, daß sie mit politischen Anspielungen zurückhaltend waren. Sieht das revolutionäre Argument hier nicht eher nach einer Konzession aus als nach dem Ausdruck einer Überzeugung?

### Die Säuberung

Ein schneller Überblick über das Schauspielprogramm in Schanghai zeigt, daß diese Stadt mit ihren mehr als zehn Millionen Einwohnern dem Publikum nicht mehr als fünf Stücke anbietet, auf der Bühne oder im Kino, und es sind dieselben Stücke seit drei Jahren. Außerdem wird der Besuch des Schauspiels für einen politischen Akt gehalten, er ist also obligatorisch. Viele Filme aus der Zeit der Kulturrevolution werden verboten. Persönliches Schaffen, das als »Streben nach Ruhm« gilt, wurde ebenfalls untersagt. In ganz China sind nur sieben Theaterstücke, Ballette oder Opern zugelassen. Werke von Teams, die unter der Leitung der Genossin Tschiang Tsching, der Frau des Vorsitzenden Mao, entstanden waren. Das Volk hat »die Kader, die mit der literarischen und künstlerischen Arbeit betraut waren, umerzogen und die Ränge der Schriftsteller und Künstler umorganisiert«. Die anderen Schauspiele sind nur Variationen zu den Themen dieses Repertoires. Ob es sich um Folklore-Truppen handelt (wie die von Jenan) oder um Truppen »Junger Roter Garden« (wie in Nanking) oder um Akrobatentruppen (wie in Wuhan), die Inspiration ist die gleiche.

Das Publikum war an Abwechslung gewöhnt. Im Jahr 1962 wurden mehr als fünfzigtausend verschiedene Stücke gespielt[5]; sie stammten entweder aus dem klassischen Repertoire oder waren spontan nach der Befreiung geschaffen worden. Die Ensembles der Opern von Peking, Schanghai und Kanton widmeten sich hauptsächlich traditionellen Werken. Mehr als zweihunderttausend Schauspieler bemühten sich auf diese Weise, das Theatererbe der Nation zu bewahren. Im Kino boten chinesische, russische, tschechische, jugoslawische und sogar westliche Filme — wie zum Beispiel die Hollywoodversion von *David Copperfield* — große Abwechslung.

Dieses intensive Kulturleben wurde langsam erstickt, und zwar seit 1964. Das »Festival der Pekinger Oper über zeitgenössische Themen«* hatte fünfunddreißig Stücke ausgewählt. Dann entwickelte sich eine künstlerische Revolutionsbewegung, die eine Vorläuferin der Kulturrevolution war: das traditionelle Repertoire wurde von modernen revolutionären Stücken verdrängt. Das

---

* Vom 5. Juni bis zum 31. Juli 1964.

Pekinger Festival, auf das Maos Frau so starken Einfluß ausübte, wurde von der Presse als »Sieg der sozialistischen Kulturrevolution« gefeiert.

Die fünfunddreißig Stücke, die man 1964 aus den im Jahr 1962 rezensierten fünfzigtausend behalten hatte, wurden ihrerseits auf sieben reduziert. Von dem großen Repertoire, das in zwanzig Jahren Armeetheater und den fünfzehn ersten Jahren des Regimes entstanden war, blieb fast nichts mehr übrig, was man als wirklich konform mit der siegreichen Linie erachtete. Sogar die sieben Stücke, die zum Modell erhoben worden waren, wurden noch im Schmelztiegel der Kulturrevolution gereinigt.

»Unsere ersten Versuche, aus dem modernen Leben geschöpfte Themen auf die Bühne zu bringen«, erklärte mir Lin Jang-jang, der Ballettmeister der Oper von Schanghai, »endeten mit einem Fiasko. Unsere Künstler kopierten den aus Rußland importierten sozialistischen Realismus zu servil. Die Massen fühlten instinktiv, daß dieses Modell nicht unserer Linie entsprach. Es wurde unseren Schriftstellern und Dramaturgen von Bürokraten, die den Befehlen Moskaus gehorchten, aufgedrängt. Dieses Schema war falsch. Wir haben unsere dramatische Kunst vertieft, indem wir sie mit den ältesten Traditionen der chinesischen Oper verknüpften. Da begriff das Publikum, daß wir den richtigen Weg, den chinesischen, gefunden hatten.«

Was Lin Jang-jang uns nicht sagte, war, daß die strenge Zensur, der das bis 1964 gespielte große Repertoire unterworfen wurde, nicht nur die Stücke mit zeitgenössischem Inhalt, in denen man das Herz des alten China nicht mehr schlagen fühlte, entfernt hatte, sondern mit genau derselben Strenge auch die viel zahlreicheren Stücke, die die nationalen und lokalen Traditionen überlieferten und in denen die Leitgedanken des heutigen China nicht ausgedrückt wurden.

Die Antwort Lin Jang-jangs verrät aber noch etwas anderes: Um die Chinesen dazu zu bewegen, sich von den Stücken, die man sie lieben lehren wollte, ganz und gar packen zu lassen, mußte man die verderbliche Konkurrenz der traditionellen oder fremden Schauspiele, die das Publikum am meisten anzogen, unterdrücken. Nach dieser demokratischen Auslese konnte das Publikum nicht mehr gut über die sieben übriggebliebenen Stücke schmollen, weil sie zu exklusiven Modellen für die Nation geworden waren.

Ein ausländischer Film, eine traditionelle Oper, ein zeitgenössisches Stück, die nicht strikt »auf der Linie« liegen, könnten schädliche Keime unter das Volk bringen und würden vielleicht in wenigen Stunden die proletarische Erziehung mehrerer Jahre zerstören.

Im Herbst des Jahres 1959 wurde Marschall Peng Teh-huai, der Mao Tse-tung ohne Schonung vor den Parteiinstanzen wegen der Irrtümer des Großen Sprungs nach vorn kritisiert hatte, entlassen und durch Lin Piao ersetzt. Kurze Zeit nachher wurde in Peking ein Stück des Schriftstellers Wu Han mit dem Titel *Hai Jui beleidigt den Kaiser* gespielt, das in Form einer der chinesischen Geschichte entlehnten Allegorie zeigte, wie ein redlicher, aber zu aufrichtiger Mandarin in Ungnade fiel. Was an Intelligenz noch in Peking geblieben war, lief, um das Stück zu sehen. Durch den Erfolg ermutigt, veröffentlichte Wu Han im Jahr 1961 eine Fortsetzung dieser Komödie mit dem Titel *Die Absetzung Hai Juis*.

Nichts ist so verletzlich wie ein autoritäres Regime, wenn es Häresien einmal freien Lauf läßt. Sogar die Armee mußte intervenieren, um der Auflehnung Wu Hans ein Ende zu setzen. Die »Kulturkommission der Armee für Kunst und Literatur« nahm das Werk Wu Hans unter Beschuß, der es — wenn auch nur allegorisch — gewagt hatte, den Vorsitzenden Mao anzugreifen. Die Militärs regelten die Angelegenheit in kurzer Zeit; sie betrachteten das Stück als Vorläufer einer Offensive der bürgerlichen Ideologie — als eine »Zufluchtsstätte antiproletarischer Ansichten.«

Sogar die in ihrer Gesinnung revolutionärsten Werke wurden genau geprüft, wie zum Beispiel die *Eroberung des Tigerberges*. Eine Kommission unter der Leitung von Maos Frau nahm Satz für Satz, Szene für Szene unter die Lupe, und alle Konzessionen an die »revisionistische Linie« wurden aufgezeigt.

### »Alle Bücher verbrennen«

In der Literatur haben diese Prinzipien zu totaler Sterilität geführt. »Die Literatur in China bestand vor der Befreiung«, erklärte man uns, »nur aus künstlich aufgebauschten Aktivitäten. Ihr Gehalt sprach nur einen winzigen Teil des Publikums an. Man mußte Tabula rasa machen — und das haben wir dann auch getan.«

Eine der ersten Taten der Kulturrevolution war das Schließen der Bibliotheken. Die Hsi-tan-Straße in Peking, gesäumt von Buchläden, die Okkasionsware führten, ist ein totes Gäßchen geworden; die geschlossenen Läden wurden mit Inschriften folgender Art bedeckt: »Beenden wir für immer den Handel mit reaktionärem Schund!« »Zu den Ratten mit allen alten Schmökern!« Oder mit Zitaten des Vorsitzenden: »Die Literatur muß den Massen dienen. Sie muß für sie geschaffen und von ihnen benützt werden!«

Also hat die Kulturrevolution damit begonnen, auszulöschen. Seit fünf Jahren wurde kein literarisches Werk mehr gedruckt. Die wiedergeöffneten Bibliotheken boten, als wir vorübergingen, außer den Reden und Gedanken Maos nur noch technische Werke an. Die offiziellen Dokumente über die Große Proletarische Kulturrevolution oder die Bibliothek der Universität Peita enthalten Gedichte, Theaterstücke, Artikel und sogar Romane, die von Bauern, Arbeitern oder Soldaten geschrieben worden waren. Aber es dürfte nicht leicht sein, sie sich zu beschaffen.

In Truffauts Film *Fahrenheit 451* sah man, wie die junge Schauspielerin Julie Christie den Text ihres Lieblingsbuches auswendig lernte, weil das Regime alle Bücher verbrennen ließ. In China fühlt man sich ab und zu in diese merkwürdige Welt versetzt. Auch hier reiht sich Maos Politik in die chinesische Tradition ein. Der große Tschin Schih Huang-ti, der Erbauer der chinesischen Mauer, hatte durch ein Dekret alle Bücher, besonders aber die konfuzianischen Texte, abgeschafft. Sein Nachfolger, der sich darum sorgte, daß das Volk zu essen habe, aber mißtrauisch gegen alles war, was nicht nötig war, um ein einfaches Leben zu führen, nahm dieses Dekret nicht zurück. »Ich habe das Kaiserreich zu Pferde erobert. Was bedeuten mir die klassischen Texte?« Erst Kaiser Wen setzte das Dekret Tschins außer Kraft. Die Literaten fingen dann an, die alten Texte zu suchen, und fanden sie mit großer Mühe in den Mauern und Gräbern oder in der Erinnerung der Alten.

Sogar in den Bibliotheken stehen nur sorgfältig ausgewählte ausländische Schriftsteller zur Verfügung: Balzac, Dickens und Zola, »Zeugen der Zersetzung der bürgerlichen Gesellschaft«, Gorki und Majakowski; aber es gibt weder Pasternak (»ein Renegat«), noch Solschenizyn (»ein Verräter, der genau wie Scholochow den Nobelpreis angenommen hat«).

## Die Wiederaufnahme der künstlerischen und literarischen Produktion

Wird die seit 1966 unterbrochene literarische und künstlerische Produktion Chinas wieder aufleben?

Man hat uns versichert, daß dieser Mangelzustand nicht ewig dauern werde. Die Autoritäten seien bemüht, »das sozialistische Kunst- und Literaturschaffen« wieder in Schwung zu bringen. »Es müssen Anstrengungen unternommen werden, um die Amateure unter den Arbeitern, Bauern und Soldaten zu formen und zu erziehen.« Jedoch müsse man nach wie vor »die politische Qualität bei der Auswahl der Schaffenden in Betracht ziehen.«

Trotz dieser Versicherungen sind diese Schaffenden noch nicht in Erscheinung getreten. Diejenigen, die vor 1966 publiziert hatten, gehörten fast alle der Generation der Linksintellektuellen an, die nach der Bewegung des 4. Mai 1919 entstanden war und sich im Jahr 1949 wieder gesammelt hatte. Von dieser Generation hat nur Kuo Mo-jo überlebt, der kulturelle Bürge des Regimes.

Ist es nicht offensichtlich, daß die Kulturrevolution ihre Versprechen bezüglich der Kunst nicht gehalten hat, und daß es den »Massen nicht gelungen ist, die Kunstwerke, die man von ihnen erwartet, zu produzieren«?*

Wird man nicht zur Politik vor 1966 zurückkehren müssen, die es den Talenten erlaubte, sich zu entfalten, einen Ruf zu erwerben, zu schreiben, zu komponieren und zu malen? Ohne Zweifel werden die Schriftsteller und Künstler, die brutal herumgestoßen worden waren, lange zögern, bevor sie sich wieder exponieren. Der Rückstand konnte auf wirtschaftlichem Gebiet durch erhöhte Aktivität wieder aufgeholt werden. Werden die auf dem Kunstsektor verlorengegangenen Jahre wieder aufgeholt werden können? Wird man eines Tages wieder hundert Blumen blühen sehen?

---

* Eine Kehrtwendung sowohl in der Kunst als auch in der Politik ist nicht unmöglich. Schon sind amerikanische Künstler, die klassische und moderne Musik vortrugen, in China akklamiert worden. Was bedeutet ein solches Revirement, wenn noch vor ein paar Jahren Jazz und Beethoven gleichermaßen als »bourgoise Musik« verdammt worden waren? Und warum sollten die Chinesen in Zukunft Zutritt zu fremden Künsten haben, und nicht zu ihren eigenen, die die Früchte einer vielhundertjährigen Tradition sind? Es ist möglich, daß China eines Tages sein kulturelles Erbe auf dem Gebiet der klassischen Literatur, der Geschichte, der Philosophie und der Künste wiederentdecken wird.

# 12

## Beispiele aus dem Repertoire

### 1

### Schreckliche oder bewundernswerte Monotonie

Nur sieben »revolutionäre Modelltheaterstücke« überdauerten die Stürme der Kulturrevolution. Sie sollen die Seele des Volkes formen, ihr als einziges Bezugssystem dienen. Die beiden größten Tanzensembles — die Truppen der Opern von Peking und Schanghai — haben diese revolutionären Ballette in ihrem Repertoire. Sie wurden auch verfilmt, und zwar in Farbe. Man kann diese Filme in allen Kinos und täglich im TV sehen. Die lokalen Tanzgruppen zeigen sie als Theaterstücke. Die Musik dazu wurde auf Schallplatten aufgenommen, und die Alben sind in allen großen Kaufhäusern um einen Spottpreis zu haben; aber es werden nur diese Alben angeboten. Für die Schulkinder und die Jungen Roten Garden werden eigene Ausgaben gepreßt.

Gab es bei uns im Westen zwischen dem 10. und 13. Jahrhundert mehr Heldenlieder? Hatte das griechische Volk in einem Zeitraum von fünf Jahrhunderten denn mehr als Ilias und Odyssee zu bieten? Auch diese klassischen Epen dienten den Kindern als erster Lesestoff und wurden auf den öffentlichen Plätzen unablässig rezitiert. Bestand die volkstümliche italienische Kultur aus viel mehr als einigen wenigen Opern?

Die chinesische Phantasie wird also nur von einigen Bauern-, Arbeiter- und Soldatengestalten belebt. Die Chinesen jeder Altersstufe, jeder sozialen Schicht und beiderlei Geschlechts leben in der gleichen ästhetischen Gefühlswelt, erlernen die gleichen Antworten, wiegen sich in den gleichen Rhythmen. Diese gesäuberten, entkeimten Werke enthalten die Quintessenz dessen, was das Volk lieben und hassen, die perfekten Vorbilder, denen es nacheifern muß. Die gleichen Abenteuer führen, im Dienst identischer revolutionärer Zielsetzungen, in den Seelen der hundert Millionen Zuschauer eine analoge Existenz. Diese Stücke kennt man auswendig, sie werden in den Fabriken und entlegensten Volkskommunen gesungen und getanzt. Sie wurden für dieses einstmals so zersplitterte Volk zu einem Mittel der Kommunikation, Unifikation und Transformation. Die Großmutter Li, die junge Hsi-erh, der Weichensteller Li Ju-ho sind feste Bestandteile des kulturellen Erbguts aller Chinesen geworden, von Tibet bis zur Mandschurei, von der Mongolei bis Hainan.

Die Umwandlung des traditionellen Theaters war der Ausgangspunkt der Kulturrevolution und auch deren Höhepunkt: Dieses Repertoire sollte das kollektive Unbewußte formen.

Von den sieben Werken, die auf allen Bühnen gespielt werden und über sämtliche Kinoleinwände flimmern, haben wir drei gesehen: *Das weißhaarige Mädchen, Das Rote Frauenbataillon* und *Die rote Signallaterne.*

### Das weißhaarige Mädchen

Die Oper von Schanghai verfügt über den schönsten Saal nach dem Festsaal des Volkspalasts in Peking. Der Zuschauerraum ist zum Bersten voll mit Arbeitern — Männern und Frauen, die einander sehr ähnlich sind, alle in blaue Hosen und weiße Blusen gekleidet.* Das Werk aller Werke, 1945 auf der improvisierten Bühne eines Armeetheaters in der Festung von Schensi entstanden, *Das weißhaarige Mädchen*, ist ein Stück, das rasch berühmt wurde und mit dem man sogar auf Auslandstournee ging. Dann wurde es in ein »revolutionäres Ballett mit zeitgenössischen Themen« umgewandelt und passierte das Sieb der Kulturrevolution. Es wurde von Maos Frau gutgeheißen, die sich von da an der schwärmerischen Zuneigung zum Volk widmete. Dieses Volk wurde aufgefordert, über das Unglück der zarten Heldin zu weinen und ihre Befreiung zu bejubeln.

In einem Dorf der Provinz Hopeh bereitet sich während des Krieges gegen Japan die schöne Hsi-erh, die Tochter des armen Bauern Jang, zusammen mit ihrem Verlobten Ta-tschun, ebenfalls ein armer Bauer aus dem Dorf, auf das Neujahrsfest vor, an dem sie ihrem Vater bescheidene Geschenke überreichen will. Huang, Grundbesitzer, sadistischer Despot und Kollaborateur der Japaner, entführt das Mädchen, als er es allein antrifft. Jang kommt, um sein Kind zu beschützen; der Grundbesitzer erschlägt den Vater vor den Augen der Tochter, schleppt sie weg, macht

---

* Eine Theaterkarte kostet 4, 5 oder 6 Mao, eine Kinokarte 1—2 Mao. Der Mao oder Zehner hat nichts mit dem Namen des Präsidenten zu tun. Die Karten werden meist nicht frei verkauft, sondern innerhalb der Kollektive verteilt.

sie zu seiner Sklavin und behandelt sie äußerst grausam. Hsi-erh gelingt es, ihre Verfolger zu täuschen und in die Berge zu fliehen.

Ihr Haar wird weiß. Unter den Dorfbewohnern ruft ihr gelegentliches Auftauchen abergläubische Furcht hervor. Sie legen ihr Nahrung auf einen Altar, der am Eingang einer Höhle steht, als wäre sie eine Göttin. Hsi-erh lebt nur noch durch den Gedanken an die Rache. »Je mehr Jahre vergehen, desto stärker wird mein Haß; das Heulen der Wölfe, das Gebrüll des Tigers, welche Schrecken haben sie für mich? Ich hoffe, ja, ich hoffe, daß im Osten die rote Sonne aufgehen wird.«

Im letzten Akt wird das Dorf befreit. Unter Trommelwirbel trifft eine Abordnung der Roten Armee ein, um die »Despoten und Verräter zu bestrafen«. Die Bauern spüren die Flüchtigen auf und verfolgen sie. Mit Huang, dem Grundbesitzer, wird kurzer Prozeß gemacht. Ein »Volksurteil« genügt, und er wird auf offener Bühne hingerichtet — die klassischen Regeln gelten hier nicht. Die Menge stöhnt vor Vergnügen, wenn der Revolverschuß knallt und der Tyrann zusammenbricht. Und wen erkennt Hsi-erh im Anführer des Kommandos der Roten Armee? Sie haben es erraten: es ist ihr Verlobter Ta-tschun. Das Mädchen mit den weißen Haaren singt eine Hymne an die Sonne: »Die Sonne ist aufgegangen! Tausend Jahre, voll von Leid und Mühen, sehen heute die Sonne aufgehen! Die Sonne ist Mao Tse-tung! Die Sonne, das ist die Kommunistische Partei!« Aber Ta-tschun erklärt Hsi-erh mahnend, daß sich die Revolution nicht mit persönlichen Racheakten begnügen dürfe: »Das Proletariat kann nur dann endgültig frei werden, wenn es die Menschen befreit.« Alle schwören, der Revolution bis zum Ende treu zu bleiben — bis die Ungerechtigkeit von ehedem für immer beseitigt ist.

Hinter diesem zeitgenössischen Libretto entdeckt man ohne Mühe uralte chinesische Mythen: den Mythos von einer »weißen Göttin«, die von den Bauern verehrt wird; den von der verfolgten Frau, die Flucht und Wahnsinn der Unterdrückung vorzieht*; den Sonnenmythos, der nacheinander mit einer heidnischen Gottheit, mit Buddha und mit Mao Tse-tung verbunden wurde.

Wenn der Vorhang gefallen ist, kommt die Truppe, wie nach allen Aufführungen, auf die Bühne zurück, stimmt *Der Osten*

---

* Tschu En-lai war einer in der Einsamkeit lebenden Frau begegnet, die niemandem erlaubte, ihr nahezukommen, und wie ein wildes Tier in einer Höhle dahinvegetierte. Ihre ganze Familie war verhungert, und sie, die Waise, in Wahnsinn verfallen. Die Dorfbewohner brachten ihr während der Nacht Nahrung, die sie holte. Dann flüchtete sie wieder in ihre Höhle. Niemand kam auf die Idee, sie in Gewahrsam zu nehmen.[1]

*ist rot* an und schwenkt fröhlich das Kleine Rote Buch. Das Publikum applaudiert stehend, dann klatschen, wie es in den kommunistischen Ländern üblich ist, die Schauspieler den Zuschauern Beifall, treten in direkten Kontakt mit ihnen, stimmen ihre Begeisterung auf die des Publikums ab. Es ist sehr schön, daß Schauspieler ihrem Publikum auf diese Art für einfühlsame Reaktionen — etwa Schweigen an der richtigen Stelle — danken; und schließlich handelt es sich um eine gemeinsame Würdigung des Werkes, das beide, Zuschauer und Darsteller, miteinander verbunden hat...

Eine gute Aufführung, die keinen Augenblick langweilig ist. Gewiß, die Musik klingt ganz und gar europäisch — von einigen Volksmusikmotiven, einem Solo auf der chinesischen Violine und ein paar Gongschlägen abgesehen; die Choreographie bringt nichts umwerfend Neues, außer akrobatische Sprünge in den Kampfszenen und bäuerliche Volkstänze; aber das befriedigt den verwöhnten Ästheten aus dem Westen nicht ganz.

Die meisterliche Beherrschung des Handwerks jedoch, die Grazie, die langen Beine des weiblichen Stars Mao Hui-fang und ihrer Kolleginnen (die Rolle der Hsi-erh ist so anstrengend, daß drei Tänzerinnen den Star nacheinander ablösen müssen), sichern dem Stück triumphale Erfolge. Die präzise, makellose Ausführung, der rasche Rhythmus, ausgeprägter Farbsinn, die Schönheit der Massenszenen und das Gefühl für kollektive Bewegung fordern den Beifall heraus.

Man könnte — wie es einer von uns getan hat — die Konzeption, die auf derjenigen von *Schwanensee* aufbaut, das realistische Bühnenbild, das weder mit einem Sonnenuntergang noch mit zuckenden Blitzen fertig wird, als ein »Monument des Konservatismus« bezeichnen. Es bleibt jedoch — neben vielem Schablonenhaften — die dramatische Intensität eines Mythos, der die Bühne mit pulsierendem Leben erfüllt, indem er die hohen Prinzipien der Revolution verherrlicht.

### Das Rote Frauenbataillon

Das *Rote Frauenbataillon* ähnelt in frappanter Weise dem *Weißhaarigen Mädchen*. Dieses Ballett in sechs Akten, 1964 geschaffen, 1970 in einer neuen Fassung erschienen, die den Prinzipien der Kulturrevolution Rechnung trägt, wird von der Truppe der Pekinger Oper aufgeführt und hat den gleichen Star wie *Das weißhaarige Mädchen*, das von der Schanghaier Truppe aufgeführt wird.

Die schöne Wu Tsching-hua ist, wie Hsi-erh, ein armes Bauernmädchen, das von ihrem Herrn, einem bösen Grundbesitzer, auf
das grausamste mißhandelt, dann aber von kommunistischen Partisanen befreit wird. Sie schließt sich begeistert einem Frauenbataillon der Roten Armee an. Die weiblichen Soldaten tragen
kurze Hosen und Khaki-Blusen; rot ist an ihnen außer dem Herzen nur eine Armbinde, auf der die Worte »Rote Armee« einge-
stickt sind. Der Parteivertreter beim Bataillon, Hong Tschang-
tsching, ein furchtloser Kommunist, stirbt auf dem Scheiterhaufen,
ohne einen Laut von sich zu geben. Aus dem Blut des Märtyrers
entsprießt, gewissermaßen auf der Stelle, eine neue Saat von Partisanen. Wu Tsching-hua, deren revolutionäres Bewußtsein aus der
Abneigung gegen ihren Herrn entstanden ist, verdoppelt ihren
Haß gegen die Unterdrücker. Sie stellt sich an die Spitze einer
proletarischen Avantgarde, die entschlossen ist, für die Sache
der Revolution in den Tod zu gehen.

Tang Hai-kuang, der Chef unserer Begleitung, legt Wert darauf,
mir dieses Werk persönlich zu erklären. Das Stück spielt nämlich
auf der Insel Hainan, von der er stammt. Er legt seine übliche
Zurückhaltung ab und drückt sich äußerst gewandt aus. Tang
Hai-kuang hat selbst in der Untergrundbewegung seiner Heimat-
insel mitgekämpft. Die Episode, die den Kern des Balletts bildet,
ist authentisch. Tang Hai-kuangs Stimme zittert, während er die
Erpressungen des Grundbesitzers kommentiert.

Wie es sich gehört, wird der Herr, der am Beginn triumphiert,
in der letzten Szene hingerichtet; die gedemütigten Bauern werden zu siegreichen Kriegern.

### Die rote Signallaterne

Dieses Stück ist anders geartet. Es ist kein Ballett, sondern ein
Musterbeispiel einer »Peking-Oper«.

In einer von den Japanern besetzten nordchinesischen Stadt
erwartet während einer Winternacht der Kommunist und Weichen-
steller·Li Ju-ho auf dem Bahnsteig einen Verbindungsmann. Dieser
springt vom fahrenden Zug ab und wird von einer japanischen
Patrouille angeschossen. Li Ju-ho gelingt es mit Hilfe seines
Freundes Wang Lien-tschu — ebenfalls ein geheimes Mitglied der
kommunistischen Partei —, den Verwundeten vor seinen Ver-
folgern zu retten und bei sich zu Hause zu verstecken. Nachdem
ihn dieser auf Grund des Losungswortes und vor allem wegen
des vereinbarten Zeichens — die rote Signallaterne, die er in der
Hand geschwungen hatte — anerkannt und ins Vertrauen gezogen

hat, erhält er den kostbaren Geheimcode, den er den Partisanen übermitteln soll.

Die Japaner, die nach dem Verbindungsmann und dem Code suchen, dessen Wichtigkeit ihnen bewußt ist, nehmen Li Ju-hos Kameraden Wang Lien-tschu fest, sie foltern ihn, bringen ihn zum Reden, machen ihn zum Offizier der kollaborierenden Polizei. Durch den Verrat des feigen Wang wird die Schlinge um Li Ju-ho zugezogen; bevor er abgeführt wird, kann er aber seine Mutter und seine siebzehnjährige Tochter Tie-mei in das Geheimnis einweihen. Tie-mei ruft in gläubiger Begeisterung aus: »Wir, die Jungen, müssen die Fackel der Revolution aus den Händen unserer Eltern übernehmen. Ich hebe das leuchtende rote Signal hoch empor! Mein Vater ist ein unerschütterlicher Kommunist, stark und aufrecht wie eine Fichte; ich folge ihm, ohne zu zögern!«

Li Ju-ho hält Folter und Bestechung stand. Blutüberströmt singt der Weichensteller vom unbesiegbaren Glauben an den Erfolg der Revolution: »Tausend Blumen werden blühen, das neue China, funkelnd von roten Fahnen, wird die Welt erhellen wie die Morgensonne«, bevor er mit dem Ruf »Es lebe der Vorsitzende Mao!« zusammen mit seiner Mutter unter den Kugeln des japanischen Hinrichtungskommandos zusammenbricht. Die Japaner haben die junge Tie-mei freigelassen, in der Absicht, ihr nachzuspionieren, um den Code in die Hand zu bekommen. Tie-mei, gebrochen vor Schmerz, aber wie elektrisiert vom Heldentod ihres Vaters und ihrer Großmutter, hebt nun die rote Signallaterne: »Großmutter! Vater! Ich weiß jetzt, warum ihr gestorben seid. Ich ergreife das Signal, um euren letzten Willen zu erfüllen! Ich werde alles tun, damit der Code den Partisanen vom Zedernberg übermittelt wird! Die Blutschuld wird bezahlt!« Es gelingt ihr, mit dem Code zu entfliehen und zu den Partisanen zu gelangen. Diese locken den Feind in einen Hinterhalt und vernichten ihn; alle feiern den Sieg und heben die Waffen hoch über ihren Häuptern empor. Tie-mei schwingt die rote Signallaterne. Die Bühne ist in Licht getaucht. Ein Leitsatz des Vorsitzenden Mao enthält die Quintessenz dieses Stückes: »Tausende und aber Tausende heldenhafte Menschen haben mutig ihr Leben für das Volk hingegeben. Halten wir die Fahne hoch, schreiten wir vorwärts auf dem Weg, den ihr Blut uns gebahnt hat!«

### Die Maschinenpistole in den Heldenliedern

Warum wird ein Thema, das im befreiten Europa zu so vielen Filmen und Romanen anregte, in China einzig und allein durch die — erneuerte — Oper wiedergegeben? Deshalb, weil es in dieser Form den Strömungen der Tradition besonders entgegenkommt und die Massen direkter anspricht. Schon im 13. Jahrhundert inspirierte der Kampf gegen die Mongolen zu epischen Stücken — mit Solos, die Verachtung ausdrückten, akrobatischen Sprüngen, kunstvollen Massenszenen, mit Flaggenwäldern; es gab Haßduette zwischen dem volkstümlichen Helden und dem fremden Unterdrücker; alles ähnelte der Szene, in welcher der Weichensteller Li Ju-ho dem japanischen Hauptmann stolz die Stirn bietet. Auch hier vereint sich der revolutionäre Gedanke mit uralter Tradition. Er weist — vor dem Hintergrund der »Internationale« — dem ewigen Kampf der Patrioten, dem Schrecken der Besetzung, der Denunzierung der Kollaborateure, der Tollkühnheit der Jungen, die alle Opfer auf sich nehmen, wieder den gebührenden Platz zu.

Die vier anderen Modellstücke — wir haben sie nicht gesehen, aber wir können sie uns leicht vorstellen, wenn wir die Farbbilder, Plattenhüllen und Textbücher, die wir mitnehmen konnten, betrachten — haben ebenfalls eine umfangreiche Ikonographie hervorgebracht: Plakate vor den Kinos, Porträts der Helden oder Szenenfotos in den Schaufenstern der Geschäfte oder an Wandtafeln, Skulpturen. Eine kurze Analyse der Themen wirft ein bezeichnendes Licht auf das Innenleben der Chinesen.

*Die Eroberung des Tigerberges* (1958 entstanden, 1963 unter der Leitung von Tschiang Tsching neu bearbeitet, 1969 unter der Einwirkung der Kulturrevolution neuerlich bearbeitet durch die Tanzakademie von Schanghai) gibt ein authentisches Abenteuer der Roten Armee im Winter 1946 wieder. Ein Kommando hat den Auftrag erhalten, eine von Banditen durchsetzte Gegend zu säubern. Jang Tse-schung, der Chef des Kommandos, verbindet List mit absoluter Ergebenheit der Partei gegenüber. Durch einen Kniff gelingt es ihm, heimlich bis zum Schlupfwinkel der Banditen auf dem Tigerberg vorzudringen. Er führt seine Leute zum Sieg.

*Der Hafen* (1963 in Schanghai entstanden, 1969 unter der Leitung von Tschiang Tsching neu bearbeitet) ist das einzige dieser sieben Stücke, das nicht direkt mit dem Militär zu tun hat. Es spielt unter Hafenarbeitern auf den Kais von Schanghai. Die Säcke mit Getreide oder Reis, die durch die Hände der Arbeiter gehen, verbinden das sozialistische China mit den Bruderländern Asiens, Afrikas und Lateinamerikas; der »weltweite Kampf« gegen den Imperialismus hängt davon ab. Signal zum Kampf: Man deckt einen Sabotageakt auf, der zu einer Katastrophe hätte führen können. Solo eines Werkstudenten, der im Hafen arbeitet:

Der junge Hsiao Han, der wieder von der »bourgeoisen Karriere-sucht« gepackt wird, erzählt uns von seinen ideologischen Seelen-dramen; diese inneren Kämpfe bringen ihn schließlich so weit, sich zum Teil die Verantwortung für die Sabotage anzulasten. »Unterstützt von seinen Kameraden und den Parteifunktionären« erkennt er schließlich sein Unrecht und schwört, sein Leben der »Linie« des Vorsitzenden Mao zu weihen; er hat am eigenen Leib erfahren, daß die Vollkommenheit, die von jedem Chinesen ver-langt wird, unerläßlich ist für den Sieg der Weltrevolution.

*Scha Tschia Pang* (1964 unter Tschiang Tsching geschaffen, 1970 unter derselben Leitung neu gefaßt) spielt südlich des Jangtsekiang in einem kleinen, öden Dorf inmitten der Sümpfe, das dem Stück seinen Namen gibt. Verwundete Soldaten der Volksbefreiungs-armee haben sich dorthin geflüchtet. Von den Japanern und den Kollaborateuren gehetzt, sind sie in diesem Dorf in Sicherheit und fühlen sich wohl »wie der Fisch im Wasser«. Dank der Ent-schlossenheit ihres politischen Instruktors Kuo Tschien-kuang, eines vorbildlichen Revolutionärs, und dank der List eines Ver-trauensmanns der Partei sowie einer alten Tante, die der Folter standhält, und des Zusammenhalts der anonymen Dorfbewohner, gelingt es den Verwundeten, die Verbindung mit der Roten Armee herzustellen, die das Dorf schließlich befreit.

Der *Überfall auf das Regiment Weißer Tiger* spielt 1953 in einem koreanischen Dorf, nachdem die Verhandlungen von Pan-munjon gescheitert sind. Um eine Offensive der »amerikanischen Marionetten« zu brechen, muß ein Kommando von Kundschaftern unter dem Decknamen »Dolch« bis zum Zentrum der feindlichen Stellungen vordringen und den Kommandostand des bis dahin als unbesiegbar geltenden Regiments »Weißer Tiger« vernichten. Der Anführer des »Dolch«-Trupps überträgt seine Kaltblütigkeit und Kühnheit auf seine Leute, verschwindet in der Nacht und erfüllt seinen Auftrag unter Lebensgefahr. Am Ende feiern chine-sische Freiwillige und koreanische Soldaten den »großen Sieg des militärischen Denkens des Vorsitzenden Mao«, bevor sie in neue Kämpfe ziehen.

So sehen diese charakteristischen Werke aus: Ein neues Genre wurde geschaffen, das schwer zu definieren ist. Ballette? Opern? Opern mit Balletteinlagen? Die beiden als Ballette klassifizierten Stücke *Das weißhaarige Mädchen* und *Das Rote Frauenbataillon* enthalten gesungene Passagen. Die fünf anderen, den »Peking-Opern« zugeordnet, werden teilweise getanzt. Eine einzige Auf-führung vereinigt Tänze, Gesang, symphonische Musik und west-liche Choreographie; das Bühnenbild ist ganz und gar westlich,

Elemente der europäischen Musik vermischen sich nahtlos mit den Traditionen der chinesischen Oper; dazu kommen die akrobatischen Sprünge, Scheinkämpfe mit dem Säbel, Fahnenschwingen.

Das Wunderbare für das chinesische Publikum besteht darin, zu sehen, wie auf der Bühne ein Abenteuer nachvollzogen wird, das es selbst erst vor kurzem miterlebt hat; dieses Abenteuer wird nun, durch das Schauspiel, Geschichte. Der Zuschauer wird einerseits mit einer seit Jahrhunderten vertrauten Folklore konfrontiert und anderseits mit der Befreiung, deren Zeuge er war oder an der er sogar mit dem Gewehr in der Faust mitgewirkt hat. Er sieht den Trotz eines Volkes dargestellt, einen Stolz, in dem sich Traum und Realität vermengen. Diese Kunstgattung ist durchaus imstande, demjenigen Tränen zu entlocken, für den sie geschaffen wurde.

»Hat Ihnen das *Rote Frauenbataillon* gefallen?« fragte mich Tschu En-lai. »In Schanghai werden Sie *Das weißhaarige Mädchen* sehen. Ich möchte Ihnen diese revolutionären Ballette gern nach Frankreich senden. Wir wollen beweisen, daß es möglich ist, traditionelle Formen durch eine neue Inspiration wiederzubeleben.«

Kann man diese Schauspiele, so fragte ich mich, wirklich exportieren? Erträgt man es, einen Abend lang die Ferienfarbdias guter Freunde anzusehen, den Film mit den ersten Gehversuchen ihres Kindes, das Familienalbum mit den vergilbten Fotografien? Die revolutionären chinesischen Werke wirken gewiß herzbewegend auf ein Volk, das — vom Mittelalter bis zum Atomzeitalter — Jahrhunderte übersprungen hat und die Maschinenpistole in seine Heldenlieder einfügen kann, ohne sich eines Anachronismus schuldig zu machen. Es handelt sich um eine kollektive Kunst für den persönlichen Gebrauch, für den Intimbereich gewissermaßen.

Und doch, wie interessant wäre es für uns, in diesen Intimbereich einzudringen! Und sei es nur deshalb, weil es das chinesische Volk, das älteste, zahlenstärkste, am meisten verkannte, verdient, daß man sich für seine Geschichte interessiert, ebensosehr oder noch mehr als für die Geschichte irgendeiner anderen Nation. Aber auch deswegen, weil diese Kunst selbst einer näheren Betrachtung wert ist; man kann eine Menge daraus lernen. Wenn man ihr vorwirft, sie sei von Mao Tse-tung und der Partei ferngesteuert, dann hat man vorschnell geurteilt. Würden es unsere »Eliten« ebensogut verstehen, die Sprache des Volks zu sprechen, anstatt sich im Getto ihrer Esoterik einzuschließen, hätten die Erwachsenen die Phantasie und das Talent, die Jugend zu gewinnen, indem sie ihre Träume beleben, dann würde die westliche Zivilisation vielleicht etwas weniger an sich selbst zweifeln.

Bevor in Schanghai des Nachts die von den Engländern in ihrer Konzession installierten Glocken zehn Uhr schlagen, läuten sie die Melodie von *Der Osten ist rot* — mit dem Klang Big Bens. Vor den Kinos drängen sich die Menschen in dichten Trauben; sonst sieht man nirgends in China Schlangen von Wartenden. Die Menge steht Schlange, um einen Film über eines der Standardwerke zu sehen; hier sind es *Die Eroberung des Tigerberges* und *Das Rote Frauenbataillon*. Diese Vorstellung, die letzte, endet nach Mitternacht — eine späte Stunde in einem Land, in dem man sehr früh zu Bett geht und sehr früh aufsteht. Gibt es wohl einen einzigen Chinesen, der das Drama, dessen verfilmte Fassung er nun anschaut, nicht schon mehrmals gehört und gesehen hat? Was erwarten sich die Leute davon? Im Theater stellten wir fest, daß die Zuschauer auf die akrobatischen Tänze noch mehr reagieren als auf die Gesänge der Angst und des Triumphs, auf die technischen Finessen der Inszenierung — die Nachahmung fallenden Schnees oder der aufgehenden Sonne —, mehr noch als auf die begeisterten Treuebekenntnisse zum Vorsitzenden Mao. Aber die Chinesen sind ein gutes Publikum. Wahrscheinlich werden sie nicht von einem Aspekt des Werkes angezogen, sondern vom Werk in seiner Gesamtheit: durch die dramatische Intensität, die zündenden Rhythmen, den Zauber der Farben und rasch wechselnden Szenen, von der Verzauberung durch Worte und Musik. Ein totales Schauspiel, dem die Magie des Films noch zusätzliche Wirkung verleiht.

## Die Helden hinter den Kulissen

In einem von Zikadengezirp erfüllten Park in der Nähe Schanghais halten unsere Autos. Es ist noch nicht acht Uhr, aber die Sonne brennt schon heiß hernieder. Die Mitglieder der berühmten Tanzakademie, die *Das weißhaarige Mädchen* für Bühne und Film adaptiert hat, erwarten uns »Gewehr bei Fuß«, das Kleine Rote Buch in den Händen. Im obersten Stockwerk eines modernen Gebäudes, das aber bereits alt aussieht, empfangen uns Tänzer und Tänzerinnen in Arbeitskleidung, Dirigenten und Musiker in Hemdsärmeln; die Atmosphäre ihrer täglichen Arbeit umgibt uns. Neben mir steht der Direktor — oder eher Leiter des Revolutionskomitees — der Akademie: ein Soldat ohne Rangabzeichen, in grünem Drillich, die Mütze ist ihm über die Ohren gerutscht. Einfacher Soldat, Hauptmann oder General? Die feingeschnittenen Züge und das aristokratische Profil scheinen auf den Sohn eines Mandarins hinzudeuten. Aber wie soll man das wissen? Ballettratten, die Haarschwänzchen mit Gummibändern zusammengehalten, servieren Tee. Die Truppe führt uns einige Grundübungen vor: Jungen in blauen Strumpfhosen, schwarzen Socken, weißen Baumwollpolohemden mit Ärmeln; die Mädchen tragen gelbe Strumpfhosen, rosa Socken, rote Poloblusen. Der Pas de deux, die Zwischenschritte, die Sprünge könnten aus der *Nußknackersuite* oder aus *Giselle* stammen; dazu kommen noch einige Voltigiereinlagen und vor allem Luftsprünge von geradezu unglaublicher Höhe. Durch die offenen Fenster an beiden Längsseiten des Saales dringt ein Luftzug, und das Gezirp der Zikaden ist so laut, daß man ein Mikrophon brauchen würde, um sich zu verständigen.

Wir hätten uns gern darauf beschränkt, diese edle Kopfhaltung, die lebhaften Gesichter, die feinen Hände und sehnigen Beine naiv zu bewundern, hätte man uns nicht über die Hintergründe dieses Schauspiels aufgeklärt.

Der junge Solotänzer mit dem Gesicht des Volkshelden löst die Debatte durch sein öffentliches Bekenntnis aus: »Ich stamme aus einer Familie armer Bauern. Als ich in die Tanzakademie eintrat, erhielt ich eine bourgeoise Erziehung, die tiefe Spuren in mir hinterließ. Erst die Kulturrevolution brachte unsere Schule dazu, den Weg des Proletariats einzuschlagen, und ich selbst begriff, daß die Lumpen der Vergangenheit auf den öffentlichen Misthaufen geworfen werden müssen. Das Ballett hat der schändlichen revisionistischen Ästhetik endlich den Rücken gekehrt. Es stellt nur noch die Revolution dar, die Schrecknisse vergangener Zeiten, den Heldenmut der Partisanen. Sein Ziel ist nun die politische Erziehung der Massen. Alle Schüler der Akademie haben jetzt verstanden, daß sie die Botschafter des proletarischen Generalstabs werden müssen.«

Wir fragten nach dem Namen des jungen Solisten, der dieses erbauliche Glaubensbekenntnis mit starker Stimme und ohne abzusetzen vortrug. Aber man antwortet uns ausweichend. »Bei uns gibt es keine Stars«, »Er ist ein Künstler wie alle anderen«, »Nur die Truppe zählt«.

»Aber wie sollen wir ihn nennen?« bohrt einer unserer Journalisten.

»Den-Schauspieler-der-die-Rolle-des-Helden-Ta-Tschun-des-Anführers-der-Abteilung-der-Roten-Armee-übernommen-hat.«

Der Ballettmeister, ein charmanter kleiner Bursche mit einem etwas weibischen Gesicht, dessen Augen aber vor revolutionärem Eifer glühen, folgt unmittelbar auf den jungen Solotänzer. Er nennt uns seinen Namen, Lin Jang-jang. Er erklärt uns die

Methode, die er anwendet, um durch traditionelle choreographische Figuren revolutionäre Gefühle auszudrücken. »In der klassischen Sprache des Balletts wurde im allgemeinen eine utopische Hoffnung durch graziöse Sprünge wiedergegeben: die Nachahmung eines Vogels, der gegen den Wind fliegt. Wir haben diese Figur in eine Bewegung der Revolte umgewandelt.«

Mit einer Geste untermalt er seine Worte, hebt den Zeigefinger, die Augen funkeln.

»Die Sprungfiguren im westlichen Ballett bedeuten oft Illusion und Unentschlossenheit, wie etwa in *Giselle*, wenn die Geister im Wald dahinschweben und zögern, das Grab zu betreten; in China drückt der Sprung mit erhobenen Armen und geballten Fäusten die Kraft der Revolution aus.« Lin Jang-jang läßt ein Beispiel folgen, hebt den Arm, schließt die Faust und führt Drehsprünge aus im Dienst der revolutionären Ideologie.

»Das Solo, das in einer virtuosen Pirouette endet, ein Bravourstück noblen Stils, hatte keinen anderen Zweck, als dem Ersten Tänzer die Gunst des Publikums zu sichern. Das chinesische Solo in der Schlußszene drückt hingegen die Wut des Volkes gegen den Grundbesitzer aus.«

So symbolisiert also die gleiche Geste, die die süßlichen Gefühle der bourgeoisen Gesellschaft wiedergab, den Klassenkampf.

»Wir haben den Pas de deux übernommen, aber wir formen diese Bewegung um in eine Geste des Zorns den Grundbesitzern gegenüber. Das klassische Duo im Westen stellt die Liebe dar. Romeo tanzt um Julia herum. Die Frau ist die willige Beute des Mannes. Das ist eine reaktionäre Auffassung. Bei uns kann die Frau im Zentrum bleiben, und der Mann trotzdem um sie herumtanzen — unter der Bedingung, daß diese Figur nicht die Liebe, sondern den Haß darstellt, daß die Frau eine arme Bäuerin und der Mann ein Grundbesitzer ist, der sich ihrer bemächtigen will.«

Lin Jang-jang deutet einige Schritte an, um seine Beweisführung zu veranschaulichen. »Der Spitzentanz, das bevorzugte Mittel bei der Darstellung der Liebe? Eine hoch über den Kopf emporgereckte Faust — und Julias Ekstase verwandelt sich in Rachewünsche.«

Alle Ideen, alle Gefühle haben ihren Code. Aber die Liebe hat ihren Sinn gewechselt. »Es handelt sich nicht mehr um das egoistische Streben nach einem Vergnügen zu zweit, sondern um den Willen zweier Personen, die Revolution zum Wohl aller zu verwirklichen.« Die Hand des Grundbesitzers auf dem Hinterteil der Tänzerin, »das ist die Erniedrigung, die im Klassenkampf zum

Vorschein kommt«. Der Bauer, der einen Sack Mehl bringt, und die junge Bäuerin, die ihn aufnimmt, »symbolisieren die Freundschaft durch die Arbeit, das Volk, das sich gegenseitig hilft«. Die bourgeoise Liebe wird durch die Hoffnung zweier Menschen auf eine schönere proletarische Zukunft ersetzt.

Dazu kommen noch ein paar klassische chinesische Figuren. Marsch der Verzweiflung auf den Knien; wirbelnder Tanz zum Ausdruck der Bestürzung; Sprungkaskaden, die den Kampf symbolisieren; Sprünge mit dem Gewehr in der Hand zur Versinnbildlichung des Siegeswillens.

Zwischen zwei Figuren frage ich Lin Jang-jang nach Anzahl und Herkunft der Tänzer.

Von zehntausenden Kandidaten wurden nur hundertfünfundfünfzig ausgewählt, fünfundsechzig Burschen und neunzig Mädchen. Zwei Kriterien waren dabei ausschlaggebend: ihr proletarischer Eifer und ihre Grazie beziehungsweise Tanztechnik. Bei den jungen Solotänzern wird auch die äußere Erscheinung »in Betracht gezogen«. Aber ein gesunder revolutionärer Sinn und die Lehren, die die jungen Leute bei der manuellen Gemeinschaftsarbeit von den armen Bauern bezogen haben, spielen eine wesentliche Rolle: um revolutionäre Themen darzustellen, muß man zunächst selbst die richtige Einstellung dazu haben.

Hsu Tsching-hsien, der Leiter des Revolutionskomitees von Schanghai, stellt später diese optimistische Behauptung in Abrede und bedauert, daß die Mitglieder der Tanzakademie schon lange nicht mehr manuelle Arbeit in der Fabrik oder in der Landwirtschaft geleistet haben.

Der Dirigent, der zugleich Komponist ist, verteidigt sich nachdrücklich gegen die Kritik — die wir im übrigen kaum näher formulierten —, seiner Musik mangle es an Originalität.

»Ist Ihre Musik wirklich avantgardistische Kunst?« hatten wir gefragt.

»Wenn es stimmt, was man mir sagte«, antwortete er hitzig, »besteht für Sie im Westen die Kunst der Avantgarde darin, zum Klang einer kakophonen Musik in Gruppen splitternackt umherzuhüpfen; zu einer Musik, die eine Katze produzieren würde, wenn sie über die Tasten eines Klaviers spaziert. Für uns muß sich der künstlerische Ausdruck auf das Wesentliche beziehen, nicht auf die äußere Form. Die Musik ist originell, wenn sie mit Hilfe klassischer Technik neue Gefühle wiedergibt.«

Dreißig junge Tänzerinnen erscheinen auf dem Parkett, diesmal in Kostümen. Sie stellen Volkspolizistinnen dar, die mit Pistolen zielen, Gewehre in Anschlag bringen und Krummsäbel schwenken, während sie stampfend einen Tanz mit vielen Pirouetten und Purzelbäumen ausführen. Dann wird durch eine »Kettenbrücke« die berühmte Episode des Langen Marsches dargestellt, ein Gruppentableau in Blau und Rot, Gewehre klirren und Jatagans. Der Tanz wird von einer Kraft und einem Glauben belebt, die, rückblickend, die Entrüstung Tschiang Tschings rechtfertigen: »Es ist undenkbar, daß in einem sozialistischen Land wie dem unseren, das von der kommunistischen Partei geführt wird, die Bühne nicht von Arbeitern, Bauern und Soldaten beherrscht wird, den einzigen wirklichen Schöpfern der Geschichte, den wahren Herren des Landes ... Wir müssen eine Literatur und eine Kunst schaffen, die unseren Sozialismus verkünden.«

Angesichts der Demonstration der Tanzakademie von Schanghai muß man zugeben, daß der Wunsch von Maos Frau weitgehend erfüllt wurde. China hat einen durchaus eigenständigen Weg zur Lösung des Hauptproblems gefunden, das sich heute allen Künstlern der Welt stellt — der »freien« wie der sozialistischen Welt: Die Schaffung einer neuen Ästhetik, einer wahreren, echteren, gefühls- und lebensnäheren.

### Von einer armen Bauersfrau, die ihren Sohn nicht mehr verstand

Auf dem Programmzettel eines Theaters ist ein Brief wiedergegeben, den Mao im Jahr 1944 an die Peking-Oper von Jenan gesandt hatte. »Das Volk ist es, das die Geschichte formt. Die traditionelle Oper ist indessen nur Schmutz, wie jede alte Literatur- und Kunstform, die dem Volk fremd geworden ist. In ihr herrschen Herren und Damen, Stutzer und gezierte Fräulein. Jetzt habt ihr diese verkehrte Entwicklung wieder rückgängig gemacht, die historische Wahrheit wiederhergestellt und so der alten Oper neues Leben eingehaucht. Das verdient wärmsten Beifall.«

Das Regime läßt die Arbeiter härter schuften als jemals zuvor, aber es belohnt sie dafür mit einer neuen Würde. Nicht nur mit der Ehre, einer Nation anzugehören, die wieder eine Macht geworden ist; nein, es verleiht ihnen dazu die Würde, das proletarische Mitglied einer Klasse zu sein, die die Macht erobert hat. Warum hatte das Theater niemals ländliche Helden auf die Bühne gebracht? Weil die Bauern und Arbeiter vor der Befreiung nicht höher eingeschätzt worden waren als Lasttiere; und Lasttiere haben in einem Kunstwerk nichts verloren. Jetzt sind sie ins Rampenlicht getreten, zu Helden geworden — ja es gibt keine anderen Helden als sie.

In der Tanzakademie von Schanghai hielt mir der Solotänzer-der-den-revolutionären-Helden-Ta-Tschun-darstellt (jedoch, wie wir gesehen haben, darauf bestand, anonym zu bleiben) folgende, sehr persönliche Rede: »Als ich das erstemal die Hauptrolle in *Schwanensee* tanzte, lud ich meine Mutter zu der Vorstellung ein. Sie hatte noch nie ein Theater besucht. Am Ende der Vorführung, als ich sie fragte, ob es ihr gefallen hätte, begann sie zu weinen. Sie hatte sich nicht ausgekannt, nicht angesprochen gefühlt, ja nicht einmal begriffen, worum es sich handelte. Die Figuren erschienen ihr in keiner Weise real. Die Handlung sagte ihr nichts. Sie fühlte sich verachtet von all den anderen, die dem Schauspiel beiwohnten.«

Der provenzalische Dichter und Spracherneuerer Frédéric Mistral, der nach seiner Heimkehr aus Paris von seiner Mutter weinend empfangen wurde, weil sie das französische Gedicht nicht verstand, das er ihr voller Stolz rezitierte, schwor sich in diesem Augenblick, nur noch in Provenzalisch zu schreiben. Der Solotänzer von Schanghai schwor, angesichts der Bestürzung seiner Mutter, dieser armen Bäuerin, sich zu ändern.

»Ich fragte meine Mutter, was ich ihrer Meinung nach tun sollte. Sie riet mir, ins Dorf zurückzukehren und die Felder zu bestellen. Ich verstand, daß ich den revolutionären Kampf kämpfen mußte, gegen Liu Schao-tschi, der behauptete, daß das Ballett das moderne Leben nicht wiedergeben könne. Mit Hilfe der arbeitenden Massen begriff ich die Leitsätze des Vorsitzenden Mao besser: ›Alles, was fremd ist, muß der Nation nützen‹, ›Alles Gute sammeln, was sich im literarischen und künstlerischen Erbe findet‹, ›Dem Volk dienen‹. Gemeinsam mit dem gesamten Personal der Tanzakademie habe ich von 1964 an bei der Schaffung des *Weißhaarigen Mädchens* mitgewirkt. Dieses Werk bewies, daß die Peking-Oper, diese angeblich uneinnehmbare Festung, erobert und revolutioniert werden kann. Seit ich in revolutionären modernen Balletten tanze, begreift meine Mutter den Sinn der Themen, die ihren Lebenserfahrungen entsprechen; sie ist stolz auf ihren Sohn, und glücklich, zu sehen, daß ihre Klasse — die Klasse der armen Bauern — zu solchen Ehren gelangt ist, daß sie die Helden der Stücke liefert, die Klasse der Grundbesitzer hingegen die Verräter.«

### Die proletarische Gemeinschaft

Vor dem Archäologischen Museum von Sian verkündet eine Wandtafel mit Ideogrammen, die den Schriftzügen Maos nachgebildet sind, den Satz: »Wem dienen? Das ist das grundlegende Problem.« Seit der Kulturrevolution wird das geistige Leben nur so weit geduldet, als es den Massen nützt.

Was waren die europäischen Kathedralen anders als eine Bibel für das Volk, die Heilige Schrift in Skulpturen und Glasfenstern wiedergegeben? Die traditionellen chinesischen Kunstwerke besitzen die zauberische Kraft, durch Rührung Verständnis zu erwecken. Das volkstümliche Schauspiel war beliebt. Einer der großen chinesischen Klassiker, Pai Tschu-ji, ein Zeitgenosse Karls des Großen, hoher Beamter und Dichter, erprobte seine Texte vor Wäscherinnen; wenn sie sie nicht verstanden, überarbeitete er sie. Er wollte, daß seine Gedichte im Dorf ebenso verstanden würden wie bei Hof. Hatte Molière, als er die Szenen, die er gerade geschrieben hatte, seiner Köchin vorspielte, nicht eine ähnliche Einstellung? Nur in Zeiten der Dekadenz trennt sich die Kunst vom Volk.

Die Ästheten, die für andere Ästheten schaffen, halten — bewußt oder unbewußt — das Volk für ein unwürdiges Publikum. In China fühlt sich der Zuschauer nicht mehr vom Künstler verachtet; vielleicht, weil der Künstler während der Kulturrevolution unter der Verachtung des Volkes gelitten hatte. Jeden Abend wird auf der Bühne ein kollektives Werk vollendet; die gegenseitigen Beifallskundgebungen der Schauspieler und Zuschauer am Ende des Stücks unterstreichen die Reziprozität dieser Schöpfung.

Die Vereinigung von Truppe und Publikum ist nur ein Abbild der Vereinigung, die jedes der sieben Modellstücke provoziert. Die Figuren selbst stehen nicht isoliert da: Sie gehören dem Volk an, durch ihre soziale Herkunft, ihre »Lebensbedingungen«, durch ihre Liebe zum Volk und durch die Liebe, die sie von ihm empfangen. Jene, die in der vordersten Kampflinie stehen, brauchen die Hilfe der Massen. Li Ju-ho, der Weichensteller in der *Roten Signallaterne*, seine Mutter und seine Tochter verkünden gemeinsam: »Man sagt, daß die Familienbande die stärksten sind. Aber die Liebe innerhalb der Klasse verbindet uns noch viel mehr.«

### Ein Volksheld

Durch die geballte Macht des Bildes, der Musik, des Gefühls und des Traums werden die Chinesen angeregt, den Gestalten des Repertoires ähnlich zu werden. Der unerbittliche Mechanismus der Kulturrevolution hat diese Prototypen des neuen China ausgewählt. Sie sind die fleischgewordenen Tugenden, die notwendig sind, um alle Hindernisse, die sich vor der Revolution auftürmen, zu überwinden: »Heldenmut und Furchtlosigkeit, Opfersinn und Verachtung jedweder Schwierigkeit.« Um die sozialistische Zukunft sicherzustellen, muß man das menschliche Maß sprengen.

Diese Paradekommunisten gehören alle der dreifachen Union Arbeiter-Bauern-Soldaten an. Sie stellen auf der Bühne die überwältigende Mehrheit des Volkes dar, die bis dahin dort nur verspottet wurde. Sie leben nach den gleichen Regeln, teilen die Begeisterung für den Großen Lehrer und für alles, was von ihm kommt; ihnen allen ist der Glaube an die Unbesiegbarkeit der Partei gemeinsam, der unerschrockene Mut, der Widerstand mit Hilfe des Wundermittels, des Sesam-öffne-dich des Kleinen Roten Buchs: »Sich mit Entschlossenheit wappnen, vor keinem Opfer zurückschrecken und alle Hindernisse überwinden, um den Sieg zu erringen!« Gemeinsam ist ihnen auch der revolutionäre Glaube, der die einfachsten Arbeiter aufrechterhält — »so sehr, daß sie ihre Henker durch die furchtlose Heiterkeit verblüffen«, mit der sie Folter und Tod begegnen. Eine geradezu odysseische Vorliebe für die List, die einen ungleichen Kampf durch Phantasie ausgleicht — jedes Mittel ist recht, um die Volksfeinde zu vernichten, alle Finten sind erlaubt, um ihre Wachsamkeit einzuschläfern.

Und über allem steht der leidenschaftliche Patriotismus, der das Publikum vor Stolz erzittern macht: Der Revolutionär, der seinen Feinden gegenübertritt, widersteht der Versuchung, zu schweigen oder sich zu erniedrigen, um sein Leben zu retten. Er verspottet die Feinde mit der gleichen Leidenschaft, mit der die Helden der Ilias einander beleidigten; und seine Leidenschaft ist um so größer, als er weiß, daß er nichts mehr zu verlieren hat. Bevor er stirbt, erlebt er die hohe Genugtuung, »jenen, die er bekämpft, seine Meinung sagen zu können«, wie zum Beispiel der Weichensteller in der *Roten Signallaterne*: »Ihr, die japanischen Militaristen, seid nur Schakale, die ihre Scheußlichkeit hinter glattzüngigem Gehaben verstecken; ihr schlachtet unser Volk ab, dringt in unser Territorium ein.«

### Der Klassenhaß

Welche Kraft treibt Hsi-erh, verloren in ihrer Bergeinsamkeit, die Schrecken der Verlassenheit zu überwinden? Welche Kraft entreißt Wu Tsching-hua, das Bauernmädchen im *Roten Frauenbataillon*, der Verzweiflung und bringt sie sogar dazu, sich der

Befreiungsarmee anzuschließen? Welche Kraft hält Jang Wei-tsai im *Angriff auf das Regiment Weißer Tiger* aufrecht, als man ihm meldet, daß seine alte Tante, eine koreanische Bäuerin, von den amerikanischen Imperialisten getötet wurde? Jedesmal und immer wieder ist es der leidenschaftliche Wunsch nach Rache:

»Der Zorn der himmlischen Krieger steigt empor bis zu den Wolken!

Der Klassenhaß wird in den Herzen gespeichert.

Mögen unsere Kameraden aus ihrem Schmerz eine Kraft machen!

Blutschuld kann nur durch Blut abgewaschen werden.«

Die verhöhnten Helden können ihre Würde nur dann wieder erobern, wenn sie jene bestrafen, die ihren Zustand der Würdelosigkeit verursachten und aufrechterhielten.

Der Klassenhaß — der Haß gegen die Ausbeuter und Invasoren — nährt im Herzen der Menschen eine Flamme, die ebenso stark brennt wie die Liebe zu den Brüdern innerhalb der Klasse.

### Der Sündenbock vom Dienst

Ebenso wie die Modelle liefern die Anti-Modelle einander einen Konkurrenzkampf bei der Urteilsbildung der Massen. Die pädagogische Absicht ist die Grundlage des revolutionären chinesischen Theaters: es geißelt das Laster und preist die Tugend. Zwei Arten von Personen werden zum Gegenstand des Abscheus: jene der Vergangenheit — die jederzeit wieder auferstehen kann —, und diejenigen, die sich noch in die Gegenwart einschmuggeln.

Gegenüber den Repräsentanten der früheren Unterdrückung zögert niemand: sie werden mit solchem Haß karikiert, daß ein Raunen den Zuschauerraum durchläuft, sobald sie auftreten. Die Grundbesitzer im *Weißhaarigen Mädchen* und im *Roten Frauenbataillon* sind praktisch identisch: Sie tragen einen flachen Strohhut und europäische Anzüge, eine goldene Uhrkette spannt sich über ihrem Bauch, und sie stützen sich auf Rohrstöcke. Sie sind lüstern und mordgierig. Die hochgestellten Witwen mit den winzigen Füßen in denselben Stücken zeigen sich unerhört anspruchsvoll den jungen Dienerinnen gegenüber und sind selbst unfähig, irgend etwas zu tun, außer Stockschläge auszuteilen. Man kann diese Spuren der alten Gesellschaft nur mit Abscheu betrachten.

Der Haß gegen die einheimischen oder fremden Unterdrücker einigt die Gemüter, erhöht den Schmerz, verstärkt die Anstrengung. Die Partei, erleuchtet vom Denken Mao Tse-tungs, nährt und kanalisiert diesen Haß, und schon ist er in revolutionäre Energie umgewandelt. Das erlittene Unrecht schreit nach gerechter Vergeltung.

Eine etwas aktuellere Figur taucht ebenfalls auf: Der abgefallene oder vom rechten Weg abgekommene Kommunist; zum Beispiel der dem Revisionismus verfallene Student im *Hafen*: Da er vom Denken Mao Tse-tungs nicht genügend durchdrungen war, geriet er in die Klauen der bourgeoisen Versuchung; aber durch Selbstkritik und die Verzeihung der Partei wird er geläutert. Ebenso ergeht es auch dem Aktivisten Wang in der *Roten Signallaterne*, der unter der Folter schwach wird, einen Kameraden preisgibt und als Lohn für seine Treulosigkeit zum Polizeioffizier der japanischen Besatzer befördert wird.

Vor der Revolution gab es im persönlichen Bereich weder Gut noch Böse; Irrtum war verzeihlich, weil sich ja die ganze Gesellschaft im Irrtum befand. Seit Mao Antwort auf alle Fragen gegeben hat, ist Irrtum unverzeihlich geworden. Entweder man geht den vorgezeichneten Weg oder man weicht davon ab. Das Ideal ist klar abgegrenzt: Man wird schuldig, wenn man gegen ein Gebot verstößt. Selbst wer unter der Folter zusammenbricht, wird zum Verräter.

### Die Hauptthemen

Die Partei, die Armee, der Tod — das sind letzten Endes die drei Hauptthemen des Repertoires.

Die Helden gehören ohne Ausnahme der kommunistischen Partei Chinas an. Die Massen können besser ermessen, was sie diesen Helden schuldig sind, wenn sie sie leben und handeln sehen. Die Parteimitglieder haben eine solche Disziplin auf sich genommen, für den Sieg der Revolution so viel Leid erduldet, sind so viele Risiken eingegangen: das kann einfach nicht vergeblich gewesen sein.

Manche dieser Gestalten sind militante Aktivisten, wie zum Beispiel Hong Tschang-tsching, der Vertreter der Partei beim *Roten Frauenbataillon*, den man am Scheiterhaufen sterben sieht, während er die Internationale singt; oder der politische Instruktor Kuo Tschien-kuang, der »vorbildliche Kämpfer für die Revolution«, der die geflüchteten Verwundeten im Dorf Scha Tschia Pang mit Begeisterung erfüllt, oder der Weichensteller Li Ju-ho in der *Roten Signallaterne*, der furchtlos die Folter auf sich nimmt. Keiner von ihnen wird schwach bei der Prüfung.

Andere wieder sind junge Rekruten, wie Hsi-erh im *Weiß-*

*haarigen Mädchen* — das wilde Geschöpf, weiß wie ein Gespenst, das in den Bergen gejagt wird; Wu Tsching-hua, die Bäuerin von der Insel Hainan, die ihrem Herrn entflieht und ins *Rote Frauenbataillon* eintritt; oder die kleine Tie-mei in der *Roten Signallaterne*. Diese jungen Mädchen glühen in der Begeisterung der Neophyten. Wie ihre Eltern und Großeltern, werden sie vom Glauben an die Unbesiegbarkeit der Partei und die Unfehlbarkeit des Vorsitzenden Mao aufrechterhalten. »Die Partei hat mir Nerven aus Stahl verliehen; unbeugsam biete ich dem verabscheuungswürdigen Feind die Stirn«, verkündet Tie-mei in der *Roten Signallaterne*.

Die Begeisterung dieser Aktivisten ist ansteckend; ihr Beispiel wandelt jene, die ihnen zusehen. Sie wenden die Lehren des Vorsitzenden an. Weicht man nicht von Maos Anweisungen ab, dann triumphiert man über die Fallstricke. Aber ein Schritt zu weit nach rechts oder links, und schon ist man verloren. Das revolutionäre Theater ist, wie die Schulen, wie die Armee, wie die Partei, eine »Lehrstätte von Maos Denken«; die verführerischste Schule, am besten dazu geeignet, den Lehren des Vorsitzenden selbst die verborgensten Winkel der Seelen zu öffnen.

Hinter jeder revolutionären Aktion ist — undeutlich, aber dennoch — der Einfluß der Armee erkennbar. Sechs der sieben Modellstücke sind im wesentlichen militärisch orientiert. Selbst im siebenten Stück, *Der Hafen*, tritt die Armee in Erscheinung, von dem Moment an, in dem mit Sabotage gedroht wird. Variationen über ein Thema: Maschinengewehre, Soldaten, Fahnen, trompetenblasende Kinder, Bauern mit dem Gewehr in der Faust — alles ist da. Die Chinesen waren zu lange durch die Überlegenheit der Invasoren gedemütigt gewesen, um nicht eine Kompensation im triumphierenden Militarismus zu suchen.

Der Tod ist in diesen Stücken immer gegenwärtig. Jeder Chinese kennt den Ausspruch Maos auswendig, der bereits in der Volksschule rezitiert wird: »Jeder Mensch muß eines Tages sterben, aber nicht jeder Tod hat dieselbe Bedeutung... Für die Interessen des Volkes zu sterben hat mehr Gewicht als der Berg Taischan...« Es gibt auch einen sinnlosen Tod — denjenigen, der die Sache der Revolution nicht fördert; und es gibt ein Sterben, das den höchsten Sinn erfüllt — den Tod der Helden, die zu Ehren des Klassenkampfes fallen. Jeder chinesische Kommunist könnte eines Tages vor die Entscheidung gestellt werden, und dann muß er die richtige treffen: das Martyrium dem Glaubensabfall vorziehen.

Der Tod schlägt nie zufällig zu. Als Rächer vernichtet er die

Verräter und Unterdrücker; aber er krönt auch den Helden und macht ihn zum Vorbild aller. Die Helden erwecken eine Geschichte, für die sie gelebt haben und gestorben sind, auf der Bühne zu neuem Leben. Das Volk erlebt sie mit ihnen als seine eigene Geschichte. Wird dann von Blut gesprochen, wiegen die Worte ebenso schwer wie das Blut selbst.

### Wo China sich selbst schafft

Wohnt man inmitten eines vollbesetzten Zuschauerraums einem solchen revolutionären Schauspiel bei, um diese Helden und Proletarier zu beobachten und das Wesen dieser zeitgenössischen Themen zu begreifen, dann ergründet man vielleicht auch das Geheimnis eines China, das sich selbst neu schafft. Die Gedanken, die den Chinesen während seiner Arbeit beschäftigen, die Schwierigkeiten, auf die er trifft, die Zweifel, die ihn befallen, werden auf der Bühne sublimiert. Hier findet er die Lieder und die innere Sicherheit, die ihn in seinen Arbeitstag begleiten und seine innere Spannung aufrechterhalten.

In diesen abgegriffenen, ständig wiederholten Phantasiebeispielen wohnt der Chinese der Darstellung seines eigenen inneren Kampfes bei. Er bereitet sich dabei sowohl auf die Begegnung mit den großen Momenten der Geschichte wie auf die alltäglichen Unannehmlichkeiten vor. Diese Stücke sind ein geläutertes Abbild des Epos, das China selbst erlebte. Die revolutionäre Kunst stellt ein Triebwerk für diese riesenhafte »Fabrik der roten Herzen« dar, zu der das China Mao Tse-tungs geworden ist — ebenso sehr oder mehr noch als Erziehung, Umschulung oder Information.

War die Kunst — von den mittelalterlichen Mysterienspielen abgesehen — jemals von einem ähnlichen erzieherischen Ehrgeiz erfüllt? Im bayerischen Oberammergau, wo seit der Pest im Jahr 1634 alle zehn Jahre Passionsspiele aufgeführt werden, findet man noch einen Abglanz dieser naiven Begeisterung: Volkslieder und -tänze stehen im Dienst eines Glaubens, der jeden Zweifel ausschließt. Besser als anderswo kann man im Theater abschätzen, in welchem Maß die chinesische Revolution religiös und bäuerlich ist.

### Das Paradoxon des Schauspielers

Je nach seiner Einstellung bedauert es der Zuschauer, daß Literatur und Kunst so streng an die Kandare genommen, auf bestimmte Themen beschränkt werden, oder aber er freut sich, daß das Erbe der Jahrhunderte so machtvoll erneuert wurde; daß der Starkult vermieden wird — so gründlich, daß vier Tänzerinnen hintereinander die Heldin im *Weißhaarigen Mädchen* verkörpern, ohne daß ihr Name erwähnt wird; daß die Schauspieltruppen (weit davon entfernt, die Stadtbewohner zu bevorzugen) lange Tourneen zu den Bauern der Volkskommunen unternehmen; das ist so, als spiele die Erste Bühne eines Landes den größten Teil der Saison in der Provinz. Ebenso wie die anderen Aspekte des chinesischen Lebens ist die chinesische Kunst eine Welt für sich. Was Gorki, Brecht und so viele andere versuchten — die Kunst am Aufbau des Sozialismus teilhaben zu lassen — gelingt hier auf das vortrefflichste.

Das Paradoxon des Schauspielers gilt für ganz China: dadurch, daß die Chinesen die Revolution so häufig im Schauspiel dargestellt sehen, sie selbst spielen, besingen, malen, Verse über sie machen, leben sie sie schließlich auch selbst, sie wird ihnen zur zweiten Natur. Versteht man dieses Phänomen, dann begreift man die Seele der Chinesen wahrscheinlich am ehesten.

Diese Helden, die nun ins Rampenlicht der Bühne treten, nachdem sie im Rampenlicht der Geschichte gestanden sind, diese von der Flamme der Revolution verklärten Gesichter, diese Hymnen der Liebe zum Vorsitzenden Mao, die Treueschwüre an die Partei, müssen schließlich zum Ideal des kollektiven Ich werden. Das Ideal des Ich, das Ideal-Ich: Dieses Bild von uns selbst, das wir uns ausmalen und das von unseren Wünschen nach Vollkommenheit und Überlegenheit abhängt —, enthält all das, was jeder von uns sein oder werden möchte. Wie das Griechenland der Antike, wie das christliche Mittelalter wird das China der siebziger Jahre von einer einheitlichen Ikonographie durchdrungen und beherrscht; nur die Prototypen, die diese Ikonographie hervorgebracht hat, können dank ihrer bevorzugten Stellung bis ins Bewußtsein vordringen. Die sieben Modellstücke haben ein Schattenreich geschaffen. Die Helden der Bühne übertragen die Begeisterung, von der sie durch die Realisierung ihres Abenteuers erfüllt wurden, auf das Volk. Die Kunst ist — wie die Politik — zur Religion geworden.

Man könnte sagen, daß die Hauptperson des chinesischen Revolutionstheaters der Krieg ist: Der Widerstandskampf gegen Japan, wie im *Weißhaarigen Mädchen*, in *Scha Tschia Pang* oder in der *Roten Signallaterne*; Krieg gegen den amerikanischen Imperialismus wie im *Angriff auf das Regiment Weißer Tiger*; Befreiungskrieg gegen die »reaktionären Kräfte der Kuomintang« wie im *Roten Frauenbataillon*. Aber sind denn diese Kriege nicht längst zu Ende? Ist denn dieser Militarismus nicht überholt?

Nein! Denn der Kampf gegen den Imperialismus muß stets neu begonnen werden. »Schulter an Schulter mit allen Völkern der Welt zu stehen« ist ein Ideal, das immer angestrebt werden muß. Die Hydra des Kapitalismus ersteht immer wieder neu. Der Revisionismus von heute ist eine ebenso große Bedrohung wie der Feudalismus von gestern. Durch die Erinnerung an die heroischen Episoden der jetzt beendeten Kriege muß das Klima neu geschaffen werden, ohne das die revolutionäre Dynamik verkümmert. Ergebenheit, Opfermut, Glaube — der Geist von Jenan — sind für den Fortschritt der Revolution nach wie vor notwendig. Das Repertoire der Theater ist nur eines der Mittel, diese Einstellung wiederzubeleben und weiterzugeben, wahrscheinlich aber das wirksamste.

DRITTER TEIL

# Der Erfolg des chinesischen Wegs

# 13

## Das Bevölkerungsproblem

### 1

### Gegen die Gigantomanie

China erinnert an das Ungeheuer mit den tausend Köpfen. Man ist wie betäubt inmitten dieser Menge: Massen von Kindern, die einen mit lachenden Gesichtern bestürmen, Radfahrer, die sich in Zehner- oder Zwölferreihen vorwärtsbewegen, riesige Menschengruppen, die einen schweigend betrachten.

Schanghai, Endstation der Fluglinie, ist die volkreichste Stadt des asiatischen Kontinents. Zehn Millionen Chinesen wohnen dort. Daß wir hinkamen, verdanken wir dem Zufall. Das Wetter war zu schlecht, wir konnten nicht mehr nach Peking fliegen, und man bat uns schließlich, die Nacht in der Stadt zu verbringen. Während die Abenddämmerung anbrach, fuhren unsere Wagen durch ein dichtes Spalier von Menschen. Diese Massen konnten doch nicht unseretwegen mobilisiert worden sein? Noch dazu, wo unser Aufenthalt unvorhergesehen war!

Hochrufe brandeten auf. Die Gehwege und ein Teil der Fahrbahn sind voller Menschen, und aus den umliegenden Straßen strömen noch mehr herbei. Hunderttausende Kinder und Jugendliche, auch Erwachsene und schwarzgekleidete alte Frauen; aber vor allem sind es die Jungen, die sich hier drängen.

Bald war das Rätsel gelöst. Einige Augenblicke vor unserem Eintreffen hatten die Lautsprecher die Ankunft des nordkoreanischen Ministerpräsidenten und einiger seiner Minister angekündigt. Die Regierungsdelegation aus dem Bruderstaat, die auf Staatsbesuch weilte, war in Peking glanzvoll empfangen worden; Ministerpräsident Tschu En-lai hatte sie begleitet. Wir wurden mit ihr verwechselt. Hätte sich die Menge auch nur einen Schritt weiter nach vorn gedrängt, hätte sie unsere Wagenkolonne wie ein Sturzbach überflutet — wie ein Fluß, der seine Dämme durchbricht.

»Die Massen« — wir haben es gesehen — ist ein Wort, das im kommunistischen Vokabular ständig vorkommt. In China erhält es seine volle Bedeutung. Nirgends in Europa, nicht einmal in den am stärksten besiedelten Teilen, wird der Reisende so sehr mit der Bevölkerungsdichte konfrontiert.

In den heißen Nächten bemächtigt sich die Menge der Straße. Auf Tausenden von Feldbetten liegen Menschen, eng gedrängt, kilometerweit. Am frühen Morgen verschwinden die Betten wie durch Zauberei. Innerhalb weniger Augenblicke befinden sich an ihrer Stelle ganze Legionen von Männern und Frauen aller Altersstufen, die in leichter Kleidung Gymnastik betreiben; und sie wiederum werden bald darauf durch Myriaden von Radfahrern ersetzt.

In den ersten Tagen ist man so benommen von dem Gewimmel, daß man sich fragt, ob es sich dabei nicht um eine Ausnahmesituation handelt. Haben sich diese unzähligen Bauern dort auf dem Land vielleicht für ein Erntedankfest versammelt? Überschwemmen diese Leute die Straßen wegen einer Revolutionsgedenkfeier? Bald jedoch wird einem die Naivität solcher Annahmen klar. »Diese riesige Bevölkerung hält sich gern im Freien auf«, bemerkte bereits Macartney.[1] China ist schon seit Jahrhunderten übervölkert.

## Gigantische Dimensionen

China ist nicht nur dicht besiedelt, es hat auch gigantische Dimensionen. Daran wird man immer und überall erinnert: die Länge der Wegstrecken, die endlosen Ströme, deren Unterläufe Meeresarme sind, die höchsten Gebirgszüge der Welt. Die riesenhaften Ausmaße vervielfachen die Probleme der Übervölkerung.

Dieses Land ist achtzehnmal größer als Frankreich und beherbergt sechzehnmal soviel Menschen.

Sechzehnmal? Oder vierzehn-, oder achtzehnmal. Die Demographie des Landes ist nicht das geringste der chinesischen Mysterien. Niemand konnte uns genaue Zahlen nennen. Jene, die man uns angab, differierten manchmal bis zu zweihundert Millionen.

»Volkszählungsdaten« — soweit man damals davon sprechen konnte — wurden seit dem 16. Jahrhundert veröffentlicht. 1661 gab man 104 Millionen an; 1756 waren es 192; im Jahr 1792 sprach man von 333 Millionen Chinesen. Macartney macht sich jedoch keine Illusionen: »Es ist kaum anzunehmen, daß die Europäer nachprüfen können, ob die Bevölkerung dieses riesigen Reiches, dieses Landes mit den meisten Menschen der Welt und der größten Ausdehnung, eine Drittelmilliarde Seelen zählt oder nicht.«[2]

Hundertachzig Jahre später weiß man diesbezüglich kaum mehr. Die erste Volkszählung, die diese Bezeichnung wirklich zu verdienen scheint, fand 1953 statt; sie ergab eine Zahl von 582 Millionen Chinesen, darüber hinaus wurde durch eine Untersuchung von 30 Millionen Personen eine Geburtenziffer von 37 Promille festgestellt; die Sterblichkeitsrate betrug 17 pro tausend Einwohner. Die Zuwachsrate von 2 Prozent war also eine der stärksten der Welt. Seit damals soll sie zunächst noch zugenommen, sich dann aber fühlbar vermindert haben. Amerikanische Demographen sind jedoch der Ansicht, daß die chinesische Bevölkerung jahraus, jahrein um 15 bis 20 Millionen Köpfe zunimmt. Danach muß es in China im Jahr 1949 etwa 530 Millionen Menschen gegeben haben, damit 1968 der Stand von 800 Millionen, 1973 von 900 Millionen erreicht werden konnte. Wenn dieser Rhythmus anhält, müßte das Land noch vor 1980 eine Milliarde Einwohner zählen.

Die Zahlen, die in den Reden der führenden Persönlichkeiten figurieren, dürften demnach nur rhetorische Ausschmückungen sein. Die zentrale Führung scheint kaum geneigt zu sein, ernstzunehmende Auskünfte zu erteilen, sofern sie es überhaupt kann. Prinz Sihanouk erklärte mir, daß er aufgrund seiner Nachforschungen die Bevölkerungszahl Chinas auf 800 bis 850 Millionen schätze. Er nannte diese Zahl vor Tschu En-lai, und dieser widersprach ihm nicht; ich machte den gleichen Versuch, und die Reaktion Tschus war ganz ähnlich. Vor der Öffentlichkeit spricht der Ministerpräsident von 700 Millionen; das ist — man weiß nicht warum — die offizielle Doktrin. Die amerikanischen Untersuchungsteams, die alles verfügbare Material analysierten, kamen zu Ergebnissen, die zwischen 750 und 940 Millionen schwanken.[3] *

Wenn die Behörden auch selten auf die genaue Zahl der Gesamtbevölkerung Chinas eingehen — bezüglich der Einwohnerzahl einer Stadt oder einer Provinz sind sie weniger zurückhal-

---

* Ein 1972 in Peking veröffentlichter Atlas gibt für 1970 eine Zahl von 697,260.000 an. Wo sind die fehlenden 50 bis 240 Millionen hingeraten? »In den Umerziehungslagern umgekommen«, antworten die amerikanischen Fachleute kalt. Solche Annahmen führen aber weder zu Beweisen noch zu Widerlegungen.

tend. So konnten wir feststellen, daß der Zuwachs der Einwohner der sechs Provinzen, die wir bereisten, seit 1949 zwischen 50 und 60 Prozent variierte. Diese Schätzungen sind nicht stichhaltig. Unermeßlichkeit ist eben nicht meßbar.*

## Angst und Stolz

Diese Ungenauigkeit würde man in einem westlichen Land als verwirrend empfinden. Aber erscheint sie in einem Land, das behauptet, die totale Planwirtschaft verwirklicht zu haben, nicht noch viel verwirrender? Wie soll man einen ernsthaften Plan ausarbeiten, wenn man die Zahl der Einwohner nicht einmal annähernd kennt, wenn die Angaben um ein Viertel variieren? Und ist diese Unwissenheit nicht ganz und gar unwahrscheinlich, bedenkt man ein Regime, von dem jeder kontrolliert wird, die Stadtviertel ebenso wie die Brigaden des minuziös unterteilten Landes, in dem alle Informationen so rasch zentralisiert werden?

Verrät eine solche Unsicherheit Gleichgültigkeit, oder, im Ge-

---

* Im September 1973, nach einem Demographenkongreß in Lahore, gab der chinesische Delegierte, ein Vertreter des Büros für Geburtenkontrolle in Peking, Erklärungen ab, die durch eine Note der Agentur »Neues China« vom 20. September untermauert wurden. Die chinesische Bevölkerung hätte danach »nun die Grenze von 700 Millionen Personen« überschritten. Im Lauf der letzten vier Jahre »habe die Einwohnerzahl also um 200 Millionen zugenommen«. Andererseits halte die Zuwachsrate bei 2 Prozent. Das Geheimnis bleibt also bestehen. Das einzig bekannte Volkszählungsergebnis bleibt jenes aus dem Jahr 1953: 574 Millionen Einwohner in den kontinentalen Provinzen; darin enthalten sind die 8,4 Millionen Angehörigen von Minderheiten, nicht aber die 7,6 Millionen Bewohner Taiwans. Bleiben wir bei der durchschnittlichen Zuwachsrate von zwei Prozent. (Sie scheint in der Volksrepublik China nie niedriger gewesen zu sein, sondern, im Gegenteil, noch zugenommen zu haben, ähnlich den anderen Ländern Südostasiens, die häufig Zuwachsraten von 2,5 bis 3 Prozent aufweisen). Die kontinentale Bevölkerung muß also im Jahr 1949 538 Millionen betragen haben, wenn sie vierundzwanzig Jahre später, 1973, 860 Millionen erreichen konnte. Nimmt man die Wachstumsrate mit 2,5 Prozent an, wie es zwischen 1950 und 1960 von offiziellen Quellen des öfteren getan wurde, dann ergibt das 519 Millionen im Jahr 1949 und 938 Millionen im Jahr 1973; Zahlen, die den 574 Millionen von 1953 entsprechen. Wenn die Grenze von 700 Millionen erst 1973 überschritten wurde, hätte die Bevölkerung nur um 126 Millionen Menschen, also um 22 Prozent in zwanzig Jahren zugenommen — was einer Zuwachsrate von etwa einem Prozent entspräche —, und diese Zahl halten die Demographen der ganzen Welt für höchst unwahrscheinlich. Man stößt immer wieder auf eine enorme Differenz, die sich zwischen 160 und 238 Millionen Einwohnern bewegt, je nachdem, welche Zuwachsrate man annimmt.

genteil, Angst? Man könnte sagen, daß die Chinesen ein Problem, das sie erschreckt, vor sich selbst verbergen wollen. War nicht die Tötung von Kindern bei den armen Bauern bis in die letzten Jahre hinein üblich?

Es ist möglich, daß die Chinesen unter ihrer Vielzahl leiden wie unter einem Alptraum und diese Vielzahl gleichzeitig als Anlaß empfinden, stolz und gläubig in die Zukunft zu blicken. Solange diese Vielzahl kein Glück bedeutet, ist sie allerdings ein Fluch. Die Bevölkerungsdichte übersteigt 500 Einwohner pro bebaubarem Quadratkilometer; in Südchina wohnen 1500 Menschen auf jedem Quadratkilometer. Dieses Land leistet sich seit Jahrhunderten eine Bevölkerung, die seine Mittel übersteigt. Seine Probleme lassen sich in eines zusammenfassen: Wie kann die Übervölkerung beseitigt und dadurch ein Wohlstand gesichert werden, der es erlaubt, Krisen zu vermeiden und das Wirtschaftswachstum zu fördern? Unserer Ansicht nach hat China dieses Problem zwar nicht gänzlich beiseite geschoben, aber es konzentriert sich auch nicht mehr mit voller Kraft darauf.


## 2

### Die Herausforderung zur Anarchie

In Peking, östlich des »Kohlenhügels«, zeigt man dem Besucher noch den Baum, an dem sich 1644 der letzte Ming-Kaiser erhängte, von allen verlassen, außer von einem treuen Eunuchen, während sich ein Mandschu-Kaiser bereitmachte, den Thron zu besteigen. Um den Baum zu bestrafen, der es gestattete, daß der letzte wirklich chinesische Kaiser seinem Leben ein Ende bereitete, legte man ihn in Ketten.

In der Geschichte Chinas gibt es unzählige solcher Dramen: Kaiser, die von Vasallen gestürzt wurden, nachdem sie diese zu Hilfe gerufen hatten; Feudalherren, die sich gegen die Zentralregierung empörten. Wahrscheinlich gibt es kein Land, in dem die Tradition der Anarchie so stark ist. Zu allen Zeiten litt das chinesische Volk, belastet durch die riesenhafte Ausdehnung seines Landes und seine eigene Vielzahl, unter der Unfähigkeit, sich selbst zu regieren. Es kennt die lange Wegstrecke nicht, die die europäischen Länder zurückgelegt haben: die progressive Entwicklung eines kollektiven Bewußtseins, das in unabhängigen Gemeinden blüht, in Zünften und Kaufmannsgilden, in den freien Berufsständen, in pluralistischen politischen Parteien oder Gewerkschaftsbewegungen. In China versammelten sich höchstens einige Verschwörer in Geheimgesellschaften. Konflikte werden mit der blanken Waffe gelöst. Wenn eine neue Dynastie an die Macht gelangt, dann deshalb, weil die vorangegangene unfähig war, die steigende Flut der Rebellionen einzudämmen. In diesem Chaos braucht man dringend starke Männer; und haben diese starken Männer dann das Chaos besiegt, werden sie immer weicher und schwächer, und die Anarchie beginnt von neuem. »Nach mir«, prophezeite Dschingis Khan, als er mit seinen Horden zur Eroberung Chinas aufbrach, »werden sich die Menschen meiner Rasse in goldene Gewänder hüllen, fette und süße Speisen essen, die schönsten Frauen in ihren Armen halten und vergessen, daß sie das alles mir verdanken.« Diese Prophezeiung hat sich nicht nur erfüllt, sondern der Prozeß wiederholte sich sogar öfters. Bis jetzt sind die Gefährten Maos diesem Schicksal entgangen, und sie scheinen entschlossen zu sein, auch weiterhin dagegen anzukämpfen, indem sie ein mönchisches Leben führen.

Zwischen 1839 und 1949 wurde die Anarchie geradezu endemisch. Überall herrschte Unsicherheit, außer in den europäischen Konzessionen. In den Provinzen wurde gekämpft, aber niemand wußte, wo die Front wirklich verlief. Wohin man auch kam, hörte man den Lärm der Geschütze. Nicht einmal die Japaner hielten in dem Teil Chinas, den sie kontrollierten, die großen Städte und Eisenbahnlinien. Bemächtigte sich einer der Antagonisten eines vom Feind geräumten Terrains, rottete er die Bevölkerung aus, die den Gegner willkommen geheißen hatte: etwa Tschiang Kaischek, der Hunderttausende Bauern in Kiangsi, das er der Revolutionsarmee abgenommen hatte, erschießen ließ.

Aufstände, Vergeltungsmaßnahmen trieben ganze Volksstämme auf die Straße und verurteilten sie zur Landstreicherei. In den zwanziger Jahren erreichte ihre Zahl, laut einer offiziellen Zählung, allein in der Hälfte der achtzehn Provinzen 56 Millionen.[4] Wahrscheinlich konnte ein Teil dieser wandernden Bevölkerung in der eben im Entstehen begriffenen Industrie Beschäftigung finden; viele wurden Straßenräuber; andere verstärkten als Söldner die Armeen der »Kriegsherren« (das waren Heerführer, die sich wie Potentaten aufführten, sich untereinander befehdeten oder miteinander verbündeten).

Jedem Reisenden wurde empfohlen, eine Eskorte mitzunehmen. Teilhard de Chardin ließ sich bei seinen paläontologischen Streifzügen von zehn Soldaten begleiten. Die Räuber griffen nicht an, wenn die voraussichtlichen Verluste den Wert der zu erwartenden Beute überstiegen. Das Land war der Plünderung preisgegeben.

Bettler wurden von Dieben geprellt, Diebe von Räubern. Schiebung und Erpressung waren an der Tagesordnung.

### Ein großes, zersplittertes Reich

Voltaire zufolge können nur kleine Staaten demokratisch regiert werden; die größeren sind Despotismus und Anarchie geweiht, oder beidem. Walter Lippmann hat die »Unregierbarkeit großer Reiche« sehr hübsch beschrieben. Ist es möglich, Methoden, die sich im Kleinen bewährt haben, auf Größeres zu übertragen? In etlichen Universitäten, wie zum Beispiel in Berkeley, stellte man fest, daß das Klima zwischen Professoren und Studenten in dem Grad schlechter wurde, in dem die Zahl der Universitätsmitglieder — Hörer und Lehrer — zunahm, obwohl das zahlenmäßige Verhältnis gleichblieb. Wie sollte das riesenhafte China nach einem System leben, das in Hongkong, Singapur oder auf Formosa gedeiht? Zwischen einer Handelsniederlassung und einem Subkontinent besteht — trotz identer Volksgruppen — kein gradmäßiger, sondern ein wesensmäßiger Unterschied.

Die Zusammenhanglosigkeit der einzelnen Teile Chinas überwältigt den Reisenden. Welche Gemeinsamkeit haben die volkreichen Städte an den Flüssen, die klar abgezirkelten Reisfelder, die wie Intarsien aussehen, und die riesigen, öden Hochflächen, wo Leib und Seele schutzlos allen Winden ausgesetzt sind? Was verbindet die großen, mageren Chinesen des Nordens mit den vierschrötigen Menschen Südchinas? Welche Gemeinsamkeit gibt es zwischen den homogenen Bevölkerungsgruppen, den Tibetern, Turkmenen, Lolos, Mongolen und dem Han-Volk, das selbst so unhomogen ist? Zwischen den Provinzen, in denen verschiedene Sprachen gesprochen werden, in denen es, wie das Sprichwort sagt, genügt, zehn Li (etwa fünf Kilometer) weit zu gehen, und die Leute verstehen einander nicht mehr?

Wenn der Westen irgendeine Entschuldigung hat, sich in die Angelegenheiten Chinas einzumischen, dann nur die eine: Dieses Riesenreich schien unfähig, sich allein zu verwalten, und zersplitterte immer mehr. Seit dem Sturz des Kaiserreiches zogen sich die »Kriegsherren« eigene Provinzen heran: Die Konflikte zwischen diesen Provinzen stürzten das Land in einen Zustand der Auflösung, wie ihn Europa nur zur Zeit des Hundertjährigen Krieges und der Freikorps gekannt hat.

Diese Zersplitterung wurde während der japanischen Besetzung am stärksten fühlbar. Das chinesisch verwaltete Territorium war in drei Stücke zerrissen, jedes von einem Nachfolger des

»Vaters des Vaterlandes« regiert: In Jenan herrschte Mao Tse-tung; in Tschungking Tschiang Kai-schek; in Nanking Wang Tsching-wei, der mit den Japanern kollaborierte. Diese drei Männer, die unter derselben Fahne gekämpft hatten, waren zu unversöhnlichen Gegnern geworden.

## 3

### Sieg der Vielzahl über die Vielzahl

»Haben Sie Ihre demographischen Probleme in den Griff bekommen?« fragte ich Tschu En-lai.

»Am Anfang«, antwortete er, »haben wir dem Problem vielleicht nicht die Aufmerksamkeit gewidmet, die es verdiente. Aber heute ernten wir die Früchte unserer Bemühungen. Die Wachstumsrate unserer Bevölkerung ist jetzt unter zwei Prozent gefallen.«

Man könnte kaum eine bessere Formulierung dafür finden, daß die Bevölkerungspolitik der Volksrepublik China verschlungene Wege gegangen ist. Eine Rekonstruktion dieser Mäander ergibt ungefähr folgendes:

*Erste Phase: Aufruf zur Geburtenfreudigkeit*

In den ersten Jahren des Regimes kämpften die Behörden energisch gegen die Sterblichkeit, und da sie sich nicht mit der Geburtenregelung befaßten, begünstigten sie also das Bevölkerungswachstum. Behauptet der orthodoxe Kommunismus nicht, daß die Übervölkerung ein rein kapitalistisches Phänomen sei, zurückzuführen auf schlechte Organisation und nicht auf eine zu große Anzahl von Menschen? Eine Beschränkung der Bevölkerungszahl wäre also der althergebrachten Doktrin zuwidergelaufen. Deshalb erklärte Mao wohl auch zu wiederholten Malen, daß die Zahl der Chinesen ihr größter Trumpf sei.

Die Umstände begünstigten die Doktrin. Mußte China nicht zunächst die enormen Probleme der Unterproduktion bekämpfen? Mußte es nicht seine gesamten Energien auf den Kampf um eine bessere Nutzung und Vergrößerung der bebaubaren Bodenflächen konzentrieren?

Außerdem wollte das Regime gewisse barbarische Praktiken ausrotten. Bis 1949 war das Ertränken von Neugeborenen — besonders von Mädchen — keine Seltenheit; oft genug wurden

334

Säuglinge auch ausgesetzt, den Schweinen vorgeworfen oder verkauft. Das Ehegesetz vom 1. Mai 1950 untersagte zum erstenmal den Kindesmord. »Die Eltern haben die Pflicht, ihre Kinder aufzuziehen. Sie dürfen sie weder mißhandeln noch aussetzen. Es ist streng verboten, Neugeborene zu ertränken oder ähnliche Verbrechen zu begehen.« Um diese traditionellen Morde zu verhindern, mußte man ihre Ursachen beseitigen, also die Überzeugung herbeiführen, daß viele Kinder von Vorteil sind. Nach der Malthus-Doktrin hätte man die grausamen Methoden der Ahnen durch andere, weniger schaurige ersetzen können, aber sie wären nicht so einfach und wirksam gewesen.

Die Ergebnisse der Volkszählung von 1953 scheinen jedoch Peking bewogen zu haben, die vorhersehbaren Schwierigkeiten in Betracht zu ziehen, die sich ergeben mußten, würde die Bevölkerung im gleichen oder noch schnelleren Rhythmus zunehmen; letzteres lag durchaus im Bereich des Möglichen, da die Sterblichkeitsziffer rapid sank.

Die chinesischen Führer mußten sich von den Tatsachen überzeugen lassen, mußten sich zwischen dem Bevölkerungs- und dem Wirtschaftswachstum entscheiden. Zunächst ging es darum, die Belastung zu verringern, und zwar schnell, da die Kinder, bevor sie noch Produzierende sein würden, ja nur Konsumenten wären.

*Zweite Phase: Kampagne zur Geburtenbeschränkung*

Die Kampagne zur Geburtenregelung setzte im Jahre 1954 ein. Zwei Jahre später wurde sie sehr intensiv betrieben. Im September 1956 erklärte Tschu En-lai vor dem VIII Kongreß: »Wir begünstigen eine annehmbare Regelung der Fortpflanzung.« Im Februar 1957 verwendete Mao in der großen Rede, die zum Ausgangspunkt der »Hundert-Blumen-Kampagne« wurde, das Schlagwort von der »Geburtenkontrolle«.

Aber diese Kampagne, obwohl sie noch andauert, wurde häufig unterbrochen. Zwischen 1958 und 1961, in der Periode des »Großen Sprungs nach vorn«, wurde sie völlig eingestellt, im Gegenteil, die Behörden unterstrichen damals das unvergleichliche Glück, das dem Land durch seine zahlreichen Jugendlichen zuteil wurde. Angesichts der »außergewöhnlichen wirtschaftlichen Entwicklung« würde man nicht zu viele, sondern zuwenig Arbeitskräfte haben. Der Mißerfolg des »Großen Sprungs nach vorn« (1959), schlechte Ernten, von Notzeiten gefolgt (1959—1961), und der Abzug der sowjetischen Techniker (1960) führten den Verantwortlichen eindringlich vor Augen, in welch schreckliche

Schwierigkeiten sie sich da stürzten. Im Jahr 1961 ergingen wieder nachdrückliche Anordnungen zur Geburtenkontrolle. Von da an wurden nicht nur empfängnisverhütende Mittel gratis verteilt, sondern es wurde auch zur Sterilisation ermutigt und die Abtreibung erleichtert. Eine Kampagne zur Förderung von Spätehen, die noch andauert, wurde gestartet. Männer sollen erst mit 30, Frauen mit 25 Jahren heiraten. Die Presse unterstützte diesen Feldzug in spektakulärer Weise. »Frauen von China« ermutigte die Frauen, ihre Ehemänner zur Vasotomie zu überreden. Die »Jugend von China« brachte ein Bild Tschu En-lais, das ihn zeigt, wie er einer zweiunddreißigjährigen Frau seine Bewunderung ausdrückt, weil sie nach zwölfjähriger Ehe noch keine Kinder hatte.

## Dritte Phase: Die Natur läßt sich nicht unterdrücken

Nach den Antworten zu schließen, die wir auf alle unsere diesbezüglichen Fragen erhielten — wir stellten sie Dutzenden jungen Arbeiterinnen, Bäuerinnen und Beamtinnen —, scheint es uns, als stießen die Beschränkungsmaßnahmen in der Stadt auf stummen Widerstand und in den ländlichen Brigaden auf heitere Nichtbeachtung.*

Man muß die Slogans zur Meinungsbildung unter autoritären Regimes nicht immer wörtlich nehmen. Die Beeinflußbarkeit der Bevölkerung ist schwer abzuschätzen. Die Natur läßt sich nicht so leicht manipulieren.

So stellt der Reisende fest, daß unter den Menschenmassen in den Straßen die Jungen vorherrschen, und unter ihnen wiederum die Kinder, die in den Jahren 1967/68 geboren worden sein dürften. Diese Beobachtung bestätigte sich in allen Städten, die wir besuchten. Gewiß ist es möglich, daß es in den Straßen mehr kleine Kinder gibt, weil die größeren bereits verschiedenen Beschäftigungen nachgehen. Aber brachte die Kulturrevolution nicht, wie man behauptet, eine Welle sexueller Befreiung mit sich? Die Schließung der Gymnasialoberstufen und Hochschulen, der Marsch der Roten Garden in die großen Zentren, die Freiheit, die man der Jugend beiderlei Geschlechts einräumte, das alles wirkte sich in den Jahren 1966 und 1967 aus. Zwar können die Ausschweifungen von ein oder zwei Millionen Roter Garden in einer Masse

---

* Selbst für die Eheschließungen, die ja leicht zu kontrollieren sind, werden Dispenser erteilt. Ein junger, mir bekannter Schanghaier konnte mit sechsundzwanzig Jahren heiraten. »Können Sie nicht warten, bis Sie dreißig sind?« — »Nein, ich kann wirklich nicht warten.« Die Behörden genehmigten schließlich sein Ansuchen.

von 800 Millionen allein keine nennenswerten demographischen Auswirkungen gehabt haben; es ist aber dennoch nicht ausgeschlossen, daß die Änderung des psychologischen Klimas eine Steigerung der Geburtenzahl begünstigte. Die chinesische Presse schwieg sich über diesen Punkt aus. Man machte uns gegenüber nur diskrete Anspielungen über diese Periode kollektiver Enthemmung.

Gewohnheiten sind zäh. Im Dezember 1970 gab Mao Tse-tung in weiser Erkenntnis zu, daß die empfängnisverhütenden Maßnahmen die Kurven der chinesischen Bevölkerungsstatistiken bis jetzt nur wenig verändert hätten: die Familien strebten weiterhin energisch danach, männliche Nachkommenschaft hervorzubringen. »Die Frauen auf dem Land gebären ganze Scharen von Mädchen und hören nicht damit auf bis zur Menopause.«[5] Die Mentalität eines Volkes läßt sich nicht so rasch umwandeln, trotz aller Anstrengungen.*

*Vierte Phase: Langsamer Fortschritt der Einschränkung*

Von 1968 an wurde die Kampagne zugunsten der Spätehen und der Zwei-Kinder-Familien verstärkt. »Zwei Kinder, das ist genug; große Familien gehören der Vergangenheit an, wie die eingebundenen Füße und die Kinderehen.« Sehr oft hören wir junge Frauen diese Sätze wiederholen. Glauben sie wirklich daran? Es hatte den Anschein.

Seit 1970 wurde die offizielle Kampagne weiter intensiviert und durch Zwangsmaßnahmen oder deren Androhung unterstützt. In verschiedenen Städten deutete man uns an, daß Eheleute, die ein drittes Kind erwarteten, Gefahr liefen, getrennt, in Hunderte Kilometer entfernte Fabriken geschickt und ihrer Kinder und ihrer Wohnung beraubt zu werden; sie würden gezwungen, an ihrem neuen Bestimmungsort nur unter Männern beziehungsweise Frauen zu wohnen. Wir konnten nicht in Erfahrung bringen, ob es sich dabei um vage Drohungen oder tatsächliche Strafen handelte.

---

* Man hat uns wiederholt versichert — aber wir sind nicht in der Lage, es zu bestätigen —, daß die Politik der Geburtenregelung auf die Bevölkerungsdichte abgestimmt worden sei. In den Städten und in den übervölkerten ländlichen Gebieten würden die einschränkenden Maßnahmen rigoros angewandt. In den weniger dicht besiedelten Zonen würden vielköpfige Familien nicht nur geduldet, sondern sogar gefördert. Die Chinesen treiben den Voluntarismus so weit, daß sie ihr Territorium demographisch neu gestalten.

Die diskreten, aber entschlossenen Worte Tschu En-lais überzeugten mich, daß nach einigem Vorgeplänkel bei der Anwendung
einer noch nicht wirklich durchdachten Doktrin nun ein genauer
Plan festgelegt wurde, der bald Früchte tragen wird, zumindest
in den Dörfern: Wiederaufnahme und Ausdehnung der Propaganda für die Geburtenkontrolle; weitgestreute Verteilung emp-
fängnisverhütender Mittel; Aufforderung zu geradezu klöster-
licher Sittenstrenge.

Wir konnten feststellen, daß die antikonzeptionelle Propaganda
praktische Anleitungen aller Art enthielt; daß wirksamer Emp-
fängnisschutz — Pille, Pessare und ähnliches — kostenlos an die
Gesundheitszentren der Volkskommunen, Fabriken oder Stadtviertel verteilt wurden; daß Abgesandte in die entferntesten
Dörfer kamen, um die Bauern aufzuklären; daß Abtreibungen
unter der anästhetisierenden Wirkung der Akupunktur in großem
Maßstab durchgeführt wurden; in der Volkskommune Matschiao
»macht man das das ganze Jahr über«.

### Marx kontra Malthus

Aus der Gesamtheit unserer Beobachtungen können wir drei
Schlüsse ziehen:

1. Die Verspätung, mit der die Kampagne für die Geburtenkontrolle eingesetzt hat, und ihre Unterbrechungen haben bewirkt,
daß sich in den nächsten zwanzig Jahren auf diesem Gebiet kaum
etwas verändert wird. Die Geburtenziffer scheint sich zwischen
1953 und 1972 um fünfunddreißig, beziehungsweise sogar um
vierzig Promille bewegt zu haben, während die Sterblichkeitsrate
auf fünfzehn Promille sank. Der natürliche Bevölkerungszuwachs
muß in manchen Jahren bis auf mehr als fünfundzwanzig Promille
angestiegen sein und dürfte dann, bis 1970, kaum unter zwanzig
Promille abgesunken sein. Das heißt, daß sich die jährliche Zuwachsrate in zwanzig Jahren von etwa zehn Millionen im Jahr
1949 (zwanzig Promille von 500 Millionen) auf ungefähr zwanzig
Millionen in den sechziger Jahren (fünfundzwanzig Promille von
800 Millionen) erhöht hat.

2. Die Hebung des kulturellen Niveaus der Massen, die Grund-
schulbildung der ländlichen Bevölkerung, die Vermehrung von
Familienberatungsstellen und -zentren, die Möglichkeit, sich dort
empfängnisverhütende Mittel zu beschaffen, die kostenlosen
Schwangerschaftsunterbrechungen, die strengen Maßnahmen gegen Frühehen und große Familien scheinen seit 1968 wenn schon
nicht das gesamte Wachstum, so doch dessen Steigerung auf-

338

gehalten zu haben. Auswirkung dieser Maßnahmen könnte in den nächsten Jahren die Reduzierung der Zuwachsraten sein; eine Entwicklung, die — laut Tschu En-lai — bereits begonnen hat. Aber es ist bekannt, daß in allen Ländern, die geburtenbeschränkende Maßnahmen ergriffen haben, wie zum Beispiel Japan, zwischen dem Moment, in dem die diesbezüglichen Verordnungen getroffen wurden, und dem Augenblick, in dem deren Konsequenzen abgeschätzt werden können, eine Latenzperiode von zehn Jahren liegt. Es sind Anzeichen vorhanden, wonach die Einwohnerzahl Chinas zwischen 1980 und 1985 die Milliardengrenze überschreiten wird, und es ist nicht ausgeschlossen, daß sie im Jahr 2000 zweieinhalb Milliarden betragen wird.

3. Obwohl die Geburtenregelung noch keine Ergebnisse gezeitigt hat, beginnt das Land, der Probleme Herr zu werden, vor die es eine jahrhundertelange Übervölkerung gestellt hatte. Seine Ressourcen* scheinen schneller zu wachsen als seine Bevölkerung. China ist nicht ärmer geworden, sondern eher reicher: trotz seines Zögerns auf bevölkerungspolitischem Gebiet dürfte Marx' Rechnung eher aufgehen als diejenige Malthus'.

### Ameisen und Zikaden

Welcher geheimnisvolle Weichensteller lenkt ohne Unterlaß das Leben der meisten Chinesen wie den Zugsverkehr in einem Rangierbahnhof? Überall sieht man Männer und Frauen kommen und gehen, eilig, aber ohne übertriebene Hast. Die einen, so weit vorwärts gebeugt, daß sich ihr Oberkörper in der Horizontale befindet, ziehen mit Sand oder Zement beladene Karren; andere balancieren Stöße von Ziegeln auf ihren Köpfen oder schieben Müllwagen. Lastautos fahren vorüber, darin stehen eng gedrängt Männer und Frauen und singen, als wären sie berauscht vom Fahrtwind. Ganze Armeen von Arbeitern bauen Siedlungen, Fabriken, Dämme. Zwischen den Legionen von Radfahrern sieht man Radkarren, die gezogen oder geschoben werden, oder Dreiräder, beladen mit riesigen Heuballen, mit Hühnerkörben, Holz, Gemüse und Kohle. Morgens und abends begegnet man Kindern, die zu sechst in eine rechteckige, an ein Fahrrad angehängte Kiste ge-

---

* Es ist schwierig, genauere Angaben zu machen. Das Verhältnis Bevölkerung—Getreide glich 1972 ungefähr dem zwischen 1950 und 1960: etwa 0,3 Tonnen pro Jahr und Kopf. Die Presse weist beharrlicher als jemals zuvor auf die Notwendigkeit der Steigerung der Getreideproduktion hin, von der »alles abhängt«. Die Importe sind beträchtlich, und China ist arm an Devisen.

pfercht sind und von einem Erwachsenen in den Kindergarten beziehungsweise nach Hause gebracht werden.

Sobald man die Städte verläßt, sieht man Hunderte, Tausende Männer, Frauen und Kinder, die gemeinsam jäten, graben, schleppen, säen, ausbessern, mit bloßen Händen Dünger und menschliche Exkremente aufbereiten, bevor sie sie auf die Gemüsebeete verteilen. Reihen von Männern ziehen Lastkähne den Fluß entlang, stoßen in das Innere der Berge vor, rudern, um das schlaffe Segel der Sampans zu unterstützen, graben Kanäle, schleppen Lasten in bleierner Hitze, knietief im Wasser watend.

In Sian, in Schanghai, Peking, Kanton hörte das Schauspiel auch um elf Uhr abends nicht auf. Auf den Baustellen wurde mit aller Energie im Scheinwerferlicht weitergearbeitet. Hunderte Arbeiter spannten sich vor die Deichseln ihrer Fahrzeuge, die mit Baumaterial beladen waren, kletterten auf Gerüste, werkten mit Kelle und Hammer.

Hat dieses Volk, das so fleißig arbeitet wie Ameisen — diese Symbole des Fleißes —, einen Pakt mit den Zikaden, den Symbolen der Faulheit, geschlossen? Tag und Nacht, in der Stadt wie auf dem Land, hört man sie in allen Bäumen singen, und ihr Gesang, die rhythmischen Intervalle, wirken wie ein Zauber. Warum haben die Chinesen diese nutzlosen Insekten am Leben gelassen, während sie Hunde und Fliegen beseitigten, ja eine Zeitlang sogar Katzen und Vögel? Vielleicht brauchen sie, tief in ihrem Inneren, diese lärmende Erinnerung an eine Freizeit, die es für sie noch nicht gibt ...

Welchem Prinzip folgen die Bewohner dieses Ameisenhaufens? Welche Kraft treibt sie? Die Flucht vor dem alten Elend, dem Hunger früherer Zeiten? Der Marsch ins Land der Verheißung, in ein Paradies, das sie flüchtig erblickt haben und das eines Tages offen vor ihnen liegen wird? Die Vorstellung von einem China ohne Not, ohne Leid, ohne Hunger — ein China, das die himmlische Harmonie erreicht hat?


### Ein nicht regierbares Land wird regiert

Wenn es diese Harmonie auch noch nicht gibt, so doch den Frieden. Der totale Sieg Maos im Jahr 1949 brachte China einen Frieden, wie es ihn dort seit dem Beginn des 19. Jahrhunderts nicht mehr gegeben hat. Ein Zustand, der selbstverständlich erscheint — er liegt diesseits der Ideologie, der politischen und wirtschaftlichen Organisation. Aber er ist so kompakt und so neu, daß er sich unmittelbar auf den Wohlstand des chinesischen Volkes auswirkt. Nach den Unruhen der Kulturrevolution herrscht nun überall Ordnung. Von den breiten Prachtstraßen Pekings bis zu den Karrenwegen der Volkskommunen, den Bahnsteigen großer Bahnhöfe bis in die entferntesten Provinzen existiert nur eine gesetzgebende Autorität: wer würde das bestreiten? Nach 1949 war sie höchstens von den Intellektuellen angezweifelt worden, in der Zeit der Hundert Blumen, und von den Massen der Jugendlichen in den Jahren 1966 und 1967 — und jedesmal hatte Mao selbst sie dazu angespornt.

Welche Prüfungen mußte das Regime bestehen, nach so vielen Jahren des Kriegs — gegen innere und äußere Feinde —, nach schlechten Ernten und Naturkatastrophen, um den Subkontinent in die Lage zu versetzen, eine wuchernde Bevölkerung zu ernähren, zu kleiden, ihr Obdach zu geben, sie zu bilden — sie in Schranken zu halten! Sieht es nicht so aus, als habe sie eine verwundbare Subsistenzökonomie aus der Gefahrenzone geführt? Erkennt man denn nicht, daß dieses Regime einem Land, das nicht lebensfähig war, das Leben ermöglichte? Kann man sich wirklich ernsthaft vorstellen, daß das Regime Tschiang Kai-scheks, der in zwanzig Jahren kein einziges der tragischen Probleme gelöst hatte, unter denen China beinahe zusammenbrach (das Problem der territorialen Eigenständigkeit vielleicht ausgenommen), das kommunistische Regime ablösen wird? In diesem Traum wiegten sich jedenfalls, zweiundzwanzig Jahre nach Gründung der Volksrepublik, die Vereinten Nationen.

Der neue Schwung überträgt sich auf alle Teile dieses China, das es nicht mehr gewohnt war, verwaltet zu werden. Seine Bevölkerung ist organisiert und diszipliniert, seine wichtigsten Bedürfnisse sind befriedigt. Es verläßt sich bei der Bewältigung seiner Schwierigkeiten nur »auf seine eigene Kraft«. Sein öffentlicher Dienst funktioniert. Die eigenen Dimensionen erdrücken es nicht mehr. Gefaßt nimmt es sein Schicksal auf sich. Kurz, ein Land, das seit langer Zeit als schlechthin nicht regierbar galt, wird nun regiert. Dieses Faktum verdient jedenfalls festgehalten zu werden.

# 14

## Die Ausrottung des Feudalismus

### Die Verbotene Stadt

Wie sollte man in diesem Namen der riesigen Paläste, in denen seit dem 15. Jahrhundert zwanzig Kaiser der Ming- und der Mandschu-Dynastie ihre Macht und ihren Luxus vor der Außenwelt abschlossen, kein Symbol sehen? Aber die Verbotene Stadt selbst ist ja nur ein Symbol: Der Zugang zum chinesischen Staat war der großen Masse der Chinesen durch ein ausgeklügeltes System politischer und sozialer Hierarchien, dessen Schlüssel der Kaiser in Händen hielt, verboten.

Der Besucher sieht den Pekinger Hof als das, was er einmal war: Nährboden für alle Ambitionen, alle Laster, alle Tugenden, alle Intrigen, welche die absolute Macht unvermeidlich begleiten; und der Rahmen, in dem sich das Hofleben abspielte, ersteht vor seinen Augen. Goldene Säulen, inkrustierte Thronsessel, Elfenbeinwandschirme, Prunkbetten, Jadebecken, Pavillons und Gärten. Unsere Führer erwecken die entschwundenen Gestalten dieses goldenen Gefängnisses zu neuem Leben: den allmächtigen Kaiser, dessen Leben jedoch ständig von Dolch und Gift bedroht war; Höflinge, Konkubinen und Eunuchen, die diesen Halbgott bei Laune halten mußten. Ein gewiß entstelltes, aber nichtsdestoweniger lehrreiches Bild.

Im Saal der Einheit, wo die fünfundzwanzig Siegel des Kaiserreiches aufbewahrt wurden, hat man sorgfältig einen Wandschirm konserviert, auf dem zwei Ideogramme — *wu wei* — »nicht handeln« — die goldene Regel einer paradoxen Politik aufstellen. Eine gehemmte Gesellschaft, deren Status quo Dauer garantiert.

Ein unwandelbares System — in sich geschlossen und dazu verurteilt, sich fortzusetzen bis zu seinem Verfall und endgültigem Sturz. Und Abbild der chinesischen Gesellschaft, deren abgezirkelte, feudale, nur auf die Reproduktion ererbter Vorstellungen ausgerichtete Organisation das chinesische Volk dazu verdammte, auf der Stelle zu treten; zu einem Trott, dessen Ende nicht abzusehen war.

## Die Klassen

Die Gesellschaft war — wenn auch nicht in so viele Kasten gespalten wie in Indien, und obwohl sie eine gewisse Elastizität theoretisch nicht ausschloß —, streng in vier Klassen geteilt: in die Gebildeten, die die herrschende Klasse darstellten (aus ihr rekrutierten sich die neun Grade der Beamten), die Bauern, Handwerker und Kaufleute. Danach kamen die Klassenlosen: Bettler (die im übrigen mächtige Körperschaften bildeten), Schauspieler, Prostituierte. Hinzufügen müßte man noch die über den Klassen Stehenden: die Eunuchen; die Kastration sicherte eine Anstellung bei Hof, war also ein Mittel, zu Einfluß und Reichtum zu gelangen.

Zu dieser traditionellen und funktionellen Einteilung fügte Mao in seiner Analyse der chinesischen Gesellschaft der weitaus umfangreichsten Klasse eine Untergruppe hinzu, deren Kriterien der Besitz ist: Landarbeiter, arme Bauern, mittelarme Bauern, mittlere Bauern, Reiche, Grundbesitzer.

Der Beginn der Modernisierung machte eine weitere Einteilung notwendig: Geschäftsleute, Intelligentsia, die nicht dem Mandarin-Stand angehörte, Arbeiter. Aber bis 1949 blieb die scharfe Trennung zwischen den einzelnen Klassen einigermaßen intakt. Die neuen Schichten kamen zu den alten hinzu, ohne diese zu sprengen.

## Die himmlische Bürokratie

Menzius rechtfertigte dieses System im 4. Jahrhundert v. Chr.: »Die einen widmen sich der geistigen Arbeit, die anderen der körperlichen. Die geistig Tätigen herrschen, jene, die händische Arbeit verrichten, werden beherrscht. Letztere ernähren diejenigen, die sich mit geistiger Arbeit beschäftigen.«

China ist eines der wenigen Länder, in denen noch vor der Neuzeit die Mächtigen ihre Macht durch Wissen zu rechtfertigen suchten. Eine ziemlich heuchlerische Rechtfertigung, denn in der Mehrheit der Fälle gestattete es nur ein gewisser Reichtum, sich so zu bilden, daß man zur Macht gelangen konnte. Gewiß, nicht alles läßt sich kaufen; man erwirbt Wissen nicht ohne Talent und Bemühung. Und die herrschende Klasse Chinas hatte natürlich den Stolz, ihre Macht solcherart zu läutern. Ihre Größe und ihr Unglück resultieren aus diesem Streben. Sicherlich verachtete sie den Reichtum nicht; aber sie schätzte ihn auch niemals besonders. Wenn in ihrer Klasseneinteilung die Kaufleute an niedriger Stelle rangieren, dann deswegen, weil sie ihre Güter weder durch Wissen noch durch Taten erworben hatten. Die Mandarine konnten ohne weiteres mit allerlei schachern und ihr Amt veruntreuen: das waren nur persönliche Sünden; Handel treiben wäre ein soziales Vergehen gewesen.

China hätte die industrielle Revolution Jahrhunderte vor den westlichen Ländern durchführen können (denn es war zur Zeit Marco Polos viel reicher und technisch weiter fortgeschritten als der Westen), hätten diese Wissenschaftler-Beamten die Marktwirtschaft und bourgeoise Zollfreiheit nicht verabscheut. Und China lehnte sie ein zweites Mal ab, als der westliche Handel sie ihm im 19. Jahrhundert anbot.

Diese zweite Zurückweisung verurteilte die herrschende Klasse zur sozialen Revolution: Die chinesische Gesellschaft hätte sich wahrscheinlich im 20. Jahrhundert nicht aufgelöst (unter Umständen, die nur einen gewaltsamen Ausgang zuließen), hätten die Gebildeten die Spielregeln der Marktwirtschaft des Industriezeitalters akzeptiert, wie es die von weniger Ideologie durchtränkte herrschende Klasse Japans getan hat. Vielleicht aber trug dieser Widerstand letzten Endes doch noch Früchte. Die letzte Klasse wurde nicht die erste: Die Ideologen regieren weiterhin, und zwar mit unerbittlicher Strenge.

Die Mandarine waren da anders gewesen. Obwohl das konfuzianische Ideal von ihnen verlangte, »Ehrenmänner« zu sein, *tschun-tse,* die sich ausschließlich um das öffentliche Wohl und die Gerechtigkeit sorgen, kam es doch vor, daß sie, wie die anderen, die »geringeren Männer« *(hsiao-jen),* von ihren persönlichen Interessen geleitet wurden. Dieses Interesse wurde oft zum Interesse der Klasse: die meisten Beamten waren selbst Grundbesitzer. Der Eifer schwand, wenn der Kaiser von ihnen verlangte, den Eigentümern das Monopol der landwirtschaftlichen Nutzung zu entziehen. Sie neigten dazu, die Gesetze zu verletzen, die anzuwenden sie beauftragt waren: als grundbesitzende Bürokraten hafteten sie an ihren Ländereien wie Muscheln an einem Felsen. Da sie mit der Steuereinhebung betraut waren, hingen die mittleren und armen Bauern von ihrer Gnade ab. Vom 14. Jahrhundert bis zum Ende der Kuomintang-Herrschaft gebärdeten sie sich stets wie lokale Tyrannen.

### Clans und Sitten

Weder die Macht des Kaisers noch der Einfluß der Beamten wären von Dauer gewesen, hätte nicht die gesamte soziale und moralische Organisation der Chinesen Autorität und Tradition sakralisiert.

Die Gesellschaft war nichts als eine Ansammlung von »Clans«, in denen sämtliche Familienzellen der absoluten Autorität des »reichen Onkels« unterstanden. Vor allem im Augenblick ihrer Gründung: die Heirat wurde stets von den Eltern arrangiert. Mao selbst wurde, als er vierzehn Jahre alt war, mit einer Zwanzigjährigen verheiratet. Er lief davon und sah sie niemals wieder.

Das tägliche Leben war durchdrungen von Riten, Tabus und Wahrsagerei. Die Bauern erschöpften ihre kärglichen Mittel in kostspieligen Zeremonien, wobei der Zwang der herkömmlichen Gebräuche sehr oft stärker war als die religiöse Überzeugung: »Wer zu einem Hochzeitsmahl rüstet, verzichtet darauf, einen Ochsen zu kaufen.« So war es etwa verboten, im Osten des Dorfes einen Brunnen zu graben, selbst wenn es nur dort Wasser gab. Jahrhundertelang hatten die Chinesen ihre Wälder gerodet, um ihren Reis auf Holzfeuer kochen zu können; sie hatten Angst, den Großen Drachen zu wecken, wenn sie in der Erde nach Kohle gruben, die es in Überfluß gab — und deren Vorhandensein bekannt war. Gab es ein Mittel, diesen Aberglauben zu beseitigen, der durch den sozialen Druck noch verstärkt und vervielfacht wurde?

### Die sozialen Geißeln

Der Abgrund, der die herrschende Klasse von den unwissenden und abergläubischen Massen trennte, begünstigte die Korruption.

Im Kaiserreich häuften diejenigen, die einen Anteil an der Macht hatten, Reichtümer an. Die Eunuchen beuteten methodisch jedermann aus, der bei Hof zu tun hatte. Von der Spitze bis zur Basis der Pyramide der Bürokratie waren Schmiergelder die allgemeingültige Währung.

Unter der Kuomintang wurden vor allem die Beamten durch amerikanisches Geld reich, während Hungersnöte wüteten: letztes Bild eines China, in dem der Reichtum der einen für die große Masse der übrigen schlimmstes Elend und schlimmste Erniedrigung nach sich zog. Und das war der eigentliche Skandal. Bettelei, Schmutz, Prostitution, Rauschgift — es gibt genug Beweismaterial für die sozialen Geißeln, die China bis 1949 plagten.

Sie reichten bis zum Mädchen- und Kinderhandel. In den Zinnbergwerken von Jünnan begegnet man noch Arbeitern, die in ihrer Jugend als Sklaven verkauft worden waren. Ein Kind an einen Handwerker, einen Industriellen, einen Kuppler oder einen Grundbesitzer zu verschachern, war oft ein Mittel, es in Notzeiten vor dem Hungertod zu retten; und diese Maßnahme sicherte manchmal auch noch seinen Geschwistern das Überleben.

Darin gipfelte diese Gesellschaft, die Konfuzius gelehrt hatte, daß Wohlwollen und Respekt dem Nächsten gegenüber die vornehmste Tugend sei: in diesem Verbrechen, durch das sie ihre Basiszelle, die Familie, und damit sich selbst zerstörte.

Die Chinesen waren diesen Widersprüchen gegenüber nicht blind, aber sie sahen darin nur einen Mißbrauch. Es gab zahlreiche Reformer, darunter Kaiser und Minister. Wenn sie jedoch genug Köpfe hatten rollen lassen, löste ihr Tod früher oder später wieder die Spannung; das Gleichgewicht wurde wiederhergestellt, aber eine Stufe tiefer.

Eine echte Reform gelang deshalb niemals, weil niemand, weder der Kaiser noch die Führer der jungen Republik, die Prinzipien antastete, die dieses Gleichgewicht bestimmten: die Verherrlichung der Vergangenheit, das Privileg des Wissens, das nur wenigen zugänglich ist, das Recht der Grundeigentümer.

Wenn der chinesische Kommunismus die Chance besitzt, ein dauerhaftes Werk zu schaffen, dann deshalb, weil er es verstand, seine Prinzipien auf einer anderen Art von Gleichgewicht aufzubauen.

### Großmutter Schun

Im Herzen des bäuerlichen China, im »Bergdorf der Familie Mei«, erklärt uns die alte Großmutter Schun in ein paar Worten und anhand von Vergleichen die Revolution.

Sie erzählt uns vom einstigen Elend, so als könne sie nicht glauben, daß alles längst vorüber ist: Vier Fünftel des Landes in den Händen von fünf Familien, das letzte Fünftel unter hundert Familien aufgeteilt; luftige, kühle Häuser, Innenhöfe mit durchbrochenen Zwischenwänden, feingeschnitzte Möbel für einige Privilegierte, für alle anderen bittere Not, trotz emsiger Arbeit. Während uns die alte Frau stolz die drei Räume ihres Hausanteils und ihre wenigen Weichholz-Möbel zeigt, wiederholt sie, aus Furcht, wir könnten nicht verstanden haben: »Wir hatten nicht genug Kleider, keine Möbel, nur zwei Matten für die ganze Familie, wir sind nie zur Schule gegangen; und manchmal hatten wir mehrere Wochen nichts zu essen.«

Unwichtig, daß die Großmutter die Vergangenheit genau in dem Ton heraufbeschwört, der Kindern Angst einjagt; unwichtig, daß die soziale und landwirtschaftliche Situation Chinas im allgemeinen viel komplizierter war als die Lage in diesem Dorf der Provinz Tschekiang. Übertrieben oder vereinfacht, so erscheint die Wahrheit im Bewußtsein der Chinesen: Früher gehörte alles einigen wenigen und nichts den anderen; heute gibt es für alle etwas. Dies wurde durch die Kollektivierung des Landbesitzes bewerkstelligt. Der chinesische Kommunismus war nicht, wie der sowjetische, gezwungen, die Revolution g e g e n die Bauern zu betreiben. Stalin machte fast hundert Jahre Individualisierung der russischen Landwirtschaft zunichte; das führte zu Streiks bei der Aussaat, massiver Sabotage, und brachte dem russischen Volk Verfolgung und eine Hungersnot, die acht Millionen Tote forderte.

Wenn in China Blut geflossen ist — und zwar reichlich —, dann nicht wegen des hartnäckigen Widerstandes der Massen, sondern weil es den Sieg mit Blut zu besiegeln galt — mit Opferblut (wie dem Blut des Grundbesitzers im *Weißhaarigen Mädchen*).

Ein Staat, in dem die Bevölkerungsdichte auf dem Land nahezu ebenso groß ist wie in der Stadt, muß die Arbeit unbedingt organisieren. Die Chinesen wissen das von jeher. Die Revolution bedeutete nur, daß nun auch die Verantwortung für die Organisation kollektiv wurde, sie war nicht mehr bloß Sache der Grundbesitzer, die ja auch nicht mehr den gesamten Ertrag einstrichen.

Nicht bei der Teilung also kam das Prinzip der Gleichheit zur Geltung, sondern bei der Macht. Es trug zur Stärkung, nicht zur Auflösung der Kommunen bei; es bildete einen wirksamen Schutz gegen die Wiederkehr des Feudalismus. Eine Revolution, in der Tat, aber eine, die der chinesischen Realität angepaßt war.

Die Lage der Bauern änderte sich schlagartig. So schrecklich das Elend auch gewesen sein mag, es erschien plötzlich leichter erträglich. Wenn von den Einkünften der Arbeit etwas weggenommen wurde, dann nicht, um das Haus eines einzigen zu vergrößern und zu verschönern (der damit den Neid aller übrigen erregen wollte); es geschah für die Brigade, ob sie nun groß oder klein war. Die chinesischen Bauern mühen sich heute genauso ab wie früher, vielleicht mehr noch als früher; aber sie haben nicht das Gefühl, das Rückgrat vor Ausbeutern zu krümmen. Ihre Müdigkeit ist ebenso real wie einst, aber sie ist nicht mehr erniedrigend. Sie ertragen sie leichter, weil sie nicht mehr gedemütigt werden.

Dieser psychologische Faktor ist nicht meßbar. Aber er ist wichtig. Er allein ändert das Leben.

### Armut für alle

Nicht nur auf dem Land ist der Kontrast zwischen würdelosem Elend und beleidigendem Luxus verschwunden und der Uniformität einer erträglichen Armut gewichen. Die höchste Entlohnung, von der wir hörten, war das Gehalt eines Chirurgen: 280 Jüan im Monat; ein Arbeiter verdient 35 Jüan, also ein Achtel davon. Die führenden Politiker geben ein Beispiel an Bescheidenheit.

Spötter behaupten, daß in China diejenigen, die arm waren, arm blieben, und jene arm geworden sind, die es nicht waren, so daß der Fortschritt also nicht sehr groß wäre. Aber diese Ironie steht auf sehr wackeligen Beinen. Denn in Wahrheit ist der Gewinn ein doppelter.

Die Not vor 1949 war gleichbedeutend mit Schmutz, Seuchen und Hunger; die Armut von heute liegt über dem Existenzminimum. Sie hält sich in Grenzen.

Ebenso wichtig für das Gleichgewicht der Gesellschaft war das Verschwinden des einstigen Reichtums einzelner. Die Abschaffung der Privilegien gab den Chinesen das Bewußtsein, eine Nation zu bilden. Manche der früheren Landbesitzer, bürgerlichen Kaufleute oder Unternehmer retteten ein bescheidenes Vermögen. Aber was können sie damit anfangen? Die Vergnügungsstätten sind verschwunden. Man kann keine Autos kaufen, sie sind den Kollektiven vorbehalten. Wer jeden Abend ins Restaurant oder ins Theater ginge, die Jade- oder Fächerläden leerkaufte, würde rasch auffallen, genauso, als spazierte er in den Seidengewändern eines Mandarins umher. Niemand wagt es, seinen Besitz zur Schau zu stellen, so spartanisch ist das Klima. China hat nichts gegen Leute, die Geld horten (es zieht sie den Genußsüchtigen vor), aber es verurteilt seine Reichen zur Askese großer Geizhälse.

Die Hunderten Millionen Bedürftigen sind gewiß nicht zu Reichtum oder auch nur Wohlstand gelangt. Aber sie müssen nicht mehr Hunger leiden, und vor allem haben sie nicht mehr die Privilegien der Sichergestellten vor Augen. Für diese gigantische Angleichung erwarb sich das Regime die Dankbarkeit der Massen.

Wenn, wie Aristoteles behauptet, »Aufstände immer aus dem Wunsch nach Gleichheit herrühren«, dann hat Mao das so verstanden, daß die wahre Revolution die Gleichheit der Wünsche erfordert oder zumindest die Gleichheit der Mittel zur Befriedigung dieser Wünsche.

### Die Mobilisierung der Energien

Mao hat ebenso begriffen, daß die Revolution nur dann von Dauer sein kann, wenn sie zunächst im Geist erfolgt. Sie bestand nicht in der Verteilung von Waffen, Nahrung und Grundbesitz, sondern darin, in den Bauern den Wunsch zu erwecken, zu kämpfen, intelligente Arbeit zu verrichten und ihr eigenes Land in Besitz zu nehmen.

Vielleicht bewiesen die chinesischen Führer gerade hier ihr psychologisches Einfühlungsvermögen am besten. Damit die Chinesen die Revolution zu ihrer Sache machten, mußten sie sie selbst durchführen. Damit sie das Land mit der Freude dessen bebauten, der sich selbst etwas erworben hat, war es notwendig, daß sie sich der angrenzenden Besitztümer bemächtigten. Die Revolution wurde nicht spontan durch das Elend der Bauern verursacht. Die Bauern waren von der Partei zum Aufstand angestachelt worden; aber die Partei war geschickt genug, ihnen einzureden, daß sie die Revolution stets gewollt hatten. Auf Mao lassen sich dieselben Worte anwenden, die einst an Moses ergingen: »Stärke dich und fasse Mut, um das Land in Besitz zu nehmen, das Gott dir gibt.«

### Ein schlechtes Blatt — und doch sticht jede Karte

»China wird immer ein armes und schwaches Land sein bis zu dem Tag, an dem es aus einem Feudalstaat zu einem vom Volk regierten Staat wird«, verkündete Mao Tse-tung häufig.

Das maoistische Regime verstand es, aus dem Unglück, das China niederdrückte, die notwendige psychische Energie zu schöpfen, um es aus diesem Elend herauszureißen. Die chinesische Vergangenheit lieferte Mao das Material, aus dem er die Zukunft baute.

Man kann einwenden, daß sich die Lage wohl nicht mehr lange weiter verschlechtert hätte: Eine Diktatur der Rechten oder eine liberale Demokratie hätten ebensogut vom technischen Fortschritt profitieren können wie der Kommunismus. Die feudalen Praktiken wären von selbst in Vergessenheit geraten. Der Kommunismus wäre für den Aufschwung Chinas nicht unbedingt notwendig.

Jede Beschreibung der chinesischen Geschichte muß jedoch zwei Grundgegebenheiten berücksichtigen:

— Es war besonders schwierig, das chinesische Volk vom Feudalwesen zu befreien, weil es — in seiner großen Masse — in grenzenlosem Elend lebte. Mao gelang es, die Menschen aufzuwecken: Aus ihrer Schwäche machte er eine Stärke, weil seine Revolution im Wesen religiös und national ist.

— Ob Diktatur der Rechten oder liberale Demokratie, China wäre wahrscheinlich von einigen Großmächten kolonisiert worden, deren wirtschaftliche und politische Herrschaft den Wert der chinesischen Ressourcen zwar sicherlich erhöht hätte, diese wären aber von den Kolonialmächten für sich selbst beansprucht worden.

Eine Umwertung der Werte war notwendig, damit die chinesischen Bauern ihre Apathie abschüttelten. Gegen die Überzeugung aller Kommunisten, ohne Ausnahme — Menschewiken und Bolschewiken, Bucharinisten und Leninisten, Trotzkisten und Stalinisten — bewies Mao, daß die Bauern zur Revolution bereit waren.

Er setzte ihnen politische Ziele und gab ihnen eine Gebrauchsanweisung für deren Erreichung. Er organisierte, motivierte, dirigierte sie, versetzte sie in Spannung. Durch einzelne progressive Aktionen bewies er ihnen, daß die Hoffnung, die er predigte, nicht trügerisch, sein Programm realisierbar u n d aufregend war. Als er die Waffen an sie verteilte, gab er ihnen auch die Überzeugung mit, daß eine grundlegende Umwandlung ihrer Lebensbedingungen möglich sei. Die Rote Armee, die in ihrer Mitte entstand, hatte nicht nur den Auftrag, den Feind zu bekämpfen, sondern sollte auch das Volk zu der neuen Lehre bekehren und darin üben. Schließlich war es der Glaube an die Sache, der alles veränderte.

### Die befreiten Bauern zittern vor ihren geknechteten Herren

Offiziell war das Feudalzeitalter in China 1911 zu Ende. Sun Yat-sen glaubte, die Nachwehen dieser Ära in drei Jahren überwinden zu können. Praktisch hat es aber mehr als ein halbes Jahrhundert gedauert, bis die Masse der Bauern endgültig von der Ausbeutung befreit war.

So grausam die sozialen Geißeln auch waren, die das chinesische Volk bedrückten, so hinderten sie es doch nicht am Leben. Sie sorgten in gewisser Hinsicht sogar für die Aufrechterhaltung des biologischen Gleichgewichts. Sie gehörten zu einer tausendjährigen Ordnung, deren erniedrigende Praktiken und Bräuche tief in den Seelen aller verwurzelt waren. Jeder paßte sich dieser Ordnung schlecht und recht an.

Selbst nach der Befreiung waren die Bauern oft wie gelähmt vor Furcht, begegneten sie einem der gestürzten Idole, ihren ehemaligen Herren. Ting Ling beschreibt in ihrem Roman *Die Sonne über dem San-kan-Fluß* Bauern, die nicht den Mut aufbrachten, dem Tyrannen, der sie unterdrückt hatte, entschlossen gegenüberzutreten. Unter seinem Blick, der ihnen noch immer Schrecken einjagte, senkten sie die Augen; das Gewicht der Traditionen belastete sie nach wie vor. Heimlich bringen sie ihm die Pachtgelder, die sie ihm gar nicht mehr schulden. Sie können sich von ihrer Angst nur noch durch einen Ausbruch sadistischer Gewalt befreien. Der Kommunismus hat den endgültigen Bruch mit der Vergangenheit organisiert, die Revolution mit Blut besiegelt. Das Wüten zahlreicher »Volksgerichte« gegen »korrupte Beamte«, »betrügerische Grundbesitzer«, »lokale Tyrannen« findet darin seine Erklärung. Ein Leiter des Revolutionskomitees der Provinz Hupeh sagte es mir mit geradezu erschreckender Ruhe: »Um die Feigheit der Bauern zu bekämpfen, war es oft notwendig, ihre früheren Herren zum Tod zu verurteilen. Solange diese lebten, hatten sie Angst, daß sie ihre Macht wieder ausüben könnten.«

Ist die Beseitigung des Feudalismus — einer eher geistigen als sozialen Struktur — ganz vollzogen?

»Die große proletarische Kulturrevolution«, erklärte uns ein Professor der Universität Peking, »zielte darauf ab, Bürokratismus und Feudalismus auszurotten; die Bürokratie wuchert ständig — es ist wie mit dem Drachen, dessen Kopf nachwächst, wenn man ihn abgeschlagen hat; selbst der Feudalismus ist zählebig . . .« Der Kampfwille, den Mao Tse-tung bei den Bauern von Hunan und Schensi weckte, muß ständig neu angefacht werden, damit die Spuren des alten Regimes gänzlich verschwinden.

### Die Bekämpfung der sozialen Geißeln

Die Entbehrungen, dieser Aussatz der Gesellschaft, der in China gleichsam zum Gefolge und zu den Symptomen des Feudalismus gehörte, sind — zusammen mit vielen anderem — verschwunden, wie wir feststellen konnten.

Gleichzeitig mit dem Analphabetentum wurde ein mittelalterlicher Denkmodus abgeschafft, beseitigt durch den philosophischen, sozialen und moralischen Geist von Maos Gedankengut. Die Gemüter, die früher von Furcht beherrscht, nur durch Resignation aufrechterhalten wurden, sich jedem Aberglauben öffneten, Schöpfer und Opfer Tausender Phantasmen waren, sind nun überzeugt, alles Positive aus e i g e n e r Kraft erreicht zu haben. Um Toynbees Kategorien anzuwenden: Aus »Zeloten«, bereit, in den dunklen Winkeln der Vergangenheit Zuflucht zu suchen, um dort die Erklärung für die Gegenwart und Verhaltensmaßregeln zu finden, wurden »Herodier«, Baumeister, die ihre Gegenwart im Hinblick auf ihre Zukunft bauen. Wahrscheinlich wird diese Wandlung erst vollendet sein, wenn die Generation, die seit frühester Kindheit mit dieser neuen Geisteshaltung vertraut ist, erwachsen sein wird. Jedenfalls lachen die Jungen über den alten Aberglauben wie über unsinniges Geschwätz.

Prostitution? Sie ist vollständig verschwunden. »Es war die leichteste Sache der Welt«, erzählt uns ein führendes Mitglied des Schanghaier Revolutionskomitees, »nach 1949 die Zuhälter und Kupplerinnen zu beseitigen. Aber es war eine langwierige Aufgabe, die Frauen umzuerziehen, ihnen beizubringen, von Arbeit zu leben, Beschäftigung für sie zu finden. Bei manchen war eine lange Umschulung notwendig. Es gab Rückfälle, aber sie waren selten.«

Dem kommunistischen Regime ist es auch gelungen, das Volk davon abzubringen, Trost im Opiumrausch zu suchen. Über diese Angelegenheit sind die Auskünfte zurückhaltend: »Manche Süchtige«, berichtete mir ein Schanghaier Arzt, »mußten mehrjährige Entziehungskuren durchmachen. Man begann damit, sie von den anderen zu isolieren. Manche vertrugen den Entzug der Droge nicht. Sie mußten qualvolle Behandlungen im Krankenhaus über sich ergehen lassen; meist war man gezwungen, den Kranken das verlangte Opium zu geben, erst langsam konnte man die Dosis herabsetzen. Heute ist dieses Übel unter Kontrolle. Und wir werden ihm nicht wieder verfallen.«

Auch Diebstahl und Korruption scheinen beseitigt zu sein, zumindest als soziale Phänomene. Zwar konnten durch Maos Lehren höchstwahrscheinlich nicht alle Herumtreiber, Banditen, Betrüger, unlautere Beamte und Gangster umerzogen werden. Aber gewiß läßt sich nirgendwo anders das Sprichwort »Unrecht Gut gedeiht nicht« besser anwenden als in diesem Land der 800 Millionen Puritaner. Und wie sollte es auch »gedeihen«, wenn es nicht hinter rechtmäßig erworbenem Gut verborgen werden kann? In dieser so egalitären, so transparenten Gesellschaft ist das Vorhandensein von Vermögen leicht erkennbar und suspekt. Selbst ein kleiner Dieb würde unverhältnismäßig große Risiken eingehen, angesichts des Profits, den er zu erwarten hätte.

Die Chinesen sind natürlich für diese Läuterung des moralischen Klimas innerhalb der Gesellschaft sehr empfänglich. Jedem Staatsbürger wurde eine geradezu mystische Selbstlosigkeit eingebleut. Geld ist nicht gefragt; es ist, als hätten die Chinesen Angst davor. Wenn man etwas einkauft, ein Taxi nimmt, und eine Handvoll Kleingeld, dessen genauen Wert man nicht kennt, als Trinkgeld anbietet, dann wird es zurückgewiesen, als läge ein Fluch darauf. Die Leute zögern, nach langem Widerstreben nehmen sie eine Münze. Man hat das Gefühl, als fürchten sie, sich an dem Kleingeld die Finger zu verbrennen.

»Welche Eigenschaft ihrer Führer schätzen die Chinesen am meisten?« fragte ich einen Techniker der Gießerei Wuhan. »Ihre Ehrlichkeit«, antwortete er ohne zu zögern. Und nach einer Pause: »Die Korruption war die Ursache für den Zusammenbruch der Kuomintang.«

### Die Vergangenheit ist tot, es lebe die Vergangenheit!

Wie auch immer die Beobachter, die das China vor 1949 kannten, die Verdienste des gegenwärtigen Regimes einschätzen, in einem Punkt sind sie sich einig: China ist nun wie ein anderer Planet. Es hat keine Evolution, sondern eine Mutation durchgemacht. Das China von früher gibt es kaum noch.

»Vor der Befreiung...« wiederholte die alte Frau aus der Tee-Kommune. Sie staunt noch immer. Aber gehorcht sie in ihrer Beharrlichkeit nicht dem Bedürfnis, diese so nahe Vergangenheit, deren Wiederauferstehung sie fürchtet, zu »töten«? Für jetzt und für immer?

In der Verbotenen Stadt oder im Sommerpalast »tötet« man sie weiterhin systematisch: Tse-hsi und ihre Liebhaber, Kuang-hsu und seine Favoritinnen; man prangert die Summen an, die von der nationalen Marine zur Errichtung von marmornen Schiffen an einem See verschwendet wurden. In der Bibliothek der Pekinger Universität zeigt man die leeren Regale, in denen sich die kostbaren Handschriften und alten Bücher befanden, die Tschiang Kai-schek nach Formosa mitnahm. Man tötet, tötet ohne Unterlaß — das »Feudale«, das »Reaktionäre«, das »Kapitalistische«, das in jedem Chinesen schlummert wie in jedem anderen Menschen.

Haben diese nicht mehr ganz Jungen, die derart über die vergangenen Zeiten klagen, Angst, die Jugend könne vergessen, woher sie kommt? Die ständige Erinnerung an die Greuel von einst bewirkt, daß sie das Erreichte höher schätzen. Die bescheidenen Einkommen, die unbequemen Wohnungen, die Härte des Regimes — was ist das alles im Vergleich zu diesen schrecklichen Erinnerungen?

Aber es wird nicht alles aus der Vergangenheit über den gleichen Kamm geschoren. Mao versteht es, manche Jahrhunderte für seine Zwecke zu nützen, wenn er es für notwendig hält: Ist ihre Größe nicht ein geeigneter Ansporn für den nationalen Ehrgeiz? Sind die landwirtschaftlichen Kollektive nicht das Ergebnis einer jahrtausendealten Nachbarschaftshilfe unter den Bauern? Und sind es nicht die am Hof der gebildeten Sian-Kaiser angefertigten Ideogramme, die heute das Denken Mao Tse-tungs verbreiten helfen? Auf den Kreuzungen der Städte wiederholen rote und goldene Transparente diesen Leitsatz Maos: »Die Gegenwart aus der Vergangenheit schöpfen.«

In einem Interview im Jahre 1936 hatte Mao diesen Gedanken näher erklärt: »Die Geschichte unseres ‚großen Volkes ist seit Jahrtausenden durch nationale Besonderheiten charakterisiert ... Wir sind keine Schüler. Das China von heute ist das Ergebnis einer Entwicklung des historischen China. Wir müssen uns als Erben alles dessen betrachten, was es von Konfuzius bis Sun Yat-sen an Kostbarem in unserer Geschichte gab.«

Dazu gehört die Akupunktur, dazu gehört, daß archäologische Schätze wieder gewürdigt werden; dazu gehören die Operierten, die ohne Hilfe von den Operationstischen aufstehen dank der Anwendung einer uralten, ständig verbesserten Praxis; das Lächeln der Schüler und der Pioniere, die oft von weither gekommen sind, um an den Steinungeheuern der zu den Gräbern der Ming-Kaiser führenden heiligen Straße entlangzuziehen — ein Gebiet, zu dem früher kein Sterblicher Zutritt hatte. Was suchen sie in dieser abgeschiedenen, von ebenmäßigen Hügeln umschlossenen, mit Oleanderduft erfüllten Ebene? Die Erinnerung an einen anderen »Langen Marsch«, an den Marsch des Han-Volkes durch vier Jahrtausende?

Was ist gegen diese vierzig Jahrhunderte schon ein Vierteljahrhundert Kommunismus? Und doch, was hat er nicht alles gebracht! Scheuen wir uns nicht, es auszusprechen: Eine so radikale Verwandlung in so kurzer Zeit, an einem so riesenhaften Volk, hat nicht ihresgleichen. Der Gewaltstreich Maos besteht darin, den Chinesen das Gefühl verliehen zu haben, daß sie das Beste ihres Erbgutes übernommen, die Vergangenheit jedoch auf zahlreichen Gebieten getilgt haben. Stellt man sich vor, daß dieses viertausendjährige chinesische Epos sich an einem Tag abgespielt hätte, dann würde die kommunistische Herrschaft gerade die letzten acht Minuten dieses Tages beanspruchen. In diesem kurzen Zeitraum trug sie mehr dazu bei, dieses Land und dieses Volk zu ändern, als die ganze übrige Geschichte Chinas.

# 15

## Die Erneuerung des Reiches der Mitte

### 1

### Der Nabel der Welt

In Tschukutien, etwa fünfzig Kilometer von Peking entfernt, ruht der Ahnherr der Chinesen. Er lebte vor fünfhundert- oder sechshunderttausend Jahren in China und scheint, nach dem gegenwärtigen Stand der Paläontologie, der älteste Mensch der Welt gewesen zu sein. Jedenfalls zweifeln die Chinesen keinen Augenblick daran. Der »Pekingmensch«, der Sinanthropus, in seiner Vitrine ist das Anfangsglied einer unendlich langen Kette, der erste Mensch der »ersten Kultur der Welt«, der Vater des »edelsten«, »zahlreichsten«, »menschlichsten« Volkes der Erde.

Täglich kommen an die zweitausend Besucher mit dem Autobus aus Peking — Arbeiter und Bauern, Schüler und Soldaten — und drücken sich die Nasen platt an der Vitrine, um sich zu überzeugen, daß die vieltausendjährige Geschichte Chinas mit der Geschichte der Menschen schlechthin zusammenfällt und daß die 800 Millionen Chinesen, die aufgefordert wurden, die neue Nation zu bauen, gleichzeitig das Produkt der ältesten Zivilisation sind.

In Panpo in der Provinz Schensi, etwa zwanzig Kilometer von Sian entfernt, wurden in einem Freilichtmuseum Funde aus der Jungsteinzeit ausgestellt, die sowohl der Bildung der Archäologen als auch der Erbauung des Publikums dienen sollen. Ein riesiger hölzerner Hangar wurde über der Ausgrabungsstätte errichtet, um die Funde zu schützen. Während wir auf einem Steg entlanggehen, an den Resten von Hütten, Getreidespeichern, Gräbern und Mauern aus getrocknetem Lehm vorbei, erklärt uns eine junge Paläontologin mit langen schwarzen Zöpfen, daß der chinesische Mensch allen anderen Rassen zu allen Zeiten voraus gewesen sei. Sie weist darauf hin, daß sich die Speicher außerhalb der Hütten befanden, und daß einer für mehrere Hütten gedient hatte: »Das Getreide gehörte also mehreren Familien gleichzeitig; das soziale System war kommunistisch. Fünftausend Jahre vor Karl Marx waren die Chinesen also schon Kommunisten.« Die Versuchung des »Sinozentrismus« ist stark, wenn man diese bewundernswert klar geformten Tongefäße, die Werkzeuge aus geglättetem Stein betrachtet, die mehrere Jahrtausende älter sind als ähnliche, im Westen gefundene Gegenstände (die Funde von Ägypten und Mesopotamien vielleicht ausgenommen).

### Die Große Mauer

Wir sollten sie hundert Kilometer nördlich von Peking besichtigen, dort, wo sie restauriert und für Besucher zugänglich ist. Vom Flugzeug zwischen Peking und Sian aus ist der Anblick der Großen Mauer atemberaubend: eine gewundene, gezackte Linie, die sich über fünftausend Kilometer erstreckt, über steile Abhänge empor, hinunter in tiefe Abgründe und wieder hinauf bis zu den Gipfeln der Berge. Millionen von Arbeitern haben an ihr gebaut; Hunderttausende sind dabei an Erschöpfung zugrunde gegangen. Ihre Leichen wurden in den Mörtel geworfen, erklärt uns der Führer, und so eins mit der Mauer; man findet noch Knochen zwischen den Steinen. Zweifellos, unter dem alten Regime mußte man auf alles gefaßt sein. Und es ist richtig, daß Menschenblut stets der beste Zement war . . . Dazu bestimmt, die Flut der Steppennomaden aufzuhalten, bildete die Große Mauer ein zusätzliches Bollwerk zu den Wüsten- und Hochgebirgszonen, die China umgeben.

China hat sich immer als das »einzige zivilisierte Land unter dem Himmel« betrachtet, und zwar deshalb, weil es, am äußersten Ende Eurasiens gelegen, einen massiven Block darstellt, der vom übrigen Kontinent durch diese doppelte Barriere isoliert ist und vom Rest der Welt durch einen Ozean, der die Hälfte seiner Grenzen bespült. In der Abgeschiedenheit entstanden, entwickelte sich eine bodenständige Ackerbau-, nicht eine Tauschkultur. China war die Welt. »Man muß wissen«, schrieben die ersten Jesuitenmissionare, »daß sich die Chinesen die Erde als viereckige Fläche vorstellen; sie behaupten, China nehme den größten Teil davon ein. Um ihr Reich zu bezeichnen, verwenden sie daher das Wort *t'ien-hia*, ›das unter dem Himmel liegende‹. Die übrigen Menschen siedeln sie in den Ecken dieses angenommenen Vierecks an.«[1] Undurchdringlich und unzugänglich, wußte China bis ins vorige Jahrhundert von der westlichen Welt ungefähr ebensoviel wie Europa von Amerika bis zur Zeit Christoph Kolumbus'. Es war — und ist es wahrscheinlich im Unterbewußtsein des chinesischen Volkes immer noch — das »Reich der Mitte«. Es liegt im

Zentrum des aus dem Meer aufgetauchten Landes. Die Welt dreht sich um China. Die anderen Völker wurden an die Peripherie gedrängt . . .

Warum hätten die Chinesen, geschützt von dieser Mauer aus Steinen und Menschen, das Bedürfnis verspüren sollen, etwas anderes kennenzulernen als China? Mao Tse-tung verließ sein Land kein einziges Mal bis zur Befreiung. Dann begab er sich nach Moskau; niemals reiste er in ein anderes Nachbarland, nicht einmal nach Vietnam oder Japan; er spricht keine Fremdsprachen (1972 soll er allerdings begonnen haben, Englisch zu lernen). Tschu En-lai ist eine Ausnahme. Zusammen mit Tschen Ji ist er einer der wenigen chinesischen Spitzenpolitiker, die den Westen besucht haben. Fähig, sich irgend jemandem — egal wem — in Demut zu unterwerfen, der das nationale Band verkörpert und festigt, beseelt von tiefem, kollektivem Stolz, sind die Chinesen nicht wirklich neugierig auf etwas, das nicht chinesisch ist.

### Das Herrscherland inmitten seiner Vasallen

Zu allen Zeiten fiel China durch den Gegensatz zu den anderen auf. Im Vergleich zum chinesischen Volk standen die übrigen Nationen auf einer niedrigeren Stufe. Bis ins 15. Jahrhundert wurde die Überlegenheit der chinesischen Kultur von allen westlichen See- und Kaufleuten anerkannt. Ab dem 16. Jahrhundert, als die westliche Zivilisation ihren Rückstand aufgeholt hatte, blieb jede dieser beiden Welten für die andere unverständlich. Die Europäer wirkten auf die »Himmlischen« ebenso wunderlich wie die Chinesen auf jene; beide Kulturkreise ignorierten einander hartnäckig, jeder war für den anderen der Barbar.

»Alles, was aus fremden Königreichen kommt«, schrieb Anfang des 18. Jahrhunderts der Père du Halde, »seien es Briefe oder Geschenke oder Gesandte, gilt als ein Zeichen der Unterwerfung.«[2]

Als Lord Macartney die erste englische Gesandtschaft nach China führte, verlangte der Sohn des Himmels, daß der Botschafter seine Oberhoheit anerkenne, indem er den vorgeschriebenen Kotau ausführe, der aus neun Kniefällen besteht (dabei muß die Stirn jedesmal den Boden berühren). Lord Macartney gab zur Antwort, daß er vor niemandem niederknie, außer vor seinem eigenen König. Nach monatelangen Verhandlungen stimmte der Kaiser schließlich zu, den Botschafter in seinem Jagdschloß offiziös zur Kenntnis zu nehmen. Auf das Sendschreiben des englischen Königs Georg III., das ihm überbracht wurde, antwortete er mit diesem »kaiserlichen Dekret«:

»O König, vom demütigen Wunsch getrieben, an unserer Kultur teilzuhaben, habt Ihr uns eine Gesandtschaft geschickt. Euer Botschafter hat meinen Hof beehrt. Die Art, in der Euer Memorandum abgefaßt ist, verrät Eure respektvolle Unterwerfung, die höchster Lobpreisung würdig ist.

Was Eure Anfrage betrifft, einen Eurer Untertanen an meinem himmlischen Hof zu akkreditieren, so würde dies allen Gebräuchen meines Hauses zuwiderlaufen und kann keinesfalls in Betracht gezogen werden.

Als Herr über die gesamte Welt sehe ich nur ein Ziel: ein vollkommener Herrscher zu sein und die Pflichten des Staates zu erfüllen; fremde Unternehmungen interessieren mich nicht. Ich habe Euren Abgesandten, die mir Tribute brachten, befohlen, in Frieden die Heimreise anzutreten. Es ziemt Euch, o König, meine Gefühle zu respektieren und mir künftig größere Treue und Loyalität zu beweisen, damit Eurem Land von nun an Friede und Wohlstand durch die immerwährende Unterwerfung unter unseren Thron gesichert sei.«[3]

Bis zum Vorabend des Ersten Weltkriegs waren sich die Kaiser, eingeschlossen in ihrer Verbotenen Stadt, weder über die relativ beschränkte Bedeutung, die China damals in der Welt hatte, im klaren, noch über die Gefahr, welche die aus Europa einlaufenden Schiffe darstellten.

Die Kaiserin Tse-hsi, die letzte Herrscherin, verwendete in ihren Dekreten weiterhin die Formel »Als Beherrscherin der ganzen Welt« ... Im 20. Jahrhundert sprachen die kaiserlichen Erlässe von den Pflichten der Franzosen und Engländer, als wären die Herrscher dieser Länder Untertanen des Reichs der Mitte.

In der Nacht vom 22. auf den 23. August 1967, als die Kulturrevolution einen Siedepunkt erreicht hatte, wurden die Büros des britischen Geschäftsträgers in Peking von einer aufgebrachten Menge belagert. Der Geschäftsträger wurde mißhandelt, beschimpft und bespuckt, während man ihm immer wieder einen Satz entgegenbrüllte, den er nicht verstand. Auf die Proteste beim Außenministerium hin antwortete ein chinesischer Diplomat: »Der Geschäftsträger hätte nur den Kopf neigen müssen; das forderte die Menge von ihm. Hätte er es getan, hätte die Spannung auf der Stelle nachgelassen.«

### »Wiedergutmachungs-« oder »Respektsbesuche«

Bei der Ankündigung der bevorstehenden Reise ihres Präsidenten nach Peking meinten die Amerikaner, daß Nixon »die Initiative mit Entschlossenheit ergriffen habe«; daß also er es sei, der Nutzen daraus ziehen würde; er habe geschickt gespielt. Unter den zahlreichen Chinesen — Universitätsprofessoren, Studenten, Arbeitern und Bauern —, die wir am Tag nach der Verlautbarung dieser Neuigkeit befragten, war nicht einer, der nicht antwortete: »Nixon kommt, um sich vor dem Vorsitzenden Mao zu verbeugen.« »Er muß wohl dem Vorsitzenden Mao recht geben, der sagte, daß die Reaktionäre Papiertiger sind.« Eine Studentin behauptete sogar: »Er kommt, um Verzeihung zu erbitten.« Wahrscheinlich hätte sie gesagt: »Er geht nach Canossa«, hätte dieser Ausdruck eine Bedeutung für sie gehabt.

Einige Tage vorher hatte uns Kuo Mo-jo erklärt: »Wir stehen Frankreich gegenüber in großer Schuld. Vier französische parlamentarische Delegationen sind bereits zu uns gekommen. Wir sind uns dieser Ehre bewußt. Da wir nie nach Frankreich gereist sind, wird es wohl notwendig sein, demnächst eine Abordnung zu entsenden, um unsere Schuld zu verringern.« Trotz seiner sanften Beredsamkeit konnte der Präsident der Pekinger Akademie der Wissenschaften nicht verbergen, daß »besuchen« für ihn so viel bedeutete wie »seine Ehrerbietung erweisen«. Und folgender Satz Tschu En-lais, der freundschaftlich gemeint war, sollte doch zum Nachdenken anregen: »Ihr Besuch erhöht die Bedeutung Chinas in der Welt.«


## 2

### Hundertzehn Jahre der Erniedrigung: Die Teilung der Melone

Unter den Mongolenkaisern hatte der Franziskaner Jean de Montcorvin, ein Zeitgenosse Marco Polos, die ersten Missionsstationen in China errichtet. Die Chinesen zeigten sich zunächst tolerant einer Religion gegenüber, die sie nicht sehr ernst nahmen. Die Ming-Kaiser wurden, als sie erfuhren, daß die Missionare Verbindungen mit Rom unterhielten, etwas mißtrauischer (und sie neigten auch deshalb dazu, die Missionare zu verjagen, weil sie, ganz wie Marco Polo, mit dem mongolischen Kolonisator »kollaboriert« hatten). Der hl. Franz Xaver versuchte vergeblich, in China an Land zu gehen und starb schließlich auf einer kleinen, Kanton vorgelagerten Insel. Die Gesellschaft Jesu ließ sich aber dennoch nicht so leicht entmutigen. Seit dem Ende des 16. Jahrhunderts lernten die Jesuiten Chinesisch, übernahmen chinesische Bräuche, Kleider und Namen. Aber sie erhielten von Rom nicht die

Erlaubnis, den Ritus den lokalen Traditionen anzupassen; sie hielten dies für notwendig, um den Kaiser zu bekehren; wäre er erst einmal Christ, dann würde dies auch die sofortige Christianisierung des Himmlischen Kaiserreichs nach sich ziehen — wie die Bekehrung Konstantins die Christianisierung des gesamten Römischen Reichs zur Folge gehabt hatte.

Nolens volens mußten die westlichen Missionare unbeugsam bleiben. Sie akzeptierten keinen Kompromiß mehr zwischen ihrem Dogma und den chinesischen Überlieferungen. Sie versuchten, das Christentum unters Volk zu bringen, indem sie die christliche Nächstenliebe übten. Der Erfolg blieb begrenzt: Die Getauften stellten nur eine winzige Minderheit dar, die von ihren Landsleuten verächtlich »Reischristen« genannt wurde (während der Notzeiten nämlich verteilten die Missionare Reis an ihre Pfarrkinder; die Bekehrten unterschieden sich von ihren hungernden Nachbarn dadurch, daß sie wohlgenährt aussahen).

Diese Situation begann die Chinesen allmählich zu irritieren. Während des 19. Jahrhunderts kam es immer wieder zu Zwischenfällen, die viel dazu beitrugen, daß einerseits die Beziehungen zwischen China und den Westmächten vergiftet wurden, anderseits die Verbreitung des Christentums verhindert wurde. Eine Volkskundgebung gegen die Missionen, ein ermordeter Missionar — und die europäischen Regierungen fühlten sich zum Einschreiten verpflichtet, durch Gewalt oder Drohung, um ihre Staatsangehörigen zu schützen. Peking sah sich schließlich gezwungen, den Missionaren vertraglich das Recht einzuräumen, ihre Evangelisierung nach Belieben fortzusetzen.

Nichts war geeigneter, das Christentum als einen Fremdkörper, ja als Werkzeug ausländischer Agenten erscheinen zu lassen. Wurden die Bekehrten nicht ihrem Vaterland untreu? War es tragbar, daß sie einen westlichen Souverän in Rom oder London anerkannten, der ihnen seine Anschauungen durch Priester aufzwang, die nur ihm unterstanden?

Das China von gestern unterschied ebensowenig wie das heutige deutlich zwischen Geistlichem und Weltlichem. Und der Westen des 19. Jahrhunderts half ihm kaum dabei, diese Unterscheidung zu treffen.

Auf diese Weise trugen die Missionare — ziemlich ahnungslos und mit bestem Gewissen — einiges zur Erweckung des chinesischen Nationalismus bei. Nichts hatte die Chinesen wahrscheinlich stärker dazu bewogen, sich gegen die Fremden zu stellen, als der Versuch, sie zu einer Religion zu bekehren, die sich auf nationaler Ebene nicht zu verbreiten vermochte, sondern beharrlich

Brot und Wein dem Reis und dem Tee — welche die Jesuiten im übrigen gern übernommen hätten — vorzog: Die Massaker des Boxeraufstandes legen ein blutiges Zeugnis für diese Xenophobie ab.

### Rauschgift — die Waffe der westlichen Zivilisation

Genausowenig, wie sie die geistigen Werte des Westens übernehmen wollten, verspürten die Chinesen das Bedürfnis, europäische Waren zu kaufen. Auch in dieser Hinsicht begnügten sie sich lieber mit dem, was sie selber hatten.

China faszinierte die Europäer durch seine unerhörten Reichtümer und die Aussicht auf unermeßliche Profite. Aber nichts, was die fremden Kaufleute zum Tausch anboten, interessierte die Chinesen, nichts, außer vielleicht Opium, dessen Gebrauch, seit langem bekannt, sich infolge des Nahrungsmittelmangels in Grenzen hielt. Man begann also, es heimlich über Kanton einzuführen, nachdem die stillschweigende Zustimmung der lokalen Beamten erkauft worden war. »Große Mengen dieser berauschenden Droge werden in das Land eingeführt«, schrieb Macartney, »trotz aller Vorsichtsmaßnahmen, die der Gouverneur gegen den Import ergreift. Die Zollbeamten lassen sich gern bestechen; nachdem sie den vereinbarten Preis für die Duldung des Opiumschmuggels erhalten haben, kaufen sie es oft selbst. Die meisten aus Bengalen einlaufenden Schiffe bringen Opium nach China; aber das türkische, das von englischen Schiffen nach China geschafft wird, ist am beliebtesten und kostet beinahe doppelt soviel wie das andere. Der Gouverneur von Kanton warnt die Kantonesen vor der Wirkung des Opiums: Die Barbaren erzielen dank einem gemeinen und abstoßenden Stoff riesige Gewinne im Reich der Mitte. Aber daß unsere Mitbürger sich blindlings einem so perfiden und zerstörerischen Laster hingeben, dessen Folge oft der Tod ist, und daß sie sich durch die zahlreichen Beispiele dieser Tollheit nicht abschrecken lassen, das ist wahrhaftig eine höchst verachtenswerte und bedauerliche Sache. Trotz dieses Aufrufs«, schließt Macartney boshaft, »nimmt der Gouverneur von Kanton täglich seine Dosis Opium.«[4]

An der Mündung des Kanton-Flusses zeigt man uns heute noch die Überreste des Tigerpforten-Forts. Die englischen Seestreitkräfte griffen es 1839 an und zerstörten es im Namen der Handelsfreiheit, damit die fremden Kaufleute die Erlaubnis erhielten, diese ehrenwerte Ware zu vertreiben. So begann der erste Krieg mit dem Westen, den China verlor. Andere folgten. Dieselben Kriegsschiffe zwangen China, sich sowohl den Missionaren als auch dem Opium zu öffnen. Der Vertrag von Nan-king, der zum Modell für die anderen »ungleichen Verträge« wurde, verpflichtete die himmlischen Autoritäten, den Drogen-handel, der seit dem 18. Jahrhundert verboten war, anzuerkennen und ebenso den Missonaren das Recht zu gewähren, sich nieder-zulassen (was ihnen bis dahin offiziell verweigert worden war). Zwei befremdlich zusammenwirkende Gewaltstreiche. »Zwei Ar-ten Opium für das Volk«, flüsterte mir Tschu Tschen-tung lä-chelnd zu.

### Das zerstückelte und beleidigte China

In diesem Kampf wurde China, seinen Gegnern technisch und militärisch unterlegen, vernichtend geschlagen; nach und nach verlor es seine Grenzmarken und traditionell tributpflichtigen Ter-ritorien (1867 Kotschinchina, 1871 das Amurgebiet und Turke-stan, 1885 Korea, zwischen 1885 und 1887 Annam, Tonking und Kambodscha, 1886 Burma, 1895 Formosa und die Mandschurei, 1904 Tibet, 1921 die Mongolei). Es wird auf die 18 Han-Provin-zen — also diejenigen, die von Chinesen im eigentlichen, ethnischen Sinn bewohnt werden — reduziert, wo sich die Westmächte die Einflußzonen untereinander aufteilen. Die Deutschen bekommen Schantung, die Franzosen Kwangsi, die Engländer das Jangtse-Becken und den Perlfluß, Russen und Japaner die Innere Mon-golei und die Mandschurei. Aus den »Fünf Häfen«, die 1842 dem Westen offenstanden, waren Anfang des 20. Jahrhunderts etwa hundert geworden.

Die Konzessionen an den Küsten und im Jangtse-Tal öffnen China den westlichen Staaten. Zahlreiche See- und Flußhäfen wer-den der Autorität der chinesischen Gouverneure entzogen: Tien-tsin, Schanghai, Kanton, Hangtschou. Die gesamte Industrie und sogar die öffentlichen Dienstleistungsbetriebe — Massentransport-mittel, Wasser-, Gas-, später Elektrizitätswerke gehören dort europäischen Gesellschaften. Ausländer üben die Gerichtsbarkeit in Rechtsstreitigkeiten zwischen Chinesen und Fremden aus. In Schanghai kann man noch, wenn man die Kais entlang und durch die Straßen spaziert, von einer zur anderen der vier Städte gelangen, in die dieses Ballungszentrum aufgeteilt war: in die sogenannte internationale Konzession, die in Wirklichkeit von den englischen und amerikanischen Konsuln beherrscht wurde; in die französische, die ausschließlich der Oberhoheit des franzö-sischen Generalkonsuls unterstand; in die japanische Konzession; und schließlich in die Chinesenstadt, die nur noch die volkreichen Viertel umfaßte.

Aus Scham sprechen die Chinesen heute weiterhin von dem »halbkolonialen« Zustand, in den ihr Land geraten war; Sun Yat-sen hatte diesen Euphemismus jedoch entlarvt: »Wir verwenden diesen Ausdruck ›Halbkolonie‹ zu unserem eigenen Trost. In Wirklichkeit ist China infolge des wirtschaftlichen Drucks der ausländischen Machthaber nicht allein eine Halbkolonie, sondern lebt unter viel schlimmeren Bedingungen als eine echte Kolonie. China ist eine Kolonie all der Länder, mit denen es Verträge abgeschlossen hat. Wir sind nicht nur die Sklaven eines Landes, sondern die Sklaven aller Länder.«[5]

Um zu verstehen, wie das maoistische Regime in China Fuß fassen konnte, muß man das volle Ausmaß der Beleidigungen erkennen, die das stolzeste Volk der Welt nach dem tragischsten Zusammenbruch seiner Geschichte erdulden mußte. Im Lauf der Regierungszeit einer einzigen Herrscherin, derjenigen Tse-hsis, waren aus »aufständischen Barbaren« zunächst »fremde Mächte«, dann »Herrschermächte« geworden.

Ab 1908 war China auf die Gnade der Ausländer angewiesen. »Ungleichen Verträgen« nach explosionsartigen Revolten, Vergeltungsmaßnahmen des Westens nach chinesischen Racheakten, denen wieder — noch ungerechtere — Verträge folgten: die ausländischen Mächte behandelten das Himmlische Kaiserreich wie eine Melone, die sie in »saftige Spalten schnitten«, wie die Chinesen bitter feststellen.

Vom Beginn des Opiumkriegs bis 1949 konnte amerikanisches, englisches, französisches und anderes ausländisches Geld frei zirkulieren; dies zog eine ständige Inflation nach sich.

Eine Plutokratie bereicherte sich durch Spekulation und Ausbeutung der menschlichen Arbeitskraft und der materiellen Mittel Chinas: »Der Eindringling scheint bis jetzt zu nichts anderem fähig zu sein als Blut zu saugen«, schrieb Teilhard de Chardin.[6]

Städte wurden zu neuen Babels verwandelt, zu gigantischen Elendsquartieren, in denen sich prosperierende Inselchen bildeten; Geld war da wie Heu, aber nur wenige Scheidemünzen gelangten in die Hände der Chinesen, die ihre Seelen dafür verkauften; das scheint der Zustand in China vor 1949 gewesen zu sein. So jedenfalls lebt er in der zähen Erinnerung der Chinesen von heute fort.

### »Das geschah in dem Jahrhundert, in dem wir leben«

Ein Besuch des Sommerpalastes unter der Führung chinesischer Intellektueller ist eine schmerzliche Pilgerreise zu den Quellen

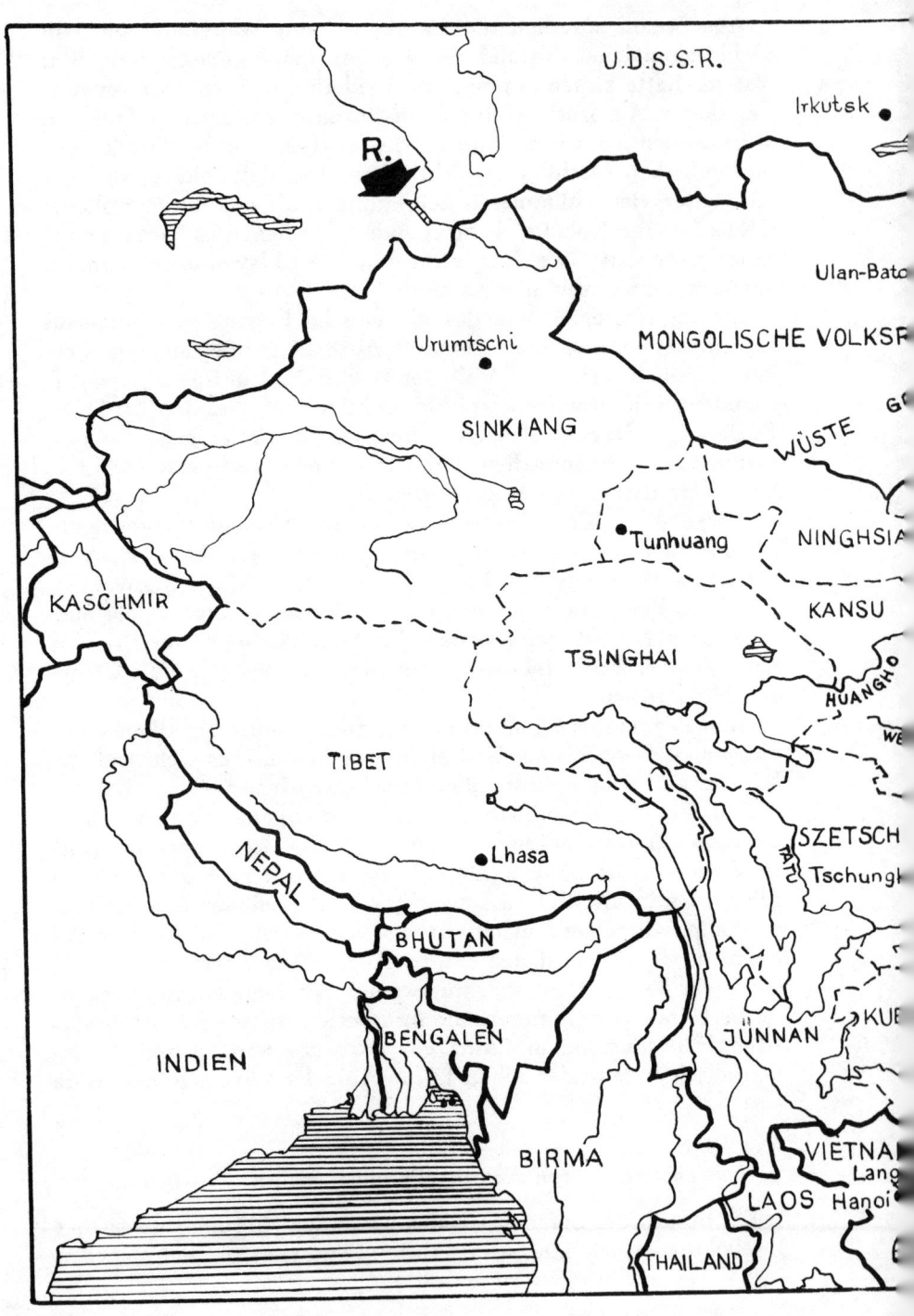

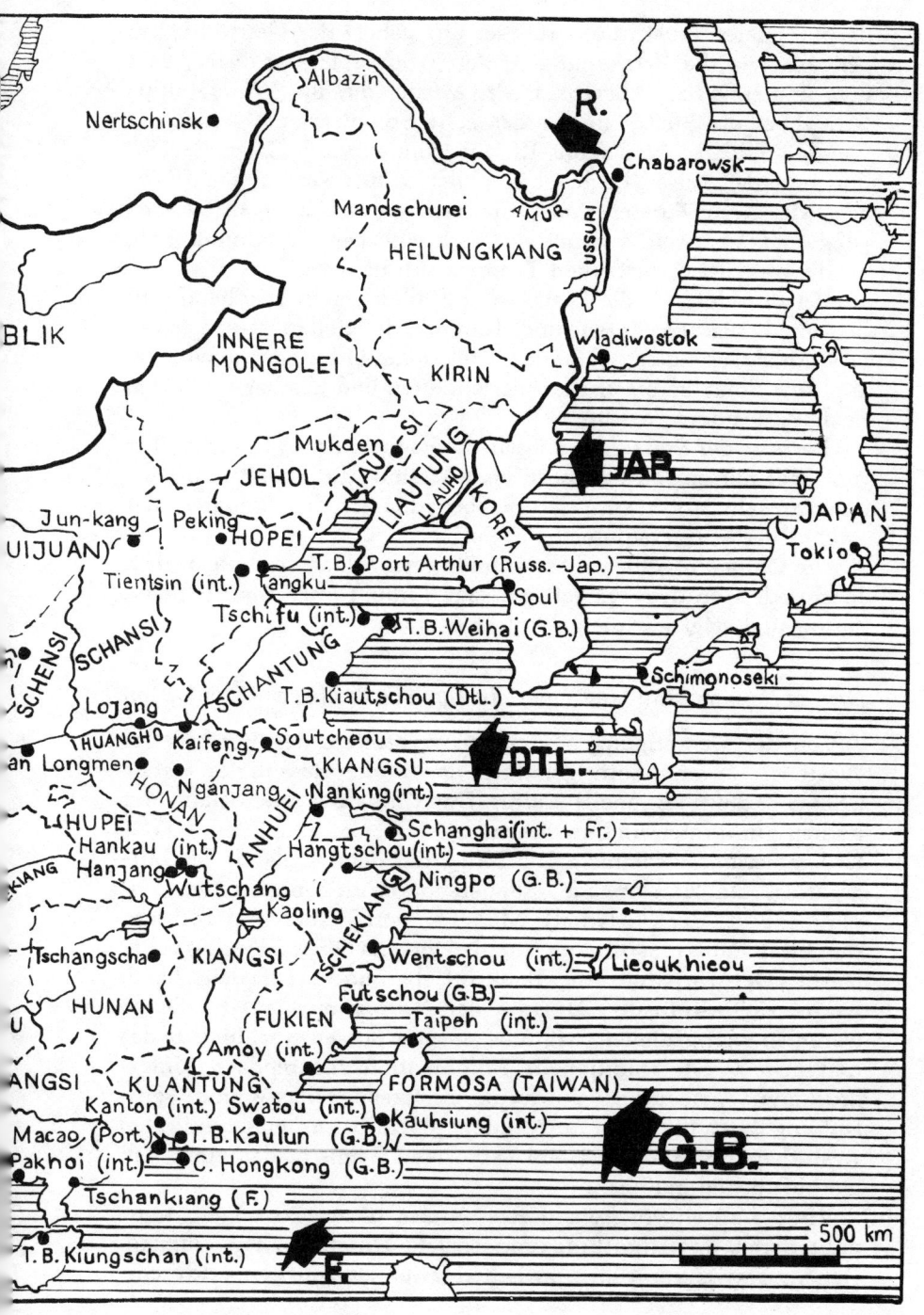

Das zerstückelte Reich der Mitte

der nationalen Frustration. »Dieser Ort gehört der Geschichte an, genauso wie die Beleidigungen, deren Schauplatz er war«, sagt man uns zunächst. Aber bald wird wieder die alte Wunde sichtbar. »Hier die Stelle, an der der erste Sommerpalast stand, der von den Soldaten Napoleons III. angezündet wurde. Hier die Tür, durch die der Kaiser, begleitet von allen seinen Konkubinen, Prinzen, Ministern, Fürsten und Offizieren seines Hauses in Verwirrung und Verzweiflung und unbeschreiblicher Unordnung floh, als die französisch-britischen Truppen sich näherten . . .«

Hier der Hof, wo die Zouaven, auf allen vieren kriechend, mit den mechanischen Enten und Kaninchen spielten, Geschenken westlicher Gesandter, während weniger kindliche oder gewitztere englische Soldaten emsig nach Perlenketten und kostbar bestickten Seidengewändern forschten.

Hier, auf der Spitze des Hügels die Pagode, deren Mauern über und über mit gelben Fayencen bedeckt sind; die Skulpturen wurden im Jahr 1900 von den Kolbenschlägen der Soldaten der »Zehn Mächte« verstümmelt.

Alle Chinesen fühlen diese Demütigung. »Das geschah in dem Jahrhundert, in dem wir leben«, sagt Tschu Tschen-tung lächelnd zu mir und zeigt mir die geköpften Statuen.

### Der Zusammenprall mit einer durchschlagskräftigen Zivilisation

Von der Demütigung abgesehen, vernichtete der Vorstoß des Westens — wenn auch gemildert durch die riesenhafte Größe Chinas — die traditionelle Kultur. Das China der alten Clans, der reichen Bürokraten und unwissenden Massen stürzte in einer Götterdämmerung zusammen. Der Krieg mit dem Ausland, der Bürgerkrieg, die zunehmende Hungersnot beschleunigten den Zusammenbruch der Wirtschaft; Millionen von Söhnen und Töchtern ruinierter Bauern[7] strömten auf den bereits überfüllten Arbeitsmarkt. Der wirtschaftliche Bankrott, besonders auf dem Land, wurde zur wichtigsten Ursache der Revolution; ja »die Dinge waren so weit gediehen, daß alles ausgeschlossen war, bis auf das Extremste«.[7] Die traditionelle Kombination aus feudaler Unterdrückung, Ausbeutung durch die besitzende Klasse und Fernlenkung durch die Bürokratie bildete plötzlich, zusammen mit dem westlichen Imperialismus, ein explosives Gemisch, das einmal in die Luft gehen mußte.

Abgeschnitten von seinen Ressourcen, dazu gezwungen, seine militärische, wirtschaftliche und soziale Unterlegenheit einzugestehen, schwankte China zwischen zwei Hoffnungen: sich entschlossen in sich selbst zurückzuziehen, oder, im Gegenteil, sich in die Industriekultur zu integrieren — was bis dahin von der etablierten Ordnung verhindert worden war.

China wurde durch diese Alternative gespalten: Die Gebiete an der Küste — städtisch, handelsorientiert, der Industrialisierung aufgeschlossen — wurden gänzlich vom Ausland beherrscht; das übrige Land, agrarisch und archaisch, lehnt jede Änderung ebenso ab wie die Ausländer selbst, die ja die treibende Kraft dabei sind.

Da China im Lauf der Jahrhunderte weder seine Grenzen öffnete noch regelmäßige Kontakte mit dem Ausland pflegte, wodurch seine Kultur sich allmählich der übrigen Welt hätte anpassen können, sah es sich plötzlich in einen Prozeß brutalen Kulturverfalls verwickelt.

Die scharfsinnigsten Geister Chinas erkannten, daß ihr Land in ein Abhängigkeitsverhältnis geraten würde, da es zu lange verabsäumt hatte, sich für die anderen zu interessieren. »Die europäischen Länder«, erklärte Liang Tschi-tschao, »vergleichen ihre Systeme und regen einander ständig an. Das stolze China hält sich für groß und mächtig und behauptet, daß niemand ihm gleichkäme.«[8]

Der Großteil der gebildeten Chinesen sieht sich also gezwungen, das jahrtausendealte Dogma von der Überlegenheit ihrer Kultur etappenweise abzubauen.

Zunächst schreibt man den Niedergang Chinas nur den westlichen Waffen zu. Es würde genügen, solche Waffen zu besitzen, und man könnte die einzig wahre Kultur schützen. »Was wir von den Barbaren lernen müssen, ist nur das: Stabile Schiffe und schlagkräftige Kanonen zu bauen... Man muß die militärischen Techniken der Barbaren übernehmen, um sie zurückzuschlagen«, schreibt Feng Kuei-fen im Jahr 1861.[9]

Der Gelehrte Fu-tscheng plädiert dafür, die notwendigen Anleihen auf die gesamte Technik und die Mathematik auszudehnen: »Laßt uns die Kenntnisse von den Maschinen und die Rechenkunst des Westens erwerben, damit wir den Pfad unserer Weisen schützen können...«[10] »Die überlegene Technologie der Barbaren erlernen, um sie zu kontrollieren« wird zum Leitspruch der Reformer.

Die letzten militärischen Niederlagen des Kaiserreiches und sein Sturz öffnen der chinesischen Elite die Augen: Es genügt nicht, der unverändert gebliebenen chinesischen Kultur die fremde Technik aufzupfropfen. Eine bestürzende Schlußfolgerung wird da und dort gezogen: Das Reich der Mitte kann sich nicht damit zufriedengeben, unter einigen äußerlichen Attributen der westlichen Zivilisation zu wählen, es muß sie alle übernehmen, oder sich gänzlich von dieser Kultur beherrschen lassen.

Erst Sun Yat-sen, und vor allem Mao Tse-tung, gelang es, China aus diesem Dilemma zu befreien und einen dritten Weg zu entdecken, den chinesischen.

Ein einfaches Detail der westlichen Zivilisation zu kopieren, ist sinnlos, sie unterwürfig als Ganzes nachzuahmen, wäre gefährlich. China muß die Gesamtheit seiner wirtschaftlichen, politischen und geistigen Organisation neu überdenken.

Heute ist die Richtung klar: So schnell wie möglich die Leistungen der Großmächte imitieren, also nukleare und thermonukleare Bomben, Atomunterseeboote, Interkontinentalraketen herstellen. Was das übrige betrifft, ist China viel zu vornehm, um sich zum bloßen Nachahmen herbeizulassen.

## Die Präsenz des Westens in China

Die Europäer verhüllen die früheren Beziehungen ihrer Länder zu China mit einem Schleier schamhafter Unwissenheit. Die Chinesen kennen sie viel besser. Ein Volk, das bis aufs Blut gequält wurde, hat ein längeres Gedächtnis als eines, das diese Qualen verursacht hat, ohne sich dessen so recht bewußt zu sein.

Was suchen wir Leute aus dem Westen hier? Was wollten wir hier? China evangelisieren, während es überzeugt war, daß der »chinesische Weg« die »königliche Straße« zur »Himmlischen Harmonie« ist? Es »zivilisieren«, obwohl es sich der Tatsache bewußt war, daß es die älteste, um nicht zu sagen die einzige Kultur der Welt besaß? Auf seine Kosten skandalöse Gewinne erzielen? Es unterwerfen und uns auf seinem Boden einnisten?

Es wäre heute ebenso sinnlos, sich auf die Brust zu schlagen, wie vorzutäuschen, daß man sich rechtfertigen wolle.

In den meisten Fällen waren die Motive der Missionare durchaus ehrenwert. Sie waren vom Geist der Nächstenliebe diktiert, und es wäre eine Beleidigung ihres Andenkens, das Edle ihrer Absichten nicht anzuerkennen. Dennoch darf man nicht übersehen, daß sich ihr Unternehmen auf die Chinesen wie ein Kolonialisierungsfeldzug ausgewirkt hat. Sie waren über diesen geistigen Einbruch deshalb so besonders entrüstet, weil er ebenso schnelle Fortschritte machte wie der kommerzielle und militärische.

Die Kaufleute aus dem Westen gehorchten der Logik der Ökonomie, die den Wohlstand der westlichen Zivilisation hervorgebracht hat und zu ihrer Größe beitrug. Die »Freiheit des Handels«, die von den westlichen Kaufleuten erzwungen worden war, stellte für sie selbst eine Spielregel dar. Für die Chinesen war sie ein verderblicher Zwang.

Die ausländischen Regierungen glaubten, nur ihre Pflicht zu erfüllen, wenn sie ihre Kanonenboote und Marinesoldaten entsandten, um ihre gefährdeten Staatsangehörigen zu schützen, gemäß den allgemein anerkannten Regeln des internationalen Rechts. Aber welcher Chinese und aufrichtige Patriot konnte damit einverstanden sein, daß die Panzerkreuzer der Barbaren hier ankerten?

Im ganzen gesehen, war der fremdländische Einfluß zugleich katastrophal und fruchtbar. Die Begegnung mit dem Westen wurde zum Ferment der chinesischen Revolution. Sie löste das alte China auf und beschleunigte die Geburt des neuen China. Es ist kein Zufall, daß die Revolutionäre von 1911, die Leute um Sun Yat-sen, alle aus konfessionellen Schulen hervorgegangen waren: Die chinesische Revolution wurde von Schülern der Missionare eingeleitet.

3

Unabhängigkeit über alles

Ein Jahrhundert der Erniedrigung ließ in China einen unbeugsamen Patriotismus entstehen (genauso wie im Frankreich des Hundertjährigen Kriegs, dem ebenfalls ein Jahrhundert ausländischer Interventionen vorangegangen war), ein Nationalgefühl, dessen sich das Volk bis dahin nicht bewußt gewesen war.

Als ich Präsident Kuo Mo-jo die silberne Medaille der französischen Nationalversammlung überreichte, hielt er Marianne für Jeanne d'Arc. Ich erklärte ihm, daß Marianne das Symbol der Republik sei. »Warum«, fragte er, »kann es nicht auch Jeanne d'Arc sein? Auch sie kämpfte für die nationale Unabhängigkeit.« Er fügte hinzu: »Unsere beiden Republiken haben ihren Ursprung in der Revolution und die Leidenschaft für die Unabhängigkeit gemeinsam.«

Der Hundertjährige Krieg und die Französische Revolution, die französische Republik und die Volksrepublik China, Jeanne d'Arc und Mao Tse-tung: ein einziger Kampf für die gleiche Unabhängigkeit. Als Kind verschlang Mao die Legenden und romanhaften Erzählungen über das Unglück des chinesischen Vaterlands: Das *San Kuo* (Die drei Königreiche) und das *Schui Hu Tschuan* (Der Roman des Ufers). Als Heranwachsender begeisterte er sich an den hohen Taten der Tai-ping-Revolution oder vertiefte sich in die Kriegskunst Hsun-tses, der im 5. Jahrhundert v. Chr. die Regeln der Defensive, Offensive und selbst der subversiven Kriegführung, des Partisanenkampfes und des Guerillakrieges festgelegt hat. Er diskutierte die nationalen Legenden mit den alten Bauern, unter denen er lebte, oder las heimlich historische Erzählungen; aus diesen Werken bezog er die Sehnsucht und die Methoden, diese Sehnsucht zu verwirklichen: Er wandte sie später an, als er die chinesische Nation formte.

### Der Aufbau der chinesischen Nation

»Das klassische China«, erklärte mir Kuo Mo-jo, »fühlte sich nicht wirklich als das, was man gemeinhin Nation nennt; es hielt sich eher für einen Kulturkreis, den Träger einer Botschaft, die alle Menschen empfangen konnten; es fühlte sich als die Heimat, als das Land der Ahnen, mit denen jeder verbunden war.«

Um als Nation auftreten zu können, hätte es wahrscheinlich eingestehen müssen, daß es noch andere Völker auf der Welt gab. Darüber hinaus waren die Chinesen einem streng patriarchalischen System unterworfen, und die Verbindung mit der Zentralmacht war zu lose, als daß sie das Gefühl einer gemeinsamen Bestimmung hätte entwickeln können. Sun Yat-sen meinte dazu: »Wir sind verstreute Sandkörner, wir haben keine echte nationale Bindung.«[11]

Es ging also darum, die nationale Einheit durch eine Neugruppierung der Clans zu schaffen: »Warum will China die Revolution? Wir haben keinen Zusammenhalt, keine Widerstandskraft, und deshalb wurden wir vom ausländischen Imperialismus unterwandert und unterworfen.«[12]

Die maoistische Revolution führte in erster Linie zum Aufbau einer Nation. Sie ersetzte die Clans durch die Zugehörigkeit jedes einzelnen zum chinesischen Volk.

Von den »Drei Grundsätzen« Sun Yat-sens: »Nationalismus, Demokratie, Sozialismus«, die vom Maoismus niemals angefochten wurden, ist der erste der wichtigste. Von ihm hängen die beiden anderen ab: Das Prinzip *min-tsü*, das Volk, Nation, Rasse und Unabhängigkeit (Unabhängigkeit sowohl von den Mandschu-Kaisern als auch von den westlichen Invasoren) bedeutet. Mao realisierte, was Sun Yat-sen prinzipiell festgelegt hatte — dank der japanischen, dann der amerikanischen Militaristen, die, wie er gern sagt, durch ihre unfreiwillige Mitarbeit zu seinen besten Agenten wurden.

Der Besiegte von gestern ist der Sieger von heute. Er vermied jede Assimilation und jeden Einfluß von außen. Die Verzweiflung der ausgebeuteten Massen, die kulturelle Entfremdung, die chaotische Verstädterung, der Wettlauf um ausländisches Geld, die Quälereien, die zu Aufständen führten, der moralische und soziale Zusammenbruch, all das scheint weit zurückzuliegen.

### Der Zwischenfall von Sian

Die Stärke des Maoismus war also die Fähigkeit, das Gefühl der nationalen Unabhängigkeit zu verkörpern (etwas, das der Kuomintang nicht gelungen war).

Im Dezember 1936 wurde Generalissimus Tschiang Kai-schek, als er die antikommunistische Front im Norden inspizierte, von seinem Stellvertreter Marschall Tschang Hsueh-liang, den er ermahnen wollte, aktiver gegen die Kommunisten in Schensi zu kämpfen, gefangengenommen. Tschang warf dem Generalissimus vor, sich nur mit der Bekämpfung Maos und seiner Truppen zu befassen und sich nicht für den Kampf gegen Japan zu interessieren, das nach der Eroberung der Mandschurei seine Angriffe auf die chinesische Souveränität verstärkte. In dieser Auseinandersetzung wurde China vor eine Entscheidung gestellt: Priorität der nationalen Einheit gegen das Ausland auf Kosten der Kommunistenverfolgung? Oder Bevorzugung des Kampfes gegen die Kommunisten, wobei den Fremden freies Feld eingeräumt würde?

Wir besuchten die etwa fünfzehn Kilometer von Sian entfernten Thermalbäder, wo sich die geheimnisvolle Episode abspielte, die als »Zwischenfall von Sian« in die Geschichte einging. Quellen, Seen, Lotosblumen und der Schatten von Trauerweiden bilden den Hintergrund. Nur flüchtig zeigt man uns die Bassins, an deren Rand die Kaiser der Dynastien Tschou, Han und Tang die Sorgen der Regierung in der Hauptstadt vergaßen, und das Becken, in dem die Favoritin, die schöne Jang *kui-fei*, zu baden pflegte. Man führt uns ins Zimmer des Generalissimus. Dort zeigt man uns die Kugeleinschläge — es war durch das Fenster geschossen worden, durch das er, aus dem Schlaf geschreckt, aber unverletzt, in Unterwäsche in den Morgennebel hinaussprang; sein falsches Gebiß blieb auf dem Nachttischchen zurück. Hier die hohe Mauer, über die er kletterte: »Nein, ein Stückchen weiter; genau hier. Er hat sich den Knöchel verstaucht, als er in den Graben fiel.« Wir schreiten den Pfad hinauf, der auf die Spitze des Li Schan-Berges führt: Der Weg endet vor einer merkwürdigen kleinen Pagode, die einem griechischen Tempel aus Beton gleicht und im Jahr 1946 von den Anhängern Tschiang Kai-scheks »Pavillon der Gerechten Sache« getauft worden war, 1949 wurde sie von den Parteigängern Maos in »Pavillon der Verhaftung« umbenannt. Am Felsen befestigte Metallklammern ermöglichen es, in die Höhle zu gelangen, in der Tschiang Kai-schek einige Stunden nach seiner Flucht, vor Kälte zitternd, von den Suchtrupps gefunden wurde. Ein Offizier war bis zu ihm geklettert. »Ich bin der Generalissimus«, erklärte Tschiang Kai-schek. »Ich befehle Ihnen, mich zu respektieren. Wenn Sie mich töten wollen, dann tun Sie es, aber ersparen Sie mir die Schande.« — »Wir wollen Sie nicht töten, sondern Sie nur ersuchen, unser Land in den Kampf gegen Japan zu führen.«

Nach dreizehntägiger Haft wurde Tschiang Kai-schek befreit. »Tschu En-lai«, erklärte unser Führer, »kam nach Sian, um die Kommandanten der Nordost-Armee zu überreden, ihren Gefangenen freizulassen. Die Kommunistische Partei Chinas ermöglichte es auf diese Weise, eine Einheitsfront gegen die japanischen Aggressoren zu errichten. Tschiang Kai-schek wollte den Kampf gegen die Kommunisten aktivieren. Aber es gelang ihm nicht. Er wurde — nach der Vermittlung Tschu En-lais — gegen das Versprechen enthaftet, Krieg gegen Japan zu führen, seine Regierung neu zu organisieren, die projapanischen Elemente zu entfernen und die Kommunisten nicht anzugreifen.«

Was auch immer der genaue Inhalt der Gespräche von Sian war, Tatsache ist, daß Tschiang Kai-schek, unerbittlicher Feind der Kommunisten seit zehn Jahren, mit diesen in den folgenden Wochen eine »Einheitsfront« bildete; daß er ferner der Ernennung Tschu En-lais zum ständigen Vertreter Maos bei ihm zustimmte und den Japanern entschlossen entgegentrat, was sechs Monate später dann auch zum Krieg führte.

Die Affäre von Sian ist eine wichtige Episode in der Geschichte der chinesischen Revolution. Tschiang Kai-schek war sicherlich von wildem Nationalismus erfüllt; er haßte die Japaner. Aber spontan hatte er den Kampf gegen den Kommunismus dem Krieg mit dem Ausland vorgezogen. Nun bewog ihn Maos Genie, seine Energien im Widerstandskampf gegen Japan einzusetzen.

Mao bekräftigte kategorisch den Vorrang des Nationalismus in einer grundlegenden Schrift in der *Neuen Demokratie*, die im Jahr 1940 verfaßt wurde, aber so wenig orthodox war, daß man sie in der UdSSR erst nach dem Tod Stalins veröffentlichte. Dieser Text, der völlig im Widerspruch zu den Thesen der Komintern steht, schlägt vor, die Führung der Revolution den »vier revolutionären Klassen« anzuvertrauen: den armen Bauern,

Arbeitern, Kleinbürgern und »national gesinnten Kapitalisten«. Kurz, die Bourgeoisie, die Intelligentsia, die Mandarine, die »Compradores« hatten die Wahl zwischen den beiden letztgenannten Klassen, wenn sie sich mit dem Regime verbünden wollten; und im Jahr 1949 schlossen sie sich ihnen auch in großer Zahl an. Diese vier Klassen unter der Leitung der Kommunistischen Partei sollten eine revolutionäre Mission übernehmen, deren oberstes Ziel zunächst der Kampf gegen den japanischen und den amerikanischen Imperialismus war; als zweites sollte der Feudalismus der Kriegsherren und mit den Japanern kollaborierenden Grundbesitzer bekämpft werden. Heute noch gilt die chinesische Flagge als das Symbol dieser Theorie: Ein großer Stern, die Partei, leitet vier kleine Sterne, die vier Klassen, die gleichgestellt sind.

### Der unbeugsame Nationalismus der Proletarier

Marx hatte geglaubt, daß sich die Proletarier aller Länder spontan in einer antikapitalistischen Internationale vereinigen würden; Jaurès und Lenin stellten sich im Jahr 1914 vor, daß diese unausweichliche Vereinigung den Ausbruch des Ersten Weltkriegs verhindern könnte; und Lenin glaubte noch 1917, daß sie den Frieden erzwingen würde. Sie alle hatten auf eines vergessen: Die Proletarier sind die hartnäckigsten Nationalisten, und die Bourgeois erliegen am ehesten der Versuchung des Kosmopolitismus.

Die chinesische Kommunistische Partei stellte sich an die Spitze eines machtvollen Feldzugs gegen die japanischen Eindringlinge; sie stützte sich dabei auf den Patriotismus der Landbevölkerung. 1931 erklärte sie Japan, das soeben die Mandschurei annektiert hatte, den Krieg. Eine ziemlich theoretische Angelegenheit zwar, da die kommunistischen Basen sehr weit entfernt von den japanischen Truppen lagen — aber sie hatte eine hohe Bedeutung. Zunächst fand sich die Kuomintang, die es nicht wagte, dem Bauerntum kriegerischen Geist einzuflößen (aus Angst, dadurch das Bürgertum zu beunruhigen, aus dem sich ihre Anhänger rekrutierten), in die Defensive gedrängt.

Japan gab den roten Einheiten die Chance ihres Lebens, weil es ihnen erlaubte, das Nationalgefühl zu verkörpern. Die Amerikaner, die Sieger, vollendeten das Werk, indem sie Tschiang Kaischek unterstützten, dem sie damit den Gnadenstoß versetzten. (Der Prozeß, der sich so augenfällig in Vietnam wiederholen sollte, hatte begonnen.) Und zwar deshalb, weil es die Kuomintang nicht

wagte, das Gefühl der nationalen Zusammengehörigkeit voll aus-
zuschöpfen, und weil die Kommunisten sich nach der Formel
Maos »mit dem nationalen Bürgertum, den Intellektuellen und
allen nicht reaktionären Kräften« zu einer gemeinsamen Front
des Widerstands gegen Japan vereinen konnten.

## Die heilige Union

Im Westen versteht man nur mit Mühe, daß selbst Chinesen,
die Peking gegenüber sehr feindlich eingestellt sind (zum Beispiel diejenigen, die in Hongkong, Singapur oder in Indonesien
leben) hinsichtlich der nationalen Frage völlig mit ihm übereinstimmen. Ein Flüchtling in Hongkong, der selbst — ebenso wie
seine Familie — von den Kommunisten Schweres zu erleiden
gehabt hatte, erklärte mir: »Es gibt wahrscheinlich keinen einzigen Chinesen, der, auch wenn er unter dem kommunistischen
Regime noch so sehr gelitten hat, an der Stelle dieser Regierung
eine fremde haben wollte.«
Die chinesische Volksrepublik sieht sich als Erbin des Kaiserreiches, als Erbin Sun Yat-sens, als Erbin der wahren Kuomintang,
nämlich der Kuomintang der nationalen Revolution.
China hat seine politische und wirtschaftliche Unabhängigkeit
erlangt. Kein Ausländer befiehlt mehr auf seinem Boden, außer
in Hongkong, Macao, Formosa und »einigen anderen schmutzigen
Winkeln, welche die Geschichte eines Tages auslöschen wird«,
wie mir ein Zollbeamter der Volksrepublik am Grenzposten von
Schentschen sagte.
Was man nicht für möglich hielt, wurde Wirklichkeit: »Die
Einstellung und die Handlungen eines 700-Millionen-Volkes
werden tatsächlich nur noch von seiner eigenen Regierung bestimmt.«[13] »Was hat Ihnen das kommunistische Regime gebracht?« fragte ich Bauern in ihren Reisfeldern, Arbeiter vor ihren
Maschinen. Nach einigem Zögern antworteten sie zunächst fast
immer folgendes: »China ist wieder ein großes Land geworden.«
»Wir sind nicht mehr die Sklaven der Fremden.« »Die Chinesen
können wieder den Kopf hoch tragen.« Beteten sie da etwas nach?
Ich glaube nicht. Ihre Antwort hatte mit dem Kommunismus
nur indirekt zu tun.

## China den Chinesen

Als das Reich der Mitte die an seiner Peripherie lebenden
Völker nicht mehr zu kontrollieren vermochte, übernahmen die
Kolonialmächte diese Aufgabe. Heute sind die allogenen Volks-

gruppen, die im Lauf der Geschichte Han-China einverleibt worden waren, wieder ein integrierender Bestandteil der chinesischen Nation: Mandschus, Mongolen der Inneren Mongolei, Muselmanen in Sinkiang, Tibeter unterstehen aufgrund eines föderativen Systems, das den nationalen Minderheiten kaum die Möglichkeit zur Behauptung ihrer Eigenständigkeit läßt, der Zentralmacht. Es gibt mehrere Nationalitäten, aber nur ein Vaterland. Die Verfassung der Volksrepublik China bestimmt: »Die chinesische Volksrepublik ist ein geeinter, multinationaler Staat.« Gewiß, »alle Nationalitäten sind frei, ihre Sprache und Schrift zu gebrauchen und weiterzuentwickeln, ihre Sitten und Gebräuche zu bewahren oder zu ändern«. Aber: »Jeder Akt, der geeignet ist, die Union der Nationalitäten zu untergraben, ist verboten.«

China fordert nicht mehr den Anschluß Koreas, der indonesischen Halbinsel, Burmas und der Himalaja-Staaten, obwohl diese Länder früher seine Vasallen waren. Aber es fand eine neue Formel, die eine dauerhafte Lösung zu sein scheint und der Realität Rechnung trägt: Es hat sich mit einer soliden Freundschaft zu den »Schwester-Nationen« abgefunden — das sind Nordkorea, Nordvietnam, das Kambodscha Prinz Sihanouks, das Laos von Souvannuvong.

Kurz, das Reich der Mitte hat seine natürlichen Grenzen wiederhergestellt, die Bevölkerung Hans durch unauflösliche Bande mit dem Großteil der nationalen Minderheiten (die einst eine Zone von »tributpflichtigen« Nationen gebildet hatten) verknüpft und seine Territorien mit einem schützenden Kranz von »Schwester-Nationen« umgeben.

Es besteht kein Zweifel, daß die Wiederherstellung der Unabhängigkeit das chinesische Volk mit hohem Stolz und heiterem Vertrauen in die Zukunft erfüllt. Die Theorien vom »Papiertiger« und vom »Fisch im Wasser« sind jedem Bauern, jedem Arbeiter und jedem Soldaten geläufig.

Man spricht nicht von der »Schlagkraft«, aber man denkt daran. Die Ausbrüche kollektiver Freude, die die Ankündigung der verschiedenen Konstruktionsetappen der ersten chinesischen Atomrakete seit Oktober 1964 — damals wurde mit den Versuchen begonnen — begleiteten, verraten einiges über die Gefühle des Volkes. Die Chinesen fühlen sich nun nicht nur als Herren im eigenen Land, was seit Beginn des letzten Jahrhunderts nicht mehr der Fall war, sondern sie glauben auch, bald unbesiegbar zu sein, was sie in ihrer Geschichte niemals waren, trotz der Großen Mauer.

Man versicherte mir, daß viele Bäuerinnen weiterhin zu den

Ahnen und Geistern beten und daran glauben, daß die alten Kaiser noch immer über China wachen. Dann dürfte wohl die Kaiserin Tse-hsi vor Glück erzittern, da der Ehrgeiz ihrer Dynastie verwirklicht wurde: Das Reich der Mitte ist von der Fremdherrschaft befreit, fähig, seinen eigenen Weg zu gehen, und berechtigt, die Worte zu wiederholen, die Kaiser Tschien-lung dem ersten Botschafter des englischen Königs sagte: »Was bei Ihnen vorgeht, interessiert mich nicht.«

# 16

## Der Sieg über das Elend

*Ein Unglück nach dem anderen*

China vor 1949 war also ein mittelalterliches Land. Die Bevölkerung wurde von Naturkatastrophen heimgesucht: Überschwemmungen und Dürre, Heuschreckenplagen, Ratten, Mücken, Fliegen, endemischen und epidemischen Krankheiten, darunter Beulenpest und Cholera. Die Unwissenheit über die tatsächlichen Ursachen dieser Phänomene war allgemein, es gab keine Spur von Hygiene, dafür aber ungeheure Geburtenziffern, die von ebensolchen Sterbeziffern ausgeglichen wurden. Zauberei und kindischer Aberglaube beherrschten die Menschen; das Analphabetentum machte den meisten eine höhere geistige Betätigung unmöglich und beschränkte die Information — ausgenommen für eine kleine Minderzahl Gebildeter — auf entstellte Gerüchte; die drei großen Religionen Chinas, Buddhismus, Taoismus und Konfuzianismus, finden im Volk nur in irrationalen Versionen Anklang. Ein unruhiger Hintergrund also, der jeden Augenblick zu unkontrollierbarem Gerede, panischer Angst und Massenhysterie Anlaß geben konnte.

*Das ärmste Land der Welt*

Wie sollte diese riesige, zu zwei Dritteln analphabetische Bevölkerung auch nur ein Minimum an Kultur und vernünftigem Denken in sich aufnehmen, ohne die sie der Phänomene, von denen sie bedrückt wurde, nie würde Herr werden können? Aus dem sagenhaft reichen China, zu dem Christoph Kolumbus neue Anfahrtswege gesucht hatte, war im 19. Jahrhundert eines der ärmsten Länder — wenn nicht das ärmste — der Welt geworden, und so blieb es bis zur Mitte des 20. Jahrhunderts. Im Jahr 1939 gibt ein Bericht des Völkerbundes Aufschluß über das jährliche Pro-Kopf-Einkommen einiger Länder, berechnet in US-Dollar: 554 in den Vereinigten Staaten, 282 in Frankreich, 34 in Indien, 29 in China. Eine Aufstellung der Vereinten Nationen aus dem Jahr 1949 fühlt dieselben Zahlen an, und China liegt an letzter Stelle, hinter Pakistan, Indien und Indonesien. Die Lebensmittelration eines Chinesen betrug 1949, nach Kalorien berechnet, zwanzig Prozent der Ration eines Franzosen; das Durchschnittsalter war fünfundzwanzig Jahre, gegenüber vierundsechzig Jahren in den USA.

»Wo das Land zerstört ist, herrscht unsagbares Elend«, bemerkt Teilhard de Chardin. »Und zu alledem der Frost. Wenn es einen Apparat gäbe, der die Leiden der Menschen auf der ganzen Welt registrieren würde, (...) was würde man in diesem Augenblick zu Gesicht bekommen.«[1]

### Die Überschwemmungen des Gelben Flusses

Ungeheuerliche Naturkatastrophen verschlimmerten dieses Elend. Wenn man in geringer Höhe über dem Jangtse, vor allem aber über dem Hoangho — dem Gelben Fluß — fliegt, kann man ermessen, in welchem Maß diese Ströme über Wohlstand oder Not entscheiden, je nachdem, ob der Mensch es verstand, sie zu zähmen. Normalerweise bahnen sie sich mühsam einen schmalen Weg durch das Schwemmland. Nach ein paar Wolkenbrüchen überfluten sie Tausende Hektar fruchtbaren Ackerlandes. Am Ende einer Trockenperiode beschränken sie sich auf ihr Bett; die Erde verwandelt sich in gelben Staub; die Ernte verdorrt.

Die Chronik des alten China pries die vorausblickenden Kaiser, die den Fluß ausbaggern ließen, anstatt die Dämme höher zu bauen. Aber diese uralte Maßnahme wurde selten angewandt. Das Bett des Gelben Flusses liegt an manchen Stellen um einige Meter höher als die Ebene. Man sieht die Segel der Dschunken über den Reisfeldern dahingleiten; diese Felder können nur bestellt werden, wenn sie durch Dammbrüche oder Überschwemmungen bewässert werden.

Infolge der Überflutungen hat der Hoangho seit Menschengedenken sechsundzwanzigmal seinen Lauf und seine Mündung verändert. In einem Abstand von fünfhundert Jahren berichteten Marco Polo und Macartney, daß das Land in den Augen der Chinesen unter den Fluten des Gelben Flusses mehr gelitten habe als unter Krieg, Hungersnot oder Pest. Der Kaiser Kang-hsi ließ einen Damm anbohren, um ein aufständisches Heer zu ertränken ... und entfesselte so eine Überschwemmungskatastrophe, in der eine Million Menschen umkamen.[2]

Das Elend in China war auf einen Circulus vitiosus zurückzuführen. Der Boden war rissig, weil die Bäume keine Zeit hatten,
zu wachsen; der Hunger trieb die Bauern dazu, Blätter und Rinde
zu essen, und den Rest der Bäume zu opfern, um Hütten zu
bauen oder Feuer zu machen; der Löß wurde von den Wildbächen
aus den Bergen herabgeschwemmt, da der Boden infolge des
Baummangels zu locker war. Überschwemmungen und Dürreperioden vernichteten abwechselnd die Ernten; Schlamm behin-
derte die Flüsse, hob ständig ihren Wasserspiegel, bildete Dämme,
die Überflutungen bewirkten; oder aber es brachen, knapp vor
einer vielversprechenden Ernte, Heuschreckenschwärme ein, die
innerhalb weniger Augenblicke mit ihren Freßwerkzeugen Hafer
und Weizen vertilgten und die man unter großen Mühen ver-
jagte, nur damit sie sich auf dem nächsten Feld niederließen.

Man sage nicht, daß diese Schreckensbilder im nachhinein gezeichnet wurden, um die Verdienste des heutigen Regimes besonders hervorzuheben. Die Berichte von Beobachtern, die dieses
Wort verdienen, stimmen da überein.

Auch hier ist das Zeugnis Macartneys über die Reisernten von
niederschmetternder Präzision: »Wenn die Pflanze noch sprießt,
siecht sie in Trockenheit dahin, und beim Nahen der Reife schaden ihr die Überschwemmungen nicht weniger. Vögel und Heuschrecken, deren Zahl alles übertrifft, was sich ein Europäer überhaupt vorstellen kann, stürzen sich mit Vorliebe auf dieses
Getreide.«[3]

In den hundertfünfzig Jahren nach der Entstehung dieses Be-
richts verschlimmerte sich die Lage noch. Vor 1949 — oder sogar
noch vor 1937, als der Krieg gegen Japan die Desorganisation
Chinas zusätzlich verschärfte — stand man dieser Aufeinanderfolge von Naturkatastrophen machtlos gegenüber. Dokumente
darüber existieren. Man überzeuge sich selbst. Sie bilden ganze
Bibliotheken, von Marco Polos Schriften, die 1298/1299 in einem
Genueser Gefängnis diktiert wurden, angefangen, bis zu den
Untersuchungen der Vereinten Nationen nach dem Zweiten Weltkrieg. Ein gutes Beispiel ist der Bericht Doktor Stampars, eines
Hygienespezialisten, der 1933 vom Völkerbund zur chinesischen
Regierung nach Nanking entsandt worden war.[4] Seine Schlüsse
machen schaudern. Es gab damals k e i n e r l e i Aussicht auf
eine Lösung. »Selbst wenn alle reichen Nationen der Welt ihre Anstrengungen vereinten, würde es ihnen nicht gelingen, China aus
dem langsamen Dahinvegetieren zu reißen.«

### Der Koch der »Peking-Ente«

Diplomaten, die vor 1949 Posten in Peking bekleideten, Chinesen der privilegierten Schicht, westliche Kaufleute in Schanghai, hatten mir manchmal erklärt: »Sie haben sich von der kommunistischen Propaganda vergiften lassen. Ich, der ich in China gelebt habe, kann Ihnen sagen, daß man dort gut aß, gut lebte.« Der historische Zweifel, bei der Beurteilung der Vergangenheit so notwendig, ist hier wohl am Platz. Die Kritik, die in diesen Aussagen mitschwingt, scheint ihn zu rechtfertigen. Die Welt, in der diese Zeugen lebten, schwamm in Überfluß. Mit dem besten Gewissen der Welt sind sie am Elend vorbeigegangen, ohne es zu bemerken.

Um sich davon zu überzeugen, kann man nichts Besseres tun, als sich in die kleine Schuai fu juan-Straße in Peking zu begeben, ins Restaurant Tschüan tschü teh — »Zur Vereinigung aller Tugenden« —, von den Europäern nach der Spezialität des Hauses »Peking-Ente« genannt. Dieses Restaurant hat sich seit den dreißiger Jahren des vorigen Jahrhunderts nicht verändert.

Wenn Sie eine »Peking-Ente« versucht haben, deren knusprige Haut unter Ihren Zähnen kracht wie Mandelbäckerei, dann bitten Sie, dem Koch Ihr Kompliment sagen zu dürfen. Die Küche allein verdient einen Besuch (alle Speisen werden auf der Basis von Entenfleisch zubereitet; die Tiere mästet man innerhalb von zwei Monaten in der Umgebung von Peking). Über Holzfeuern dreht sich das Geflügel an großen Spießen.

Da kommt ein kleiner alter Mann herbei, verschrumpelt und faltig wie ein verdorrter Apfel, und wischt sich die Hände an seiner Schürze ab.

»Wie alt sind Sie?«

»Dreiundachtzig.«

»Arbeiten Sie schon lange im Tschüan tschü teh?«

»Siebzig Jahre.«

»Wie viele Peking-Enten bereiten Sie pro Tag zu?«

»Ungefähr dreißig. Das ist der Durchschnitt.«

»Aber früher haben Sie nicht immer die gleiche Anzahl gekocht?«

»Doch, immer so viele, oder fast immer. Wir lieferten die Enten auch für Hochzeiten und Familienfeste.«

»Aber es gab doch Hungersnot, Bürgerkrieg, Krieg mit dem Ausland, die Befreiung, die Kulturrevolution. Haben Sie in diesen Zeiten keine Enten zubereitet? War das Restaurant geschlossen?«

»Nein, nein, das Restaurant war nie geschlossen. Ich habe immer etwa dreißig Enten pro Tag zubereitet.«

Der kleine alte Mann geht weg und hantiert am Herd. Die wassergefüllten und zuckerbestreuten Enten werden vierzig Minuten lang über einem mit dem Holz des Brustbeerbaums angefachten Feuer gebraten — dem einzigen Holz, das keinen Rauch erzeugt.

An diesem vollendeten Rezept, das von Generation zu Generation weitergegeben wurde, hat sich nichts geändert. Der Künstler, der diese knusprige Delikatesse hervorzaubert, hat seit Beginn dieses Jahrhunderts alle Arten von Regierungen miterlebt: die Kaiserin Tse-hsi und den kleinen Kaisersohn, die Besetzung durch die »Zehn Mächte« und durch die Japaner, die bürgerliche Republik und die Volksrepublik, die Kriegsherren und die Roten Garden.

Bewunderungswürdige chinesische Beständigkeit! Beständigkeit — unter anderem — des Überflusses für eine hauchdünne Privilegiertenschicht, selbst in schlimmsten Notzeiten. Während China von Kriegen erschüttert wurde, gab es stets Peking-Enten für einige hundert Abendgäste. Vorgestern: der Hof und die Mandarine; gestern: die fremden Besatzer, ihre Kollaborateure und die oberste Klasse; heute: die Regierung und ihre Gäste. Nicht hier vollzog sich die Änderung, sondern bei den Hunderten Millionen Unterernährten, denen die tägliche Schale Reis wie ein unerreichbarer Traum erschienen war; ein Traum, der schließlich doch Wahrheit wurde.

### Die Hungersnot

Die Lage Chinas vor 1949 ähnelt in vielem den Verhältnissen, die man heute zum Beispiel noch in Benares vorfindet: Ein Gewimmel verkrüppelter Bettler, Kinder, über und über mit Wunden bedeckt, schwarze Schweine und halbverhungerte Hunde; Lumpen, und dazwischen hie und da ein Schimmer von Brokat. Wenn die Elemente zürnten, raffte der Hunger alle hinweg. Die Bauern waren im vorhinein ruiniert; in Dürreperioden oder bei Überschwemmungen verfügten sie über keinerlei Vorräte. Nichts konnte also eine Hungersnot verhindern, die oft noch durch Typhus oder Pest verschärft wurde — in einem solchen Ausmaß, daß es zu Kannibalismus kam. Solche Bilder drängten sich dem Reisenden auf: »Skelette, auf Knochen daherhinkend, Knochen, die einst Beine waren; und Knochen, die einst Hände waren, strecken sie der rettenden Reisschale entgegen.«[5] Oder ein Mann,

»der sich auf dem ausgedörrten Boden dahinschleppt. Seine Hoden baumeln an seinem Leib wie vertrocknete Olivenkerne — ein letzter, grausiger Scherz, der uns daran erinnern soll, daß er ein Mensch war.«[6]

In jeder der betroffenen Provinzen gab es mehrere hunderttausend Tote. 1929 wurden sie in Suijuan, nahe an der mongolischen Grenze, behördlich auf drei Millionen geschätzt, aber die von der »Internationalen Hilfskommission für die Opfer der Hungersnot in China« entsandten Fachleute sprachen von sechs Millionen.

Es war nicht notwendig, das Schauspiel der Hungersnot in entfernten Provinzen zu suchen — man konnte es auch in den großen Städten beobachten.

»Ich sah«, berichtet ein Augenzeuge, »in Schanghai jahrelang, an jedem Wintermorgen, wenn ich mich zur Arbeit begab, drei oder vier Leichen ausgestreckt auf den Gehwegen liegen — Chinesen, die während der Nacht verhungert oder erfroren waren. Das Schockierendste für mich war, daß chinesische Passanten, wenn sie meinen Schrecken sahen, in Gruppen stehenblieben und zu lachen begannen. Kaltblütigkeit? Gleichgültigkeit gegenüber dem menschlichen Leben? Todesverachtung? Jahrhundertelang praktizierte Disziplin, die darin besteht, seine Emotionen aus Vorsicht oder Höflichkeit zu verbergen? Ich weiß es nicht.«[7]

### Sinnlose Zeremonien

Wenn man nicht wußte, wie man mit dem Übel fertigwerden sollte, konnte man tatsächlich nur noch darüber lachen. Oder ihm entfliehen, sich anpassen, es bannen. Fliehen durch Massenauswanderungen, in Panik und Hektik — Hunderttausende Menschen ergossen sich über das Land. Anpassung: Die chinesische Küche war, bevor sie zum Luxus der Reichen wurde, ein Hilfsmittel der Armen; ihr Raffinement entstand aus der Notwendigkeit, jeder genießbaren Substanz angenehmen Geschmack zu verleihen, selbst einem Schlangenfraß. Das Übel bannen: Aberglaube und Magie waren dem Volk ebenso geläufig wie den Kaisern. So wählten sich diese zum Beispiel in einer feierlichen und zugleich lächerlichen Zeremonie einen Herrschernamen, der auf das Reich die Segnungen des Himmels herabrufen sollte, etwa Tschia Tsching — Große Glückseligkeit —, oder Hsien Feng — Allgemeiner Überfluß. Ein scharfsinniger Minister kam sogar auf die Idee, den Namen des *Untreuen Flusses* (er verließ gern sein Bett) in *Unveränderlicher Fluß* umzuändern, in der Hoffnung, er würde es sich zu Herzen nehmen und sich dieser neuen Bezeichnung als würdig erweisen...*

Trotz Lachen, Resignation und sinnloser Zeremonien war es wohl unausbleiblich, daß der Aufstand diese Kaiser und Minister eines Tages hinwegfegte. Sun Yat-sen formulierte Chinas Hauptproblem in seiner dramatisch-einfachen Art: »Die Frage des Hungers ist die wichtigste im Leben des Volkes... Die Alten sagten: Essen ist der Himmel des Volkes... Wenn jeder in China etwas zu essen hat, und zwar billig zu essen, dann können wir damit rechnen, daß das Lebensproblem des Volkes gelöst ist.«[8] Bescheidener Ehrgeiz, titanische Herausforderung. Sun Yat-sen konnte diesen Ehrgeiz nicht befriedigen; er versagte. Mao nahm die Herausforderung an.

Oder eher (und darin liegt das Wesen der Revolution), er bewog das Volk, sie selbst anzunehmen. Er hatte die Ambivalenz dieses Elends geahnt, das eine schreckliche Bürde und eine unvergleichliche Antriebskraft war: »Unsere Armut und unsere Not sind scheinbar üble Dinge, in Wirklichkeit aber gute. Die Armut gibt den Anstoß zur Veränderung, zur Tat, zur Revolution. Auf ein weißes Blatt kann man alles schreiben und zeichnen; alles, was es an Neuem und Gutem gibt.« Seine Revolte ist die Revolte eines Chinesen, eines Menschen also, der Hunger gelitten hat. Er erzählt, daß er niemals Fleisch oder Eier zu essen bekommen hatte, bevor er seine Familie verließ, obwohl sein Vater von der Klasse der »mittleren Armen« zu den »Mittleren«, dann »Reichen« aufgestiegen war. Er erinnert sich an die Meutereien von Hunan, in deren Verlauf hungernde Bauern geköpft worden waren, weil sie von ihrem Grundherrn Nahrung gefordert hatten. Welcher Chinese wäre nicht bereit, alles hinzugeben, um im Kampf gegen Not und Hunger zu siegen? Welches Volk würde nicht dem Ruf nach einem besseren Leben folgen, wenn es von dieser Furcht einmal bedrückt wurde?

Es gibt keinen Chinesen, keine Chinesin über dreißig, die sich nicht an ein Hungerjahr erinnern könnten; niemanden, der nicht den Eindruck hatte, daß sich sein Leben vollständig änderte, »als habe er die Brücke zum Himmel überquert«, nachdem diese Bedrohung aus dem Alltagsleben verschwunden war. Es darf einen nicht erstaunen, daß Mao viel von seinem Volk verlangen kann.

---

* Hellenen und Christen nahmen zur gleichen Magie Zuflucht; die Griechen nannten das »vor Zorn schwarze Meer«, den Pontos Euxeinos, das »gastliche Meer«; die christlichen Seefahrer bezeichneten das »Kap der Stürme« als »Kap der Guten Hoffnung«.

## Sich satt essen

Ein Beobachter Chinas, der die ungeheure Verbesserung des Loses der Bauern und Arbeiter, der Jungen und Alten seit einem Vierteljahrhundert bestreiten will, ist nicht aufrichtig, und sein Zeugnis verdient es nicht, festgehalten zu werden.

Gewiß, niemand könnte behaupten, in China stehe alles zum besten. Aber wir können bestätigen, daß wir ein gut genährtes, anscheinend vom Elend befreites Volk gesehen haben — auch wenn es bescheiden lebt im Vergleich zu unserer Konsumgesellschaft. Gut, wenn auch etwas uniform gekleidete Menschen — Hose aus blauem Baumwollstoff und weiße Bluse, für Männer und Frauen gleich; aber doch nicht so eintönig, wie man sagt; ab und zu sieht man auch Farbflecken. Eine muntere Jugend, kräftige Kinder; zeigt sich bei einem eine winzige Pustel, wird sie auch schon mit Quecksilbersalbe behandelt, während Beobachter vor 1949 vermerkten, daß die Kinder oft mit entzündeten Wunden bedeckt waren.

Diesen Eindruck von Ausgeglichenheit und Gesundheit empfängt man nicht nur in den großen Städten und Industriegebieten; selbst im zurückgebliebenen Schensi — einer der Provinzen, in denen es im Herbst 1960 eine Hungersnot gegeben haben soll; man verhehlte uns nicht, daß in diesem Jahr die Not vor der Tür stand und die Rationierung streng war; aber man lachte uns ins Gesicht, als wir von Hungersnot sprachen. Die wirklich echte, diejenige, in der man zuerst Wurzeln und dann seinesgleichen ißt, hätte es, so versichert man uns, seit der Befreiung in China nicht mehr gegeben. Hunger, Not — betreiben wir keine Haarspalterei. Es ist so gut wie sicher, daß es nach den Mangeljahren 1959—1961 das Problem des Hungers in China nicht mehr gegeben hat.

Im Land um Jenan, das so arm ist und in dem sowohl Männer als auch Frauen die Felder mit der Hand bestellen — in dieser Gegend sieht man auch Landmaschinen, Lastwagen und Traktoren. Traktoren, die früher höchstens über die Kinoleinwand rollten. Viele Bauern besitzen ein Fahrrad mit vernickelten Felgen, doppeltem Rahmen, verstärkter Gabel und einem Gepäckträger, auf dem ein Mensch oder ein zentnerschwerer Getreidesack transportiert werden kann. Man sieht keine sehr dicken Chinesen, die etwa den Statuen in den Pagoden und den Buddhas aus Meißner Porzellan ähneln; aber man sieht auch keine sehr mageren.

Reisende, die China früher, unter dem alten Regime, besuchten, behaupten, die Chinesen seien heute größer als früher. Nach so vielen entbehrungsreichen Jahrhunderten waren sie derart abgezehrt und verunstaltet, daß sie Mißgeburten glichen. Die Chinesen von heute sind, obwohl die im Süden lebenden kleiner sind als Europäer, gut gewachsen. Die vielen tausend Jugendlichen, die am Morgen auf den Gehwegen Gymnastik betreiben oder in den Seen in der Umgebung Pekings und Wuhans baden, sehen stark und gesund aus.

Die Rationierung, so sagt man, gibt es immer noch. Das stimmt. Jeder muß in dem Lebensmittelgeschäft einkaufen, das ihm zugeteilt ist, und hat nur auf eine bestimmte Menge Reis oder Tee Anrecht. Aber, so erklärt man uns, es handelt sich weniger um eine Rationierung, als um eine Rationalisierung. Die Zahl der Chinesen ist so groß, und die Schrecken der Vergangenheit sind noch so nahe. Eine leichte Panik würde genügen, und die Geschäfte würden geplündert und die weniger nervösen Konsumenten müßten von einem Tag auf den anderen betteln gehen. Bedürfnisse lassen sich nicht a priori definieren. Man begnügt sich, eine Ziffer festzulegen, eine Höchstgrenze für den Einkauf, oberhalb derer der Kauf das Anlegen von privaten Vorräten zuließe; das heißt, jede Überschreitung dieser Grenze wäre eine Vorstufe zum Wucher: 15 Kilogramm Weizen, Mehl oder Reis und ein halbes Pfund Öl im Monat, sechs Meter Baumwollstoff pro Jahr. Gewiß, diese Schwelle ist nicht sehr hoch; dennoch sagt man, daß sie über dem Existenzminimum liege, so daß die meisten Chinesen — auf die diese Vorschriften, deren Sinn man ihnen lange auseinandergesetzt hat, sogar beruhigend wirken — anscheinend nicht einmal all das kaufen, worauf sie ein Recht hätten. Auf diese Weise hält sich der Konsum etwas unterhalb der Produktionsziffer.

Darüber hinaus bietet sich dem Konsumenten noch ein weiter Sektor, auf dem er frei einkaufen kann. Jedermann kann sich, zu jeder Tageszeit, in ein Restaurant begeben, das sehr preiswert ist; er kann an den Straßenecken Eiscreme kaufen, oder, in Peking, den Jenmin-Markt am Osttor aufsuchen oder den Tien-tschiao-Markt am Pfeiltor: Die Menge drängt sich um die Stände, an denen man um einen lächerlichen Betrag gebratenen Fisch, Peking-Ente, Schweinebraten, Kutteln, Reisbuletten und Sojasauce kaufen kann. Die Kinder beschmieren sich von oben bis unten mit Konfekt und Eis am Stiel, Musikanten kratzen auf ihren Violinen, und Geschichtenerzähler unterhalten eine fröhliche Menge.

## Der gezähmte Fluß

Mao hat den Hunger vertrieben, diesen alten Weggefährten des chinesischen Volkes. Er zähmte auch den Gelben Fluß, und das Symbolische dieser Tat ist noch wichtiger als die Tat selbst.

Diesen Fluß zu beherrschen — der Wiege, Ernährer und Geißel Chinas war —, bildete dreitausend Jahre lang den Ehrgeiz der Nation; aber dreitausend Jahre lang versagte sie dabei. Mao bewies den Chinesen, daß die Bewältigung dieser Aufgabe im Bereich ihrer Möglichkeiten lag und von ihrem Ehrgeiz abhänge. Seit 1957 wurden und bis zum Ende dieses Jahrhunderts werden insgesamt 46 Staudämme, Kanäle, schiffbare Wasserläufe auf einer Länge von 3600 Kilometer erbaut werden — von der Äußeren Mongolei bis nach Schantung. Eine Ebene, die so groß ist wie halb Frankreich, wird endlich geschützt und regelmäßig bewässert sein.

In das Goldene Buch der Sperre von Sanmen hat jemand geschrieben: »Hätte die Regierung der Volksrepublik nichts anderes vollbracht und würde sie morgen in der Versenkung verschwinden — die chinesische Nation würde ihrer immerdar in Dankbarkeit gedenken, tausend Jahre lang, weil sie den Gelben Fluß gezähmt hat.«

Und mehr als ein Chinese dürfte aufgrund dieses Unternehmens den Willen verspüren und in der Folge die Möglichkeit sehen, die Geschichte zu beherrschen.

Der Hunger ist besiegt, der Gelbe Fluß untertan gemacht — das sind immerhin Resultate. Um solche Resultate zu erzielen, gibt es Methoden, die wir in den folgenden Kapiteln beschreiben werden. Im Prinzip aber war es die Anstrengung des chinesischen Volkes, seine unermüdliche Aktivität, die von nun an ihm selbst zugute kommen.

## Das Schicksal wird besiegt

Der Anblick eines Volkes, das ganz und gar von einer Hoffnung erfüllt ist, die um so stärker und entschlossener wirkt, als sie in erster Linie aus Selbstvertrauen besteht, ist etwas Seltenes und Rührendes. Vor allem beeindruckt uns das, was die Chinesen jenseits jeder Indoktrinierung und jeder Ideologie sagten: »Ich baue ein neues China.«

Die Sätze, die man in China früher am häufigsten zu hören bekam, waren *pü jao tschin* — »So ist es eben, es ist unwichtig«, oder *mei jü fa tsi* — »Man muß sich damit abfinden«. »Mein

Onkel hatte entschieden, ich konnte nicht anders als mich fügen.«
»Meine Schwiegermutter behandelte mich wie eine Dienerin.«
»Der Besitzer fordert, was ihm zusteht.« »Die Heuschrecken
kommen.« *Mei jü fa tsi* ...

*Mei jü fa tsi* und *pü jao tschin* — diese Ausdrücke sind heute
geächtet. Sie gestatteten es zwar, mit dem Elend zu leben, aber
sie verdoppelten auch das moralische Elend. Nun führt der soziale Druck zu Aktivität und Verantwortungsbewußtsein (auch
wenn es sich oft um Verantwortungsbewußtsein der Gruppe gegenüber handelt). Der Rest folgt, oder wird folgen: Um die
Not zu besiegen, muß man zuerst den Geist besiegen, der sie
toleriert.

# 17

## Die Landwirtschaft

Wenn das Flugzeug über Schanghai zur Landung ansetzt, bietet sich ein Anblick, den der europäische Reisende nie vergessen wird: Unter ihm breiten sich Felder aus, aufgereiht wie Perlen an einer Schnur, scharf abgegrenzte Flächen, so weit das Auge reicht; das Licht funkelt darin — es ist ein Mosaik aus Farben und Reflexen. Die Felder drängen sich an die Abhänge der hängenden Gärten, dringen tief hinunter in die Täler, bis auf Zentimeter an Häuser, Eisenbahngleise und Fabriken heran; es sieht aus, als wollten sie jedes Stückchen Erde verschlingen. Ein riesenhaftes Puzzle, das die Bauern zu jeder Jahreszeit zusammensetzen, auseinandernehmen und wieder zusammenfügen; die einzelnen Teile eingezwängt in einem geometrischen Netz zahlloser Bewässerungskanäle. Die Orte sehen winzig klein aus; sie liegen auf Hügeln, und nur dort, wo es Ansiedlungen gibt, sieht man ein paar Bäume. Auf hunderttausenden Quadratkilometern hat China einen gewaltigen Kampf gegen die Natur begonnen, gegen die Berge, die Sturzbäche und Flüsse, gegen die Erosion und die Trockenheit.

Jahrhunderte unendlicher Geduld, unendlicher Mühen von Millionen von Menschen haben der Erde Chinas schließlich ein Land abgerungen, das einer Stickerei aus Grün gleicht, aus Wegen und Kanälen; es gibt wenige Länder, die den Eindruck vermitteln, als würde dort die Landwirtschaft betrieben wie ein Kunsthandwerk. Und der Erfolg verschleiert die Anstrengung.

Abgesehen vom Schwemmland des Jangtse und des Hoangho verfügt China über keinen so üppigen Boden wie Europa oder Amerika, der schon bei geringer Mühe reiche Ernte hervorbringt. Die Erde Chinas ist empfindlich, schnell ausgelaugt, wenn man höhere Erträge erzielen will. Dies hat sich in der Zeit des »Großen Sprungs nach vorn« gezeigt.

### Primat der Landwirtschaft

Der große Reichtum Chinas besteht in seinen Menschen; seine Geschichte ist die Geschichte seiner Bauern.

Jedes Jahr pflügte der Kaiser selbst drei heilige Furchen und eröffnete damit die Zeit der Feldarbeit. Dieser Brauch war die Anerkennung der lebenswichtigen Funktionen der Ernährer des Reichs, der Bauern, die in der sozialen Hierarchie unmittelbar nach den gebildeten Beamten kamen.[1] Die Revolution hob sie noch eine Stufe höher; damit hatte sich China vollends seinen realen Gegebenheiten angepaßt.

Hunderte Millionen Menschen bebauen in China den Boden, um sich Nahrung zu verschaffen. Seine Wirtschaft ist noch so herrlich einfach wie in den primitiven Zeiten, und einfach ist auch, was man von ihr erwartet: Es ist notwendig — und es genügt beinahe — daß sich alle satt essen können.

In dieser Hinsicht — wir haben es gesehen — hat der Kommunismus unbestreitbar Erfolge erzielt. Die Zahlen beweisen es: 1965 wurde noch Getreide im Wert von 400 Millionen Dollar importiert; die Einfuhren sind heute stark zurückgegangen, mengenmäßig und vor allem im Verhältnis zum Außenhandel. Dieser Erfolg wird überall sichtbar: Es gibt keine abgezehrten Gesichter mehr, keine aufgeblähten Leiber, die Gesundheit ist augenfällig. Sich satt zu essen — eine banale Angelegenheit, und dennoch etwas völlig Neues für dieses Volk. Wir können nur schwer ermessen, was dieses bis dahin unbekannte Gefühl der Sicherheit für die Chinesen bedeutete.

Lassen wir uns nämlich vom Anblick dieser Landschaft nicht täuschen: Er ist das Ergebnis jahrhundertelanger Arbeit; und diese jahrhundertelangen Mühen waren keineswegs von jahrhundertelangem Glück und Wohlstand begleitet. Das ganze Paradoxon Chinas wird hier sichtbar: Der Gegensatz zwischen der uralten Landschaft, die die Vorstellung hervorruft, Revolutionen seien nur ein kurzes Erzittern des Unveränderlichen, und diesen Bauern, die sich bewußt sind, in einer neuen Zeit zu leben, weil sie sich um das Morgen nicht mehr zu sorgen brauchen, weil sie die Herren ihres Landes sind, die sie nie zuvor gewesen.

Und alles, was diese Bauern brauchten, damit sie zu Erben ihres eigenen Landes wurden, war ein Umsturz, war die Revolution.

### Agrarreform? Unmöglich!

Das fundamentale Problem Chinas war stets das Problem der Landwirtschaft. Von Anbeginn an waren neun von zehn Chinesen Bauern, sie bearbeiteten jedoch einen Boden, der ihnen in den allermeisten Fällen nicht gehörte. Fast das gesamte Land befand sich im Besitz einiger weniger Familien. Um Land zu pachten, mußten die Bauern harte Bedingungen auf sich nehmen; dazu kamen meist noch Schulden aus Hungerperioden, die sie zu begleichen hatten.

Im übrigen war es immer die Hungersnot, die es verhinderte, daß Eigentum und Arbeit auf einen Nenner gebracht wurden. In China gab es nicht — wie im Westen — den langsamen Fortschritt des Bauerntums, die kontinuierliche Abnutzung des Feudalsystems. Da war manchmal ein plötzliches Aufzucken von Gleichheitsbestrebungen festzustellen, dann folgten wieder Rückfälle in den Kampf ums nackte Leben oder in den Luxus. Der Mechanismus war immer der gleiche: Ein Aufstand verzweifelter Bauern, die von einem energischen oder listigen Thronprätendenten aufgestachelt wurden, die Dynastie zu stürzen und die Großgrundbesitzer, die Mitglieder des Hofes waren, zu enteignen; die Verteilung von Land an die Bauern; dann eine Hungersnot, die die Bauern bald dazu trieb, ihren Besitz wieder zu verkaufen — um einen Pappenstiel, das heißt, um einen Sack Reis oder Hirse.

Schih Huang-ti im dritten Jahrhundert v. Chr., Wang Mang im ersten, der Premierminister Wang An-schih im elften Jahrhundert, versuchten, Reformen durchzuführen und erlitten Schiffbruch, jeder auf seine Weise. Wie ein Chronist die ersten dieser Unternehmungen beschreibt, lief schließlich alles darauf hinaus, daß die »mächtigsten der Geldgierigen und Gemeinen Tausende von Feldern besaßen, während den Schwächsten nicht einmal soviel an Boden verblieb, daß sie eine Nadelspitze hätten hineinstecken können«.

Jede der folgenden Dynastien hatten mit dem gleichen Problem zu kämpfen — die Sung, die mongolischen Jüan, die Ming und die mandschurische Ching-Dynastie konfiszierten die großen Besitzungen, verteilten sie an die Bauern, verbesserten deren Los provisorisch. Aber die Zunahme des Wohlstandes der Bauern hatte niemals die Dauerhaftigkeit ihres Grundbesitzes zur Folge. Und die Beständigkeit des Privatbesitzes bewirkte, dank der Mangelperioden, stets die Neueinrichtung von Latifundien.

Um dieses ewige Hin und Her zu beenden, wäre es notwendig gewesen, von der Reform zur Revolution überzugehen, von der Zerstückelung des Bodens zur Abschaffung des Grundbesitzes. Aber wie hätte sich ein Regime, das auf einer elitären Beamtenschaft — den Mandarinen — aufgebaut war, und dessen Aufgabe darin bestand, die bestehende Gesellschaftsordnung zu bewahren, zu so extremen Maßnahmen entschließen können?

Da die kaiserlichen Dynastien die Agrarfrage nicht lösen konnten, brachen die meisten von ihnen unter dem Druck der bäuerlichen Revolten zusammen. Auch die letzte Dynastie, die der Mandschu-Kaiser, scheiterte auf diese Weise. Die erste innere Erschütterung, die sie durchmachte, der Aufstand der *Tai-ping*, kündigte bereits das Ende an. Zwischen 1850 und 1864 stellten die *Tai-ping* im Jangtse-Tal eine Organisation auf die Beine, erließen ein »Boden-Gesetz«, das der Agrarlösung des kommunistischen Regimes außergewöhnlich ähnelt: Der junge Mao begeisterte sich für die Geschichte der *Tai-ping*-Bewegung.

Die Mandschu-Dynastie wurde mit dieser Erhebung fertig. Hatte sie eine Lehre daraus gezogen? Ein Dekret der Kaiserin Tse-hsi könnte fast zu diesem Glauben verführen.

»Ich sehe, wie wir ununterbrochen vom Unglück im eigenen Land und Angriffen von außen heimgesucht werden. Heute haben wir den notwendigen Schritt zur Einleitung von Reformen unternommen.«[2]

Aber der Hof schreckte vor seiner eigenen Kühnheit zurück und widerrief seine Entscheidungen immer wieder. Studenten wurden nach Europa entsandt und alsbald zurückberufen. Pläne für eine schlagkräftige Kriegsflotte wurden ausgearbeitet, aber die dafür bewilligten Kredite für den Bau eines Marmorpavillons umgewidmet (den man uns — nicht ohne Hohn — am Ufer des Sees beim Sommerpalast zeigt). Und an das Problem der Bodenverteilung wagte sich der Hof erst gar nicht.

Alle waren unzufrieden, Anhänger wie Gegner der Reformen. Aber wenigstens in einem Punkt herrschte Einigkeit: daß nämlich der »Himmlische Auftrag« der Mandschu-Dynastie entzogen worden war. Sun Yat-sen übernahm ihn.

### Das Scheitern Sun Yat-sens und der Kuomintang

Ein mit Lärchen und Rottannen bepflanzter, durch Rasenflächen verschönter Hügel in der Nähe Nankings ist dem Andenken Sun Yat-sens gewidmet. Mit leiser Stimme bedeutet man uns, die mehreren hundert Stufen hinaufzusteigen; über uns zieht ein Adler am wolkenlosen Himmel seine Kreise. Auf der Anhöhe führt man uns ehrfürchtig in das Mausoleum, ein Werk des französischen Bildhauers Landowski; andächtig stehen wir vor dem weißen Marmorgrab des ersten großen Mannes der chinesischen Republik.

Auf dem Tien An Men-Platz in Peking, zwischen den Porträts von Marx, Engels, Lenin und Stalin findet sich auch das Bild Dr. Sun Yat-sens. Seine Witwe, Sung Tsching-ling, ist Vizepräsidentin der Volksrepublik China. Im November 1966 wurde der hundertste Geburtstag des »Vaters des Vaterlandes«, wie man ihn zu beiden Seiten der Formosa-Straße nennt, mit großem Pomp gefeiert. Ist es nicht seltsam, daß sich die chinesische Volksrepublik so sehr bemüht, ihre Abkunft vom Gründer der Kuomintang zu betonen? In Formosa allerdings verehrt man Sun Yat-sen mit einem Kult, der auf dem chinesischen Festland Mao Tse-tung vorbehalten ist.

Diese Pietät in Moll hat ihre Gründe. Das maoistische Regime trat zwar das Erbe Sun Yat-sens an, veränderte es aber völlig. Wie bei allem, was er der chinesischen Tradition an Gutem entnommen hat, präsentiert sich Mao auch hier als derjenige, der gekommen ist, die Verheißung zu erfüllen, und nicht, sie zunichte zu machen.

Was das Land betrifft, so ist die Verheißung einfach: »Neun von zehn Bauern besitzen kein Land. Sie sollten es aber für sich selbst bebauen. Die landwirtschaftlichen Produkte werden ihnen zum größten Teil von den Grundbesitzern weggenommen. Wenn wir diese überaus ernste Frage nicht lösen können, wird es unmöglich sein, das Leben des Volkes zu sichern.«[3]

Der Einfluß Sun Yat-sens ist deshalb so nachhaltig geblieben, weil er die künftige Entwicklung Chinas in großen Linien vorgezeichnet hatte. Seine Doktrin schlägt die Synthese zwischen der chinesischen Tradition und der Anpassung an die moderne Kultur vor. Und das genügte, daß nichts mehr ohne Bezugnahme auf Sun Yat-sen unternommen werden konnte.

Bedenkenlos opferte er die Besitzenden den kleinen Landwirten. »Die Macht der Großgrundbesitzer wird vom chinesischen Festland hinweggefegt werden. Der Ertrag des Landes wird erhöht, und nur die Bauern, die den Boden selbst bebauen, werden vom Staat Land bekommen. Auf diese Weise wird sich das Volk in verstärktem Maß der Landwirtschaft widmen, und kein Stück Land wird brachliegen.«[4] Gleichzeitig aber lehnte er die Neuverteilung des Besitzes ab: »Im heutigen China, in dem die Industrie noch nicht genügend entwickelt ist, ist kein Platz für den Kampf der marxistischen Klassen und die Diktatur des Proletariats. Wo es nichts zu verteilen gibt, kann man nicht von Verteilung reden.«[5]

Als Kind las Mao Tse-tung in der Nacht heimlich die verbotenen Schriften Sun Yat-sens. 1911, nach der Erhebung von Wuhan, trat er in die republikanische Armee ein. Aber er sah, wie Sun Yat-sen auf der Stelle trat, wurde Zeuge seines Mißerfolgs. Er dürfte oft über diese Mischung aus Kühnheit und Kleinmütigkeit nachgedacht haben und zog daraus die Lehre, daß nur Kühnheit allein Erfolg brachte.

Warum verzichtete die Kuomintang darauf, die Bauern zum nationalen Erneuerungswerk heranzuziehen? Wohl deshalb, weil sie die Partei der Städter war, und dem wahren China, also der ländlichen Provinz, fremd. Und das war ihr Untergang.

Daraus resultierte auch die Existenz zweier China: die Kuomintang stützte sich auf das moderne China, das China der Küstenstädte mit ihren Industrien und Kaufleuten, und versuchte, Eingang in die westliche Welt zu finden. Sie ließ das archaische China, das primitive Ackerbauland, wie es war, und übertrug Grundbesitzern und ehemaligen Kriegsherren die Verwaltung, Steuereinziehung und Bekämpfung jedweder aufständischen Regung.

Die Agrarreform geriet natürlich nicht in Vergessenheit. 1930 kündigte die Kuomintang die Reduzierung des Grundzinses von den mindestens 50 Prozent der Ernte, die oft verlangt wurden, auf 37,5 Prozent an; aber diese erfreuliche Ankündigung wurde nie in die Tat umgesetzt. Auch noch nach 1945 enthielt das Programm der Kuomintang Vorschläge zur Agrarreform; sie wurden aber nie, nicht einmal ansatzweise, verwirklicht. Wegen der überhöhten Pachtzinse, der vermehrten Schulden, der Unsicherheit der Ernten, der rückständigen Agrartechnik und der ererbten Passivität blieb die große Masse der Bauern weiterhin im Elend.

Die Kuomintang identifizierte sich mit den Privilegierten, war dadurch aber, wie diese, nur eine dünne Schicht an der Oberfläche einer riesigen Masse, zu der der Fortschritt nicht vordrang.

Zwischen 1921 und 1931 verfolgte die Kommunistische Partei Chinas einen ähnlichen Weg: Sie wollte sich im Zug der Industrialisierung in den Arbeiterkreisen der Städte festsetzen, um den Feind auf seinem eigenen Terrain zu schlagen.

Die Niederwerfung der Arbeiteraufstände von Schanghai und Kanton führten dazu, daß Mao seinen ketzerischen Weg einschlug; er wandte der jungen Industrie den Rücken und setzte es sich fortan zum Ziel, die Masse der Bauern zu mobilisieren.

Das gelang ihm vortrefflich. Ein dritter Schächer interessierte sich mittlerweile für die Industriegebiete: Japan. Es gelang ihm auch, diese Gebiete zwischen 1937 und 1945 in seine Gewalt zu bringen. Als die Kuomintang durch den Vormarsch der japanischen Truppen aus ihrer Basis an der Küste und in den Städten vertrieben wurde und sich auf das Landesinnere beschränken mußte, stieß sie plötzlich auf Widerstand. Sie wurde mit der Landbevölkerung nicht fertig und konnte sich nur noch mit Kunstgriffen an der Macht halten; die Politik, die sie betrieb, richtete sich an ein urbanisiertes China.

Mao konnte daher die Masse der Bauern einerseits gegen die Unterdrückerkaste der Grundbesitzer, welche die Kuomintang unterstützte, und anderseits gegen den japanischen Eindringling aufwiegeln. Selten hatte sich in der Geschichte Chinas eine derart günstige Konstellation ergeben: Die Wut des Volkes richtete sich gegen die Ausbeuter, das Nationalgefühl gegen die Invasoren. Während dreißig Jahren hatte die Kuomintang zwar viel versprochen, aber nichts unternommen, um auf dem Land die radikalen Reformen durchzuführen, die das ungeheuer große bäuerliche Proletariat der rückständigen Landgebiete gebraucht hätte. Das Versagen der Kuomintang, der Erfolg der kommunistischen Aufrührer bilden im wesentlichen die Grundlage des chinesischen Modells.

*Bei einer Produktionsbrigade: »Vertraut auf eure eigene Kraft!«*

Matschiao in der Provinz Kiangsu ist eine der 80.000 Volkskommunen; sie hat sich auf den Reisbau spezialisiert. Diese Kommunen sind eigentlich eher große Bezirke. Die Elementarzelle der Kommune ist die Produktionsbrigade, die dem traditionellen Dorf entspricht. Ihr gehört in erster Linie der Grund, sie ist die Grundbesitzerin. Hat dieses Wort noch einen Sinn, wenn der Besitzer seinen Grund weder verpachten noch verkaufen kann? Gewiß, urteilt man nach der lebhaften Reaktion, die wir hervorriefen, als wir naiv vom Staat als Grundbesitzer sprachen:
»Weder der Staat ist es, noch die Volkskommune, wir sind es, wir, die Produktionsbrigade.«
Die Symbole sind stärker als die Realität ...
Jede Brigade hat ihr Revolutionskomitee — ebenso wie die Volkskommune, die Stadtgemeinde und die Provinz, und steht nur mit dem Revolutionskomitee ihrer Kommune in Verbindung. Dieses legt die landwirtschaftlichen Produktionsziele für jede Brigade fest und sucht, wenn die Ernte besser ausfällt als erwartet, um die Erlaubnis an, den Überschuß für gewisse Investitionen verwenden zu dürfen. Das gilt allerdings nur für die weniger bedeutenden Investitionen — für die Errichtung von Neubauten, Modernisierungen usw. Die so genützten Überschüsse dürfen zehn bis dreizehn Prozent der Produktion nicht überschreiten: der mögliche Profit wird sorgfältig kontrolliert.
Die gewichtigeren Investitionen (Bodenverbesserung, Bewässerungsarbeiten, Aufforstungen und ähnliches) werden vom Staat in Form von Subventionen oder technischer Beratung gefördert. Der Staat unterstützt auch solche Kommunen, die sich

nicht selbst in ausreichender Form mit Lebensmitteln versorgen können, indem er das Benötigte liefert.

Jede Kommune ist autonom. Das oberste Prinzip lautet nach wie vor: »Auf seine eigene Kraft vertrauen.« Aber der freie Spielraum, der den Brigaden in den einzelnen Kommunen eingeräumt wird, scheint stark zu variieren. In Matschiao wirkt er ziemlich begrenzt, während etwa das Revolutionskomitee der Brigade von Meitschiakou, einer Teekommune unweit von Hangtschou, angeblich das Recht besitzt, den Produktionsplan zu erstellen, die Löhne zu verteilen, über kleinere Investitionen zu entscheiden sowie für landwirtschaftlichen und politischen Unterricht zu sorgen.

### In einer »Reiskommune«

In Matschiao wurden wir von einer halb folkloristischen, halb patriotischen Musikkapelle empfangen; sie erinnerte uns an Frankreich, den Nationalfeiertag auf dem Land, wo die Ausgelassenheit in den Tanzlokalen nicht durch offizielle Zeremonien gestört wird.

Der Vorsitzende des Revolutionskomitees begrüßte uns. So großzügig die nationalen Statistiken auch sind, die seinen sind präzis: »Unsere Kommune vereinigt 35.900 Personen, die sich auf 20 Produktionsbrigaden, 196 Einheiten und 7765 Familien verteilen. Matschiao ist flächenmäßig keine sehr große Kommune — sie umfaßt nur etwa 3241 Hektar; aber sie ist sehr dicht besiedelt: 1100 Personen pro Quadratkilometer. Mehr als 20.000 Arbeiter nehmen an der Produktion teil. Auf 9 Zehntel der landwirtschaftlichen Nutzfläche werden Reis, Weizen und Raps angebaut, aber 7 Prozent des Bodens haben wir den Familien zur privaten Nutzung überlassen; auf diese Art können sie sich selbst versorgen.« (Diese Gärtchen haben meist die Größe von 3 Ar.)

Sehr stolz ist man auf die spektakuläre Erhöhung der Erträge. Bei Getreide (Reis und Weizen) wurden etwas mehr als 100 Zentner pro Hektar erzielt; vor 1949 waren es kaum 30 Zentner. Die Baumwollernte brachte einen Ertrag von 8 Zentnern (1 Zentner vor 1949), die Rapsernte 16 Zentner.

Wenn diese Zahlen nicht ein wenig von der Begeisterung in die Höhe getrieben wurden, dann sind sie tatsächlich eindrucksvoll, ja außerordentlich. Beim Getreide handelt es sich zweifellos um den Ertrag zweier Ernten pro Jahr, man muß also durch zwei dividieren. Fachleute schätzen den durchschnittlichen Ertrag Chinas auf 25 Zentner pro Hektar für e i n e Reisernte (in Japan sind es 50 Zentner) und auf 11 Zentner für eine Weizenernte.

Die Kommunne Matschiao ist sehr erfinderisch bei der Selbsthilfe. Sie will so rasch wie möglich die totale wirtschaftliche Autonomie erreichen. Sie ist stolz auf ihre Werkstätten, in denen einer von zehn Arbeitern beschäftigt ist; dort werden Körbe, Eimer und die verschiedensten Instrumente hergestellt. Eine Werkstatt produziert Transformatoren. Eine andere hat eine Reispflückmaschine ausgearbeitet, »deren 3-PS-Motor aus Schanghai kommt«. Wieder eine andere liefert der Kommune Boote, die acht Tonnen Dünger oder Getreide auf dem Fluß transportieren können. Man ließ ein solches Boot vor unseren Augen zu Wasser.

Die Kommune, so wird uns detailliert erläutert, verfügt über 28 Traktoren, 94 Motorpflüge und 21 Reispflückmaschinen; diese Zahlen sind so bescheiden, daß man sie wohl kaum anzweifeln muß.

Über andere Dinge werden wir dennoch im unklaren gelassen: Weder erfahren wir, nach welchen Kriterien die 780 Jüan verteilt werden, die im Vorjahr jede Familie erhalten hatte, noch, ob es stimmt, daß jeder eine fixe Menge Reis bewilligt bekommt, und zwar 254 Kilogramm, zu dem Preis, den auch der Staat bezahlt (0,22 Jüan gegenüber 0,30 Jüan im Handel).

Mit eigenen Augen sahen wir dagegen, welche Anstrengungen bei der Bestellung der Felder unternommen werden: Überall peinlichste Sorgfalt und Sauberkeit, die Arbeiten gehen rasch und reibungslos vonstatten. Der junge Reis reift noch, aber man ist bereits dabei, die überfluteten Felder für die zweite Ernte zu bearbeiten. Ein Landwirt erklärt uns genau, wie die Reispflückmaschine funktioniert; eifrige junge Mädchen lauschen in einem Kurs über landwirtschaftliche Technik aufmerksam dem Vortragenden. Überall, zu jeder Zeit, lernt jeder, mit eigener Kraft mit allem fertigzuwerden.

### In der Teekommune »Drachenbrunnen«

Die »Reiskommune« erzeugt auch Weizen, die »Teekommune« erzeugt auch Reis. Das »Bergdorf der Familie Mei«, Meitschiakou, in der Provinz Tschekiang, dessen Gäste wir sind, wurde in ganz China durch seinen »Drachenbrunnen-Tee« berühmt. Es ist ein ansehnliches Dorf mit 1300 Einwohnern, in einer hügeligen und — was eine Seltenheit ist — bewaldeten Landschaft gelegen.

»Wir sind 250 Familien. Vor der Befreiung gehörten 80 Prozent des Bodens vier Familien. Die Armut war schrecklich, das Land war schlecht bebaut. Wir ernteten nur 60 Pfund Tee pro Mu.« (1 Mu = 0,66 Hektar, also ungefähr 90 Pfund pro Hektar.) »Ein

Landarbeiter verdiente 150 Jüan im Jahr. Und, sehen Sie, wie es heute ist. Die Familien erhalten durchschnittlich 1090 Jüan pro Jahr. Der Ertrag ist mehr als dreimal so hoch wie früher: 230 Pfund pro Mu. Und da wir die bebaubaren Flächen vermehrt haben, hat sich die Gesamtproduktion seit 1948 versiebenfacht.«

Wir verstehen, warum man uns diese Kommune zeigte. Stellen wir uns den hier erzielten Fortschritt einen Augenblick lang aus chinesischer Sicht vor! Das Erstaunlichste aber ist, daß Meitschiakou überhaupt nicht »reich« aussieht; im Gegenteil, man kann abschätzen, wie arm es gewesen sein muß; und auf der Stelle erscheinen uns die Aussprüche von Frau Tschen Wu-jen, der Vizepräsidentin des Revolutionskomitees, und der Großmutter Schun, die uns aus ihren Erinnerungen erzählt, geradezu untertrieben. Der leicht martialische Ton, der ab und zu angeschlagen wird, wirkt kaum einschüchternd: »Wir leben im Zeichen der Drei Fahnen: Volkskommunen, Großer Sprung nach vorn, Generallinie, und wir fürchten weder Mühsal noch Tod.«

Wahrscheinlich. Man hat hier jedenfalls großen Einfallsreichtum bewiesen, um die Mühsal zu erleichtern. Ein erstaunliches System aus Kabeln, Winden und Tragkörben, das anscheinend nur durch das Denken Mao Tse-tungs zusammengehalten wird, ein rudimentäres und komplexes Gefüge, hält die ständige Verbindung zwischen dem Berg, den Hängen, auf denen sich die Teefelder befinden, und der Ebene mit den Trockenanlagen aufrecht. Nicht mehr die Menschen müssen die Lasten tragen: die Teeballen werden mittels dieser wunderbaren Materialseilbahn zu Tal transportiert, während das Essen für die Arbeiter und der Dünger hinaufgeschickt werden.

Die Behandlung der Teeblätter selbst wurde mehrmals verbessert. »Vor 1949«, erklärt man uns, »hatten wir nichts, womit wir die Teeblätter hätten trocknen können. Es geschah in Handarbeit, in Bottichen, die wir über Holzfeuer erwärmten. Heute wird der gewöhnliche Tee in elektrischen Öfen, auf mechanischem Weg getrocknet. Aber die feineren Sorten werden weiterhin mit der Hand bearbeitet, in metallenen Wannen, die allmählich erhitzt werden.« Stolz zeigt man uns, daß an allen Wannen Hochbetrieb herrscht.

Und doch, was für eine Revolution muß es für diese Bauern, die auf ein in ganz China berühmtes Produkt spezialisiert waren, bedeutet haben, als sie 1966 begannen, Reis mittlerer Größe für den eigenen Bedarf zu pflanzen! Man stelle sich vor, die Weinhauer der Champagne würden plötzlich ihre Reben ausreißen, um auf einigen Hektar ihres kostbaren Bodens Weizen anzubauen...

Es stimmt, daß der Reis hier vor allem im brachliegenden Sumpfland gepflanzt wurde. Aber wieviel Zeit und Mühe mußte es gekostet haben, solche Resultate zu erzielen! Frau Tschen erzählt uns dieses Abenteuer wie eine Heldensage: »Vierhundert Leute waren mehrmals vierzig Tage lang auf dem Fluß, bauten Dämme und machten vierzig Hektar urbar. Ein Damm wurde zweimal von den Flutwellen weggerissen.«

Aber die Brigade erwies sich als beharrlicher. Wie in den Märchen wurde der Damm wieder aufgebaut, und zwar noch größer, fester und schöner.

In den zwei ländlichen Kommunen, die wir besuchten, sahen wir jedenfalls, daß China sich von der Agrarwirtschaft nicht nur nicht entfernt, sondern, im Gegenteil, bestrebt ist, sie auszubauen.

Die Monokultur wurde nicht abgeschafft, um vielfältigere Produkte auf den Markt zu werfen und dadurch die Marktlücken je nach Bedarf zu schließen, sondern eher, um Austauschmöglichkeiten zu schaffen, und, direkter noch, autark zu sein. In China wurde das Mißtrauen dem Schicksal gegenüber zu einem Teil des Systems; die Grundlagen können gar nicht sicher genug sein. Die Angst vor der Katastrophe belastet die Gemüter noch immer. Das Regime, aus der Guerilla hervorgegangen, ist stets auf den Eventualfall eingestellt.

### China ist immer noch archaisch

Die Existenz besonders fortschrittlicher Kommunen, wie jener, die wir sahen, soll nicht zu Illusionen verführen. Sie zeigen nur, wie die im Entwicklungsstadium befindliche Landwirtschaft des Staates in Zukunft aussehen könnte. Aber für die durchschnittliche Landsiedlung in China dürften sie keineswegs repräsentativ sein.

Die Brigade der Drachenbrunnen-Kommune errichtete einen Damm — aber wie viele Bäche und Flüsse bleiben da noch zu zähmen auf diesen elf Millionen Hektar bebaubaren Bodens und in dem öden Brachland, das abwechselnd von Überschwemmungen und Trockenheit heimgesucht wird?

Und die Mechanisierung geht — trotz der Prinzipien Mao Tsetungs und der deutlich geäußerten Absichten Tschu En-lais — noch immer langsam voran. Selbst die Modellkommune Matschiao besitzt für 20.000 Arbeiter nur 28 Traktoren.

Auf Hunderten von Kilometern ist die Eisenbahn die einzige Maschine; sie fährt durch Gebiete, in denen es bisher nur lebende Arbeitskraft gab. Man sieht wohl ab und zu einige Karren, die von halbverhungerten Maultieren oder Eseln gezogen werden.

Pferde werden jedoch wenig verwendet. Kühe und Ochsen sind selten, besonders im Norden. Überall ist es der Mensch, der schleppt und zieht, was auf Rädern dahinrollt. In manchen Gegenden, wie zum Beispiel in Hopeh, gibt es praktisch überhaupt keine Tiere. Ein mittelalterlicher, ein vertrauter Anblick: ein Mann oder eine Frau mit einem Zuggeschirr um Brust, Bauch oder Stirn, stemmt sich, oft mit nacktem Oberkörper, nach vorn, um, wie vor undenklichen Zeiten, die Last zu ziehen.

Die Chinesen sind in der Bodenverbesserung noch nicht weit fortgeschritten. Japan wendet zehnmal mehr Dünger pro urbarem Hektar auf und treibt daneben die Mechanisierung vorwärts. Die Ersatzlösungen, die in China angewendet werden, sind zwar oft malerisch, aber wenig wirksam, wie etwa diese merkwürdigen quadratischen Leinensäcke, die man unter den Schwänzen der Maultiere und Pferde hängen sieht, dazu bestimmt, den kostbaren Mist zu sammeln ... und auch auf diesem Gebiet ersetzt bisweilen der Mensch das Tier, wie wir feststellten. China war noch nicht imstande, die für die Landwirtschaft unbedingt notwendige chemische Industrie aufzubauen, die erst den Weg zum Wohlstand eröffnen würde.

Auch die Produktivität ist noch gering. Zwanzig bis dreißig Chinesen wären notwendig, um das zu schaffen, was ein einziger Amerikaner auf einer modernen Farm erreicht. Hätte die chinesische Produktivität das Niveau jener der Vereinigten Staaten, dann würden zwanzig Millionen Bauern genügen, um den gegenwärtigen Stand der Produktion sicherzustellen.

Darüber hinaus leidet die Landwirtschaft jetzt noch unter den Ereignissen des letzten Jahrzehnts; vor allem unter den Auswirkungen des unglückseligen Rückzugs der Sowjets und verschiedener klimatisch bedingter Rückschläge; ferner verursachten die Kulturrevolution und ihre Folgen neue Schwierigkeiten.

Die Bauern benützen häufig die großen Straßen für landwirtschaftliche Belange; ist das ein Symbol? Sogar die Straße, die Schanghai mit seinem Flughafen verbindet, wird von ihnen stark frequentiert (der Schanghaier Flughafen ist übrigens der einzige in China, auf dem Maschinen internationaler Luftlinien landen können): auf zwei Dritteln der Fahrbahn ist Heu zum Trocknen aufgelegt. China ist weithin archaisch, hat aber deshalb keine Komplexe. Die Bauern genießen eben Vorrang.

Noch andere Bilder haben sich uns eingeprägt: eine Ausfallstraße von Sian, in der Provinz Schensi, vollgestopft mit Hunderten Karren, alle von Männern und Frauen gezogen und überladen mit Sand, Kohle, Betonblöcken, Kürbissen und Auberginen.

Das gesamte Umland wird für Sian mobilisiert. Der anscheinend totale Mangel an mechanischen Mitteln wird kompensiert durch diese Menschenmasse, die sich wie ein endloser Heereszug in die Stadt ergießt.

Die Arbeit scheint allen zur zweiten Natur geworden zu sein. Die Zeit intensiver Arbeit wird nicht durch Ruhestunden oder freie Tage unterbrochen; es gibt nur Pausen an den Arbeitsplätzen selbst. Man ißt irgendwann, schläft, »wo man sich gerade hinlegt« oder neben seiner Maschine. Die Pausen selbst dienen zu einem Gutteil dazu, darüber nachzudenken, was nun zu tun ist, was man tun könnte; aus dem Studium von Maos Gedanken Ratschläge zu schöpfen. Ganze Scharen von Bauern, Bäuerinnen und Kindern leben auf diese Weise, als habe sich jeder von ihnen geschworen, diese jahrtausendealte Erde wiederzuerwecken, die so lange geschlummert hat.

### Wasser und Wald

Ungeheure Anstrengungen sind notwendig, um Chinas verwüstete Natur zu regenerieren und zu beherrschen. Systematisch, geduldig, mit Hilfe (und auf Grund der Initiative) der Brigaden oder eines ganzen Gebietes versucht das Land, seinen zerstörten Waldbestand zu erneuern und das Wasser, das unter diesem Himmel entweder überreichlich oder überhaupt nicht fließt, zu regulieren, zu stauen und zu nützen.

Die Bemühungen zur Aufforstung sind eindrucksvoll. In den Städten, auf dem Land, an den Straßen, auf den winddurchwehten Hochebenen wurden Milliarden Bäume gepflanzt.

Auf der schnurgeraden Straße, die nach Peking führt, spenden Bäume Schatten und Kühle. Fichten, Pappeln und Weiden wachsen hier inmitten von Unterholz aus Zwergakazien. Alle Bäume sind jünger als zwanzig Jahre. Man muß die Wohnorte der ehemaligen Privilegierten aufsuchen — den Sommerpalast, die Verbotene Stadt, die Seeufer von Hangtschou —, um Bäume zu sehen, die älter sind als das Regime.

In den zehn Jahren nach der Befreiung wurden mehr als fünftausend Fachleute für die Forstwirtschaft ausgebildet und über ganz China verteilt. Mehr als fünfzig Millionen Hektar — also ungefähr die Gesamtfläche Frankreichs — sollen aufgeforstet worden sein.

Die Kaiser hatten wegen der Hunnengefahr die Große Mauer errichtet. Sowohl in politischer als auch in klimatischer Hinsicht droht China Gefahr von Westen her; gegenwärtig umgibt es

sich daher mit bis zu tausend Kilometer langen Waldstreifen —
einer neuen Großen Mauer —, um sich gegen den widrigen West-
wind zu schützen.

Beim Bau des Jangtse-Kanals zum Meer machte man sich die
Kriegstechnik für friedliche Zwecke zunutze. Dieselben Männer,
die während des Kampfes erlernt hatten, wie man Tunnels
gräbt, um Dörfer miteinander zu verbinden, gruben diese 175
Kilometer lange Wasserstraße, die vor Überflutung schützen und
ein riesiges Gebiet entwässern soll.

Die Wasserregulierung gleicht einer Schlacht. Als fünfzehn
Kommunen des Bezirks Lin Shieh im Jahr 1958 beschlossen, den
»Helden«-Kanal zu bauen, wußte man nicht, ob sie damit die
Revolutionskämpfer oder sich selbst ehren wollten. Jedenfalls
nahm dieses Unternehmen Dimensionen an, die wohl zu einigem
Stolz berechtigen. Die Arbeiten dauerten insgesamt zehn Jahre;
35.000 Personen beteiligten sich am Bau des Hauptkanals; auf
der ganzen Baustelle dürften bis zu 100.000 Leute gearbeitet
haben. Abgesehen von der Erntezeit nahm fast die halbe Bevölkerung des Bezirks an der Vollendung dieses Werks teil.

Alles in allem waren neunzehn Millionen Arbeitstage notwendig, um drei Viertel des Bezirks über ein tausend Kilometer
langes Kanalnetz zu bewässern. Vierzehn Wasserkraftwerke produzieren ungefähr viertausend Kilowatt; diese Zahl soll sich bis
1975 auf fünfzehntausend Kilowatt erhöhen. Die Hälfte der 485
Brigaden des Bezirks verfügt jetzt schon über elektrischen Strom.
Der Bezirk versorgt sich selbst mit Getreide und ist auch imstande,
große Mengen davon zu exportieren.

Die Flüsse wurden mit Dämmen versehen. Große Sperren
bändigen die Wildwasser, dienen der Stromerzeugung, ermöglichen die Bewässerung von Feldern, die bis dahin unfruchtbar
waren. Die Bauern wissen, was all diese Arbeiten für sie bedeuten:

»Ohne diesen Damm«, erklären sie aufrichtig, »ohne diesen
Kanal wären wir in einem Jahr wie diesem verhungert.«

### Der Aufschwung der Landwirtschaft

Der »Große Sprung nach vorn« hatte der chinesischen Landwirtschaft ein Ziel gesetzt: 500 Millionen Tonnen Getreide. Sie
ist noch weit davon entfernt. Tschu En-lai feierte den Ernte-
rekord von 1970 — 240 Millionen Tonnen — als einen großen
Erfolg. In der Tat ist das wahrscheinlich um zwanzig Prozent
mehr als 1965 und um die Hälfte mehr als 1952. Zur selben

Zeit jedoch wuchs die chinesische Bevölkerung in ungefähr analogen Proportionen.

1971 schätzte man die Ernte auf 250 Millionen Tonnen, also auf etwa 10 Tonnen mehr; aber gleichzeitig gab es auch um einige fünfzehn Millionen mehr Chinesen... Die Ernte von 1972 brachte, wie Tschu En-lai gesteht, um vier Prozent weniger ein als diejenige von 1971: Der Ertrag ist also wieder auf 240 Millionen Tonnen zurückgefallen.*

Gewaltige Anstrengungen wurden unternommen — gewaltig, wenn man an die Arbeit der Millionen Menschen, an die Mobilisierung der Massen denkt —, um die Hauptursache der Katastrophen zu bekämpfen: die schauderhaft schlechte Wasserwirtschaft. Auf diesem Gebiet wurde das meiste geleistet. Und dies erklärt wahrscheinlich die Steigerung der Produktion, die sich bis jetzt dem Bevölkerungszuwachs anpassen konnte.

Auf dem Gebiet der Wasserwirtschaft wurde also anscheinend das Wichtigste (und auch Rentabelste) bereits erledigt. Jetzt gilt es, noch andere Mittel zu finden, die Ernteerträge weiter zu erhöhen. China hat wahrscheinlich etwas zu spät begriffen, daß der Schlüssel dazu die Chemie ist. Nur Dünger kann den Boden verbessern, der oft von Natur aus karg ist, oft auch ausgelaugt durch die jahrtausendelange Ausbeutung; vielleicht wurde er auch durch den Gewaltstreich des »Großen Sprungs nach vorn« aus dem Gleichgewicht gebracht. Die »Grüne Revolution«, die bis nach Indien hin so erstaunliche Resultate zeitigt, muß in China erst durchgeführt werden.

Die Kunstdüngerproduktion hat stark zugenommen: Von 6 Millionen Tonnen im Jahr 1965 ist sie auf 16,8 Millionen Tonnen im Jahr 1971 gestiegen; 1975 soll sie 35 Millionen Tonnen erreichen. Wird das genügen?

Dann und wann erlaubt es ein Überschuß an Getreide, Lager anzulegen, die sich wahrscheinlich der 50-Millionen-Tonnen-Grenze nähern. »Im Kriegsfall«, erklärte man mir, »wäre es unmöglich, alle unsere Reserven zu vernichten.«

Alle diese Zahlen stellen mehr dar als bloße Anhaltspunkte: Sie sind ein Beweis dafür, daß sich in China etwas von Grund

* Die Agentur *Neues China* berichtet am 20. 9. 1973: »Das Bevölkerungswachstum betrug ungefähr zwei Prozent, während die Getreideproduktion in den letzten zehn Jahren etwa um vier bis fünf Prozent jährlich zunahm.« Weiter heißt es, daß »nur zehn Prozent des Landes bebaut sind« und daß »das Niveau der Modernisierung und Mechanisierung in den staatlichen Landwirtschaftsbetrieben niedrig blieb. Es bestehen also noch bedeutende Entwicklungsmöglichkeiten«.

auf ändert. Es handelt sich um eine Agrarreform, die nicht mit einer Hungersnot enden wird.

Gewiß, auch die Bevölkerung wächst. Aber es ist nicht auszuschließen, daß die landwirtschaftliche Produktion von nun an stärker zunimmt als die Einwohnerzahl. Werden sich die Malthusschen Kurven, die China so unerbittlich zum Untergang zu verurteilen schienen, umkehren?

Man versteht, warum der chinesische Kommunismus mit solcher Strenge das demographische Gleichgewicht »halten« will. Es braucht Zeit, bis Produktion und Produktivität genügend hoch sind, dieses riesenhafte Volk zu ernähren und immer mehr industrielle Aufgaben zu erfüllen. Damit die chinesische Wirtschaft zu voller Blüte gelangen kann, ist zunächst eine solide Grundlage notwendig.

# 18

## Industrie und Gewerbe

### Pingpongbälle

Die chinesisch-amerikanischen Beziehungen wurden, zumindest in den Augen der Welt, durch ein Pingpong-Match wiederhergestellt. Einer unserer letzten Besuche in der Nähe von Kanton führte uns in eine Fabrik, in der die kleinen weißen Bälle erzeugt werden. Haben sie in der chinesischen Symbolik eine Sonderstellung inne?

Kuo Mo-jo hatte uns in Peking erklärt: »Um einen Pingpong-Ball haben wir die Erde kreisen lassen.« Uns blieb das chinesische Pingpong als ein Zeugnis für eine bestimmte Art der Industrialisierung in Erinnerung, mehr noch als für einen neuen Stil der Diplomatie.

Unsere Gastgeber erzählten uns genüßlich die Geschichte ihrer Fabrik — oder soll man sagen: das Abenteuer?

Am Anfang war Mao. Der Vorsitzende hatte gesagt: »Der Sport muß weiterentwickelt werden, damit die körperliche Konstitution gestärkt werde.« Diesen eher allgemeinen Gedanken setzten einige kantonesische Arbeiter in besonderer Weise in die Tat um: Sie wollten Pingpongbälle herstellen. »Sie verließen sich nur auf ihre eigene Kraft«, und so waren sie also eines Tages hundertdreißig Kilometer von der Stadt entfernt, ausgerüstet mit einem Haushaltskochkessel, ohne Maschinen und ohne genaue Vorstellungen, wie ihr Vorhaben zu verwirklichen wäre. »Bei Tag stellten wir Zelte unter Litschi-Bäumen* auf, am Abend begannen wir, Häuser zu bauen. Aber wir hatten ernsthafte Schwierigkeiten, denn wir hatten keine Kenntnis von der Technik zur Erzeugung von Pingpongbällen.« In einer Eisenwarenhandlung kauften sie eine Art Waffelformen, in denen die Bälle gepreßt werden sollten.

Die mißtrauischen Behörden hatten das Unternehmen zwar genehmigt, aber nur eine sehr kleine Subvention bewilligt. Dieses Mißtrauen wurde durch die ersten Resultate gerechtfertigt: Die Bälle, die viel zu leicht ausgefallen waren, »hielten nicht einmal

---

\* Litschi = eine fleischige Frucht.

dem ersten Schlag stand . . .« Aber die Pioniere ließen sich nicht so
rasch entmutigen.

Das war 1960. Heute produziert die Fabrik monatlich 1,600.000
Bälle. Und die besten davon, erklärt man stolz, werden bei den
Meisterschaften verwendet. Aber der Erfolg hatte sich nicht von
allein eingestellt. Liu Schao-tschi hatte seine Hand im Spiel gehabt:

»Die Anhänger des Renegaten prangerten unsere Schwierigkeiten an. Als einzig wahre Methode predigten sie die Nachahmung ausländischer Techniken. Diese Einstellung wurde glücklicherweise kritisiert, bekämpft und schließlich ausgeschaltet. Der
schöpferische Geist der Massen erfand originelle Lösungen, welche
die Mechanisierung vorantrieben, die Produktion steigerten und
verbesserten.«

Und tatsächlich, die angewandten Methoden verraten eine sehr
persönliche Technik, Improvisation und Schlauheit:

Die Zelluloidblättchen werden über Dampf in Töpfen aufgebla-
sen, in Halbkugelform gepreßt und anschließend zusammen-
geklebt. Um die Rundung zu überprüfen, läßt man die Bälle
einfach über eine geneigte Fläche rollen, an deren unterem Ende
Behälter angebracht sind: Die qualitativ hochwertigen Bälle rollen
direkt in den mittleren Behälter, die »abweichlerischen«, nicht
gleichmäßig runden Pingpongbälle dagegen rollen nach links
oder rechts.

Einen Moment fragen wir uns, warum man es für nützlich hielt,
uns diese Aktivitäten vorzuführen, die ein wenig zum Lächeln
reizen. Kann man eine Fabrik zur Erzeugung von Pingpongbällen ernst nehmen? Gewiß, in einer neuen Werkstätte derselben
Fabrik werden seit kurzem Siliciumteile für Transistoren erzeugt;
diese Arbeit ist sehr heikel. Sie muß in einem Vakuum, in einem
völlig staubfreien Raum durchgeführt werden. Pingpong und
Elektronik — und doch handelt es sich um das gleiche Unternehmen, dieselben Menschen; sie haben sich aus eigenem Antrieb entschlossen, sich in dieses neue Abenteuer zu stürzen, einfach, weil
im Zuge einer Kampagne von der Nützlichkeit einer solchen Produktion gesprochen worden war. Die Arbeiterinnen sind von den
Kochkesseln zu minuziöser Manipulation übergegangen. Und
darin liegt der Schlüssel: Es handelt sich hier um ein antisyste-
matisches System. Der Beschluß zehn Jahre vorher war auf
ähnliche Weise zustande gekommen: Eine Initiative der Arbeiter,
lange Palaver über die Frage, wie man einer Empfehlung des
Vorsitzenden Folge leisten könnte; ein Entschluß, der suggeriert,
aber nicht geplant worden war; kein Gedanke wurde auf wirt-

schaftliche Rationalität verschwendet; man hatte keinerlei Komplexe hinsichtlich mangelnder Kenntnisse; jede Arbeitsgruppe vertraute absolut in ihre eigenen Fähigkeiten.

### Eine zersplitterte Industrie

Dieses Antisystem verfügt über eigene Methoden. Auch die Fabrik ist eine Produktions-»Brigade«, keine Produktions-»Einheit«, kein Bauer auf dem Schachbrett der Wirtschaft, sondern ein Element der sozialen Struktur. Die Produktion ist ein Ziel, aber die soziale Gruppe, die dieses Ziel verfolgt, ist kein Mittel: sie ist die Basis, die lebendige Zelle.

Die Wirtschaft scheint dabei jedoch zu profitieren. Wenn die Produktion dem Fortschritt einen hübschen Spielraum läßt, so bleiben die Investitionen auf ein starres Minimum beschränkt und garantieren ein Maximum an Effektivität.

Der Start erfolgte fast ohne staatliche Hilfe, die in dem Maß zunahm, in dem die Arbeiter Beweise ihres Erfolges lieferten. Die Geschichte dieser Fabrik in Kanton ist exemplarisch; der Staat hat ein wirksames Mittel gefunden, um die Industrialisierung mit geringstem Aufwand voranzutreiben.

Der Staat ermutigt die private Initiative, aber die Arbeiter tätigen die Investitionen durch ihre eigene Arbeit. Sie erhalten dadurch das Gefühl, daß das Unternehmen ihr Werk und ihr Eigentum ist. Auf diese Art entsteht ein ganzes Netz von kleinen und mittleren Unternehmen, die mit einem minimalen Anfangskapital gegründet werden. Dieses System ermöglicht die Verbindung des Bedarfs der Planproduktion mit den von den Massen ausgehenden Initiativen. Die Chinesen zeigen ihre kleinen Fabriken, die im Grunde noch auf handwerklicher Basis arbeiten, mit ebensolchem Stolz her wie ihre bedeutenden Industriekombinate.

Man hat uns nicht eigens darauf hingewiesen, aber die Daten sprechen für sich selbst: Die Entstehung dieses Unternehmens geht auf den Großen Sprung nach vorn zurück, und seine Ankurbelung auf die Kulturrevolution. In vieler Hinsicht entstammen diese beiden Bewegungen der gleichen Inspiration; die Kulturrevolution besserte die Unzulänglichkeiten des Großen Sprungs aus. Liu Schao-tschi und seine Clique hatten den Großen Sprung genußvoll schlechtgemacht; die Kulturrevolution schaltete diese Leute aus. Wie der Große Sprung nach vorn, predigte die Kulturrevolution eine weitgestreute Industrialisierung Chinas, die jedoch von der Basis her erfolgen müsse. Liu »erstickte nicht nur die starken Anstrengungen der Industrie durch die Massen, sondern ordnete zusätzlich die Schließung Zehntausender bereits bestehender Mittel- und Kleinbetriebe an, nachdem er sie beschuldigt hatte, kaum rentabel und unfähig zu rascher Entwicklung zu sein«.[1]

Eine volksnahe, das heißt bäuerliche Industrie war notwendig, und zwar aus vielerlei Gründen.

Da es keinen organisierten Handel gibt, ist der persönliche Kontakt das einzige Mittel, die Produktion dem Konsum anzupassen. Und da keine adäquaten Verbindungswege existieren, gestattet es die weite Streuung der Industrie, die Transporte einzuschränken.

Sie ist gleichsam unverwundbar. Man sollte diesen Vorteil, den sie in den Augen der Chinesen besitzt, nicht unterschätzen. Schließlich hatte der Vorsitzende Mao die Ziele der industriellen Entwicklung folgendermaßen definiert: »Die Revolution durchführen und die Produktion fördern; unsere Arbeit verbessern; uns aktiv auf die Möglichkeit eines Krieges vorbereiten.« Jeder der führenden Männer Chinas hat einen Krieg geführt, und der Sieg ermöglichte es ihm, einige innere Provinzen zu organsieren und von ihnen zu leben.

Die Dezentralisierung der Industrie sichert vor allem die Symbiose mit der Landwirtschaft — eine Symbiose, auf die weder das soziale Gleichgewicht noch die wirtschaftliche Entwicklung verzichten kann. Die chinesische Gesellschaft will einen polyvalenten Arbeiter; gestern Erdarbeiter, heute Feldarbeiter, morgen Weber oder Mechaniker. Wenn die Industrieproduktion in das Landleben einbezogen wird, ist das Ziel zu drei Viertel erreicht. Die weitere Entwicklung hängt von der Wechselwirkung zwischen Industrie und Landwirtschaft ab. Es gibt keine industrielle Stärke in China ohne die Steigerung der landwirtschaftlichen Produktivität (ist dies erreicht, kann die Landwirtschaft die unbedingt notwendigen Arbeitskräfte für die Industrie freistellen); aber eine solche Steigerung wiederum ist nicht möglich ohne die Unterstützung der Industrie: Kunstdünger, Elektrizität, Maschinen, Werkzeuge, Lastwagen und Fahrräder.

Und schließlich begünstigt die weite Streuung der Industrialisierung den »Primat der Politik«: Die Fabriken erhalten auf diese Art nicht die Dimensionen, welche eine Erweiterung der Kader, eine Vermehrung der Techniker erfordern und solchermaßen die Durchführung der Revolution erschweren. Die Arbeiter bleiben willig »bei der Stange«, und die Suche nach Mitteln zur Steigerung der Produktivität oder nach technischen Neuerungen kann nicht zur ausschließlichen Domäne von Fachleuten werden. »Die Revolution durchführen und die Produktion fördern«: dieses Schlagwort drückt eine unauflösliche Einheit aus. Die Revolution setzt die Kreativität der Arbeiter frei und bewirkt zugleich, daß die Produktion den Großen Sprung nach vorn macht, der so lange auf sich warten ließ.

### Ameisen und Menschen

Wie Kanton, so ist auch Nanking stolz auf ein schönes Beispiel für Erfindungsgabe, Beharrlichkeit und populäre Erfolge. Die Fabrik heißt *Der Funke.* Im Jahre 1958 (immer der Große Sprung nach vorn!) folgten sieben junge Arbeiter dem Aufruf der Regierung, kratzten ein paar Groschen zusammen, mieteten die Hälfte eines Raumes in einem alten Haus und stellten kleine Apparate für Krankenhäuser her.

Dreizehn Jahre später lieferten hundertfünfzig Arbeiter — noch immer nur schlecht und recht in einigen Räumen eines Hinterhofs untergebracht — der chemischen Industrie, der stahlverarbeitenden Industrie und den Luftfahrtunternehmen Kontaktschalter (Sicherheitsschalter und Relais). Früher mußte man diese Produkte aus der Tschechoslowakei importieren, heute exportiert man sie bis nach Guinea und Albanien.

In diese dreizehn Jahre fielen der Mißerfolg des Großen Sprungs, der »feige Rückzug« der Sowjets und vor allem langwierige Bemühungen um die Beherrschung heikler Techniken, ungeachtet der Hindernisse, welche die »Gauner aus der Clique Liu Schao-tschis« in den Weg legten.

Die Geschichte der monatelangen Plackereien nimmt geradezu philosophische Dimensionen an.

»Die Arbeiter«, erklärt uns der Vorsitzende des Revolutionskomitees des Unternehmens, »aßen und schliefen nicht: keinem gelang es, ein Mittel zu finden, um einen Leitdraht in einen kleinen, mit Quecksilber gefüllten Glasreifen einzuführen. Eines Tages, im Trolleybus, erinnerte sich einer von ihnen an die Geschichte vom Kaiser, den neun Holzstücken und der an einen Faden gebundenen Ameise; er runzelte die Brauen — und hatte eine Idee: eine Ameise würde den Draht durch den Reifen ziehen... Man probierte es aus. Das Experiment erwies sich als undurchführbar, aber ein anderer Arbeiter regte an, die Ameise durch einen Magneten zu ersetzen, der, außerhalb des Reifens placiert, ein kleines Eisenstück, an das man den Draht befestigte, durch den Reifen ziehen würde.«

Der Kontaktschalter 1101 war geboren, nach mehr als tausend Versuchen.

## Die Erfindermesse

»Wir brauchten eine Maschine; leider war sie viel zu teuer für uns: 13.000 Jüan. Wir haben sie in Einzelteilen gekauft und selbst montiert: sie kostete uns dann schließlich nur 2000 Jüan.«

Der Mann sieht aus wie jemand, der einen guten Witz gemacht hat. »Die Fachleute hatten uns die Einrichtung einer Anlage zur Konditionierung von Gas nach den obligaten technischen Normen vorgeschlagen. Das hätte uns 40.000 Jüan gekostet und eine Fläche von dreihundert Quadratmetern in Anspruch genommen. Sehen Sie selbst, wie eng wir es hier haben. Es war undenkbar. Nun, wir haben nachgedacht und die Lösung gefunden.«

Die Lösung besteht aus vier Luftkammern in der Größe von Fußbällen, die sich in einem Wandschrank befinden, und es funktioniert.

Man hat in China stets den Eindruck, eine Erfindermesse zu besuchen, die aber weder als Ventil für phantasiebegabte oder verkannte Genies gedacht ist, noch dazu, den Journalisten Stoff für ironische Artikel zu liefern.

Diese Gruppe hatte sich also bewährt. Zu Beginn eine Kooperative, wurde der Betrieb ein staatliches Unternehmen, das der Stadt Nanking untersteht und von ihr kontrolliert wird. Man träumt vom Entwicklungsplänen, von modernen Einrichtungen. Manche sähen es gern, wenn der Staat Lokale und Subventionen zur Verfügung stellte, aber die Mehrheit beschloß, auf der proletarisch-revolutionären Linie fortzufahren, hart zu arbeiten — mit den Mitteln des Zufalls, oder, wie man lieber sagt, »den örtlichen und ortsbekannten Methoden«. Weit davon entfernt, sich zu schämen, sind die Chinesen stolz auf ihre mit improvisierten Mitteln errichteten Fabriken. Weil sie ihnen gehören, und weil sie sich »doch bewegen«.

### Hochöfen und Hühnerhof

In der Textilfabrik Nr. 2 von Peking, in einer elektro-mechanischen Fabrik in Schanghai: 2000 Arbeiter. Die Sportartikelfabrik von Kanton: 280 Arbeiter. In Nanking: 150. In Hangtschou, der Seidenhauptstadt, besichtigen wir eine Fabrik mit 1700 Arbeitern. In der Stadt gibt es noch zwanzig ähnliche Unternehmen. Selbst in diesem Industriezentrum der früheren Zeit vermeidet man Industriekonzentrationen.

In Wuhan ist das anders. Hier sind 60.000 Arbeiter beschäftigt,

vier Hochöfen liefern mehr als drei Millionen Tonnen metallur-
gischer Produkte pro Jahr. Wenn das Wort »Schwerindustrie«
eine Bedeutung hat, dann hier.

Die Hochöfen scheinen einander eine ideologische Schlacht zu
liefern, deren Gewinner immer Mao ist. Mit sowjetischer Hilfe
wurde 1958 der erste Hochofen gebaut (der erste der vier, die
jetzt in Betrieb stehen. Aber Hanjang, eine der drei Städte, aus
denen Wuhan besteht, war schon lange vor dem Krieg ein be-
deutendes metallverarbeitendes Zentrum). Er erzeugt täglich zwischen 1500 und 1700 Tonnen Stahl. Der vierte Hochofen wurde
nur mit chinesischen Mitteln errichtet; er liefert täglich 3000 Tonnen, und bald, so sagt man uns, werden es 4000 bis 4500 Tonnen
sein. Der Bau war in vier Monaten fertiggestellt; die ganze Region
hatte sich daran beteiligt.

Dennoch hinterläßt Wuhan einen ganz anderen Eindruck als
unsere metallurgischen Kombinate. Es ist keine perfekte, wie geölt
laufende Maschinerie. Man weist uns auf die elektronischen
Waagen hin, mit denen die fahrenden Konvois gewogen werden
können; auf den Transport von Walzblech mittels eines Magneten, und auf die automatische Beschickung der Hochöfen. Aber
was uns verblüfft, ist das chaotische Gemisch aus Werkstätten,
Lagerräumen, Arbeiterhäusern, Schlafsälen für Ledige, Maisfel-
dern und Küchengärten. Hier gibt es keinerlei Trennung zwischen
Arbeit und Privatleben. Schwarze Schweine wühlen mit ihren
Rüsseln in den Schlackenhaufen, Enten und Kinder tummeln sich
zwischen den Schuppen.

Dieses Kombinat ist eine Welt für sich, und zwar aus freien
Stücken. 200.000 oder 300.000 Personen leben von ihm oder
in ihm. Es verfügt über zwanzig Schulen, über einige Einheiten
in der Volksbefreiungsarmee, über ein Krankenhaus, ein Stadion,
ein ideologisches Schulungszentrum, über Kooperativen und be-
baute Felder. All das entstand gemäß den Direktiven, die Mao
selbst bei der Inbetriebnahme des ersten Hochofens im Jahr 1958
gab: »Ein großes Unternehmen wie diese metallverarbeitende
Fabrik von Wuhan muß schrittweise in ein Kombinat verwandelt
werden, das gleichzeitig alle Arten von metallurgischen, mechanischen, chemischen Produkten und Baustoffen herstellt und einen
Teil seiner Aktivitäten der Landwirtschaft, dem Schulunterricht
und der militärischen Ausbildung widmet.« Diese Anweisung
steht in Goldlettern auf einer Wandtafel.

Zwar sind die Proportionen anders, aber man baut die Hochöfen hier, wie man anderswo Pingpongbälle erzeugt: ohne sich
sonderlich um die Rationalität zu sorgen. Die Anlage dieser

Fabrik an diesem Ort erscheint beinahe wahnwitzig, da Wuhan weder in der Nähe von Eisen- noch von Kohlenbergwerken liegt.* Die Gesamtproduktionsmenge, die man uns angibt, entspricht ungefähr jener von 1964; sollte sie trotz der beiden neuen Hochöfen gleichgeblieben sein? Was die Verantwortlichen jedoch viel mehr zu beschäftigen scheint, ist das ideologische Niveau der Arbeiter: Wie soll man die Arbeit von 60.000 Menschen »revolutionieren«?

### »Auf beiden Beinen gehen«

Existiert in China letzten Endes eine wirklich »industrielle« Industrie? Man ist versucht zu antworten: Nein, um so weniger, als dieser Ausdruck für die Chinesen keinerlei Sinn birgt, eher wie eine Bedrohung klingt. Die autonome Existenz der Industrie ist nur ein Wunschbild der Ingenieure und Technokraten. Liu Schao-tschi hat wahrscheinlich nicht alle Verbrechen verübt, die man ihm zur Last legt, aber er hat dem Maoismus einen ungeheuren Dienst erwiesen: Er ist die Verkörperung einer Wertordnung, die es abzulehnen gilt. Dank diesem Sündenbock gelang es, die Massen davon zu überzeugen, wie notwendig die Umkehrung einer Hierarchie war, die den Mythos der Industrieproduktion anderen, stärkeren Mythen unterordnet.

Diese Unterordnung kann für die Produktion selbst nicht ohne Folgen bleiben. Man mag uns versichern, daß der revolutionäre Geist die Produktionskapazität verzehnfacht, man mag uns dafür gewisse Beweise liefern; aber muß man nicht fürchten, daß die ideologische Spannung öfters von der Arbeit ablenkt und die Kreativität gehemmt wird?

Dieser Vorbehalte sollte man eingedenk sein, wenn man das Hauptschlagwort der Industrialisierung interpretiert: »Auf beiden Beinen stehen.« Bald bedeutet es nämlich, daß die wirtschaftliche Lage Chinas auf der Landwirtschaft und der Industrie basiert — und daß keine für die andere geopfert werden dürfe —, und bald heißt es, daß die industrielle Situation von der Leichtindustrie (der ländlichen, aufgesplitterten) und von der Schwerindustrie (der städtischen, konzentrierten) abhänge. Aber selbst in dieser zweiten Bedeutung kann man von diesem dialektischen Gegensatz nicht ableiten, daß die Schwerindustrie ausschließliche Domäne

---

* Allerdings befindet sich das Kombinat nahe an einem großen Fluß, auf dem die Rohprodukte und fertigen Erzeugnisse billig an- und abtransportiert werden können. Die von den Briten beherrschte metallverarbeitende Industrie von Wuhan (Hanjang) war in den zwanziger und dreißiger Jahren sehr aktiv.

der Ökonomik sei. Daraus, daß der Wunsch, mittlere und kleine Unternehmen zu errichten, von politischen Bestrebungen getragen wird, darf man nicht schließen, daß umgekehrt die Industriekonzentrationen nicht vom »Primat der Politik« berührt werden.

### Eine nationalistische Industrie

Die chinesische Bescheidenheit ist Höflichkeit, Verschämtheit: Aber die Chinesen verbergen ihr ungeheures Selbstvertrauen nur unvollkommen. Sie sehen keinen Sinn darin, sich mit jemandem zu vergleichen, es genügt ihnen, sich zu bestätigen.

Die Ständige Industrieausstellung in Schanghai ist eine Manifestation des Nationalismus. Man weist dort stolz auf die ungeheuren Anstrengungen hin, die China aus e i g e n e r Kraft unternommen hat, um komplizierte technische Probleme zu lösen. Die Fachwörterbücher wurden sehr stark in Anspruch genommen, damit die Qualität des Erfolges auch in Englisch und Französisch ins rechte Licht gerückt werde. »Maschine zum Geradebiegen der Nockenwelle«, »Hobelmaschine für konische Verzahnungen«, »Siliciumofen mit Monokristall«, »Steuerungssystem für elektronische Industrierechenmaschinen«.

Kein Sektor ist vergessen worden. Man erzeugt Frachtschiffe ebenso wie pedalbetriebene Generatoren für Dörfer ohne elektrischen Strom, 32-Tonnen-Lastwagen und Fernschreiber, Maschinen zum Nähen von Knopflöchern und wissenschaftliche Meßgeräte und natürlich Wandteppiche mit eingewebten Mao-Bildern. Düsenflugzeuge fehlen bei der Ausstellung, aber man versichert uns zwischen zwei *kan-peis*, daß man sie mit bestem Erfolg herstelle.* Aus den Antworten auf unsere gezielten Fragen geht hervor, daß die schönsten dieser Maschinen noch nicht in Serie erzeugt werden; was man uns hier zeigt, ist die Zukunft. Gegenwärtig müssen die Chinesen im allgemeinen auf die Produkte der ausländischen Industrie zurückgreifen.

Nationalismus und Erfindergeist wirken hier zusammen, werden miteinander verbunden und so der chinesischen Entwicklung einverleibt. Eine ausländische Maschine wird oft nur zu Studienzwecken gekauft, auseinandergenommen, untersucht und wieder zusammengesetzt, den Bedürfnissen und Ideen des Benützers entsprechend. Wozu die Normen der Kapitalisten respektieren?

---

* China legt Wert darauf, alles Militärmaterial für die nationale Verteidigung selbst herzustellen.

Als Beispiel führt man uns die Arbeiter des Wärmekraftwerkes Schitschiatschüang an.

»Die Kapazität der Generatoren darf die vom Erzeuger festgelegte Grenze nicht überschreiten«, lautet eine alte Vorschrift über die Ausrüstung mit Generatoren, ein Gebiet, das von manchen bourgeoisen technischen »Autoritäten« der Energiewirtschaft für tabu erklärt worden war. Da die Arbeiter es ablehnten, den ausländischen Dogmen blind zu vertrauen, noch dazu auf einem sogenannten »verbotenen« Gebiet, »modelten sie mutig die ausländischen Ausrüstungen um und erhöhten die Kapazität der Energieproduktion um fünfzig Prozent.«

Das chinesische Genie versteht es also nicht nur in der Gastronomie, das Rohmaterial unkenntlich zu machen.

### Die Industrialisierung ist ein langer Kampf

Welchen Umfang hat letzten Endes die industrielle Macht Chinas? Es gibt hierfür keine konkreten Zahlen, höchstens Schätzungen: 21 Millionen Tonnen Stahl, 300 Millionen Tonnen Steinkohle, 26 Millionen Tonnen Erdöl, 125 Milliarden Kilowatt. Alle diese Zahlen spiegeln eine bedeutende Progression wider.*

Das kommunistische Regime ist von dem armseligen industriellen Erbe ausgegangen, das ihm die »alte Gesellschaft« hinterlassen hatte. Es hütete sich, schnell eine Prestige-Industrie aus dem Boden zu stampfen und alles verfügbare Kapital in sie hineinzupumpen; das bäuerliche China wäre dadurch isoliert und zum Niedergang verurteilt worden.

Im Gegenteil, das Regime setzte eher auf eine sehr langfristige Entwicklung, eine langsame Industrialisierung, die jedoch das enorme Menschenpotential der ländlichen Gebiete in sich aufnehmen sollte. »Die Industrialisierung ist ein langer Krieg« — eher ein Guerillakampf, der auf dem gesamten Territorium ausgetragen wird. Er verändert die bäuerliche Mentalität, unterstützt die Landwirtschaft und steigert deren Produktivität; auf diese Art schafft sie sich gewissermaßen als Gegenleistung In-

---

* Es ist allerdings schwierig, diese Progression genauer zu erfassen. Für 1957 und 1958 zum Beispiel gaben die chinesischen Statistiken bereits 300 Millionen Tonnen Kohle an. Selbst wenn man realistischerweise die Zahl von 130 Millionen Tonnen annimmt, würde die jährliche Steigerung unterhalb der von manchen enthusiastischen Beobachtern geschätzten zwanzig Prozent liegen.

Tschu En-lai hatte 1971 zu Edgar Snow gesagt, daß im Jahr 1970 der Wert dieser Produktion 90 Milliarden Dollar ausgemacht habe. Die Produktion von 1971 läge, laut »Volkszeitung«, um zehn Prozent höher.

vestitionsmöglichkeiten. Wenn sie selbst durch eine sehr schwache Produktivität gekennzeichnet ist (die in den großen Industriezentren vielleicht stärker fühlbar wird als in den lokalen Unternehmen), dann gewiß nicht aufgrund der Unfähigkeit oder Böswilligkeit der Arbeiter, sondern wegen des Mangels an Arbeitsgeräten. Die Industrie ist bereit, große Sprünge nach vorn zu machen; aber der Schlüssel zu Erfolg und Fortschritt liegt nicht allein bei ihr; ihre Zukunft basiert auf dem Gleichgewicht zwischen landwirtschaftlicher Produktivität und Bevölkerungswachstum.

# 19

## Zwischen Versorgungswirtschaft und Tauschhandel

Radfahrer überqueren die Große Brücke von Nanking: In diesem Kontrast scheint sich das Problem der chinesischen Transportmittel widerzuspiegeln. Auch sie »gehen auf zwei Beinen«, aber diese Gliedmaßen scheinen ziemlich aus dem Gleichgewicht geraten zu sein.

Der Westen hat den Chinesen zwar viele Erfindungen gestohlen, aber diesmal haben sie es ihm heimgezahlt. Hier wird das Fahrrad für alles und in vielen Formen verwendet. Verrostet oder rot lackiert, trägt oder zieht es alle und alles. Lange Zeit war es das einzige »Massentransportmittel«.

Wahrscheinlich beruht der Erfolg des Fahrrads auf der Tatsache, daß es keine wirkliche Maschine ist. Die Energie, von der es bewegt wird, ist die Muskelkraft. In diesem Land aber waren die Menschen bis vor kurzem die »bevorzugten Zugtiere«. Das Fahrrad erleichtert nur ihre Arbeit, ohne ihnen etwas von ihrem Monopol zu nehmen. Es ist ein Meisterwerk des Widersprüchlichen, denn es trägt den, der es schiebt.* Es scheint prädestiniert, auf chinesischen Straßen zu rollen, denn es funktioniert »durch eigene Kraft«, die Kraft des Menschen — ohne zusätzliche, von außen zugeführte Energie.

Angesichts dieser modernisierten Form des Lastträgers — der indessen nach wie vor das gebräuchlichste, weil wirtschaftlichste Transportmittel darstellt — manifestiert die Große Brücke von Nanking über den Jangtse den Willen, China mit einem modernen Verkehrsnetz auszustatten.

China ist nur scheinbar ein kohärentes Ganzes; der Jangtse schneidet es in eine Nord- und eine Südhälfte. Der breite, starke Strom ist für kleinere Frachtschiffe bis Wuhan schiffbar, also bis ins Landesinnere, 600 Kilometer von der Mündung entfernt. Das hatte schon Marco Polo fasziniert. »Dieser Fluß hat einen so langen Lauf und durchquert so viele Gebiete, Landschaften und Städte, daß mehr Schiffe darauf fahren, mehr Waren und Reich-

---

* Ein Fahrrad kostet allerdings ziemlich viel, zieht man die niedrigen Löhne in Betracht: 150 Jüan im Durchschnitt, also etwa 180 DM (fünf Monatslöhne eines einfachen Arbeiters, ein Monatslohn eines Facharbeiters).

tümer transportiert werden können als auf allen Meeren und Flüssen der christlichen Länder zusammen.«

Sieben Jahrhunderte später ist eine Fahrt den Huangpu abwärts ebenso eindrucksvoll. Bequem untergebracht an Deck des »Schiffes der Freundschaft« entdeckten wir ein China, das in einem seltsamen Gegensatz stand zu den Reisfeldern und den über ihre Ackerfurchen gebeugten Bauern, die wir vor kurzem noch gesehen hatten. An beiden Ufern nichts als Hüttenwerke, rauchumwölkte Hochöfen, petrochemische Betriebe mit ihren Gasflammen, kalorische Kraftwerke, Trockendocks in Werften, Lagerhäuser, mit Waren und Kränen vollgeräumte Kais, dazwischen ein Gewimmel von Dockern, Matrosen und Fahrern in ihren hupenden, ratternden Lastwagen, die sich zwischen riesigen Kisten einen Weg bahnten.

### Das Epos einer Brücke

Jahrhundertelang genoß China den ganzen Vorteil dieser West-Ost-Wasserstraße; der Jangtse bildete kein Hindernis für die Nord-Süd-Verbindung: das Umladen auf ein Fährboot kostet ja kaum Zeit, wenn die Lasten auf den Rücken der Menschen transportiert werden. Erst nach dem Bau der Eisenbahn und der Straße schnitt der Jangtse China tatsächlich in zwei Hälften und verhinderte jede schnelle Nord-Süd-Verbindung, zumindest östlich von Wuhan, wo sich die erste Brücke befand (außer der Brücke von Nanking überspannen den Jangtse noch zwei andere Brücken, die ebenfalls unter der kommunistischen Regierung in den fünfziger Jahren erbaut worden waren, allerdings mit tatkräftiger sowjetischer Unterstützung: In Wuhan und in Tschungking; von diesen Brücken wird jedoch weniger gesprochen).

Die Brücke von Nanking, 1968 eröffnet, änderte die gesamte Situation.

Allerdings empfindet die sehr begeisterte — und sehr hübsche — junge Dame, die uns die Brücke zeigt, nicht so sehr den wirtschaftlichen Nutzen als aufregend, sondern vielmehr das technische Abenteuer, das Menschenwerk, das Politikum.

Das Epos bleibt in Geheimnis gehüllt, man liefert uns nicht alle Schlüssel dazu. Aber die hauptsächlichen Elemente genügen, um uns zu beeindrucken.

Die technische Leistung ist interessant, vor allem wenn man bedenkt, welche Mittel China zur Verfügung standen. Die Brücke ist in zwei übereinanderliegenden Ebenen — eine für die Eisenbahn, eine für die Straße — erbaut; sie ist 1600 Meter lang und ruht auf neun Pfeilern. Die Konstruktion dieser Pfeiler scheint besondere Schwierigkeiten bereitet zu haben: Siebzig Meter hoch ragen sie aus dem Wasser, dreißig Meter befinden sich unter dem Wasserspiegel, und noch einmal dreißig Meter stecken im Schlamm; erst darunter befindet sich fester Boden.

Aber jede Schwierigkeit, versichert die reizende Führerin, war nur eine Herausforderung zu einem Kampf »auf Leben und Tod« zwischen Pessimisten und Optimisten, zwischen den Parteigängern des »Erzrenegaten Liu Schao-tschi« und den »Anhängern der Generallinie Mao Tse-tungs«. Als Beispiel erzählt sie uns die heroische Episode von den Caissons. Wir erfahren übrigens, daß unsere Führerin weder Ingenieurin noch Arbeiterin, sondern Schauspielerin ist. Sie spielt ihre Rolle perfekt, mit einer Überzeugungskraft, die uns mitreißt; aber es ist nicht ratsam, ihr Fragen zu stellen.

Zunächst die Vorbereitungen:

»Während die Bauarbeiten rasch voranschritten, wurden wir von einem neorevisionistischen Land in perfider Weise verleumdet. Es hieß, daß die massiven Eisenbetoncaissons, die im allgemeinen sehr selten verwendet werden, brechen würden, sobald sie unter Wasser stünden; die von uns selbst entworfenen Pläne seien untauglich.

Diese Provokationen riefen bei unseren Arbeitern, Ingenieuren und revolutionären Technikern, die die scharfe Waffe des Denkens Mao Tse-tungs beherrschen, tiefe Haßgefühle hervor. Die Baustelle wurde zum Schlachtfeld für den Kampf gegen Imperialismus und Revisionismus. Unsere Arbeiter, Ingenieure und Techniker, die zwischen dem Himmel und den ungebärdigen Fluten arbeiteten, schwuren einander, vom revolutionären proletarischen Enthusiasmus erfüllt, diesen feierlichen Eid:

>Auf, an den Ufern des Jangtse,
Unser Horizont erstreckt sich über die ganze Welt!
Wir bauen die Brücke von Nanking,
in kürzester Frist,
zu Ehren des Vorsitzenden Mao,
zum Ruhm der chinesischen Arbeiterklasse!<

Die revolutionären Arbeiter und Techniker setzten den revolutionären Geist, der darin besteht, das Wagnis des Denkens, des Handelns und des Bahnens neuer Wege auf sich zu nehmen, glänzend in die Tat um. Sie überwanden eine technische Schwierigkeit nach der anderen, verankerten die Caissons fest am Grund des Flusses und errichteten danach die imposanten Pfeiler, die sich nun majestätisch so hoch über dem Wasser erheben.«

Dann dramatische Zuspitzung und Triumph:

»Als die Konstruktion der Fundamente in ein entscheidendes Stadium trat, wurde ein riesiger schwimmender Caisson, hoch wie ein achtstöckiges Gebäude, im Fluß verankert, damit die Brückenpfeiler emporgetrieben werden konnten. Plötzlich schwoll der Jangtse nach einem wolkenbruchartigen Herbstregen an, und ein Sturm von der Stärke 6 bis 7 erhob sich. Der schwimmende Caisson, dessen Oberfläche größer war als ein Basketballfeld, schwankte heftig.

Wäre der Caisson gekentert und versunken, hätte er ein verstecktes Riff gebildet, ein viel gefährlicheres als Felsen unter Wasser, und der Brückenbau hätte aufgegeben werden müssen. Eine Anzahl bourgeoiser ›Spitzentechniker‹ zitterte vor Angst. Sie schlugen vor, den riesenhaften Caisson vom Strom fortschwemmen zu lassen.

Die Erbauer der Brücke waren entrüstet: ›Den Caisson aufzugeben würde ein Verbrechen am Volk bedeuten. Nie werden wir es gestatten, daß der Caisson weggeschwemmt wird!‹ Alle revolutionären Arbeiter, die Kader, die Ingenieure, Techniker ebenso wie deren Familien, nahmen an dem Kampf zur Rettung des Caissons teil.

Die mit Mao Tse-tungs Gedankengut ausgerüstete Arbeiterklasse ist imstande, jede Schwierigkeit zu lösen. Der verbissene Kampf dauerte vierzig Tage und Nächte, und schließlich trugen die Arbeiter den Sieg davon: Der Caisson wurde gerettet.«

China straft alle jene Lügen, »von den Reaktionären der Kuomintang bis zu den amerikanischen und japanischen Imperialisten, die aufs Geratewohl erklärt hatten, bei Nanking eine Brücke über den Jangtse zu bauen, sei noch schwieriger, als den Himmel zu erreichen«. Beinahe hätte China diesen Brückenbau mit Hilfe der Russen durchgeführt: Der Bau wurde 1960 begonnen, und zwei unvollendete und sorgfältig instand gehaltene Pfeiler, die neben der Großen Brücke lächerlich unbedeutend aussehen, »zeugen vom feigen Abfall der modernen Revisionisten«.

Die Chinesen unternahmen dann das Abenteuer auf eigene Faust, unter den ironischen Blicken der genannten Revisionisten (auf eine gewollt naive Frage hin präzisiert man uns, daß es sich natürlich um die Sowjets gehandelt habe).

Ursprünglich hatte es jedoch zwei verschiedene Pläne für diesen Brückenbau gegeben: »Die Arbeiterklasse wollte die Brücke gemäß den stets siegreichen Gedanken Mao Tse-tungs errichten, die Welt nach dem proletarischen Konzept umformen. Dagegen hatten der Hauptverantwortliche — der, obwohl Mitglied der Kommunistischen Partei Chinas, den Weg des Kapitalismus eingeschlagen hatte — Liu Schao-tschi, der Lakai des Imperialismus, Revisionismus und der Reaktion, und seine Mitläufer die Absicht, die Brücke nach revisionistischen, konterrevolutionären Richtlinien zu erbauen und die Welt ihrer bourgeoisen Weltanschauung entsprechend umzuwandeln.«

Man erklärt uns nicht genau, worin sich die revisionistische Brücke von derjenigen, die wir vor Augen haben, unterschieden hätte.

Bald sagt man uns, daß die »revisionistischen« Pläne weniger ehrgeizig gewesen wären, weniger Vertrauen in die Fähigkeiten der Arbeiterklasse gesetzt hätten; die Brücke wäre nur acht Meter breit geworden, den Eisenbeton hätte man durch Holz ersetzt, die Pfeiler mit den roten Fahnen an der Spitze würden jetzt nicht so hoch emporragen. Dann wieder hält man unseren vorsichtig bohrenden Fragen die Servilität der bourgeoisen »Spitzen« gegenüber den ausländischen Technikern entgegen — die allerdings dem Bau einer hölzernen Hängebrücke gewiß nicht wohlwollend gegenübergestanden wären.

»Während der Vorbereitungsarbeiten beriefen die Agenten Liu Schao-tschis eine Versammlung sogenannter ›Fachleute‹ und ›Professoren‹ ein, die die Pläne hinter verschlossenen Türen ausarbeiten sollten. Im Konferenzzimmer entfalteten sie Hunderte von Skizzen, alle vom Ausland kopiert. Die anwesenden Arbeiter und revolutionären Techniker kritisierten das alles scharf: ›Diese ausländischen Tricks haben nichts mit der Wirklichkeit zu tun; aus dem Ganzen kann nichts werden!‹ Und entschlossen fügten sie hinzu: ›Bei dem Brückenbau darf uns nur das Denken Mao Tse-tungs und die revolutionäre Linie leiten. Wir müssen den konkreten Umständen in China Rechnung tragen und die Brücke errichten, indem wir uns auf die Massen stützen.‹«

Vielleicht ist das alles auf einen Nenner zu bringen: Die Verantwortlichen wollten wahrscheinlich einerseits die ehrgeizigen Anliegen beim Brückenbau nicht vernachlässigen, und sie anderseits mit politischen Mitteln realisieren. Und jetzt rechnet man die Kühnheit, die Findigkeit, die Suche nach neuen oder wirtschaftlicheren Lösungen »der proletarischen revolutionären Linie« an.

Jedenfalls wird die Große Brücke beiden Aufgaben gerecht.

Der politischen Aufgabe: Auf dem riesigen, siebzig Meter hohen Pfeiler, der von drei roten Fahnen — die Generallinie, die

Volkskommunen und den »Großen Sprung nach vorn« symbolisierend — gekrönt wird, befindet sich folgende bezeichnende Aufschrift: »Das historische Experiment verdient Aufmerksamkeit. Dieses Schlagwort muß oft wiederholt werden, und nicht nur vor einer kleinen Minderheit. Auch die großen Massen müssen davon erfahren.«

Die wirtschaftliche Aufgabe: Hundert Züge und hunderttausend Fahrzeuge (vom Fahrrad bis zum Lastwagen) überqueren täglich die Brücke:

> »Die Wölbung einer Brücke verbindet Nord und Süd.
> Die unüberwindliche Kluft wurde eine Passage.«

### Veraltete Transportmittel

»Da Eisenbahnen und gute Straßen fehlen, ist hier noch ganz reines China...« bemerkt Teilhard de Chardin im April 1924.[1]

Diese Situation war in der Tradition begründet. Die Revolution hat daran nicht viel geändert.

Natürlich gibt es nur sehr wenige Privatautos: einige alte sowjetische Modelle, die hohen Persönlichkeiten vorbehalten sind. In Peking, auf dem Tien An Men-Platz, der drei- oder viermal größer ist als die Place de la Concorde in Paris, sieht man höchstens ein paar Autobusse und Lastwagen, die ununterbrochen hupen, damit die Radfahrergeschwader, in deren Mitte sie geradezu plump wirken, ausweichen.

In den Vororten Pekings begegnen wir den Fahrzeugkolonnen, die die Hauptstadt mit Lebensmitteln versorgen; Lastwagen sind selten. Die Waren werden Tag und Nacht von schweren, mit Zugtieren bespannten Karren herbeitransportiert, von Radkarren, von Handwagen, die mit Säcken, Kisten und Käfigen beladen sind. Dieses Bild zeigte uns in erster Linie, wie weit China noch von der Ausrüstung mit modernen Transportmitteln entfernt ist.

Massentransportmittel gibt es wenige, und die sind stets überfüllt. Die Züge verkehren weder häufig noch sind sie rasch: durchschnittlich fünfzig Stundenkilometer zwischen Peking und Schanghai. Flugzeuge, die für solche Riesenländer so notwendig sind, stellen nach wie vor einen außerordentlichen Luxus dar. Auf dem Flughafen von Schanghai — einer Stadt mit zehn Millionen Einwohnern — sahen wir innerhalb von drei Stunden keine einzige Maschine starten oder landen.

### Der Ausbau der Eisenbahnen geht nur langsam voran

Die Zunahme des Straßenverkehrs scheiterte lange Zeit an einem wesentlichen Hindernis: An der geringen Kapazität der Benzin- und Benzingemischproduktion. Insgesamt rollen dreihunderttausend bis vierhunderttausend Lastwagen über die mittelmäßigen Straßen Chinas.

Darüber hinaus wird dem Ausbau der Eisenbahnverbindungen der Vorzug gegeben, und zwar mit unbestrittenem Erfolg. So zum Beispiel kann man Chinesisch-Turkestan, das 3500 Kilometer von der Hauptstadt entfernt liegt, über die Linie Peking—Urumtschi (das auf chinesisch Wü-lü-mü-tschi heißt), auf der auch Schlafwagen eingesetzt werden, in vier Tagen erreichen.

Man hat auch mit der Elektrifizierung des Netzes begonnen, ebenso wie mit der Installation elektrischer Signalanlagen und zentraler Kontrollstellen. Der Bau von Waggons aller Typen — zweistöckige Waggons inbegriffen — stellt kein Problem dar. Dagegen scheint die Erzeugung von Lokomotiven erhebliche Schwierigkeiten zu bereiten.

### An Ort und Stelle produzieren und konsumieren

Es ist nicht auszuschließen, daß die ungenügend ausgebaute Infrastruktur die wirtschaftliche Entwicklung in Kürze hemmen wird. Die chinesischen Führer sind offensichtlich nicht geneigt, diesem Sektor den Vorrang einzuräumen. Im Gegenteil, diese Schwierigkeiten scheinen ihnen noch zusätzliche Gründe zu liefern, die Streuung der Industrialisierung, die Autarkie jeder Provinz, ja jedes Bezirkes, voranzutreiben.

Am 1. Januar 1972 berichtete die »Volkszeitung« freudig, daß gute Ernteerträge den Nordprovinzen zum erstenmal erlaubt hätten, von eigenen Mitteln zu leben. Auf diese Weise wurde der Leitsatz des Vorsitzenden Mao Wirklichkeit: »Man muß die Situation ändern, die uns dazu zwingt, das Getreide vom Süden nach dem Norden zu transportieren.« So gesehen, erscheint der Bau der Großen Brücke von Nanking beinahe paradox.

Metallverarbeitung in kleinerem Rahmen,. Zementfabriken, die Verarbeitung landwirtschaftlicher Produkte, Reparaturbetriebe und Wartungswerkstätten — das alles ist an Ort und Stelle möglich, ebenso wie die Beschaffung und Nutzung von Rohmaterialien und Energiequellen. Auf diese Weise vermeidet man nicht nur Transportspesen, sondern das Transportproblem überhaupt, das sich daher nur auf die ausreichende Produktion von Fahrrädern beschränkt.

## Außenhandel für den Eigenbedarf

Der Autarkie jedes einzelnen Teiles entspricht die Autarkie des Ganzen. Das ist keineswegs neu, denn die Chinesen bildeten stets eine solipsistische Gesellschaft: Außerhalb Chinas gab es keine Zivilisation. Macartney, vor dem ein Herold mit einem Schild einherschritt, auf dem zu lesen stand: »Botschafter, der Tribut aus England bringt«, konnte nicht einmal eine Minute lang kommerzielle Probleme diskutieren; er traf während der Feierlichkeiten zum Geburtstag des Kaisers ein und wurde nur wegen der Geschenke empfangen, die er überbrachte.

Auch heute noch ist es klar, daß das kommunistische China nur unter dem Druck der Notwendigkeit Außenhandel betreibt. Der Außenhandel dient ihm als Mittel zur Autarkie. China bietet sich nicht als Absatzmarkt an, es strebt bloß danach, sein Produktionssystem zu ergänzen. Es braucht gewisse Rohstoffe, Halbfertigprodukte und auch einige Fertigprodukte, die ihm der internationale Markt zu vorteilhaften Bedingungen offeriert.

Was wird geschehen, wenn China seine Lücken ausgefüllt hat und imstande«, »auf eigenen Füßen zu stehen«? Wird es sich vom internationalen Markt zurückziehen, wie es seiner Tradition und seiner Philosophie entspräche? Oder wird es vom Räderwerk eines dynamischen Außenhandels mitgerissen?

Im Augenblick (nach dem Ende der Kulturrevolution) haben die Importe und Exporte gerade noch den Stand von 1966 erreicht, der allerdings weit unter jenem von 1958 liegt.* Das entspricht dem Außenhandel Norwegens oder Österreichs. China importiert vor allem Fertigwaren (aber nicht mehr als es ausführt, und keinerlei Konsumgüter, ausgenommen höchstens Schweizer Uhren); chemische Produkte; Nahrungsmittel und Rohstoffe. Es exportiert ebenfalls Fertigwaren, Rohstoffe und Nahrungsmittel, so daß seine Handelsstruktur jener eines Industrielandes ähnelt.

Die Handelsbilanz ist stets sorgfältig ausgeglichen. Hongkong spielt dabei eine wesentliche Rolle. China kauft dort nichts ein, verkauft aber die Nahrungsmittel für den täglichen Bedarf. Daraus ergibt sich ein Nettogewinn (1970 waren es 470 Millionen Dollar), der das Defizit des Handels mit Japan und den europäischen Ländern deckt.

Die wichtigsten Handelspartner Chinas seit dem spektakulären Scheitern der Handelsbeziehungen mit der UdSSR sind Japan, Hongkong (sie liegen weit voran an der Spitze); die Bundes-

---

* Im Jahr 1970 erreichten die Importe eine Höhe von 2 Milliarden Dollar und die Exporte 2,2 Milliarden Dollar.

republik Deutschland mit mehr als 200 Millionen Dollar Umsätzen, und dahinter mit 150 bis 200 Millionen Dollar Umsätzen Singapur, Kanada (aufgrund der Weizenlieferungen), Großbritannien, Frankreich und Australien.

Der chinesische Markt befindet sich in den Händen staatlicher Körperschaften, wird streng kontrolliert und gelenkt. Der Traum, China mit Konsumgütern überschwemmen zu können, wäre müßig. Es erwartet in erster Linie Industrieausrüstungen, und zwar ganz spezielle (sie sollen ihm ja vor allem industrielle Autonomie sichern):

— Schlüsselfertige Fabriken oder komplette Ausrüstungen; wahrscheinlich komplette Raffinerien, wegen der in jüngster Zeit entdeckten Ölvorkommen; landwirtschaftliche Maschinen und Traktoren,

— Maschinen und Ausrüstungen für den Wasserbau, ein Hauptanliegen Chinas,

— Transportmittel. Die Elektrifizierung des chinesischen Eisenbahnnetzes hat neue Perspektiven eröffnet. Die Chinesen kauften vor kurzem in Frankreich fünfzig hochleistungsfähige Elektrolokomotiven. Es ist bekannt, daß sie auch zwei Concorde-Flugzeuge erwerben wollen, eines von Frankreich, eines von England. Obwohl China imstande ist, Prototypen herzustellen, kann es noch nicht in Serie produzieren.

# 20

## Der Start

»China ist ein relativ rückständiges Land« — das ist kein vertraulicher Ausspruch eines Staatsmannes, der sich mit dem Besucher aus einem befreundeten Land unterhält. Es ist die offizielle
Doktrin.[1] In der Unterhaltung, in der sich Bescheidenheit mit
exakten Angaben verbindet, wird ein anderes Adverb verwendet:
»China geht von schrecklich rückständigen Grundlagen aus«, sagt
Tschu En-lai zu mir. »Es wird mindestens hundert Jahre brauchen, um die höher entwickelten Industrieländer einzuholen.«
Ich werde das Gefühl nicht los, daß diese Entwicklung noch
einige Überraschungen für uns bereithalten wird — wie das ja
schon der Fall war; hätte man die Zündung einer Atombombe
erwartet? Den Abschuß eines Satelliten? Zehn Jahre lang hielten
die chinesischen Führer ihre Wirtschaftsresultate geheim. Und
eines Tages, im Jahr 1971, wirft Tschu En-lai anläßlich einer
Unterredung mit Edgar Snow zwei Zahlen hin, die wir weiter
oben analysiert haben, und die Berechnungen der Fachleute aus
aller Welt werden über den Haufen geworfen: 90 Milliarden
Dollar aus der Industrieproduktion, 30 Milliarden aus der Landwirtschaft. Wenn diese Zahlen stimmen — und Tschu En-lai ist
ein derart »großer Schweiger«, daß man ihm wohl einigen
Glauben schenken darf, wenn er redet —, dann wäre das Potential
der chinesischen Wirtschaft doppelt so groß als die Experten
vermutet hatten. Wenn man, von den Bruttozahlen ausgehend,
die durch die chinesische Wirtschaftsstruktur gerechtfertigten Korrekturen vornimmt, kommt man auf ein Bruttonationalprodukt in
der Größenordnung von 170 Milliarden Dollar für 1971; es liegt
also ungefähr zwischen jenem der BRD und demjenigen Frankreichs; dividiert durch 750 Millionen ergibt dies pro Chinesen
etwa das Einkommen eines Japaners im Jahr 1913 und — ohne
amerikanische Hilfe und mit allen Schwierigkeiten, die die Rie-
sengröße mit sich bringt — das Einkommen eines Bewohners von
Formosa im Jahr 1962.
Wenn Tschu En-lai erklärt, sein Land könne die höher entwickelten Nationen erst in hundert Jahren einholen, dann vielleicht deshalb, weil China keine derartigen Vergleiche eingehen

möchte. Sie besitzen in der Tat wenig wissenschaftlichen Wert; die einzelnen Faktoren sind von Anfang an verfälscht. Und die Chinesen lehnen deren ideologischen Wert absolut ab.

Jene, die nur »ihre eigene Kraft« zu Hilfe nehmen, wollen nach ihren eigenen Kriterien beurteilt werden. Sich statistischen Spielereien hinzugeben, hieße, sich auf eine Stufe mit den industriellen Gesellschaftssystemen stellen, die hinsichtlich Wachstumsraten, Bruttonationalprodukt, Pro-Kopf-Einkommen, Investitionsquoten usw. miteinander rivalisieren. Wie soll man den »Ökonomismus« der »Imperialisten« und »Revisionisten« ablehnen, ohne sich zu weigern, die chinesische Realität nicht nur im Licht dieser so abwertenden und entstellenden Ziffern zu sehen? Für die Chinesen zählt kaum, was sich zählen läßt; was bei ihnen zählt, läßt sich nicht zählen.

### Die Rückständigkeit ist ein geistiges Phänomen

Der Kampf gegen den wirtschaftlichen Rückstand wird im Geist des Volkes ausgefochten und gewonnen. Um ihn aber zu starten, braucht es zunächst die Idee, den Willen und die Mittel. Der Wille kann die Mittel ersinnen; die Mittel könnten jedoch den Willen nicht ersetzen. Der Kulturrevolution kommt gewiß das Verdienst zu, die Prioritäten richtig gereiht zu haben.

Die gesamte Propaganda, die gesamte politische Erziehung zielen darauf ab, die Masse der Chinesen — die Bauern, die davon besessen sind, ihrem Boden das zum Überleben Notwendige abzuringen — in eine ihrer Einheit bewußte Gemeinschaft umzuwandeln, in Arbeiter, die einem einzigen Unternehmen angehören.

Wir können nur schwer ermessen, was China in dieser Hinsicht noch leisten muß. Weil wir es von weitem sehen, wie ein kollektives Wesen und wie einen großen Kulturkreis, neigen wir leicht zu dem Glauben, daß die Chinesen ganz selbstverständlich ein höheres historisches und politisches Bewußtsein haben. Aber diese Annahme ist eher zweifelhaft, vor allem was die große Masse angeht.

Der Bauer ist nicht der einzige, der sich nur allzugern darauf beschränkt, sein Reisfeld zu bestellen, und sich um sonst nichts kümmert. Vom Anfang unserer Reise an wurde uns ganz deutlich vor Augen geführt, wie schwer es ist, mit den Dimensionen dieser Nation fertig zu werden, selbst von innen her, selbst für die Verantwortlichen: So stark ist die Belastung und Behinderung durch die Vielfalt des chinesischen Universums.

Jedesmal — in Nanking, Schanghai, Sian oder Wuhan —, wenn wir die Rede auf wirtschaftliche oder soziale Probleme brachten, kamen wir übel an: Zu unserem großen Erstaunen brachten wir die Vertreter der Landwirtschaftsbehörde oder Baumwollfachleute durch Fragen, die sich auf ganz China bezogen, ziemlich aus dem Konzept. Sie kennen nur die Zahlen und Fakten ihrer eigenen Provinz, und alle anderen Probleme behandeln sie bloß im Rahmen der allgemeinsten ideologischen Begriffe.

Da die Kulturrevolution die Initiative an der Basis auslöste, hat sie die chinesische Vielfalt etwas ausgeglichen. Sie mußte dieses Risiko eingehen, weil sie daran glaubte, daß die Einheit nicht der Vereinheitlichung der Gesetze und Vorschriften entspringt, sondern einer gemeinsamen Inspiration.

Das kollektive Gefühl macht bereits den halben Fortschritt aus, denn es wird vom Ehrgeiz unterstützt. Wenn man einigen hundert Millionen Menschen die Idee eingibt, daß sie eine Gruppe bilden und diese Gruppe Herr ihres eigenen Schicksals ist, dann gibt man ihnen auch das Bewußtsein von Macht und flößt ihnen den Wunsch ein, diese Macht zu vergrößern und anzuwenden.

Für die Spitzen des chinesischen Volkes — Ideologen und Nationalisten — existiert der Mensch nur innerhalb eines Projekts und in seiner sozialen Dimension. Diese Auffassung schockiert uns: Sind unsere liberalen Gesellschaften nicht auf der Unterscheidung zwischen Persönlichem und Kollektivem, zwischen dem Staatsbürger und dem Staat begründet, wobei jeder von ihnen in seinem Bereich allmächtig, mit eigenen Rechten ausgestattet ist?

Im Gegensatz zu den bis jetzt bekannten Diktaturen scheint der Maoismus das individuelle Bewußtsein nicht abzulehnen, er stützt sich vielmehr darauf, aber in der Absicht, es durch das Gemeinschaftsgefühl zu beleben. Die »äußeren Zeichen des Respekts« würden nicht ausreichen; der Gehorsam muß aktiv sein und die Verbundenheit des Einzelwesens nach sich ziehen. Das Bewußtsein interiorisiert das Gruppenleben in jedem Gruppenmitglied.

Die Chinesen wissen genauso wie wir, welche Energie eigenständige Handlungen und Gedanken im Menschen auslösen können; und sie sind durchaus entschlossen, diese Energie zu nützen.

Die Propaganda, die ständige Erklärung, die ideologische Erziehung, die Verbreitung neuer kultureller Mythen — so bedrückend und rudimentär uns deren Manifestationen auch erscheinen mögen — haben einen gemeinsamen, befreienden Effekt: sie lehren die Verantwortlichkeit jedes einzelnen für das Schicksal aller.

Auf diese Weise wollen die Chinesen Passivität und Egozentrik zerstören, die mächtigsten Hindernisse auf dem Weg einer realistischen wirtschaftlichen Entwicklung.

Darüber hinaus wird diese Umwandlung konkret durch die Verbreitung der »gewerblichen Industrie« unterstützt, die wahrscheinlich schrittweise die Entwicklung eines — wenn auch bescheidenen — Sinns für Industrialisierung innerhalb der Bauernschaft ermöglichen wird.

Ist dieser Aufruf zur Kreativität der Massen Illusion oder Heuchelei? Die allzu erbaulichen Berichte über etwaige Erfolge sprechen dafür, die sehr realen Beispiele und die stets unvollkommenen, aber immer bewegenden Resultate jedoch dagegen.

Kann der Unternehmergeist (wenn schon nicht der Geist des freien Unternehmens) dem Volk eingehaucht werden? Wie auch immer der Erfolg ausfallen und was er an Produktivität und Organisation kosten mag, es handelt sich hier um eine Bemühung, die menschliche und wirtschaftliche Entwicklung aufeinander abzustimmen — eine Bemühung, die wahrscheinlich nirgendwo sonst so klar definiert und kompromißlos ausgeführt wird.

Die wirtschaftliche Entwicklung, genauer gesagt, die Industrialisierung, war bis jetzt überall ein autonomes Phänomen. Die ländlichen Gesellschaften und die Freiheit des Menschen haben sehr darunter gelitten. Schließlich wurde ein Modus vivendi gefunden. Aber die Industrie ist ein Fremdkörper geblieben.

China wollte diese Entwicklung v o n der ländlichen Gesellschaft und v o m Menschen ausgehen lassen. Wenn das — jenseits der marxistischen Phraseologie — der Sinn des chinesischen Experiments ist, dann verdient es Bewunderung.

Wie es ausgeht, wird sich erst später erweisen. Aber erste Erfolge sind bereits festzustellen.

Wir besuchten sechs Provinzen, begegneten Tausenden Chinesen; überall waren es aktive, aufgeweckte, anscheinend reife Menschen. Ihre Fehler bestehen eher in ihrem Übermaß an Vorzügen: Der wirre Aktivismus, der übertriebene Militarismus, der kindliche Enthusiasmus. Natürlich weiß man, daß während des Großen Sprungs nach vorn viele Federn lassen mußten. Aber jedenfalls haben wir ein Volk gesehen, dessen geistige Einstellung nicht mehr diejenige eines unterentwickelten Volkes war.

### Vorsichtiges Lavieren

Allein, die Wirtschaft hat ihre Gesetze, oder zumindest bindende Regeln. Und für China ist der Rahmen zwischen Erfolg und

Mißerfolg äußerst eng gesteckt. Die Zukunft hängt von winzigen prozentuellen Schwankungen und der Art ihres Zusammenwirkens ab.

Der Wille zur Unabhängigkeit begrenzt den Spielraum weiter: Man nimmt kein ausländisches Kapital zu Hilfe, und der nur sehr schwach entwickelte Außenhandel kann für Investitionsmittel kaum aufkommen, die aus der Arbeit der Chinesen bezogen werden müssen. Die Investitionen werden also um so bedeutsamer sein, je geringer der Privatkonsum ist, je strenger die öffentlichen Ausgaben kontrolliert werden und je stärker die Produktivität steigt.

In diesem Land, das sich eben erst von einem Zustand chronischen Mangels befreit hat, mag es paradox erscheinen, den Konsum begrenzen zu wollen. In autoritärer Weise wurde ein Niveau bestimmt, auf das eine Minderheit hinabsteigen mußte, und zu dem die Mehrheit emporstieg. Auch hat China nicht, wie die Sowjetunion, in der Zwischenkriegszeit massiv aus den Bauern gepreßt, was es brauchte: Die Zahl der Konsumenten würde die geringfügigste Hausse in dramatischer Form steigern und das verfügbare Kapital beschneiden.

Den Konsum beschränken heißt ganz richtig auch, die Bevölkerung am allzuraschen Wachstum hindern; China muß seine Einwohnerzahl verringern und die Arbeitskräfte zu effektiverer Leistung anspornen.

Den Sinn für Produktivität in diesem Land zu erwecken, in dem eine Arbeitskraft fast nichts kostet, ist ein Glücksspiel. Aber China kann nur dann erfolgreich »starten«, wenn es dieses Spiel wagt.

Es ist fesselnd, zu beobachten, wie das Regime dabei vorgeht. Falsch, so scheint es. Aus den unzähligen, aber recht uniformen Reden, die man uns hält, geht hervor, daß die Hauptsünde des Renegaten Liu Schao-tschi in der Einführung von Leistungsprämien bestanden habe. Neben ideologischen Gründen, die man uns darlegt, führt man auch ein wirtschaftliches Motiv an: die Prämien kosteten viel mehr gutes Geld, als sie Wirkung brachten. Der Glaube vermag mehr, und er kostet weniger.

Für westliche Beobachter mag es auch den Anschein haben, als splittere die Industrialisierung der ländlichen Gebiete die Arbeitskraft ebenso auf wie die Errichtung kleiner Werkstätten. Aber die chinesischen Führer sind davon überzeugt, daß die Kontrolle der Investitionen, die Anpassung an den Bedarf, ein bestmögliches Funktionieren gewährleisten. Darüber hinaus binden diese kleinen Unternehmen die Arbeitskräfte an das Land, wo sie weniger kosten und vielleicht mehr leisten — wir hatten nicht den Eindruck, daß Einheiten wie das Kombinat von Wuhan ein für die Produktivität günstiges Klima schufen.

Der Beschluß, die Ausgaben für die Bildung auf die Volkskommunen zu überwälzen, entspringt dem gleichen Prinzip: Da die Investitionen aus der Arbeit bezogen werden, muß man Arbeit und Investition einander annähern. Erziehung ist durchaus eine Investition; ihre Rentabilität kann kaum in Zahlen ausgedrückt werden. Jedermann weiß, daß die Ausgaben für die Bildung hoch sind.

Aber das zentrale Problem bleibt die Frage der landwirtschaftlichen Produktivität. China kann es nicht durch die Deflation der Menschen lösen; seine industrielle Entwicklung verläuft nicht schnell genug, um eine massivere Landflucht verkraften zu können. Außerdem würde dieses Phänomen wohl die Produktivität fördern, nicht aber die Produktion erhöhen; diese reicht jedoch kaum aus, und China hat den vernünftigen Wunsch, sie um zwanzig Prozent pro Kopf zu steigern. Die chinesische Landwirtschaft muß also ihre Arbeitskräfte behalten und dafür mehr aus dem Boden herausholen. Deshalb wurden möglicherweise die Mechanisierungsvorhaben heruntergeschraubt. Die Lösung der Gleichung ist, letzten Endes, eine technische: sie heißt Kunstdünger.

### Die Wachstumsspirale

Das Resultat aus all diesen Gegebenheiten kann noch niemand abschätzen. Zum Großteil ist es nicht sofort erfaßbar, nicht einmal für die chinesischen Führer. Die Wirtschaft ist zunächst noch eine politische Angelegenheit, eine Politik des Irrationalen, und die Chinesen haben darüber hinaus die psychischen Faktoren dieser Politik besonders betont.

Aber man kann sich bei der Beurteilung der Lage an die Gegenwart halten: Die landwirtschaftliche Produktion ist seit zwei Jahrzehnten nicht mehr von klimatischen Wechselfällen abhängig und ernährt die gesamte Bevölkerung ausreichend; eine Agrarreform wurde durchgeführt, die, als erste seit dreitausend Jahren, nicht an einer Hungersnot scheiterte; es ist ein wirtschaftliches Potential vorhanden, das mit jenem Frankreichs, jedenfalls aber mit demjenigen Großbritanniens vergleichbar ist. Die technologischen Erfolge sind eindrucksvoll; und alle Chinesen haben einen annehmbaren Lebensstandard erreicht.

Die zukünftige Entwicklung hängt von demographischen Faktoren ab. Wird China der Bevölkerungsexplosion nicht Herr, dann sind alle seine Anstrengungen vergeblich. Der Konsum wird die Investitionen verschlingen und dann abnehmen; China wird wieder zur ärmsten und schwächsten Nation.

Meistert es dagegen die bevölkerungspolitischen Probleme, dann wird es sich weiterentwickeln und in einigen Dezennien eine mächtige Industrie aufbauen. Dann kann es seinem Bevölkerungswachstum von neuem freien Lauf lassen. Und dann muß die Welt mit Recht erzittern — diese Welt, die, ohne eigentlichen Grund, seit den ersten Anzeichen des chinesischen Erwachens vor China gezittert hat, so sehr, daß sie sich zweiundzwanzig Jahre lang weigerte, den volkreichsten Staat der Erde anzuerkennen. Die Welt, jedenfalls aber dieser oder jener Nachbar Chinas, hätte dann vielleicht wirklich einigen Grund zu zittern . . .

VIERTER TEIL

# Der Preis des Erfolgs

# 21

## Der Blutzoll

### 1

### Die Kehrseite der Medaille

Hätten so erstaunliche Resultate durch eine schmerzlose Methode erzielt werden können? Wäre es möglich, daß ein Volk seine Lebensbedingungen und sein Verhältnis zur übrigen Welt, daß es letztlich sich selbst hätte ändern können, ohne dafür zu bezahlen? Das wäre sicher das erstemal seit Bestehen der Menschheit.

Das maoistische Regime kann sich mit voller Berechtigung wahrer Herkulesarbeiten rühmen: Es hat die Bevölkerungszahl und die Dimensionen des Landes in den Griff bekommen; es hat das Feudalsystem und seine Nachwehen liquidiert; es hat Unabhängigkeit und nationale Größe wiederhergestellt; und schließlich hat es das Elend besiegt. Auf der anderen Seite dürfen wir aber nicht die Tragödien übersehen und — weil es sich doch um Menschen handelt — die Irrtümer.

»Sie werden«, sagt Tschu En-lai zu mir, während er mich zur Schwelle des Volkspalastes zurückbegleitet, »nachdem Sie durch unsere Provinzen gereist sind, höchstwahrscheinlich feststellen, daß man das, was wir getan haben, weder gänzlich gutheißen noch völlig ablehnen kann.«

Wie schwierig ist es doch, ein derart maßloses Unterfangen maßvoll zu betrachten! Manche Beobachter, fasziniert vom Erfolg, vergessen, welcher Preis dafür bezahlt wurde und noch bezahlt wird. Andere sind wie hypnotisiert von diesem Preis und wollen die Erfolge nicht anerkennen, für die er bezahlt wurde.

Man darf jedoch die Augen weder vor den Schrecken einer nahen Vergangenheit, noch vor den Schwächen und Härten der Gegenwart, noch vor der unsicheren Zukunft verschließen.

Bewunderung mit Vorbehalten, verständnisvolle Kritik — es ist sehr schwierig, sich zu dieser Haltung durchzuringen. Als Beispiel dafür mag die umfangreiche, ständig anschwellende literarische Produktion über China dienen; jede markante Episode der

Revolution gab Anlaß zu neuen Begeisterungsausbrüchen und zu Tadel; Beobachter, die beide Seiten zur Kenntnis nehmen, sind selten.

Mao selbst verlangt, daß man sich in dieser Art der relativen Einschätzung übe; man möge sich vom Anschwärzen wie von Speichelleckerei fernhalten: »Ansichten, die von Pessimismus und dem Gefühl der Schwäche oder von Stolz und Überheblichkeit bestimmt wurden, sind falsch.«[1] Sein gesamtes Werk, von 1923 bis heute, ist eine einzige Aufforderung, nicht nur das Licht zu sehen, sondern auch den Schatten.

Gewiß ist der Erfolg für einen Pragmatiker wie Mao ein Kriterium der Wahrheit: »Im allgemeinen ist das, was gelingt, richtig, und falsch, was mißlingt.«[2] Mißerfolg ist für den Erfolg notwendig: »Erleiden sie eine Niederlage, so ziehen die Menschen die Lehre eben aus der Niederlage, ändern ihre Ideen und bringen sie in Übereinstimmung mit den Gesetzmäßigkeiten der Außenwelt, und dann können sie die Niederlage in einen Sieg verwandeln. Eben diese Wahrheit findet ihren Ausdruck in dem Sprichwort: Die Niederlage ist die Mutter des Erfolgs.«[3] Der Mißerfolg zwingt dazu, sich mehr der Realität zuzuwenden: »Die Überprüfung der begangenen Fehler zeigt uns stets, daß sie auf unsere Abkehr von der Realität zurückzuführen sind.«[4]

Mao verabscheut die Idealisten, die sich im Elfenbeinturm der Theorie einschließen und die Praxis links liegenlassen: »Es gibt nichts Bequemeres als eine metaphysische Weltanschauung, denn sie erlaubt es, alles nur Erdenkliche vorzubringen, ohne der Kontrolle der Realität zu unterliegen.«[5] Ironisch läßt er sich über ihre Ungeschicklichkeit bei der Analyse einer konkreten Situation aus, die immer vielschichtig und widersprüchlich ist.

Will man das Leben der Dinge begreifen, dann muß man sie von allen Seiten sehen. Mao zitiert Wei Tscheng, der unter der Tang-Dynastie lebte: »Hörst du alle an, so wirst du die Wahrheit erfahren, glaubst du einem, so wirst du in Unwissenheit verharren.«[6]

Sich vorzustellen — wie es die französischen Maoisten gern tun —, daß man revolutionäre Begeisterung, Arbeitseifer und kollektive Disziplin wecken kann, ohne daß gleichzeitig die Trägen, die Freigeister, Gegner und Abweichler angezeigt, bestraft, umgeschult, eingekerkert, eventuell beseitigt werden, wäre Tagträumerei; es wäre Blindheit gegenüber den inneren Verhältnissen und der Tatsache, daß die angenehme und die unangenehme Seite einer Situation untrennbar miteinander verbunden sind. Konditionierung und Disziplin, die auf Verpflichtung und Sanktion beruhen — Belohnung oder Strafe, sind für die gemeinsame Anstrengung unerläßlich: das eine ist ohne das andere nicht möglich; das eine wird jedoch durch das andere bis zu einem gewissen Grad gerechtfertigt.

»Wenn es darum geht, unsere Arbeit einzuschätzen«, sagt Mao, »dann wäre es ein einseitiger Standpunkt, sie ohne Einschränkung zu loben oder, im Gegenteil, völlig zu verurteilen.«[6] Ist es nicht das wenigste, was man tun kann — nämlich zu versuchen, bei der Kritik des Werkes diejenigen Kriterien anzuwenden, die sein Urheber empfiehlt?

## 2

### Das Blutbad

Wie aber sollte man vergessen, was sich in der Vergangenheit hinter den Kulissen abspielte? Ein Bürgerkrieg, der fünfundzwanzig Jahre dauerte, ein schreckliches Blutbad vor, während und nach der Befreiung waren notwendig, damit Maos Regime triumphieren konnte. Wie viele Menschenleben hat dieses Opfer gekostet?

»Dutzende Millionen«, antwortete man uns jedesmal auf diese Frage.

Zwei Ausländer, die die Revolution aus der Nähe verfolgten, Rewi Alley und Edgar Snow, drückten sich deutlicher aus: Sie schätzen die Opfer des Bürgerkriegs (oder, genauer, der beiden Bürgerkriege 1927—1936 und 1946—1949 sowie der Scharmützel, die den Waffenstillstand zwischen 1937 und 1946 kennzeichneten) auf etwa 50 Millionen Tote; das heißt, die chinesischen Verluste auf beiden Seiten, nicht aber die Opfer der Japaner oder die Hungertoten.

Rewi Alley konnte einzigartige Erfahrungen sammeln. Der Neuseeländer war 1927 als Sanitätsbeamter nach Schanghai gekommen und hatte den Einfall gehabt, industrielle Genossenschaften zu schaffen. Dieser Versuch, die chinesische Wirtschaft zu dezentralisieren, sicherte ihm Freunde in beiden Lagern. Er bereiste das gesamte chinesische Territorium und organisierte seine Zentren inmitten der Kampfzone der Guerillas. Nach 1949 blieb er in China, wahrscheinlich der einzige Ausländer mit »ständigem Aufenthaltsrecht«. Er hat das Land seit vierzig Jahren nicht verlassen.

»Nach meiner eigenen Schätzung«, schreibt Edgar Snow, »be-

trägt die Zahl der Toten durch politische Exekutionen, durch die
›Säuberungsaktionen‹ der Kuomintang in Kiangsi, Fukien etc.
(d. h. während der fünf antikommunistischen Expeditionen von
1930–1934), durch von Menschen verursachte Hungersnöte
(Blockaden) in Hunan, Honan etc., bei den sogenannten ›Zwischenfällen‹ (d. h. bewaffneten Zusammenstößen oder Grenz-
kriegen vor dem Wiederausbruch des eigentlichen Bürgerkriegs
im Jahre 1947) und im Anschluß an den Abbruch der Waffen-
stillstandsverhandlungen zwischen der Kuomintang und der
Kommunistischen Partei sowie schließlich im anschließenden
allgemeinen (Bürgerkriegs-)Kampf vom Ausbruch (der Gegen-
revolution) im Jahre 1927 bis 1949 insgesamt schätzungsweise
50 Millionen Menschen.«[7]

Heute ist Rewi Alley der Ansicht, daß diese Menschen nicht
vergeblich gestorben sind; fünfzig Millionen Menschenleben
für die Metamorphose Chinas — früher starben jährlich Millionen
von Chinesen durch Hungersnöte, Kindestötungen, Endemien
und Epidemien; »es war das Opfer wert«.

Edgar Snow gelangte zu der gleichen makabren Bilanz.

Natürlich sind diese Zahlen mit einiger Vorsicht zu genießen.
Da man in China, dem Land, in dem sonst alles so exakt geregelt ist, die Zahl der gegenwärtig dort lebenden Menschen nicht
einmal auf hundert Millionen genau kennt, wie sollte man da die
genaue Anzahl jener Chinesen feststellen können, die in einer
bereits zurückliegenden, völlig chaotischen Epoche umgekommen
sind?

Dennoch dürften diese Angaben annähernd richtig sein. Fünfzig
Millionen, bei einer Basisbevölkerung von etwa fünfhundert
Millionen — da kann man schon von einer Dezimierung sprechen.

Natürlich sind Mao und sein Regime keineswegs allein dafür
verantwortlich. Der langsame Niedergang des Kaiserreichs, die
Intervention der Westmächte und später Japans, die »Kriegsherren« und die Fehler der Kuomintang tragen mindestens
ebensoviel Schuld. Und für wie viele Menschen war während des
alten Regimes das Leben gar nicht lebenswert! Wer ist also für
das Blutbad verantwortlich? Im übrigen war jeder Sturz einer
Dynastie in der Geschichte Chinas regelmäßig von einer Periode
mörderischer Anarchie verursacht oder gefolgt. Es wäre un-
gerecht, dem neuen Oberhaupt die Opfer jener Wirren zur Last
zu legen, die ihm zur Macht verhalfen. Aufstände werden vor
allem durch die Unfähigkeit der Behörden, aktuelle Probleme zu
lösen, und oft auch durch ihre Grausamkeit hervorgerufen.

Und doch bleibt die Tatsache bestehen, daß Mao am Ende

eines Bürgerkriegs triumphierte, der China ungefähr ebenso viele Menschen kostete, wie heute in Frankreich leben.

## Abrechnungen und Liquidationen

Zum ersten Blutbad kamen in den Jahren nach der Niederlage von Tschiang Kai-scheks Regime noch Vergeltungsmaßnahmen, die nicht nur die Kollaborateure der Besatzer eliminierten, sondern auch ehemalige Feudalherren, Grundbesitzer, Mandarine und Repräsentanten der früheren herrschenden Klassen.

Noch zu dem Zeitpunkt, da sich die Rote Armee des gesamten chinesischen Territoriums bemächtigte, wurden westliche Ausländer Zeugen von Gemetzeln. Bei allen »Befreiungen« treten gleichartige Phänomene auf. Im Sommer 1954 in Nordvietnam, im Sommer 1962 in Algerien, im Januar 1970 in Biafra, im März und dann im Dezember 1971 in Ostpakistan kam es zu erschütternden Szenen. Die langen Leidensjahre, der aufgestaute Haß, die Sucht nach Heldentum auf seiten derer, die ihre Brutalität ausleben, um die lange Wartezeit zu vergessen — all das führt zu Explosionen. Fachleute schätzen die Zahl der nach der Befreiung Chinas getöteten »Kollaborateure« oder »Reaktionäre« auf ein bis drei Millionen.

Eine weitere Phase wird als ebenso mörderisch bezeichnet: Jene, welche die ersten revolutionären Umwandlungen der Gesellschaft begleitete. Hier verfügen wir über offizielle Angaben.

Tschu En-lai erklärte,[8] daß in den Jahren 1950 bis 1954 während der »Kampagne« zur Enteignung von Ländereien, bei Massenprozessen gegen Grundbesitzer und anschließender Verfolgung der Konterrevolutionäre 830.000 »Feinde des Volkes« vernichtet worden seien. Stimmt diese Zahl, dann entspricht sie, verglichen mit der damaligen Gesamtbevölkerungsziffer von etwa 550 Millionen, einem Verhältnis von sechzehn Personen je zehntausend.[9] Trotz des offiziellen Charakters ist diese Zahl jedoch hypothetisch. Dennoch darf man festhalten, daß zwar zahlreiche Chinesen als Opfer des kommunistischen Triumphs umgekommen sind, aber noch viel mehr, vielleicht fünfundzwanzigmal soviel, während der langen Kämpfe, die diesem Triumph vorangegangen waren.

## Eine ausgeblutete Generation

Einer von zehn Chinesen: Müßte man dieses Verhältnis auf Frankreich übertragen, hätte ein ähnlicher Bürgerkrieg fünf Millionen Menschenleben gekostet; die Vergeltungsmaßnahmen nach dem Regierungswechsel hunderttausend, und die Exekutionen, die in den folgenden Jahren die sozialen Umwandlungen begleiteten, weitere achtzigtausend. Denken wir daran, daß die Zahl der im Ersten Weltkrieg gefallenen Franzosen — einem Krieg, der das Land praktisch seiner Substanz beraubte, so daß es mehr als eine Generation brauchte, um sich wieder davon zu erholen — nur zwei Millionen ausmachte, also zweieinhalbmal weniger. Der Zweite Weltkrieg kostete Frankreich — an allen Fronten, in der Widerstandsbewegung und durch Deportationen — 500.000 Menschenleben; im Verhältnis also zehnmal weniger, als China im Bürgerkrieg verlor.

War dieses Blutbad etwas Außergewöhnliches? Im Amerikanischen Unabhängigkeitskrieg, während der Französischen Revolution, in den Sezessionskriegen, in den Jahren der Russischen Revolution, im Spanischen Bürgerkrieg hat es vergleichbare Massaker gegeben.

Würde sich ein Staat derart erschüttern lassen, wenn nicht für einen Großteil der Bevölkerung die Existenz unerträglich geworden wäre? Ein Bürgerkrieg ist wegen der Kettenreaktionen, die er auslöst, die schlimmste Form eines bewaffneten Konflikts. Es ist eine feststehende Tatsache, daß jene, die eine Revolution an ihren — bald überholten — Anfängen unterstützen, als Renegaten gebrandmarkt werden, noch bevor sie von ihren Gefährten beseitigt werden. Attentate, Racheakte, roter und weißer Terror, Militär- oder Volksgerichte, von denen es nie weit bis zur Guillotine oder zum Erschießungskommando ist — Gewalt zieht Gewalt nach sich, und man weiß nie, wo sie ausbrechen wird. Mindestens dreißig Jahre müssen vergehen, damit die Wunden vernarben.

Wenn man über das chinesische Volk urteilt, darf man nicht vergessen, daß es nach wie vor unter dem Eindruck dieses blutigen Kampfes steht. Jedes Dorf, jedes Stadtviertel hat Dutzende seiner Kinder als Soldaten in beiden Lagern verloren, hat Massenhinrichtungen mitten auf der Straße erlebt; jede Familie wurde von der Tragödie betroffen. Wahrscheinlich muß man die Gründe für die unglaubliche Fügsamkeit der Massen, die lange Zeit unter dem Terror gelebt haben und noch die Erinnerung daran bewahren, hier suchen.

Wie die Große Mauer, ist die Chinesische Revolution auf Leichen aufgebaut — die Leichen der Märtyrer und Helden, der Reichen und der »Feudalen«, der Zwangsrekrutierten und der Unschuldigen.

Das Wiederaufflammen der Gewalt: Die Kulturrevolution

Revolutionen wachsen nicht gerade behutsam. Zur permanenten Revolution gehört permanente Gewalt. Das lehrt uns auch die Kulturrevolution.

Gerade deshalb, weil sich eine Bürokraten-Kaste bildete, als die Parteikader die Begeisterung der heroischen Epoche einbüßten, floß wieder Blut, siebzehn Jahre nach der Befreiung; es war notwendig, damit die Revolution neu aufflamme.

Mit einer Reihe von Ausschreitungen, mit Vandalismus und Morden wurde der Angriff auf die neuen herrschenden Klassen durchgeführt. Diese krampfartigen Unruhen hemmten oder verwirrten vom Frühling 1966 bis Ende 1969 das Leben des Landes: Universitäten, Laboratorien, öffentliche Dienste, leitende Organe, nicht zu reden von der Produktion, wurden lahmgelegt.

Je länger unsere Reise dauerte, desto genauer wurden die vertraulichen Angaben, die man uns machte: In Kanton hatte der Kampf die Ausmaße eines Bürgerkriegs angenommen. An der Universität von Peking wurde mit Gewehren und Maschinenpistolen gekämpft; Studenten und Professoren fanden den Tod. In Wuhan wurden Kanonen eingesetzt; »keine großen Kanonen, nur kleine«, erläutert man uns. In Schanghai lagen die Leichen auf den Straßen und trieben im gelben Wasser des Huangpu.

In mehreren Städten deutete man uns an, daß Tschu En-lai Hals über Kopf herbeigeeilt sei, während die Kämpfe wüteten, nur in der Nacht landen konnte, mehrere Male von einer der streitenden Parteien beinahe gefangengenommen worden sei.

Anläßlich einer Denkmalbesichtigung spielten unsere Begleiter diskret auf die Ausschreitungen der Rotgardisten an. In den Museen wurden Bilder gestürmt, Pagoden zertrümmert. Die Malereien im Sommerpalast wurden mit Kalk beschmiert; große weiße Tüncheflecken sind noch sichtbar, überdecken idyllische Hirtenszenen der Kaiserzeit: sie vermittelten angeblich einen unwahren Eindruck vom früheren Regime. Bald mußten die Führer Aufrufe erlassen, damit der »Besitz des Volkes« respektiert werde; da diese Appelle nicht gehört wurden, riegelte man alle historischen Denkmäler und Stätten ab und ließ sie von Militär bewachen, wie die Verbotene Stadt, die diesen Namen fünf Jahre lang wieder vollauf verdient hat.

In die Grausamkeit mengte sich das Lächerliche. In Peking, in Schanghai kann man Skulpturen aus Stein oder Holz sehen, die mit Hämmern von den alten Bürgerhäusern geschlagen worden waren. Neonröhren waren weggerissen worden, weil sie als Symbole des Kapitalismus galten; die Vitrinen von Restaurants und Schaufenster von Blumengeschäften wurden eingeschlagen; sie wurden als Luxus betrachtet; Goldfische wurden in ihren Becken getötet (obwohl sie rot waren), da sie die Müßiggänger von der Revolution ablenkten; man zerstörte Schachspiele, weil sich die Bourgeoisie dabei zu erholen pflegte.

In den Straßen wurde Jagd auf junge Leute mit spitzen Schuhen gemacht; die Spitzen wurden abgeschnitten, und manchmal ging dabei auch die große Zehe mit; oder man stürzte sich auf Mädchen mit langen Zöpfen und schnitt die dekadente Haarpracht kurzerhand ab. In Peking und Schanghai forderten *ta tsi paos* und Petitionen die Änderung der Farblichtsignale auf den Ampeln: Es sei undenkbar, daß Rot, das Symbol für den Vormarsch, »Halt« bedeuten solle.

Es gab Ärgeres. Die Roten Garden drangen in Häuser ein, wo sie jedes alte Möbelstück oder jeden Kunstgegenstand, der ihnen in die Hände fiel, zertrümmerten. Auf den Straßen schleppten sie ganze Züge von Verdächtigen mit sich, denen sie Zettel um den Hals hängten, Schandhüte aufsetzten und die Hände am Rücken fesselten. Mit ihren Koppeln hieben sie ihnen über den Rücken. Ein solcher Aufmarsch endete manchmal mit Mord. Einzelne zogen die Flucht nach vorne vor und zeigten sich selbst an; andere verübten Selbstmord. Universitätsprofessoren oder Lehrer an Gymnasien, hohe Funktionäre und leitende Mitglieder der Partei — niemand konnte sicher sein, verschont zu werden.

Den meisten unserer Gesprächspartner erscheint diese Epoche rückblickend wie ein Alptraum, und man sieht ihnen die Angst noch an, wenn sie davon sprechen.

»Lange Zeit habe ich mich gefragt«, erklärte mir ein Mitglied des Stadtkomitees von Nanking, »ob es der Vorsitzende Mao wirklich nötig hatte, das Land in ein Meer von Blut und Feuer zu verwandeln, um den Verräter Liu Schao-tschi loszuwerden. Ich dachte, daß es viel einfachere Mittel geben müßte, um ihn zu beseitigen. Jetzt, da die Gewalttaten vorbei sind, glaube ich, daß Mao recht hatte — wie immer —, aber daß China nur ganz knapp einer großen Gefahr entronnen ist.«

*Ein Revolutionär hat Vertrauen in die Revolution*

Alles spielte sich so ab, als hätten Mao und die wenigen Getreuen, die ihm noch verblieben waren, die dunklen Gewalten der Straße entfesselt; und manchmal sah es aus, als hätten sie die Kontrolle über diese Gewalten verloren. Als Mao seinen Anhängern empfahl, die »Generalstäbe zu bombardieren«, wollte er anscheinend nicht beim Wort genommen werden. Ab August 1966 wurden über Lautsprecher und Presse Aufrufe verbreitet, die den Aktivisten empfahlen, lieber ihre Überredungskunst als Gewalt einzusetzen, und sie ermahnten, ihre Opfer nicht »totzuschlagen«.

Über diesen gigantischen, vier Jahre dauernden Pogrom gab es endlose Diskussionen. Eine Revolution muß sich logischerweise auf Extreme stützen. Fürchtet sie Gefahren dieser Art, dann fürchtet sie sich vor sich selbst. Revolutionär sein, heißt Vertrauen in die Revolution haben, welch plötzliche Wendungen sie auch immer nehmen mag.

Maos früheste Schriften spiegeln die radikale Verurteilung der Feiglinge wider, die vor der Revolution zurückschrecken, weil sie Geld und Sicherheit vorziehen: »Jene, die durch ihre manuelle oder geistige Tätigkeit ein Jahreseinkommen haben, das über dem Existenzminimum liegt ... sind sehr bedacht darauf, sich zu bereichern, und verehren Marschall Tsao* in devoter Weise ...«

Etwa ein Jahr vor Ausbruch der Kulturrevolution ruft Mao die Kommunisten auf, den Kampf gegen die »ständige Bedrohung der Bourgeoisie« wiederaufzunehmen, und übt herbe Kritik an den Intellektuellen, deren stets nach Neuem strebender Geist der Revolution zuwiderlaufe. In der 16-Punkte-Deklaration vom 8. August 1966, die die elfte Sitzungsperiode des Zentralkomitees abschließt und zur Charta der Kulturrevolution werden sollte, preist Mao den »proletarischen Geist«, dem man »vertrauen« müsse. Die Massen, vor allem die Jugend, würden »durch den Kampf gestählt«; man müsse sie mobilisieren, ihnen aber auch »freie Hand lassen«.

Die Idee, ein Land »den breiten Volksmassen« zu überlassen, hat etwas Bewundernswertes und zugleich Schreckliches an sich. Bewundernswert, weil sie einen tiefen Glauben an das Volk verrät und die hartnäckige Ablehnung des Establishments, mit dem Revolutionen regelmäßig enden. Und schrecklich, weil praktisch niemand vor den Überraschungen gefeit war, die eine entfesselte Menge für die »Klassenfeinde« bereithielt; schließlich weil sie die institutionelle Ungerechtigkeit durch die Ungerechtigkeit der Putschisten ersetzte.

* Volkstümlicher chinesischer Gott des Reichtums.

Die schwierigste Aufgabe im Jahr 1970 war es, die Kräfte, die freigesetzt worden waren, zu beruhigen und, vor allem, das Volk wieder an Arbeit zu gewöhnen.

Wenn es jemanden gibt, der davon überzeugt ist, daß Gewalt nicht aufhören dürfe, dann ist es Mao. Nach dem Gemetzel von 1966 erklärte er im April 1967 vor einer albanischen Militärdelegation: »Der Aufbau des Sozialismus kann weder in einer, noch in zwei, drei oder vier Kulturrevolutionen vollendet werden. Noch viele andere sind notwendig. Aber diesmal brauchen wir mindestens zehn Jahre zur Konsolidierung. Kulturrevolutionen wie diese können höchstens zweimal oder dreimal in einem Jahrhundert durchgeführt werden.« Hsu Tsching-hsien hat uns diese Ansicht in Schanghai mit Nachdruck wiederholt.

Staat und Nation sind lebendig aus dieser Prüfung hervorgegangen; es ist klar, daß Maos Ansehen viel dazu beigetragen hat. Wie werden die Kulturrevolutionen enden, wenn er nicht mehr sein wird, um sie zu führen? Werden seine Nachfolger es wagen, solche mörderischen Kämpfe gegen die eigenen Brüder zu entfesseln? Und wenn sie es wagen, werden sie dann nicht die Kontrolle über diese Revolutionen verlieren? Wenn sie es nicht wagen, werden sie dann nicht untergehen?

Hier liegt das Kernproblem der Revolution: Ohne Gewalt erstarrt sie; aber die Gewalt entgleitet den Händen derer, die sie entfesseln, wenn kein Wunder geschieht.

# 4

## »Keine Revolution ohne Blutbad und Terror«

Unter den marxistischen Intellektuellen, die ihre Autoren nicht allzu genau gelesen haben, hat sich eine Legende verbreitet: Lenin hätte sich geweigert, Stalin als seinen Nachfolger anzuerkennen, weil er ihn für einen Gewaltmenschen hielt. Er sei zu »grob« — gewiß, das hat er im Januar 1922 gesagt. Aber in Wahrheit wollte er Stalin ausschalten, weil er dessen unwiderstehlichen Hang zur bürokratischen Zentralisierung fürchtete. Wie hätte er Stalin Gewalttätigkeit vorwerfen können? »Ein Revolutionär«, sagte Lenin, »muß Gewalt üben. Keine Revolution ohne Blutbad.« Ein von Kerenski erlassenes Gesetz — es sah die Todesstrafe für Soldaten vor — wurde auf Kamenews Initiative aufgehoben. Lenin explodierte: »Das ist Unsinn! Wie kann man eine Revolution ohne Erschießungen durchführen? Glauben Sie denn, Sie würden mit allen Feinden fertigwerden, wenn Sie sich entwaffnen? Welche Repressionsmaßnahmen bleiben dann noch übrig? Gefängnis? Wer achtet darauf während des Bürgerkriegs, wenn jede Partei zu siegen hofft?«[10]

Der Gedanke, Lenin hätte Rußland die stalinistischen Säuberungen erspart, wenn er noch am Leben gewesen wäre, ist illusorisch. Er wies stets darauf hin, daß die Revolution Terror mit sich bringt: »Glauben Sie denn, daß wir ohne den brutalen revolutionären Terror als Sieger hervorgehen werden?«[11] Er warnte vor der Versuchung des Liberalismus: »Und unsere, mit Verlaub gesagt, ›Revolutionäre‹ bilden sich ein, daß wir die Revolution gütlich-gemütlich durchführen können... Was verstehen sie denn unter Diktatur? Was für eine Diktatur kann es schon werden, wenn man ein Waschlappen ist?«[12] Er erinnerte an die Notwendigkeit, blutige Exempel zu statuieren: »Wenn wir nicht einen weißgardistischen Saboteur über den Haufen schießen können, was ist denn das für eine große Revolution?«[13]

Trotzki hat den Scharfsinn dieser Lehre bewundert: »Das war die Periode, wo Lenin bei jeder passenden Gelegenheit die Idee von der Unvermeidbarkeit des Terrors in unsere Köpfe einzuhämmern bemüht war. Jede Äußerung von Gutherzigkeit, Schwärmerei, Lässigkeit... empörte ihn... als Beweis dessen, daß selbst die Spitzen der Arbeiterklasse sich nicht genügend Rechnung ablegten von der ungeheuerlichen Schwierigkeit der Aufgaben, die nur durch Maßnahmen bewältigt werden konnten, die von einer ebenso ungeheuren Energie getragen sind.«[14]

Wenn Trotzki von Stalin als Konterrevolutionär behandelt wurde, dann keineswegs deshalb, weil Trotzki das Morden mißbilligt hätte; nein — für einen Revolutionär ist eben jeder ein Konterrevolutionär, der sich ihm widersetzt. Aber über das Kapitel Gewalt waren Lenin, Trotzki und Stalin völlig einer Meinung.

In dieser Hinsicht hat sich Mao niemals von Lenin und Stalin entfernt. Dagegen hütete er sich, Chruschtschow bei der Verurteilung der stalinistischen Greuel zuzustimmen.

Hier liegt wahrscheinlich der springende Punkt. Ein wahrer Revolutionär, wie Lenin und Stalin, ist verpflichtet, grausam zu sein, weil ihm die Revolution wichtiger ist als Personen und Besitztümer. Wenn Lenin und Stalin als die Väter des chinesischen Regimes verehrt werden, Seite an Seite mit den beiden Philosophen Marx und Engels, so deswegen, weil sie beide Revolutio-

näre waren, die keinen Augenblick zögerten, Erschießungen vorzunehmen. Dagegen wurden Chruschtschow und sein Nachfolger
als »Renegaten« und »Revisionisten« abgelehnt. Weil sie den Fortschritt der wirtschaftlichen Expansion vor die Revolution stellten,
zogen sie auch die Schonung von Personen und Gütern der Verfolgung und Gewalt vor.

Mao wettert gegen die Naiven, die glauben, daß eine Revolution
in Sanftmut möglich sei. »Zweitens ist die Revolution kein Fest-
mahl, kein literarisches Schaffen oder keine Feinstickerei. Die
Revolution — das ist ein Gewaltakt, das sind erbarmungslose
Aktionen einer Klasse, die die Macht der anderen Klasse stürzt.«[15]

Wer den Versuch unternimmt, den Maoismus zu verstehen,
muß zunächst die Summe der Leiden und Schmerzen ermessen,
die Mao und die Seinen erduldeten. Im Ehrensaal des Instituts
der Bauernbewegung in Kanton zeigt man den Besuchern in
respektvollem Schweigen ein halbes Dutzend großer Wandbilder.
Sie erinnern daran, daß Maos Familie schwer bezahlen mußte,
wenn auch Mao selbst den Kugeln und Hinterhalten entkam:
Mao Tse-kien, seine kleine Schwester, 1929 von der Kuomintang
getötet; Mao Tse-tan, sein jüngerer Bruder, 1935 von der Kuomintang getötet; Mao Tse-min, ebenfalls ein jüngerer Bruder,
1943 in Urumtschi von der Kuomintang getötet; Jang Kai-hui,
seine Frau, seine »schöne Pappel«, 1930 von der Kuomintang
erwürgt, zusammen mit den Kommunisten von Tschangscha;
Mao Tschung-hsiung, sein Neffe, 1946 im Alter von neunzehn
Jahren von den Kugeln der Kuomintang getroffen; Mao An-jing,
sein ältester Sohn, 1950 in Korea gefallen, achtundzwanzig Jahre
alt. Wie sollte man da nicht an Wladimir Uljanow, den künftigen
Lenin, denken, der erschüttert war vom Galgentod seines älteren
Bruders Alexander Iljitsch (der Bruder hatte sich geweigert, Zar
Alexander III. nach einem fehlgeschlagenen Attentat* um Gnade
anzuflehen)? Hat ein Führer nicht das Recht, viel von seinem
Volk zu verlangen, wenn er ihm so viel gegeben hat? Mao mußte
wohl einiges auf sich genommen haben, als er Tschiang Kai-schek
1945 in Tschungking zutrank . . .

Die Aureole des Märtyrers bringt Macht, aber auch Pflichten.
Menschen, die solches Elend erlebt haben, fühlen sich durch
den Glauben an den Wert ihrer Sache erhoben. Welche Kraft gibt

---

* Es gibt keinen Beweis dafür, daß Lenin — damals siebzehn Jahre alt —
an diesem Tag, wie es die bolschewikische Hagiographie gern hätte, schwor,
die Revolution durchzuführen. Aber niemand bestreitet, daß dieses Ereignis
großen Einfluß auf ihn ausgeübt hat.

ihnen das Bewußtsein, siegreich aus einer verzweifelten Lage hervorgegangen zu sein! Welches Vertrauen in sich selbst und ihre Fähigkeiten, ihre Mission zu erfüllen . . .

Sein ganzes Leben lang hat Mao diese Grundwahrheit wiederholt:

»Sie (die These des Marxismus-Leninismus) hilft uns zu verstehen, daß in der Klassengesellschaft Revolutionen und revolutionäre Kriege unvermeidlich sind, daß es sonst unmöglich ist . . . die reaktionäre herrschende Klasse zu stürzen, damit das Volk die Macht in seine Hände nimmt.«[16]

Hymnisch preist er die gerechte Revolution, und diese Hymne erinnert an diejenige Péguys, die den gerechten Krieg rühmt: »Wir führen einen revolutionären Krieg, und der revolutionäre Krieg dient als eine Art Gegengift; er wird nicht nur den wütenden Ansturm des Feindes brechen, sondern auch unsere eigenen Reihen von allem Schlechten säubern. Jeder gerechte revolutionäre Krieg ist eine große Kraft.«[17] Das neue China verdankt alles den harten Kämpfen, aus denen es hervorgegangen ist: »Wir wissen, daß in China ohne bewaffneten Kampf kein Platz für das Proletariat wäre, kein Platz für das Volk, kein Platz für die Kommunistische Partei, und daß die Revolution nicht siegen würde.«[18]

Jenen, die sich über seine kriegerischen Ansichten lustig machen, antwortet Mao, indem er sich über die Pazifisten lustig macht: »Wir werden oft Gläubige an die Allmacht des Krieges genannt. Und ob! Wir treten für die Allmacht des Revolutionskrieges ein. Die arbeitenden Massen können die Bourgeoisie nur durch das Gewehr besiegen.«[19]

In dieser Ermahnung, sich für das höchste Opfer bereitzuhalten, liegt die wichtigste Lehre Maos: »Wir müssen unsere Kader völlig von der Idee befreien, daß wir, dank glücklicher Zufälle, leichte Siege erringen können, ohne dafür etwas hinzugeben.«[20]

### Der Mythos von der sanften Revolution

Wer wird die lyrisch anmutende Illusion zerstören, daß eine Revolution, die sich selbst achtet, den Bürgerkrieg vermeiden kann, und daß der Bürgerkrieg das Schlimmste auszuschalten vermag? Simone de Beauvoir, Jean-Paul Sartre und Maria Antonietta Macciocchi scheinen nie von Willkürprozessen, von Massakern, von lebend Begrabenen gehört zu haben. Gewisse Intellektuelle glauben gern an den Mythos, wonach die chinesischen Kommunisten sich friedlich mit der Verwirklichung eines landwirtschaftlichen Reformprogramms begnügt haben. Sie sollten aufwachen: Die chinesischen Kommunisten sind wirkliche Revolutionäre, und ihre Überzeugung ist stark genug, daß sie niemals vor dem Tod zurückschrecken — weder vor dem eigenen noch vor dem ihrer Gegner. Sie haben gewonnen, weil sie wie toll kämpften.

Mao kann sich nicht genug in ätzenden Bemerkungen ergehen, welche die »liberalen Intellektuellen« lächerlich machen, die davon träumen, daß man revolutionär und liberal zugleich sein könne: »Im Kollektiv der Revolutionäre ist der Liberalismus äußerst schädlich, er ist eine Art zersetzendes Prinzip, das Zerfall der Einheit, Schwächung des Zusammenhalts, Passivität in der Arbeit, ideologische Zerfahrenheit hervorruft. Der Liberalismus führt dazu, daß die feste Organisation und Disziplin in den Reihen der Revolutionäre verlorengehen.«[21]

Die liberalen Intellektuellen seien nur in Lippenbekenntnissen Marxisten: »Sie sind für den Marxismus, aber sie beabsichtigen nicht, ihn ins Leben umzusetzen.«[22] Von 1937 an widmete Mao eines seiner wichtigsten Werke, »Gegen den Liberalismus«, der Aufgabe, diese Versuchung zu brandmarken: »Du fügst dich nicht den Anweisungen und stellst deine persönliche Meinung über alles, du willst, daß die Organisation sich um dich kümmert, wünschst aber nicht, die Disziplin der Organisation anzuerkennen.«[23]

Erste Pflicht ist es, die Schwierigkeit nicht zu unterschätzen: »Man darf sich nicht einbilden, daß alle Reaktionäre eines schönen Tages vor ihrer eigenen Bewegung auf die Knie fallen.«[24]

Eine Revolution muß mit einer Konterrevolution rechnen. »Solange man nicht alles niederschlägt, was sich der Revolution entgegenstellt, ist es unmöglich, diese Hindernisse zu Fall zu bringen. Es ist wie beim Fegen: Dort, wo der Besen nicht hinkommt, bleibt auch der Staub.«[25] Es genügt nicht, darauf zu warten, daß sich die Gegner von allein davonmachen: »Der Feind kommt nicht von allein um. Er zieht sich nicht freiwillig aus dem Licht der Geschichte zurück.«[26]

Es ist ein reiner Wunschtraum, zu hoffen, daß eine Revolution ohne Gegenstöße vonstatten gehen könne. Gibt es denn ein Land, in dem sich die Grundbesitzer von den armen Bauern enteignen, die Arbeitgeber von ihren Arbeitern verjagen, die Bürger von ihren Bedienten gefangensetzen lassen würden, ehe sie nicht mit allen Mitteln getrachtet hätten, den Aufstand niederzuschlagen? Glaubt man denn wirklich, daß die Besitzenden ihre Hälse hinhalten würden wie Opferlämmer?

Wenn umgekehrt ein Volk die schmerzlichen Leiden eines

Bürgerkriegs auf sich nimmt, dann deshalb, weil sie ihm die notwendige Vorbedingung für die Beseitigung noch viel qualvolleren chronischen Elends zu sein scheinen: Die Barbarei der Revolution entsprach nur jener Barbarei, deren Opfer die Rebellen waren. Vor 1949 waren in den Zwingburgen der Grundbesitzer, in den Ahnentempeln, die grausamsten körperlichen Strafen, ja selbst die Todesstrafe an der Tagesordnung. Menschen wurden totgeprügelt, ertränkt, lebend begraben. Jene, die während des Bürgerkriegs oder nach der Befreiung ein ähnliches Los erlitten, waren oft auch diejenigen, die es anderen bereitet hatten; und wenn es nicht sie selbst gewesen waren, dann hatten sie geduldet, daß ihresgleichen es taten. Die Bauern forderten oft die Todesstrafe, weil sie fürchteten, daß sie selbst getötet würden, wenn sie einen früheren Tyrannen am Leben ließen, der Dutzende Unglückliche auf seinem Besitz umgebracht hatte.

Keine radikale Änderung ohne Sühneopfer; kein Sühneopfer ohne Rechtfertigung, das heißt, ohne daß das alte Regime die Grenzen des Erträglichen überschritten hätte. Marx hatte diese Spielart von Carnots Prinzip der revolutionären Energie nicht gekannt; er wußte nichts von der Proportionalität zwischen der Leidensintensität, die zur Revolution führt, der Leidensintensität, die die Revolution hervorruft, und der Intensität der Energie, welche die Revolution aus den Leiden bezieht, beziehungsweise damit erzeugt. Nach den russischen haben sich auch die chinesischen Marxisten von dieser Wahrheit überzeugt und einen hohen Blutzoll dafür entrichtet.

# 22

## Freiheiten werden geopfert

### 1

### Die Anwendung von Zwang

Über die Ambiguität der manuellen Arbeit (*hsia-fang*) kann der Beobachter nur Vermutungen anstellen. Bald erscheint sie als beneidenswerter Fortschritt, bald als gefürchtete Deportation. Zurück zur Natur oder Zwangsarbeit?

Wir verfügen heute über zu viele Zeugnisse für die Verletzung der individuellen Freiheit in China, um daran zu zweifeln, daß die Volksrepublik, wie alle totalitären Regimes, sich auf einen mächtigen Apparat von Einschränkungen stützt, die von der einfachen Arbeitsüberwachung oder »Umschulung« über alle Nuancen von Zwang bis zur physischen Liquidierung reichen: Offene Arbeitslager (ein Flüchtling hat jedoch kaum Chancen, sich der Verfolgung zu entziehen, sobald er den Anordnungen zuwidergehandelt hat, außer, es gelingt ihm, nach Hongkong oder Makao zu entkommen); von Stacheldraht umgebene Konzentrationslager; Gefängnisse mit oder ohne Kerker; Todesstrafe.

Man muß hier zweierlei Versuchungen widerstehen: Derjenigen, die chinesischen Revolutionäre für Engel, und jener, sie für Teufel zu halten.

Simone de Beauvoir, Curzio Malaparte und Maria Antonietta Macciocchi singen unaufhörlich Loblieder auf die menschenwürdigen Bedingungen, unter denen die Gefangenen hier angeblich leben. Sie besuchten Gefängnisse, in denen die »Türen zu den Zellen Tag und Nacht offenbleiben. In jedem Gang sind Toiletten und Waschräume mit fließendem kaltem und heißem Wasser, zu denen die Gefangenen zu jeder Stunde des Tages und der Nacht ungehindert Zutritt haben. Zwischen den einzelnen Gängen und Höfen gibt es keine Absperrungen: Die Gefangenen gehen frei hin und her ... innerhalb des Gefängnisbereichs, in dem ich auch nie einen bewaffneten Wärter entdecken konnte, und ich habe gute Augen.«[1]

Gewiß gibt es in China einige Modellgefängnisse; es handelt

sich aber trotz allem um Gefängnisse. Naiv bewundert Malaparte die Einteilung von Arbeits- und Ruhezeit: »Arbeiten müssen alle, Männer und Frauen. Politische und Kriminelle arbeiten in den Textil- und Strumpffabriken. Um fünf Uhr nachmittags halten sich die Gefangenen in den weiten baumbestandenen Höfen oder den Verkaufsstellen auf, spielen Fußball oder Basketball, gehen ins Kino oder ins Theater.«[2] Und wenn in diesen Gefängnissen der subtilste Druck ausgeübt wurde, die raffiniertesten Strafen angewandt würden?

Man kann, so wie wir, Tausende Kilometer zurücklegen, ohne eines dieser von hohen Mauern und Wachttürmen umgebenen Lager zu finden, vor denen Soldaten mit Maschinenpistolen Wache halten, wie in den kommunistischen Ländern Osteuropas. Dagegen sieht man Tausende Männer und Frauen im Einsatz beim Bau von Straßen, Dämmen, Eisenbahnen und großen Wohnblocks, und nichts deutet darauf hin, daß sie in ihrer Freiheit eingeschränkt wären.

## Beunruhigende Informationen

Dennoch klingen manche Berichte ziemlich beunruhigend. Ein Italiener, der vor 1949 lange Jahre in China verbracht hatte und sich auch nachher dort aufhielt, traf regelmäßig den Sohn einer Familie, mit der er sich kurz vor dem Regimewechsel angefreundet hatte; er wollte ihm durch ein Mitglied der ausländischen Kolonie in Peking eine Botschaft zukommen lassen; einige Tage später erfuhr er, daß der junge Mann von der Polizei festgenommen und wahrscheinlich in ein Lager deportiert worden war; seither ist der Freund verschollen, sei es, daß man ihm jedes Mittel entzogen hat, mit der Außenwelt Verbindung aufzunehmen, sei es, daß er nicht mehr am Leben ist.

Hohe chinesische Persönlichkeiten, sogar Mitglieder des Zentralkomitees, sahen ihre Frauen verschwinden; sie wurden in Straflager verschickt. Ein Chinese aus unserer Bekanntschaft verlor seine Frau am Beginn der Kulturrevolution; sie wird »umerzogen«, und er hat seit mehreren Jahren keine Nachricht von ihr.

Im Lauf einer Unterhaltung, nach mehreren Abschweifungen und gezielten Fragen, lüftet sich plötzlich ein wenig der Schleier, und was man dann zu hören bekommt, klingt nicht sehr beruhigend.

Eine Menge Familien wurden getrennt. In den Fabriken und Volkskommunen sagte man uns öfters, daß ein Mann von seiner

Frau mehrere hundert Kilometer entfernt arbeitete, und daß sich die beiden nur einmal im Jahr sehen könnten. Als wir fragten, ob diese Entfernung nicht verringert werden könne, falls die Betroffenen daran interessiert seien, antwortete man uns, daß da nichts zu machen sei — entweder im Brustton der Überzeugung — »jeder hat auf dem Platz zu bleiben, auf den ihn die Revolution gestellt hat« — oder in einer Art resignierter Traurigkeit.

Auf der Rückfahrt von einer Volkskommune in der Umgebung Schanghais begegneten wir einer Kolonne von ungefähr vierzig Arbeitern, die im Gleichschritt, die Schaufel über der Schulter, von Soldaten eskortiert, zu den Feldern marschierten. Als ich um Aufklärung bat, erwiderte man mir — etwas verschämt, wie mir schien —, daß es sich um Gefangene handle, die zur Arbeit im Freien verurteilt worden waren, was für sie 'gesünder sei, als im Gefängnis zu sitzen; warum sie inhaftiert worden waren, konnte ich nicht in Erfahrung bringen.

Die Lager zur »Umerziehung durch Arbeit«, in denen das Individuum gezwungen wird, eine unbezahlte Arbeit zu verrichten, die es nie verrichten hätte wollen, bringen jeden Staatsbürger, dem es einfallen könnte, unliebsam Kritik am Regime zu äußern, auf sehr nützliche Weise zum Nachdenken.

Eine Auswirkung der Kulturrevolution bestand darin, daß sich die Gefängnisse und Umerziehungslager füllten. Das Prinzip Saint-Justs: »Keine Freiheit für die Feinde der Freiheit« hieße in China, wo die Freiheit als nicht so kostbar angesehen wird, eher: »Keine Freiheit für die Feinde des Volkes.« Ein anderer Effekt der Kulturrevolution war aber auch, daß manche Geheimnisse ein wenig gelüftet wurden. Bewegungen der extremen Linken, wie der *Tscheng wu lien* von Hunan, die nicht davor zurückgeschreckt waren, »Waffen in großer Menge zu stehlen« und »Bürokraten zu vernichten«, protestierten durch Flugschriften und *ta tsi paos* gegen den »verabscheuungswürdigen Druck«, der gegen sie ausgeübt würde, vor allem durch die Verschickung einer Anzahl ihrer Mitglieder in Zwangsarbeitslager und in die »Gefängnisse, die nach wie vor, seit den Zeiten der Kaiser, einem Alptraum gleichen«.[3]

Stadtbewohner werden in Massen auf das Land, ja sogar in »Neuland«, wie die Mongolei und besonders Sinkiang, deportiert.

Chinesen, die die Zeiten vor 1949 erlebten, oder Intellektuelle, denen es möglich ist, Vergleiche mit den Regierungssystemen anderer Länder zu ziehen, werden das Leben und Arbeiten unter so eingeengten Bedingungen wahrscheinlich nicht immer geduldig ertragen.

Soll man, auf einige Aussprüche hin, dieses Regime als satanisch bezeichnen? Im Westen würde es wahrscheinlich von einem Großteil der Bevölkerung so genannt werden. In China jedoch entspricht diese Form des Regimes einerseits einer alten Tradition der Bestrafung und andererseits der Bedeutung, die den zu lösenden Problemen zukommt. Der westliche Ausländer empfindet Abscheu angesichts einer derart schmerzlichen Unterdrückung, die an eine Fiction George Orwells erinnert. Die Mehrzahl der Chinesen ist aber sicherlich nicht entrüstet über diese diktatorischen Praktiken. Sie sehen sie als unvermeidlich, ja vielleicht sogar als durchaus selbstverständlich an.

Die chinesische Tradition übte strenge Disziplin, die verbunden war mit unerbittlichen, detaillierten Gesetzen, Obligationen und Sanktionen, rigórosen Strafen — die Folter inbegriffen — und erstaunlichen Belohnungen, wie etwa, dem Volk als Beispiel hingestellt zu werden. »Die Schule der Gesetze« aus dem 3. Jahrhundert v. Chr. berief sich zum Beispiel auf folgende Maxime: Je strenger die Strafen sind, desto weniger muß man sie anwenden. »Wenn die Bestrafung schwer ist und rigoros praktiziert wird, dann wird das Volk nicht mehr danach trachten, zu erfahren, wie weit es gehen darf. Auf diese Weise wird es keine Strafen mehr geben.« Das ist Theorie der Abschreckung. Man könnte die befreiende Macht der versklavenden Techniken nicht gewandter verteidigen . . .

Was soll man von den Berichten der wenigen halten, die diesem Strafsystem entkommen sind? Ihre Mitteilungen werden so präsentiert, daß sie das Mitleid des westlichen Publikums auf das heftigste erregen. Wie die Herausgeber gestehen, handelt es sich dabei im allgemeinen nicht um spontane Berichte, sondern um überarbeitete, die von westlichen Schriftstellern oder Journalisten zum Gebrauch des sensiblen Lesers verfaßt wurden. Denn wenn diese glücklich Entflohenen auch so sehr gelitten haben, daß sie eine Flucht riskierten, sahen sie selbst doch nicht, wie unerträglich ihre Tragödie in den Augen eines Ausländers erscheinen würde.

Diese mehr oder weniger »nachempfundenen« Berichte — *Die Gefängnisse Maos, Eine Frau in der Roten Hölle, Erinnerungen eines Rotgardisten* usw. — beruhen zweifellos auf authentischen Erfahrungen. Aber sie sind von Kennern der westlichen Psyche zurechtgemacht, in der Absicht, Mitgefühl hervorzurufen.

Die meisten davon stammen von einem, statistisch gesehen, sehr begrenzten Teil der Bevölkerung: Von Bürgern oder Kindern von Bürgern, Intellektuellen, Christen. So etwa berichtet die Erzählung Lai Jings, von Edward Behr aufgezeichnet, gefühlvoll über die schaurigen Abenteuer, die auf wahren Erlebnissen beruhen dürften. Lai Jing ist eine katholische Intellektuelle aus bürgerlicher Familie, talentierte Malerin und Professorin; sie reist oft nach Hongkong, wo ihre Eltern leben. Wegen Spionage festgenommen, verbringt sie Jahre in deprimierenden Kerkern und Zwangsarbeitslagern. Erinnern wir daran, daß es in China nur 0,5 Prozent Katholiken gibt, darunter viele arme Bauern; jene, die der sozialen Schicht Lai Jings angehören, stellten wohl eine winzige Minderheit dar. Ein kommunistisches Regime jedoch, das eine Diktatur im Namen des Proletariats ausübt, hat nie ein Hehl daraus gemacht, daß es für die isolierten Vertreter unbedeutender Splittergruppen, die als »privilegiert« und »die Macht mißbrauchend« oder als »konterrevolutionäre Umstürzler« bezeichnet werden, nicht viel übrig hat. Eine für die Opfer grausame Feststellung, die jedoch die Bedeutung ihrer Fälle einschränkt.*

Ähnliche Beobachtungen kann man an den meisten der von der Kuomintang-Propaganda und deren amerikanischen Verbündeten verbreiteten Zeugnissen machen. Es existieren allerdings auch einige persönliche Berichte, die nicht durch die Hände von Journalisten oder engagierten Schriftstellern gegangen sind; ihre Wahrhaftigkeit ist unbezweifelbar. Der erschütterndste ist wahrscheinlich derjenige des belgischen Missionars Van Coillie, der nach seiner Weihe 1939 nach China entsandt worden war und dort bis zu seiner Verhaftung in Jahr 1951 lebte; zwei Jahre hatte er in japanischen Konzentrationslagern verbracht. Drei Jahre lang hatte er Gelegenheit, die Zustände in Maos Gefängnissen kennenzulernen, in eine Zelle gepfercht mit acht chinesischen Gefangenen: Mit einem General vom Typ des ehemaligen »Kriegsherrn«; einem jungen Mann, dessen Vater der Sekretär eines vertrauten Mitarbeiters von Sun Yat-sen gewesen war; einem etwa sechzigjährigen Mann, der während des Bürgerkriegs in ein Attentat auf Tschu En-lai verwickelt war; einem alten Rikscha-Kuli, der an Banküberfällen teilgenommen hatte, um sich ein zusätzliches Einkommen zu verschaffen; einem früheren Grundbesitzer; einem stotternden Kleinbürger; einem Katholi-

---

\* Es stimmt, daß Lai Jing nicht allein inhaftiert war; sie begegnet im Gefängnis allen möglichen Typen von Menschen.

ken, der zuerst so getan hatte, als wolle er Van Coillie helfen, ihn schließlich aber verriet. Der Zellenkommandant endlich war ein junger und intelligenter Mann, der genau dasselbe Leben führte wie seine Mithäftlinge und dessen fanatische Grausamkeit seinen Traum verdeckte, so schnell wie möglich nach Hause, zu seiner Frau und seinen Kindern, zurückzukehren.

Erschöpft von seiner ersten Vernehmung, klammerte sich Van Coillie an die Hoffnung, daß seine Kameraden noch nicht eingeschlafen seien und ihn bemitleiden würden. Sie warteten tatsächlich auf ihn, aber um sich selbst zu Richtern aufzuwerfen: »Warum trägst du Handschellen? Hast du dich geweigert, deine Verfehlungen einzugestehen? Von jetzt an darfst du weder schlafen noch dich niederlegen oder hinsetzen!« schrie ihn der Anführer an und wandte sich zu den anderen: »Ihr werdet einander ablösen, jeder wacht eine Stunde lang. Paßt auf den hartgesottenen Reaktionär auf. Wenn die Stunde um ist, weckt ihr den nächsten.«

Wochenlang quälten ihn die Gefangenen Tag und Nacht mit Fragen, ließen ihn nicht zur Ruhe kommen. »Es gibt nichts Schrecklicheres, als auf diese Weise verhöhnt, verachtet, verflucht zu werden, von Männern, mit denen man die Zelle teilt. Aber sind sie überhaupt noch Menschen? Auf teuflische Art behandelt, können sie sich gar nicht mehr anders benehmen. Würde mich die Zeit nicht auch in einen Rächer unter Rächern verwandeln, in einen Henker, der den anderen Opfern Beleidigungen und Spott entgegenbrüllt? Werde ich, der schwache Mensch, standhalten?«

Er hielt nicht stand, als er endlich — und nicht durch Zufall — einem humanen, rücksichtsvollen, kultivierten Richter vorgeführt wurde, vor dem der Unglückliche vor Dankbarkeit förmlich zerfloß. Am Ende seiner Kräfte, im Glauben, endlich einen Freund gefunden zu haben, beginnt er eine lange Reihe von Geständnissen.

»Hast du manchmal Briefe ins Ausland geschickt?« — »Ja.« — »Selbst nach der kommunistischen Machtübernahme?« — »Ja.« — »Hast du in diesen Briefen vom Kommunismus, von der neuen Situation in China, gesprochen?« — »Ja.« — »Erkläre mir konkret, was du geschrieben hast, nenne mir ein Beispiel.« Van Coillie zerbricht sich den Kopf, nicht, um sich ins Gedächtnis zu rufen, was er geschrieben hatte, sondern um etwas Einleuchtendes zu erfinden. »Ich habe geschrieben, daß die 8. kommunistische Armee im Februar 1949 in Peking einmarschiert ist.« Der Mann kann seine Befriedigung nicht verbergen. »Wunderbar, wir werden diese Information nun analysieren.« Einesteils ist sie militärisch; zum anderen hat Van Coillie sie an Mitglieder seiner Familie gesandt, die sie sicherlich an andere Personen weitergab, an Freunde, an Nachbarn. Die Vermutung, daß diese Information bis zur Regierung in Brüssel gelangt sei, ist durchaus gerechtfertigt. Das aber ist reaktionär. »Ich fasse zusammen: Du hast militärische Informationen an eine unserem Volk feindlich gesinnte Regierung gesandt. Wer so etwas tut, ist ein Spion, oder nicht? Du bist also ein internationaler Agent.«

Ohne Droge, ohne »Behandlung«, einfach durch den Wechsel von depressiver Ermüdung und dem trügerischen Trost durch eine Sympathiebezeigung, schämt sich der Patient schließlich dessen, was bis dahin seinen ganzen Stolz ausgemacht hatte. »Als ich das Gefängnis betrat, schwor ich mir, in keiner Weise zu kapitulieren. Aber ich war nicht mehr derselbe Mensch, ich war wie ein gebändigtes Tier ... War ich plötzlich feige geworden? Diese Frage erschütterte mich. Nicht mehr der Richter klagte mich jetzt an, sondern mein eigenes Gewissen. Ich stand gegen mich selbst auf.«

Van Coillie wurde von Zeit zu Zeit von einem rücksichtsvollen Agenten des Richters einvernommen — Louis, der französisch sprach —, und er verspürte den ständig wachsenden Wunsch, einen Freund zu haben.

»Wie gern hätte ich vertraulich gesprochen! Aber ich hatte gelernt, jedermann zu mißtrauen ... Hier gibt es überall Augen und Ohren. Vielleicht war da im Zimmer ein Mikrophon versteckt. Vielleicht in Louis' Kopf, tief in seinem Unterbewußtsein — oder in meinem? Und eines Tages würden er oder ich es riskieren, zu reden ... Ich hatte Mitleid mit Louis, und Louis hatte wahrscheinlich Mitleid mit mir. Aber zwischen diesen gegenseitigen Gefühlen erhob sich eine Mauer, die uns daran hinderte, diese Empfindungen zu vereinen, eine Mauer aus Angst, Schrecken, Mißtrauen und angehäuften Sophismen: das Gewissen des Volkes.«

Inmitten der schrecklichsten physischen und psychischen Qualen bewahrte Van Coillie genug klaren Kopf, um die Techniken der Gehirnwäsche zu durchschauen und ihre unvermeidlichen Resultate zu beobachten, bei seinen Gefährten ebenso wie bei sich selbst — Resultate, die bis zur Psychose gingen.

### Die Verwandlung der »Nichtstuer«

Der westliche Intellektuelle ist erschüttert, sieht er, daß chinesische Intellektuelle zu manueller Arbeit gezwungen werden: Er kann sich schwer vorstellen, selbst wie ein Kuli behandelt zu werden. Die Volksrepublik legt zu großen Wert auf Gleichheit, um solche Unterscheidungen zu dulden; jeder Chinese, ob Intellektueller oder Arbeiter, ist verpflichtet, manuelle Arbeiten zu verrichten.

Wo ist die Grenze zu ziehen zwischen freiwilliger Arbeit, die ein Universitätsprofessor oder ein Student jedes Jahr in einer Fabrik oder in der Landwirtschaft leistet, und dem, was man einen »obligatorischen Arbeitsdienst« nennen könnte? Macht der Betroffene ein saures Gesicht zu dieser Verpflichtung, dann wird er sie wohl als Zwang empfinden. Er tut besser daran, zu lächeln, als nehme er sie freiwillig auf sich.

Ein Gesetz »Zur Umwandlung der Müßiggänger« aus dem Jahr 1957 ordnet an, daß jeder »Beschäftigungslose« oder jedes Individuum in »besonderer Situation« einem »ständigen Regime der Umerziehung durch die Arbeit« unterworfen werden müsse. Dieses Gesetz gilt für ausgeschlossene Parteimitglieder, »Revisionisten« oder »Renegaten« und für Staatsbürger, die wegen »politischer Irrtümer« verurteilt wurden. Es kann auf alle angewandt werden, die aus »Körperschaften, Gruppen, Unternehmen, Schulen oder anderen Organisationen, denen sie angehörten, ausgestoßen wurden und über keine Mittel zur Bestreitung ihrer Existenz verfügen«; oder auf alle, die »sich nicht den ihre Arbeit betreffenden Anordnungen und ihrer Versetzung zu einer anderen Beschäftigung fügen... oder die sich, trotz wiederholter Bemühungen, nicht bessern.«[4] Die Justiz selbst ist in China jedoch dem Prinzip des »demokratischen Zentralismus« unterworfen, das sie zu einem Instrument der »großen Führer« macht, genauso wie die Exekutive und die Legislative. Welch mächtiges Druckmittel in den Händen der Verantwortlichen! Welch schreckliches Schicksal, aus der sozialen Gruppe, der man angehört, ausgeschlossen zu werden, weggeworfen wie Treibgut, unter die Walze der Zwangsarbeit zu geraten...

*Ein Rundschreiben, die Verschickung in Arbeitslager betreffend*

Seit dem Gesetz aus dem Jahr 1957 haben neue Verordnungen die Bedingungen der Arbeitspflicht verschärft. Hochoffizielle Dokumente sprechen vom Widerstreben der Intellektuellen und der Jugend, der gebieterischen Anordnung des Vorsitzenden Mao »Schickt die Intellektuellen in die Dörfer und Bergwerke« zu gehorchen. Unerbittliche Maßnahmen mußten ergriffen werden, um die Starrsinnigen zu zwingen.

Die Kampagne zur Verschickung »zahlloser Stadtbewohner

zur körperlichen Arbeit in den Bergwerken und Steppen« verfehlte ihr Ziel: Einer großen Zahl von Städtern gelang es, sich überhaupt zu drücken; oder diejenigen, die verschickt wurden, ergriffen die erstbeste Gelegenheit, um sich davonzumachen. Ein Rundschreiben aus Peking vom 8. August 1967 gibt harte Instruktionen, insbesondere hinsichtlich der Oberschüler und Studenten, also der sozialen Schicht, aus der sich die Roten Garden rekrutieren:

»An alle Revolutionskomitees der Provinzen, Städte und Bezirke, an alle militärischen Kontrollkommissionen, an alle Massenorganisationen in den Städten und auf dem Land.

Es ist dafür Sorge zu tragen, daß alle Jugendlichen, intellektuelle und andere, zur Arbeit in die Dörfer und Bergwerke zurückgeschickt werden ... Ein Teil von ihnen, angestiftet von einer Handvoll prokapitalistischer Anführer, hat tatsächlich die ländlichen Gebiete verlassen und hält sich seit einiger Zeit in den Städten auf. Alle müssen rasch auf das Land zurückkehren. Die Massenorganisationen der Städte und die Familien der verschickten Leute müssen diese revolutionäre Aktion aktiv unterstützen. Die revolutionären Kader haben ein Beispiel zu geben, indem sie ihre Kinder zur Landarbeit schicken. Jeder, der darauf besteht, in der Stadt zu bleiben, verliert seine Aufenthaltsgenehmigung ... Die Jungen dürfen ihren Arbeitsort nicht nach Belieben verlassen, um ihre revolutionären Ideen auszutauschen.* Sie können ihre Meinungen über ihre Arbeit in den Dörfern und Bergwerken, in den Wandzeitungen, ausdrücken.«[5]

Dieses »kategorische Rundschreiben des Zentralkomitees der chinesischen Kommunistischen Partei und des Volksrates«** wurde nicht in der Presse veröffentlicht, aber im ganzen Land an den Mauern der Schulen und Universitäten angeschlagen. Zahlreiche Exemplare davon sind in den Westen gelangt. Seine Authentizität kann nicht angezweifelt werden. Er illustriert deutlich den Anteil von Spontaneität und Zwang in den großen Vorhaben der chinesischen Revolution.

Gleichwohl ist damit nichts bewiesen. Das chinesische Volk erfreute sich niemals ähnlicher Freiheiten wie der Westen. Es hätte wahrscheinlich niemals einen Fortschritt erzielt, wenn es genau in dem Moment, in dem man ihm die größten Opfer abverlangte,

---

* Der letztgenannte Befehl spielt auf die planlosen Reisen von Millionen junger Leute während des ersten Jahres der Kulturrevolution an, die sie kreuz und quer durch China führten.

** D. h. des Ministerrates unter dem Vorsitz Tschu En-lais.

Zwangsmaßnahmen abgeschafft hätte, an die es gewöhnt war. Die Natur macht keine Sprünge, auch nicht in Perioden nach Art des »Großen Sprungs nach vorn«.


## 2

### Die Religionskonflikte

»Warum«, fragte ich meine chinesischen Gesprächspartner des öfteren, »mag Ihr Regime — ebensowenig wie die Regierungen aller anderen kommunistischen Länder — die Religion nicht? Was haben Sie zu befürchten? Ihre Erfolge sind derart augenfällig; die Konkurrenz eines Kults könnte Ihnen nichts anhaben...«

Im allgemeinen erhielt ich stereotype Antworten auf diese Frage. »Die Religionsfreiheit wird durch die Verfassung garantiert. Wer eine Religion ausüben will, kann es tun. Wenn die verschiedenen Kulte so wenige Anhänger haben, dann eben deshalb, weil die Bevölkerung sie nicht wünscht«, diese und ähnliche Ausflüchte bekam ich zu hören.

Ein Intellektueller in Schanghai gab uns indessen keine ausweichende Antwort. »Die chinesische Revolution ist nicht das Werk von Amateuren. Sie richtet sich nicht an einen Teil des Individuums oder an einen Teil der Bevölkerung. Sie bemächtigt sich des ganzen Menschen und der Massen in ihrer Gesamtheit. Sie verlangt, daß man sich ihr vorbehaltlos hingibt. Es ist nicht möglich, gleichzeitig revolutionär und religiös zu sein. Das hieße an zwei verschiedene Religionen zu glauben.«

Die chinesische Revolution kann sich nicht mit einer zeitweiligen Leistung zufriedengeben oder mit Lippenbekenntnissen. Sie verlangt die Hingabe des Herzens. Das Studium der Schriften Mao Tse-tungs ist ein Kult, in den die Begeisterung mündet; ein Kult, der seinen Katechismus, sein Missale, seine Lieder, Priester und Prozessionen hat. Wie soll man seine Seele Gottheiten weihen, die einander ausschließen?


### *Heiligtümer außer Betrieb*

Überall, wo wir hinkamen, baten wir, die ein- bis zweihundert Jahre alten Pagoden besichtigen zu dürfen. Diese Kultstätten sind zu Totengedenkstätten geworden. Trauben von Kindern erwarteten uns unter dem Vordach, um uns bei unserem Besuch zu begleiten. Sie vergnügten sich damit, uns beim Hinauf- oder

Hinunterklettern der endlosen Treppen zu überholen. Diese Kinderscharen hatten die Plätze der Bonzen eingenommen.

»Was ist aus den Bonzen geworden?« fragten wir.

Die Antworten variierten, aber ihr Sinn blieb der gleiche: »Die Bonzen beiderlei Geschlechts wurden arbeitslos, weil das Volk nichts mehr mit diesem Aberglauben zu tun haben will. Also hat man ihnen eine andere Arbeit gegeben.« — »Sie werden umgeschult.« — »Sie machen eine Umerziehung durch.«

Man versicherte uns, daß manche Pagoden noch verwendet würden. Aber niemals war es uns möglich, eine solche Pagode zu sehen; westliche Ausländer, die sich in Peking aufhielten, hatten seit 1966 ebenfalls keine mehr gesehen.

Und doch, wie sehr hat der Buddhismus die Philosophie und Kunst Chinas geprägt! Traditionsgemäß blühten die Klöster, trieben Handel, bebauten ihre eigenen Ländereien mit Hilfe ihrer Leibeigenen, liehen Geld zu hohen Zinssätzen. Von Zeit zu Zeit säkularisierten die Kaiser, beeindruckt von diesem Reichtum und beeinflußt von den gebildeten Konfuzianern, welche die Macht dieses Glaubens fürchteten, die Klöster und versetzten die Bonzen in den Laienstand. Dann begann der Prozeß von neuem, wie bei den Agrarreformen.

Schon vor 1949 waren viele Pagoden außer Betrieb. Dennoch gab es weiterhin organisierte religiöse Gemeinden, wie das große buddhistische Kloster von Tschen-fu, das Lamakloster von Peking, die Tempel von Lojang. Bis zur Kulturrevolution konnten Diplomaten die Mönche besuchen; das zählte zu ihren Zerstreuungen. Jetzt scheint das alles vorbei zu sein: Zweitausend Jahre Religion, Kultur und Kunst ausgelöscht.

Auf dem Berg Fei Lai Feng (»die Spitze, die herbeigeflogen kam«) in der Provinz Tschekiang erhielten wir wenigstens einen Eindruck von einem der Hauptorte des Buddhismus. Die Gebäude des Tempels Ling Jin Si wurden mit viel Gold- und Ockerfarbe restauriert. Drei Buddhas aus vergoldetem Holz, davon einer neunzehn Meter hoch, strecken ihre riesigen Bäuche vor und betrachten die Besucher wohlwollend. Dagegen begrüßen uns die vier »Himmelswächter« am Eingangstempel mit drohend rollenden Augen. Alles wirkt brandneu. Hier und da ist eine Pagode oder Statue aus dem 10. Jahrhundert durch einen glücklichen Zufall den Zerstörungen und Restaurierungen entgangen. Das Regime bekämpft den Buddhismus, bewahrt aber die Meister der buddhistischen Kunst und zählt sie zu den »Schätzen des Volkes«.

Scharen von Chinesen kommen in dieses tote Kloster. Was suchen sie inmitten der grellbunten Malereien? Was erwarten sie sich von diesem Heiligtum ohne Seele, ohne Schönheit, ohne Andacht? Welche Geschichtslektion brüllen ihnen die in den Bäumen und Klosterhöfen hängenden Lautsprecher ins Ohr? Wahrscheinlich dieselbe wie jene lange Inschrift, die ausführt, daß »diese Tempel die Intelligenz und den schöpferischen Geist der Völker widerspiegeln«, aber daß »sie von den herrschenden Klassen, die das arbeitende Volk beeinflußten, um den Fortbestand ihrer Privilegien zu sichern, entworfen wurden«. Wenn China erwacht, wird der Buddhismus einschlafen...

Werden die Moscheen besser behandelt als die Pagoden? Man weiß so gut wie nichts von dem, was in Chinesisch-Turkestan vor sich geht. Die islamische Religion wird dort angeblich kaum unterstützt. Aber es gibt keine unmittelbaren Zeugenberichte, da diese Gebiete von Ausländern nicht betreten werden dürfen.

In dem Teil Chinas, der dem Besucher offensteht, im China der achtzehn Provinzen, kennt man nur zwei Moscheen, die eine in Peking, die andere in Tientsin. Und die stehen der ausländischen Kolonie in Peking zur Verfügung. Kein Chinese hat sie, so sagt man, seit der Kulturrevolution betreten. Im Januar 1972 kündigte die Presse indessen an, daß aus Anlaß des Aid El Kebir-Festes, in Anwesenheit mehrerer in Peking akkreditierter Diplomaten aus islamischen Ländern, in der Tungse-Moschee ein Gottesdienst abgehalten worden sei. »Chinesische Muselmanen« hätten dieser Zeremonie ebenfalls beigewohnt. Waren sie deshalb extra aus Sinkiang angereist?[6]

### Das Christentum: Eine Verletzung der Souveränität

Dennoch scheint keine andere Religion auf so methodische Art eliminiert worden zu sein wie das Christentum. Nicht nur, daß Kirchen oder Kapellen den chinesischen Christen nicht ständig offenstehen dürften, auch die westlichen Christen wurden nicht so gut behandelt wie die islamischen Diplomaten; sie konnten keine Messen besuchen.

Bis zur Kulturrevolution ließ diese oder jene westliche Botschaft einmal im Jahr heimlich einen Priester als privaten Gast nach Peking kommen. Er feierte die Weihnachts- oder Ostermesse in einer urchristlichen Atmosphäre. Die Gewalttaten der Kulturrevolution ließen die Gefahren dieser Praxis offenbar werden, so diskret sie auch geübt wurde. Der »Tourist« riskierte sein Leben, jedenfalls seine Freiheit.

In Peking, in Sian, in Schanghai und in Kanton baten wir darum, einer Messe beiwohnen zu dürfen. Dieser Wunsch brachte unsere Begleiter in Verlegenheit. Verschämt erklärten sie, daß sie sich erkundigen würden; sie kamen nicht mehr darauf zu sprechen; auf verschiedene Nachfragen hin erhielten wir schließlich zurückhaltende und kurz angebundene Antworten. Unser Sonntagsprogramm in Peking sei zu umfangreich; man würde sehen, vielleicht wäre es in der Provinz möglich. Die Kirche von Schanghai wurde gerade restauriert. Die Roten Garden hatten die Kapelle von Sian zerstört. In Kanton, als wir im Begriff waren, China zu verlassen, sagte man uns: »Wie schade, daß Sie nicht nach Peking zurückkehren, wir hätten eine Messe für Sie organisieren können.« Kurz, es schien, als besitze kein Priester die Erlaubnis, eine Messe zu feiern, nicht einmal ausnahmsweise, an einem Sonntag; nicht einmal in den Städten, die den Ausländern sonst durchaus zugänglich sind; und natürlich schon gar nicht in den anderen Orten.*

Die chinesischen Behörden scheinen den Kontakt zwischen chinesischen Christen und Ausländern deshalb besonders zu fürchten, weil sie die christliche Religion, vor allem den Katholizismus, als eine Verletzung der Souveränität empfanden. Die Kaiser, wie wir gesehen haben, wehrten sich dagegen, daß eine Kategorie ihrer Untertanen mehr oder weniger einer geistigen Autorität unterworfen wurde, die wiederum unter der Oberhoheit eines ausländischen Souveräns, des Papstes, stand. Im 16. und 17. Jahrhundert hatten sie die ersten Jesuiten freundlich empfangen, weil sie deren wissenschaftliche Kenntnisse schätzten; aber sie waren entrüstet, als sie erfuhren, daß ein bekehrter Chinese nicht mehr ihnen unterstehen, sondern den Anweisungen des Vatikans gehorchen sollte. In den sechziger Jahren kam es zu einer ähnlichen — nationalistischen — Reaktion gegenüber den Chruschtschow-Anhängern unter den Kommunisten, die verdächtigt wurden, allzu sowjetfreundlich zu sein: Auch sie waren, da sie von einer ausländischen Hauptstadt aus beeinflußt wurden, schlechte Chi-

* Unsere Anfrage nützte uns nicht, wohl aber anderen Besuchern. Einige Wochen nach unserem Aufenthalt konnte der italienische Abgeordnete Colombo einer Messe beiwohnen, sofort nachdem er darum gebeten hatte. Ebenso eine Delegation der Auslandskommission des französischen Parlaments. In beiden Fällen wurde der Gottesdienst von einem sichtlich »eingeschworenen« Priester in Gegenwart einiger frommer alter Frauen gefeiert, die allem Anschein nach für diese Gelegenheit herbeigeschafft worden waren. Am Ende der Messe sprach der Priester einige strenge Worte über die »reaktionäre Politik« des Vatikans, des »Verbündeten der Kuomintang und der Imperialisten«. Die Messe wurde lateinisch gelesen, nach der Liturgie, die vor dem Zweiten Vatikanischen Konzil üblich war. Die Änderungen des Konzils waren anscheinend nicht bis nach Peking gedrungen.

nesen. Man konnte diese »Vasallen des sowjetischen Imperialismus«, »diese Renegaten«, »diese Revisionisten im Solde Moskaus« ebensowenig dulden wie die »Knechte des Vatikans«.

### Nonnen werden bespuckt

Die Kulturrevolution beschleunigte die allgemeine Entwicklung. Bis 1966 konnten sich die chinesischen Priester auf einen Bischof stützen. Es schien, als würde ein chinesisches Christentum geduldet, unter der Bedingung, daß es vom Vatikan getrennt sei. Die ausländischen Missionare und Nonnen waren, von ganz wenigen Ausnahmen abgesehen, verjagt oder gefangengesetzt worden. Es sah aus, als würde die chinesische Nationalkirche, wie die russisch-orthodoxe oder die katholische Kirche Polens, in eine Periode der Isolation geraten, in der nicht der Kult direkt angegriffen wurde, sondern nur die Verbindungen der Kirche mit dem Ausland.

Aber die ersten Massenkundgebungen der Kulturrevolution entwickelten, ohne irgendwelche xenophobe Vorwände, eine brutale antireligiöse Kampagne. Die wenigen noch geöffneten Kirchen wurden gestürmt und geplündert; der Schmuck, Kruzifixe, heilige Gefäße und Kultgegenstände wurden geraubt oder vernichtet. Das einzige Kloster, das es noch gab, das der Klarissinnen, wurde besetzt. Die Nonnen wurden hinausgeworfen und öffentlich verhöhnt, geschlagen, bespuckt; die ausländischen Schwestern vertrieb man nach Hongkong; eine davon starb am Tag ihrer Ankunft. Die dreiunddreißig chinesischen Nonnen blieben in China; was aus ihnen geworden ist, weiß man nicht.

Aber das war noch nicht alles. Der kleine christliche Friedhof der ausländischen Kolonie wurde geschändet, Soldatengräber wurden zerstört. Vor allem auf die Kreuze hatte man es abgesehen: sie wurden völlig zertrümmert. Die Mauern in Peking wurden mit Photomontagen beklebt, die an jene der antireligiösen Museen der Sowjetunion erinnerten. Anschuldigungen gegen die Römische Kirche wurden erhoben: Sie hätte »Waisenmädchen« als Konkubinen und Dienerinnen an Grundbesitzer verkauft; Nonnen hätten »die ihnen anvertrauten Waisen mißhandelt«, »Missionare unterstützten die europäischen Imperialisten«...

Vermengt sich da nicht die Geschichte der Christen in China mit der Chronik der Haßausbrüche, zu denen ihre Anwesenheit geführt hatte? Die entfesselten Massen knüpften während der Kulturrevolution wieder an eine alte Tradition an. Das Massaker der Missionare in Tientsin im Jahr 1870 und der Boxeraufstand von 1899 waren vor allem auf Xenophobie zurückzuführen. Die nichtchristlichen Chinesen konnten es nicht ertragen, daß die chinesischen Christen von den Missionaren derart beschützt wurden. Sie mißbilligten das Prinzip der christlichen Nächstenliebe nicht, empfanden es jedoch als Demütigung, daß es in China von Fremden geübt wurde, und zwar mit Vorliebe Glaubensgenossen gegenüber. Manche weigerten sich, an die Praxis der christlichen Nächstenliebe zu glauben. Macartney hatte bereits beobachtet, daß es gefährlich war, einen Verwundeten mit nach Hause zu nehmen, um ihm das Leben zu retten; der Verletzte brauchte nur, trotz der aufopfernden Pflege, zu sterben, und der gute Samariter war sofort der Schuldige. Die Nonnen, die nach 1949 hartnäckig die Pflege der an der schrecklichen Augenkrankheit, dem Trachom, erkrankten Kinder fortsetzten, konnten dafür nur ganz schaurige, unaussprechliche Motive haben. Die Missionare, das war klar, probierten an den chinesischen Kindern ausländische Medikamente aus, oder stachen ihnen die Augen aus, um daraus Heilmittel herzustellen ... Und in den Jahren nach dem Sieg Mao Tse-tungs füllten sich die Gefängnisse mit Missionaren, chinesischen Priestern, Nonnen, und selbst protestantischen Geistlichen. Das war einer der Hauptgründe für die Weigerung der westlichen Länder, das neue Regime anzuerkennen.

### Sind die chinesischen Priester besser gerüstet als die ausländischen?

Wie viele ordnungsgemäß geweihte Priester sind der Gefangenschaft oder Deportation entgangen? Feiern sie heimlich die Messe, wie die ersten Christen in Rom? Diese Fragen sind schwer zu beantworten.

Auf dem chinesischen Festland zählte man drei Millionen getaufte Katholiken. Wahrscheinlich hat diese Kirche überlebt, in sich selbst zurückgezogen, aber sie verlöscht allmählich, wie das Feuer unter der Asche, das nur noch ab und zu aufflackert. Es wäre erstaunlich, daß Gläubige nicht das Bedürfnis verspüren sollten, ihren Kult trotz der Gefahr auszuüben; es wäre aber noch erstaunlicher, wenn ein Klerus ohne Oberhaupt, ohne Kontakt mit der Außenwelt, eine Zielscheibe für Denunzianten, große Strahlkraft besäße oder sich lange behaupten könnte.

Wahrscheinlich versuchten viele chinesische Katholiken sowohl als gute Christen als auch als gute Kommunisten zu leben. In den Jahren nach der Befreiung hatte sich eine gewisse Annäherung, Verbindung zwischen den Christen und der Revolution entwickelt. Zahlreiche vertrauliche Berichte zeugen davon, wie zum Beispiel dieser einer Mutter Oberin aus dem Jahr 1956: »Dem Volk geht es besser als früher, unbestreitbar, man sieht es schon daran, daß die Almosen reichlicher eingehen; die Gläubigen empfinden keinerlei Unvereinbarkeit zwischen einem sozialistischen China und der katholischen Religion.«[7] Viele chinesische Katholiken anerkannten den wirtschaftlichen Fortschritt und wollten gern dazu beitragen, ohne jedoch ihren Glauben aufzugeben.

In der Zwischenzeit hat sich die Situation grundlegend geändert. Der Kommunismus braucht die Unterstützung der Christen nicht mehr. Er ist stark genug, ohne sie auszukommen, ja sie zu dezimieren, indem er den chinesischen Klerus und die Masse der Gläubigen dafür bestraft, daß sie Tschiang Kai-schek auf Anweisung der Bischöfe und Kardinal Tiens bis zuletzt unterstützt haben — und noch darüber hinaus . . .

Muß man von Verfolgung sprechen? Ein chinesischer Priester, der sich außerhalb Chinas niedergelassen hat, beschwor mich, dieses Wort nicht zu gebrauchen: »Wer Verfolgung sagt, sagt Martyrium. Es gibt keinen Märtyrer in China. Es gibt einen Konflikt zwischen Kirche und Staat. Die Kirche hat sich auf Anordnung ihrer Bischöfe gegen die Errichtung dieses Staates politisch engagiert, und der Staat läßt sie nun teuer dafür bezahlen. Nein, nein, Verfolgung ist das keine . . .«

Der Richter versicherte Van Coillie, der im gleißenden Licht einer Lampe einvernommen wurde: »Das souveräne Volk sperrt keine Priester ein. Wir verhaften nur Volksfeinde und Spione. Aber einen wie dich, der gegen das Volk und gegen die Regierung gearbeitet hat, den sehen wir nicht mehr als Priester an, sondern als Reaktionär. Verstanden?«[8]

### Vatikanische Diplomatie

Hätte diese Kirche, die, wie ein Christ aus dem Westen beklommen feststellen muß, unter ihrer eigenen Asche erstickt, eher überleben können, wenn der Heilige Stuhl sofort ihren nationalen Charakter anerkannt hätte?

Man darf es annehmen, wenn auch nicht mit Sicherheit behaupten. Die Lösung der religiösen Frage in China — das kann man immer wieder feststellen — wurde durch das Problem des Gehorsams Rom gegenüber und die Existenz von Kongregationen, die ihren Sitz in Rom oder Paris hatten, stark beeinträchtigt. Seit dem 16. Jahrhundert hat die chinesische Kirche, dem Papst stets unmittelbar untergeordnet, ihren lateinischen Charakter gewahrt, denn der Heilige Stuhl gestattete nicht, daß der katholische Ritus von chinesischen Traditionen, Sitten oder Gesängen durchdrungen werde. Und noch mehr — sie konnte sich nur im gleichen Tempo und Umfang entwickeln wie die koloniale Ausbreitung.

Als die chinesischen Bischöfe versuchten, eine chinesische Nationalkirche zu schaffen, um sich mit dem kommunistischen Staat arrangieren zu können, sprach der sonst so aufgeschlossene Johannes XXIII. von Schisma. Und die Diplomatie des Vatikans scheint sich seit 1949 nach jener Washingtons gerichtet zu haben.*

Müssen die drei Millionen Christen des kontinentalen China dafür bezahlen, daß die Vorliebe des Vatikans dem Taipeh-Regime gilt? Der Abbé Louis Wei Tsing-sing etwa glaubt daran.[9] In den Augen dieses Priesters, der, ohne beim Vatikan in Ungnade gefallen zu sein, die Kontakte mit dem kommunistischen China aufrechthielt, könnten die Christen in China gerettet werden, würde der Vatikan auf die Unterstützung der nach Taipeh Emigrierten verzichten und das kommunistische Regime anerkennen. Würden die chinesischen Katholiken dann von ihrer Regierung nicht mehr für Vaterlandsverräter gehalten werden? Das ist mehr als ungewiß; aber vielleicht wäre es doch eine Chance für diese christliche Gemeinde, dem langsamen Erstickungstod zu entrinnen.

### Das verlorene Schaf

Neigen die Christen des Westens dazu, dem Problem der religiösen Freiheit in China unverhältnismäßig große Bedeutung beizumessen?

Drei Millionen Getaufte unter 800 Millionen Chinesen; das heißt, 0,4 Prozent, während man in einem so entchristianisierten Land wie Frankreich — einem »Missionsland« — 80 Prozent zählt. Wie viele von diesen Getauften leiden darunter, ihre Religion nicht frei ausüben zu können? Stellt ein Problem, das kaum einen Chinesen unter tausend betrifft, ein Problem für ganz China dar? Zählt es überhaupt im Vergleich zum Fortschritt der Revolution? Unsere chinesischen Gesprächspartner, die so stolz darauf sind, daß man nun zweimal im Jahr Reis erntet und den dreifachen Ertrag an Weizen erzielt, verstehen unser geradezu besessenes

---

* Es ist richtig, daß die vatikanische Diplomatie seit 1965 etwas nuancierter geworden ist (Rede Pauls VI. vor den Vereinten Nationen, Botschaft an Mao im Jahr 1966).

Interesse am Statut einer winzigen katholischen Minderheit nicht. Ein Christ wird antworten, daß es dabei nicht um das Statut einer Minderheit geht, sondern um die Verkündigung der Ankunft Christi am leeren Himmel Chinas: Ein einziges verlorenes Schaf, das der Herde wieder zugeführt wird, zählt mehr als die neunundneunzig anderen ... Ein maoistischer Chinese wird antworten, daß er dieser Logik nicht folgen kann.

Ist das Problem der Religionsfreiheit für ein Volk, in dem die Freiheit des Denkens, Redens und Handelns eine Selbstverständlichkeit ist, dasselbe für ein Volk, das gerade das Feudalzeitalter hinter sich hat, für ein Volk, dem die freie Wahl einer Weltanschauung sinnlos erscheint? Gedankenfreiheit gab es bei uns im Zeitalter der Kreuzzüge kaum. Und befaßt sich die katholische Kirche in den Ländern, wo sie noch Staatsreligion ist, mit der Freiheit der anderen Religionen?

Von allen Religionen ist der Katholizismus vielleicht diejenige, die China am fremdartigsten, seiner Kultur am wenigsten angepaßt erscheint. Wie hätte dieses Volk, das sich für das älteste, zivilisierteste und größte der Welt hält, eine Religion annehmen können, mit der es durch keine Tradition verbunden ist? Ohne eine entsprechende Anpassung scheint das chinesische Christentum zum Aussterben verurteilt zu sein.

Könnte es dem schrecklichen Druck eines Systems standhalten, das jeden zwingt, sich ihm uneingeschränkt anzuschließen? Es stimmt, daß in Nagasaki japanische Christen, die in den Zeiten des hl. Franz Xaver bekehrt worden waren und keinerlei Kontakt mit der Außenwelt hatten, das Geheimnis ihres Glaubens vom 17. bis ins 19. Jahrhundert bewahrten ...


3

Der Anfang der Weisheit

*Ein Radfahrer fährt bei Rot über die Kreuzung*

Der Beamte, der die Kreuzung überwacht — grüne Uniform, die Mütze tief in die Stirn gedrückt —, läßt sein Pfeifsignal ertönen. Ein Pekinger Radfahrer ist soeben bei Rot losgefahren: Er dreht sich verstohlen um, tritt dann hurtig in die Pedale. Neuerliches Pfeifen. Bevor der Radfahrer noch einen Meter weitergekommen ist, werfen sich ihm Fußgänger entgegen, zwingen ihn, abzusteigen, umringen ihn feindselig und warten, bis der Polizist kommt. Der sagt ein Wort, in einem viel maßvolleren Ton, als es die drohende Haltung dieser von gutem Willen beseelten Helfer hätte erwarten lassen. Er selbst teilt die Menge und fordert den Radfahrer auf, weiterzufahren. Keine Diskussion, keine Ermahnung. Die Situation wird wie durch Zauberei bereinigt, so rasch, wie sie entstanden ist. Der Militärpolizist begibt sich wieder auf seinen Posten; gerade, daß er in seinem Notizbuch eine kleine Anmerkung macht.

Am nächsten Morgen, in dem Augenblick, in dem der unvorsichtige Radfahrer zu seiner Arbeit in die Weberei fahren will, besucht ihn ein Mitglied des Revolutionskomitees seines Wohnblocks. In strengem Ton wirft ihm der Funktionär den dummen Streich des Vortags vor und hält ihm eine lange Strafpredigt. Es ist schlimm, bei Rot in die Kreuzung zu fahren. Es ist schlimm, nicht gleich dem ersten Pfeifsignal zu gehorchen. Es ist schlimm, den Zorn der breiten Massen, die vom revolutionären Geist des Denkens Mao Tse-tungs beseelt werden, auszulösen. Und noch schlimmer ist es, sich über die Tragweite seines Benehmens keine Rechenschaft zu geben.

Der Radfahrer windet sich. Er wird zu spät kommen. Die Verspätung wird alles noch schlimmer machen, und er erkennt die lawinenartigen Folgen seines Handelns. Als der Funktionär des Revolutionskomitees ihm endlich gestattet, wegzufahren, hat unser Radfahrer, immer verdutzter, begriffen, daß die Kette der Unannehmlichkeiten für ihn erst begonnen hat. Er kommt eine halbe Stunde zu spät in seine Fabrik und wird von seinem Vorarbeiter zur Rede gestellt. Kaum hat er seine Erklärung vorgebetet, muß er sein Benehmen vor dem Revolutionskomitee der Fabrik rechtfertigen: er wird getadelt wegen seiner Verspätung, wegen der Ursache für seine Verspätung, wegen des Schadens, den er auf diese Weise der Produktion des Unternehmens zufügt, wegen der Schande, die er über den guten Ruf der Fabrik bringt.

In den folgenden Tagen nimmt der Alptraum noch ärgere Formen an. Ein Mitglied des Revolutionskomitees des Viertels und ein Parteifunktionär erscheinen, um ihn zu verwarnen. Vor seinen Arbeitskollegen, seinen Wohnungsnachbarn muß er Selbstkritik üben, bei der er energisch »unterstützt« wird.

Diese wahre Geschichte, die einer Erzählung Kafkas ähnelt und sich im Jahr 1967 in Peking ereignet hat, wurde mir von einem Augenzeugen berichtet. Tausende ähnlicher Fälle spielen sich wahrscheinlich täglich ab. Das Land ist in kleine Planquadrate unterteilt. Alle Chinesen werden identifiziert, erfaßt, aus nächster Nähe beobachtet. Wenn Gefangene entlassen werden, kontrolliert man sie ebenso streng wie in der Haft. Vom geschlossenen Gefängnis zum offenen, vom offenen Gefängnis zur überwachten Freiheit — das sind nur Schritte. Niemand in China kann dem System entschlüpfen.

### Die Verpflichtung zum Schnüffeln

Jedesmal, wenn einer von uns skeptisch dreinsah, sobald er von offizieller Seite die erstaunlichsten Behauptungen über die Tugend der Chinesen zu hören bekam, fiel mir das Beispiel des Radfahrers ein.

Niemand raucht mehr Opium? Es gibt wirklich keine Prostituierten mehr in China? Keinen Ehebruch? Die Männer enthalten sich bis zum dreißigsten Lebensjahr jeglicher sexueller Beziehung, die Mädchen bis zum fünfundzwanzigsten; sie pflegen eine solche Beziehung überhaupt erst in der Ehe? Wie soll man das glauben?

»Sie sind fehlerlos. Sie werden vom Gewissen der Massen geleitet. Wären sie im Begriffe, der Versuchung nachzugeben, dann wissen sie, daß ihnen rasch geholfen würde.«

»Geholfen — wie?«

»Von den Nachbarn. Von den Arbeitskollegen. Von den Funktionären der Revolutionskomitees der Unternehmen oder des Viertels.«

»Und jene, die sich nicht erwischen lassen?«

»Das war während der Wirren der Kulturrevolution möglich, aber in normalen Zeiten gibt es das nicht.«

»Kann es nicht vorkommen, daß sich eventuelle ›Sünder‹ Komplicen sichern? Hat nicht jeder das Interesse, Stillschweigen zu wahren, um selbst einmal davon zu profitieren?«

»Es wäre theoretisch möglich. Aber inmitten dieser Leute ist immer einer, der das Schweigen bricht. Und die Volksmassen werden ebenso streng gegen diejenigen vorgehen, die geschwiegen haben, wie gegen jene, die Verfehlungen gedeckt haben.«

So lautet die offizielle Version. Sicherlich gibt es auch in China, wie anderswo, Wege, die strengsten Vorschriften zu umgehen. Nur ist es dort schwieriger als anderswo. Wahrscheinlich riskiert ein Student, der Beziehungen zu einer Studentin unterhält, ein Mann, der seine Frau betrügt, einer, der wieder opiumsüchtig wird, eine Prostituierte, die ihre Tätigkeit wiederaufnehmen will, sehr viel. Hier liegt der Anfang aller Weisheit. In China braucht man weder viele Gendarmen noch eine allmächtige Staatspolizei wie in den anderen kommunistischen Ländern. Hier ersetzt das »Gewissen der Massen« den NKWD.

Wurde die Tugend des Denunzierens erst in der chinesischen Volksrepublik geübt? Im antiken Athen war die Praxis des Schnüffelns, die *Menysis* (Platon, Thukydides und Demosthenes beschreiben sie in Ausdrücken, die sich leicht auf das China Mao Tse-tungs übertragen lassen), einer der Grundpfeiler der Demokratie. In den Klostergemeinschaften ist jeder Insasse verpflichtet, dem Vorsteher jede Verfehlung, deren Zeuge er — auch indiskreterweise — wurde, zu hinterbringen. Diese Verpflichtung wird seit Jahrhunderten getreulich befolgt — besonders in den Frauenklöstern; während der Kapitelsitzungen werden diejenigen Ordensschwestern oder -brüder, die zögern, sich selbst ihrer Fehler anzuklagen, von ihren Mitschwestern oder -brüdern großzügig »unterstützt«.

Hat es jemals eine Tugend auf der Basis der Freiwilligkeit gegeben? Kann man sich vorstellen, daß man, würden sämtliche Zwänge abgeschafft und wäre keinerlei Überwachung mehr zu befürchten, ganz selbstverständlich gut wird? Gab es jemals eine tatsächlich existierende Gesellschaft, welche die glückseligen Prinzipien Jean-Jacques Rousseaus bestätigt hätte? Es ist eigenartig, daß man sich ausgerechnet auf Mao oder Freud beruft, um die »Spontaneität« der Instinkte zu rechtfertigen. Die maoistische Gesellschaft ist tugendhaft, aber es handelt sich um eine kollektive Tugend. Freud, den man rückwirkend als einen Initiator der »Toleranzgesellschaft« hinstellen möchte, beweist in seinem Werk zur Genüge, daß es keine Gesellschaft ohne Repression gibt: »Unendlich viele Kulturmenschen, die vor Mord oder Inzest zurückschrecken würden, versagen sich nicht die Befriedigung ihrer Habgier, ihrer Aggressionslust, ihrer sexuellen Gelüste, unterlassen es nicht, den anderen durch Lüge, Betrug, Verleumdung zu schädigen, wenn sie dabei straflos bleiben können.«[10]

Die chinesischen Philosophen der »Schule der Gesetze«, Zeitgenossen Alexanders des Großen, sagten nichts anderes: »Der Mensch ist von Natur aus schlecht. Man muß ihn überreden, wenn man kann; ist das nicht möglich, muß man ihn zum richtigen Handeln zwingen.« Er ist nicht fähig, sich aus freien Stücken so zu benehmen, wie es die Gesellschaft erfordert. Er muß sich dem Druck der Gruppe beugen: »Die Menschen werden in Gruppen geteilt, in denen die eine für die andere verantwortlich ist, und sie werden zur gegenseitigen Denunziation ihrer Verbrechen angehalten; tun sie es nicht, werden sie mit der gleichen Strafe bestraft wie der Kriminelle.«[11]

Es wurden also bereits im »klassischen« China die verschiedenen Gruppen der Chinesen aufgefordert, sich gegenseitig zu be-

spitzeln und anzuzeigen (es stimmt allerdings, daß die Familien-
clans, die das Individuum abschirmten, selbst beinahe alle Ver-
stöße regelten, was den Absolutismus des politischen Systems
erheblich milderte). Macartney hatte diese Praktiken bereits bemerkt: »In China gibt es eine Einrichtung, die es verdient, erwähnt
zu werden ... Jeder zehnte Kaufmann ist für das Benehmen neun
benachbarter Familien verantwortlich, in den Angelegenheiten,
die zu überwachen ihm möglich sind.«[12] Warum sollten die chinesischen Behörden diese traditionelle Methode aufgeben, wo sie
jetzt doch nützlicher ist als jemals zuvor? Stellt sie nicht das
wirksamste Mittel dar — und vielleicht das heuchlerischste —, ein
Reich von 800 Millionen Menschen zusammenzuhalten, und das
während einer geradezu schwindelerregenden Umwandlung?

Das Gewissen bleibt stumm dem Schicksal des Besiegten gegenüber, der Grausamkeiten ausgeliefert ist. Denn zur Rechtfertigung
der destruktiven Aggressivität nimmt man religiöse Argumente
zu Hilfe: die Opfer sind vom Teufel besessen und haben nichts
mehr von Menschen an sich. Die Revisionisten werden wie Hunde
behandelt. Die Hunde aber sind aus China verschwunden, auf
Befehl. Wie sollte man Skrupel haben, auch die »Revisionisten-
hunde« zu beseitigen? Es sieht so aus, als sei das moralische
Gewissen der »Gläubigen« Mao Tse-tungs »umgekehrt« worden.

## Wie die Chinesen diese Praktiken ertragen

Wer wollte jedoch behaupten, daß dieses System schmerzlos
funktioniert? In Wuhan sehen wir eine grauhaarige Frau mit
feinen Zügen — sie beugt sich aus dem Fenster, während wir unten
auf der Straße vorbeifahren, und ihr Blick hat etwas Verzweifel-
tes. In Kanton beantwortet eine junge Frau meine Frage durch
die Vermittlung des Dolmetschers, sie blickt mich starr an, mit
einer stummen Bitte; ihre Augen scheinen zu sagen: »Ich würde
gern mit Ihnen sprechen, aber Sie sehen ja, es geht nicht, mit
diesem Dolmetscher und meinen Kollegen, die mir zuhören.«
Soviel unausgesprochene Angst — wirkliche oder eingebildete. Die
tausend Heimlichkeiten, von denen jeder Weg gezeichnet ist,
trotz der Türen, die sich öffnen, oder vielleicht gerade deshalb.
Begleiter, die kein einziges Wort von sich geben, das sie nicht
vor ihrem Vorgesetzten wiederholen könnten. Aber von Zeit
zu Zeit scheinen Blicke Vertraulichkeiten widerzuspiegeln, und
Schweigen Geständnisse ...

Daraus folgt nicht, daß die Massen dem Regime feindlich
gegenüberstehen — einem Regime, das ihr Leben umgewandelt

hat ... Durch Jahrhunderte waren sie an eine Unterwürfigkeit gewöhnt, die an Sklaverei grenzte; die unbeugsame Strenge des Systems muß ihnen sanft erscheinen im Vergleich zur Bedrückung durch die Feudalherrschaft. Aber die Chinesen, die den privilegierten Klassen angehörten, oder jene, die Gelegenheit hatten, Vergleiche mit dem Ausland anzustellen, dürften wohl still ihren Kummer in sich hineinfressen. Und wer könnte den Vertreter des Straßenrevolutionskomitees ohne weiteres ertragen, eine Art »Parteihauswart«, der jedes Kommen und Gehen beobachtet, nach Opiumrauch schnüffelt, unter dem geringsten Vorwand überall eindringt; feststellt, daß das Mao-Bild nicht über dem Bett hängt, der Polizei verdächtige Besucher meldet, im Krankheitsfall jedoch Hilfe bringt — ein Funktionär, der Schutzengel im Notfall, Denunziant und Fanatiker gleichzeitig ist?

## Hat der Begriff Freiheit in China einen Sinn?

Freiheit? Zahlreiche chinesische Intellektuelle haben sich gefragt, ob es sich dabei nicht um einen westlichen Begriff handle, der für China völlig bedeutungslos sei. In einer bewundernswerten Schrift hatte Sun Yat-sen 1924 auf diese Frage geantwortet: »Seitdem diese Idee der Freiheit in China eingedrungen ist, gelang es bis jetzt nur Gelehrten durch lange Nachforschungen, sie zu verstehen. Wenn wir mit einem Bauern über Freiheit reden, mit einem Mann auf der Straße, dann hat er keine Ahnung, was man meint. Freiheit hat nur für denjenigen Bedeutung, der sie im Ausland studiert hat, oder vielleicht noch für jene, die sich für die europäische oder amerikanische Außenpolitik interessieren und dieses Wort ständig hören oder lesen. Aber auch sie wissen im Grunde nicht, was das ist, Freiheit.«[13]

Man versteht nur, was man durch Erfahrung kennengelernt hat: Hat die Liebe für jemanden Sinn, der sie nie erlebt hat? Die Chinesen fühlen den Entzug der Freiheit nicht so wie die Menschen im Westen, weil sie sie niemals wirklich genossen haben. Freiheit ist für sie ein Luxus, zu dem nur diejenigen Zugang haben, die unter dem Existenzminimum leben.

Diese Absage an die Freiheit ist jedoch etwas zweideutig. Zwanzig Seiten weiter nämlich behauptet der »Vater des Vaterlandes« paradoxerweise, daß es in China nicht an Freiheit fehle, sondern im Gegenteil zuviel davon gebe: »Europa brauchte die Revolution, um die Freiheit zu erobern, deren es beraubt worden war. Wir anderen wollen die Revolution, weil wir daran kranken, zu frei zu sein.«[14]

Sind das widersprüchliche Gedanken? Bis zur Revolution lebte China ohne inneren Zusammenhalt dahin, unfähig, dem Druck von außen standzuhalten, in einem an Anarchie grenzenden Fatalismus. Es war wie ein anorganisches, unkontrollierbares Magma; China litt unter einem Überfluß an Freiheit, selbst wenn die Ausübung der persönlichen Freiheiten durch die Befehlsgewalt des Kaisers, der Feudalherren und durch die Bürokratie eingeschränkt war. Die Geschichte zeigt uns, daß die Freiheit meist nicht dieser schmale, aber bequeme Weg war, den einige liberale, entwickelte Gesellschaftssysteme zwischen Despotie und Anarchie bahnten, sondern eher ein zweifelhafter Fluchtweg, den sich die Menschen in dem am weitesten verbreiteten politischen System der Welt schaffen: Despotie, durch Anarchie kompensiert — ein Despotismus, der um so brutaler und grausamer ist, als er improvisiert ist. Den Chinesen erschienen die Freiheiten, wie das Christentum oder der Handel, als eine Idee des Westens, also tadelnswert. Sie wurden vom chinesischen Nationalismus weggefegt, einem Nationalismus, der seinen Erfolg einer fehlerlosen kollektiven Organisation verdankt und sich dieses Umstands auch bewußt ist. China hat auf die individuelle Freiheit zugunsten der kollektiven verzichtet. Auch hier hat Mao getan, was Sun Yat-sen predigte: »Um die Fremdherrschaft zu brechen, muß die Freiheit jedes einzelnen vernichtet werden. Wenn wir diesen Begriff der Freiheit auf das Individuum anwenden, werden wir wieder verstreute Sandkörner. Man muß ihn auf die Nation ausdehnen. Das Individuum muß seine Freiheiten opfern, während die Nation vollständige Freiheit erlangen muß.«[15]

Wenn die Chinesen ein Regime ertragen — ein Regime, unter dem sie nicht leiden —, dann aus Patriotismus. Ihre Führer sind überzeugt, daß eine Lockerung der eisernen Disziplin, die über China herrscht, die Dosis der »individuellen Freiheiten« erhöhen würde. Wenn man die Bemühungen der Nation um die wirtschaftliche Entwicklung und den inneren Zusammenhalt schwächen würde, bestünde Gefahr, daß sie wieder in einen semikolonialen Zustand gerät und von den reichen Ländern ausgebeutet wird. In dem Prozeß der Verarmung und Entfremdung, der folgen würde, verlöre China neuerlich seine »kollektive Freiheit«. Würde es die individuelle gewinnen?

Diese Beweisführung hat ihre Stärken. Man könnte einwenden, daß der Preis hoch ist. Und sehr oft gewinnt man den Eindruck, daß dieser Gegensatz zwischen kollektiver und individueller Freiheit absichtlich übertrieben wird. Aber ist es an uns, an Stelle der Chinesen zu antworten?

# 23

## Die Gebeugten

### 1

### Umschulung des Denkens

»Ich habe mich geirrt. Ich habe revisionistisch gehandelt, ohne es zu wissen. Ich habe mich von bourgeoisen Genüssen verführen lassen. Die Kritik der Massen hat mir die Augen geöffnet. Ich mußte eine harte Schule, eine harte Umerziehung durchmachen. Heute habe ich meinen Irrtum eingesehen.«

Dieser Refrain, den wir so oft gehört haben, ist eine Variation über eine alte Doktrin, die, wiewohl sie in der Geschichte des chinesischen Volkes nicht maßgeblich ist, immer wieder auftaucht: Das Individuum selbst ist nicht fähig, zu erkennen, was ihm guttut. Es muß der Linie folgen, die ihm angegeben wird. Sucht es seinen persönlichen Weg, gerät es zwangsläufig in die Irre. »Wollte man warten«, sagte im 3. Jahrhundert v. Chr. Han Fei-tse, ein Meister der »Schule der Gesetze«, »bis man ein von Natur aus gerades Stück Holz gefunden hat, dann könnte man in hundert Generationen keinen Pfeil machen. Wollte man warten, bis man ein von Natur aus zum Kreis gebogenes Stück Holz findet, dann könnte man in hundert Generationen kein Rad anfertigen. Und dennoch besteigt man seit Generationen Wagen und jagt mit dem Bogen. Wie ist das möglich? Es ist möglich, weil die Kunst des Gerademachens und des Biegens angewendet wurde.«[1] Die Kunst des Geraderichtens und des Biegens von Seelen ist in China so alt wie die Welt.

»Es ist besser, die Ideen sterben zu lassen als die Menschen«,* behauptet vor einem reich gedeckten Tisch ein leitendes Mitglied des Revolutionskomitees der Provinz Kiangsu; der Mann sieht aus, als verstünde er zu leben. Unsere Tischnachbarn, Chinesen

---

* Außer Han Fei-tse und anderen Rechtsgelehrten muß hier auch Mo-tse erwähnt werden, von dessen Gedanken- und Wertwelt sich so viel bei Mao wiederfindet: Askese und praktische Theologie, theoretischer Pazifismus und übertriebener Militarismus, Mißtrauen Kunst und Wissenschaft gegenüber, eine Technik, »die Ideen sterben zu lassen«.

und Franzosen, stimmten begeistert zu. Wie sollte man einem so vernünftigen Prinzip nicht Beifall zollen?

Und doch, es ist ein schrecklicher Satz. Wenn die Menschen nun in und durch ihre Ideen lebten? Wenn diese Ideen in ihnen, in ihrem Fleisch und Blut verwurzelt wären? Wenn man sie, diese Menschen selbst, tötete, indem man die Ideen tötet, die ihrem Leben erst Sinn verleihen?

Letzten Endes weiß man nicht, was bei dieser Haltung vorherrscht, die Verachtung der Ideen (wobei dem Leben der Vorzug gegeben wird), oder die Verachtung des Individuums (zum Nutzen der Gruppe). Muß man sagen: aus Verkennung des Individuums? Nein: Das chinesische Beispiel zeigt wieder einmal die Elastizität des Menschengeschlechts. China ist vielleicht das erste Land mit einem sozialen System, das von jedem einzelnen nicht nur Gehorsam, sondern auch Anhänglichkeit forderte und das die Mechanismen, die diese Anhänglichkeit erzeugen und bewahren, so vollkommen auszubilden vermochte, daß die Verpflichtung zum Gehorsam zurückgestellt werden kann.

Wenn Knechtschaft freiwillig ist, handelt es sich da noch um Knechtschaft? Wo steckt da der freie Wille? Wir kennen oder ahnen den ungeheuren und ständigen Druck, der auf das Gewissen der Menschen ausgeübt wird.

Seit der »Säuberungskampagne gegen die Konterrevolutionäre« von 1949 bis 1954 scheinen die chinesischen Kommunisten keine systematischen Liquidationen vorgenommen zu haben, die mit jenen vergleichbar wären, vor denen Stalin und seine Leute lange nach der Errichtung des Regimes nicht zurückgeschreckt waren. Sie schonen Menschenleben, weil sich das auf das Denken der Menschen günstiger auswirkt. Besonders die Intellektuellen scheinen sehr oft den Massenbestrafungen entgangen zu sein, die vor allem die »Grundbesitzer« und »Kriegsverbrecher« trafen. Sie wurden zunächst für das Regime gewonnen und erst später Opfer wechselhafter und harter Umerziehungskampagnen.

Auch in diesem Fall führt das maoistische Regime eine chinesische Tradition bis ins Letzte durch. Heute wie vor zweitausend Jahren wird jeder aufgefordert, »sich entschlossen gegen den Feind in seinem Inneren zu wenden«. Die Selbstkritik kann sich in Krisenzeiten in Selbstanklage verwandeln, gefolgt von Ausschluß, Verhaftung, ja Hinrichtung, wenn notwendig — was aber, so scheint es, selten vorkommt. Nach dem Bruch von 1960 zögerten die Sowjets, durch die Entstalinisierung von ihrem schlechten Gewissen befreit, nicht, Mao »seelischer Grausamkeit« zu bezichtigen, und Hantschou, Maos Lieblingsaufenthalt an den blühenden

Ufern des Westsees, mit dem Capri eines neuen Tiberius zu vergleichen.

In Wirklichkeit sieht es so aus, als habe Mao — weit entfernt von den täglichen Verpflichtungen, die die Macht mit sich bringt — die Nachfolge des Kaisers als Hüter der Doktrin angetreten, gestützt auf ein umfangreiches Bespitzelungs- und Strafsystem zu deren Reinerhaltung.

### »Lieber die Gaskammer«

Keinem Funktionär, Arbeiter, Bauern, Angestellten oder Intellektuellen Chinas dürfte es entgangen sein, daß er sich in einem Zustand fortwährender Umerziehung befindet.

Wenn jemand in den Produktionseinheiten anläßlich einer der rituellen Sitzungen vergißt, sich selbst zu beschuldigen, tun es andere für ihn. Kollegen, die einen Fehler nicht melden, machen sich zu Komplicen des Irrenden. »Sie helfen ihrem Kameraden, seine Fehler zu erkennen, und, wenn nötig, den rechten Weg wiederzufinden«, sagte mir einer unserer Begleiter. Verharrt der Betreffende in seinem Irrtum, dann prangern ihn die anderen so lange an, bis er schließlich erklärt:

»Ich erkenne das Ungeheuerliche meiner Fehler. Dank euch sehe ich nun klar. Ich habe mich auf den Weg der Bequemlichkeit und der Rückkehr in die Vergangenheit locken lassen. Ich ermesse die Bedeutung des Schadens, den ich unserer Arbeitsgemeinschaft verursacht habe. Ich habe verstanden, welche Straße ich einschlagen muß. Ich werde mich, unter der Aufsicht des Revolutionskomitees, bemühen, mein Denken zu reinigen, um mich des Vorsitzenden Mao würdig zu erweisen.«

Weiter oben habe ich auf die Rolle der kollektiven Psychotherapie solcher Sitzungen hingewiesen. Nachdem wir aber die Verdienste des »Umerziehens in Sanftmut« gepriesen haben, müssen wir uns über den Zwang fragen, den es mit sich bringt.

Hat Mao, als er das Schlagwort von den Hundert Blumen prägte und zur allgemeinen »konstruktiven Kritik« aufrief, welche die notwendigen Reformen stützen sollte, an die Umformung des kollektiven Bewußtseins im großen Maßstab gedacht, oder glaubte er, seine Landsleute seien schon so weit auf der richtigen Linie, daß er sie nur noch zu ermutigen brauchte? Oder wollte er ihnen damit eine Falle stellen? Die Kritiken mehrten sich. Statt jedoch die schlechten Revolutionäre anzugreifen, wie während einer gut geleiteten Selbstkritiksitzung, untergruben sie die Fundamente der Revolution. Man mußte wieder zur Strenge zurückkehren. Das sah

dann so aus: Die widerspenstigen Intellektuellen wurden eliminiert, ebenso wie diejenigen Parteimitglieder, die diese Wider-
spenstigkeit geduldet hatten.

Von den Kritiken dieser Epoche sind viele zu uns gelangt. Zum
Beispiel ein offener Brief an Mao Tse-tung, der in einer Hankauer
Zeitung veröffentlicht wurde: »Während der Kampagne zur Bekämpfung der Konterrevolutionäre im Jahr 1955 wurde eine unermeßliche Zahl von Bürgern im ganzen Land von ihren eigenen
Einheiten, bei denen sie arbeiteten, in Haft gehalten (ich selbst
gehörte nicht dazu). Viele von ihnen starben, weil sie die Auseinandersetzungen (Denkreform) nicht aushalten konnten (...)
Ich gebe zu, daß in den sieben Jahren (seit der Revolution) die
Leistungen und Erfolge überwiegen (...) Dennoch gab es (...)
in den letzten Jahren unzählige Angehörige der Intelligenz, die
lieber starben, indem sie von hohen Gebäuden sprangen, sich in
Flüssen ertränkten, Gift einnahmen, sich den Hals durchschnitten
oder andere Selbstmordmethoden anwandten.«[2]

Dieses rührende Dokument und noch viele ähnliche gelangten
erst durch den kollektiven Wahnsinn der »Hundert Blumen«, dann
durch das Delirium der Kulturrevolution zu uns. Aber sie existieren. Die Zeit löscht sie nicht aus. Man muß sie ansehen und sich
fragen, warum und unter welchem — zu starken — Druck Menschen den Tod vorzogen.

Wir besitzen einige Zeugenberichte über diese moralische De-
struktion, die uns Details über die ausgeklügelten Techniken der
»Gehirnwäsche« liefern. Das Beunruhigendste daran ist vielleicht
die Tatsache, daß es sich nicht um Ausnahmevorgänge handelt,
den besonders mächtigen und hartnäckigen »Volksfeinden« vorbehalten, sondern um ein — sicherlich in abgeschwächter Form
auftretendes — allgemeines und alltägliches Phänomen.

Wieder in Freiheit, liest Père Van Coillie *Die Null und das
Unendliche* wieder. Nachdem er das Werk zum erstenmal gelesen
hatte, war es ihm »übertrieben, systematisch, zu Propaganda-
zwecken gedacht« erschienen. »Als ich es dieses Mal schloß«,
schreibt Van Coillie, »stellte ich fest, daß es hinter der Realität
zurückblieb. Was ich im Gefängnis von Peking entdeckt hatte,
war schlimmer als die Erfahrungen Rubaschows in der Sowjetunion, ausgenommen seine Hinrichtung.«[3]

Die Auswirkungen der Gehirnwäsche machen sich noch lange
danach bemerkbar. Auf dem Schiff, das ihn nach Hongkong
brachte, befand sich Van Coillie, obwohl er der Freiheit entgegen-
fuhr, in einem Zustand nervöser Erschöpfung. Niemandem wagte
er zu erzählen, was er mitgemacht hatte. Als er ein paar Leute

russisch sprechen hörte, stürzte er zu ihnen hin, als wäre er durch einen Reflex dazu getrieben worden, und sagte:

»Sind Sie Sowjets? Sie sind unsere Brüder! Wissen Sie, ich bin ein Verbrecher. Früher habe ich schlecht über Sie gesprochen, aber ich befand mich im Irrtum, ich sprach von Dingen, die ich nicht kannte. Seither haben sich mir die Augen geöffnet ...« Seine Gesprächspartner ließen ihn reden, ein wenig überrascht, um ihm schließlich mitzuteilen, daß sie Weißrussen waren, die ihr Land vor langer Zeit verlassen hatten ...

Ausgestreckt auf seiner Koje begann Van Coillie zu analysieren, was er da gesagt hatte. Hatte er das tatsächlich gedacht? Keineswegs: »Ich sprach, getrieben von einer Angstpsychose und von der Gewohnheit, zu wiederholen, was man mir gegenüber tausendmal behauptet hatte. Drückt man auf den Knopf ›Sowjetunion‹ des Roboters, wird automatisch die ganze Litanei abgespult. Mehr als sechshundert Millionen Chinesen hätten in einem ähnlichen Fall genauso reagiert — die achtjährigen Kinder wie die achtzigjährigen Greise.«[4]

### Das große Leid der Intellektuellen

Erst die beiden außergewöhnlichen Perioden der »Hundert Blumen« und der Kulturrevolution führten zu Zeugenberichten über die Leiden der Intellektuellen. Die Methode des Regimes ist relativ human, da sie danach trachtet, zu bekehren, und nicht zu töten. Aber auf diese Weise bekehren — läuft man da nicht Gefahr, den Geist zu töten?

Der Druck der Masse ist so stark, daß praktisch alle Intellektuellen, die ihn verspüren, öffentlich ihre Irrtümer bereuen und sich bemühen, die »Verbindung mit den Massen« wiederzufinden; sie sind außerstande, der erdrückenden Schuld der Isolation Widerstand zu leisten.

Chinesische Intellektuelle mit einer westlichen Ausbildung müssen die demütigende Feststellung machen, daß sie unter den kommunistischen Aktivisten als Dummköpfe gelten. Die Propagandisten, die einander in der Verbreitung von Mao Tse-tungs Gedankengut überbieten, machen die prätentiösen »Spezialitäten« der Intellektuellen lächerlich. Sie bringen Anekdoten in Umlauf wie diejenige von dem Hals-Nasen-Ohren-Arzt, der sich weigerte, rechte Ohren zu behandeln, weil er Spezialist für linke sei. Die »barfüßigen« Ärzte, in drei Monaten ausgebildet, heilen sicherer als die blendenden Spezialisten. Der Ingenieur, der sechs Jahre Hochschulstudium hinter sich hat, besitzt weniger Intuition für die Erfindung einer neuen Technik, als der mit der Lehre Mao Tse-tungs ausgerüstete Arbeiter. Und so weiter ... Es stimmt, daß Tschu En-lai und einige andere nicht derselben Meinung sind: »Rot sein« — gut; aber »Fachmann sein« ist noch wichtiger.

Intellektuelle, die es als wichtig angesehen hatten, sich in ihrer Disziplin internationales Fachwissen erworben zu haben, sind ratlos, wenn sie sich vor den Kadern der Partei, deren intellektuelles Niveau ihnen niedriger zu sein scheint als das ihre, wie Schüler aufführen sollen. Nur mit Mühe können sie anerkennen, daß die revolutionäre Begeisterung eines jungen Bauern oder Arbeiters in der maoistischen Wertskala höher eingestuft wird als Kenntnisse in den ausgefallensten Fachgebieten.

Aber die schlimmste Strafe für einen Intellektuellen ist diejenige, nicht eingesetzt zu werden. Abgewiesen zu werden, oft ohne zu ahnen, warum oder durch wen, keinerlei Rolle zu spielen, keinen Einfluß auszuüben, das ist die deprimierendste der Frustrationen. Im früheren China verlor ein gebildeter Beamter, der seines Postens enthoben wurde, viel an Ansehen, weil er eines, wie man annahm, schweren Verschuldens wegen aus dem sozialen Konkurrenzkampf ausgeschaltet wurde; in der Volksrepublik fragt sich der vom System verstoßene Intellektuelle darüber hinaus mit Beklemmung, ob diese Kaltstellung nicht vielleicht das Vorspiel zu noch strengeren Strafen sei.

»Die Akupunktur«, erklärte mir ein Arzt, »ist notwendig, um nervöse Spannungen zu lindern. Wir wenden die Psychoanalyse nicht an und verbreiten auch die Lehren Freuds nicht; aber wir finden viele Neuropathien, besonders unter den Intellektuellen, die Kämpfe mit sich selbst ausfechten.« Unsere westliche Zivilisation hat also kein Monopol auf nervliche Zerrüttung ...

In ihrer Härte zeugen zahlreiche der angewandten Methoden, wie so viele andere Dinge in diesem Land, von der chinesischen Beständigkeit. Die Kuomintang bediente sich ihrer häufig, um die Kommunisten umzuerziehen. Washington genehmigte die Veröffentlichung eines offiziellen Briefwechsels, der beweist, daß das State Department vor 1944 von der »Existenz von Lagern zur Umschulung des Denkens in mindestens neun Provinzen Kuomintang-Chinas« durchaus am laufenden war. In diesen Lagern »wendete man die Folter an«, und diejenigen, die das Glück hatten, ihnen zu entkommen, waren »im allgemeinen gebrochen an Leib und Seele«.[5]

Im übrigen ist es bemerkenswert, daß der Westen an der Existenz von Zwangsarbeit unter der Kuomintang niemals Anstoß genommen hat: zahlreiche ausländische Beobachter sahen vor 1949 mit eigenen Augen Bauern dahinmarschieren, durch Stricke um den Hals wie Vieh aneinandergefesselt, von den Peitschenhieben der Polizisten oder Soldaten angetrieben, wie einst die Galeerensträflinge unter der Knute der Aufseher. Niemand wunderte sich über diese Millionen versklavter Bauern, die zur Zwangsarbeit verurteilt worden waren, oder über andere Opfer eines Regimes, das mit westlichen Demokratien verbündet war.

Ähnliche Bauern bevölkern heute die Arbeitslager, weil sie sich nicht den Härten des maoistischen Systems gebeugt haben. Die meisten sind noch nicht gewitzigt genug, um ihm zu entkommen; ja sie staunen nicht einmal darüber. Widerspruchslos nehmen sie Strafen auf sich, die durchaus den Strafen entsprechen, die von den früheren Regimes verhängt wurden. Aus diesem kalten Universum des Strafsystems gibt es nur einen Ausweg: sich gehorsam dem Willen der Allgemeinheit fügen, sich die Lehre Maos zu eigen machen, die beschleunigte Produktion. Warum also nicht diesen Ausweg benützen?

Diese Praktiken — jene der Kuomintang ebenso wie jene der Kommunisten — spiegeln eine Überzeugung wider, die lange vor Alexanders asiatischen Eroberungszügen in China verbreitet war. Es gibt kein anderes Mittel, das Überleben des Volkes zu sichern, als es zum Gehorsam zu erziehen: »Ist der Kopf nicht rasiert, befällt ihn wieder die Krätze; wird die Eiterbeule nicht aufgestochen, wächst sie weiter. Aber während das Kind diesen Behandlungen unterzogen wird, schreit und weint es, obwohl seine Mutter es liebevoll hält und zu beruhigen versucht. Es versteht nicht, daß der kleine Schmerz, den es erdulden muß, eine große Wohltat bedeutet.«[6]

Konfuzius wollte überreden, überzeugen, weil er an das Gute im Menschen glaubte. Han Fei-tse wollte zwingen: er glaubte an das Böse. Mao schmolz diese beiden Geisteshaltungen zu einem einzigen System zusammen: wie Konfuzius appelliert er an die Menschen, ihm bewußt, voll und ganz zuzustimmen; aber seine Methode, die keine Fluchtwege bietet, hat auch die Härte Han Fei-tses.

2

Der Bekehrungseifer

Der westliche Besucher, schon bereit, die eindrucksvollen Erfolge des Regimes zu bewundern, empfindet diesen Alptraum wie eine kalte Dusche: warum wäre es notwendig, die Vergangenheit so oft zu töten und die Gegenwart so sehr zu verherrlichen, wenn die Überzeugung von selbst käme?

Unsere Begleiter wissen auf alles eine Antwort — eine Wendigkeitsübung, gleich jener der Simultandolmetscher, die sofort übersetzen, ohne nachzudenken.

In Schanghai verstärkte ein Dolmetscher die Legion unserer Begleiter, und er war so brutal, wie sie feinsinnig waren. Während unserer Besichtigungen packte er mich von Zeit zu Zeit grob am Arm, damit ich schneller vorwärtsgehe. Wenn ich eine Frage über das Funktionieren einer Fabrik oder die Fertigstellung einer landwirtschaftlichen Maschine stellte, eine Frage, aus der man heraushören konnte, daß ich nicht vollständig überzeugt war von der augenfälligen Überlegenheit des Systems, fuhr er mich barsch an: Ich kenne eben dieses oder jenes Zitat des Vorsitzenden Mao nicht oder hätte die Schlußfolgerungen dieses oder jenes Kongresses der kommunistischen Partei Chinas vergessen. In seiner Übersetzung, mit seiner gutturalen Stimme, klang aus den Erklärungen der Vorarbeiter der Hochmut der Unfehlbarkeit heraus. Aber in einem widerspenstigen Gehirn kann Dogmatismus gerade das Gegenteil des erwünschten Effekts hervorrufen.

Unsere Dolmetscher waren zwar im allgemeinen viel sensibler, viel nuancierter, aber die Funktionäre der Revolutionskomitees und besonders jene, die mit der »Propaganda für das Denken Mao Tse-tungs« beauftragt waren, schienen von Bekehrungswut beseelt zu sein. Wie sollten wir auf den rituellen Satz am Ende jeder einleitenden Erklärung (»Wir wären froh, wenn Sie uns Ihre Kritik und Ihre Anregungen offen sagten«) antworten? Ist es nicht offensichtlich, daß es dem chinesischen Volk von Tag zu Tag besser geht, daß dieser Wohlstand aber durch einen schrecklichen Zwang erzielt wird, den kein anderes Volk ertragen würde? Was sollten wir kritisieren? Welche Änderung welchen Details anregen? Entweder alles oder nichts.

Wer nicht für das Regime ist, ist gegen das Regime. Im Laufe des Bürgerkriegs hatten sich die Führer eine Starrheit angeeignet, ohne die der unbeugsame Wille zu siegen nicht möglich gewesen wäre. Jeder, der anders denkt als sie, ist ihnen verdächtig. Zu sehr noch spüren sie die Verwundbarkeit und den Rückstand ihres Landes, als daß sie sich von der unerbittlichen Doktrin lösen könnten. Die beständigste Auswirkung eines einheitlichen Systems ist das Streben nach einer einheitlichen Beurteilung.

Die Behauptung, jedes Parteimitglied sei ein überzeugter Anhänger oder alle überzeugten Anhänger seien Parteimitglieder, ist problematisch. Und dennoch stellt der Aktivismus unter einem totalitären Regime eine gute Basis dar.

In Jenan, in der Nähe von Maos erstem Haus, zeigt eine Tafel das rasche Wachstum der Zahl der Parteimitglieder von einem Nationalen Volkskongreß zum anderen an.* Direkt danach gefragt, versichert uns der Führer, daß es siebzehn Millionen Mitglieder gäbe — eine Zahl, die bereits vor der Kulturrevolution verlautbart worden war.

Zu diesen tatsächlichen Mitgliedern muß man die Angehörigen der Streitkräfte und der Polizeitruppen hinzurechnen — vier Millionen; die Mitglieder der Miliz und der Reservetruppen — fünfundzwanzig Millionen; die Gewerkschaftsmitglieder der Industrie — ungefähr zwanzig Millionen; und etwa ebenso viele Angehörige nichtindustrieller Gewerkschaften. Die Schuljugend im bildungsfähigen Alter ist, dank der Vorschul-, Mittel- und Hochschulerziehung, ein hervorragendes Reservoir; sie dürfte zwischen 120 und 140 Millionen Jugendliche umfassen. Zählt man dazu die Mitglieder der Kommunistischen Jugend, die Roten Garden und die Pioniere, die Angehörigen des Demokratischen Frauenbundes — selbst wenn man von der Gesamtheit dreißig Prozent abzieht —, kommt man auf ein Totale von ungefähr zweihundert Millionen. Etwa jeder vierte Chinese, im Alter zwischen vierzehn und vierzig sogar jeder zweite, gehört einer der verschiedenen Kaderorganisationen an, die unter dem unmittelbaren Einfluß der kommunistischen Hierarchie stehen; sie werden täglich aufs neue zur Unterstützung des Regimes mobilisiert.

Obwohl die Partei und die Gewerkschaften durch die Kulturrevolution arg durchgerüttelt wurden, fühlen sich alle Aktivisten der Massenorganisationen, unter denen die Aktion der Partei aufgeteilt ist, verpflichtet, am Aufbau des Sozialismus mitzuwirken; sie verhalten sich wie Soldaten Maos. Darüber hinaus gibt es wahrscheinlich zahlreiche Kandidaten für die Parteimitgliedschaft, die sich im Stadium der »Prüfung« befinden. Im ganzen

---

* Bei der Gründung, am ersten Kongreß 1921 in Schanghai, waren es 12; 1922, beim zweiten Kongreß, 195; 1923, beim dritten Kongreß, 420; 1925, beim vierten Kongreß, 950; 1927, beim fünften Kongreß, 57.300; 1928, beim sechsten Kongreß — nach den Massakern, vor allem jenen von Schanghai —, fiel die Zahl wieder auf 40.000. Aber beim siebten Kongreß im Jahr 1945 zählte man 1,210.000 Parteimitglieder.

dürften sich Mao und seine Regierung auf die Hälfte aller erwachsenen Chinesen stützen können, auf Aktivisten, die sich auf verschiedene Stufen der Parteihierarchie verteilen.

Ferner wiegen die Jungen schwer bei der Erstellung des demographischen Gleichgewichts. Mehr als dreihundert Millionen Chinesen sind jünger als zwanzig Jahre. An sie vor allem wendet sich das Regime. »Zuerst die Politik«; aber auch »zuerst die Jugend«: das sind die Leitgedanken. Jene, die dem alten Regime nachtrauern, sind nicht zahlreich genug, sie gehen in der Masse unter, werden zu sehr verdächtigt und bedroht, als daß sie eine echte Opposition darstellen könnten.

Konditionierend, aber gleichfalls selbst konditioniert, wiederholen die Parteimitglieder, die Angehörigen der Armee und der verschiedenen Massenorganisationen die Dinge, die man sie gelehrt hat, mit um so größerer Überzeugung, als man ihren Konformismus fördert. Niemals haben sie andere Zeitungen gelesen als die »Volkszeitung«, das Provinzblatt oder die Werkszeitung — die ungefähr ebenso voll Kritik stecken wie unsere Pfarrblättchen. Niemals haben sie einen ideologischen Vortrag gehört, der nicht von einem Politkommissar, einem Mitglied der »Propagandakommission für Mao Tse-tungs Gedankengut« oder anderen Schutzengeln kontrolliert worden wäre. Keine Information gelangt zu ihnen, die nicht durch das Sieb der Agentur »Neues China« (Hsin Hua) gegangen wäre.* Sollte es vorkommen, daß sie im Radio chinesischsprachige Nachrichten aus Formosa auffangen, aus Hongkong oder Tokio, dann sind diese Informationen ihrer Welt so fremd, daß sie bei ihnen unweigerlich auf Verständnislosigkeit oder auf Angst stoßen.

Könnten die vierzehn- bis zwanzigjährigen Roten Garden und die Acht- bis Vierzehnjährigen dieser Behexung entgegen? Können sie, gerade in diesem Alter, in dem sie besonders empfänglich sind, Widerstand leisten, wenn man ihnen befiehlt, »ihre Herzen zu öffnen«, sie feierliche Eide schwören läßt, denen zufolge »ihr Herz nur für den Vorsitzenden Mao schlägt, das Licht ihres Lebens«?

Die abgebrühtesten unter den Erwachsenen, die versucht wären, diese Propaganda als kindisch zu bezeichnen, wissen genau, was sie riskieren, wenn sie ihr widersprechen. Die Intellektuellen

---

* Die großen Führer, und selbst die mittleren Schichten der Partei, sind im Gegensatz über die Ereignisse in China und in der übrigen Welt sehr gut informiert. Sie lesen geheime Bulletins — in verschiedenen Abstufungen —, deren Inhalt sich von der offiziellen Propaganda ganz wesentlich unterscheidet.

müssen sich daran erinnern, daß sie von den Arbeitern und Bauern zu lernen haben und nicht befugt sind, sie zu lehren.

Es kommt vor, daß der westliche Besucher die Naivität der Anfeuerungsmethoden belächelt: die Ehrentafel am Fabrikseingang, die Urkunde, die die Zufriedenheit über den Arbeitseifer bestätigt, die Photos der verdienstvollsten Arbeiter in der Wandzeitung, das rote Halstuch für die Eifrigsten, die rote Fahne, die nur die hervorragendsten Arbeiter auf ihren Maschinen aufpflanzen dürfen.

Das System setzt alle Mittel der geläufigen Psychologie ein. Achthundert Millionen Menschen werden auf diese Art nicht dirigiert, sondern überzeugt, nicht kommandiert, sondern geformt. Die Organisation Chinas gleicht einem unendlich weitverzweigten Telephonnetz, dessen Leitungen jedoch in eine, von einem einzigen Willen beherrschte Zentrale münden. Eingeschlossen in dieses Netz, kann sich das Individuum kaum den Reizen verschließen, die es erhält, da sich praktisch keine anderen Möglichkeiten bieten.

## Das Ausmerzen der kritischen Einstellung

Der Hang zu Vergleichen und zur Kritik kann Unannehmlichkeiten mit sich bringen. Er macht die Individuen verwundbar: In dem Augenblick, in dem sie an den althergebrachten Gewißheiten zu zweifeln beginnen, wissen sie nicht mehr, woran sie sich halten sollen.

Noch vor dem Mai 1966 ergriffen die chinesischen Botschaften in den wenigen westlichen Ländern, mit denen Peking Beziehungen unterhielt, strenge Maßnahmen, um die Kontakte zwischen den spärlichen chinesischen Studenten und ihrer ausländischen Umgebung zu unterbinden. Beim ersten Anzeichen der Kulturrevolution wurden alle zurückberufen.

Hinter dem Bambusvorhang mehr noch als jenseits des Eisernen Vorhanges kennt man die Welt so wenig, daß man selbst an den Universitäten auf die erstaunlichsten Vereinfachungen stößt. Nach der Vorführung des Films *Oliver Twist* schienen die chinesischen Studenten der Peita-Universität zu glauben, daß das Werk Dickens' ein typisches Bild der heutigen englischen Gesellschaft biete. Mit einem gewissen Hochmut — der vielleicht befohlen worden war — lauschten sie den Versicherungen, daß die Lage jenseits des Ärmelkanals sich ein wenig geändert hätte.

Zwischen 1964 und 1966 mußten Französischprofessoren in Peking mit ihren Studenten vorgeschriebene Texte ohne jeden

literarischen Wert lesen, die sich auf dogmatische Sätze beschränkten wie: »Der Kapitalismus versklavt das Volk«, »Die
Imperialisten sind Papiertiger«. Eine gewisse Anzahl von ihnen
konnte das mit ihrem Gewissen vereinbaren, da sie Formulierungen wiederholten, die ihrer Überzeugung entsprachen. Andere
sträubten sich dagegen. Mehrere Lehrer weigerten sich, ihren
Studenten Texte zu erklären, in denen behauptet wurde, daß in
Frankreich die Kinder aus der Arbeiterklasse sich nur selten satt
essen könnten und daß in Paris viele Arbeiter unter den Brücken
schliefen, weil sie die Miete nicht zu bezahlen vermochten. Am
Beginn der Kulturrevolution wurden alle ausländischen Professoren und Studenten aus China weggeschickt. Seither wird Französisch von chinesischen Lehrern unterrichtet, die nicht daran denken, sich gegen Details zu wehren, die westliche Lehrkräfte für
tendenziös halten würden.

Welcher Unterschied besteht zwischen der Indoktrinierung des
chinesischen Volkes durch das maoistische Regime, des russischen
durch den Stalinismus, des deutschen durch den Nationalsozialis-
mus? Man muß anerkennen, daß die Techniken einander ähnlich
sind: Einheitspartei, organisierte Jugend, Personenkult, Gleichschaltung der Meinung, allgemeine »Fernsteuerung«. Wer die
Hitlerjugend vorbeidefilieren gesehen hat, den Komsomol und
die Roten Garden, wer das Gebrüll der Lautsprecher der Nazis,
der Sowjets und der Chinesen mitanhörte, muß einfach diesen
Vergleich ziehen. Bewunderten in den Jahren 1934 bis 1938 nicht
Franzosen von Rang Hitler, weil er dem schlecht regierten, von
Arbeitslosigkeit und Inflation heimgesuchten Deutschland einen
neuen Lebensinhalt gegeben hatte? Dafür, daß er es verstand,
allen ihren »Eintopf« zu verschaffen?

Allerdings — wenn die Methoden einander auch ähneln, die
Ziele sind doch verschieden. Zumindest im Augenblick. Die
Braunhemden lernten, daß die Arier die anderen Rassen beherrschen, die Welt erobern, die Juden vernichten müßten. Die
chinesischen Führer haben es sich zum Ziel gesetzt, ihr Volk vom
Elend zu befreien, von der Knechtschaft der Feudalherren und der
Fremdherrschaft. Und werden sie dann, erklären die Skeptiker,
die Welt für das Denken Mao Tse-tungs erobern wollen und
das chinesische Weltreich wiedererrichten, das seit 1839 — provisorisch nur — darniederliegt?

# 3

## Die Auswirkungen der Organisierung

Die Suggestion, die unmerklich zur Unterwerfung wird: wie finden sich die Chinesen damit ab?

Auch hier, wie auf anderen Gebieten, sehen wir nur die Oberfläche, können nur Hypothesen aufstellen. Betrachtet man die heiteren Gesichter der Erwachsenen und die fröhlichen Mienen der Jungen, ist man versucht zu sagen, daß die Chinesen die Ausschaltung der Individualität ebenso leicht überstehen oder zumindest zu überstehen scheinen wie der menschliche Organismus die Entfernung des Blinddarms. Arbeiter oder Bauern, Verkäufer oder Laborantinnen, die Chinesen und Chinesinnen unter Vierzig sind gesunde, einfache Menschen, gleichförmig und gewissermaßen geschlechtslos; sie betreiben im Morgengrauen ihre Gymnastik auf der Straße, fahren zu Hunderten Rad, marschieren zu Tausenden und überbieten gutgläubig, das heißt, im Glauben an das Gedankengut Mao Tse-tungs, die Vorschriften. Man könnte sagen, daß sie nicht leiden, sondern die bescheidenen Freuden eines strengen Lebens genießen.

### Ein Kammerdiener aus einem Lustspiel

Werden sie aber nicht, auf lange Sicht, in so unterwürfige Wesen verwandelt, daß wir Individualisten sie als Roboter bezeichnen würden? Wird diese strenge Tugend sie nicht ersticken? Die Gewöhnung daran, immer von anderen abhängig zu sein, nicht selbst Entschlüsse zu fassen, die Angst, sich von dem allerorten nachgeahmten Vorbild zu unterscheiden — begünstigen diese Faktoren nicht einen Geist der Knechtschaft und der Verantwortungslosigkeit?

Die Analphabeten lernen lesen, aber was lesen sie dann? Und die Gebildeten? Nach den ersten Jahren eines Regimes, dem sie sich oft in ihrer Begeisterung verbunden fühlten, fanden sie sich plötzlich vor die Wahl gestellt, entweder das Gedankengut der Partei zu akzeptieren oder in der Versenkung zu verschwinden. Im Versiegenlassen von Ideenquellen haben weder das stalinistische Rußland noch Hitlerdeutschland solche Perfektion erreicht.

Ob gebildet oder ungebildet, leiden die Chinesen nicht darunter, Tag für Tag die gleichen Tiraden zu hören, die geleiert werden, sobald man den richtigen Knopf drückt? Werden sie selbst diese Tiraden leiern? Ist es nicht eher wahrscheinlich, daß sie sich nur momentan fügen — aus Patriotismus, weil der Zwang das geringere Übel darstellt, daß sie aber ihre Meinung ändern, sobald das Vaterland nicht mehr in Gefahr ist?

In der Sowjetunion erklärte mir im Oktober 1966 ein Mathematiker am Abend eines Tages, den ich in Gesellschaft von Wissenschaftlern verbracht hatte, nach meinem — im übrigen banalen — Toast, in untadeligem Französisch: »Welche Freude für uns, eine Rede zu hören, in der nicht abgestandene Phrasen wiedergekäut werden, so wie wir sie gewöhnlich hier zu hören bekommen! Sie nennen die Autoren oder die Erinnerungen, wie Sie Ihnen gerade in den Sinn kommen. Sie fürchten keine Überwachung oder Strafen. Welche Freude ... und gleichzeitig, wie traurig für uns, die wir keine Freiheit in der Kultur und der Meinungsäußerung besitzen!« Überschwenglich drückte er mir die Hand. Als wir uns nach dem Bankett verabschiedeten, drückte er mir nochmals lange die Rechte, mit Tränen in den Augen. Solche Bilder vergißt man nicht.

Nach den Reden, die jeden Tag unserer Reise kennzeichneten, drückte kein Chinese diesen Drang nach Freiheit aus. Dennoch schienen die Blicke unserer Begleiter eine gewisse Verlegenheit zu verraten, wenn ein westlicher Delegationsführer sich frei, ohne vorbereiteten Text ausdrücken durfte, während die Trinksprüche der Leiter der Revolutionskomitees von der ersten bis zur letzten Zeile sorgfältig redigiert waren. Während sie die Ansprachen in Form von Slogans oder beiläufigen Antworten übersetzten, glaubten wir kleine Verlegenheitspausen zu bemerken; vielleicht eine stumme Mißbilligung der Propagandaberieselung, zu der sie beitragen mußten. Aber das Schweigen der Chinesen ist mindestens ebenso undurchschaubar wie ihr Lachen.

Das Fehlen einer Alternative führt zur Resignation. Die Kuomintang? Sie wird zu sehr verachtet, als daß irgend jemand an ihre Rückkehr glaubt. Demokratie nach westlichem Muster? Wie sollte man sich vorstellen, daß sie mit einer so riesenhaften Bevölkerung fertig wird und deren Passivität überwindet? Es gibt keine andere Lösung für einen Chinesen, der sein Land liebt oder einfach so wenig schlecht wie möglich leben möchte, als sich mit dem Regime abzufinden. Die Chinesen, die nachdenken, sind vielleicht nicht enthusiastisch; dennoch scheinen sie sich lieber ohne Illusionen anzupassen als ohne Hoffnung zu revoltieren.

Aber wie soll man das wissen? Man darf die Verstellungskunst der Chinesen nicht unterschätzen. Ihr Sinn für die Komödie ist sprichwörtlich. Niemals kann man den Teil Täuschung oder Spiel in ihrem Verhalten abschätzen.

Leute aus dem Westen, die chinesisches Personal beschäftigt hatten, sind unerschöpflich in ihren Erzählungen über das Talent dieser Leute als Regisseure und Schauspieler. Die Frau eines französischen Diplomaten in Peking erzählte mir, daß sich, einige Zeit vor der Befreiung, ihr chinesischer Kammerdiener eines Tages in Lumpen gekleidet hätte. Das in der Woche vor dem Monatsende. Die Hausfrau begriff, daß er einen Vorschuß brauchte; aber um nichts in der Welt hätte er sich so weit erniedrigt, sie darum zu bitten. In der Folge machte er sich diese Art von Forderung zur Gewohnheit. Sobald er den Vorschuß erhalten hatte, zog er wieder seine gewöhnlichen Kleider an; und so ging das jeden Monat.

Während der Kulturrevolution demonstrierte das chinesische Personal westlicher Diplomaten mit geballter Faust vor den Botschaften, in deren Diensten sie standen. Am nächsten Tag erklärten sie fröhlich, daß sie draußen »Verpflichtungen« hätten, was noch öfter vorkommen würde. Diese »Verpflichtungen« variierten: an einem Morgen kam die Botschaft Großbritanniens an die Reihe, am Nachmittag die jugoslawische. Diese Demonstrationen waren, wohlverstanden, eine spontane Aktion der »breiten Volksmassen«.

Und ist der genialste Regisseur nicht Mao selbst? Er verstand es, achthundert Millionen Chinesen dazu zu bringen, ihre eigene Rolle zu spielen, und zwar so, daß sie von diesem Spiel gar nichts mehr merken.

### Verpflichtung zum Mißtrauen

Es ist nicht erstaunlich, daß die Chinesen die ihnen eingehämmerte Gewohnheit, gegenseitig ihre Verfehlungen zu denunzieren, auch in ihren Beziehungen mit Ausländern anwenden. Jeder chinesische Staatsbürger weiß, daß ein privates Treffen mit einem Ausländer strafbar ist; jede geheime Zwiesprache kann mit den strengsten Strafen geahndet werden. Oft führen solche Kontakte oder diesbezügliche Verdächtigungen zur Verhaftung von Chinesen.

Die Schwierigkeit, zwischenmenschliche Beziehungen anzuknüpfen, darf nicht allein mit den Barrieren der Sprache oder Rasse begründet werden. Abgesehen von der lächelnden Liebenswürdigkeit, die oft auf Befehl zur Schau getragen wird, hüten sich die Chinesen vor Vertraulichkeiten, denn die Überwacher sind allgegenwärtig.

Ist das Mißtrauen den Fremden gegenüber im großen und ganzen nicht gerechtfertigt, da das chinesische Volk doch, von

Feinden umgeben, in ständiger Furcht vor Spionage lebt? Wer könnte leugnen, daß in Japan stationierte U-2-Aufklärungsflugzeuge, die kürzlich von Aufklärungssatelliten abgelöst wurden, das chinesische Territorium kreuz und quer überflogen und Millionen Aufnahmen machten? Daß die CIA in Hongkong und Makao ein Spionagenetz aufgebaut hat, dessen Fäden weit nach China hineinreichen? Daß Agenten der Kuomintang von den kleinen, der chinesischen Küste vorgelagerten Inseln aus auf nationalchinesischen Schiffen, die unter dem Schutz der amerikanischen Flotteneinheiten stehen, häufig in Südchina eindringen?

Eine »Langnase« kann nicht unbemerkt bleiben. Er ist Spion im Dienst. Selbst in einer Menge von mehreren tausend Chinesen, am Ausgang eines Theaters oder Sportplatzes, erkennt man ihn sofort. Die Haltung der Passanten ihm gegenüber bleibt immer zwiespältig: von einem Moment auf den anderen können sie in Hochrufe oder in Zorn ausbrechen.

Die Annahme eines Geschenks von einem Fremden hieße anerkennen, daß die Beziehungen mit ihm nun persönlich gefärbt sind; es hieße auch, sich ein Objekt aneignen zu wollen, wo das Regime doch lehrt, daß jede Art von Eigentum zu verachten sei. »Schenken Sie mir nichts zu Weihnachten«, wurde eine Diplomatengattin aus dem Westen knapp vor der Kulturrevolution von ihrer Chinesischlehrerin angefleht; nach 1966 wurde es dann gänzlich unmöglich, daß ein Chinese einen westlichen Ausländer in seinem Heim empfängt.

Eine französische Delegation, die im Juli 1970 in China eintraf und Vasen aus Sèvres-Porzellan mitbrachte, mußte diese unausgepackt wieder mit nach Hause nehmen: man deutete an, daß die Vasen nicht entgegengenommen werden würden. Uns gelang es zwar, Silber- oder Bronzemedaillen mit dem Abbild des französischen Parlaments zu verteilen — in Peking als Ankunfts-, in Kanton als Abschiedsgeschenk —, aber auch dabei machte man uns darauf aufmerksam, daß jeder, der ein solches Präsent erhielt, es nicht für sich behalten würde, sondern daß es der Körperschaft übergeben würde, welcher der Betreffende angehörte — dem Ständigen Komitee des Nationalen Volkskongresses, der Protokollkanzlei des Außenministeriums. Ist es in den Religionsgemeinschaften der Christenheit vielleicht anders? Besteht das einzige Mittel, sich bei der Schwester, die Sie so liebevoll gepflegt hat, zu bedanken, nicht darin, ihr ein paar Blumen für die Kapelle zu überreichen? Es stimmt, daß die Ordensleute ihrer Berufung freiwillig gefolgt sind: niemand hat in ihrem Namen die Gelübde der Armut abgelegt . . .

Ein Chinese, der sich zu einer spontanen Handlung hat hinreißen lassen, zieht sich rasch wieder zurück, nach einer Intervention, von der man fast nie feststellen kann, woher sie kam. Ein chinesischer Universitätsprofessor, mit dem ein westlicher Diplomat mehrere lehrreiche Unterredungen hatte, verhält sich plötzlich so, als kenne er seinen Gesprächspartner nicht. Ein Fremdenführer, dem seine Vorgesetzten wahrscheinlich vorwarfen, mit dem Fremden, den er begleitet hatte, zu sehr sympathisiert zu haben, verzieht keine Miene, als er dem Gast auf der Straße begegnet, nur in seinem Blick versucht er all die Sympathie zu konzentrieren, die er nicht zeigen darf.

Aber nach wie vor kann kein westlicher Besucher behaupten, die Chinesen durch und durch zu kennen. Hinter ihrem undurchdringlichen Schweigen, ihrem vieldeutigen Lächeln liegt eine terra incognita. Ein Ausländer, der die Chinesen zu k e n n e n glaubt, erscheint mir verdächtig. Der Konformismus der Chinesen, die mit den ausländischen Besuchern zu tun haben, ist bestürzend, verwirrend. Wie soll man wissen, was hinter dieser Fassade steckt?

Gibt es im übrigen ein anderes Mittel als das Sich-freiwillig-Abschließen, um gegen die Verheerungen geschützt zu sein, die der Zusammenprall mit allzu verschiedenen Kulturen verursacht? Abgeschirmt von der übrigen Welt, leidet China unter der verspäteten wirtschaftlichen und technologischen Entwicklung; nur durch die Revolution konnte es sein Gleichgewicht wiederfinden; damit diese Revolution Erfolg hat, mußte es seine Isolierung verstärken; bleibt es jedoch isoliert, dann läuft es Gefahr, auch den Rückstand zu vergrößern.

Hellsichtige sowjetische Theoretiker wie Liberman, Trapesnikow und Sacharow haben die tödliche Gefahr erkannt, die einer auf einen luftleeren Raum beschränkten Wirtschaft droht. Aber die Gegenmittel, die sie vorschlagen — Konkurrenz und Profit — wären in einem System, das auf radikal entgegengesetzten Prinzipien gegründet ist, unanwendbar. Wird es China gelingen, aus dem Teufelskreis herauszukommen, in dem sich alle anderen kommunistischen Länder bewegen, ohne daß es einem davon jemals gelungen wäre, ihn zu durchbrechen?

# 24

## Die Flüchtlinge von Hongkong und Makao

### »Freiheitssucher«

Nasenbluten bedeutet für den Organismus keine unmittelbare Bedrohung; tritt es jedoch häufiger auf, kann es ein beunruhigendes Symptom sein. Die Volksrepublik China leidet unter einem ähnlichen Phänomen, von dem man im Westen nicht viel weiß; nicht einmal der Großteil jener Leute, die von Berufs wegen das Leben der modernen Gesellschaften beobachten, ahnen etwas davon.

Jeden Monat überqueren Tausende Arbeiter, Intellektuelle, Kaderpersonal, Techniker heimlich die Grenze nach Hongkong, um »die Freiheit zu wählen«.* In dieser englischen Kolonie unter der Ägide des »Kapitalismus« können sie fünf- bis zehnmal soviel verdienen wie in der chinesischen Volksrepublik; außerdem finden sie hier eine Atmosphäre der Freiheit, deren Anziehungskraft westliche Intellektuelle manchmal unterschätzen, weil sie sich selbst der Freiheit erfreuen — genauso wie Seneca den Reichtum verachtete; er war ja reich.

Diese Entwicklung beschäftigt die chinesischen Behörden. Unmittelbar nach dem Zweiten Weltkrieg hatte Hongkong sechshunderttausend Einwohner; durch den Exodus nach dem Bürgerkrieg und der Ausrufung der Volksrepublik China stieg die Einwohnerzahl 1949 auf eine Million siebenhunderttausend. Nach vierundzwanzig Jahren beträgt sie mehr als vier Millionen. Abgesehen vom natürlichen Bevölkerungszuwachs und der Zuwanderung aus dem »überseeischen China«, aus Indonesien zum Beispiel, ist die Zunahme auf den Zustrom der Flüchtlinge aus dem kontinentalen China zurückzuführen.

Dieser Zustrom, der innerhalb einer Periode von vierundzwanzig Jahren durchschnittlich mehr als fünfzigtausend Personen nach

---

* Ich berichte hier nur über die Flüchtlinge von Hongkong, weil ich Gelegenheit hatte, ihr Los aus größerer Nähe zu studieren. Man könnte aber, so schreibt man mir, ähnliches in der portugiesischen Kolonie Makao oder auf den von Taipeh kontrollierten kleinen Inseln beobachten.

489

Hongkong brachte, schwankt je nach der innenpolitischen Situation in China. Er war sehr stark in den Jahren nach der Befreiung und verringerte sich fortschreitend bis 1960. In den Jahren 1961 und besonders 1962 nahm er wieder zu — eine Folge der schlechten Ernten, die mit dem Mißerfolg des »Großen Sprungs nach vorn« zusammenfielen. Dann nahm der Strom wieder ab, um 1966, am blutigen Beginn der Kulturrevolution, neuerlich anzuschwellen. In der Folge versiegte die Flut: Im Jahr 1967 kamen 11.000 Flüchtlinge, 1968 waren es 14.000, 7000 im Jahr 1969, 8000 im Jahr 1970.*

1971 verstärkte sich die illegale Einwanderung wieder. Statt durchschnittlich 650 Personen pro Monat im Jahr 1970 kamen im April 1971 1500, im Mai 3000, und 4000 in den Monaten zwischen Sommer 1971 und Sommer 1973. Es handelt sich um den höchsten Zustrom seit 1962.

Gewiß, es sind nur approximative Zahlen; und sie sind relativ gering: Auf 100.000 Chinesen kommen pro Jahr 7 Emigranten; dagegen wandern jährlich 35 von 100.000 Italienern in die Vereinigten Staaten aus, bei den Engländern sind es 40, bei den Deutschen 50. Dennoch sollte man diesen Trend nicht unterschätzen; er hat etwas Beunruhigendes an sich. Handelt es sich um ein geringes Übel oder um ein Anzeichen von etwas Schwerwiegendem?

### Keine Emigranten — Flüchtlinge

Edgar Snow gab sich große Mühe, um die Behauptung zu untermauern, daß es sich dabei um eine alte Gewohnheit handle.[1] Für die 50 Millionen Einwohner der Provinz Kwangtung seien das Territorium von Hongkong und die Halbinsel Kowloon nicht Ausland, sondern eine Art Dependance des kantonesischen Herrschaftsgebietes — was sie vor dem Opiumkrieg tatsächlich waren. Schon in uralten Zeiten hätten die Bewohner der zu dicht bevölkerten Dörfer an den Drei Flüssen[2] die Gewohnheit angenommen, sich auf der Halbinsel Kowloon und in Sampans darum herum auszubreiten. Als eine Art Sicherstellung exportierte man Kinder dorthin, junge Mädchen als Sklavinnen, die Geld nach Hause schickten, wenn sie Großmütter geworden waren. Das

---

* Die Zahlen beruhen auf den Angaben der britischen Behörden. Die meisten Flüchtlinge scheuen es, sich zu melden. Bereits angesiedelte Familienmitglieder oder Freunde nehmen sie bei sich auf und verschaffen ihnen Arbeit. Die Berechnung der tatsächlichen Flüchtlingszahl erfolgt, indem die Zahl der von der britischen Polizei registrierten chinesischen Einwanderer verfünffacht wird.

490

Delta von Kanton sei das Sizilien Chinas. Wenn die Provinz Kwangtung von Dürre oder Überschwemmungen heimgesucht werde, sei es eine natürliche Reaktion der Bevölkerung, die britische Kolonie aufzusuchen (deren Bewohner fast durchwegs kantonesischen Ursprungs sind), anstatt nach dem Norden zu ziehen, wo ihr Dialekt nicht verstanden werde; außerdem seien sie das kalte Klima nicht gewohnt.

Ist diese etwas mühsame Beweisführung Snows völlig überzeugend? Hier handelt es sich nicht um eine Auswanderung, sondern um eine gefährliche Flucht. Wie kommt es zu diesem andauernden Zustrom, der nach den letzten Zuckungen der Kulturrevolution nicht abnahm, sondern sich im Gegenteil noch verstärkte? Die Flüchtlinge sterben keineswegs am Hunger, sie sind in den meisten Fällen nicht einmal unterernährt. Wenn sie bei ihrer Ankunft Hunger haben, dann deshalb, weil sie mindestens einen Tag auf einen günstigen Moment zur Grenzüberschreitung gewartet haben. Die Ideologie scheint bei ihrer Flucht keine größere Rolle zu spielen als schlechte Ernährung. Sie berufen sich auf keine andere Doktrin als auf die kommunistische. Kaum jemals äußern sie Kritik an Mao. Keiner von ihnen will nach Formosa oder interessiert sich für Tschiang Kai-schek (die Flüchtlinge, die sich zunächst auf den der Küste vorgelagerten Inseln niederlassen, gehen meist irgendwann nach Formosa, da die Inseln zu dessen Hoheitsgebiet gehören; aber dies geschieht nur der Einfachheit halber). Durch Emissäre versucht die Kuomintang vergeblich, ihrer habhaft zu werden.

### Unter Lebensgefahr

Die Zahl jener, die flüchten wollen, scheint viel größer zu sein als die Anzahl derer, denen die Flucht auch gelingt. Im Mai 1962 öffneten die kommunistischen Behörden der Provinz Kwangtung plötzlich jedermann die Grenzen, der nach Hongkong wollte. Die Neuigkeit verbreitete sich wie ein Lauffeuer. Ganze Legionen von Emigranten ergossen sich in die Kolonie, traten die Stacheldrahtzäune mit den Füßen nieder, überschwemmten die englischen Grenzposten. Innerhalb von wenigen Tagen hatten siebzigtausend Flüchtlinge britisches Gebiet erreicht, bis die Proteste Londons bei der Regierung in Peking der Flut Einhalt geboten. Die meisten Flüchtlinge wurden einige Tage später zurückgeschickt. Die chinesischen Posten ließen sie ein und überredeten sie, nach Hause zurückzukehren. Wollte Peking »testen«, wie viele Chinesen auszuwandern wünschten, oder wollte man wissen, wie es um die

Gastfreundschaft der westlichen Welt gegenüber Armen, Hungernden und Heimatlosen bestellt war? Vielleicht auch wollte man den Grenzbewohnern nur den heimlichen Aufbruch abgewöhnen, indem man ihnen zeigte, ein für allemal, daß die »Kapitalisten« nicht neugierig auf sie waren? Oder wollte man vielleicht provisorisch die Versorgungsprobleme lösen, die sich nach der Mißernte von 1961 ergeben hatten?

Diese plötzliche Sturzflut ist jedoch ein bedeutsamer Hinweis, ein Zeichen dafür, daß Millionen Chinesen auswandern würden, wenn es möglich wäre.

Einen zweiten, noch bedeutsameren Fingerzeig liefert die weitere Entwicklung an der Grenze nach Hongkong: Seit 1962 machen es die chinesischen Behörden beinahe unmöglich, diese Grenze zu überschreiten. Die Flüchtlinge können nur unter Lebensgefahr nach Hongkong gelangen.

Der durch Wachttürme verstärkte Stacheldrahtverhau — man sieht ihn, wenn man mit dem Zug von Kanton nach Hongkong fährt — wird von Soldaten bewacht. Fast niemandem gelingt es, hier heimlich durchzuschlüpfen; von Zeit zu Zeit hört man Gewehrsalven. Man erzählt, daß einige Chinesen in Güterwaggons, zwischen Kohlköpfen oder Schweinen versteckt, über die Grenze gelangt seien; die Gefahr der Entdeckung war groß. Manche verbergen sich in den Fährschiffen, den *snake boats*. Aber das sind Einzelfälle.

Fast alle Flüchtlinge überqueren des Nachts schwimmend eine der beiden Buchten, welche die britische Kronkolonie seitlich einfassen, die Deep Bay an der Nordwest-Grenze, oder die Mir's Bay im Nordosten. Die schmalste Stelle dieses Meeresarmes mißt drei Kilometer. Die Strömung ist stark. Von der chinesischen Marine wurden quer über die beiden Buchten Netze aus Metall gespannt, die von zahlreichen mit Waffen bestückten Dschunken bewacht werden. Im Lauf des Winters 1970—1971 kamen mehrere hundert Flüchtlinge in der Kälte um. An einem Novembermorgen im Jahr 1970 entdeckte man am Strand von Hongkong sechzig Leichen, die vom Meer angeschwemmt worden waren. Jene, denen es gelingt, die Sperre zu überwinden, zerschneiden sich oft Arme und Beine an den Austernbänken; ihr Blut lockt die Haie an. Um mit allen diesen Hindernissen fertigzuwerden, muß man ein Athlet sein. Bei den Flüchtlingen handelt es sich meist auch um junge Leute, Mädchen und Burschen zwischen achtzehn und fünfundzwanzig Jahren, die, dem Beispiel des Vorsitzenden Mao folgend, Monate damit verbrachten, in den Seen oder Schwimmbecken zu trainieren, bevor sie sich an dieses Abenteuer wagten.

Der Große Steuermann hat wahrscheinlich nicht an diese indirekte Folge seiner Glanzleistung gedacht.

## Ungenügende Gegenmaßnahmen

Nach der Kulturrevolution verstärkten die chinesischen Behörden noch ihre Bemühungen, jeden Fluchtversuch zu vereiteln. Seit 1970 wird in den an Hongkong und Makao angrenzenden Gebieten eine Kampagne durchgeführt, um die Bevölkerung vor den gefährlichen Fallstricken dieser Städte zu warnen, diesen unheimlichen Beispielen kapitalistischer Fäulnis und kolonialistischer Dekadenz. Breiter Raum wurde dem dramatischen Tod der Flüchtlinge des Winters 1970—1971 eingeräumt. Schwere Strafen wurden denjenigen angedroht, die bei einem Fluchtversuch ertappt würden, oder Personen, die die Flüchtlinge unterstützten. Die Bauern der Umgebung wurden ausgebildet, um den Patrouillen bei der Jagd auf Flüchtlinge zu helfen.

Man wußte in Hongkong, daß Gruppen junger Leute, die sich hinter Felsen an der Küste versteckt hatten, von Polizeihunden aufgespürt und ohne jede Formalität erschossen worden waren. Es ist wahrscheinlich, daß die chinesischen Behörden auf der Landseite ebenso verfahren, damit es sich herumspreche. Wer nicht an Ort und Stelle getötet wird, kommt ins Gefängnis oder in »Umerziehungslager«. Verhinderte Flüchtlinge bilden den Nachschub für die Zwangsarbeitslager.

Und dennoch, trotz der tödlichen Gefahren und der großen Wahrscheinlichkeit, erwischt zu werden, bleibt die Zahl der Flüchtlinge nicht nur gleich, sondern nimmt sogar zu. Warum? Angeblich klappt doch die Versorgung der Chinesen immer besser, ihre materiellen Bedingungen und der Lebensstandard haben sich wesentlich verbessert, und auf sozialem und wirtschaftlichem Gebiet ist nach dem Wahnwitz der Kulturrevolution eine Entspannung eingetreten?

Jene Flüchtlinge, die sich offiziell bei den Behörden der Kolonie melden (erinnern wir uns, nach britischen Untersuchungen handelt es sich dabei durchschnittlich um ein Fünftel der tatsächlichen Zahl), werden sofort von zahlreichen privaten oder öffentlichen Organisationen in Obhut genommen, wie von der Flüchtlingshilfe der UNO, dem *Social Welfare Department*, dem *International Social Service* oder dem *International Rescue Committee*. Diskret fordert man sie auf, über ihr Leben zu berichten. Diese Unterredungen stellen die besten Informationsquellen über die geistige Einstellung der chinesischen Jugend dar. Ein Teil dieser

Jugendlichen besteht zwar aus Bauern und Arbeitern, eine gewisse Anzahl rekrutiert sich aber auch aus jungen Intellektuellen, Studenten, Technikern und enttäuschten ehemaligen Rotgardisten.

### Zeugenberichte, die beunruhigen

Die Einstellung der jungen Städter, die man aufs Land schickt, »zurück zur Natur«, ist häufig negativ. Durch ihre Ausbildung sehen sie sich als Intellektuelle und empfinden es als Demütigung, plötzlich zu Reispflückern erniedrigt zu werden. Sie glauben, das Gesicht zu verlieren, was in China bedeutend schlimmer ist als anderswo. Manche bekennen, daß sie gehofft hatten, im Lauf ihres Landaufenthalts eine leitende Stelle oder verantwortliche Posten in der lokalen Parteiorganisation zu bekommen; dies würde in ihrer Akte vermerkt werden, sobald sie in die Stadt zurückkehrten, und ihnen vor allem beim Eintritt in die Universität nützlich sein. Aber dann mußten sie feststellen, daß die Bauern ihnen mißtrauisch gegenüberstanden und sie nur als einfache Hilfsarbeiter beschäftigten. Sie fürchteten, für immer Bauern bleiben zu müssen und niemals mehr ihre Studien aufnehmen und in die Stadt zurückkehren zu können. Deshalb wären sie gezwungen, einem Regime zu entfliehen, das ihre Verdienste nicht anerkennt. Sie hätten noch Glück gehabt, in die Provinz Kwangtung geschickt worden zu sein. Um die Desertionen zu erschweren, sandten die Behörden immer weniger junge Städter in die Grenzgebiete. Es sei bereits sehr schwer, zu fliehen, wenn man in Grenznähe wohne, und beinahe unmöglich, wohne man weiter entfernt: Man falle sofort auf, und sei es nur deshalb, weil die Aufenthaltsgenehmigung — die bei jeder Gelegenheit verlangt wird — nicht in Ordnung ist.

Naiv gestehen einige Techniker, von den hohen Löhnen in Hongkong fasziniert gewesen zu sein. Die meisten begnügen sich damit, zu sagen, sie seien von den unter jungen Chinesen verbreiteten Gerüchten angezogen worden, daß man freundlich aufgenommen werde und leicht Arbeit finde, daß man besser lebe als in China, frei von Furcht. Tatsächlich empfangen die britischen Behörden die Flüchtlinge freundlicher als während der ersten Jahre nach der Errichtung der Volksrepublik, da die jungen Techniker und Facharbeiter nicht unwesentlich zur weiteren wirtschaftlichen Expansion beitragen. Es ist ein Gewinn für die Kolonie, die auf diese Weise junge Arbeitskräfte mit einem starken Motiv zur guten Leistung erhält, während die Kosten ihrer Ausbildung zur Gänze China getragen hat.

494

Die Lage der Flüchtlinge in Hongkong kann zur Not mit der Situation jener Menschen verglichen werden, die aus der DDR, aus Polen oder der Tschechoslowakei unter Lebensgefahr durch den Eisernen Vorhang flüchteten, nicht aber mit der von Emigranten aus traditionell armen Ländern. Es handelt sich nicht mehr, wie nach 1949, um Bürgerliche oder Intellektuelle, die Vermögen und Stellung verloren hatten, sondern um junge Leute, vorwiegend bescheidener Herkunft, kräftig und gesund. Obwohl sie kein anderes Regime kannten und es ihnen nicht am Notwendigsten mangelte, schienen sie den sozialen Druck, das Fehlen von individuellen Aufstiegsmöglichkeiten, die politische und religiöse Intoleranz nicht ertragen zu können. Sie haben eine vage Vorstellung von einer anderen Art von Gesellschaft, in der sie ihre Situation zu verbessern hoffen.

Die aktuellen Zahlen — ein Chinese pro Jahr flieht, fünfzehntausend bleiben — sind, statistisch gesehen, unbedeutend; aber der Anteil an menschlichem Schicksal, den sie enthalten, ist gewiß erheblich. Messen wir den Flüchtlingen nicht solche Wichtigkeit bei wie die *China Watchers*, die sich bei ihrer Ankunft mit gezückter Feder auf sie stürzen, um das amerikanische, japanische oder nationalchinesische Publikum mit ihren Abenteuern zu erfreuen. Aber halten wir fest, daß sie beunruhigende Berichte mitbringen; davor die Augen zu verschließen, wäre nicht ehrlich.

Und ebenso beunruhigend ist die Flucht Lin Piaos und seiner acht Gefährten nach Moskau, also nach dem Mekka einer »revisionistischen« Ideologie, das der designierte Nachfolger Maos selbst seit den Anfängen der Kulturrevolution so verachtungsvoll behandelt hatte . . .

# 25

## Die Schwächen des Regimes

Am Tag des ersten Banketts zu unseren Ehren — es wurde vom Nationalen Volkskongreß im Volkspalast veranstaltet — befragte ich den Protokollchef des Außenministeriums. Auf wen sollte ich einen Toast ausbringen? Auf Mao? Auf Lin Piao? Tschu En-lai? Er antwortete mir: »Auf den Vorsitzenden Mao und den Ministerpräsidenten Tschu En-lai natürlich; und auch auf den Präsidenten Kuo Mo-jo, wenn Sie wollen. Aber Lin Piao — nein, das ist nicht notwendig.« (Das war am 16. Juli 1971; am Abend desselben Tages, an dem der Besuch Nixons in Peking angekündigt wurde.) Ich beachtete dieses Detail nicht sonderlich, notierte es aber für den Abend. Genau ein Jahr lang dauerte es dann, bis die gegenwärtigen Führer die Eliminierung des »nächsten Waffengefährten« Maos bestätigten. Und auch das nur ausländischen Besuchern gegenüber.* Die Masse der Chinesen mußte sich damit zufriedengeben, daß man nicht mehr vom »designierten Nachfolger« sprach — so, als hätte er niemals existiert.

*Palastrevolutionen: Beständigkeit und Geheimhaltung von Konflikten*

Diese Episode erhellt zwei wesentliche Eigenschaften des politischen Regimes in China: die ständigen Konflikte zwischen den Führern, und den Schleier des Geheimnisses, hinter dem diese Konflikte schwelen und gelöst werden.

Marx sagte von China, es sei das »typisch orientalische Reich«, gekennzeichnet durch die »Starrheit der Sozialstruktur und der unaufhörlichen Unbeständigkeit der Personen des politischen Überbaus«.[1] In dieser Hinsicht ist China das typischste aller

---

* Gegenüber dem französischen Außenminister Maurice Schumann und dem Ministerpräsidenten Ceylons, Frau Bandaranaike. Mao bedauerte wahrscheinlich Maurice Schumanns vollkommene Diskretion. Einige Wochen später enthüllte eine Dolmetscherin jugoslawischen Journalisten — wobei sie so tat, als frage sie sich, ob sie nicht einen schweren beruflichen Fehler begehe — diese vertrauliche Mitteilung Maos an Maurice Schumann, der nicht recht daran getan hatte, sie für sich zu behalten ...

orientalischen Reiche geblieben: Seine soziale Struktur ist aufgrund der Uniformität bis zu einem gewissen Grad starr, und die Exponenten der Politik befinden sich in ständiger Bewegung.

Der Kaiser ließ früher seine Minister mit Vorliebe in Gegenwart des Hofes köpfen (wenn den Unglücklichen nicht in der Abgeschiedenheit ihres Hauses oder des Gefängnisses die »Gnade« zuteil wurde, sich selbst umbringen zu dürfen). Nach obskuren Palastintrigen, die sich »hinter einem Vorhang« abspielten, wurde also jeder Höfling zum Zeugen. Das gefährliche Spiel mit der Macht, wiewohl nur auf einige wenige beschränkt, wurde zu einem öffentlichen Schauspiel. Heute ist das Gesetz des Schweigens noch strenger: Die schlimmsten Gegner respektieren es bis zum Ende; selbst die Besiegten oder die Opfer rufen das Urteil des Volkes oder der Geschichte nicht an. Schweigen senkt sich auf die Palastrevolutionen. In Peking befindet sich der tarpejische Felsen i m Kapitol.

Welch dunkle Angelegenheit ist doch diese Chronik der aufeinanderfolgenden Eliminierungen! Wie unter allen anderen kommunistischen Regimes ist die Säuberung ein Produkt des Systems und eine Vorbedingung zum Überleben. Die Vorschrift, die für alle innerhalb der Partei gilt, ist die Regel von einem ideologischen Regime: die Ideologie kann rein persönliche Konflikte nicht zulassen. Man muß die Machtkämpfe der Führenden in das Vokabular eines rationalen Universums übersetzen. Die Tendenzen werden zuerst verdammt — unter den vagen Bezeichnungen »Abweichlertum«, »Gauchisten«, »Revisionismus« —, dann kommen die Menschen an die Reihe. Wenn es gelingt, kann man es sich auch ersparen, die »Verbrecher« namentlich zu nennen: sie verbergen sich hinter ihren »Verbrechen«. Nur einige wenige, die der physischen Eliminierung entgingen, sind zu lebenden Symbolen (für eine Zeit zumindest — so hofft man) ihrer eigenen Schande geworden: Marschall Peng Teh-huai, der Präsident der Republik Liu Schao-tschi. Andere wiederum tauchten plötzlich und unerklärlicherweise wieder aus der Versenkung auf.*

---

* Aber diese unerwarteten Revirements, wie zum Beispiel die Rehabilitierung Teng Hsiao-pings, der während der Kulturrevolution kaltgestellt worden war, bevor er im Frühling 1973 wieder Stellvertretender Ministerpräsident wurde — sind das nicht auch Anzeichen für die Verwundbarkeit des Regimes? Anzeichen für eine Palastrevolution? Und vielleicht Vorboten einer Mißbilligung des Großen Alten Mannes?

### Die Gefahr der Selbstzerstörung des Regimes

Ist diese ständige Vermengung von personellen und ideellen Konflikten eine Stärke oder eine Schwäche des maoistischen Systems?

Eine große Stärke: Denn man kann den Massen, und selbst der großen Anzahl der Halb-Eingeweihten (den Kadern, Aktivisten, Propagandatrupps) die Illusion der Einheit und Festigkeit vermitteln — was unbedingt zur tatsächlichen Einheit und Festigkeit beiträgt. Mit Hilfe von ungenauen und austauschbaren Floskeln gelingt es immer, den Eindruck zu erwecken, daß die Führer der »Generallinie« folgen. Dabei ist es unwichtig, daß diese immer wieder aneinandergeraten: das Dogma bleibt intakt. Das Prinzip der Unfehlbarkeit der Macht wird aufrechterhalten; es wird sogar — rückwirkend, wenn es sein muß, durch eine Ergänzung der Geschichte — auf die Gesamtheit der Taten und Sätze Mao Tse-tungs ausgedehnt. Welch beruhigende Feststellung inmitten so vieler Umstürze! Man kann sich in diesen schützenden Schatten flüchten, dort ist man sicher vor jeder Bedrohung.

Aber zugleich, welche Schwäche! Hinter diesem Deckmantel, und vor allem deshalb, weil er so dicht ist, scheinen sich die persönlichen Streitigkeiten, die Parteienkämpfe zu verschärfen. Die Führer sind wahrscheinlich vergiftet von der ideologischen Atmosphäre, in der sie leben: Jede abweichende Idee führt zum Kampf zwischen der Wahrheit und der Häresie. Es gibt wahrscheinlich nur wenige unter den Führern, die, wie Tschu En-lai, so sehr Herr ihrer selbst sind, daß sie sich weder durch ihre eigene Sprache hinreißen lassen noch im Dogmatismus erstarren.

Man hörte, daß Lin Piao gegen Mao Tse-tung »konspiriert« und sogar »geplant« hatte, »ihn zu töten«, entweder durch ein Bombardement der Villa in Schanghai, in der sich der Vorsitzende aufhielt, oder durch »einen Angriff mit Granatwerfern auf den Zug, in dem er reiste.« Wenn er vor solchen, eines Feudalherrn würdigen Methoden nicht zurückschreckte, dann vermutlich deshalb, weil er glaubte, das Attentat entweder vertuschen, oder, nach einigen Monaten der Indoktrinierung, diesen »Unfall« als eine historische Notwendigkeit hinstellen zu können; besser noch — er würde den Zwischenfall erst publik machen, nachdem er ihn in eine Notwendigkeit verwandelt hätte.*

---

* Wenn Lin Piao sich an Moskau annähern wollte, warum hätte er dann danach getrachtet, die Linke zu unterstützen und die Kulturrevolution bis zur letzten Konsequenz durchzuführen — diese Revolution, die in erster

Er plante dies vielleicht auch deshalb, weil er sich weigerte, weiter einem Chef zu folgen, mit dem er sich so sehr identifiziert hatte, daß er als dessen einziger wirklich Vertrauter und Universalerbe galt. War es notwendig, daß ein Kamerad, der glaubwürdiger war als jeder andere, das Gefühl bekam, in eine Sackgasse geraten zu sein, um einen so extremen Entschluß zu fassen?

Diese Machination hatte jedenfalls eine anhaltende Wirkung: Ein Jahr Propaganda, sorgfältig, gewissermaßen in konzentrischen Kreisen über das Land verbreitet, war notwendig, bis der schändliche Tod des »besten Schülers« Mao Tse-tungs den Massen endlich enthüllt werden konnte. Dieser Tod sollte kein Ereignis, sondern einen Schock bedeuten, eine Lehre. Aber ein Jahr war dazu notwendig: Mao selbst zog diese Lehre, als er im Sommer 1971 im kleinsten Kreis und unter größter Geheimhaltung davon berichtete; er reiste durch die Provinzen, um die hohen Parteifunktionäre über den abweichlerischen Taumel zu unterrichten, in den Lin Piao geraten war, und über das Komplott, das er geschmiedet hatte. Dann verbreitete sich die Nachricht während zwölf Monaten zaghaft von Tür zu Tür.

Die Stärke dieses Systems besteht darin, daß es Konflikte absorbiert; seine Schwäche, daß es sie gleichzeitig vervielfacht.

Und wenn die Verschwörung nicht aufgeflogen, wenn sie bis zum Ende durchgeführt worden wäre? Lin Piao hätte ohne weitere Umstände den Thron bestiegen, wie einst der Thronfolger nach dem Ende obskurer Rivalitäten mit den anderen Prinzen von Geblüt dem toten Kaiser derselben Dynastie nachfolgte. Es hätte das perfekte Verbrechen sein können. Und die Politik Chinas hätte sich geändert. Keine Normalisierung der Beziehungen zu den Vereinigten Staaten, aber vielleicht eine Annäherung an die Sowjetunion. Keine Reaktion wie während der Französischen Revolution, aber wahrscheinlich eine Verschärfung der Kulturrevolution. Die Gauchisten wären nicht eliminiert worden, sondern hätten wahrscheinlich triumphiert. Kein Frieden in der Welt, sondern »ein Feuer, das sich über die Wiesen ausbreitet«.

### Eine Gruppe sanfter Greise

Einen Sommer lang hatten wir den Eindruck, daß sich China beruhigt und die Krise der Kulturrevolution überwunden habe.

Linie ein Kampf gegen den »Revisionismus« sowjetischer Prägung war! Hier steckt irgendwo ein Trugschluß. Wer wird jemals den wahren Hintergrund dieses Palastkampfes entdecken?

Und dennoch befanden sich die chinesischen Führer mitten in einer neuen Krise, von der wir nichts wußten. Warum sollte diese die letzte gewesen sein? Die Schuld der Kämpfenden? Vielleicht. Die Krise der Liquidation des Großen Sprungs nach vorn, die aufeinanderfolgenden Krisen der Kulturrevolution dezimierten die Politiker, die aus den Befreiungskämpfen hervorgegangen waren, Politiker, die sich nicht regeneriert haben, sondern gealtert sind.

Tschu En-lai schien sich, trotz des erstaunlich jugendlichen Aussehens, das sich dieser Fünfundsiebzigjährige mit dem jettschwarzen Haar bewahrt hat, und trotz seiner Scherze, mit dem Problem des Alters besonders auseinanderzusetzen. Er ließ etwas wie Neid durchschimmern, als er vor unserer Delegation die »Jugend« der Teilnehmer betonte (»Beinahe alle wurden im Lauf der zwanziger Jahre geboren« — er sah in einer Liste nach, die er in den Händen hielt).

»Bei uns, unter den Mitgliedern des Ständigen Komitees des Nationalen Volkskongresses«, bemerkte er, »sind zwei über neunzig Jahre alt. Aus diesem Grund konnten sie Sie nicht besuchen. Die Vizepräsidentin Ho Hsiang-ning war einst zusammen mit Sun Yat-sen Mitglied der *Tung Meng Hui*. Tschang Schih-tschao, einundneunzig Jahre alt, hat soeben ein Buch mit über einer Million Schriftzeichen geschrieben.«

Sie sind zwar durchaus lebenskräftig, diese alten Leute, aber doch eben Greise. 1898 geboren, ist Tschu einer der jüngsten der großen chinesischen Führer: Die Generation des Langen Marsches ist vom Feind dezimiert worden, hat sich zum Teil auch selbst vernichtet; es gab keine Nachfolger. Während unseres Aufenthaltes trafen wir auch zahlreiche Funktionäre zwischen vierzig und fünfundvierzig Jahren; aber man ist versucht zu sagen, daß zwischen diesen und jenen fünfundzwanzig oder dreißig Jahre Altersunterschied liegen.

Tschu drückte uns sein Bedauern darüber aus, daß er den zweihundertsten Jahrestag der »Großen Französischen Revolution« nicht werde feiern können, und beneidete uns, daß wir hoffen durften, diesen Tag zu erleben. Steckte da hinter dem Lächeln Furcht?

Je weiter wir in die Provinzen vordrangen, desto verblüffter waren wir über den Altersunterschied zwischen den Würdenträgern des Regimes und den lokalen Funktionären.

Die Mitglieder des Ständigen Komitees des Nationalen Volkskongresses, die zu unserer Betreuung freigestellt wurden, bildeten eine Gruppe sanfter Greise, feinsinnig und schwerhörig. Wollte man uns mit Hilfe dieser Achtzigjährigen zeigen, daß die Tradition der feinen Bildung und Gelehrsamkeit sich mit dem Regime verbunden hatte, oder daß die Kulturrevolution wider alles Erwarten diese kostbaren Spuren verschont hatte? Sie wirkten gewissermaßen schwerelos — ein wenig zumindest —, unangepaßt, taub gegenüber dem Lärm der Gegenwart. Bei unserer Ankunft am Pekinger Flughafen waren sie im Gänsemarsch auf uns zugekommen, in praller Sonne; als wir in der Woche darauf nach Sian und Jenan reisten, waren sie wieder zur Stelle, in der gleichen Reihenfolge, unbeeindruckt vom strömenden Regen. Einer von ihnen, Pei Schih-tschang, Abgeordneter von Hangtschou und Mitglied des Ständigen Komitees, löste sich aus der Reihe seiner Gefährten und bestieg mit uns die Iljuschin; er begleitete uns auf unserer gesamten Reise, freundlich, lächelnd, beinahe immer stumm.

Dagegen begegneten wir überall, in Peking wie in den Provinzen, jungen, energiegeladenen Menschen, lebenden Abbildern der produktiven, tüchtigen, pragmatischen Generation. Zu dieser Kategorie gehörten die meisten Militärs, Intellektuellen, Unternehmensleiter, Kaderpersonal, Funktionäre der Arbeiter- und Bauernorganisationen.*

Zwischen diesen beiden Generationen gibt es — zumindest im Rang von Landes- und Regionalpolitikern — nichts.** Die Kulturrevolution, die vor allem die Kader so heftig attackiert hatte, brachte ihr Fehlen ans Tageslicht: Wahrscheinlich sah man deshalb eine große Zahl wieder auftauchen, nachdem sich die Wogen endlich geglättet hatten. Aber wer kann behaupten, daß die Ablöse gesichert ist.

Wenn es weniger Kämpfer gibt, werden die Übriggebliebenen auch weniger streng sein? Das vorläufige Ende der Kulturrevolution hat jedenfalls die Koexistenz verschiedener Kräfte enthüllt. Die Konflikte einzelner verdecken die Gegensätze der echten Kräfte, die da heißen: Armee, Partei, Verwaltung. Wir tun nicht gut daran, ihre ehemaligen, heutigen und zukünftigen Bezie-

---

* Kaum Vierzigjährige, wie Wang Hong-wen (der beim X. Kongreß im Jahr 1973 die Nummer drei in der Partei wurde, nach Mao und Tschu), Jao Wen-juan und Hsu Tsching-hsien, führende Parteimitglieder von Schanghai, sind charakteristisch für diese Generation.

** Es wäre eine Untersuchung mit Hilfe eines Computers wert, systematisch das Alter sämtlicher in den Kongressen und Zentralkomitees genannter Männer seit 1949 zu erfassen. Diese Analyse würde wahrscheinlich klarstellen, daß während der siebziger Jahre die Vierzigjährigen und die Achtzigjährigen vorherrschten und die dazwischenliegenden Jahrgänge in geradezu unheimlicher Weise fehlten.

hungen zu beschreiben: Die Feststellung, daß dieses Schachbrett komplex und die einzelnen Figuren beweglich sind, möge genügen.

### Ein Koloß mit tönernem Schädel

Das maoistische System erscheint also, wie jedes totalitäre System, einerseits fragil, andererseits aber allmächtig zu sein. Der Körper eines Athleten, ein gut funktionierendes Gehirn, und doch ist das Haupt verwundbar. Beim chinesischen Koloß ist der Schädel aus Ton.

Wie wird China die Nachfolge zweier Persönlichkeiten ohne große Risiken regeln, Persönlichkeiten, deren Fehlen die Revolution beziehungsweise den Staat in Gefahr bringen könnte? Was geschieht nach dem Tod Maos beziehungsweise nach dem Tod Tschus? Man könnte sagen, das Ableben Tschus bringe mehr Probleme (wenn man annimmt, daß es nach jenem Maos erfolgt, was nicht so sicher ist, denn die beiden Männer trennen nur fünf Jahre). Das wahre Problem ist weniger die Nachfolge Maos — die teilweise durch den zeitlosen Charakter des maoistischen Denkens gelöst ist —, als die Ablösung Tschus. Wenn alles gut geht, würde sich das Problem der Nachfolge Maos erst mit dem Abtreten Tschus stellen: Es sieht so aus, als wäre der Ministerpräsident fähig, die maoistische Religion lebendig zu erhalten, solange er am Leben ist.

Aber was dann? Wie wird die Generation der siebzig- und achtzigjährigen Teilnehmer am Langen Marsch durch die Vierzigjährigen abgelöst werden, die den Massakern und Säuberungen der Revolution entgangen sind? Wie werden sich die Erben der Revolution verhalten, wenn China die Versuchungen und Spannungen der Konsumgesellschaft zu spüren bekommt — dieses Land, das durch die Armut, die alles aushöhlte und den stärksten Willen brach, geschützt wurde? Gewiß, dieses Problem wird nicht morgen schon aktuell.

Tschu En-lai hatte stets einen Ausweg aus den Konflikten gefunden, die die Revolution vergifteten. Da er ein Einzelgänger ist, hatte er es verstanden, zwischen allen Kräften und Parteien zu lavieren. Auf diese Art überlebte er nicht nur, sondern brachte es auch zuwege, die einzelnen Gruppen zu neutralisieren und zur Zusammenarbeit zu bewegen. Wenn dieser souveräne Regisseur einmal nicht mehr da sein wird — oder wenn sein letztes Manöver vielleicht fehlschlägt —, wie werden sich die Dinge dann entwickeln? Wer wird die verschiedenen Kräfte daran hindern, ihre Kämpfe bis zum Letzten auszufechten?

In bezug auf Mao darf man wohl annehmen, daß er, der seine Macht vor allem durch den Geist ausübt, seine Herrschaft auch noch nach dem Tod fortsetzen wird: Seine Nachfolger werden, zumindest eine Zeitlang, wahrscheinlich nur durch ihn herrschen können, als gewissenhafte Schüler eines von immer größerem Ruhm umstrahlten Lehrers. Mao hinterläßt den Chinesen eine lebendige Synthese aus Marxismus-Leninismus, Konfuzianismus, Taoismus, der Lehre Sun Yat-sens und den am tiefsten verwurzelten Traditionen des Volkes. Warum sollten die Chinesen ihr Denken und Handeln nicht auch weiterhin auf diese Lehre abstimmen? »Zweitausend Jahre lang«, wie Kuo Mo-jo zu mir sagte, »ebensolang wie sie ihr Denken nach der Lehre des Konfuzius ausrichteten.«

Ist das wirklich so sicher? Zur Zeit fühlen sich die Chinesen, weil sie alle an diesem idealen, vergöttlichten Wesen Mao Tsetung teilhaben, wertvoll. Wenn Mao aber stirbt, werden sie dann nicht das Gefühl haben, mit ihm zu sterben? Wenn er einmal nicht mehr da ist, werden sie dann nicht bemerken, daß sie keine Götter, sondern arme Teufel sind? Melancholie und Depression, die ein ganzes Volk befallen, können sehr gefährlich werden.

Kann man eine Entmaoisierung ausschließen, die vielleicht nicht unmittelbar nach Maos Tod, sondern einige Jahre später eintritt? Und selbst wenn der Maoismus Mao überlebt, wie der Marxismus Marx überdauert hat, kann es einige Überraschungen geben. Die heiligen Bücher — wenn sie nicht gerade eine Geschichte erzählen, wie die heiligen Schriften der Juden und der Christen — teilen und sterilisieren, oder tun beides zugleich. Die Verwundbarkeit der Lehre Mao Tse-tungs kommt von ihrem doktrinären Ehrgeiz. Wenn Mao nicht mehr selbst da sein wird, um sie zu interpretieren, kann es sehr leicht geschehen, daß von seinen Erben jeder eine andere Auslegung zur Hand hat und dem anderen vor die Nase hält. Wenn der Gaullismus de Gaulle überleben konnte, so deshalb, weil de Gaulle keine Doktrin aufgestellt hat, sondern nur einige weitgefaßte Prinzipien, die er auch anwandte. Ob man den Maoismus auf seine grundlegenden Gedanken beschränkt — Nationalismus, Volksherrschaft, Vorrang der Landwirtschaft, ständige revolutionäre Spannung —, seine Überlebenschancen sind groß, weil man kaum mehr Chinese sein kann, ohne (in diesem Sinn) Maoist zu sein. Aber welch breiter Spielraum bleibt noch für taktische Meinungsverschiedenheiten! Und in der dogmatischen Atmosphäre, die allen kommunistischen Regimen eigen ist, können diese Differenzen jederzeit zu scharfen Gegensätzen werden.

Werden sich diese Konflikte auf China beschränken? Die Russen verfolgen die Entwicklung des chinesischen Kommunismus mit größtmöglicher Aufmerksamkeit. Man darf sicher sein, daß sie auf Maos Tod warten, wie auf das Ableben Titos oder Enver Hodschas, um dann zu versuchen, »die Einheit des sozialistischen Lagers« wiederherzustellen. Sie verfügen über entsprechende Aktionsmittel und halten damit nicht hinterm Berg. Fedosejew, Mitglied des Zentralkomitees der kommunistischen Partei der Sowjetunion, schrieb im Dezember 1971 in der *Prawda*: »Ein großer Teil der Kommunisten in China vertritt nach wie vor die Sache des Sozialismus. Die wahren Kommunisten mußten einen vorläufigen Mißerfolg im Kampf gegen den Maoismus in Kauf nehmen, aber sie haben die Waffen nicht gestreckt.«

Nehmen wir noch an, Lin Piao hätte Moskau erreicht, seine Trident-Maschine wäre nicht über der Mongolei abgestürzt oder abgeschossen worden. Unter diesen hypothetischen Umständen könnte man denken, daß die Sowjets die Bildung einer Art Exilregierung mit Lin Piao an der Spitze begünstigt hätten — ähnlich jener, die Prinz Sihanouk in Peking aufstellte, während er darauf wartete, die Macht in Kambodscha wieder übernehmen zu können. Nach Maos Tod hätte dann eine Änderung des Mehrheitsverhältnisse im Zentralkomitee genügt, und die Mannschaft Lin Piaos hätte die Führung der kommunistischen Partei Chinas und des Himmlischen Reiches übernommen.

Es gibt nichts Schwächeres als ein starkes Regime: Es hängt davon ab, ob eine Verschwörung Erfolg hat oder nicht. Es kann sich nicht auf die klare Legitimität stützen, die die Wahl durch den Staatsbürger gewährleistet, sondern ist auf Gedeih und Verderb dem unsicheren Zufall oder einer Palastintrige ausgeliefert.

### Der Maoismus nach Mao

China, in einem Sommer bereist und untersucht, das China, das ich in diesem Buch zu beschreiben versuchte, stellt einen außergewöhnlich ruhigen Pol dar, der aber gleichzeitig zwischen revolutionärer Ordnung und revolutionärer Bewegung schwankt. Es verfügt über eine allumfassende Organisation, die durch die glühende Intensität des Gemeinschaftssinns kompensiert wird. Ein wenig mehr Organisation, und es handelt sich um Bürokratie; ein wenig mehr Intensität, und es entsteht der übertriebene Aktivismus der Roten Garden und der »revolutionären Rebellen«. Ein wenig mehr Autorität, und der Geist, der diese Autorität rechtfertigt, wird getötet; ein wenig mehr revolutionäre Spannungen, und die Anarchie findet Eingang im täglichen Leben.

Da dieses Gleichgewicht schwierig aufrechtzuerhalten ist und die Anarchie nicht lange ertragen werden kann, hat die Bürokratie die besten Aussichten. Und es ist gleichgültig, wer sich damit belastet: die Partei, die Armee, die Verwaltung, oder alle drei, als kollektive Erben der »himmlischen Bürokratie«, des tausendjährigen Mandarinentums.

Die Entwicklung kann aber auch anders verlaufen. Die Erfahrung der Kulturrevolution hat gezeigt, daß die Streitigkeiten zwischen den Politikern auf nationaler Ebene den regionalen und lokalen Kräften viel Freiheit lassen. Die Riesenhaftigkeit Chinas ermöglicht es, daß natürliche Verschiedenheiten ausgelebt werden können, politische Strömungen einen Kompromiß in der Teilung des territorialen Einflusses finden: In beiden Fällen wäre die Gefahr für die Einheit und Unabhängigkeit Chinas groß.

Mao selbst scheint der Chance, das Gleichgewicht aufrechtzuerhalten, nie sehr optimistisch gegenübergestanden zu sein. »Ich bin allein im eisigen Herbst«, schrieb er in einem seiner Jugendgedichte. Die romantische Illusion ist in seinem hohen Alter Wahrheit geworden. »Es könnte der Fall eintreten, daß die Jungen die Revolution verleugnen«, sagte er im Jahr 1946 zu Snow[2] und im Jahr 1965 zu Lucien Paye, dem französischen Botschafter. Die Eigenschaften und die revolutionäre Begeisterung der »Fortsetzer der Revolution« beschäftigten ihn sehr.

Was wir gesehen haben, scheint diesen Pessimismus nicht zu rechtfertigen. Wenn die jüdischen Kinder, die in den Kibbuzim geboren wurden, sich von der strengen Lebensweise ihrer Eltern abwenden, dann deshalb, weil ihnen die israelische Gesellschaft auch andere Modelle bietet. Kann man erwarten, daß die jungen Chinesen ihren Enthusiasmus unterdrücken?

Es ist auch schwer zu glauben, daß die Masse der Erwachsenen lange Zeit in einem Zustand der Spannung leben kann. Gewiß, Vergleiche und Neid sind ihnen streng untersagt. Aber hat Mao das Phänomen, das Freud »die idealistische Verkennung der menschlichen Natur« nannte, nicht wirklich sehr weit getrieben? Werden wir, früher oder später, einer brutalen Explosion der Urtriebe beiwohnen, die zu lange und zu streng beherrscht worden waren?

## Das Verdrängte kommt wieder an die Oberfläche

China will wie ein Kloster sein: persönliche Unterordnung, kollektive Würde, Armut wird gefordert. Es schien uns, daß sich das

Land diesem Vorbild recht oft näherte. Ein leichtes Ausgleiten aufgrund eines neuen Kompromisses zwischen dem Wunsch nach Freude und der Bürokratie — ein Kompromiß, der wiederum auf einem Tief der revolutionären Spannung beruht (das Tief folgte aus dem Erlöschen der charismatischen Ausstrahlung Maos) —, und die leidenschaftliche Suche nach der kollektiven Würde wäre sofort kompromittiert. Es gäbe vielleicht weniger Entbehrungen, aber sie wären fühlbar, in dem Maß, in dem sie verschwinden. Und die Unterordnung der Persönlichkeit bliebe erhalten. Die Schwelle des Leidens würde plötzlich niedriger. Und die Magie des Großen Akupunkteurs würde plötzlich nicht mehr wirken.

Aber es gibt noch andere Hypothesen. Wenn das Wiederauftauchen des Verdrängten, das Freud als den wahrscheinlichen Ausgang einer Periode zu brutaler und zu lange dauernder Zwänge bezeichnet, China mit einer nationalen Katastrophe bedroht, dann könnte diese Gefahr einen neuen Mao hervorbringen. Denn eine solche Explosion würde dem Wohlergehen und der Unabhängigkeit Chinas, das dann noch für lange Zeit zur Rückständigkeit und Armut verurteilt wäre, unendlich schaden. Wenn China sich vom »Kloster«-Modell abwendet und wieder zu den Möglichkeiten der »menschlichen Natur« findet, wäre das gleichbedeutend damit, daß es seinen Fortschritt verlangsamen und wieder zur Kolonie, das heißt Objekt der Ausbeutung würde. Ein zweiter Mao könnte die Gefahren erkennen; er sieht sie bereits, wenn er schon auf der Welt und erwachsen ist — was anzunehmen ist. Er würde den Kreuzzug predigen, um diese Gefahren zu bannen. Wie der erste Mao und die Christen würde er sagen, daß die wahre Natur des Menschen im Eintreten für Brüderlichkeit und Gerechtigkeit bestehe und nicht in der Hingabe an den Egoismus. Weitblickende Chinesen, wie heute Tschu En-lai, die die Zerbrechlichkeit des übervölkerten und von Feinden umgebenen China wahrhaben, wären bereit, ihm zu folgen. Idealismus und geopolitischer Realismus würden sich vereinigen, um die Opferbereitschaft wiederzubeleben, die allein zu kollektiver Würde verhilft...

Wie lautet der Aphorismus eines unbekannten chinesischen Oscar Wilde? »Es ist gefährlich, Prophezeiungen zu machen, vor allem, wenn sie die Zukunft betreffen.« Die Schwäche einer derart konzentrierten politischen Führung, die noch dazu so überaltert, so sehr der Versuchung des Dogmatismus ausgesetzt, zahlenmäßig so gering und so sehr bereit ist, sich unter strengster Geheimhaltung selbst zu zerfleischen, bewirkt, daß fast alles möglich ist.

Alles, außer der Umkehr. Die Revolution wird in einer oder

mehreren Richtungen weitergehen, aber niemand weiß, wie sie ausgelöscht werden könnte. Militarisiert, bürokratisiert, erstarrt, verwesend oder neu aufblühend: die Revolution wird es noch lange geben.

Mit Maos Tod wird auch die Inkarnation des »Ideal-Ichs« der Massen verschwinden, von dem sie fasziniert waren. Und das Volk, das trunken war von der Freude, aus seiner tausendjährigen Lethargie erwacht zu sein, wird aus seiner Trunkenheit erwachen. Wird China aber, zu einer Zeit, in der alles auf sein Erwachen hindeutet, etwas anderes sein als ein Dornröschen? Wo ist der Traum, wo die Erweckung? Es gibt keine Antwort auf diese zweifache Frage.

# 26

## Die permanente Revolution

Auf diese Frage — wie auf alle übrigen Fragen, vor die uns die Volksrepublik China stellt — gibt es gelegentlich nach einiger Zeit ein paar vage Antworten. Nur Andeutungen — die sich manchmal als falsch erweisen, manchmal bestätigen. 1974 scheint die Revolution jedenfalls weder unter den Einfluß des Militärs noch der Bürokratie geraten zu sein, noch ist sie altersschwach geworden oder im Verfall begriffen, sondern sie lodert von neuem auf. Sie ist mehr denn je die permanente Revolution.

Die Kulturrevolution ist nach 1970 zum Stillstand gekommen. Ihre bedeutendsten Initiatoren, Tschen Po-ta und sein Nachfolger Lin Piao, wurden ausgeschaltet. Maos Frau hat an Einfluß verloren. Die »Linken« wurden von der Polizei erfaßt. Die Gemäßigten schienen zu triumphieren. Das Rad der Geschichte drehte sich nicht mehr. Und nun hat die Anti-Konfuzius-Kampagne die schlummernde Revolution wieder in Gang gebracht.

### Die Wiederkehr des »Jahrs des Tigers«

Hat Aktualität im ewigen China irgendeine Bedeutung? Jede zu einem bestimmten Zeitpunkt angestellte Analyse der Lage in China wird alsbald hinfällig, so schnell folgen die Ereignisse aufeinander und heben sich gegenseitig auf. Eines schönen Tages erfährt man, daß eine wichtige Persönlichkeit des Polizeiapparates abgesetzt worden ist; daraus zieht man eine ganze Reihe von Schlüssen. Einige Tage später taucht der Mann wieder auf; das Gerüst der Spekulationen bricht zusammen. (So war es zum Beispiel bei Li Teh-scheng, dem militärischen Führer, dessen jeweilige An- und Abwesenheit bei offiziellen Anlässen im April 1974 zu widersprechenden Kommentaren Anlaß gegeben hatte.)

Seit unserer Reise sind die Ereignisse ständig in Fluß, die Neuigkeiten folgen rasch aufeinander. An verschiedenen Anzeichen merkt man, daß sich große Dinge vorbereiten oder bereits im Gange sind. Es wird von einer neuen Kulturrevolution gesprochen, von einer neuen Etappe der chinesischen Revolution. Und man beginnt, sich Fragen zu stellen, aufgrund von Zwischenfällen, von Agentur- und Zeitungsmeldungen, von Reiseberichten.

Nehmen wir zum Beispiel die Ereignisse, die Anfang 1974 im Mittelpunkt der Diskussion standen. Warum greift man einen Philosophen an, der sechs Jahrhunderte vor Jesus Christus gelebt hat? Warum wird die klassische westliche Musik plötzlich verunglimpft? Warum werden vergessene Inseln besetzt? Warum wird der große Filmschöpfer Antonioni in Grund und Boden verdammt? Warum wird in China auf riesigen Plakaten, unter großem Getöse, ein »Volkskrieg« angekündigt? Was mag der gemeinsame Nenner all dieser verschiedenartigen Bestrebungen sein?

Anfang 1974 verkündete die Presse unaufhörlich, daß große Veränderungen und gefahrvolle Auseinandersetzungen bevorstünden, und daß man dafür bereit sein müsse. Außerdem wurde eine Art Ausnahmezustand ausgerufen. Die alten Leute in China hatten allen Grund, ein neues »Jahr des Tigers« zu fürchten, das nach dem Volksaberglauben alle zwölf Jahre wiederkehrt und der Bevölkerung Unheil bringt. Jedesmal kam es zu Katastrophen oder Kämpfen. 1914? Der Erste Weltkrieg bricht aus und — als direkte Folge für China — Schantung wird von den Japanern besetzt. 1926? Der erste Bürgerkrieg wütet zwischen Tschiang Kai-schek und den Kommunisten. 1938? Die Japaner besetzen Nord- und Westchina. 1950? Der Koreakrieg bricht aus, die »Volksfeinde« und Mitglieder der Opposition werden nach dem Sieg über Tschiang Kai-schek systematisch kaltgestellt. 1962? Nach dem Scheitern des »Großen Sprungs nach vorn« bedroht eine Hungersnot China; Mao entfesselt den Klassenkampf aufs neue... Ist also das »Jahr des Tigers« wieder einmal gekommen?

In der Volksrepublik China wird dieser alte Aberglaube bekämpft. Er hält sich vor allem bei den Chinesen im Ausland, auf Formosa, in Singapur, in Hongkong. Die Regierung versucht, ihn zugleich mit den Überbleibseln der Vergangenheit zu beseitigen. Aber da man sich die Mühe macht, ihn zu bekämpfen, dürfte er tief verwurzelt sein. Wenn die Zeitungen in Hongkong und Taipeh darauf anspielten, ist anzunehmen, daß sie einen Widerhall im kontinentalen China fanden — ein Zeichen für Spannungen, für Bewegungen, deren Sinn und Realität der Beobachter nur schwer erfassen kann. Der »Peking-Sachverständige« sieht sich einem Puzzle gegenüber, dem viele Teile fehlen und für das es keine Vorlage gibt. Er gleicht einem Gelehrten, der den Versuch unternimmt, aufgrund einiger Skeletteile eine ausgestorbene Tierart zu rekonstruieren. Das Risiko eines Irrtums ist groß, aber wie soll man ihm entgehen? Die Spezialisten vergleichen ihre

Standpunkte, tauschen ihre Erfahrungen aus, versuchen, zu gemeinsamen Schlüssen zu gelangen. Gemeinsam mit ihnen, geduldig und beharrlich, wollen wir dieses Risiko eingehen.

### Hinweise für den Beobachter

Man sammelt Zeugenaussagen und unvollständige, einander widersprechende Hinweise; man versucht, für das Ganze eine vernünftige Erklärung zu finden, wie bei einer polizeilichen Untersuchung. Aber es wird kein Schlußkapitel und keine endgültige Erklärung geben, denn das Leben ist viel abwechslungsreicher als ein Roman. Man kann bestenfalls eine halbwegs wahrscheinliche Rekonstruktion vornehmen und hinter dem Wirrwarr das Wesentlichste herauszufinden versuchen: die Seele der Volksrepublik China.

1974 hatte der Beobachter und Analysator neun Gruppen von Indizien zur Verfügung, von denen ausgehend man ein Deutungsschema erstellen mußte. Diese Überlegungen führen dann dazu, daß man das einheitliche Prinzip in der Vielfalt, den ruhenden Punkt innerhalb der Bewegung erkennen kann.

### 1. Die Kampagne gegen Konfuzius

Am 4. Dezember 1973 veröffentlichte die Pekinger Zeitung »Klarheit« eine merkwürdige Selbstkritik des chinesischen Philosophen Feng Jü-lan (er ist auch Philosophiehistoriker und ein berühmter Konfuzius-Interpret). Durch diese auffällige Erklärung erhielt die Weltöffentlichkeit Kenntnis von einer Kampagne, die in der Folge an Intensität zunahm, und die sich gegen den meistverehrten Weisen der chinesischen Geschichte richtete. Seither wurde Konfuzius immer wieder an den Pranger gestellt.

Man erließ den Befehl zur allgemeinen Mobilisierung. Die Massen wurden aufgefordert, einen »Volkskrieg« gegen die Ideen des alten Lehrers zu führen. Die Buchhandlungen stellten eigene Regale für antikonfuzianische Schriften auf, die eiligst gedruckt wurden — ein Gegenstück zu unseren aktuellen Reportagen, die stets »brühwarm« sein müssen. In den Produktionseinheiten entstanden Arbeitsgruppen; Arbeiter und Bauern haben gelernt, Konfuzius zu widerlegen (die meisten von ihnen lasen ihn bei dieser Gelegenheit zum ersten Mal).

Es ist verständlich, daß die sowjetischen Führer, die dreißig Jahre lang vor Stalin gezittert hatten, sofort nach seinem Tod ihre Angst abreagierten, indem sie die Entstalinisierung propagierten.

Aber ist es nicht verblüffend, daß 2500 Jahre nach dem Tod des friedlichen und schuldlosen Konfuzius die »Entkonfuzianisierung« propagiert wird? Ist das einen nationalen Feldzug wert?

## 2. Die Veränderungen im militärischen Oberkommando

Sieben der elf Leiter der militärischen Regionen wurden innerhalb von wenigen Tagen versetzt; die Volksbefreiungsarmee verlor ihren Politkommissar; Lin Piao, der einst Verteidigungsminister und Thronfolger war, wurde noch nicht ersetzt. Bedeutet dieser Wechsel der Militärkommandanten, diese hartnäckige Dezimierung des Oberkommandos, daß es Spannungen zwischen militärischen und zivilen Führern gibt? Oder daß die Politiker ihre Vormachtstellung behauptet haben, daß die Partei dem Militär befiehlt?

## 3. Der Krieg um den Archipel

Der Paracelsus-Archipel ist über Nacht berühmt geworden. Nur dadurch, daß Peking ihn mit Gewalt besetzte und dabei auch noch einige südvietnamesische Kriegsschiffe versenkte, dokumentierte es seine militärische Präsenz im Süden des Gelben Meeres. Waren diese paar unbewohnten Inselchen auf der Höhe der südvietnamesischen Küste, die Frankreich 1925 Indochina zurückgegeben hatte, eine Seeschlacht wert? Sollte die Hoffnung auf Erdölfunde die Erklärung für dieses Unternehmen sein? Die Angelegenheit geht jedenfalls alle Uferstaaten des Gelben Meeres an: Nordvietnam, Formosa, die Philippinen, den Malaiischen Bund und Japan. Und auf jeden Fall stellt sich dabei die Frage nach dem strategischen Gleichgewicht in diesem Gebiet.

## 4. Russisch-chinesische Streitigkeiten

Am 15. Januar 1974 wurde ein Chinese namens Li Hung-schu verhaftet, und sein Geständnis erregte Aufsehen: er war ein speziell ausgebildeter sowjetischer Spion, der auf frischer Tat ertappt wurde, als er fünf Mitgliedern der sowjetischen Botschaft Nachrichten übermittelte; die fünf Russen wurden sofort ausgewiesen. Als Repressalie wies Moskau einen chinesischen Diplomaten aus. Wieder einmal beschuldigten die beiden Staaten einander heftig — ein neuerliches Aufflackern des Feuers, das seit 1960 schwelt. Will man das Volk vielleicht durch den gemeinsamen Verteidigungswillen bei der Stange halten?

## 5. Die klassische westliche Musik wird verdammt

Beethoven und Mozart wurden als »Reaktionäre« und Schubert als »Kleinbürger« abgestempelt. Das Orchestre de Paris mußte seine Reise nach China im letzten Moment absagen (bis jetzt haben drei westliche Orchester Tourneen ins Reich der Mitte unternommen). Sollte Maos Frau, die diese Besuche gefördert hatte, bloßgestellt werden?

## 6. Antonioni und Jean Yanne werden auf den Index gesetzt

Der berühmte italienische Filmschöpfer, der seinen China-Film mit der Einwilligung und der Unterstützung der Behörden gedreht hat, wird überaus streng kritisiert. Er wird beschuldigt, China systematisch herabgesetzt zu haben; wohlgefällig soll er die eingebundenen Füße einer alten Frau gezeigt haben; dadurch habe er das Ansehen eines Opfers der früheren Gesellschaft beleidigt; ferner seien in seinem Film mehr Werkstätten als moderne Fabriken zu sehen gewesen. Der Regisseur, dem im Westen gelegentlich Parteilichkeit für China vorgeworfen wurde, wird als Reaktionär bezeichnet. Und Jean Yannes Film »Die Chinesen in Paris« wurde als unerträgliche Beleidigung Chinas betrachtet und löste im Land eine fremdenfeindliche Bewegung aus. Wird die halbgeöffnete Tür wieder zufallen?

## 7. Sind die Ausgebooteten am Zug?

Beginnt vielleicht eine neue Kulturrevolution, diesmal gefördert von den Ausgebooteten der letzten Revolution, die inzwischen rehabilitiert wurden? Sind Leute wie Teng Hsiao-ping, der ehemalige Generalsekretär der Partei, der im August 1973 überraschenderweise wieder in das Zentralkomitee gewählt wurde, am Werk? Er war, gemeinsam mit Liu Schao-tschi, eines der prominentesten Opfer der Roten Garden gewesen.

In diesem Vorgehen liegt ein offensichtlicher Widerspruch. Sollten etwa die »Feinde des Volkes«, die durch die erste Kulturrevolution eliminiert wurden, nun die treibenden Kräfte der zweiten werden? Und was soll damit erreicht werden? Stimmt die Moskauer Version, wonach Tschu En-lai, der Mann, der bisher alle Intrigen durchkreuzen konnte, nun seinerseits bedroht wäre?

## 8. Maos persönlicher Kurs

Der »Große Steuermann« hat das Ruder der Bewegung fester denn je in der Hand. Man versicherte mir, daß er sie »persönlich« leitet. Jedenfalls geschieht alles in seinem Namen. Aber vielleicht trügt der Schein?

## 9. Der Kampf gegen die alten Funktionäre

Die »Rote Fahne« kritisierte einige Parteifunktionäre heftig. »Es gibt noch Verantwortliche, deren Geist vom Staub der Bourgeoisie bedeckt ist«, und die, »sobald sie einen höheren Posten innehaben, Cliquen bilden«. Ist das ein Zeichen für den Druck, den die Jugend auf die Älteren ausübt? Beginnt Wang Hung Wen, die junge »Nummer drei« des Parteiapparates, sich in den Vordergrund zu spielen, oder versuchen vielleicht andere »junge Wölfe«, ihn zu verdrängen?

So viele Hinweise, so viele Fragen, von denen keine mit Gewißheit beantwortet werden kann. Die Konstellation, die der Beobachter in diesem Jahr sieht — wird sie nächstes Jahr noch die gleiche sein? Sicherlich nicht. Aber in dem ständigen Wechsel der Ereignisse zeichnen sich wenigstens einige gleichbleibende Abläufe ab.

## Ein Europäer zeigt das chinesische Selbstgefühl auf

Die Ereignisse, mit denen sich die Zeitungen beschäftigen, zeigen, wie stark das Nationalgefühl in China ist. Die Empörung, die die Filme von Antonioni und Jean Yanne erregten, ist vor allem ein Zeichen für den leicht verletzlichen Stolz der Chinesen.

Man sollte annehmen, daß Antonioni, den man bestimmt nicht für einen Mann der Rechten halten kann, die Sympathien der Chinesen für sich hätte. Eine Kritik in der »Volkszeitung«[1] bezeichnet das Erscheinen des Films als einen »schwerwiegenden antichinesischen Zwischenfall und eine unverschämte Provokation des chinesischen Volks«.

Man beschuldigt Antonioni einer willkürlich entstellenden und herabsetzenden Darstellung: also der Verleumdung. Ein Redakteur der »Volkszeitung« stellt zum Beispiel fest, daß Antonioni wohl Schanghai in seiner Eigenschaft als große Industriestadt präsentiert, aber nicht die neuen Werften zeigt, wo 10.000-Tonnen-Frachtdampfer gebaut werden; man sieht nur »in der Ferne... kleine Schiffe, willkürliche Aufnahmen von primitiven Arbeitsgeräten und manueller Arbeit«. Das China des 20. Jahrhunderts, auf das die Chinesen stolz sind, glänzt durch Abwesenheit; und diese Abwesenheit wird als Beleidigung empfunden.

Es fällt uns schwer zu glauben, daß Antonioni, weil er den Tien An Men-Platz nicht als Postkartenansicht zeigte, und weil er mit seinem Objektiv verschiedene Menschengruppen einfing, China vorsätzlich als einen »lärmenden Jahrmarkt« dargestellt und dadurch bewußt verunglimpft haben soll. Und wenn Antonioni durch seine Beleuchtungseffekte »die Wasser des Huangpu in dichten Nebel und die Straßen Pekings in graues Licht« hüllte — wollte er damit wirklich den Eindruck von »Elend, Verfall, Traurigkeit, Kälte« erwecken? Diesen Eindruck jedoch hatte der chinesische Kommentator — oder er wurde ihm durch einen Befehl von oben vorgeschrieben; und dies ist bezeichnend. Diese Auffassung von Antonionis Film ist weniger der Ausdruck einer übertriebenen Empfindlichkeit, als des Wunsches, seinem Wert entsprechend anerkannt zu werden. Chinas Bemühungen müssen gelobt werden. So einfach liegen für den Chinesen die Dinge, denn die Resultate sind greifbar. Die Ergebnisse der chinesischen Revolution werden jetzt sichtbar. Deshalb ist es »eine empörende Unterlassung«, wenn man »während des ganzen Films weder eine neue Maschine, noch einen Traktor, noch eine ordentliche Schule sieht...« Die Verzweiflung des Leitartiklers entspricht ungefähr der eines Franzosen, wenn er einen Dokumentarfilm über Frankreich vorgesetzt bekäme, in dem alle Einheimischen Baskenmützen oder bretonische Hauben tragen, Froschschenkel essen und auf der Terrasse eines Cafés einen Aperitif nehmen.

Im Grunde genommen war diese Reaktion der Chinesen, die so aufschlußreich ist wie das Ergebnis einer Psychoanalyse, zu erwarten. (Als ich beim Verlassen des Kinos aufgefordert wurde, einen Kommentar zu dem Film[2] abzugeben, meldete ich die ernstesten Vorbehalte an, da jeglicher Hinweis auf die Revolution gefehlt hatte.)

Die außerordentliche Schönheit des Films und diese charakteristische Reaktion verlangen eine genauere Analyse der Tatsachen. Hier liegt der Angelpunkt des Nichtverstehens zwischen westlichen Menschen und Chinesen. Antonioni glaubte aufrichtig, einen Film zur Ehre Chinas gemacht zu haben; die Chinesen jedoch empfanden ihn als Aggression.

*Kann man die Revolution ausklammern?*

China, von einem Mann gesehen, der die Gabe hat, zu sehen und sichtbar zu machen — das müßte ein Ereignis sein. Und dennoch, man hat Angst vor diesem Erlebnis.

China ist uns so zutiefst fremd (von Natur aus und weil es sich lange Zeit selbst dagegen gewehrt hat, daß wir uns mit dieser Andersartigkeit vertraut machen), daß wir kaum kontrollieren können, ob das Bild, das uns der Präsentator zeigt, richtig ist. Und wenn dieser Präsentator außerdem Antonioni ist, muß man dann nicht befürchten, daß er selbst das Bild verzerrt sieht? Wir wagen zu behaupten, daß uns in diesem Fall das Thema des Films ausnahmsweise mehr interessiert als sein Schöpfer.

Antonioni hat China nicht als Vorwand benützt; er hat nicht eine einzelne Facette herausgegriffen, die seinem augenblicklichen Anliegen entsprach, wie er es mit London in »Blow up« oder mit den Vereinigten Staaten in »Zabriskie Point« getan hat. Er zeigt China ungeschminkt — in einer ausgefeilten Darstellung.

Wie könnte man es besser machen als er? Die Klarheit, die Kraft, die Schönheit der Bilder sind unüberbietbar. Und was den Wahrheitsgehalt betrifft: der ist sicherlich relativ. Antonioni sieht China aus dem Blickwinkel eines Abendländers: manchmal belustigt, manchmal fasziniert, doch immer wohlwollend; und er gesteht bescheiden, ja sogar mit einer gewissen Berechnung, die Begrenztheit seines Blickwinkels ein — er beginnt mit den Beschränkungen, die ihm schon seine Gastgeber auferlegen. Ein Okzidentale: das ist ein Mensch, dem die Menschheit am Herzen liegt, dem die Realität der Menschen wichtiger ist als ihre Ideologien oder ihre Sozialstruktur. Der Film bringt uns dazu, die Chinesen zu lieben, obwohl er so unchinesisch ist.

Antonionis Wahrheit ist natürlich auch die Wahrheit des Künstlers, der Farben und Bewegungen liebt, für den auch das Unscheinbarste bedeutungsvoll ist. China erscheint ihm wie ein Kaleidoskop der Schönheit: Bilder aus Sutschou, dem chinesischen Venedig; die Gesichter von Kindern und Greisen; die friedliche Majestät des Hoangho; die seltsame Eleganz des Radfahrers, der während des Fahrens die Lenkstange losläßt, um zu turnen; die harmonischen Bewegungen der Kämpfer, die nichts Gewalttätiges mehr an sich haben; die Farbenpracht der Lebensmittel auf dem überdachten Markt in Peking. Oder die lange Sequenz, in der ein Kaiserschnitt gezeigt wird, bei dem die Gelassenheit der Frau (die, dank der Akupunktur, bei Bewußtsein bleibt, lächelt, sich mit den Chirurgen unterhält, Ananas ißt) die Grausamkeit des blutigen

Eingriffs aufhebt; wo die Schönheit über den Schrecken siegt. Im Gegensatz zur Schönheit des Bildes enttäuscht der Kommentar ein wenig, der oft nichtssagend, manchmal auch ungenau ist. Warum wird, wenn wir die Paläste der Verbotenen Stadt sehen, die Behauptung aufgestellt, daß schon Marco Polo sie in ihrer heutigen Form gekannt hat, während sie doch erst eineinhalb Jahrhunderte nach seinem Aufenthalt in China erbaut wurden (und dabei ist die Annahme, daß sein Kambalu mit Peking identisch ist, noch keinesfalls bewiesen)?

Warum wird behauptet, daß die Wirkung der Akupunktur darauf beruht, daß die Nadeln in Nervenzentren eindringen (unter der Bauchhaut? In der Wade?)? Es wäre besser gewesen, gänzlich auf eine Deutung dieser geheimnisvollen Therapie zu verzichten, als eine solche absurde Erklärung anzubieten.

Warum wird das Einbinden der Füße damit erklärt, daß der Hof einer Konkubine des Kaisers nacheiferte (die von Natur aus winzige Füße und breite Hüften hatte)? In Wirklichkeit war es — wie auch die Sitte der übertrieben langen Fingernägel bei den Männern — ein Hinweis auf eine soziale Stellung, die körperliche Arbeit ausschloß.

Warum wird behauptet, daß die ersten chinesischen Staaten vor fünfundzwanzig Jahrhunderten in Jünnan entstanden sind, während dies in Wirklichkeit ein Jahrtausend früher im Norden des Landes geschah?

Warum wird gesagt, daß der Boden, den die Bauern bearbeiten, Eigentum des Staates ist, während er der Produktionsbrigade einer Volkskommune, das heißt dem Kollektiv der Bauern gehört? Wie man an Ort und Stelle leicht feststellen kann, halten die chinesischen Bauern diesen Unterschied für äußerst relevant.

Natürlich beeinträchtigen diese Irrtümer nicht die allgemeingültige Wahrheit des Films. Aber es gibt schwerer wiegende, viel schwerer wiegende Fehler. Vom Kommentar erwartet man, daß er zum Verständnis beiträgt. Und man ist sehr erstaunt, daß er die erklärenden Hinweise, die die Chinesen liefern oder die sich von selbst anbieten, nicht beachtet. Dabei gibt es, weiß Gott, keine Gesellschaft, die sich der freiwilligen Arbeit, die sie sich selbst auferlegt, bewußter wäre, oder die sich den Mythen, die sie sich selbst geschaffen hat, ehrfurchtsvoller unterwerfen würde. China wird zwei Stunden lang präsentiert und der Name seines Schutzengels Mao dabei nur fünfmal erwähnt; nie wird auf die Verehrung angespielt, die ihm entgegengebracht wird und aus der allein sich die Opferbereitschaft dieses Volkes erklären läßt; es fällt kein Wort über die Kulturrevolution, ja nicht einmal die Rolle der Partei wird erwähnt — das ist wirklich ein starkes Stück. Und gleichzeitig eine Herausforderung an das heutige China.

Eine solche vorgefaßte Meinung ist anfechtbar, denn in der chinesischen Gesellschaft zählt vor allem die Absicht; daher richten sich die Handlungen nach den Weisungen, die Beurteilung nach den Handlungen. Antonioni gelingt es wunderbar, die Ausgeglichenheit des chinesischen Menschen zu zeigen (die Freiheit bringt Risiken mit sich, also Unruhe, und die ist den Chinesen unbekannt). Aber er vermittelt uns nicht die Intensität der Bewegung; auf Grund dieser Intensität ist China zweifellos das einzige Land, in dem das Wort »Revolution« mehr als ein Wort oder ein Vorwand ist.

Anstatt uns seine Erklärung zu geben, oder die der Chinesen anzubieten — wahrscheinlich, weil sie sich seiner Meinung nach zwischen die Wirklichkeit und unser Urteil stellen würden —, klammert Antonioni die Revolution aus, beschränkt sich darauf, zuzusehen, wie die Menschen leben, lächeln, blicken, und schlägt uns vor, die Gesellschaft, die sich dort gebildet hat, auf Grund dieser Äußerlichkeiten zu beurteilen.

Dieser Film ermöglicht es uns also nicht, die chinesische Realität richtig zu beurteilen. Was sagen uns die Arbeiter- und Bauernkolonnen, die zu Pfeifsignalen im Gleichschritt zur Arbeit marschieren, die mit lächelnden Gesichtern Propagandasprüche brüllen, die bei den kriegerischsten Manifestationen ihre Ungezwungenheit bewahren? Die Freude an der kollektiven Anstrengung? Die Relativität jeder Eingliederung in eine Gruppe? Oder ist es nur eine atavistische Verhaltensweise? Jeder möge sich seine Wahrheit selbst heraussuchen. Antonioni erklärt sich nicht. Er zeigt uns Enten, die von einer Maschine automatisch gemästet werden: sind sie für ihn charakteristisch für das chinesische Volk oder findet er den etwas grausamen Vorgang etwa lustig? Die Musikmarionetten, die für ein phantastisches Finale die Hymne »Der Osten ist rot« spielen — sieht er auch sie satirisch oder sollen sie einfach nur schön sein?

Die Unfähigkeit, einander zu verstehen, bleibt Antonionis Lieblingsthema. Sein Film hat das Verdienst, uns das Gefühl der Unfaßlichkeit zu vermitteln, das den ausländischen Reisenden überfällt; außerdem präsentiert er dem Zuschauer die chinesische Undurchdringlichkeit. Aber ihm fehlt das Verständnis für die Revolution. Michelangelo Antonioni hat die Vision eines großen Künstlers verwirklicht, aber dabei bei den Chinesen den Eindruck erweckt, daß er ihre nationale Revolution, in der es eben sowohl revolutionäre als auch nationale Aspekte gibt, einfach verleugnete.

Es ist sicherlich sehr schwer, China Nicht-Chinesen verständlich zu machen, ohne die Chinesen zu verärgern, wenn man nicht selbst Chinese ist. Der Zorn, den Antonionis Film hervorgerufen hat, ist der Zorn des gekränkten Stolzes, der Zorn eines Volkes, das wohl mit seiner Vergangenheit gebrochen hat, aber dem Fremden gegenüber zu ihr steht, auch wenn es sich ihrer schämt. Nur ein Chinese hat das Recht, ein Urteil über China zu fällen.

## *Der beleidigende Ausdruck »Gelbe Gefahr«*

Durch den Film »Die Chinesen in Paris« von Jean Yanne[3] lernten die Chinesen die überraschenden Effekte eines Zerrspiegels kennen; sie reagierten sehr heftig auf diese Karikatur, die eher eine satirische Posse als Gesellschafts- oder Sittenkritik ist. Hier stellt sich ein anderes Problem, denn es handelt sich um eine Geschichts-Fiction und nicht um eine Reportage.[4] Laut Drehbuch haben die Chinesen Europa überfallen. Paris wird wieder besetzt, und die Phänomene der Besetzung wiederholen sich: Kollaborateure, Opportunisten, Widerstandskämpfer tauchen auf. Die Erfindungsgabe des Autors ist eindeutig retrospektiv: der feldgraue Besatzer der Jahre 1940—1944 lieferte das Vorbild für den roten Besatzer des Jahres 2000.

Jean Yanne hat sich in seinem Film damit begnügt, diese Themen auszuspinnen, wobei er die chinesische Revolution nur als Vorwand für geistreiche Variationen über das ewige Wechselspiel Besatzer-Besetzte benützt hat. Die chinesische Regierung hatte die Möglichkeit, sich nicht zu äußern; sie hat es aber vorgezogen, ihre Meinung öffentlich kundzutun. »Die chinesische Volksarmee wird lächerlich gemacht, verleumdet... Die Parallele zwischen dem sozialistischen China und dem faschistischen Deutschland ist unerträglich.« Auch hier meinte China, verleumdet zu werden; die revolutionären Bemühungen, die Spannung, in der die Chinesen leben, vertragen anscheinend kein Lächeln.

Die französischen Zeitungen — die natürlich so reagierten, wie dies in der westlichen Presse üblich ist — sahen in dem chinesischen Protest vor allem einen Angriff auf die Freiheit der Meinungsäußerung. Sie haben nicht verstanden, daß die chinesische Revolution unter Umständen Gegenstand der Kritik aus den eigenen Reihen, aber keinesfalls Gegenstand des Spottes aus dem Ausland sein darf. Sie fordert Achtung, denn das Leben eines ganzen Volkes, das sich völlig mit ihr identifiziert, hängt von ihr ab. Die Chinesen haben das Gefühl, daß sie Anspruch auf Anerkennung haben. Verständnislosigkeit empört sie; für sie ist

518

sie gleichbedeutend mit systematischer Opposition. Die chinesische Revolution, in die so viel Gefühl und Kraft investiert wurde, darf einfach nicht auf Ablehnung stoßen.

Warum sollte man die chinesische Empfindlichkeit leugnen? Jedes Volk ist empfindlich. Franzosen können herzlich lachen, wenn sich Franzosen über Franzosen lustig machen. Aber sie dulden es nicht, daß ein Fremder über sie spottet. Es ist die ewige Geschichte des Cyrano de Bergerac, der auf die Sticheleien über seine Nase entgegnete: »Ich selbst bin geistreich genug, um über sie zu spotten, aber ich gestatte dies keinem andern.«

Es gibt noch mehr zu diesem Thema zu sagen. Die Chinesen haben ganz besondere Gründe, empfindlich zu sein. Sie sind sich bewußt, der ältesten Zivilisation der Welt anzugehören; und sie sind in den letzten hundertzehn Jahren immer wieder Invasionen ausgesetzt gewesen, wurden von anderen Völkern kolonisiert, überrannt, regiert. Allen Chinesen ist bewußt, daß sie als Nation kollektiv negiert worden sind; wie sollten sie da nicht in bezug auf ihren Stolz besonders empfindlich sein?

Die Wiederbelebung des alten Satzes von der »Gelben Gefahr« muß sie außerdem ganz besonders verärgern. Im Gegensatz zu der Vorstellung, die man sich manchmal im Westen macht, beruht das Überlegenheitsgefühl der Chinesen — soweit überhaupt vorhanden — auf der Tatsache, daß sie einem Volk angehören, das nie versucht hat, die Welt zu erobern. In ihrer viertausendjährigen Geschichte haben sie kein einziges Mal die natürlichen Grenzen ihres Zivilisationsbereichs überschritten. Die »Gelbe Gefahr« — wenn man diesen Ausdruck überhaupt auf die Chinesen anwenden will — ist eine Mystifikation, um nicht zu sagen ein schlechter Witz. 1900 erklärte Kaiser Wilhelm II. vor den Truppen, die nach China gehen sollten: »Peking muß dem Erdboden gleichgemacht werden. Dies ist der Kampf Asiens gegen ganz Europa, das ihr vor der gelben Gefahr schützen müßt. Keine Gnade, keine Gefangenen.« In Wirklichkeit war es der Kampf Europas gegen Asien; aber die unglücklichen Chinesen stellten für niemanden auch nur im entferntesten eine Gefahr dar, denn sie waren ja nicht einmal imstande, die Landung der europäischen Truppen zu verhindern.

Überhaupt: China war selbst viel öfter ein Opfer der »Gelben Gefahr« als die westlichen Länder. Die Hunnen, gegen die sie die Große Mauer erbaut hatten, waren die erste »Gelbe Gefahr«. Die Mongolen unterwarfen China und beherrschten es drei Jahrhunderte lang: zweite »Gelbe Gefahr«. Das gleiche taten die Mandschus: dritte »Gelbe Gefahr«. Und schließlich die vierte

Heimsuchung: die Japaner, die China angriffen und einen großen Teil des Landes besetzten. Tschu En-lai hingegen konnte mir mit gutem Gewissen sagen: »Es gibt keinen einzigen chinesischen Soldaten, der außerhalb der chinesischen Grenzen stationiert wäre«, und lächelnd hinzufügen: »Man kann das gleiche jedenfalls nicht von allen Staaten behaupten.« Der erwiesene Pazifismus der Chinesen, die Prüfungen, die sie bestehen mußten, geben ihnen das Recht, derartige Feststellungen übelzunehmen.

### Gegen die importierte Musik

Die Angriffe auf die westliche Musik und die Stornierung der für 1974 vorgesehenen Tourneen der bekanntesten europäischen Orchester sind sicherlich eine indirekte patriotische Reaktion. Eine heftige Kritik in der »Volkszeitung«[5] verurteilt Schuberts »Unvollendete« als typisches Werk jener intellektuellen Kleinbürger, die sich in einer politischen und wirtschaftlichen Zwangslage befanden, aber nicht den Mut hatten, zu kämpfen, sondern sich in Melancholie, Zaudern, Pessimismus, Verzweiflung und den Wunsch, der sozialen Wirklichkeit zu entgehen, flüchteten. Eine historische Analyse weist somit (für den chinesischen Revolutionär!) Werke auf den ihnen gebührenden Platz, die irgend jemand als allgemeingültige Kunstwerke ausgegeben und dem naiven chinesischen Volk als bewunderungswürdig hingestellt hatte. Andere Leitartikel brandmarken die Revisionisten vom Typ eines Liu Schaotschi, die die »westliche Technik überbewerten« und dadurch »den Komponisten von den Arbeitern, Bauern und Soldaten und von der proletarischen Politik« trennen wollen. Auch das ist eine Manifestation des gleichen nationalen Stolzes.

Die traditionelle chinesische Oper kommt auch nicht besser weg als die westliche Musik. Um die veraltete Schwermut der früheren chinesischen Musik noch besser zu karikieren, zitiert die »Volkszeitung« folgende gegen Konfuzius gerichtete Anekdote: Man bringt Konfuzius eine Weinschale, ein neues Modell; sie hat nicht mehr die traditionelle eckige Form. Der alte Konfuzius untersucht sie mißtrauisch und murrt: »Das ist keine Weinschale, keine echte Weinschale.« Zwischen der »kleinbürgerlichen westlichen Musik« und der alten chinesischen Feudalmusik soll sich eine moderne und revolutionäre Kunst etablieren; modern, weil revolutionär. »Die künstlerische Form muß sich ändern, wenn der Inhalt sich ändert«, erklärt die »Rote Fahne«.[6] Die Kulturrevolution hat eine neue Kultur geschaffen, die die chinesischen Revolutionäre sehr wohl selbst gestalten können.

### Ein rehabilitierter Tyrann

Viel bedeutungsvoller als die Angriffe gegen Konfuzius ist zweifellos die Rehabilitierung des Erbauers der Großen Mauer, Tsin Schih Huang-ti, eines Schülers der Gesetzesschule, der zwischen 246 und 221 v. Chr. China geeinigt hatte; dazu mußte er einen unbarmherzigen Kampf gegen die übrigen sechs Fürsten führen, die sich bis dahin das chinesische Territorium geteilt hatten. Der Kaiser war Blut und Tränen gegenüber unempfindlich und errichtete mit derber Hand ein zentralistisches, autoritäres Regime. Den ewigen Haß der Intellektuellen zog er sich dadurch zu, daß er befahl, alle Bücher zu verbrennen; Gelehrte, die sich ihm widersetzten, ließ er lebendig begraben — nicht ohne ihnen vorher Hände und Füße abschneiden zu lassen.

Es ist wirklich eigenartig, daß die gleichen Politiker, die den Redaktionen der großen Parteiblätter diktieren und Pressekampagnen leiten, es für nötig halten, einen Philosophen an den Pranger zu stellen, der etliche Jahre vor der Geburt Sokrates' gestorben ist und der fünfundzwanzig Jahrhunderte lang Milliarden Chinesen als Leitbild gedient hat. Aber es ist noch eigenartiger, daß die gleichen Politiker einem Tyrannen Lorbeerkränze flechten, der zu einer Zeit lebte, da Rom noch ein kleiner Marktflecken war, gerade die Etruskerkriege überstanden und die Niederlage am Trasimenischen See eingesteckt hatte; ein Tyrann, der seit dreiundzwanzig Jahrhunderten Gegenstand der Verachtung der Gebildeten gewesen war. Dieses Scherbengericht und diese Rehabilitierung könnten vielleicht ein Auftakt dazu sein, daß in Zukunft anstelle von Überredung Zwang, anstelle von Selbstverwaltung Zwangsherrschaft treten werden. Das Loblied auf Tsin Schih Huang-ti könnte als Plädoyer für den autoritären Zentralismus und für die Abschaffung der Privilegien der lokalen Behörden aufgefaßt werden, deren Verhaltensweise sich mit dem jetzt verurteilten konfuzianischen Modell deckt.

Die Verherrlichung Tsin Schih Huang-tis, des blutdürstigen Despoten, gilt zweifellos dem Mann, der — wie Mao — mit festen Händen ein China geformt hatte, das vor ihm noch keine Nation gewesen war. Und der Feldzug gegen Konfuzius soll zweifellos darauf hinweisen, daß eine Nation manchmal, um zu überleben, einzelne opfern und die »breite Masse« v o r oder ü b e r Mandarine, Gelehrte und Bürokraten der konfuzianischen Gesellschaft stellen muß.

Hinter all diesen Kampagnen steht deutlicher denn je die Absicht, dem chinesischen Volk moderne, aber grundsätzlich nationale Ausgangspositionen zu sichern. Wenn Tschu En-lai anläßlich eines Banketts erklärt[7]: »Der sozialistische Imperialismus — das heißt, die Sowjets — und die dem chinesischen Volk unverändert feindlich gesinnten Ausländer kritisieren unsere Kampagne. Das zeigt, daß unsere Handlungsweise richtig ist«, dann wird dieser Teil seiner Rede von den chinesischen Gästen mit lebhaftem Applaus begrüßt. Mao ist der Mann, der die chinesische Nation wieder geschaffen hat. Er war und ist für die Feinde Chinas die Verkörperung dieser Nation. Heute ist nur noch ein Feind übriggeblieben, aber es ist um so wichtiger, auf ihn hinzuweisen und seine Bedeutung hervorzuheben, als dadurch die chinesische Nation an Bedeutung gewinnt.

Die sowjetisch-chinesische Spannung ist permanent, auch wenn man den regelmäßig erfolgenden Zwischenfällen nicht allzuviel Bedeutung beimessen darf. Die Ausweisung der sowjetischen »diplomatischen Spione« im Januar 1974 und die von der Presse mit Genugtuung kommentierte Verhaftung des Sowjetagenten Liu Hung-schu sind eine — zweifellos nicht auf China beschränkte — Episode des weltweiten Kriegs der Geheimdienste. Solche Dinge geschehen in unseren westlichen Demokratien immer wieder, ohne allzugroße Aufregung zu verursachen, da sie die Nebenerscheinungen eines als normal empfundenen Konkurrenzkampfes sind. Der chinesisch-sowjetische Konflikt ist anders gelagert. Von Zeit zu Zeit glaubt man den apokalyptischen Lärm zu vernehmen, der den Massenaufmarsch der Truppen auf beiden Seiten der Grenze begleitet und den bevorstehenden ungeheuren Konflikt anzukündigen scheint. 1969 erklärte der amerikanische Journalist Harrison Salisbury bei seiner Rückkehr aus Sibirien, daß der Krieg unmittelbar bevorstehe. 1974[8] vertraten englische Spezialisten die Meinung, die Truppenkonzentration sei so beträchtlich, daß die Explosion nicht mehr lange auf sich warten lassen werde. Auch wenn zahlreiche Beobachter der Meinung sind, daß keiner der beiden Protagonisten das Risiko auf sich nehmen wird, einen Krieg zu entfesseln, läßt China, das seine Grenzen schärfer denn je bewacht, seine nördliche Verteidigungslinie nicht aus den Augen, auch wenn es, einer alten Weisheit folgend, nie von ihr spricht.

## Ein paar Inselchen, Symbol für die Integrität des Reichs

Hat die Regierung in Peking den weltvergessenen kleinen Paracelsus-Archipel deshalb von ihren Truppen besetzen lassen, weil sie — wie die westliche Presse einstimmig und grundsätzlich behauptet — sich das Erdöl sichern wollte, das man vielleicht aus dem Meer gewinnen kann? Typisch westliche Deutung: von rationalistischem, ökonomischem und aktualitätsbezogenem Denken geprägt. Die chinesische Revolution ist — westlicher Logik zufolge — irrational; sie setzt das Wirtschaftsdenken an zweite Stelle und erhebt die Politik zum Hauptfaktor. Aktualität ist für sie Nebensache — sie sucht den Anschluß an die geschichtliche Entwicklung.

Die Erklärungen der westlichen Presse sind ungefähr genauso stichhaltig wie die Behauptung, Péguy sei nur deshalb am Vorabend der Marneschlacht an die Front abgereist, weil er den Umsatz seiner Bücher steigern wollte. Sein Tod bei Villeroy hat ja dann wirklich diese Wirkung gehabt. Es ist nicht ausgeschlossen, daß die Chinesen eines Tages in der Umgebung des Paracelsus-Archipels Öl aus dem Meer gewinnen. Aber warum sollten sie sich auf so kostspielige und fragliche Unterwasserabenteuer (sogenannte Off-Shore-Bohrungen) einlassen, wenn sie auf ihrem Festland unermeßliche, noch gar nicht erschlossene Erdöllager haben? Vielleicht wollten sie nur ihre Anwesenheit im Gelben Meer unter Beweis stellen? Vielleicht beabsichtigten sie, durch die Besetzung dieser einst chinesischen Inseln nur kundzutun, daß sie Vietnam, den Philippinen, Malaysia und Japan gegenüber das Erbe des Reichs der Mitte antreten? Vielleicht wollten sie ihre Armee und ihre Marine fanatisieren, ihnen zeigen, daß sie für das Wohl des Vaterlandes unentbehrlich sind? Vielleicht nützten sie nur geschickt einen Augenblick, in dem die mit den Folgen des Jom-Kippur-Krieges beschäftigten Russen und Amerikaner nicht reagieren konnten; auf diese Art haben sie eine Stellung wiedererobert, die ihre Vorfahren einst innegehabt hatten.

## Das Rad der Geschichte weiterdrehen

»Lin Piao und Konfuzius waren Reaktionäre, die versuchten, das Rad der Geschichte zurückzudrehen«, erklärte Tschu En-lai.[9] Diese Zusammenstellung und diese Formulierung sind bedeutungsvoll. Denn die Nachrichten, die uns seit Ende 1973 aus China erreicht haben, deuten darauf hin, daß der Versuch gemacht wurde, die Flamme der Revolution wieder anzufachen; zweifellos deshalb, weil sie am Verlöschen war.

Die Parteiorgane — die »Volkszeitung« und die »Rote Fahne« — brandmarken »die ungesunden Praktiken, die sich bei den staatlichen Stellen eingebürgert haben«, was nach einem direkten Angriff auf die Regierung aussieht. Sie schreien Zeter und Mordio über den »Mißbrauch der Macht« durch »Kaderpersonal in vorgerücktem Alter«. Sie beschweren sich darüber, daß das einzige Kriterium für Beförderungen in Partei und Verwaltung das Dienstalter sei. Sie protestieren vorsichtig gegen die »Wiedereingliederung« der im Zuge der Kulturrevolution eliminierten Persönlichkeiten, unter denen Teng Hsiao-ping, der ehemalige Generalsekretär der Partei, an erster Stelle steht; er war gemeinsam mit Liu Schao-tschi in Ungnade gefallen. Sie kritisieren die Rückkehr zum »materiellen Denken« und zur »pragmatischen Führung der Unternehmen«. Die Wandzeitungen mit den dicken Lettern, die berühmten *ta tsi paos* der Kulturrevolution, tauchen wieder auf und fordern zur Treue dem maoistischen Ideal gegenüber auf.

Die »Volkszeitung« erwähnte zum erstenmal seit 1968 den Jahrestag des ersten Vorbeimarsches der Roten Garden vor Mao (1966). Die ideologische Zeitschrift der Partei, »Die rote Fahne«, versteigt sich zu einer Verherrlichung der revolutionären Gewalttätigkeit.[10] Ein neuer Propagandaslogan fordert paradoxerweise die Verantwortlichen auf, »gegen den Strom zu schwimmen«, eine Anregung, die dem 1966 von Mao verkündeten Prinzip »man muß es verstehen, sich aufzulehnen«, sehr ähnlich ist. Kurz gesagt, wir wohnen der Wiederkehr des revolutionären Stils des ersten Jahres der Kulturrevolution bei. Man geht sogar so weit, Konfuzius vorzuwerfen, daß er sich seinerzeit für die Rückkehr von Leuten eingesetzt habe, die vorher mit Recht verbannt worden waren. Die Anspielung ist zu deutlich.

Zu all diesen Hinweisen gehören auch die von den Zeitungen veröffentlichten Briefe. Die »Volkszeitung«[11] hat den Brief eines jungen Soldaten abgedruckt, der Selbstkritik übt und sich bezichtigt, durch »Beziehungen« an die Universität gelangt zu sein, und zwar dank der Fürsprache seines Vaters, eines Veteranen des Langen Marsches. Der junge Mann verlangt, daß man ihn zu seiner Einheit zurückschicke und seinen Platz einem Begabteren zur Verfügung stelle. Dem Brief ist ein Motto vorangestellt, das dem Stil nach ohne weiteres von Mao sein könnte; man fühlt sich in das Jahr 1966 zurückversetzt, als Mao selbst sein *ta tsi pao* schrieb und jedes Mitglied der Roten Garden es auch tun mußte.

»Die Basis«, »die große Masse des Volkes« zeigt wieder einmal, daß sie gewillt ist, den Geist der Revolution lebendig zu erhalten.

Mao wäre die Führung der Kulturrevolution beinahe aus den Händen geglitten. Er hat gerade noch rechtzeitig nach den Zügeln gegriffen. Zweifellos hat er aus dieser Erfahrung gelernt und hält sich jetzt an weniger gefährliche Gegner. Liu Schao-tschi und die Parteikader, die die Opfer des von Mao entfesselten Pogroms waren, hatten sehr heftig reagiert; es dauerte über zwei Jahre, ehe Mao sie endgültig ausschalten konnte. Diese Konterrevolution hat China beinahe in einen Bürgerkrieg gestürzt. 1974 setzte Mao die Revolution wieder in Gang, denn jede Revolution, die keine Fortschritte mehr macht, wird notgedrungen rückläufig. Aber er belebte sie durch den Angriff auf zwei Tote, bei denen er nicht befürchten mußte, daß sie von allzuvielen Lebenden verteidigt würden. Konfuzius, der vor zweieinhalb Jahrtausenden dahinging, Lin Piao, der vor zweieinhalb Jahren getötet wurde, boten sich als genügend weit entfernte Zielscheiben an, um einen Bumerangeffekt auszuschließen; sie sind aber dennoch so gegenwärtig, daß eine gegen sie entfesselte Kampagne die Massen in Bewegung bringt.

Hatten zweieinhalb Jahrtausende nicht genügt, um Konfuzius unschädlich zu machen? Wer war mit diesem Angriff wirklich gemeint?

Galt er nur Lin Piao, dem Toten, den man auch noch moralisch töten muß? Der immer wieder neu entstehenden Hydra des »Kapitalismus« und des »Revisionismus«?

Natürlich hat Mao oft genug Konfuzius anerkannt. *Der neue Mensch*, den Maos Revolution schaffen will, ist, von einem gewissen Standpunkt aus gesehen, eine Erneuerung des von Konfuzius gewollten Menschen. Aber zugleich werden die Lehren des alten Meisters hartnäckig als unvereinbar mit der geschichtlichen Notwendigkeit des Klassenkampfs bezeichnet. Man wirft Konfuzius vor, daß er, indem er die »Güte« verteidigte, dazu beigetragen habe, den Feudalismus zu erhalten, das heißt, die Herrschaft einiger weniger über die große Masse. »Seid gütig, und das Volk wird gehorchen«, schrieb Konfuzius. Durch »Güte« kann man das Volk ködern und einschläfern. Deshalb verlangt Mao jetzt wieder Taten. Ein Gesellschaft erzielt den Fortschritt weder durch »Güte« noch durch »Achtung vor der Tradition«, sondern nur durch unaufhörlichen Klassenkampf. Die Revolution muß vorwärtsschreiten oder sie stirbt. Sie kann nur entweder permanent sein oder sie hört auf, zu existieren.

Zum Unterschied zu den vorhergehenden Revolutionen, vor

allem den beiden größten, der französischen und der russischen, geht der chinesischen Revolution nicht der Atem aus. Im Gegenteil. Sie erweckt immer wieder die Begeisterung des Volkes. Das Volk ist immer bereit. Es schöpft immer wieder neue Kraft aus dem maoistischen Gedankengut, dem Motor einer Revolution, die das *Perpetuum mobile* entdeckt hat.

Das ist zweifellos der Kernpunkt des Problems; eine zu realistische Deutung, die die Revolution durch Ehrgeiz erklärt, wird ihr nicht gerecht. Wie jedes kommunistische Regime braucht auch das chinesische Säuberungen. Nur führt es sie unter einem ideologischen Deckmantel durch — so, als würde man bei uns, um einen Ministerpräsidenten zu stürzen, seinen Namen wohl nie nennen, aber eine Kampagne gegen Descartes starten. (Und dabei ist Descartes unserer Zeit wesentlich näher als Konfuzius.) Hinter dieser Tarnung werden die Auseinandersetzungen der einzelnen Cliquen immer schärfer.

Im Wechselspiel von Gunst und Ungunst der Mächtigen irrt der Beobachter oft. Vor allem in Moskau glaubte man, daß Tschu En-lai gemeint war: der zu gewandte, zu friedliche Mann, der es verstanden hatte, den Brand der Kulturrevolution zu löschen. Aber andere Indizien weisen darauf hin, daß der Ministerpräsident seine Befriedungspolitik im Inneren und seine okzidentfreundliche Außenpolitik unbeirrt fortsetzt. Im August 1973 hat Tschu En-lai — der beim X. Kongreß die einzige große Rede in Gegenwart Maos gehalten hatte — als erster das Bevorstehen einer neuen Kulturrevolution angekündigt. Beim Bankett am 24. Februar 1974 bezeichnete er sich als deren Initiator.

Aber vielleicht sollte man eine subtilere Deutung nicht ausschließen, die sich mit den Moskauer Gerüchten vereinen läßt. Danach wäre zu Beginn Tschu En-lai die Zielscheibe der Anti-Konfuzius-Kampagne gewesen, die von den Kreisen um Mao, vielleicht sogar mit Maos Billigung, lanciert worden war. Aber im zweiten Akt hat Tschu En-lai, der es wie kein anderer versteht, Ereignisse zu seinen Gunsten auszuwerten, die Kampagne selbst in die Hand genommen und sich an ihre Spitze gestellt. Im dritten Akt hat er kundgetan, daß sich die Kampagne sowohl gegen Konfuzius als auch gegen Lin Piao richtet. Und im vierten Akt hat er sie im wesentlichen gegen Lin Piao und nur nebenher gegen Konfuzius geführt. Dank dieser Verlagerung der Akzente, die so rasch und sicher wie Wespenstiche erfolgte, soll er wieder einmal den Lauf der Geschichte verändert haben...

Es wurde auch behauptet, daß die Schauspielerin Tschiang Tsching, Maos Gattin, angegriffen worden sei. Sie habe das

Klavier in China eingeführt und die westlichen Orchester, die China besuchten, empfangen. Und nun: Schubert und Beethoven in Acht und Bann, das »Orchestre de Paris« zurückgeschickt — das könnte man als Mißbilligung ihrer Aktivität auffassen.

Maos Frau spielt sicherlich eine wichtige Rolle, aber war wirklich ein solcher Aufwand nötig, um ihren Einfluß zu verringern? Beim X. Kongreß wurde sie glatt übergangen. Aber sie hat die Säuberungen überstanden, die Tschen Po-ta und Lin Piao, ihre Kampfgefährten der Kulturrevolution, ausschalteten. Ihre Position ist so gefestigt, daß sie auch noch weitere Säuberungsaktionen überleben wird.

Die Entwicklung der neuen Kampagne zeigt, daß jeder versucht — auch wenn neue Ideen zur Debatte stehen —, sich hinter Maos Persönlichkeit zu verschanzen. Die chinesische Presse behauptet, daß der Vorsitzende Mao persönlich die Angriffe gegen Konfuzius leite. Ob das stimmt oder nicht, eines steht fest: Maos persönliches Prestige bleibt die Garantie für den Erfolg einer Meinungskampagne. Die Chinesen würden keine so gigantischen Anstrengungen unternehmen und nicht so viele Leiden ertragen, wenn ihr Glaube an einen unfehlbaren und unbesiegbaren Führer sie nicht fanatisierte.

Verherrlichung des Erbauers der Großen Mauer, Empörung über das Eindringen westlicher Kultur, der von Antonionis Filmbericht verletzte Stolz, Ausweisung der Diplomaten-Spione, Bestätigung der chinesischen Macht durch die Besetzung der Paracelsus-Inseln — all das sind Zeichen für ein Wiedererwachen des chinesischen Nationalismus und Gründe für die westlichen Nationen, strengste Zurückhaltung zu üben gegenüber diesen zutiefst chinesischen Reaktionen. Die Chinesen betrachten diesen neuen Volkskrieg, genau wie die erste Kulturrevolution, als ihre persönliche Angelegenheit. Kann denn ein Volk nach vierzig Jahrhunderten großartiger Zivilisation und einem Jahrhundert voll Demütigungen eine westliche — sei es auch nur intellektuelle — Einmischung als etwas anderes empfinden als einen neuerlichen Einbruch in seine Sphäre?

So wirkt China wie die klösterliche Gemeinschaft einer Milliarde Menschen, die unbewußt drei Gelübde einhält: Gleichheit in der Arbeit, Mäßigkeit, Aufopferung für das öffentliche Wohl; und das alles deshalb, weil das Volk beständig erzogen wird, einen einzelnen Mann anbetet und durch einige im Grunde genommen sehr einfache Mechanismen gelenkt wird. Man ist erstaunt über die Ähnlichkeit dieser Verhaltensweise mit der Askese und der christlichen Mystik.

Welches Paradoxon! Der zum Christentum bekehrte Westen ist konsumfreudig, vergnügungssüchtig, erotisch, individualistisch, anarchistisch geworden, und das nicht christianisierte China übt die asketischen Tugenden, pflegt den Geist der Armut, der Keuschheit, des Gehorsams, schafft eine vom Gemeinschaftsgedanken getragene, hilfsbereite Menschheit.

Dieses Paradoxon erklärt zweifellos wenigstens zum Teil, warum wir das erleben, was Paul Hazard die chinesische Krise des europäischen Gewissens genannt hätte. Die Bücher, Berichte, Studien über China, die einander am laufenden Band folgen, bezeugen nicht nur unser Interesse an diesem Land. Die Neugierde ist so groß, daß sie zur Unruhe wird. Früher ging es nur darum, dem Leser neue Kenntnisse über den volkreichsten und geheimnisvollsten Staat der Welt zu vermitteln. Heute ist China der Bezugspunkt, an dem der Westen seine eigenen Werte mißt: Es ist das Modell, zu dem man Stellung beziehen muß. Wenn wir heute sehen, wie China lebt, können wir nicht umhin, uns über unsere eigene Lebensform Gedanken zu machen.

# Schlußwort

CHINAS ERWACHEN: EIN »MODELL« ODER EIN »WUNDER«?

Die Entwicklung Chinas in der ersten Hälfte des zwanzigsten Jahrhunderts war die Entwicklung eines Landes, das zusehen mußte, wie die verschiedenen Versuche, seine Lage zu verbessern, nacheinander fehlschlugen, bis zu dem Tag, an dem die einzige noch verbliebene Möglichkeit — und, wie es scheint, die einzige, die China angepaßt war — verwirklicht wurde. Die Führer des Kaiserreiches bis 1911, dann die Chefs der Republik, Jüan Schih-kai, Sun Yat-sen, Tschiang Kai-schek und Mao Tse-tung, waren sich in einem Punkt einig: China konnte nur durch ein diktatorisches und nationalistisches Regime regiert werden.

Das dringendste Anliegen bestand darin, das Land, das unter dem Druck der Westmächte niedergebrochen war, wiederaufzurichten. Dazu war eine straffe Organisierung der Bevölkerung notwendig. Jene Chinesen, die im Kontakt mit dem Westen erzogen worden waren oder auch nur die europäische und amerikanische Geschichte studiert hatten, empfanden die eklatante Unterentwicklung ihres Landes und die totale Auflösung, von der es bedroht war, besonders stark. Da seit dem 19. Jahrhundert so viel Zeit vergeudet worden war, vor allem in bezug auf Japan, waren behutsamere Lösungen ausgeschlossen.

Es ist bezeichnend, daß die drei Regierungen, die sich China vor dem endgültigen Triumph des Maoismus teilten, die kommunistische Regierung von Jenan, die nationalistische von Tschungking und die »kollaborationistische« in Nanking, von drei Schülern Sun Yat-sens geleitet wurden. Alle drei — Mao Tse-tung, Tschiang Kai-schek und Wang Tsching-wei — stimmten hinsichtlich des Zieles überein: eine nationalistische Revolution. Nur über die Methoden gingen ihre Meinungen auseinander. Sollte sich das System auf die Japaner stützen, um die Eindringlinge aus dem Westen zu vertreiben, oder auf den Westen, um die Japaner zu verjagen, oder auf die in den Bergen versteckten Partisanen, um beide loszuwerden?

Zahlreiche westliche Beobachter waren verwundert, daß sich das chinesische Volk so massiv einem totalitären Regime angeschlossen hatte, nicht einem — wenn auch korrupten — kapitalistischen.

»Die Wahl zwischen Tschiang Kai-schek und Mao Tse-tung, das war die Wahl zwischen Korruption und Tyrannei; das Unerwartete besteht darin, daß so viele Chinesen letzteres gewählt haben.«[1] In Wirklichkeit hatten die Chinesen am Ende des Zweiten Weltkrieges nicht das Gefühl, zwischen Freiheit und Sklaverei wählen zu können. Jedenfalls konnten sie dem Despotismus — unter welcher Form auch immer — nicht entgehen. Aber das offensichtliche Zusammenspiel der Kuomintang mit einer dem Wohlleben hingegebenen Minderheit von Grundbesitzern und Bankiers, die mit dem Ausland verbunden waren, stand im Gegensatz zur Strenge der Roten Armee und ließ den Chinesen zwei Wege offen, und nur zwei: allgemeine Korruption oder Kampf um die Reinheit; die Akzeptierung der Mißstände, aus Angst vor der Revolution, oder deren Ablehnung — das zog die Akzeptierung der Revolution und ihrer Gewalttaten nach sich.

»Wie können Sie behaupten«, wird man mir sagen, »daß es für China keine andere Lösung gegeben hat als den Kommunismus, obwohl Sie selbst kein Anhänger dieser Doktrin sind?« Es handelt sich hier um eine historische Feststellung, nicht um eine ideologische Überzeugung. Abstrakt und absolut gesehen, wollen wir nicht behaupten, daß der Kommunismus maoistischer Spielart der einzig gangbare Weg für ein feudalistisches und unterentwickeltes Land ist, wie China es war. Stellen wir einfach fest, daß im Jahr 1949, nach dem Zusammenbruch der Kuomintang, die einzige Gruppe, die fähig war, China in den Griff zu bekommen, es zu einigen, von seiner Vergangenheit zu befreien, die Partei des Widerstandes gegen die Japaner war, der Freischärler gegen die Feudalherren, die Schar der Pioniere, welche in der Provinz Schensi die Befreiung zu wahrer Größe geführt hatten; die einzige Gruppe, die bereit war, das Erbe anzutreten.

Hat der Begriff der Rechte des Individuums, in dessen Namen die chinesische Volksrepublik so häufig verurteilt wird, in einem solchen historischen Zusammenhang noch einen Sinn? Wenn ja, welchen? Die Kritik geht von Werten der westlichen Gesellschaft aus, nicht von chinesischen Wertbegriffen. Wie der Begriff des Glücks ist auch der der Freiheit relativ. Die Revolution gab den Chinesen nicht nur eine kollektive Freiheit, die sie, seit ihr Land geknechtet und zerstückelt war, entbehrten, sondern auch einige individuelle Freiheiten, von denen viele keine Ahnung hatten: Sie »befreite« die armen Bauern von den Grundbesitzern; die Hungernden von der Not; die Schuldner von den Wucherern; den Sohn vom Despotismus seines Vaters; die Frauen von der Tyrannei ihres Ehemannes; die Funktionäre von den Verun-

530

treuungen ihrer Vorgesetzten; das Volk vom Elend. Die unwiderstehliche Kraft, die die Massen dazu gedrängt hatte, sich dem Kreuzzug der Roten Armee anzuschließen, war eine Hoffnung auf Befreiung: wer könnte behaupten, daß diese Hoffnung völlig enttäuscht worden sei?

Glaubt man denn nicht, daß vielen Chinesen bewußt ist, ihr neues, kollektives Schicksal sei besser als das frühere? Wenn sie von der »Befreiung« sprechen, dann handelt es sich für die meisten von ihnen um eine Realität. China machte in einigen Jahrzehnten die Entwicklung durch, für die die westlichen Länder mehrere Jahrhunderte brauchten. So übermenschlich auch die Anstrengung sein mag, die man von den Chinesen verlangt, so grausam die Erlöserrolle des Leides, wie sollten sie nicht den Eindruck haben, von der Finsternis ins Licht zu treten? Sie wissen, daß die Opfer von gestern und heute ihrem Land den kürzesten Weg vom Mittelalter in die Neuzeit öffneten.

Maos Anliegen war es, China ein Maximum an Harmonie zu sichern. Er stellte ein inneres Gleichgewicht her, indem er den manuellen Arbeitern Sicherheit und Würde gab; dies konnte nur zum Nachteil der Intellektuellen und der Bürger, und auch einer sehr großen Anzahl kleiner Leute wie Handwerker, Kaufleute, Beamter ausfallen, die zu den Bessergestellten gehört hatten: Das okzidentalisierte China war nur ein kleiner Kreis — aber in einem Land mit diesen Ausmaßen wird ein kleiner Kreis zu einer Schar — von Privilegierten, jenen, die den Zusammenbruch des alten Regimes überlebt, und jenen, die sich unter der neuen Regierung wieder formiert hatten. Mao unterstützte die Expansion der Landwirtschaft und stellte dadurch in einer Nation, die im Begriff war, sich aufzulösen, ein biologisches Gleichgewicht her — zum Nachteil für die Städter. Er führte alle auf einen gemeinsamen Startpunkt zurück, stellte Chancengleichheit her; wer für den Wettlauf am besten gerüstet war, wurde gehandikapt.

Man kann nicht erwarten, daß die Opfer einer Nivellierung nicht deren Härten verspüren und versuchen, einer solchen Entwicklung zu entgehen. Ist das ein Grund, zu übersehen, daß sich — nach einem zusammenhängenden Gesamtplan — eine neue Gesellschaft entwickelt?

Die Frage, ob das chinesische Wirtschaftswachstum unter dem Regime Tschiang Kai-scheks nicht ebenso schnell, ja noch schneller vor sich gegangen wäre, ist sinnlos. Der wirtschaftliche Fortschritt ist nur e i n Aspekt des Problems. Die chinesischen Kommunisten waren der Ansicht, daß Unabhängigkeit wichtiger sei als Wohlstand: China sollte lieber wie der magere, aber freie

Wolf sein, als der wohlgenährte Hund an der Kette; außerdem hätte erst bewiesen werden müssen, daß der Hund rascher fett geworden wäre.

Die bedeutendste Änderung, die in China vor sich gegangen ist, war wohl jene seiner Einstellung gegenüber anderen Ländern. China ist aus eigener Kraft eine Atommacht geworden, es wurde in die Vereinten Nationen aufgenommen, obwohl sowohl Amerikaner als auch Sowjets dieser Aufnahme feindlich gegenübergestanden waren.

### Die Konvergenz der Ereignisse

Manche westliche Idealisten träumen davon, Kollektivismus und Liberalismus miteinander zu verbinden. Andere glauben, daß es möglich und wünschenswert wäre, Marxismus und Christentum zu vereinigen.

Gäbe es ein Mittel, von den Leistungen des Kommunismus zu profitieren, ohne seine Zwänge auf sich zu nehmen? Die Diktatur der Ausgebeuteten zu errichten, ohne die Ausbeuter zu beseitigen? Absolute Gleichheit zu erlangen ohne den Entzug von Freiheiten?

Schon Sun Yat-sen war der Versuchung erlegen, all diese Faktoren zu vereinigen. Er teilte Marx' Ansichten über die soziale Entwicklung, lehnte jedoch gewaltsame Änderungen ab. Er wollte den staatlichen Sozialismus aufbauen, dabei aber den Klassenkampf vermeiden. Der Kampf sollte nicht die Klassen gegeneinander hetzen, sondern das »ganze Volk gegen die Armut«.[2] Die Kuomintang hatte diese Theorie übernommen: Marxismus, ja, aber ohne die Diktatur des Proletariats.

Andere fragen sich, ob es nicht möglich wäre, liberaler zu regieren, wenn einmal die Diktatur des Proletariats errichtet sei und die herrschenden Klassen von einst beseitigt sein würden. Unglücklicherweise lehrt die Erfahrung, daß das Bestreben, Freiheiten in einem System einzuführen, das sie ausschließt, der Suche nach der Quadratur des Kreises gleicht. Seit 1917 war jeder Liberalisierungsversuch einer kommunistischen Regierung unfehlbar von einer Periode der Zurücknahme gefolgt.

Die Volksrepublik China hat diesen Versuch mindestens dreimal unternommen, in unterschiedlichen Ausmaßen, aber mit gleichbleibenden Resultaten. In den Jahren 1956–1957, als die »Hundert Blumen« die Zungen lösten; im Mai 1962, als die Grenzen nach Hongkong für Auswanderungswillige geöffnet wurden; zwischen 1966 und 1969, als die Kulturrevolution beinahe alles hinweggeschwemmt hätte. Jedesmal, wenn das Regime die Zügel schießen ließ, ging das Pferd durch.

Diese historischen Tatsachen wurden vom diffusen Marxismus, den zahlreiche Intellektuelle, Lehrer, Journalisten und sogar Priester vertreten — meist unbewußt — verschleiert. In ihrer geistigen Großzügigkeit vergessen sie, daß »der Klassenkampf kein Kinderspiel ist«.

Würde eine marxistische Gesellschaft politischen Pluralismus akzeptieren, freie Meinungsäußerung und Gewissensfreiheit, geriete sie in unhaltbare Widersprüche. Jede Gesellschaft schafft sich ihre eigene Welt.

Im Jahr 1927 hatte Borodin in Hankau Anna Louise Strong gegenüber die Linksintellektuellen und die Militärregierung von Wuhan mit einem »Kaninchen« verglichen, »das vor der Kobra erstarrt, weiß, daß es gefressen werden wird und dennoch fasziniert ist«. Dieser Vergleich hat nichts von seiner Gültigkeit verloren. Gegenüber einer vollkommen auf die Erlangung der Macht hin organisierten Partei, hat sich »das große Herz der Intellektuellen«, um den Ausdruck Borodins zu gebrauchen, niemals anders verhalten als »das Kaninchen« vor der Kobra.[2a]

Die intellektuelle Analyse vergißt gewöhnlich auf einige Details, meist auf solche, die alles verändern und die man nur aufgrund einer globalen, wenn auch etwas ungenaueren Übersicht erfaßt.

Die Diktatur des Proletariats ist in ihrem Wesen totalitär. Jede »königliche Straße« ist ein enger Weg. Für alles Gute muß man bezahlen. Der chinesische Erfolg hat etwas Wunderbares an sich; aber dieses Wunder ist eine Last. Und das Wunder existiert einzig und allein für China.

Wunder? Die chinesischen Führer mögen es nicht, wenn man diesen Ausdruck verwendet. Nach der marxistischen Doktrin gibt es keine Wunder. Alles ist Schicksal. Die Freiheit hat keinen Raum, nicht einmal die Volksführer besitzen sie, die, so groß sie auch sein mögen, nur Spielzeug in den Händen der Geschichte sind.

Dennoch, je eingehender man den Ablauf der chinesischen Revolution zwischen 1911 und 1949 studiert, desto verblüffter ist man von den außergewöhnlichen Umständen, von denen das Regime profitierte. Wie viele zufällige Zusammentreffen waren notwendig, um seinen Erfolg zu sichern!

— Ein Reich, seit Jahrtausenden stolz darauf, das Zentrum der Welt zu sein, wird durch Fremdherrschaft auf unerträgliche Weise gedemütigt.

— Ein riesenhaftes, übervölkertes Territorium, das im finstersten Analphabetentum und im Feudalismus steckt.

— Ein elendes Proletariat, das nicht einmal das Notwendigste zum Leben hat und so verzweifelt ist, daß keine Gewalt es erschrecken kann.

— Der Zusammenbruch der traditionellen Ideologie, die bis dahin alles bestimmt hatte und niemals angezweifelt worden war.

— Ein genialer Mann, der es verstand, alle Sehnsüchte seines Landes zu verkörpern.

Würde man auch nur einen Faktor dieser Gleichung austauschen oder ändern, ergäbe sich ein völlig anderes Resultat. Man braucht sich zum Beispiel nur vorzustellen, die Chinesen seien auf einem kleinen Territorium zusammengedrängt; dann wäre der Kommunismus nicht mehr die einzige Lösung: siehe Formosa, Singapur und Hongkong. Oder aber das Territorium wäre gleich groß und ebenso dicht, aber von einer sorgloseren oder religiöseren Rasse bevölkert: In Indien hat der Kommunismus bis jetzt nicht so stark Fuß fassen können, daß er die Nation mobilisiert hätte; der Staat Kerala ist der einzige auf der Welt, der nach einigen Jahren Kommunismus diesen wieder abgelegt hat.

Wenn es eine Schicksalsfügung gegeben hat, dann muß man jedenfalls zugeben, daß sie das Zusammentreffen zahlreicher Kausalitäten voraussetzte. In den Wechselfällen des Kampfes gegen Japan hat das ausgeblutete China eine nationale Lösung seiner nationalen Probleme gefunden — eine Lösung, die sich aus dem Zusammentreffen eines einzigartigen Volkes mit extremen Situationen und einem außergewöhnlichen Mann ergeben hatte.

## Die beispielhafte Nation

Dem »Großen Lehrer« ist es gelungen, den chinesischen Massen eine höhere Vorstellung von sich selbst zu vermitteln. Mehr als an ihren Leib, den er aus dem Elend geführt hat, appellierte er an ihre Energie, die er von der Tatenlosigkeit, und an ihre Seele, die er von der Demütigung befreite. Er sicherte China militärische, diplomatische und wirtschaftliche Unabhängigkeit. Er läßt die traditionellen Ideale wieder Gültigkeit erlangen, indem er sie der Gegenwart anpaßt. »Jemanden erziehen«, sagte Simone Weil, »heißt, ihn in seinen eigenen Augen höher stellen.« Und das ist geschehen.

Auf dieser Grundlage ihres neuen Stolzes können es sich die Chinesen erlauben, bescheiden zu sein und die Demut des Hochmütigen zur Schau zu tragen. In der Zeit des »Großen Sprungs

nach vorn« hatte China noch die Arroganz eines in seiner Eitel-
keit verletzten Landes. Der lyrische Optimismus genügte allem
Anschein nach nicht, um die Massen zu faszinieren: Man prophezeite, China werde England in zehn Jahren einholen. Heute
sind die Erfolge so augenfällig, daß man jetzt, nachdem man
bisher untertrieben hat, übertreibt. Man unterstreicht den Rückstand, während China ihn bereits aufholt.

Wenn China, nach so vielen Jahren der Abgeschlossenheit, sich
der Welt aufschließt, dann wahrscheinlich deshalb, weil es die
Weltoffenheit dessen erlangte, der erfolgreich war. Das Selbstvertrauen gestattet es, auch den anderen in einem gewissen Maße
zu vertrauen, auch wenn beides — Selbstvertrauen und Vertrauen
in die anderen — noch auf recht schwachen Beinen steht und jederzeit zum Erliegen kommen kann.

### Nicht übertragbare Erfahrungen

Es ist schwer, nicht an ethnische Realitäten zu glauben, wenn
man sieht, wie die Chinesen leben, und wenn man ihre Vergangenheit studiert. Die Beschleunigung, die ihre Geschichte
seit einem halben Jahrhundert durchgemacht hat, die neue Organisation, die ihnen die Revolution bescherte, scheinen sich auf den
menschlichen Kontext, in dem sie leben, wenig ausgewirkt zu
haben. Marx hat Montesquieu nicht außer Kraft gesetzt. Die
R a s s e — oder besser ethnische Konstellation —, dazu gehören
die Gewohnheiten, die von Generation zu Generation weitergegeben werden, die kollektive Mentalität, die Erinnerung eines
Volkes, die aus dem gemeinsamen Unbewußten schöpft, kurz,
diese unzerstörbare kulturelle Gußform, deren morphologische
oder anatomischen Eigenheiten nur äußere Zeichen darstellen.
Das M i l i e u : Das sind die geographische Lage, der Grad der
Entwicklung, die Ausdehnung, das Klima an sich und das soziale
Klima. Der M o m e n t : Die Zufälle, und die Männer, die
diese Zufälle zu nutzen verstehen. Diese drei Faktoren besitzen
nach wie vor Gültigkeit.

Der internationale Ehrgeiz hat die maoistische Ideologie zwar
meist dazu veranlaßt, die Betonung der chinesischen Einzigartigkeit zu dämpfen, aber im Denken und vor allem Handeln
Mao Tse-tungs findet sie überall ihren Niederschlag: Das chinesische Volk ist nicht nur Erbe der »glänzendsten aller Zivilisationen«, sondern auch »in der ganzen Welt für seine Ausdauer im
Unglück und seine Beharrlichkeit in der Arbeit berühmt.«[3] Viele
Chinesen denken, nicht ohne guten Grund, daß ihr Volk quali-

tativ hervorragt, einfach deshalb, weil der Chinese leistungs-
fähig, diszipliniert und fleißig ist. »Wir haben den Volkspalast in
neun Monaten erbaut«, »Wir haben die Atombombe hergestellt«,
»Wir haben die Große Brücke über den Jangtse gebaut, was sowohl Russen als auch Amerikaner für unmöglich hielten.« Bewundernswertes chinesisches Volk, begeistert und geduldig, ehrgeizig und bescheiden, stolz und zugleich gehorsam den Befehlen gegenüber, die es von seinem Führer erhält, unbeugsam im
Unglück und immer zum Lachen bereit; und von einer feinen
Höflichkeit, einer höflichen Aufmerksamkeit, obwohl das soziale
Milieu doch so bescheiden ist . . .

Anerkennt man diese Einzigartigkeit, kann man sich dann
vorstellen, daß das von den Chinesen für China geschaffene
Modell, so wie es ist, auf ein Volk übertragen werden kann,
das anderen geographischen und historischen Gesetzen unterworfen ist? Nur ein Volk, das in ethnischer Hinsicht vergleichbar
wäre, in ähnlichen Verhältnissen lebt, von einem ebenso außergewöhnlichen Mann geführt wird, könnte den Versuch wagen.
Und gibt es noch ein solches Volk außer dem chinesischen selbst,
nach einem halben Jahrhundert Revolution?

### Ein Modell für die Chinesen

Das chinesische Modell gilt für die Chinesen. Das ist schon
viel. Es ist ein lebendes Modell, das Chinesen aus allen Schichten
in einem ständig brodelnden Schmelztiegel zusammenfaßt. Ein
Modell, das die Tradition, aber auch den frischen Wind berücksichtigt; ein Modell, das ständig erneuert wird, an dem Mao
neue Lösungen für Probleme findet, die es bis jetzt in dieser
Form noch nicht gegeben hat.

Wenn in Marx' Analysen etwas fehlt, dann ist es die Berücksichtigung der nationalen Mentalität. Für ihn gibt es keine
Unterschiede zwischen den ökonomisch Handelnden, die in den
gleichen Produktionsprozeß gespannt sind. Die Theoretiker des
Marxismus machen es wie jene herrische Dame beim Friseur,
die mit dem Finger auf ein Photo zeigt und sagt: »Machen Sie mir
die gleiche Frisur« — man kann sie nicht davon überzeugen, daß
die Beschaffenheit ihres Haars und ihre Gesichtsform sich nicht
dazu eignen.

Diese Art von Utopie beeinflußt nach wie vor das revolutionäre
Denken. Alle Menschen sind identisch und untereinander austauschbar. Man möge Gleichheit und Würde verkünden, gewiß,
gewiß! Die Rechte und Chancen schrittweise für alle gleich ma-

chen, natürlich! Aber sich vorzustellen, daß alle Menschen bei der Geburt die gleichen Talente mitbekommen und die gleichen Fähigkeiten, zeugt von einer geistigen Verwirrung, die man einst Wahnsinn nannte. Die Menschen sind verschieden; die Völker nicht ersetzbar; die Erfahrungen unübertragbar.

Da und dort versuchen einige Ethnologen die einmütige Überzeugung zu erschüttern, derzufolge man für die Existenz von Gaskammern eintritt, wenn man der Meinung ist, daß es mehrere Menschenrassen gibt. Claude Lévi-Strauss rief einen Skandal hervor, als er bei einem Vortrag zu behaupten wagte, daß er nun, nachdem er sich eingehend in die Materie vertieft habe, zu dem Schluß gekommen sei, daß die Rassen existieren. »Je besser ich den Orient kennenlerne, desto mehr mißtraue ich den Demagogen des Internationalismus«, erklärte ein berühmter Anthropologe[4] in einem Brief, den er zu seinen Lebzeiten nicht zu veröffentlichen wagte.

Zu wissen, daß man anders ist, die Unterschiede zugeben, nicht anders sein zu wollen, als man ist, oder jemand anders seine Lebensweise nicht aufzwingen wollen — oder die Lebensweise der anderen nicht kopieren —, sich diese Weisheit zu eigen zu machen, ist ein tollkühnes Unterfangen geworden.

### Eine Anfrage

Denkt man abstrakt, dann läßt man die tiefliegenden Motivationen, die den Erfolg der chinesischen Revolution bewirkten, beiseite. Das maoistische System zeichnet sich dadurch aus, daß es seine Energien aus kollektiven Anreizen schöpft. Wollte man die gleichen Regeln auf andere Gesellschaften übertragen — oder auch nur übernehmen, was so verführerisch ist, und vermeiden, was am chinesischen Modell schockiert —, dann würde man ein Bäumchen ohne die ihm zuträgliche Erde, ja ohne Wurzeln verpflanzen.

Jene, die auf das chinesische Modell hoffen, um von Ungerechtigkeit und Angst befreit zu werden, müssen wissen, daß sie sich nicht retten können, indem sie ein übernommenes Rezept anwenden. Das chinesische Modell löst die Probleme der Chinesen nicht an i h r e r Stelle. Es eignet sich nur für sie, weil sie daraus ständig neu schöpfen und es für sie ein inneres Bedürfnis darstellt. Wie die Mutter Oberin von Georges Bernanos' Karmeliterinnen sagen würde: »Nicht die Regel schützt uns, sondern wir schützen die Regel.«

Abgesehen von diesen Vorbehalten, stellt die chinesische Re-

volution den außergewöhnlichsten Versuch unserer Zeit dar —
vielleicht sogar aller Zeiten — und den faszinierendsten. In den
Wissenschaften vom Menschen ist es fast immer unmöglich,
Laboratoriumsversuche durchzuführen: Das menschliche Laboratorium China bietet ein unerschöpfliches Forschungsfeld.

Über die Kulturrevolution und die verblüfften Reaktionen, die
sie ausgelöst hatte, hinaus, von spektakulären Diplomatentreffen
und Machtkämpfen abgesehen, ist China das Land, das sich
in das radikalste revolutionäre Abenteuer eingelassen hat, das es
jemals gab. Änderungen, die uns unglaublich erscheinen — dort
wurden sie Wirklichkeit.

»Ich bin China zu großem Dank verpflichtet«, sagte Teilhard
de Chardin; »durch seine Unermeßlichkeit, seine ungeheure Ausdehnung hat es dazu beigetragen, mein Denken zu erweitern,
es auf ein weltweites Maß zu erheben.«[5] Vielleicht hätte er, wäre
es ihm vergönnt gewesen, in der heutigen Zeit dorthin zurückzukehren, hinzugefügt: ». . . durch seinen leidenschaftlichen Wunsch,
eine gerechtere Welt zu schaffen und den Menschen selbst zu
ändern; durch den Mut, mit dem es Opfer auf sich nimmt, die
uns untragbar erscheinen würden; durch den Aufruf, den es an
uns ergehen läßt.«

# Anhang

## A

### Die bürgerliche Republik (1911—1927)

*10. Oktober 1911*
Revolution von Wutschang (Zwillingsstadt von Hankau). Eine revolutionäre Regierung wird eingesetzt.
Die Revolution breitet sich rasch aus: In 50 Tagen erklären sich 14 von 18 Provinzen von den Mandschus unabhängig.

*1. Januar 1912*
Gründung der chinesischen Republik in Nanking. Sun Yat-sen, aus den Vereinigten Staaten heimgekehrt, wird zum Präsidenten gewählt.
Der Gregorianische Kalender wird eingeführt.
Der Provinzregent Tschun, unruhig geworden, ruft General Jüan Schih-kai zur Hilfe, der allgemeine Vollmachten verlangt.

*12. Februar 1912*
General Jüan erlangt den Thronverzicht des Kaisersohnes zu seinen Gunsten.

*15. Februar 1912*
Sun Yat-sen legt sein Amt zurück. Jüan wird an seine Stelle gewählt. Sun Yat-sen, der in die Opposition gegangen ist, gründet seine Partei, die Kuomintang, die »Nationalpartei des Volkes«. Ihr Programm lautet: »Die Regierung des Volkes durch das Volk und für das Volk.« Sie erringt die Mehrheit bei den Wahlen.

*8. April 1913*
Versammlung des Parlaments in Peking. Angesichts der Opposition, die sich hier zeigt, löst Jüan Schih-kai das Parlament auf und verbietet die Kuomintang.
Sun Yat-sen flüchtet nach Japan.

539

*1914*
Japan profitiert vom Weltkrieg; es erklärt Deutschland den Krieg und eignet sich die Konzessionen und Besitztümer Deutschlands an, besonders diejenigen in Schantung.

*18. Januar 1915*
Japan stellt seine 21 »Forderungen« an Peking, mit denen es versucht, aus China ein japanisches Protektorat zu machen. Jüan verhandelt vergeblich. Eine anti-japanische Bewegung entsteht im ganzen Land.

*1915 — 23. März 1916*
Jüan Schih-kai wird von einer Nationalversammlung, die er wählen hatte lassen, einstimmig zum Kaiser ernannt. Die Opposition der Republikaner und der Aufstand der Generäle stürzen ihn nach einer Regierungszeit, die weniger als hundert Tage gedauert hat. Er stirbt im Juni 1916 nach dem Fehlschlag seines Versuches.

*1916*
Die anarchistische Ära der Kriegsherren beginnt. Im Norden, in Peking, existiert eine Schattenregierung. In Kanton im Süden hat Sun Yat-sen eine Republik gegründet. In Wirklichkeit teilen sich die Kriegsherren das Land. Jeder einzelne beherrscht seinen kleinen Staat und bekämpft seine Nachbarn.

*1918—1919*
175.000 chinesische Arbeiter werden nach Frankreich geschickt, um die Alliierten zu unterstützen, ebenso 400 Studenten-Arbeiter (unter ihnen Tschu En-lai und Tschen Ji). Mao Tse-tung begleitet die abreisenden Studenten nach Schanghai.

*1919 — Die Bewegung des 4. Mai*
Erste große Manifestation des Nationalismus: Die Universitäten von Peking, dann die Hochschulen anderer Städte, reagieren heftig auf die Friedensverträge von Versailles, die die Rechte Deutschlands in der Provinz Schantung an Japan übertragen (Streik der Studenten, Arbeiter und Kaufleute). Eine Anzahl von Intellektuellen, die den Westmächten feindlich gesinnt sind, wenden sich der Sowjetunion zu, die auf die Vorteile, welche das zaristische Regime in China errungen hatte, verzichtet (nicht aber auf die Eroberung in Sibirien und auf die an der Küste liegenden Provinzen).

*1921*
Anläßlich der Konferenz von Washington fordern die Großmächte Japan auf, Schantung zu verlassen.

*1. Juli 1921*
Gründung der kommunistischen Partei Chinas in Schanghai. An
diesem ersten Kongreß nehmen nur zwölf Männer teil (von
denen mindestens sechs die Partei später wieder verlassen):
Tschang Kuo-tao, Tschen Kung-po, Tschen Tan-tschiu, Tschen
Wang-tao, Tschu Fo-hai, Ho Schu-heng, Li Han-tschun, Li Ta,
Liu Jen-tsching, Mao Tse-tung, Pao Hui-scheng, Tung Pi-wu,
Tschen Tu-hsiu. Dieser letztere, der eigentliche Gründer der
Partei und zukünftige »Renegat«, wird zum Generalsekretär ge-
wählt, und Mao Tse-tung zum Sekretär der kommunistischen
Partei von Hunan.

*1921—1922*
Gründung von kommunistischen Zellen und einer Sektion der
chinesischen kommunistischen Partei in Frankreich, Belgien und
Deutschland.

*1923—1927*
Erste gemeinsame Front der Kuomintang und der kommunistischen Partei: Sie ist ein Resultat des Abkommens zwischen Sun
Yat-sen und dem Vertreter Lenins, Joffe, der russische Hilfe verspricht (Gemeinsame Erklärung vom 26. Januar 1923). Die
Kommunisten werden als Mitglieder in die Kuomintang aufgenommen.

*1923*
Am III. Kommunistischen Parteikongreß (Kanton) wird Mao Tse-
tung Mitglied des Zentralkomitees und Chef des Organisations-
büros.

*1924*
Proklamation der Sowjetrepublik der (äußeren) Mongolei.

*1925*
»Bewegung des 30. Mai«: Große fremdenfeindliche Kampagne
und Streiks. Tod Sun Yat-sens. Tschiang Kai-schek folgt ihm, von
den russischen Beratern unterstützt, als Chef der Kuomintang.
Später organisiert Mao in Hunan Bauernkader. Er schreibt die
*Analyse der Klassen der chinesischen Gesellschaft.*

*1925—1926 — »Staatsstreich des 20. März 1926«:*
Der Zwischenfall mit dem Kanonenboot Tschung San bei Kanton macht bereits die Gegensätze zwischen Tschiang Kai-schek und den Kommunisten offenbar. Nach seiner Rückkehr nach Kanton leitet Mao mit dem stillschweigenden Einverständnis der Kuomintang das Institut der Bauernbewegung dieser Stadt. Die kommunistische Partei Chinas zählt im Jahr 1927 57.900 Mitglieder.

# B
## Der erste Bürgerkrieg (1927—1936)

*1927*
Mao nennt in seinem *Bericht Über die Untersuchung der Bauernbewegung in Hunan* die Bauernschaft die »Hauptkraft der Revolution«.
Seine These wird vom Zentralkomitee der Kommunistischen Partei zurückgewiesen. Er wird aus dem Politbüro ausgeschlossen.
*April*
Tschiang Kai-schek beginnt in den großen Städten eine Offensive gegen die Kommunisten. Niederwerfung der Kommunisten in Schanghai. Die Partei, die kein Haupt mehr hat, geht in den Untergrund.

*1928*
Tschiang Kai-schek zieht in Peking ein. Er übt in ganz China eine Militärdiktatur aus.
Mao Tse-tung und Tschu Teh, die im Gebirge an den Grenzen von Hunan und Kiangsi Zuflucht gefunden haben, gründen die erste »Rote Armee« und einen lokalen Sowjet.

*1929*
Großbritannien erstattet China einen Teil seiner Konzessionen zurück.
Mao Tse-tung und Tschu Teh rufen eine »sowjetische Regierung« in Kiangsi aus.

*1930*
Französisch-chinesisches Übereinkommen (China erkennt die Rechte Frankreichs in Indochina an und erhält seine Konzessionen zurück).
Zwischen Mao, der die Bauernbewegung begünstigt, und dem Chef des Politbüros, Li Li-san, der die Erhebung der Stadtbewohner befürwortet, entsteht ein Konflikt. Neue Offensive Tschiang

Kai-scheks gegen die Kommunisten. Die Frau und die Schwester Maos werden hingerichtet.
Neue kommunistische Niederlagen bei ihrer Offensive gegen einige Städte Zentralchinas (Tschangscha, Wuhan, Nantschang).

*1931*
Japan überfällt die Mandschurei und gründet Manschukuo.
Der I. Panchinesische Kongreß der Sowjets, der in Juikin zusammentritt, ernennt Mao zum Präsidenten der 1. Regierung der chinesischen Sowjetrepublik (in Kiangsi) — er sollte im Jahr 1934 wiedergewählt werden — und Tschu Teh zum Oberkommandierenden.

*1933*
Die Japaner besetzen einen Teil von Hopeh (die Provinz, in der Peking liegt).

*Von Oktober 1934 bis Oktober 1935*
Die Rote Armee von Kiangsi unternimmt, da sie von einer Einkesselung durch die Truppen Tschiang Kai-scheks bedroht wird, mit Mao Tse-tung und Tschu Teh an der Spitze, den »Langen Marsch«. Nach langen Umwegen (in einem Jahr legte sie 12.000 Kilometer zurück) gelangt sie in das Gebiet von Paoan.

*1936*
Andere Rote Armeen führen andere Lange Märsche durch, bevor sie mit den Truppen Maos zusammentreffen.

Dezember 1936
Errichtung einer »anti-japanischen Sowjetregierung« unter dem Vorsitz Maos.

# C

## Gemeinsame Front Kuomintang—Kommunistische Partei gegen die Japaner (1937—1947)

*Dezember 1936*
*Der Zwischenfall von Sian:* Tschiang Kai-schek, Gefangener seines Untergebenen Tschang Hsueh-liang, wird von Tschu En-lai zu dem Versprechen bewogen, nicht mehr gegen die Kommunisten zu kämpfen und sich gegen die Japaner zu wenden.

*1937*
Die Japaner besetzen Nordchina und die Region von Schanghai.

*1940*
Tschiang Kai-schek und seine Regierung wählen nach ihrem Rückzug nach Szetschuan die Hauptstadt dieser Provinz, Tschungking, zum Regierungssitz.

*1940—1941*
Bruch des Vertrages zwischen den Kommunisten und Tschiang Kai-schek.

*1942*
Eine Säuberungswelle in der kommunistischen Partei trifft unter anderen auch die Sowjetfreunde.

*1943*
Liu Schao-tschi schreibt Mao das Verdienst zu, eine »chinesische Form des Marxismus« geschaffen zu haben.
Laut Tschu En-lai zählt die kommunistische Partei in diesem Jahr bereits 800.000 Mitglieder.

*1945*
Der VII. Parteikongreß verkündet, daß die Mitgliederzahl der Partei auf 1,200.000 angestiegen ist.
Bündnis zwischen den Russen und Tschiang Kai-schek.
Nach der japanischen Niederlage erobert die Rote Armee Nordchina und die Mandschurei, noch vor dem Eintreffen der Truppen aus Nanking, die von den Vereinigten Staaten unterstützt werden.

# D
Zweiter Bürgerkrieg zwischen Kommunisten und Nationalisten
(1947—1949)

Die Kommunisten ergänzen ihre militärischen Aktionen durch eine aktive Propaganda unter den bäuerlichen Massen (Themen: Nationalismus — Agrarreform). Die Russen unterstützen weiterhin offiziell Tschiang Kai-schek.

*1948*
Marschall Lin Piao vernichtet die Truppen Tschiang Kai-scheks in der Mandschurei.

544

*Januar 1949*
Die Rote Armee besetzt Peking.

*1949*
Tschiang Kai-schek, dessen Truppen in Auflösung begriffen sind,
zieht sich nach Formosa zurück.

# E

## Gründung der Volksrepublik China (1949—1957)

*1949—1952 — Errichtung neuer Institutionen: Die »neue Demo-
kratie«*
Die Kommunisten beginnen mit der Entfernung der Opponieren-
den und mit der ideologischen Umwandlung der Massen.

*1. Oktober 1949*
Offizielle Proklamation der Republik. Mao wird zum Vorsitzenden gewählt.

*1950*
Chinesisch-russisches Bündnis.
Koreakrieg: Die Chinesen entsenden unter sowjetischem Druck
»Freiwillige«. Formosa stellt sich unter den militärischen Schutz
der Vereinigten Staaten.
Agrarreform.

*1953—1957: Wirtschaftlicher Aufbruch*

*1953*
Waffenstillstand in Korea.
Tod Stalins.

*1954*
Chruschtschow besucht zum erstenmal Peking.

*1956—1957 — Die Periode der »Hundert Blumen«*
Versuch, die Intellektuellen, denen die Partei eine liberale Behandlung zusagt, wiederzugewinnen. Mao beginnt mit einer »Neuorientierung der Partei«. Es handelt sich darum, sich durch Kritik
und Selbstkritik von den Fehlern »des Sektierertums, der Bürokratie und des Subjektivismus« zu befreien. Die Bewegung ent-
artet nach einigen Wochen zu einem Ausbruch der Unzufrieden-

heit. Es folgt eine Periode starker Unterdrückung und Gleichschaltung. Hunderttausende von Intellektuellen werden zur Zwangsarbeit auf das Land geschickt.

# F

Phase der Akzeleration und der wirtschaftlichen Unsicherheit

## 1958
Zweiter Fünfjahresplan.
Jahr des »Großen Sprungs nach vorn« (die Ziele des Fünfjahresplans sollen in zwei statt in fünf Jahren erreicht werden).
Schaffung von Volkskommunen.
Chruschtschow entzieht China die bedingungslose Unterstützung mit Kernwaffen.
China weigert sich, sich unter das militärische Kommando Rußlands zu stellen.

*1959—1962 — Periode großer ökonomischer Schwierigkeiten*

## 1959
Mao Tse-tung tritt zugunsten Liu Schao-tschis vom Posten des Präsidenten der Republik zurück.
Mao bleibt jedoch Vorsitzender der Partei.

## August 1959
8. Plenum des VIII. Zentralkomitees in Luschan.
Es wird zum Schauplatz harter Auseinandersetzungen zwischen »Rechten« und »Linken«. Marschall Peng Teh-huai, Minister für die nationale Verteidigung, fällt in Ungnade.

## Juli 1960
Moskau ruft alle sowjetischen Berater und Techniker zurück. Die Chinesen behandeln Chruschtschow offen als »Revisionisten«.

## 1961
Während des XXII. Parteitages der sowjetischen Partei in Moskau verläßt Tschu En-lai den Saal, als Chruschtschow die albanische Partei angreift.
Die drei Ernten von 1959, 1960 und 1961 waren schlecht. China am Rand einer Hungersnot.

*September 1962*
10. Plenum des VIII. Zentralkomitees in Luschan.
Ideologische Verhärtung: Die »Bewegung zur sozialistischen Erziehung« wird gegründet, um den revolutionären Geist der intellektuellen Kreise und der Bauern zu beleben.
Der Kult des »Denkens Mao Tse-tungs« entwickelt sich.
Ideologische Neuorientierung der Armee durch Lin Piao.

*1963–1965 — Phase der wirtschaftlichen Gesundung*

*1963*
Peking verstärkt seine ideologische Kampagne bei den revolutionären Kräften der Dritten Welt.
Tschu En-lai besucht die afrikanischen Länder.

*Januar 1964*
Auf die Initiative General de Gaulles hin beschließen Frankreich und die Volksrepublik China, Botschafter auszutauschen.
Der sowjetisch-chinesische Bruch vertieft sich.

## CHRONOLOGIE DER KULTURREVOLUTION
### UND IHRER FOLGEN (1966—1973)

Die Komplexität der Ereignisse der Kulturrevolution — von November 1965 bis zum April 1966 — widersteht jedem Versuch einer authentischen, wirklichkeitsgetreuen Deutung. Die Darstellung, die wir hier bieten, ist nicht weniger willkürlich als jede andere. Sie möchte nur die Grundzüge feststellen, indem sie aus scheinbar unzusammenhängenden Ereignissen eine gewisse Logik herauszuschälen versucht.

### 1
### Die vorläufige Offensive — November 1965 bis August 1966

*Sommer 1964: Festival der Pekinger Oper*
*10. November 1965 bis April 1966 — Reaktion auf das Theaterstück des Autors Wu Han*
Auf Maos Anregung hin kritisiert die Presse von Schanghai scharf den Schriftsteller, Historiker, Dramatiker und Vizebürgermeister von Peking, Wu Han, wegen seines allegorischen Stückes *Die Absetzung Hai Juis,* das die Missetaten des Autokratismus an-

prangert; eine deutliche Anspielung auf die Entlassung Marschall Peng The-huais, der Mao im Plenum von Luschan im Jahr 1959 hinsichtlich des Großen Sprungs nach vorn kritisiert hatte. Peng Tschen, Bürgermeister von Peking und Mitglied des Politbüros, bemüht sich, diesen Strom von Kritik an Wu Han einzudämmen. Er veröffentlicht im Februar einen Bericht, der die aktuelle akademische Debatte erhellen soll.

*April bis Mai 1966 — Mao ruft zur Agitation an der Universität auf*

Die Angriffe richten sich gegen Teng To, den ehemaligen Chefredakteur der »Volkszeitung«, und gegen die Pekinger Presse, die von Bürgermeister Peng Tschen kontrolliert wird.

*16. Mai:* Ein Rundschreiben des Zentralkomitees, das Mao zugeschrieben wird, verkündet die Annulierung des »Februarberichts« von Peng Tschen und gibt den laufenden Diskussionen eine neue Richtung. Der proletarische Kampf soll sich nicht nur auf das künstlerische und literarische Gebiet erstrecken, sondern auch auf das politische, und die Vertreter des bürgerlichen Revisionismus, die sich in die Partei, die Regierung und die Armee eingeschlichen haben, angreifen.

*25. Mai:* Der Streit greift auf die Universität über. Das »erste marxistisch-leninistisch-nationale *ta tsi pao*« an der Universität Peita kritisiert heftig die zwei Verantwortlichen für die Universitäten der Stadtgemeinde Peking, und Lu Ping, der Rektor dieser Universität; alle drei Freunde Peng Tschens.

*Juni bis Juli 1966 — Vorbereitung zur großen Offensive*

Die Parteiführer, die im Zirkular vom 16. Mai aufs Korn genommen worden waren, besonders aber Liu Schao-tschi, Präsident der Republik und Vizepräsident der Kommunistischen Partei Chinas, und Teng Hsiao-ping, Generalsekretär des Zentralkomitees, versuchen, die intellektuelle Agitation in geregelte Bahnen zu lenken, vor allem durch die Schaffung von »Arbeitsgruppen«. Die Universität Peita wird unter die Kontrolle von späteren Roten Garden gestellt. Die Vorlesungen werden überall unterbrochen.

Mao Tse-tung, der nach einer freiwilligen Abwesenheit von fast zwei Monaten (er wollte den Gegnern des gegenwärtigen Kurses Gelegenheit geben, ihr wahres Gesicht zu zeigen) nach Peking zurückgekehrt ist, übernimmt die Leitung des Zentralkomitees.

## 2
### Der schwierige Start — August 1966 bis Dezember 1966

*1. bis 12. August 1966 — Die »16-Punkte-Erklärung« gibt der Kulturrevolution grünes Licht*
11. Vollversammlung des VIII. Zentralkomitees: die »16-Punkte-Deklaration«, auch »Resolution des 8. August« genannt, eröffnet offiziell die Kulturrevolution. Die »Arbeitsgruppen« werden verurteilt. Dagegen werden *Gruppen der Kulturrevolution* gegründet, während man die Massen zum Angriff auf die revisionistischen Elemente der Partei ansetzt. Lin Piao wird zum Vizepräsidenten der Partei ernannt, er ersetzt Liu Schao-tschi, der auf den achten Rang im Politbüro zurückfällt. Tschu En-lai bleibt Nummer drei.
*August bis November 1966 — Die Roten Garden greifen die Parteibürokratie an*
Aufmarsch von mehreren Hunderttausend Roten Garden am 18. August auf dem Tien An Men-Platz, in Anwesenheit Maos. Sie setzen massive Veränderungen im ganzen Land in Gang, um die Parteikader in den Städten zu säubern und die Spuren der feudalistischen Vergangenheit zu zerstören (Denkmäler und Kunstgegenstände).
Bevor die Bewegung die Bauernklasse erreicht, faßt sie in den Fabriken und Verwaltungszentren Fuß. Liu Schao-tschi wird am 23. Oktober gezwungen, Selbstkritik zu üben. Aber innerhalb der Roten Garden kommt es zu Exzessen des linken Flügels und Spaltungstendenzen, während der Parteiapparat gelähmt bleibt.

## 3
### Die große Drangsal — Januar 1967 bis September 1967

*Januar 1967 bis Februar 1967 — Die Arbeiterklasse tritt auf*
Die Bewegung geht auf die ganze Arbeiterklasse über, besonders in Schanghai, wo die Kämpfe sehr heftig sind. Am 5. Februar wird, nach dem Muster der Pariser Kommune, die Kommune von Schanghai ausgerufen.
Die Anarchie wird (wie es in einigen Städten der Fall ist) durch die Armee bekämpft, oder auch durch die Schaffung von »großen Bündnissen«, die die Vertretungen der Massen, der Kader und der Armee umgruppieren.
*März 1967 bis August 1967 — Die Anarchie erreicht ihren Höhepunkt*

Blutige Auseinandersetzungen im ganzen Land. In Wuhan und Kanton kommt es zu richtiggehenden bewaffneten Aufständen. Die Revolutionskomitees haben Mühe, sich zu konstituieren, während der linke Flügel Tschu En-lai angreift. Spaltungen auf allen Ebenen. Liu Schao-tschi übt neuerlich Selbstkritik.

*September 1967 — Die Stunde der Armee*
Tschu En-lai bemüht sich, die Ordnung wiederherzustellen, während sich die Armee immer größerer Verantwortung gegenübersieht, sowohl bei der Aufrechterhaltung der Produktion als auch bei der Regelung lokaler Probleme.

## 4

### Der Sieg Maos — September 1967 bis Ende 1968

*September 1967 bis Januar 1968 — Das Denken Mao Tse-tungs wird zum Werkzeug im Kampf gegen die Bürokratie*
Nach seiner Rückkehr von einer Rundreise durch die Provinzen teilt Mao gleichzeitig nach rechts und links Schläge aus. Er unterstützt Tschu En-lai voll und ganz bei dem Versuch, die Revolutionskomitees schneller zu bilden.
Am 1. Oktober verkündet Lin Piao die Abhaltung von Kursen zum Studium der Lehren Mao Tse-tungs.

*Februar 1968 bis Juli 1968 — Eine Atempause für die »bürokratische« Opposition*
Die Anhänger Liu Schao-tschis versuchen sich nach den Irrtümern des linken Flügels neu zu formieren. Mao ruft zur Verteidigung der Revolutionskomitees auf.

*Juli 1968 bis Oktober 1968 — Sturz Liu Schao-tschis*
Im ganzen Land werden Revolutionskomitees errichtet, sie bilden nun ein engmaschiges Netz.
*13. bis 31. Oktober:* Die 12. Vollversammlung des VIII. Zentralkomitees tritt zusammen: die Absetzung Liu Schao-tschis und sein Ausschluß aus der Partei wird verkündet. Mao Tse-tung hat den Sieg errungen, ohne sich durch die Extremisten des linken Flügels überrumpeln zu lassen.

## 5

### Die Rückkehr zur Ordnung — Januar 1969 bis Herbst 1973

*April 1969:* IX. Kongreß der Kommunistischen Partei Chinas. Ein neues Zentralkomitee wird gewählt und neue Statuten aufgestellt.

Die wirtschaftlichen, administrativen und akademischen Einrichtungen werden einer Reihe von Reformen unterworfen.
Chinesisch-sowjetische Grenzzwischenfälle.

*1970:* China pflegt seine Wunden, der linke Flügel behält jedoch viele Stützpunkte: unter anderem stellt er den zweiten Mann in der Hierarchie, nämlich Marschall Lin Piao.

*Juli 1971:* Die Ergebnisse der geheimen Verhandlungen über die Reise Präsident Nixons nach China werden verlautbart. Diese Neuorientierung der chinesischen Diplomatie bringt innenpolitische Spannungen mit sich, die zum Sturz und dem Verschwinden Lin Piaos beitragen (13. September 1971).

*25. bis 26. Oktober 1971:* China tritt der UNO bei.

*Januar 1972:* Leitartikel der »Volkszeitung« vom 1. Januar über die soziale und ökonomische Situation. Tod des Marschalls Tschen Ji.

*Februar 1972:* Besuch Präsident Nixons in China.

*Juli 1972:* Reise Maurice Schumanns nach China.
Besuche von Scheel (Oktober), Douglas-Home (November) und Medici (Januar 1973) folgen.
China betont die Notwendigkeit der politischen Einheit Europas; nur so könne es Rußland Widerstand entgegensetzen.

*Sommer 1972:* Die Elimination Lin Piaos wird bekanntgegeben.

*September 1972:* Der japanische Ministerpräsident Tanaka besucht Peking.

*Februar 1973:* Reise Henry Kissingers nach Peking; Ergebnis: die Errichtung von »Verbindungsbüros« in den zwei Hauptstädten, die in Wirklichkeit inoffizielle Botschaften sind.

*Februar 1973:* Internationale Vietnamkonferenz in Paris. Dies ist die erste große Konferenz, an der China seit der Laos-Konferenz in den Jahren 1961—1962 teilnimmt.

*März 1973:* Nach Aufnahme der diplomatischen Beziehungen zwischen China und Spanien unterhalten alle europäischen Länder mit Ausnahme Irlands, Portugals und des Vatikans offizielle Beziehungen zu China.

*August 1973:* X. Kongreß der Kommunistischen Partei Chinas in Peking. Die Wendung, die die Dinge zwischen Sommer 1970 und Sommer 1971 genommen haben (Eliminierung des linken Flügels und Lin Piaos, Verebben der Kulturrevolution, Einladung Nixons, Annäherung an den Westen, Unterstützung des Aufbaus eines vereinigten Europas, wachsende Feindseligkeit gegenüber der UdSSR, halber Rücktritt Maos, Vormachtstellung Tschu En-lais), wird mit Nachdruck bestätigt.

*September 1973:* Reise Präsident Pompidous; erster offizieller Besuch eines westlichen Staatschefs in China.

# DAS BRUTTONATIONALPRODUKT
## DER VOLKSREPUBLIK CHINA

A. Die Weltbank hat das Bruttonationalprodukt Chinas für das Jahr 1968 auf 58,6 Milliarden Dollar geschätzt (*Trends in Developing Countries*, 1971): Das Bruttonationalprodukt pro Einwohner beträgt — auf Grund einer geschätzten Einwohnerzahl von 730 Millionen — 83 Dollar. Zum Vergleich dazu betrug das Bruttonationalprodukt Frankreichs im selben Jahr 105 Milliarden Dollar, das sind 2406 Dollar pro Einwohner. Daraus folgt, daß der Chinese um neundzwanzigmal weniger verdient als der Franzose, vierzehnmal weniger als der Japaner, fünfmal weniger als ein Bewohner Uruguays.

Mehrere Gründe sprechen dafür, daß diese Zahlen und Vergleiche nicht gültig sind:

1. Sie beruhen auf keiner sicheren Information. Als diese Zahlen genannt wurden, waren die letzten von China veröffentlichten Statistiken bereits mehr als zehn Jahre alt.

2. Die Schätzung in Dollar erfolgt auf der Basis des Wechselkurses. Diese Kurse gründen sich auf den internationalen Handel, das heißt, auf den Wert der Produkte und Dienstleistungen, die Gegenstand dieses Handels sind. Diese Preise sind aber deutlich höher als die realen Preise, die in einem Land gelten, besonders was die landwirtschaftlichen Produkte in den unterentwickelten Ländern betrifft. Der anzuwendende Berichtigungskoeffizient ist besonders hoch für China; seine Preispolitik zielt ja darauf ab, die Preise für die gängigen Konsumgüter besonders niedrig zu halten. Anders gesagt, der Vergleich des Dollarwertes der Produktion ist kein Vergleich der Kaufkraft, also auch nicht des Lebensstandards. Die Weltbank selbst gibt an, daß eine Korrektur dieser Art im Jahr 1959 die Differenz zwischen dem Pro-Kopf-Bruttonationalprodukt der Vereinigten Staaten und Indiens von 30 zu 1 auf 12 zu 1 vermindert hat.

3. Die Pro-Kopf-Bewertung hängt von der demographischen Bewertung ab; die Angaben über die Einwohnerzahl Chinas differieren oft um 100 Millionen; das macht eine mögliche Fehlerquote von etwa 14 Prozent aus.

4. Außerdem muß der »Pro-Kopf-Vergleich« den Durchschnittsfaktor berücksichtigen. Ausgehend vom gleichen Pro-Kopf-Produkt wird es in einem Land, in dem die Einkommenstruktur weit

aufgefächert ist, viel mehr Arme geben, als in einem Land wie China, wo dies nicht der Fall ist.

B. Seitdem diese Rechnungen aufgestellt wurden, hat China einige Informationen über seine Produktion verlautbart. Tschu En-lai gab 1970 an, daß die Industrieproduktion 1970 90 Milliarden Dollar betragen habe und die landwirtschaftliche Produktion 30 Milliarden; das sind insgesamt 120 Milliarden. Das ist (für 1970) doppelt so viel, als die Weltbank (für 1968) geschätzt hatte. Die Agentur *Neues China* berichtete am 1. Januar 1972 unter Berufung auf den Ministerpräsidenten, daß die Produktion von 1971 um 10 Prozent höher war als die von 1970, nämlich 132 Milliarden (Japan 1969: 125 Milliarden) betragen habe.
Tschu En-lai hat seine Berechnungsgrundlagen nicht präzisiert. Wenn das Bruttonationalprodukt 132 Milliarden Dollar im Jahr 1971 ausgemacht hat, dann kämen auf jeden Einwohner zwischen 170 und 193 Dollar, je nach der tatsächlichen Einwohnerzahl; nimmt man für 1971 eine Einwohnerzahl von 750 Millionen an, dann betrüge das Bruttonationalprodukt 180 Dollar pro Kopf. Diese Zahl erscheint plausibel. Mit 180 Dollar pro Kopf würden sich die Chinesen im Jahr 1971 auf dem gleichen Niveau befinden wie Formosa im Jahr 1961 und Brasilien im Jahr 1953. Allerdings bleibt bei dieser Schätzung ein ganzer Wirtschaftssektor unberücksichtigt, der aus ideologischen Gründen nicht erfaßt werden kann: die Dienstleistungen.
Daher müßte man, um China mit den westlichen Ländern vergleichen zu können, versuchen, den Wert, der durch die Verwaltung und den Handel hinzugefügt wird, festzusetzen.
Mangels Ziffern müssen wir mit Analogieschlüssen arbeiten. In Indien repräsentiert der Dienstleistungssektor 26 Prozent des Bruttonationalproduktes, die sich wie folgt zusammensetzen:

| | |
|---|---|
| Handel | 10,4 Prozent |
| andere Dienstleistungen | 15,5 Prozent |
| davon Verwaltung | 4,5 Prozent |

Nimmt man diese 26 Prozent auch für China an, dann müßte das chinesische Bruttonationalprodukt für 1971 170 Milliarden Dollar betragen. Aber diese Ziffer berücksichtigt wiederum den enormen Sektor der öffentlichen Arbeiten nicht (Bewässerung, Luftschutzbunker), die freiwillig — und in jedem Fall ohne Bezahlung — von ländlichen und städtischen Arbeitskräften geleistet werden. Wenn man diesen Faktor in Betracht zieht, würde das ein Bruttonationalprodukt von 225 Dollar pro Einwohner ergeben, das entspricht demjenigen Japans im Jahr 1915 (um die Hälfte weniger als das Bruttonationalprodukt Italiens im Jahr 1930 und Spaniens im Jahr 1955).

Mit 210 Dollar pro Kopf wäre das kommunistische China nur sechs Jahre im Rückstand gegenüber Formosa. Allerdings erreichte Formosa im Jahr 1971 329 Dollar. Daraus folgt, daß China ohne wirtschaftliche Hilfe — die russische Unterstützung war kostspielig, dauerte nicht länger als zehn Jahre und wurde im Jahr 1960 unterbrochen — und trotz des Schocks des Großen Sprungs und der Kulturrevolution nicht so weit davon entfernt ist, hinsichtlich des Lebensstandards mit Formosa gleichzuziehen; die Insel wird jedoch vom amerikanischen Dollar kräftig unterstützt.

Darüber hinaus hätte die Volksrepublik China Pakistan, Indien und Indonesien, die ihm im Jahr 1949 in der Rangordnung des Pro-Kopf-Produktes voraus waren, weit überholt.

# Anmerkungen

## Einleitung

[1] Fritz Stern, Professor für Geschichte der Philosophie an der Columbia University. Er war Mitglied einer von mir geführten Forschungsdelegation der O. C. D. E. an verschiedenen deutschen Universitäten.

[2] Nach der klassischen Definition von A. Vincent in *Initiation à la conjuncture économique*, 1947

[3] Mao Tse-tung, Ausgewählte Werke, Berlin 1956/57, Bd. 1—4, S. 186

[4] Mao Tse-tung, Ausgewählte Werke, Bd. 1, Über die Praxis, S. 340

[5] Dr. Vieron, in Rivière, *En Chine avec Teilhard de Chardin*

[6] Alexis de Tocqueville, *Über die Demokratie in Amerika*, Frankfurt/Hamburg 1956, S. 30

## Erster Teil

### 1. Kapitel

[1] Henri Michaux, *Un barbare en Asie*, Paris 1945

[1a] Nikita S. Chruschtschow, *Chruschtschow erinnert sich*, herausgegeben von S. Talbott, Hamburg 1964, S. 464

[2] Mao Tse-tung, »Arbeitsmethoden der Parteikomitees«, 13. März 1949, *Ausgewählte Werke*, Bd. 4

[3] *Volkszeitung*, 8. August 1918

[4] *Peking-Revue*, 10. September 1968

[5] *China Pictorial*, Oktober 1968

[6] *Peking-Rundschau*, 13. August 1968

[7] *Volkszeitung*, 8. August 1968

[8] Haldane, *Tseu-Hsi*, S. 98

[9] J. C. Chen, *Chinese sources for the Taiping Rebellion*, London 1963

[10] Séraphin Couvreur, *Entretiens de Confucius et de ses disciples*, Paris (nicht datiert), notice 51.

[11] ibid.

[12] Edgar Snow, *Gast am anderen Ufer, Rotchina heute*, München 1964, S. 342

[13] ibid. S. 342

[14] Edgar Snow, *Life*, 30. April 1971

[15] ibid.

[16] ibid.

[17] Mehnert, Peking und die Neue Linke

### 2. Kapitel

[1] *Dokumente der Kommunistischen Partei Chinas über die Große Proletarische Kulturrevolution*, 1966 bis 1967, Forschungsinstitut für chinesische Fragen in Kowloon, S. 602

[2] Mao Tse-tung verwendet den konfuzianischen Terminus *ta-tung*. In *Diktatur der Volksrepublik* (1949), zitiert von Stuart Schram, *Mao Tse-tung*, S. 278

[3] Wie zum Beispiel das Hsi-tse

[4] Mao Tse-tung, *Ausgewählte Werke*, Bd. I, »Über den Widerspruch«, S. 361

[5] Leitartikel in der *Volkszeitung* vom 2. Juni 1966, zitiert in *La Grande Révolution Culturelle socialiste en Chine*, Peking 1966

### 3. Kapitel

[1] Nikita S. Chruschtschow, *Chruschtschow erinnert sich*, S. 420

### 4. Kapitel

[1] Charlotte Haldane, *Tseu-Hsi*, S. 132

[2] Ebenso wie dem Film von Bernard Volker und André Pavolini, der von mehreren französischen und westlichen Fernsehstationen ausgestrahlt wurde, und den Fotografien Marc Ribouds, die so oft in der Presse erschienen.

[3] Medicus in *France-Soir* vom 8. August 1971

[4] Dr. Maurice Mussat in *Le Quotidien du Médecin*, zitiert von *Carrefour*, 8. September 1971

[5] Dr. Lebarbier, Präsident der Organisation zur Erforschung und Entwicklung der Akupunktur. Dr. Le Prestre de Vauban ist der Generalsekretär dieser Organisation.

[6] *Carrefour*, 8. September 1971

[7] Alfred Max, der die gleiche Erfahrung machte, hat in *Preuves*, 1. Vierteljahr 1972, einen brillanten Artikel veröffentlicht.

## Zweiter Teil

### 6. Kapitel

[1] Siehe S. Yourkov, »La politique de Pékin vis-à-vis des pays socialistes«, in *La Vie internationale*, Moskau, November 1971

[2] Snow, *Roter Stern über China*

[3] ibid.

[4] ibid.

### 9. Kapitel

[1] Erklärung von Radio Peking am 8. November 1960, zitiert in *China Topics*, März 1971

[2] *Volkszeitung* vom 27. Dezember 1960

[3] Slogan auf einer Wandzeitung. Er trug Maos Unterschrift.

[4] Slogan auf einer Wandzeitung, mit Lin Piaos Unterschrift.

[5] Mao Tse-tung, *Ausgewählte Werke*, Bd. I, S. 59

[6] *Volkszeitung* vom 30. August 1967

[7] Snow, *Roter Stern über China*

### 10. Kapitel

[1] *Peking-Information* vom 9. August 1964

[2] Snow, *Roter Stern über China*

[3] Zitiert in C. Brandt, B. Schwartz, J. K. Fairbank, *A Documentary History of Chinese Communism* 1952, S. 410

[4] Am 14. Oktober 1970

[5] Programm des *Tscheng wu lien* in der Broschüre *Kuang-jing hung-tschi*, Kanton, März 1968, veröffentlicht vom *Revolutionären Bund der Arbeiter Kantons* im Mai 1968

[6] *Volkszeitung*, 5. und 9. Januar 1969; siehe auch Klaus Mehnert, op. cit. S. 57 ff. und 180 ff.

[7] Eine zwischen 1898 und 1905 von den Russen auf einem Pachtgrund in der südlichen Mandschurei erbaute Stadt namens Dalny. Aufgrund des Vertrags von Portsmouth wurde sie an die Japaner abgetreten. Sie wurde von ihnen in Dairen umbenannt und bis 1945 besetzt gehalten.

[8] Lai Ying, *Les Prisons de Mao*, S. 41

[9] *Peking-Rundschau*, 68—45, 12. November 1968, S. 8 ff., zitiert von Mehnert; S. 193

### 11. Kapitel

[1] Mehnert, S. 52

[2] Vercors, S. 109

[3] Jean-François Kalm, *l'Express*, 20. August 1971

[4] Unterhaltungen über die literarische und künstlerische Arbeit in den Streitkräften, Februar 1966

[5] Nach einer Untersuchung des Kultusministeriums (*China Topics*, Dezember 1962)

### 12. Kapitel

[1] Snow, *Gast am anderen Ufer*

## Dritter Teil

### 13. Kapitel

[1] Macartney, Bd. IV, S. 139

[2] Macartney, Bd. IV, S. 126

[3] »A note on the population of communist China«, *China Quarterly* Nr. 38, 1969

[4] Tschou Tse-tung, *The May Fourth Movement, Intellectual Revolution in Modern China*, Harvard University Press 1960, S. 383

[5] Erklärungen Mao Tse-tungs gegen-

über Edgar Snow am 18. Dezember 1970

## 15. Kapitel

[1] Du Halde, Bd. II, S. 79 v.
[2] Du Halde, ibid., Bd. II, S. 7
[3] E. Backhouse und J. O. P. Bland *Les empereurs mandchous, Mémoires de la Cour de Pékin*, Paris 1934, S. 120 ff.
[4] Macartney, Bd. II, S. 107 ff.
[5] Elia, S. 39 f.
[6] P. Teilhard de Chardin, *Pilger der Zukunft*, München 1959, S. 36
[7] Siehe R. H. Tawney, *Land and Labour in China*, er beschreibt diese Vorgänge meisterhaft.
[8] Liang Tschi-tschau, *Yin-ping-cheno-tchi*, Schanghai 1936, I, S. 5 f.
[9] Zitiert von Fairbank und Teng Sou-ju, *China's Response to the West*, Cambridge, Mass., S. 53
[10] Bary, S. 715 ff.
[11] Elia, S. 117 f.
[12] Elia, S. 209 ff.
[13] Charles de Gaulle in seiner Pressekonferenz am 31. Januar 1964

## 16. Kapitel

[1] P. Teilhard de Chardin, *Neue Reisebriefe*, S. 30
[2] Macartney, Bd. I, S. 203
[3] Macartney, Bd. VI, S. 133
[4] *The North-Western Provinces and their Possibilities of Development*, von Dr. A. Stampar, Nanking 1934
[5] Cl. Rivière, *En Chine avec Teilhard de Chardin*, S. 119
[6] Snow, *Roter Stern über China*
[7] C. Rivière, *ibid.*
[8] Sun Yat-sen, in Elia, S. 442

## 17. Kapitel

[1] Du Halde, Bd. II, S. 70
[2] Haldane, S. 234
[3] Elia, S. 446
[4] Hou Han-min, »Le rapport du peuple«, Organ des Tung-menghui Sun Yat-sens (1906)
[5] Tang Liang-li, *The New Social Order in China*, Schanghai 1936, S. 173

## 18. Kapitel

[1] *Peking-Information*, 14. Dezember 1970; zitiert von P. Laurent, »Principes ideologiques de la politique industrielle«, Projet 1971

## 19. Kapitel

[1] P. Teilhard de Chardin, *Geheimnis und Verheißung der Erde*, Reisebriefe, Freiburg/München 1959, S. 80

## 20. Kapitel

[1] Leitartikel der *Volkszeitung* vom 1. Januar 1972

## Vierter Teil

## 21. Kapitel

[1] Mao-Zitat im »Arbeitsbericht der Regierung, vorgelegt von Ministerpräsident Tschu En-lai anläßlich der ersten Sitzung des III. Nationalen Volkskongresses« (21. und 22. Dezember 1964)
[2] »Woher kommen die richtigen Ideen?« (Mao 1963)
[3] Mao Tse-tung, *Ausgewählte Werke*, »Über die Praxis«, Bd. I, S. 335
[4] Mao Tse-tung, »Rede bei einer Konferenz der Kader der befreiten Region von Tschausi-Südjüan« (1. April 1948), *Ausgewählte Werke*, Bd. IV
[5] Anmerkung zu »Dokumente betreffend die konterrevolutionäre Gruppe von Hu Feng« (Mai 1955)
[6] Mao Tse-tung, Ausgewählte Werke, Bd. I, »Über den Widerspruch«, S. 370
[7] *Gast am anderen Ufer*, Anmerkung S. 362 f.
[8] Zitiert von dem Richter Wu Tehgang, Präsident der Vereinigung für Staats- und Rechtswissenschaften, in *Gast am anderen Ufer*, S. 362
[9] E. Snow, *op. cit.* S. 363
[10] Leo D. Trotzkij, *Über Lenin*, Berlin 1933, S. 111
[11] Trotzkij, *op. cit.* S. 111

¹² ibid. S. 111
¹³ ibid. S. 112
¹⁴ ibid. S. 111
¹⁵ Mao Tse-tung, *op. cit.*, Bd. I, »Bericht über eine Untersuchung der Bauernbewegung in der Provinz Honan«, S. 28
¹⁶ Mao Tse-tung, *op. cit.*, Bd. I, »Über den Widerspruch«, S. 397
¹⁷ Mao Tse-tung, *op. cit.*, Bd. IV, »Probleme des Kriegs und der Strategie«
¹⁸ Mao Tse-tung, *op. cit.*, Bd. II, »Über den langdauernden Krieg«, S. 158 f.
¹⁹ Mao Tse-tung, Vorwort zur Zeitschrift *Der Kommunist*, Schriftreihe *Wissen und Tat*, hrsg. vom Parteivorstand der KPD, Hamburg o. J.
²⁰ Mao Tse-tung, *op. cit.*, Bd. IV, »Wir brauchen solide Stützpunkte im Nordosten« (28. Dezember 1945)
²¹ Mao Tse-tung, *op. cit.*, Bd. II, »Gegen den Liberalismus«, S. 31
²² Mao Tse-tung, *ibid.*, S. 30
²³ Mao Tse-tung, *ibid.*, S. 31
²⁴ Mao Tse-tung, »Über die Verhandlungen von Tschungking« (17. Oktober 1945), *Ausgewählte Werke*, Bd. IV
²⁵ Mao Tse-tung, »Die Situation und unsere Politik nach dem Widerstandskrieg gegen Japan« (13. August 1945), *Ausgewählte Werke*, Bd. IV
²⁶ Mao Tse-tung, »Die Revolution bis zum Ende führen« (30. Dezember 1948), *Ausgewählte Werke*, Bd. IV

## 22. Kapitel

¹ Curzio Malaparte, *In Rußland und in China*, Karlsruhe 1959, S. 107 f.
² Curzio Malaparte, *op. cit.*, S. 107
³ Klaus Mehnert, *Peking und die Neue Linke*, Anhang Dokumentarabdruck: »China, wohin?« S. 80 ff.
⁴ *Volkszeitung*, 4. August 1957
⁵ *Documents of the Great Proletarian Cultural Revolution 1966—1967*, Hongkong, S. 550 ff. und 692

⁶ *Neues China*, 27. Januar 1972
⁷ Curzio Malaparte, *op. cit.*, S. 228
⁸ Van Coillie, *J'ai subi le lavage de cerveau*, S. 38
⁹ Siehe *Le Saint-Siège et la Chine* von Louis Wei Tsing-sing
¹⁰ Sigmund Freud, »Die Zukunft einer Illusion«, *Gesammelte Werke*, hrsg. von Anna Freud und A. J. Storfer, Leipzig/Wien/Zürich, 1928, Bd. II, S. 419
¹¹ Keim, S. 56
¹² Macartney, Bd. VI, S. 139
¹³ Elia, S. 191
¹⁴ *ibid.*, S. 209
¹⁵ *ibid.*, S. 211

## 23. Kapitel

¹ Keim, S. 57
² Edgar Snow, *Gast am anderen Ufer*, S. 412
³ Van Coillie, *J'ai subi le lavage de cerveau*, S. 312
⁴ *ibid.*
⁵ *Foreign Relations of the United States, 1943, China*, Washington
⁶ Keim, S. 56

## 24. Kapitel

¹ Edgar Snow, *Gast am anderen Ufer*, S. 511 ff.
² Sie fließen zusammen und bilden den Perl-Fluß.

## 25. Kapitel

¹ D. Lowe, *The Function of »China« in Marx, Lenin and Mao*, Berkeley 1966, S. 20
² *The New Republic*, 20. Januar 1965

## 26. Kapitel

¹ *Volkszeitung* vom 30. Januar 1974
² Für die Leser des *Point*, 10. September 1973
³ Im Februar 1974 in Paris uraufgeführt.
⁴ Robert Beauvais hat diese erfundene Situation in einem 1968 erschienenen und wenig beachteten Buch geschildert; er verlegte sie in den März 1998.

[5] *Volkszeitung* vom 6. Januar 1974, Kritik von Tschao Hua
[6] Januar-Nummer 1974
[7] Veranstaltet zu Ehren des Präsidenten von Sambia, der auf der Durchreise in Peking weilte.
[8] Studie von Oberst Candlin in der englischen Zeitschrift *Army Quarterly* (1. Quartal 1974)
[9] Am 24. Februar 1974
[10] In der Dezember-Ausgabe 1973
[11] Freitag, 18. Januar 1974

Schlußwort

[1] Pierre und Renée Gosset, *China rouge, an VII*
[2] Elia, S. 404
[2a] Zitiert von Harold Isaacs, *La Tragédie de la Révolution chinoise*, S. 243 f.
[3] Zitiert von Schram, *Mao Tse-tung*, S. 115
[4] Teilhard de Chardin, Reisebriefe, S. 211
[5] Rivière, S. 133

# Bibliographie

Anonym, *La Chine* (Guides Nagel), Paris 1967

BACKHOUSE, E., und BLAND, J. O. P., *Les Empereurs mandchous. Mémoires de la Cour de Pékin*, Vorwort von H. Maspero, Paris 1934

BALASZ, Etienne, *La Bureaucratie céleste*, Paris 1968

PARY, W. T. de, CHAN, W. T., und WATSON, B., *Sources of Chinese Tradition*, New York 1960

BEAUVOIR, Simone de, China, das weitgesteckte Ziel, Hamburg 1960

BERMANN, Dr. Gregorio, *La Salud mental en China*, Buenos Aires 1970

BERNARD-MAITRE, Pére Henri, *Sagesse chinoise et Philosophie chrétienne*, Hienhien 1935

BETTELHEIM, Charles, CHARRIERE, Jacques, und MARCHISIO, Hélène, *La construction du socialisme en Chine*, Paris 1965

BIANCO, Lucien, *Les Origines de la Révolution chinoise*, Paris 1967

BODARD, Lucien, *Mao*, Paris 1970

BRINE, Lindsay, *The Taiping Rebellion*, London 1962

BUCK, Pearl S., China. Gestern und heute, München 1974

CHANDRASEKHAR, *China's Population*, Hongkong 1960

CHESNEAUX, Jean, *Les Syndicats chinois*, Paris — Den Haag 1965

CHRUSCHTSCHOW, Nikita, Chruschtschow erinnert sich, hsg. von S. Talbott, Hamburg 1961

CLAUDEL, Paul, Erkenntnis ₍ des Ostens, Köln 1962

CREEL, H. G., *La Pensée chinoise de Confucius à Mao Tse-toung*, Paris 1962

DAUBIER, Jean, *Histoire de la Revolution culturelle*, Paris 1970

DELEYNE, Jean, *L'Economie chinoise*, Paris 1971

DUFAY, François M. E., Politisches Gesetz und Taktik des kommunistischen Kirchenkampfes, China als Modell, Frankfurt 1956

DU HALDE, Père J.-B., SJ, *Description géographique, historique, chronologique, politique et physique de l'Empire de Chine*, Paris 1735

DUMONT, René, *La Chine surpeuplée, Tiers Monde affamé*, Paris 1965

ELIA, Pascal M. d', *Le Triple Démisme de Suen Wen*, Schanghai 1929

ESMEIN, Jean, *La Révolution culturelle chinoise*, Paris 1970

ETIEMBLE, *Le Singe pèlerin*, Paris 1959; *Connaissons-nous la Chine?*, Paris 1964; *Jésuites en Chine*, Paris 1966

ETIENNE, Gilbert, Chinas Weg zum Kommunismus, Köln 1962

FAIRBANK, John K. und TENG Ssu-ju, *China's Response to the West (1838—1923)*, Cambridge, Mass., 1954

FAURE, Edgar, *Le Serpent et la Tortue*, Paris 1957

FAURE, Lucie, *Journal d'un voyage en Chine*, Paris 1958

FEJTO, François, *Chine — URSS*, 2 Bde., Paris 1964—1966 (neu hsg. 1974)

GERNET, Jacques, *La Vie quotidienne en Chine à la veille de l'invasion mongole*, Paris 1959; *La Chine ancienne*, Paris 1964; *Le Monde chinois*, Paris 1972

GIGON, Fernand, *Et Mao prit le pouvoir*, Paris 1970

GITTINGS, John, *The Role of the Chinese Army*, Oxford 1968

GOSSET, Pierre et Renée, *Chine rouge, an VII*, Paris 1958

GRANET, Marcel, Das chinesische Denken, München 1963

GROUSSET, René, *Histoire de la Chine*, Paris 1962

GROUSSET, René, und DENIKER, George, *La Face de l'Asie*, Paris 1962

GUILLAIN, Robert, 600 Millionen Chinesen, Hamburg 1957

GUILLERMAZ, Jacques, *La Chine populaire*, Paris 1959; *Histoire du Parti Communiste Chinois*, Paris 1968, 1972


HALDANE, Charlotte, *Tseu-Hsi, dernière grande Impératrice de Chine*, Paris 1967

HAN SUYIN, Das China Mao Tsetungs, München 1968

HUDELOT, Claude, Der lange Marsch, Frankfurt 1972


ISAACS, Harold, *La Tragédie de la Révolution chinoise, 1925—1927*, Paris 1967


KAROL, K. S., *La Chine de Mao*, Paris 1966

KAZANTZAKIS, Nikos, *Chine — Japon*, Paris 1938—1971

KEIM, Jean A., *Petite Histoire de la grande Chine*, Paris 1966


LAI YING, *Les prisons de Mao*, Paris 1970

LÉGER, Alexis, *Lettres d'Asie* in *Oeuvres Complètes de Saint-John-Perse*, Paris 1972

LEYS, Simon, Maos neue Kleider, München/Wien/Basel 1972


MACARTNEY, Lord, *Voyage en Chine et en Tartarie*, 12 Bde., Paris 1804

MACCIOCCHI, Maria-Antonietta, *De la Chine*, Paris 1971

MALAPARTE, Curzio, In Rußland und in China, Karlsruhe 1959

MAO TSE-TUNG, Ausgewählte Werke, Bd. 1—4, Berlin 1956/57; Worte des Vorsitzenden Mao Tsetung, Verlag für fremdsprachige Literatur, Peking 1967

MENDE, Tibor, China, Weltmacht von morgen, 2. Aufl., Düsseldorf/Köln 1962

MENDES-FRANCE, Pierre, *Dialogue avec l'Asie d'aujourd'hui*, Paris 1972

MEHNERT, Klaus, Peking und die Neue Linke, Stuttgart 1969

MERAY, Tibor, *La rupture Moscou—Pékin*, Paris 1966

MICHAUX, Henri, *Un Barbare en Asie*, Paris 1945

MORAVIA, Alberto, Die Kulturrevolution in China, München 1968

MYRDAL, Jan, Bericht aus einem chinesischen Dorf, München 1966


PELISSIER, Roger, *De la Révolution chinoise*, Paris 1967


RIENCOURT, Amaury de, Die Seele Chinas, Frankfurt 1962

RIVIERE, Claude, *En Chine avec Teilhard 1938—1944*, Paris 1968

ROTHSCHILD, Robert, *La chute de Chiang Kai-shek*, Paris 1972


SAUVY, Alfred, *De Malthus à Mao Tse-tung*, Paris 1958

SCHRAM, Stuart, *Mao Tse-tung*, Paris 1963

SCHRAM, Stuart, und CARRERE D'ENCAUSSE, Hélène, *Le Marxisme et l'Asie*, Paris 1965

SEGALEN, Victor, *René Leys*, Paris 1922; *Equipée de Pékin aux marches thibétaines*, Paris 1929

SNOW, Edgar, Roter Stern über China, Frankfurt 1973; Gast am anderen Ufer, München 1964; Die lange Revolution: China zwischen Tradition und Zukunft, Stuttgart 1973

STAMPAR, Dr. A., *The North-We-stern Provinces and their Possibilities of Development*, Nanking 1934

STRONG, Anna Louise, *China's Millions*, New York 1935

TAWNEY, R. H., *Land and Labour in China*, London 1932

TSCHEN PO-TA, *Notes on Mao Tsetung's ›Report of an Investigation into the Peasant Movement in Hunan‹*, Peking 1966

TSCHIANG KAI-SCHEK, Marschall, *Destin de la Chine*, Paris 1949

TSCHOU TSE-TUNG, *The May Fourth Movement, Intellectual Revolution in Modern China*, Cambridge 1960

TSCHU EN-LAI, Das große Jahrzehnt, Verlag für fremdsprachige Literatur, Peking 1959

TEILHARD DE CHARDIN, Pierre, Reisebriefe, Bd. 1, 2, Freiburg 1958/59

TROTZKI, Leo, Über Lenin, Berlin 1933

VAN COILLIE, Dries, *J'ai subi le lavage de cerveau*, Paris 1964

VERCORS, *Les Pas de sable*, Paris 1954

WIEGER, R. P. Léon, *Le Feu aux poudres*, Hien-Hien 1925

WEI TSING-SING, Louis, *Le Saint-Siège et la Chine*, Paris 1971

# Index der chinesischen Orts- und Personennamen

# Inhalt